国家出版基金资助项目
Projects Supported by the National Publishing Fund
国家出版基金项目
NATIONAL PUBLICATION FOUNDATION

钢铁工业协同创新关键共性技术丛书
主编　王国栋

铁矿资源高效开发利用关键技术与装备

Innovative Technology and Equipment for Efficient Utilization of Iron Ore

韩跃新　孙永升　李艳军　高　鹏　李文博　著

北　京
冶金工业出版社
2019

内 容 提 要

本书主要介绍铁矿石深度还原领域的开创性技术。具体内容包括复杂难选铁矿石悬浮磁化焙烧技术与装备、极难选铁矿石深度还原技术、超级铁精矿和洁净钢基料绿色制备、新型陶瓷球搅拌磨机节能磨矿技术与装备、含碳酸盐赤铁矿石分步浮选等选矿共性关键技术。从基础理论、实验室研究，到半工业试验和工业试验层面，对上述技术与装备进行了全面的阐述提炼。

本书可供铁矿资源加工基础研究和应用技术研究等相关领域的高校师生、科研人员、工程技术人员和企业管理人员阅读参考。

图书在版编目(CIP)数据

铁矿资源高效开发利用关键技术与装备/韩跃新等著.
—北京：冶金工业出版社，2019.12
（钢铁工业协同创新关键共性技术丛书）
ISBN 978-7-5024-8333-3

Ⅰ.①铁… Ⅱ.①韩… Ⅲ.①铁矿资源—矿产资源开发—研究—中国 Ⅳ.①F424.3

中国版本图书馆 CIP 数据核字（2019）第 274693 号

出 版 人　陈玉千
地　　址　北京市东城区嵩祝院北巷 39 号　邮编　100009　电话　(010)64027926
网　　址　www.cnmip.com.cn　电子信箱　yjcbs@cnmip.com.cn
责任编辑　卢　敏　美术编辑　彭子赫　版式设计　孙跃红
责任校对　郑　娟　责任印制　李玉山
ISBN 978-7-5024-8333-3
冶金工业出版社出版发行；各地新华书店经销；北京捷迅佳彩印刷有限公司印刷
2019 年 12 月第 1 版，2019 年 12 月第 1 次印刷
169mm×239mm；25.75 印张；502 千字；396 页
98.00 元

冶金工业出版社　投稿电话　(010)64027932　投稿信箱　tougao@cnmip.com.cn
冶金工业出版社营销中心　电话　(010)64044283　传真　(010)64027893
冶金工业出版社天猫旗舰店　yjgycbs.tmall.com

（本书如有印装质量问题，本社营销中心负责退换）

《钢铁工业协同创新关键共性技术丛书》
总　　序

钢铁工业作为重要的原材料工业，担任着“供给侧”的重要任务。钢铁工业努力以最低的资源、能源消耗，以最低的环境、生态负荷，以最高的效率和劳动生产率向社会提供足够数量且质量优良的高性能钢铁产品，满足社会发展、国家安全、人民生活的需求。

改革开放初期，我国钢铁工业处于跟跑阶段，主要依赖于从国外引进产线和技术。经过40多年的改革、创新与发展，我国已经具有10多亿吨的产钢能力，产量超过世界钢产量的一半，钢铁工业发展迅速。我国钢铁工业技术水平不断提高，在激烈的国际竞争中，目前处于“跟跑、并跑、领跑”三跑并行的局面。但是，我国钢铁工业技术发展当前仍然面临以下四大问题。一是钢铁生产资源、能源消耗巨大，污染物排放严重，环境不堪重负，迫切需要实现工艺绿色化。二是生产装备的稳定性、均匀性、一致性差，生产效率低。实现装备智能化，达到信息深度感知、协调精准控制、智能优化决策、自主学习提升，是钢铁行业迫在眉睫的任务。三是产品质量不够高，产品结构失衡，高性能产品、自主创新产品供给能力不足，产品优质化需求强烈。四是我国钢铁行业供给侧发展质量不够高，服务不到位。必须以提高发展质量和效益为中心，以支撑供给侧结构性改革为主线，把提高供给体系质量作为主攻方向，建设服务型钢铁行业，实现供给服务化。

我国钢铁工业在经历了快速发展后，近年来，进入了调整结构、转型发展的阶段。钢铁企业必须转变发展方式、优化经济结构、转换增长动力，坚持质量第一、效益优先，以供给侧结构性改革为主线，推动经济发展质量变革、效率变革、动力变革，提高全要素生产率，使中国钢铁工业成为“工艺绿色化、装备智能化、产品高质化、供给服务化”的全球领跑者，将中国钢铁建设成世界领先的钢铁工业集群。

2014 年 10 月，以东北大学和北京科技大学两所冶金特色高校为核心，联合企业、研究院所、其他高等院校共同组建的钢铁共性技术协同创新中心通过教育部、财政部认定，正式开始运行。

自 2014 年 10 月通过国家认定至 2018 年年底，钢铁共性技术协同创新中心运行 4 年。工艺与装备研发平台围绕钢铁行业关键共性工艺与装备技术，根据平台顶层设计总体发展思路，以及各研究方向拟定的任务和指标，通过产学研深度融合和协同创新，在采矿与选矿、冶炼、热轧、短流程、冷轧、信息化智能化等六个研究方向上，开发出了新一代钢包底喷粉精炼工艺与装备技术、高品质连铸坯生产工艺与装备技术、炼铸轧一体化组织性能控制、极限规格热轧板带钢产品热处理工艺与装备、薄板坯无头/半无头轧制+无酸洗涂镀工艺技术、薄带连铸制备高性能硅钢的成套工艺技术与装备、高精度板形平直度与边部减薄控制技术与装备、先进退火和涂镀技术与装备、复杂难选铁矿预富集-悬浮焙烧-磁选（PSRM）新技术、超级铁精矿与洁净钢基料短流程绿色制备、长型材智能制造、扁平材智能制造等钢铁行业急需的关键共性技术。这些关键共性技术中的绝大部分属于我国科技工作者的原创技术，有落实的企业和产线，并已经在我国的钢铁企业得到了成功的推广和应用，促进了我国钢铁行业的绿色转型发展，多数技术整体达到了国际领先水平，为我国钢铁行业从“跟跑”到“领跑”的角色转换，实现“工艺绿色化、装备智能化、产品高质化、供给服务化”的奋斗目标，做出了重要贡献。

习近平总书记在 2014 年两院院士大会上的讲话中指出，“要加强统筹协调，大力开展协同创新，集中力量办大事，形成推进自主创新的强大合力”。回顾 2 年多的凝炼、申报和 4 年多艰苦奋战的研究、开发历程，我们正是在这一思想的指导下开展的工作。钢铁企业领导、工人对我国原创技术的期盼，冲击着我们的心灵，激励我们把协同创新的成果整理出来，推广出去，让它们成为广大钢铁企业技术人员手中攻坚克难、夺取新胜利的锐利武器。于是，我们萌生了撰写一部系列丛书的愿望。这套系列丛书将基于钢铁共性技术协同创新中心系列创新成果，以全流程、绿色化工艺、装备与工程化、产业化为主线，结合钢铁工业生产线上实际运行的工程项目和生产的优质钢材实例，系统汇集产学研协同创新基础与应用基础研究进展和关键共性技术、前沿引领技术、现代工程技术创新，为企业技术改造、转型升级、高质量发展、规划未来发展蓝图提供参考。这一想法得到了企业广大同仁的积极响应，全力支持及密切配合。冶金工业出版社的领导和编辑同志特地来到学校，热心指导，提出建议，商量出版等具体事宜。

国家的需求和钢铁工业的期望牵动我们的心，鼓舞我们努力前行；行业同仁、出版社领导和编辑的支持与指导给了我们强大的信心。协同创新中心的各位首席和学术骨干及我们在企业和科研单位里的亲密战友立即行动起来，挥毫泼墨，大展宏图。我们相信，通过产学研各方和出版社同志的共同努力，我们会向钢铁界的同仁们、正在成长的学生们奉献出一套有表、有里、有分量、有影响的系列丛书，作为我们向广大企业同仁鼎力支持的回报。同时，在新中国成立 70 周年之际，向我们伟大祖国 70 岁生日献上用辛勤、汗水、创新、赤子之心铸就的一份礼物。

中国工程院院士 

2019 年 7 月

前　言

随着钢铁工业的飞速发展，铁矿石这一钢铁生产的最基本原料成为国家重要的战略性矿产资源。我国铁矿资源禀赋差、难利用、加工成本高，国产铁矿石长期处于严重的短缺状态。铁矿石供应不足已成为制约国家经济发展的瓶颈，甚至成为伴随工业化、城镇化和现代化全过程的一个重大现实问题。因此，通过自主创新实现铁矿资源的高效化、绿色化、高质化加工利用意义重大。

本书作者及研究团队针对我国铁矿资源禀赋差、利用效率低、优质精矿匮乏的现状，提出了铁矿资源“劣质能用、优质优用”的发展战略，并长期从事相关基础理论研究和技术装备研发，形成了悬浮磁化焙烧、深度还原短流程、超级铁精矿与洁净钢基料绿色制备、陶瓷球搅拌磨机节能磨矿、含碳酸盐赤铁矿石分步浮选等系列共性关键技术与装备。本书对上述工作进行了总结和提炼，主要内容包括：

（1）复杂难选铁矿石悬浮磁化焙烧技术与装备。针对菱铁矿、褐铁矿、微细粒矿等难选铁矿资源，提出“预氧化—蓄热还原—再氧化”磁化焙烧新理念，开展物相转化控制、颗粒气固流动特性基础研究工作，研发了实验室、半工业和工业型悬浮磁化焙烧装备。

（2）极难选铁矿石深度还原技术。针对鲕状赤铁矿、钒钛磁铁矿等极难选铁矿资源，突破选矿—造块—高炉传统理念，创造性提出深度还原短流程技术，揭示了复杂体系下铁矿石深度还原热力学和动力学机制，建成处理能力50t/d的深度还原短流程半工业试验系统。

（3）超级铁精矿和洁净钢基料短流程制备技术。针对我国铁精矿品质较差、洁净钢基料匮乏的现状，提出“深度提质—直接还原—电炉熔炼”洁净钢基料绿色制备新技术，建立了基于矿物学基因特性的超级铁精矿制备评价体系，研制常温高效脱硅浮选药剂，建成10万吨/年超级铁精矿工业生产线。

（4）陶瓷介质搅拌磨机节能磨矿技术与装备。针对磨矿过程能耗高、效率低、介质消耗大等问题，提出陶瓷介质搅拌磨机节能高效磨矿技术，突破陶瓷介质在搅拌磨机应用的瓶颈，开发适用于低密度研磨介质的新型搅拌磨机，形成陶瓷介质磨矿工艺与装备技术，并实现工业应用。

（5）含碳酸盐赤铁矿石分步浮选技术。针对含碳酸盐赤铁矿石难选铁矿资源，揭示了其难以浮选分离的本质原因，创新性提出分步浮选新技术，建立了含碳酸盐赤铁矿石浮选过程中消除矿物间交互影响的调控机制，依托该技术建成300万吨/年的分步浮选示范工程，实现了含碳酸盐赤铁矿石的开发利用。

本书第1章和第2章由韩跃新撰写，第3章由孙永升撰写，第4章由李文博撰写，第5章由高鹏撰写，第6章由李艳军撰写，全书由韩跃新统稿、修改和审定。

在成书过程中得到了东北大学祝昕冉、唐志东、栗艳锋、郭旺、张琦、周文涛、王勋等博士研究生的协助，在此一并致以谢意。同时感谢国家出版基金对本书出版的资助。

由于水平有限，书中难免有不足之处，敬请读者斧正。

作　者

2019年7月

目　录

1 绪　　论

1.1 我国铁矿资源概况

钢铁工业是国民经济的支柱产业，对保障社会民生具有不可替代的作用。钢铁材料已成为人类经济建设和日常生活中用量最大的结构材料。铁矿石作为钢铁生产最重要的原料，目前已成为最重要的战略性矿产资源之一。进入 21 世纪，随着我国钢铁行业快速发展和钢铁产能的不断扩张，作为钢铁重要的基础原料，铁矿石需求量迅速增加。数据显示，我国铁矿石需求增长促使进口铁矿石数量由 2001 年的 0.92 亿吨增长到 2018 年的 10.38 亿吨，对外依存度从 2001 年的 29.77%升高到 2018 年的 86%。事实证明，我国铁矿石的消耗量由进口铁矿石作为主体，这已呈现无法取代的趋势。近几年，来自巴西和澳大利亚的铁矿石占我国进口总量的比例一直保持高位，供应来源集中度不断提高。进口铁矿石数量的增加直接导致我国铁矿石进口成本的大幅增加，进而造成国内铁矿石价格、能源价格，甚至居民消费品价格的联动性上涨，这不仅对我国钢铁产业造成了严重影响，更对我国国民经济的健康持续发展构成了巨大威胁。因此从战略的角度看，加强国内铁矿资源的高效综合利用技术研究，开发建设一批新的大型铁矿资源基地，增加我国铁矿石的自给能力，具有重要的经济意义和社会意义。

1.1.1 储量与分布

铁矿石在自然界中储量极为丰富，全球资源总量估计超过 8000 亿吨（矿石量），含铁量超过 2300 亿吨。根据美国地质调查局（United States Geological Survey，USGS）数据显示，截至 2018 年底，世界铁矿石的储量为 1735 亿吨，含铁量为 837.3 亿吨。世界铁矿资源储量分布情况见表 1-1。由表 1-1 可知，铁矿资源分布相对集中，澳大利亚、俄罗斯、巴西、中国和印度是铁矿资源大国，五国铁矿资源储量合计占世界总量的 76.31%。

表 1-1　世界铁矿资源储量分布情况

国家	铁矿石储量/亿吨	占比/%	含铁量/亿吨	平均品位/%
澳大利亚	500	28.82	240	48.00
巴西	320	18.44	170	53.13

续表 1-1

国家	铁矿石储量/亿吨	占比/%	含铁量/亿吨	平均品位/%
俄罗斯	250	14.41	140	56.00
中国	200	11.53	69	34.50
印度	54	3.11	32	59.26
美国	29	1.67	7.6	26.21
乌克兰	65	3.75	23	35.38
加拿大	60	3.46	23	38.33
瑞典	13	0.75	6	46.15
伊朗	27	1.56	15	55.56
哈萨克斯坦	25	1.44	9	36.00
南非	12	0.69	7.7	64.17
其他	180	10.37	95	52.78
世界	1735	100.00	837.3	48.26

数据来源：Mineral Commodity Summaries 2019。

我国铁矿资源储量丰富，居世界前列。根据《中国矿产资源报告 2018》统计，截至 2017 年底，我国探明铁矿石资源储量 848.88 亿吨，其中基础储量约 200 亿吨。我国铁矿资源呈现出分布广泛又相对集中的特点，全国各省、自治区、直辖市均有探明铁矿资源，以东北、华北地区资源最为丰富。就省份而言，探明储量辽宁省排名第一，四川省排名第二，河北省排名第三，三省合计铁矿探明资源储量 350 亿吨，约占全国铁矿探明资源储量的 41%。我国铁矿资源空间分布矿区特征明显，主要有鞍山—本溪、冀东—密云、五台—岚县、包头—白云鄂博、邯郸—邢台、鲁中、许昌—舞阳、长江中下游成矿区、安徽霍邱、陕南、鄂西—湘西北、江西新余—吉安—湖南祁东、闽南—粤东、海南石碌、四川西昌—滇中、云南西盟、甘肃祁连镜铁山、新疆哈密—甘肃北山、新疆阿尔泰 19 个矿区[1]。

截至 2013 年底，我国已开采的铁矿区共计 4406 个，查明铁矿资源量大于 1 亿吨的 727 个，其中超大型铁矿（>5 亿吨）共 32 个，大型铁矿（1~5 亿吨）共计 121 个，中型铁矿（0.1~1 亿吨）共计 574 个[2]。可见，从矿山规模来看，我国铁矿资源以小型矿山为主。虽然我国铁矿以小型矿山为主，但是铁矿石产量主要依靠大中型矿山。大型矿山铁矿石采出量占全国采矿量的 41.16%，中型矿山占 32.68%，大中型矿山合计占 73.84%[3]。根据查明资源量、保有资源量和矿山产能可以将国内铁矿划分为辽宁鞍本、冀东、河北邯邢、安徽马鞍山、湖北大冶、四川攀枝花、晋东北、内蒙古包白、新疆阿吾拉勒、海南石碌十大铁矿资源生产基地[2,3]。

1.1.2 矿石类型

根据矿石地质成因，我国铁矿石可划分为沉积变质型、岩浆岩型、矽卡岩型、火山岩型、沉积型和风化淋滤型6种类型[4]。

沉积变质型铁矿成矿时代主要在前寒武纪，一般具有黑白相间的条带状构造，白色条带由石英燧石组成，黑色条带主要成分是铁矿物[5]。沉积变质型铁矿为我国最主要的铁矿资源，主要分布在辽宁、河北、山西、陕西等地区。该类矿石铁品位平均为31.40%，矿石中主要铁矿物是磁铁矿和假象赤铁矿等，脉石矿物主要为石英等。

岩浆型铁矿成矿时代主要为古生代及元古宙，与深大断裂诱发的超基性岩浆活动有关[6]。岩浆型铁矿多为钒钛磁铁矿，主要分布在四川攀西和河北承德地区。我国最大的岩浆岩型铁矿为四川攀枝花铁矿，另外还有河北大庙铁矿以及新疆东天山的尾亚铁矿。该类矿石矿物主要为含V、Ti的磁铁矿，矿石具有海绵陨铁结构、层状构造或似层状构造[7]。

矽卡岩型铁矿石主要产于中酸性侵入岩与碳酸盐岩地层接触形成的矽卡岩带及其附近；矿石大多属富矿，铁品位一般为40%～55%，但部分矿石含硫、铜等[8]。我国矽卡岩型铁矿集区较多，主要分布于河北邯邢、山东莱芜、湖北大冶、东北小兴安岭、内蒙古黄冈、陕西洛南、青海西部等地区[2]。

火山岩型铁矿是由海相或者陆相火山活动形成，据此可分为陆相火山型铁矿和海相火山岩型铁矿两类[9]。陆相火山岩铁矿成矿时代为中生代，以安徽庐枞、宁芜地区及江苏梅山地区的铁矿为代表，铁矿石的品位中等。海相火山型铁矿成矿时代主要为古生代及元古宙，比较典型的为云南大红山铁矿和海南石碌铁矿，富铁矿相对较多[8]。

沉积型铁矿床产于中元古代及以后的浅海相沉积地层中，其中最重要的是产于中元古界长城系内的宣龙式铁矿以及产于中-上泥盆统内的宁乡式铁矿。宣龙式铁矿主要分布在张家口地区的宣化—龙关—赤城一带，宁乡式铁矿较集中分布于鄂西—湘西北等地。矿石以赤铁矿为主，可伴生菱铁矿和鲕绿泥石，铁品位中等，但有害元素磷含量较高。沉积型铁矿石属于典型的难选冶矿石，目前尚未大规模利用[8]。

风化淋滤型铁矿是由菱铁矿矿床、金属硫化物矿床或其他富铁岩石在湿热的气候和适当的地形构造条件下，通过风化淋滤作用富集而成，主要产于地表氧化带，各个时期都可以成矿。我国缺乏形成大型风化淋滤型铁矿的地质条件和外部因素，矿床规模都很小，至今未发现有工业价值的风化淋滤型铁矿[10]。我国风化淋滤型铁矿主要分布于华南地区。

1.1.3 资源特点

我国铁矿石类型有磁铁矿、钒钛磁铁矿、赤铁矿，另外还有褐铁矿、菱铁矿和镜铁矿。磁铁矿是我国最主要的铁矿石原料，属于易选、利用率高的矿石类型，其储量和开采量均居各类铁矿石之首，探明储量约占铁矿石总储量的55.40%，主要分布于辽宁、河北、山西、山东、安徽和内蒙古等地；赤铁矿型铁矿石含铁量在25%~50%，探明储量约占铁矿石总储量的18.10%，主要分布在辽宁、湖北、河北、四川、湖南和内蒙古等地；菱铁矿型铁矿石占已探明铁矿石总储量的14.40%，主要分布在云南、陕西、甘肃、青海和新疆等地；钒钛磁铁矿型铁矿石的铁品位一般在30%以下，占已探明铁矿石总储量的5.30%，主要分布于四川和河北两省；镜铁矿型铁矿石占已探明铁矿石总储量的3.40%，主要分布在甘肃、青海、安徽、河北等地；褐铁矿型铁矿石含铁一般为35%~40%，高者可达50%，占已探明铁矿石总储量的1.10%，主要分布于云南、广东、广西、山东等地[11]。几种主要矿石的分类及其矿石性质如表1-2所示。

表1-2 主要铁矿石的分类及其物理特性

种类	物理特性
磁铁矿 Magnetite	主要成分为Fe_3O_4，是Fe_2O_3和FeO的复合物，呈黑灰色，含Fe 72.4%，O 27.6%，具有磁性，理论最高品位72.4%。适用于磁选法选矿，处理方便；但是由于其结构细密，故被还原性较差。经过长期分化作用后即变成赤铁矿
赤铁矿 Hematite	主要成分为Fe_2O_3，呈暗红色，含Fe 70%，O 30%，是主要的铁矿石，理论最高品位70%。由其本身结构状况的不同又可分为很多类别，如赤色赤铁矿、镜铁矿、云母铁矿、黏土质赤铁等。适用焙烧磁选流程选矿
褐铁矿 Limonite	含有氢氧化铁的矿石，是针铁矿$HFeO_2$和鳞铁矿FeO(OH)两种不同结构矿石的统称，呈现土黄或棕色，含有Fe 62%，O 27%，H_2O 11%。多半是附存在其他铁矿石之中，理论最高品位62.9%，适用于磁选或联合选别流程
镜铁矿 Specularite	赤铁矿的亚种。具金属光泽的片状集合体。铁黑至钢灰色。晶面光泽强，闪烁如镜，因而得名。常含极细磁铁矿包裹体而具磁性。主要见于热液成因铁矿床中，炼铁的矿物原料。适用于焙烧磁选流程选矿
菱铁矿 Siderite	含有碳酸铁的矿石，主要成分为$FeCO_3$，呈现青灰色。这种矿石多半含有相当多数量的钙盐和镁盐，理论最高品位48.3%，适用焙烧磁选流程选矿

我国铁矿资源的特点表现在以下几个方面：

（1）分布广泛，又相对集中。查明铁矿产地遍布全国29个省、市、自治区，主要集中分布在辽宁、四川、河北3省，占全国已开发铁矿山保有资源储量的53.13%；其次是安徽、内蒙古、山东、云南、山西、青海、河南、新疆8省（区），占已开发铁矿山保有资源储量的30.74%。

（2）矿床类型齐全。由于成矿环境复杂，致使我国铁矿石类型多样，世界上已发现的铁矿成因类型在我国均有发现。我国铁矿床类型主要有沉积变质型、晚期岩浆型、矽卡岩型、火山岩型、沉积型和风化淋滤型。沉积变质型为主要类型，储量占57.8%。

（3）中小型矿床多，大型矿床少。从矿山规模来看，我国铁矿以小型矿山为主。大型矿山仅88座，占铁矿山总数的4.09%；中型矿山224座，占铁矿山总数的10.40%；小型矿山1638座，占铁矿山总数的76.08%；小矿203座，占铁矿山总数的9.43%。

（4）贫矿多，富矿少。我国铁矿虽探明资源量多，但铁矿石平均品位仅为33%左右，比世界铁矿石供应大国平均品位低20个百分点。已探明储量中97%的铁矿为贫矿，铁品位55%的富矿储量仅占全国已开发铁矿山保有资源储量的0.12%。

（5）矿石组成复杂，共伴生组分多。具有共伴生组分的铁矿石储量约占全国储量的1/3，主要共伴生元素有钒、钛、稀土、铜、硼、锡、铌、铬、金、银等，如包头白云鄂博铁矿、攀西钒钛磁铁矿、辽宁硼铁矿。多组分共（伴）生铁矿有很高的利用价值，但同时也给铁矿的开发利用带来困难。目前，我国多组分铁矿资源利用程度不高。

1.1.4　供需形势

进入21世纪以来，随着经济的高速发展，我国钢铁工业飞速发展，对铁矿石的需求量日益增大。但我国铁矿资源禀赋不佳、储量增长滞后、生产能力有限、自给严重不足，导致我国铁矿石供需矛盾日益突出。为满足钢铁工业的生产，使得我国钢铁工业不得不大量进口铁矿石。据统计，2018年我国铁矿石进口量累计达到10.38亿吨，铁矿石对外依存度高达86%[12]。2014~2018年我国铁矿石年进口量如表1-3所示。

表1-3　2014~2018年铁矿石进口量

年份	2014	2015	2016	2017	2018
进口量/亿吨	9.32	9.52	10.12	10.75	10.38

2014~2018年铁矿石年进口量整体上呈现出增长的趋势，2016年进口量突破10亿吨，预计将长期处于10亿吨的水平。居高不下的铁矿石对外依存度不仅削弱了中国钢铁工业的国际话语权和竞争力，也对国民经济的安全产生巨大威胁。由此可见，随着我国经济发展和国家财力的增强，资源约束正替代资本约束逐步上升为国家经济发展新常态的主要矛盾，铁矿石供应不足已成为制约国家经济发展的“瓶颈”，甚至成为伴随工业化、城镇化和现代化全过程的一个重大现

实问题。

我国已经成为世界最大的铁矿石消耗国，预计今后10年中国粗钢还会继续以8亿吨以上的高位运行。因此，从战略的角度看，我国铁矿石的供应不能主要依靠进口，钢铁企业的根本出路是加快国内矿山发展、充分利用国内现有资源，提高自有铁矿石成品矿供给率。

1.2 铁矿资源类型概述

1.2.1 磁铁矿型

在国内的铁精矿产量中，磁铁矿精矿约占70%，随着开采年限的增加和开发利用力度的加大，优质磁铁矿资源的储量越来越少，大量贫磁铁矿和难选磁铁矿资源列入铁矿资源开发利用的范畴。磁铁矿石资源按照脉石类型划分可分为两类：

一类为磁铁石英岩，即铁燧岩，或鞍山式贫铁矿石，多集中分布在鞍本、五岚及冀东地区。矿石中主要含磁铁矿和石英，依据磁铁石英岩的磁学性质，一般利用磁铁矿和石英的比磁化系数的较大差别进行磁选，典型的这一类选矿厂有美国伊里选厂、明塔克选厂、加拿大亚当斯选厂、苏联的库尔斯克矿石公司、中国的本钢贾家堡、本钢南芬、河钢庙沟铁矿选矿厂、鞍钢大孤山和弓长岭等选矿厂。磁铁石英岩的分选工艺是经三至四段破碎至25~15mm，或经一段破碎到350~250mm，通过自磨与球磨（砾磨）结合，实施三段细磨，进入多段磁选。磁铁石英岩选矿的工艺特点是采取阶段磨矿和磁选流程，以便阶段排出单体脉石，减少下一阶段的磨矿量。对于磁铁矿嵌布粒度较小（嵌布粒度小于0.037mm的含量超过90%）的部分资源，单体解离和分选均存在困难。此外，铁矿物与含铁硅酸盐脉石矿物的物理化学性质相近，也造成分选困难，使其尚无法在工业上大规模利用。该类矿石如建龙本溪思山岭铁矿、本溪大台沟铁矿、鞍钢谷首峪铁矿、河南舞阳矿业公司铁古坑铁矿等。国内鞍钢矿业公司对鞍钢谷首峪铁矿进行了磁选试验研究，结果表明，采用三段磨矿选别流程，获得了当原矿品位为31.72%时，精矿品位65.05%，尾矿品位10.21%，金属回收率80.43%的良好指标，为该类矿石的工业处理提供了依据；河南舞阳矿业公司铁古坑铁矿针对该种类型矿石，提出了多段干式预选—多碎少磨—细筛—磁团聚提质—尾矿中磁扫选的技术路线，特别加强了原矿破碎流程中的预选，抛弃废石，恢复了矿石地质品位，提高了整个选矿厂的处理能力；中钢集团马鞍山矿山研究院针对新疆某磁铁矿类型铁矿床进行了选矿研究，提出了三段磨矿、三次磁选、磁选精矿反浮选工艺流程，可以获得产率为36.10%、铁品位为62.05%、铁回收率为71.16%的选别指标。

另一类为矽卡岩型磁铁矿，其中主要铁矿物为磁铁矿，还含有少量的硫化矿物，并伴生有钴镍硫等有色金属，脉石为矽卡岩。矿石呈斑点状、角砾状、带状和块状。其比磁化系数与磁铁石英岩相似。根据粒度嵌布特性可分为粗粒、细粒、微细粒和极微细粒嵌布矿石。典型的这一类选矿厂如国外的有美国恩派尔选厂、格雷斯选厂、加拿大希尔顿选厂和澳大利亚怒江选厂；而国内的多集中分布在鄂东、邯郸、山东、江苏和安徽等地，如武钢金山店选厂、程潮铁矿选厂、玉泉岭选厂、矿山村选厂等。依据磁铁矿石的物理性质，最有效的选矿方法是以磁选法回收磁性矿物，以浮选法回收伴生的硫化矿物。其分选工艺多是二至四段破碎，并在破碎流程中配有一至二段干式磁选，选别中碎或细碎产品。对进一步深选产品，经二至三段细磨，进行二至五次湿式磁选，获得最终铁精矿产品；或采用磁选—浮选或浮选—磁选等联合流程，在提高铁精矿品位的同时，还可回收伴生矿物如铜矿物、钴矿物、硫精矿成为相应的精矿产品以及铁精矿的脱硫。

1.2.2 赤铁矿型

我国的赤铁矿资源铁品位较低，一般仅30%左右，且嵌布粒度细，矿物组成复杂。因赤铁矿的地质成因与产地的不同，矿石结构的差异性较大，有块状、条带状、条纹状、角砾状、片状、鲕状、浸染状、结核状以及海绵陨铁状等结构，这些特点为后续选矿过程带来了很大难度[8,13]。

鞍山式赤铁矿资源是国内赤铁矿资源中的典型代表，如东鞍山铁矿、齐大山铁矿、司家营铁矿、袁家村铁矿等。经过选矿多年的技术研究和攻关，取得了重大进展，除以往连续磨矿—单一碱性正浮选、阶段磨矿—重选—磁选—浮选、强磁选—正浮选等流程外，形成了几种目前典型的赤铁矿选矿工艺流程：（1）阶段磨矿—粗细分选（重选）—磁选—浮选联合工艺，适应该工艺的矿石为典型的鞍山式铁矿石，主要铁矿物为赤铁矿、磁铁矿，脉石矿物主要为石英，矿石呈粗细不均匀结晶[14]。（2）连续磨矿—弱磁—强磁—磨矿—反浮选联合工艺，适合该流程的矿石主要为微细粒嵌布的鞍山式赤铁矿及混合矿，这类矿石结晶粒度较细，矿物单体解离困难，分选难度大[15,16]。（3）磁化焙烧—磁选或磁化焙烧—磁选—阳离子反浮选联合工艺，选用该流程的矿石一般结构复杂、结晶粒度微细、矿物组成复杂多样，铁矿物除赤铁矿外，还含有褐铁矿、菱铁矿，脉石矿物除石英外，还含有闪石和云母等含铁硅酸盐矿物，用常规选矿方法难以获得理想的技术指标[17~19]。这些典型选矿工艺技术的应用，为我国铁矿石加工提供了技术支撑，取得了良好的经济效益和社会效益。这些典型的工艺中强磁选和浮选技术的有效应用是获得有效选别的主要原因。尤其是立环脉动高梯度磁选机的应用与阴离子反浮选药剂与工艺的开发为提高赤铁矿的资源利用率提供了可靠的技术保障[20]。

鲕状赤铁矿是典型的技术上难选经济上尚未大规模利用的赤铁矿资源。该类赤铁矿的嵌布粒度极细，常与鲕绿泥石、菱铁矿及含磷矿物共生或者互相包裹，磷对于钢铁冶炼工艺过程和钢铁产品质量具有严重的影响，因此高磷鲕状赤铁矿石是目前国内外公认的最难选铁矿石之一[21~23]。高磷鲕状赤铁矿中金属矿物有赤铁矿、菱铁矿、褐铁矿等，非金属矿物有石英、胶磷矿、黏土矿物等。矿石主要呈鲕状、浸染状构造，同心环带状结构。赤铁矿与石英、绿泥石、胶磷矿等矿物关系密切，以石英、绿泥石等矿物为核心组成同心环状结构，嵌布粒度极细，在 10μm 左右；胶状赤铁矿一般与褐铁矿形成胶状结构，形状不规则，界限模糊不清；少量赤铁矿与绿泥石、蛋白石、胶磷矿形成胶状及环带状结构；胶磷矿呈致密块状构造，表面有模糊不清的细小生物结构，大部分与脉石连生，少部分与赤铁矿紧密共生，有的在鲕状赤铁矿的边缘出现，与鲕状赤铁矿形成边缘结构。

1.2.3 褐铁矿型

我国目前已探明的褐铁矿资源储量有 12.3 亿吨，占全国探明铁矿储量的 2.3%，我国褐铁矿资源主要集中分布于云南、山东、广东、广西、江西等地，其整体分布状况如表 1-4 所示。

表 1-4 我国褐铁矿资源分布状况

序号	省自治区、直辖市	储量/万吨	序号	省自治区、直辖市	储量/万吨
1	云南	35649.4	11	河南	1705
2	山东	19236.8	12	山西	1537.9
3	广东	16667.1	13	湖南	1233.9
4	广西	13132.7	14	湖北	1101
5	江西	7386.3	15	新疆	823.8
6	海南	5372.9	16	陕西	306.2
7	福建	5328.2	17	甘肃	199.4
8	安徽	4553.1	18	内蒙古	67.3
9	贵州	4426.7	19	北京	56.1
10	四川	2772.2	合计		122561

褐铁矿是经由其他矿石风化后生成，属于含水氧化铁矿石，其在自然界中分布最为广泛。褐铁矿石含铁量一般在 37%~55%，其成分非常不稳定，此外具有很强的吸水性，这些原因导致其在碎磨过程中易发生过粉碎现象。褐铁矿的矿床分为风化淋滤型、残余型及沉积型几大类，属于难选铁矿石。目前，褐铁矿可以通过单一选别流程和联合选矿流程进行工业分选。由于褐铁矿中富含结晶水，因此采用物理选矿方法，铁矿精矿品位很难达到 60%，但与菱铁矿相同，焙烧后因烧失较大而大幅度提高铁精矿品位。近年来，随着新型高梯度强磁选机和新型高效反浮选药剂的

研制成功，强磁选、反浮选、正浮选、焙烧—磁选联合流程等都取得明显进展。山钢集团在塞拉利昂的唐克里里铁矿已探明储量为137亿吨，浅部为含铁品位为50%的褐铁矿资源，传统选矿工艺流程复杂，铁回收率难以提高，通过采用磁化焙烧的方式可将褐铁矿还原成磁铁矿进而实现铁资源短流程高效回收。

1.2.4 菱铁矿型

我国目前已探明菱铁矿储量为18.34亿吨，占铁矿石探明储量的3.4%，储量居世界前列，主要集中分布于湖北、四川、云南、贵州、新疆、陕西、山西、广西、山东、吉林等省（自治区），特别是在贵州、陕西、山西、甘肃和青海等西部缺水地区，其菱铁矿资源一般占全省铁矿资源总储量的一半以上，如陕西柞水县大西沟菱铁矿矿床储量超过3亿吨。菱铁矿含铁品位较低，纯菱铁矿理论品位仅为48.2%，且存在诸多镁、锰类质同象现象，绝大多数菱铁矿理论品位在32%~45%。大多数菱铁矿与赤铁矿、褐铁矿等铁矿物共生，具有开发价值的单一菱铁矿床较少。

菱铁矿按成因主要分为两种[24]，一种为沉积成因形成的菱铁矿，如辽宁东鞍山铁矿、陕西大西沟铁矿、甘肃镜铁山铁矿等，多产于黏土或页岩层和煤层，常与赤铁矿、针铁矿、褐铁矿等多种含铁矿物共生；一种是热液成因的菱铁矿，这种类型的菱铁矿常与硫化矿如方铅矿、闪锌矿、磁黄铁矿等共生，也存在极少的菱铁矿以单独的菱铁矿脉存在，热液成因的菱铁矿有江苏梅山铁矿、湖北大冶铁矿和云南王家滩铁矿。

菱铁矿化学式为$FeCO_3$，晶体结构属于三方晶系，方解石型结构，晶体呈菱面体状、短柱状或偏三角面体状，晶体中的Fe^{2+}常被镁锰元素离子置换，形成多元类质同象矿物。菱铁矿全铁理论品位只有48.27%，要低于磁铁矿和赤铁矿形铁矿石理论品位，这也是传统选矿工艺，如磁选、重选等常不能获得较高品质产品的原因之一。其次菱铁矿极少以单独的菱铁矿脉存在，不仅有复杂的伴生矿物，并且处在氧化带的菱铁矿化学性质不稳定，极易转变成褐铁矿、针铁矿等次生矿而形成铁帽[25]。菱铁矿中常存在铁元素的镁、锰类质同象矿物，直接导致了菱铁矿理论品位降低，大西沟菱铁矿石因为类质同象矿石的存在，理论品位只能达到39.8%[26]。传统选矿工艺所得菱铁矿精矿，在烧结过程中，烧结性能差和所造球团易粉化，大大增加了冶金工艺的生产难度。以上因素共同造成了国内菱铁矿资源品位低、分选难度大、利用率低的现状。陕西大西沟菱铁矿中菱铁矿与褐铁矿的比例为6∶4左右，原矿性质的变化导致选别指标变差，大西沟矿业公司改造了现有的工艺流程，增加了精选作业与回收系统，延长了精选作业的时间，同时加大了捕收剂的用量，工业实践结果表明，在原矿品位为29.25%时，获得了精矿产率、精矿铁品位及铁回收率分别为36.39%、60.63%及75.42%的良好指标[27]。

1.2.5 镜铁矿型

镜铁矿是赤铁矿的亚种，呈现金属光泽的鳞片状或片状的赤铁矿集合体。主要有热液型、沉积变质型、矽卡岩型，其中沉积变质型镜铁矿工业价值最高[28,29]。已经发现较大的镜铁矿矿体主要分布在安徽霍邱、甘肃酒泉地区，其中安徽的李楼镜铁矿已探明储量近 3 亿吨，矿石含铁矿物主要为镜铁矿，含有磁铁矿、赤铁矿、褐铁矿等；脉石矿物主要为石英。李楼镜铁矿石主要以鳞片变晶结构为主，粒度主要在 0.05～0.25mm 之间，还有少量为 0.25～0.5mm，在磨矿细度-0.074mm 占 79%的条件下，铁矿物的解离度可达 90%以上。该矿的矿物单体解离度高，易选磁铁矿较少，同时难选的赤褐铁矿较多，属于难选弱磁性铁矿。甘肃的镜铁山式铁矿石已探明储量近 6 亿吨，主要为镜铁矿、褐铁矿、菱铁矿为主的混合红矿，主要脉石矿物为碧玉和千枚岩。矿石中铁品位为 30%～40%、SiO_2 含量为 20%、S 含量为 0.1%～2.8%。矿石呈现条带状构造，条带由镜铁矿、菱铁矿、重晶石和碧玉组成。由于矿物浸染粒度细，结晶颗粒粒度为 0.02～0.5mm，需要细磨至-0.074mm 占 95%以上才能单体解离，脉石矿物含铁较高，褐铁矿与菱铁矿含量高，矿物间共生关系复杂，导致其可选性很差。

我国的镜铁矿较为难选，主要以单一强磁选、强磁—反浮选、磁化焙烧—弱磁选工艺为主。通常情况下，由于铁矿物中除镜铁矿外，若含有褐铁矿或菱铁矿，传统方法选别难度大，难以获得理想的选别指标，而采用磁化焙烧—弱磁选所得产品指标优于单一磁选和强磁—反浮选工艺的指标，但获得理想的选别指标，仍需要进一步的研究[30]。

1.3 难选铁矿石选矿技术概况

1.3.1 典型难选铁矿石选矿工艺

1.3.1.1 鲕状赤铁矿铁矿石

A 宁乡式鲕状赤铁矿

宁乡式鲕状赤铁矿资源储量丰富，由于鲕状赤铁矿嵌布粒度极细，且常与菱铁矿、褐铁矿、鲕绿泥石、黏土和含磷矿物共生、胶结或相互包裹，因此采用常规选矿方法很难达到富铁低磷的指标，所以宁乡式鲕状赤铁矿被公认为最难选铁矿石类型之一[31,32]。针对不同工艺类型，结合矿区矿石具体性质，研究适合其资源特性的选冶工艺技术，是整体开发利用我国宁乡式铁矿资源的正确途径。

针对宁乡式铁矿提铁降磷，实验室研究较多的工艺整体上分为单一流程选别工艺和联合流程选别工艺。单一流程选别工艺主要有常规的重选、磁选、浮选等；联合流程选别工艺主要有磁化焙烧—磁选—反浮选、直接还原—磁选、脱泥—反浮选、絮凝—磁选、解胶浸矿等。其中磁化焙烧—磁选—反浮选和直接还原—磁选是比较有发展前景的工艺。

a 单一流程选别工艺

单一流程选别工艺具有流程结构简单、工艺成本低的特点，主要包括常规的重选、磁选、浮选等选矿工艺。

重选法不仅成本低，而且对环境影响小，是处理粗粒级赤铁矿的有效方法。重选设备的处理能力和回收率会随着粒度减小而降低，常规的重选处理设备的粒度下限为0.037mm，重选可以在较粗磨矿细度条件下，分离一部分脉石，不仅能极大降低磨矿成本，而且对于后续选别也是有利的。

中南大学姜涛等[33]采用阶段磨矿—重选（螺旋溜槽和摇床）的工艺流程处理湖南某地的鲕状赤铁矿，获得了良好的分选指标。该工艺流程在磨矿的过程中，添加水玻璃作为分散剂，最终结果得到了铁品位为60.72%、铁回收率34.55%的铁精矿。朱江[34]在磨矿细度-0.076mm占80%条件下，对湖北宜昌某高磷鲕状赤铁矿进行了螺旋溜槽粗选—中矿再选流程试验，最终结果得到了铁品位为60.72%、铁回收率34.55%的铁精矿，但精矿中磷含量为0.981%，远高于冶炼对磷的最低要求。北京矿冶研究总院分别用重液分选、摇床、隔膜跳汰机、水力旋流器、Folcon离心流膜选矿机等进行了重选试验，结果显示各种方法的分选效果均不理想。由于鲕状赤铁矿中矿物嵌布粒度微细的特点，通过采用单一重选难以获得高质量的合格精矿产品。

随着新型立环脉动高梯度磁选机的研制成功，能较大幅度地降低有效分选粒度下限，较好地解决了堵塞与夹杂问题，为高磷鲕状赤铁矿的提铁脱磷提供了一条新的途径。

文勤等[35]用SLon高梯度强磁选机使用一次粗选一次扫选的工艺流程处理了鄂西某鲕状赤铁矿，并做了一次粗选一次扫选的闭路试验，最终得到了铁品位为52.37%、回收率为86.31%的精矿，获得了较好的分选指标。肖巧斌[36]对云南某鲕状赤铁矿进行了湿式强磁选试验，试验结果表明，强磁选仍然不能有效地降低铁精矿中的磷，脱磷的效果不佳，铁的回收率较低，这主要是因为在该矿中铁和磷是紧密共生的。

浮选适于处理细粒及微细粒物料，用其他选矿方法难以回收小于10μm的微细矿粒，也能用浮选法处理。因此，浮选法被广泛用于细粒嵌布的金属及非金属矿物的分选。

肖巧斌[36]使用油酸和氧化石蜡皂对某鲕状赤铁矿进行了反浮选研究，由于磷在矿石中嵌布粒度极细、-0.058mm（-250目）产品中磷的含量最高，当磨矿细度-0.074mm占90%，反浮选脱磷效果非常差，获得精矿含铁50.92%，含磷 1.64%。

b 磁化焙烧—磁选—反浮选联合工艺

磁化焙烧技术是矿石在焙烧炉中加热并在适宜的气氛中进行复杂的物理化学作用，使弱磁性铁矿物转变为强磁性铁矿物，焙烧后利用矿物间磁性的差异磁选后可得到较高的选别指标。采用磁化焙烧的方式改变鲕状赤铁矿的磁性，将赤铁矿转变为磁铁矿，为选别创造条件。磁化焙烧工艺能简化选别流程，获得较高的铁精矿品位和回收率指标，具有焙烧精矿易于烧结、易于脱水和过滤等优点。但磁化焙烧基建投资和生产费用较高，为此，研发新型焙烧设备，节能降耗，是该工艺工业化应用的前提。

长沙矿冶研究院余永富院士团队开发了闪速磁化焙烧技术。该技术具有工艺参数操作范围较宽、控制方便、单位产能高、矿石还原速度快、时间短、能耗低等优点。“磁化焙烧—磁选—反浮选”工艺过程是，原矿经闪速炉磁化焙烧后，采用弱磁选获得粗精矿，然后采用反浮选脱磷脱硅，进一步提高精矿品质，其最佳试验指标为：最终磨矿细度为-0.037mm 占 95.83%，铁精矿 TFe 60.17%，P 含量 0.24%，TFe 回收率 81.99%[37]。

东北大学韩跃新教授[38]研究团队自主研发了悬浮磁化焙烧成套技术，针对湖北五峰鲕状赤铁矿开展了悬浮磁化焙烧试验研究，确定了入炉物料磨矿细度为-0.074mm（-200 目）占 80%，还原剂氢气浓度为 30%，还原温度为 650℃，还原时间为 10s 时，焙烧产物磁选精矿中铁品位为 58.32%，铁回收率为 85.76%。

王国军等[39]对湖北巴东鲕状赤铁矿采用循环流化床磁化焙烧—弱磁选试验研究。对试验矿样进行磁化焙烧后，经过阶段磨矿、一粗一精两次弱磁选，可以获得铁品位为 56.60%，铁回收率为 77.79%的铁精矿，证明采用循环流化床焙烧技术处理鲕状赤铁矿是可行的。

c 直接还原—磁选工艺

采用高品位的铁矿石进行直接还原，其产品直接作为炼钢的原料，这已是一个成熟的技术，并在工业中广泛采用。直接还原过程是个冶金物理化学过程，涉及铁矿物和脉石矿物相变及其相互作用。在高温还原环境中赤铁矿被还原成金属铁，金属铁在高温下通过一定程度的聚集长大，使得鲕状结构转变为粒度粗大的粒状结构，改变铁的赋存状态。这个过程涉及一个化学还原过程和铁富集的物理过程。高磷赤铁矿直接还原过程中铁颗粒的重建和长大，是实现铁和磷以及硅分离的前提。

孙永升等[40]在原料均为-2mm，还原温度 1350℃，还原时间 50min，铁矿与煤的配比 3∶2 的工艺条件下，可以得到金属化率 97%左右的还原物料，磁选后精矿铁品位达 85%以上，铁的回收率达 92%以上。研究发现，在直接还原焙烧的过程中，赤铁矿按照如下反应路径被还原为单质铁：$Fe_2O_3 \rightarrow Fe_3O_4 \rightarrow FeO \rightarrow Fe$，随着还原时间的增加，金属铁颗粒由几微米长大到10μm以上。

赵志龙等[41]对鄂西高磷鲕状赤铁矿球团直接还原磁选的研究表明，温度1323~1523K，配煤量过量5%~15%，还原时间在15~30min，金属化率71%，经过磁选，精矿TFe 68.44%，磷的含量降低了55%。由此可见，该研究提铁效果较好，但是铁矿中的磷有待进一步脱除。

d 其他工艺

鲕状赤铁矿由于嵌布粒度极细，且硬度低，在磨矿过程中容易产生大量矿泥，矿泥在微细粒矿物表面形成罩盖，恶化选别环境。预先脱泥可以消除矿泥在浮选中的不良影响，确保浮选顺利进行，有利于提高最终铁精矿质量。中国地质科学院矿产综合利用研究所采用新型脱磷及脱硅药剂对湖北官店鲕状赤铁矿开展了重选脱泥—反浮选工艺的扩大连续试验。在原矿细磨至-0.075mm占92.50%，经重选脱泥后，采用反浮选工艺，配以自主研发的浮选药剂，取得了铁精矿TFe品位57.32%，TFe回收率80.7%，P含量0.28%的分选指标。

针对鲕状赤铁矿有用铁矿物嵌布粒度微细的特点，通过细磨后采用选择性絮凝预处理工艺，以提高铁矿物的表观尺寸，满足后续选别作业的粒度要求，从而实现铁矿物的有效回收。河北省矿业开发与安全技术实验室对某地鲕状赤铁矿采用絮凝—强磁选工艺流程进行选别。试验结果表明采用絮凝—强磁选工艺，在最佳的试验条件下，经过1次粗选、1次扫选，可以得到精矿铁品位为55.51%，铁回收率为76.02%的选矿指标。选择性絮凝分选工艺的技术关键是新型高效选择性絮凝药剂的开发，提高药剂选择性，实现铁矿物的高效团聚。

酸浸是以硝酸、盐酸或硫酸对矿石进行酸浸脱磷，从技术上说是一种较为有效的脱磷方法，矿石中的磷矿物无须完全单体解离，只要暴露出来与浸出液接触就可达到降磷的目的。缺点是脱磷耗酸量大、成本高，易导致矿石中可溶性铁矿物溶解，造成铁的损失。

近年来，利用微生物处理矿产资源的研究非常活跃，仅就溶磷方面而言，就已经发现很多种细菌、真菌、放线菌都具有溶磷作用。它们主要通过代谢产酸降低体系的pH值，使磷矿物溶解。同时，代谢产酸还会与Ca^{2+}、Mg^{2+}、Al^{3+}等离子形成络合物，从而促进磷矿物的溶解。研究表明，有的细菌具有过量摄磷的特性，这也是微生物脱磷的机理之一。

B 宣龙式鲕状赤铁矿

1914年中国政府农商部矿政司顾问安德森、米斯托等人在张家口龙关、庞家堡、烟筒山勘察发现赤铁矿床，因该类型铁矿主要分布于河北宣化、龙关一带，故而得名“宣龙式”铁矿[42]。与宁乡式鲕状赤铁矿类似，宣龙式鲕状赤铁矿嵌布粒度极细，且经常与菱铁矿、鲕绿泥石和含磷矿物共生或相互包裹，因此宣龙式鲕状赤铁矿也是目前国内外公认的最难选铁矿石类型之一。

白丽梅等[43]对宣龙式鲕状赤铁矿摇床分选显示，当给矿品位 TFe 46%~47%时，通过改变磨矿细度进行摇床分选，摇床重选结果表明中矿和尾矿品位都很高。当磨矿细度从-0.074mm 含量为 65%提高到 95%时，精矿品位从 59.89%提高到 62.40%，尾矿由 41.48%上升到 43.09%，中矿却由 43.94%上升到 55.28%，磨矿细度的增加导致摇床分选中矿品位增大。

牛福生等[44]对宣钢龙烟鲕状赤铁矿资源进行了阶段磨选的强磁—反浮选工艺试验研究。试验结果表明，以 SLon 脉动高梯度磁选机为强磁选设备，以 NaOH、淀粉、CaO 和 TS 系列捕收剂为反浮选药剂，在一段为-0.074mm 占 65%、二段为-0.074mm 占 95%的磨矿细度下，经过二次强磁选和一粗一精反浮选，可以获得较好的分选指标，精矿铁品位为 62.34%、铁回收率为 53.07%。

刘红召等[45]采用深度还原—弱磁选工艺对宣龙鲕状赤铁矿开展了试验研究。在原矿磨矿细度为-0.074mm 占 70%、煤粉添加量为 20%、还原温度为 1350℃、保温时间为 50min 条件下的深度还原产物的铁金属化率达到 97%以上，还原产物碎磨至-0.074mm 占 70%后经一次弱磁选（磁场强度为 90kA/m），可以获得铁品位为 88.79%，回收率为 92.85%的优质铁粉。

鲕状赤铁矿被公认为最难选的铁矿石类型之一。针对不同工艺类型，结合矿区矿石具体性质，研究适合其资源特性的选冶工艺技术，是整体开发利用我国鲕状赤铁矿资源的正确途径。大量选矿试验研究结果表明，采用单一流程选别工艺难以实现鲕状赤铁矿的高效开发利用，但单一流程选别工艺可以作为预富集流程，能够大幅度降低后续选别作业的处理量和生产成本。传统的物理选矿工艺在不改变矿石性质的条件下很难实现有用矿物的选别，因此对矿石进行磁化焙烧、脱泥、絮凝等预处理，并结合“重、磁、浮”等多种选矿方法以及选冶联合工艺才能实现我国鲕状赤铁矿资源的开发利用。

1.3.1.2　褐铁矿铁矿石

我国褐铁矿资源储量丰富，由于褐铁矿中富含结晶水，因此采用物理选矿方法，铁精矿品位很难达到 60%，与菱铁矿类似，焙烧后因烧失较大而大幅度提高铁精矿品位。褐铁矿在磨矿过程中极易泥化，难以获得较高的金属回收率。近年来，随着新型高梯度强磁选机和新型高效反浮选药剂的研制成功，强磁选、反浮选、正浮选、焙烧—磁选联合流程等都取得了明显进展。

王毓华等人[46]针对广东某褐铁矿矿石共生关系简单的特点，采用强化矿浆分散阳离子反浮选脱硅工艺，即采用 1250g/t 碳酸钠和 600g/t 水玻璃实现矿浆的强化分散，在磨矿细度为-0.074mm 占 80%、十二胺用量 200g/t、浮选时间

18min 的条件下，选别该褐铁矿矿石，获得铁精矿铁品位为 59.25%、全铁回收率为 83.42%的指标。另外，谢兴中等人[47]采用单一反浮选、脱泥—单一阳离子及阴阳离子捕收剂联合等技术方案对某褐铁矿进行分选试验研究。试验结果表明，采用新型 DTL 阳离子表面活性剂脱泥、氧化钙活化含硅矿物、淀粉抑制铁矿物、油酸及十二胺联合使用的新工艺方案，取得了良好的分选指标，经脱泥和反浮选后，得到含铁品位为 57.18%、铁回收率 74.90%的褐铁矿精矿。

近年来，随着新型高梯度强磁选机及新型高效反浮选药剂的研制成功，中钢集团马鞍山矿山研究院对铁坑铁矿褐铁矿进行了大量研究工作。其中强磁选—反浮选—焙烧联合工艺试验研究结果表明，反浮选精矿铁品位可达到 57.00%、SiO_2 含量降至 5.00%左右，经焙烧后产品的铁品位可达到 64.00%以上。与焙烧—磁选—反浮选联合工艺相比，生产成本大幅度下降，使该类型铁矿石具有了经济开发利用价值。

李永聪等人[48]针对新疆某含褐铁矿和含铁硅酸盐矿物的铁矿石，采用浮选、重选、磁选和焙烧磁选等选矿方法进行试验研究。试验结果表明，在原矿品位 46.50%的情况下，焙烧磁选工艺可获得铁精矿品位 59.20%、回收率 92.90%的技术指标。其不同选矿方法的选别指标如表 1-5 所示。从经济方面考虑，建议采用弱磁选—强磁选—正浮选工艺或分级—重选—细粒级浮选工艺联合流程比较适宜。

陈雯[49]采用絮凝—强磁选回收某易泥化褐铁矿，在铁精矿品位保持不变的前提下，可大幅度提高金属回收率。研究结果表明，与直接强磁选相比，絮凝—强磁选工艺可将某含大量易泥化褐铁矿铁矿石的金属回收率提高 10~15 个百分点，认为提高絮凝—强磁选作业分选效率的关键在于正确把握分散、絮凝过程。

张桂兰等人[50]对山东威海某低品位（原矿品位 TFe 25.34%）褐铁矿石进行了选矿研究，比较了 6 种不同选矿工艺的选矿指标，试验结果如表 1-5 所示。

表 1-5 山东某地铁矿选矿工艺与选矿指标对比 （%）

选别方法	精矿产率	精矿品位	回收率
二段强磁选	38.90	47.17	71.93
焙烧—弱磁选	36.33	61.10	87.91
单一弱碱性浮选	53.04	36.92	76.17
单一弱酸性浮选	54.00	41.55	87.58
强磁选—弱碱性浮选	42.04	46.36	79.70
强磁选—弱酸性浮选	38.50	48.42	73.07

1.3.1.3 含菱铁矿铁矿石

我国菱铁矿资源丰富，储量居世界前列，但是矿石采、选、冶均较困难，造成其利用率很低，陕西大西沟利用的菱铁矿不足总储量的10%。由于菱铁矿的理论铁品位较低，且经常与钙、镁、锰呈类质同象共生，因此采用物理选矿方法，铁精矿品位很难达到45%以上，比较经济的选矿方法是重选、强磁选，但难以有效地降低铁精矿中的杂质含量，而采用强磁选—浮选联合工艺能有效地降低铁精矿中的杂质含量。

虽然采用物理方法很难使菱铁矿精矿品位达到45%以上，但是菱铁矿自身具有自熔性和烧损性，矿石经600~700℃左右的高温焙烧后放出CO_2，铁的品位一般可提高10~20个百分点。经焙烧后，菱铁矿转为磁铁矿，具有强磁性，经弱磁选即可富集，铁品位一般会提高10个百分点以上，满足了钢铁冶炼对铁精矿的要求，因此焙烧—磁选是处理菱铁矿石最为常见的选矿方法。

A　焙烧—磁选技术

磁化焙烧是物料或矿石加热到一定的温度后在相应的气氛中进行物理化学反应的过程。菱铁矿是铁的碳酸盐，经中性或弱还原气氛焙烧后，二氧化碳从矿石中分解出来，矿石品位立即得以提高，而且铁矿物的磁性显著增强，脉石矿物磁性则变化不大，从而可利用高效的弱磁选将物料分离。例如，酒钢的块矿竖炉磁化焙烧—磁选工艺，从1972年投产，至今近50年的历史；我国菱铁矿储量最大的陕西省大西沟菱铁矿已建成两条回转窑焙烧（以煤为燃料）—磁选—浮选的生产线，为低品位复杂菱铁矿的工业应用奠定了坚实的技术基础。

按照菱铁矿磁化焙烧的反应气氛与化学过程，影响菱铁矿磁化焙烧的因素主要有焙烧方法、焙烧工艺与焙烧炉、焙烧燃料与还原剂、焙烧温度和还原时间等，适于菱铁矿磁化焙烧的生产操作条件见表1-6。物料的焙烧粒度、磁化焙烧炉以及焙烧时间等因素对焙烧效果影响最大。

表1-6　影响菱铁矿磁化焙烧的主要因素及其生产操作条件

磁化焙烧主要因素	适于菱铁矿磁化焙烧的生产操作条件
焙烧方法	还原焙烧、中性焙烧、氧化还原焙烧、γ-磁化焙烧等
焙烧工艺与焙烧炉	竖炉块矿焙烧（75~15mm）、回转窑粉矿焙烧（15~0mm）、多膛炉和沸腾炉粉矿焙烧（5~0mm）、流态化焙烧炉（3~0mm）
焙烧燃料与还原剂	固、液、气态还原剂均可，如褐煤、泥煤、重油、煤气、高炉煤气
焙烧温度	一般控制在650~900℃
焙烧时间	长则6~8h，短则10~15min

文光远等人[51]在实验室对威远菱铁矿进行了焙烧、选矿、烧结和冶金性能的试验研究。研究表明，该矿氧化焙烧后，用水洗选矿法可以获得铁含量高而SiO_2含量低的精矿；若全部破碎到小于6mm，经过水洗、干燥、筛去小于0.8mm部分，可获得铁含量50%左右、SiO_2含量小于20%的精矿，回收率可达

70%；还原焙烧—磁选可获得铁含量为58%左右、SiO_2含量约10%的精矿，回收率可达35%~40%；6~30mm氧化焙烧矿的还原性特别好，还原度可接近100%；威远菱铁矿的氧化焙烧矿的烧结性能好，在8%燃料配比条件下，烧结矿的成品率高，机械强度高，冶金性能好。

罗立群等人[52]对陕西大西沟菱铁矿矿石进行了试验研究。试验结果表明，应用中性磁化焙烧—干式自然冷却—异地磁选技术，将在700℃下焙烧70min的焙烧矿先封闭冷却至400~300℃，再排入空气中冷却至室温，可形成强磁性的磁铁矿和γ-Fe_2O_3；焙烧矿磁选流程试验获得了铁精矿品位59.56%~59.37%、铁回收率达72.03%~73.72%的良好指标，为水资源缺乏的西部地区丰富的菱铁矿资源找到了新的开发利用途径。

刘宁斌等人[53]介绍了王家滩菱铁矿焙烧磁选实验室的试验情况。试验结果表明，菱铁矿经焙烧后有较大部分可变为强磁性矿物，采用弱磁选可以得到精矿品位56.07%~57.83%的铁精矿。700℃焙烧磁选的分选指标较好，精矿品位57.83%，产率58.88%，回收率为91.19%。焙烧矿中二氧化硅的含量较高，在31.00%以上，经过分选可降到5.08%以下；焙烧矿中硫的含量最低为0.190%，经过分选以后，在精矿中对应的含量最低降到0.068%。

中性还原磁化焙烧—弱磁选是最可靠的菱铁矿选矿技术，虽然加工成本较高，但随着铁矿资源紧缺和价值的升高，该技术的研究和应用逐渐趋于升温。块状铁矿石（15~75mm）采用竖炉焙烧已具有长期成功的生产实践，而对于粉状铁矿石的焙烧，虽然进行过包括沸腾炉、回转窑焙烧等大量技术研究，但至今尚未有大规模的生产实践。余永富教授对富含菱铁矿的难选贫铁矿资源（包括原矿和中矿），实施闪速磁化焙烧技术，在数秒的时间内，实现了难选贫铁矿资源的磁化焙烧过程。

B 强磁选及其相关分选技术

菱铁矿或镁菱铁矿具有弱磁性，比磁化率为$(35\sim150)\times10^{-9}m^3/kg$，平均达到$116\times10^{-9}m^3/kg$，如表1-7所示。虽然矿石品位低、矿物组成复杂，随着强磁选工艺技术的发展和装备水平的提高，用强磁选技术可以成功分选包含（镁）菱铁矿在内的赤铁矿、镜铁矿、褐铁矿等弱磁性铁矿物，且达到了满意的效果。

表1-7 菱铁矿及其他铁矿物的比磁化率

铁矿物名称	比磁化率/$m^3\cdot kg^{-1}$
菱铁矿	$(35\sim150)\times10^{-9}$
赤铁矿	$(50\sim250)\times10^{-9}$
镜铁矿	$(6.5\sim82.69)\times10^{-9}$
褐铁矿	$(25\sim200)\times10^{-9}$

续表 1-7

铁矿物名称	比磁化率/$m^3 \cdot kg^{-1}$
磁铁矿	$(25 \sim 100) \times 10^{-6}$
假象赤铁矿	$(0.2 \sim 10) \times 10^{-6}$
钛（磁）铁矿	$(0.2 \sim 32) \times 10^{-6}$
磁黄铁矿	$(4 \sim 8) \times 10^{-6}$

20 世纪 80 年代在工业上应用的 Shp 系列湿式强磁选机用于选别富含菱铁矿的酒钢粉矿，使酒钢上千万吨粉矿得以应用，已有三十多年的生产实践；长沙矿冶研究院 20 世纪 90 年代对大西沟菱铁矿的扩大试验表明，将弱磁选后的菱铁矿用 SLon 强磁选机抛尾，铁品位由 23.17%提高到 28.77%，且抛去总产率为 24.70%、铁品位 8.37%的尾矿；球团后焙烧的总精矿铁品位达 59.18%，铁回收率为 81.95%。

近年来，随着新型立环脉动高梯度强磁选机在工业上的成功应用，有效地提高了分选包含菱铁矿在内的弱磁性氧化铁矿物的分选指标。针对 SLon 系列强磁选回收率低的状况，采用流膜磁分离技术对强磁选机进行改进，对富含菱铁矿的酒钢粉矿，在适宜的选别条件下，铁回收率成功地提高了 4.82~5.88 个百分点，而且工业改造易于进行、改造费用低。艾永亮[54]在褐铁矿磁化的基础上，对菱铁矿在酸性体系中溶解产生铁离子特性，只调节矿浆 pH 值，实现了对细粒菱铁矿的自磁化，并提出温度是影响菱铁矿自磁化的主要因素，在 90℃时，背景磁场强度为 0.4T 下，菱铁矿产率由 53.8%提高到 94.6%，且对含菱铁矿的梅山铁尾矿进行了试验研究，磁选产率提高了 20%。

C　浮选及联合分选技术

从菱铁矿资源的成因来看，因单独的菱铁矿资源很少，且菱铁矿本身含铁较低，工业上应用弱磁性铁矿物的浮选分离大多指包含菱铁矿在内的赤铁矿、褐铁矿、镜铁矿等含铁矿物。对菱铁矿等弱磁性矿物的浮选，主要有正浮选富集铁和反浮选脱硅等两大浮选工艺。目前工业生产上菱铁矿的浮选，主要为含菱铁矿的混合铁矿物的浮选，总体工艺以含弱磁性铁矿物的选别为目标。菱铁矿的复合分选技术及其表面化学性质、疏水絮凝和表面吸附特征的研究相当活跃。

何廷树等人[55]采用高模数水玻璃（$m=3.1$）作分散剂，阴离子聚丙烯酰胺作絮凝剂，同时用六偏磷酸钠消除 Ca^{2+}、Mg^{2+}的影响，采用选择性脱泥工艺，能有效地回收细粒菱铁矿石。

东北大学[56]针对东鞍山含碳酸盐（菱铁矿含量 5%左右）铁矿石，系统研究了在油酸钠体系中以淀粉和氧化钙为调整剂时主要矿物赤铁矿、菱铁矿、磁铁矿、石英等矿物的可浮性以及人工混合矿和实际矿石的浮选分离特性，研究发现在中性条件下，菱铁矿的可浮性较好，可以实现与赤铁矿、石英和磁铁矿的浮选分离。在淀粉用量800g/t、RA715用量100g/t时，有55%左右的菱铁矿可以被浮选分离，从而改善赤铁矿的浮选。

D 预还原技术

由于高炉对铁原料要求的提高、电弧炉炼钢的增长以及非高炉炼铁技术的发展，以$FeCO_3$形式存在的菱铁矿显然不能适应钢铁工业发展的需要。因此，开展以菱铁矿为原料的预还原技术生产高炉冶炼原料与海绵铁的研究具有重要的实际意义。重庆大学对含铁37.00%的菱铁矿精矿，煤基回转窑预还原的结果表明，预还原后矿石品位提高到55.00%左右，金属化率达到60%，将预还原矿配矿后在18.6m^3高炉冶炼，高炉顺行，产量增加5%~7%，焦比大幅度降低。采用固定床罐式法的还原结果表明，能够得到含铁55.00%，金属化率大于90%的还原矿，经选别后，可得到TFe品位大于80.00%、SiO_2含量为6.00%左右的海绵铁，可望为菱铁矿的有效利用开辟新的途径。

1.3.1.4 吉林羚羊铁矿石

吉林羚羊铁矿石即为吉林大栗子临江式原生铁锰矿，主要分布在吉林省临江市大栗子镇地区，矿石被称为羚羊石或鲕绿泥石，也称为临江市铁锰矿石。矿石全铁品位在30%~40%之间，属中低品位酸性铁矿石。工艺矿物学研究表明，吉林临江羚羊铁矿石主要铁矿物为磁铁矿、褐铁矿、赤铁矿，另有一定量的黑锰矿、硅酸铁矿物，矿石构造呈浸染状、角砾状、网脉状、蜂窝状和胶状，铁矿物颗粒粗细不均。矿石中含有少量的硫化物，主要为黄铁矿、黄铜矿和磁黄铁矿；次生硫化物为斑铜矿、铜蓝。另外，矿石中还含有很少量的钴硫砷铁矿。脉石矿物主要为石英，硅酸铁矿物如绿泥石等次之；次要矿物还有磷灰石、独居石、高岭石和金红石等[57]。

吉林临江羚羊铁矿中的铁赋存于多种铁矿物之中，包括磁铁矿、褐铁矿、菱铁矿、赤铁矿、磁黄铁矿，原矿中的铁在各种铁矿物中的分布情况见表1-8（李艳军，2012年）。

表1-8 铁在铁矿物中的分布

铁矿物	赤（褐）铁矿	磁铁矿	菱铁矿	磁黄铁矿	黄铁矿	含铁硅酸盐
铁金属分布/%	16.10	9.99	5.50	4.12	0.011	0.22

磁铁矿物晶形相对较好，呈细粒或粗粒嵌布，粒度较适中，但磁铁矿细粒集合体中含有褐铁矿、赤铁矿，并与石英关系密切。褐铁矿嵌布粒度粗细不均，结构构造较复杂。有些褐铁矿中含有Al、Mg、Ca、Si、Mn等杂质，褐铁矿中所含

的锰矿物为黑锰矿。脉石矿物以石英为主，石英与磁铁矿特别是与褐铁矿紧密共生。石英与磁铁矿及褐铁矿常常相互包裹，相互掺杂，并且浸染粒度粗细不均。由于该类矿石选矿难度较大，到目前为止还没有建成选矿厂。

于福家等人[58]针对羚羊铁矿石，分别开展了脱泥—正浮选、脱泥—反浮选、直接强磁选及还原焙烧—弱磁选试验研究，采用常规的单一浮选或磁选工艺均不能实现该矿石的有效分选，而采用焙烧—磁选工艺处理羚羊铁矿，可获得铁品位60%以上，回收率70%以上的铁精矿，选别指标较常规选矿工艺有很大的提高。

印万忠等人[59]采用还原焙烧—弱磁选工艺处理吉林临江羚羊铁矿石，在磨矿细度为-0.074mm 占 95%，焙烧温度为 800℃，焙烧时间为 25min，还原剂煤的用量为矿量的 25%，弱磁选磁场强度 107.43kA/m 的条件下，可以获得铁品位60.83%，铁回收率 64.10%的磁选精矿。

刘杰等人[60]针对吉林临江羚羊铁矿石，以松树沟煤为还原剂，在实验室箱式电阻炉中进行深度还原试验研究。主要考察了还原温度、还原时间、料层厚度以及配碳量对深度还原过程的影响。在还原温度为 1275℃、还原时间 40min、料层厚度 40mm、配煤过剩系数为 3.3 的条件下进行深度还原，还原熟料磨至-0.074mm 占80%后经一次弱磁选可获得全铁品位为 89.99%、回收率为 95.22%的深度还原铁粉产品。

1.3.1.5　共（伴）生稀土矿物铁矿石

内蒙古包头白云鄂博铁矿是我国独特的典型共（伴）生稀土矿物铁矿床，系沉积—热液交代变质矿床，是一个以铁、稀土、铌为主的多金属大型共生矿，白云鄂博氧化矿石占整个矿床储量的50%，在 20 世纪 90 年代约占 60%以上。由于该矿石品位低、矿物成分复杂、共生关系密切、矿物嵌布粒度细而不均、有用矿物价值与脉石矿物可选性差异小，可利用的有价成分多等原因，该矿的选矿问题一直是个世界级的难题。自 1957 年以来，国内外有关科研单位逐步开展了从白云鄂博矿主、东氧化矿中综合回收铁、稀土、铌和萤石的选矿试验研究，其中主要是铁和稀土的回收研究。

20 世纪 50 年代，赤铁矿的浮选药剂及强磁选机尚处于研究阶段，还原焙烧磁选法在工业生产中一直被广泛采用。然而工业生产实践证明，一方面由于白云鄂博氧化矿石含硅低、含萤石较高、结构致密，需延长焙烧时间，造成了该工艺能耗高；另一方面由于焙烧矿矫顽力大，使得剩磁较多，磁团聚现象严重，给磨矿分级和提高精矿质量带来困难，从而造成铁精矿品位较低，杂质含量高。此外，焙烧过程中，氟硅酸盐矿物中的氟部分进入大气，造成环境污染；稀土矿物的表面产生相变、污染，降低了其可浮性，给稀土矿物的回收造成了困难。20 世纪 60 年代末，包钢选矿厂开发出弱磁—浮选—强磁流程，工业试验指标为：

铁精矿品位 55%左右，铁回收率 65%左右，含氟 2.64%；稀土粗精矿（REO）14%~18%，回收率 20%~30%。该流程由于关键强磁设备的分选箱堵塞严重，强磁选作业处于半停产状态，造成铁精矿品位低、铁回收率仅 50%左右，稀土实际回收率只有 4%~5%，因而该流程也在生产过程中逐步被淘汰[61]。

1986 年余永富院士领导的长沙矿冶研究院课题组与包钢选矿厂联合，开始进行弱磁—强磁—反浮选综合回收铁、稀土、萤石和铌的选矿新工艺研究。工业试验结果为：当磨矿细度-0.074mm（-200 目）占 95.5%时，能获得铁精矿品位 60.38%，回收率 73.43%；稀土精矿品位 61.26%~52.61%，回收率 12.16%；稀土次精矿品位 34.48%，回收率 5.19%；萤石精矿品位 86%，回收率 16.6%；铌精矿品位 1.30%，回收率 1.6%的选别指标[61]。新工艺的试验成功，是白云鄂博矿选矿技术上的一次重大突破。1997 年，包钢选矿厂焙烧磁选停止生产，至此，白云鄂博氧化矿石全部进行弱磁—强磁—反浮选工艺流程选矿。

包钢选矿厂自弱磁—强磁—反浮选工艺推广以来，在一定程度上能解决氧化矿选矿问题，有效提高了氧化矿中铁的回收率，综合回收了稀土矿物，为包钢创造了巨大的经济效益。近年来，选厂又对该流程不断改进，提高了弱磁选和强磁选作业铁回收率，采用新型浮选药剂 GE-28，降低了浮选温度，提高了除氟率，使铁精矿品位由 60%~61%提高至 63%。但是在实际生产过程中该流程一直存在着氧化矿铁精矿品位不高、氧化矿中铁回收率不高、铁精矿中硅铁难分离等问题。

谢金球等人[62]对弱磁—强磁—反浮选流程中主要矿物的走向及分布规律研究认为：（1）铁精矿相对氧化矿原矿回收了约 97.93%的磁性铁、26.51%的氧化铁、27.17%的硫化铁和 35.63%的硅酸铁。其中氧化铁回收效果最差，而硅酸铁和黄铁矿有一部分进入铁精矿，对铁精矿质量有一定的影响。（2）稀土氧化物（REO）主要富集在强磁尾矿、强磁中矿和浮选尾矿中，品位分别为 10.33%、11.04%和 11.30%，其分布率分别为 62.57%、22.42%和 8.51%。最终铁精矿含稀土 0.71%、分布率为 3.69%。（3）氟主要富集在强磁尾矿、强磁中矿和浮选尾矿中，氟含量分别为 13.68%、9.74%和 12.24%，氟的分布率分别为 68.49%、16.34%和 7.37%，最终铁精矿中氟分布率为 4.14%。（4）钾、钠矿物主要富集在强磁尾矿、强磁中矿中，其含量（K_2O+Na_2O）分别为 1.29%和 1.85%，分布率分别为 52.29%和 25.14%。但铁反浮选作业无降钾、钠作用，铁精矿中钾、钠含量（K_2O+Na_2O）为 0.66%，其分布率为 18.21%。（5）硅主要富集在强磁尾矿和强磁中矿中，二氧化硅含量分别为 12.77%和 14.33%，其分布率分别为 56.66%和 21.22%。经过反浮选作业，硅在铁精矿中有所富集，含量升高到 5.5%，其分布率为 17.38%。

张鉴[63]对弱磁—强磁—反浮选工艺流程分析指出：微细粒弱磁性铁矿物在

强磁选作业中回收率偏低导致铁回收率不高；白云鄂博氧化矿中含有相当量的钠辉石、钠闪石、云母及长石等硅酸盐矿物，由于这些矿物本身含有硅酸铁，还嵌布微细铁矿物的包裹体，而目前反浮选工艺无法将这些含铁硅酸盐矿物除掉，从而导致铁精矿质量较差。欲较好地解决弱磁选铁矿物与含铁硅酸盐矿物的分离，较为有效的方法是进行弱磁性铁矿物的正浮选。

樊丽琴等[64]的研究表明在现行处理氧化矿石的弱磁—强磁—反浮选工艺流程中，强磁选、浮选不仅无法去除含铁硅酸盐矿物，而且含铁硅酸盐矿物在强磁选、浮选精矿中得以相对富集。这部分矿物的存在影响了强磁选精矿品位的提高，致使生产中强磁浮选精矿品位徘徊在55%以下；同时，降低了选矿厂综合铁精矿品位，SiO_2、K_2O、Na_2O 等杂质含量升高，白云鄂博矿冶炼性能差，高炉利用系数低。

1.3.2 铁矿石选矿设备

1.3.2.1 破碎设备

碎磨作业是选矿过程中的准备作业，为后续的选别作业提供合格的入选物料。碎磨作业在选矿中占据极其重要的地位，碎磨作业成本在选矿厂的生产费用（主要是电耗、钢耗）中占有很大比例，同时碎磨作业产品的质量（粒度特性、单体解离度、磨矿产品浓度等）对选别作业的指标也有很大影响。其中，选矿厂的碎矿和磨矿的投资占全厂总投资的60%左右，尤其是磁选厂甚至达75%以上；电耗占选矿的50%~60%，生产经营费用也占选厂的40%以上。

根据处理物料的粒度，常将破碎设备分为粗碎、中碎和细碎破碎机。粗碎破碎机属于重型设备，用于将待处理的原料破碎到适合于运输或可用中碎设备处理的粒度，且通常采用开路作业方式。生产中常用的粗碎设备主要有颚式破碎机和旋回破碎机两类。目前生产中应用较多的中碎和细碎设备有圆锥破碎机、辊式破碎机、冲击式破碎机、选择性破碎机、高压辊磨机等。

随着选矿工业的持续发展，碎磨技术领域取得了显著的成就，就碎磨设备而言，将计算机技术、先进的材料、机械加工技术应用于设备研制和优化，研发出了一批高效率、低能耗、易于自动控制的碎磨设备。在碎磨工艺方面，继续采用多碎少磨、预选+阶段磨矿阶段选别方法，使选矿厂最终破碎产品的粒度不断减小，半自磨（自磨）技术和高压辊磨技术得到广泛应用，减少了基建成本和管理成本、噪声污染，简化了碎磨工艺流程。近年来国内新建大型选矿厂如铜陵铜业冬瓜山铜矿、昆钢大红山铁矿、太钢袁家村铁矿、中金乌山铜矿二期、伊春鹿鸣矿业均采用了半自磨工艺替代传统的破碎。

高压辊磨机（high-pressure grinding roller，HPGR）又称辊压机和挤压磨，是以层压粉碎原理工作的高效节能粉碎设备。1984 年高压辊磨机技术出现，1985

年世界第一台高压辊磨机用于水泥行业，1988 年在南非 Premier 金刚石矿应用一台高压辊磨机，至今已有 500 多台应用。已广泛应用于水泥生熟料、石灰石、高炉炉渣、煤及各类非金属矿物的粉碎，现在已用于铁矿石、锰矿石、冶金、球团行业、有色金属矿及各类金属矿的“多碎少磨”“以碎代磨”，以提高物料的粉碎效率[65]。高压辊磨的应用，一方面可以通过降低入磨粒度和改变入磨矿石的物料特性实现多碎少磨；另一方面，由于破碎产品细粒级含量高，并且多沿解理面破碎，使较大产率的预选抛废成为可能，在实现“能抛早抛，能收早收”的同时，可以有效降低过粉碎，节能降耗。

针对传统的三段闭路破碎工艺、半自磨工艺和三段破碎+高压辊磨破碎工艺在各大矿山均有应用，不同的选矿厂结合自身矿石性质、需求与关注点，选择了不同的破碎工艺，总结三种破碎工艺的优缺点主要包含以下方面：

（1）传统碎磨流程：破碎一般采用常规粗、中、细三段一闭路筛分流程，破碎产品最大粒度为 12mm；磨矿一般采用（二）三段球磨作业。该工艺优点主要为常规破碎磨矿流程，技术成熟可靠，生产实践经验丰富，投产达产时间短，大多数选矿厂都采用了此工艺；但其缺点主要为基建投资高、经营费高，工艺流程比较复杂，生产环节多，占地面积大、粉尘污染大，破碎筛分的设备维护保养工作量较大，生产工人多。

（2）半自磨流程：矿石采用一段粗碎作业破碎到小于 250~350mm 后，直接给入半自磨机+球磨机磨矿回路。该工艺主要优点是取消了常规磨矿工艺所必需的中细碎、筛分、物料转运、通风除尘等环节，流程短、配置简单、生产工人少、占地面积少、基建投资低；基本上消除了粉尘污染；生产不受物料水分影响，可处理含水、含泥量多的矿石，适应性强；可以有效降低除了动力以外的生产成本，特别是材料消耗和工人工资，另外，半自磨流程建设周期短，生产操作人员数量相对较少，这种优势对于那些偏僻的地区特别值得考虑。其缺点主要为电耗一般比常规磨矿工艺高，对给矿粒度及其可磨性变化比较敏感，生产易波动，操作及控制相对复杂，达产时间较长、控制水平要求高。

（3）高压辊流程：破碎一般采用常规（二）三段一闭路破碎筛分流程，破碎产品最大粒度一般为 20~30mm，然后给入高压辊磨进行再破碎，最后至球磨机磨矿回路。该工艺具有多碎少磨、碎矿能耗低、降低磨矿功耗、能提高后续磨机处理能力、经营费低等优点。但是其与常规磨矿工艺类似，存在基建投资高，工艺流程比较复杂，生产环节多，占地面积大、粉尘污染大，破碎筛分的设备维护保养工作量较大，生产工人多的缺点。

1.3.2.2　磨矿设备

磨矿作业是物料破碎作业的继续，是物料入选前准备的最后一道工序。尽管近十多年来，超细粉碎及分级技术迅速发展，相继开发高速冲击粉碎机、振动磨机、搅拌磨机、气流磨机、离心辊磨机等磨矿设备，但上述磨矿加工方式均无法在规模化粉体加工生产方面替代球磨机，球磨机仍然是磨矿作业中应用最广泛的设备。磨矿设备经过 100 多年的发展，主要往大型化发展，大型化磨机具有降低初期投资和运行费用、节约能源、提高零部件的可靠性和使用寿命、减少停机时间、提高作业率和回收率等优点。大型磨机普遍采用液压动力和静压轴承、气胎离合器、齿轮润滑使用喷油装置等新技术，使磨机整体技术水平和经济效益得到较大提高，单位电耗平均下降 20%，生产能力增加 10%，单位钢耗下降 40%。世界上主要磨机生产厂家有丹麦 F. L. Smidth 集团旗下的福勒史密斯矿业公司（FFE Minerals，由其子公司 FLS Minerals 和原美国 Fuller 公司重组形成）、芬兰奥托昆普公司（Outokumpu）和 ANI 公司、芬兰美卓矿业公司（Metso Minerals）、德国克虏伯公司（Krupp）、日本的川崎重工以及中国的中信重工等。

近年来，细磨、超细磨装备及技术在金属矿业取得了一系列的突破性进展。美国美卓（Metso）矿业公司生产的塔磨机（Tower mill 现已更名为 Verti mill），在矿业领域被广泛应用于产品 P80 为 15～30μm 的再磨回路，已广泛应用于铜、金、镍、铂族金属等矿石的细磨作业。同样，澳大利亚超达公司（X strata）生产的艾萨卧式搅拌磨机自 1994 年研发成功以来，也成功应用于铅锌、铜、钼、金、铂族金属等矿石的细磨，其磨机最大安装功率可达 310MW。我国第一台立式螺旋搅拌磨机于 20 世纪 90 年代用于乳山金矿，并取得了较好的磨矿效果。目前国内金矿、钼矿等选矿厂已逐渐应用搅拌磨机，且均取得了良好的效果。

搅拌磨机的粉磨过程是电机通过传动装置把动力作用在搅拌器上，而搅拌器再把动力传递给磨矿介质，在整个磨腔内，介质是通过不规则运动对周围的物料持续的施加挤压、摩擦和剪切等作用力实现对物料的粉磨，达到高效粉磨物料的目的。国外应用最普遍的搅拌磨机主要分为：立式搅拌磨机和卧式搅拌磨机。美国美卓（Metso）矿业公司生产的塔磨机，在矿业领域被广泛应用于产品 P80 为 15～30μm 的再磨回路，已广泛应用于铜、铁、镍、铂族金属等矿石的细磨作业。同样，澳大利亚超达公司（X strata）生产的卧式搅拌磨机（Isamill）自 1994 年研发成功以来[66]，也成功应用于铅锌、铜、金银等矿石的细磨。我国第一台立式螺旋搅拌磨机[67]于 20 世纪 90 年代用于乳山金矿，并取得了较好的磨矿效果。2005 年，柿竹园有色金属公司引进搅拌磨再磨磁选工艺，再磨产品-0. 043mm 提高 30 个百分点，且粒度分布较窄，铁精矿品位也达到 65. 20%，解决了长期以来铁精矿品位不能达到 65%的技术难题，取得了显著的经济效益。鞍钢齐大山选矿厂浮选尾矿回收试验[68]，再磨粒度要达到-0. 043mm 占 90%以上，普通卧式球磨机磨矿成本过高，而采用立式搅拌磨机磨矿后，磨矿细度-0. 037mm 可达 90%以上，且能耗比球磨机节约 50%以上。德兴铜矿[69]粗精矿再磨采用普通球磨机时，分级产品粒级范围大，导致不利于铜金矿物的回收及精矿品位的提高，而后采用立式搅拌磨机进行磨矿，磨矿产品粒度范围较窄，解决了欠磨和过磨问题，经一次粗选两次精选获得品位为25.26%的铜精矿。

工业生产实践证明，与传统球磨机相比，搅拌磨机在金属矿山的应用可以有效地解决微细粒嵌布矿石细磨过程中目的矿物难解离、磨矿能耗高的难题。搅拌磨机作为有效的磨矿设备提高了磨矿产品的细度，明显地改善精矿品位和回收率。面对资源贫化、富矿的减少，需要细磨的趋势越来越显著，尽管搅拌磨机已经大型化，并在金属和非金属选矿厂得到广泛的应用，但深入系统的基础理论研究仍有待加强，一些关键技术问题还有待突破。

1.3.2.3 选别设备

近年来铁矿选矿技术的进步也得益于选别设备的创新与发展，其中具有代表性的设备如磁铁矿选矿中的磁选柱（淘洗磁选机或磁悬浮精选机）、弱磁性铁矿选矿中的高梯度磁选机以及大型高效浮选机的应用。

磁选柱是一种新型高效的磁重选设备，通过磁聚合-分散及旋转上升水流使磁铁矿受磁力和水力联合作用，能有效分选出筒式磁选设备夹带进的单体脉石及连生体，提高铁精矿品位和降低 SiO_2 含量。目前国内诸多厂家将该类立式弱磁分选设备称为淘洗机，与传统磁选柱的不同在于，其增大了柱体体积，在筒体内增设了辅助线圈，弥补分选柱体过大而导致中心分选区域磁场强度过低的不足。该类分选设备已广泛应用于各类磁铁矿选矿厂的精选作业，品位提高幅度通常为3~6个百分点；产品规格已经系列化，目前该类立式柱式分选机最大直径可达2m，根据不同规模的需要具备系列化的产品。东北大学研制的DFJX型电磁精选机，该机可提高铁精矿品位2~6个百分点；用于生产超级铁精矿时，在一定的细度下可生产品位为70%以上的超级铁精矿。该设备的最大特点是磁场为复合磁场——既有恒定磁场也有脉动磁场，复合磁场在保证大幅度提高铁精矿品位的同时可直接抛尾，克服普通精选机精选时尾矿品位高，需返回流程并浓缩（浓度低）的缺点。

高梯度磁选机是在普通强磁选机的基础上发展起来的一种新型强磁选机，第一台工业用周期式高梯度磁选机于1969年安装在美国佐治亚州某高岭土公司用于高岭土提纯[70]，由此标志着微细粒磁选回收技术进入崭新的发展阶段。几十年来，伴随着矿产资源开采进度不断加快，资源加工利用难度亦不断加大，磁选装备的研究得到了长足的发展。迄今已开发出多种类型的高梯度磁选机，按照工作方式可分为周期式和连续式机型；按照磁系类型可分为永磁磁系和电磁磁系机型，电磁高梯度磁选机又可分为常规电磁和超导电磁高梯度磁选机；按照物料分选状态可分为干式和湿式机型；按照分选环放置方式可分为平环和立环机型。

20 世纪 80 年代末，熊大和博士发明了立环脉动高梯度磁选机[71]，通过采用不锈钢网介质或棒介质作为捕获铁矿物的结构体，结合矿浆脉动水流和磁介质反向冲洗卸矿的关键技术，有效地改善了磁性产物中脉石矿物机械夹杂及磁介质易堵塞的不利影响，较之其他类型强磁选设备既提高了磁性产物铁品位，同时兼顾了细粒级弱磁性铁矿物的回收。SLon-1000 立环脉动高梯度磁选机的工业试验于 1987 年在姑山选矿厂获得成功[72]，目前 SLon 高梯度磁选机最大规格已达到 4m，已在攀枝花选钛厂得到了应用。由于立环脉动高梯度磁选机在弱磁性铁矿的选矿、非金属矿除铁等矿山领域的应用效果突出且市场前景巨大，2000 年以后国内一批具有电磁技术基础的企业加入高梯度磁选设备的研发和生产队伍，从不同方面对该类型设备进行了技术更新与改进，主要围绕提高设备磁利用率以增大背景磁场强度、设备大型化以及节能降耗等方面展开研发。马鞍山矿山研究院研制的 DMG 率先将电磁立环高梯度磁选机背景磁感应强度提高至 2T，在红柱石除铁的应用领域效果突出[73]。不足的是 DMG 机型分选环直径仅为 1.2m，处理量较小。伴随着设备大型化进程的加快，国内多家磁电设备厂商已具备生产 3m 机型的能力。沈阳隆基电磁科技股份有限公司研制的 LGS 型立式转环感应湿式强磁选机已具有了多个系列的产品，目前最大型号为 3m 机型。该公司通过优化线圈结构，并采用高电压低电流方式降低了线圈的激磁功率，节省了设备运转能耗[74]。山东华特磁电公司已研制出最大分选环直径为 3.6m，背景磁感应强度达 1.8T 的蒸发冷却立环高梯度磁选机[75]，该机利用蒸发冷却介质相变吸热原理有效解决线圈散热问题，大大提高了磁势利用率。

随着设备大型化进程的不断加快，浮选设备大型化在近年新建的大型铁矿选矿厂应用更为广泛。太钢袁家村选矿厂和鞍钢关宝山选矿厂采用了国外的威姆科浮选机和道尔立式浮选机，在流程稳定性与节省厂房用地方面优势显著。2000 年初，北京矿冶科技集团（原北京矿冶研究总院）专门针对铁精矿反浮选工艺研制出反浮选用 BF-T 新型浮选机，在鞍钢集团内多个选矿厂有较好的应用效果。鞍钢集团东鞍山烧结厂 2003 年进行工艺和设备改造，采用两段连续磨矿、中矿再磨—重选—磁选—阴离子反浮选工艺，反浮选作业中使用 BF-T16 型浮选机，改造后铁精矿品位由 60.00%左右提高到 66.00%以上，尾矿品位由 23.00%左右降低到 19.53%左右；鞍钢集团齐大山选矿厂采用阶段磨矿、粗细分选、重选—磁选—阴离子反浮选工艺流程，反浮选作业使用 BF-T10 和 BF-T6 型浮选机，2004 年 4 月以来铁精矿品位一直稳定在 67.00%以上，尾矿品位也由原 12.50%降至 11.14%，SiO_2 由原 8.00%降至 4.00%以下；鞍钢集团齐大山选矿分厂（原调军台选矿厂）采用连续磨矿、弱磁—中磁—强磁—阴离子反浮选的工艺流程，使用 BF-T20 和 BF-T10 型浮选机机组，取得了浮选精矿品位 67.59%、尾矿品位 10.56%、金属回收率 82.24%的指标。在国内铁矿及其他金属选矿厂，BF-T 浮选机均有较好的应用效果。2008年北京矿冶科技集团沈政昌教授带领研发团队研制成功了世界上最大的320m^{3}浮选机，实现了国产浮选机的大规模工业化应用，使我国成为世界上掌握大型浮选机关键技术的3个国家之一。2017年北京矿冶科技集团在江铜集团泗州选矿厂开展了世界首台680m^{3}超大型浮选机工业试验，实现了国内自主研发大型浮选机的重大突破[76]。

1.3.3 铁矿石选矿药剂

近年来伴随着浮选药剂种类的多样化，尤其是反浮选高效捕收剂的研发力度加大，以弱磁—强磁—反浮选工艺为典型代表的国内铁矿选矿工艺指标得到了大幅提升。在铁矿反浮选捕收剂的研发及铁矿物抑制剂的研发方面取得了诸多成果。

1.3.3.1 阳离子捕收剂

胺类捕收剂作为阳离子反浮选工艺的捕收剂之一，获得了很好的浮选指标。胺类阳离子捕收剂主要有酰胺、醚胺、多胺、缩合胺、季铵盐、松香胺、芳香胺及吗啉等。阳离子捕收剂应用于铁矿反浮选工艺在国外比较普遍，如美国密歇根和明尼苏达州以及加拿大的园湖（Knob）铁矿等矿区，早期主要应用脂肪胺，后来逐渐被醚胺所取代。国内对阳离子捕收剂的研究与应用起步较晚，目前使用的阳离子捕收剂主要有：十二胺、醚胺、醚多胺系列等。

针对铁矿石反浮选过程中药剂使用时所需矿浆温度高，东北大学开发了多种不同类型的常温阳离子捕收剂，例如DBA-1及DBA-2，在$-0.074\sim+0.038$mm粒级的石英纯矿物体系下，当pH=8.5、矿浆温度为18℃、DBA-1用量为75mg/L时，石英的回收率为97.30%，表明药剂对石英的捕获效果较好。当石英粒级为$-38\mu m$的范围内，DBA-2用量达到197.5mg/L时，石英的回收率达到96%，表明该药剂对细粒级石英的捕获效果较好；DMA-1、DMA-2对石英纯矿物的浮选试验结果表明：当温度为18℃，矿浆pH值分别为7.7、10.1时，DMA-1、DMA-2用量分别为50mg/L、25mg/L的条件下，石英浮选回收率分别达到99%和99.8%，表明两种捕收剂对石英在常温下的捕收效果良好；此外，针对铁矿反浮选开发了常温捕收剂DCZ-1、DCZ-2、DCZ-3、DCZ-4、DCZ-5等[77~79]。

石人沟铁矿以其精矿粉为原料，用十二胺为捕收剂进行了磨矿—反浮选、分级—反浮选等试验，并按磨矿—反浮选方案建成了生产超级铁精矿的选矿厂，获得了精矿产率68.2%，TFe品位为72.20%，回收率72%，有害杂质SiO_2含量小于0.4%的指标。

北京矿冶研究总院药剂研究室在20世纪80年代采用脂肪醇和丙烯腈在强碱性催化条件下合成醚腈，醚腈在雷尼镍（Raney Ni）的催化下加氢合成醚胺的合成工艺，先后合成了不同碳链长度的脂肪基醚胺，并进行了 C_{10} ~ C_{13}烷基丙基醚胺工业型浮选扩大试验，取得良好的试验效果[80]。

Peres[81]等采用阳离子反浮选工艺，用各种淀粉作抑制剂来研究醚胺醋酸盐阳离子体系下不同种淀粉的抑制效果。通过试验对比可知，含高蛋白的玉米淀粉和支链淀粉对该铁矿有相同的抑制效果，而高油含量的淀粉的抑制效果比较差。

郭兵[82]用油酸钠和醚胺等捕收剂对赤铁矿和钠辉石纯矿物进行了研究，结果表明，醚胺可使两者的可浮性之差达到 80%，而油酸钠难以达到有效分离的目的，说明醚胺捕收剂在一定程度上比油酸钠具有更好的选择性。

武汉理工大学葛英勇教授研制了 GE 系列阳离子捕收剂，主要产品有 GE-601 和 GE-609 两类。与十二胺做捕收剂相比，GE-601 阳离子捕收剂在反浮选铁矿石时泡沫量大大减少，且泡沫性脆、易消泡，泡沫产品易于处理。采用 GE-601 捕收剂时，无须添加淀粉作抑制剂，避免了阴离子反浮选精矿产品中淀粉含量高导致的铁精矿过滤难的问题[83]。GE-609 兼具 GE-601 优点的同时，耐低温性能良好，在 25.0℃和 8.0℃时获得的分选效果相当，在太钢尖山铁矿的试验中，浮选温度为 25.0℃时，经过一粗、一精、两扫作业，精矿品位高达 69.22%，回收率 97.78%，浮选效果优异。

钟宏[84]研究了甲基苯胺树脂（PCA）对细粒赤铁矿矿泥的浮选提纯效果。结果表明，PCA 的浮选效果显著好于十二胺，在中性条件下进行闭路试验，获得了铁精矿品位为 61.82%，回收率为 73.76%的试验指标。由此说明 PCA 是细粒铁矿泥反浮选的有效捕收剂。

1.3.3.2　阴离子捕收剂

虽然国内在铁矿阳离子反浮选药剂的开发应用不断加强，但目前国内矿山应用仍以阴离子捕收剂为主。铁矿石使用的阴离子捕收剂主要有以下几种：长链脂肪酸及其皂化的盐，最常用的氧化石蜡皂、油酸及其钠盐；烃基磺酸盐，如石油磺酸钠，是以石油副产品为原料经过磺化、皂化后得到的；羧酸改性类捕收剂，如 RA 系列捕收剂等。

原有脂肪酸捕收剂是一类选择性较差的捕收剂，用作铁矿石分选捕收剂时，要同时使用抑制剂来抑制含铁矿物，才能使有用矿物和脉石得到分离。浮选时脂肪酸阴离子在矿浆中的溶解浓度，直接影响了药剂的捕收及分选性能。东北大学朱一民教授通过在羧基的 α 位引入极性基，使得原有脂肪酸捕收性能得到大大提高。通过采用新型脂肪酸类捕收剂 DTX-1 对东鞍山选矿厂混磁精进行一次开路正浮选菱铁矿，一粗一精二扫、中矿顺序返回闭路反浮选脱硅，最终可获得铁品位为 65.87%、铁回收率为 67.92%的铁精矿。此外，朱一民教授研制了新型酰胺基脂肪酸捕收剂 DWD-1、DWD-3，以捕收剂 DWD-3 代替现场捕收剂 GK-68 可使浮选温度由40℃降至25℃，铁精矿中铁品位提高了0.39个百分点、回收率提高2.23个百分点，尾矿铁品位降低了1.57个百分点[78,79]。

长沙矿冶研究院研制的RA-315、RA-515、RA-715、RA-915药剂为改性脂肪酸药剂，其以化工副产品做原料，经氯化等反应而制得。药剂中烃链包括烷基和芳香基团，结构中有饱和键和不饱和键，有直链也有支链；RA-715活性基团有Cl，对RA-915而言活性基团中含有OH^-。活性基团的引入，提高了药剂活性的同时，还能增强药剂与矿物形成环状螯合作用，提高了矿物之间的分离效果。东鞍山烧结厂含碳酸盐难选铁矿的浮选工艺中，采用RA-715捕收剂进行分步浮选。第一步在中性条件下，采用正浮选，用RA-715作捕收剂，淀粉作抑制剂浮出菱铁矿。浮选菱铁矿的尾矿加入NaOH，用淀粉和CaO做调整剂，用RA-715作捕收剂反浮选赤铁矿，闭路结果显示，从浮选给矿TFe为52.30%时，可获得精矿铁品位为66.34%、回收率为71.60%的指标。

刘保平[85]等人用RA-715药剂对安钢舞矿难选贫红铁矿进行了浮选试验研究，并最终在该矿山获得应用，得到铁精矿品位达65%以上，尾矿品位在17%以下的预定指标。这说明RA-715对“贫、细、难选”的红铁矿具有高效的捕收作用。事实上，目前除了RA-715捕收剂，捕收剂RA-915也在铁矿反浮选中得到了广泛的应用，并取得了良好的分选指标。

赵宁宁[86]将Cl原子引入十二酸的α位得到氯代十二酸，并以此为捕收剂对齐大山混合磁选精矿进行了浮选试验。试验结果表明，在矿浆温度25.0℃下，对齐大山混磁精矿进行一次粗选二次扫选的开路试验，可获得精矿铁品位为66.77%，铁回收率为77.72%，尾矿铁品位为8.43%的指标。根据开路试验结果，进行一次粗选一次扫选的闭路试验，获得精矿铁品位为65.38%，铁回收率为89.56%，尾矿铁品位为13.00%的优良指标。

1.3.3.3 两性捕收剂

两性捕收剂是指分子中同时含有阴离子极性基团和阳离子极性基团的捕收剂，一般说，具有如下通式：$R_1X_1R_2X_2$。式中，R_1是较长的烷基，以$C_8 \sim C_{18}$之内的烷基较好，若其为芳香基，则捕收能力较弱，R_2为一个或多个脂肪基、芳香基或环烷基，一般都是烃链较短的烃基；X_1是一个或多个阳离子官能团，X_2是一个或多个阴离子官能团。

对于两性捕收剂具有自身的等电点，当矿浆pH值高于此值时，分子主要以阴离子溶解，而当矿浆pH值低于此值时，药剂分子主要以阳离子溶解。该类捕收剂能与矿物表面的金属离子形成稳定的螯合物，其选择性比脂肪酸类捕收剂明显提高。然而该类药剂对水质要求较高，且生产成本高，因此尚未在铁矿选矿中工业应用。

1.4 我国铁矿资源劣质能用、优质优用发展战略

钢铁材料作为用量最大的结构和功能材料，在国家安全、国民经济、人民生活等方面具有十分重要的地位。虽然近年来，我国钢铁产能严重过剩，但国产铁矿石仍然处于严重的短缺状态，2015 年我国进口铁矿石 9.53 亿吨，创历史新高，对外依存度首次突破 80%，中国钢铁工业的资源安全性进一步降低。尽管每吨进口铁矿石价格在 2014 年底下跌至 40 美元左右，整体上对我国钢铁行业有利，但这又造成国内铁矿山近乎全行业亏损和大面积停产倒闭，国际铁矿石的价格一旦再次暴涨，不仅将对我国钢铁行业造成严重影响，对我国城镇化、工业化和现代化全过程也构成了巨大威胁。本研究针对我国铁矿资源禀赋差、利用率低、产品结构单一的现状，提出了铁矿资源“劣质能用、优质优用”的发展战略，以期依靠技术创新驱动铁矿产业结构调整，为我国铁矿资源的高效、绿色、可持续发展提供参考。

1.4.1 我国铁矿资源开发利用现状及面临问题

我国铁矿赋存条件和可选性差、技术适应性不足，致使铁矿资源开发过程中仍存在铁回收率及综合利用率低、产品结构单一、能耗高、环境污染严重等问题。

（1）劣质铁矿资源利用率和回收率低。我国劣质铁矿资源较多，整体开发利用水平不足 35%。其中菱铁矿、褐铁矿、微细粒矿、鲕状赤铁矿属典型的劣质铁矿资源，总储量达 200 亿吨以上，广泛分布于辽宁、河北、陕西、山西、新疆等地。由于该类铁矿资源结晶粒度微细、矿物组成复杂，采用常规选矿技术无法获得较好的技术经济指标，部分资源虽得以开发，但选矿工艺复杂、成本较高，回收率仅能达到 60%~65%，大部分该类劣质资源尚未获得工业化开发利用。同时，多金属共伴生铁矿综合利用也较低，铁尾矿缺乏大宗利用技术，处置水平亟待提高。因此，亟须研发新技术与装备以实现我国劣质铁矿石的高效利用。

（2）铁矿产品结构单一，优质铁精矿匮乏。随着我国交通、电子、机械、航天、航空及新能源等领域发展，对高端钢材产品的需求也与日俱增。直接还原铁（DRI）有害杂质低、成分稳定、粒度均匀，是冶炼洁净钢的优质原料，但我国缺乏高品位铁矿资源限制了直接还原工业发展，进而导致我国洁净钢基料匮乏。我国的高端钢材只能以普通铁精矿为原料，采用高炉—转炉三脱—RH 精炼冶炼流程，该流程工艺复杂、生产成本高、环境污染严重、产品成分及性能稳定性难以控制，限制了我国高端钢产品的发展。为满足对高端钢材的需求，每年高价大量进口高品位块矿、直接还原铁及洁净钢基料。

我国辽宁、山西、河北、安徽等地拥有丰富的结晶粒度粗、杂质含量低的磁

铁矿资源，可深加工生产超级铁精矿。超级铁精矿是磁性材料、直接还原铁、粉末冶金及洁净钢生产的优质原料。而目前我国此类优质铁矿资源用于生产高炉用普通铁精矿，造成优质铁矿资源的巨大浪费，未能实现物尽其用。

1.4.2 劣质能用技术

1.4.2.1 悬浮焙烧技术

近年来，国内相关研究单位围绕菱铁矿、微细粒矿、褐铁矿、鲕状赤铁矿等劣质铁矿资源的高效开发利用，开展了大量基础研究和技术开发工作，相比之下，细粒铁矿物的磁化焙烧—磁选工艺是处理劣质铁矿最为有效的技术手段。因此，研制出生产效率高、运行稳定、能耗低的磁化焙烧装备与技术成为近年来弱磁性铁矿分选研究和产业界的共同目标。

磁化焙烧—磁选是指将铁矿石在一定气氛中加热进行化学反应，使赤铁矿、褐铁矿、菱铁矿等弱磁性铁矿物转变为强磁性的磁铁矿或磁赤铁矿，再利用矿物与脉石的磁性差异进行磁选。磁化焙烧包括竖炉焙烧、回转窑焙烧及流态化焙烧等工艺。竖炉焙烧工艺适合处理15~75mm粒度的矿石，但该工艺存在着能耗高、单机处理能力低、焙烧时间长、产品质量不均匀等问题。目前国内仅有酒泉钢铁选矿厂采用44座100m^{3}竖炉进行磁化焙烧。回转窑焙烧工艺适合处理-25mm粒度的矿石，陕西大西沟选矿厂采用回转窑焙烧—磁选—反浮选工艺处理菱铁矿，获得了铁精矿品位60.63%，铁回收率75.42%的工业生产指标，较竖炉工艺焙烧质量及分选指标均较好，但该工艺仍存在着磁化率低、作业率低、能耗高、易结圈和生产不稳定等问题。流态化是指固体物料颗粒在流体介质作用下呈现类似液体的流体状态。20世纪五六十年代，美国、意大利、加拿大等国对流态化磁化焙烧工艺开展了系统的研究。意大利佛罗内卡（Follonica）建成了日处理1000t黄铁矿的流态化磁化焙烧工厂，获得TFe品位65%、回收率95%的铁精矿；美国设计了年处理能力20万吨的多层流化床磁化焙烧工厂，但未见工业化生产报道。总体来说，国外铁矿资源丰富、矿石品质好，对于复杂难选铁矿石基本不予利用，20世纪60年代后鲜有磁化焙烧研发的报道。

近年来，国内许多单位针对劣质铁矿石流态化磁化焙烧工艺与装备开展了大量的研究工作。余永富院士提出了循环流态化闪速磁化焙烧的概念，并对昆明王家滩矿、大西沟菱铁矿、重钢接龙铁矿等铁矿石进行了粉矿流态化磁化焙烧研究，获得了铁精矿品位55%~60%，铁回收率70%~75%的良好技术指标，为我国劣质铁矿石开发利用开辟了新的途径。中国科学院过程工程研究所提出了低温流态化磁化焙烧工艺，2008年在云南建成了年产10万吨的示范工程，2012年工业试验结果表明TFe品位33%褐铁矿，经磁选后获得了铁精矿TFe品位57%以上、铁回收率93%~95%的良好技术指标。西安建筑科技大学对粒度为40~60μm

的大西沟菱铁矿粉进行悬浮磁化焙烧试验，可获得磁选精矿铁品位为 58.21%、铁回收率为 79.39%的焙烧产品。浙江大学采用铁矿石代替循环流化床锅炉的床料，提出一种燃煤发电和铁矿磁化焙烧联合技术，给矿为 TFe 品位 47.45%的鲕状赤铁矿，焙烧物料经磁选获得了铁品位 55%以上，铁回收率 70%以上的选别指标。

传统磁化焙烧工艺处理含菱铁矿、赤（褐）铁矿等混合型劣质铁矿石时，存在以下方面的问题：（1）由于不同类型铁矿物相同工况条件下反应不同步，易出现弱磁性铁矿物不能完全转化为强磁性铁矿物，或者出现过还原生成无磁性的浮氏体，恶化分选指标；（2）铁矿石加热和还原在同一炉腔内进行，还原气用量大且难以保证还原气氛；（3）焙烧后铁矿石冷却过程未对潜热进行回收利用。

2005 年以来，东北大学韩跃新教授团队将矿物加工、冶金和流体力学等多学科有机交叉融合，创造性地提出采用“预氧化—蓄热还原—再氧化”多段悬浮焙烧新技术。开展了大量的悬浮焙烧基础理论、工艺及装备研究，形成了非均质矿石颗粒悬浮态控制、铁矿物多相转化精准调控、蓄热式高效低温还原、冷却过程铁物相控制同步回收潜热等一系列关键技术及装备。建成了复杂难选铁矿石悬浮焙烧小试和 200~500kg/h 的中试系统，完成了单台 200 万吨/年大型工业化悬浮焙烧装备的设计工作，该装备具有环保无污染、生产能力大、成本低及自动化程度高的特点。

东北大学又针对劣质铁矿石品位低、铁矿物种类多的特点，利用自主研发的铁矿悬浮焙烧系统进行了系统的试验研究，形成了劣质选铁矿石“预富集—悬浮焙烧—磁选”新工艺 PSRM（Preconcentration-Suspension Roasting-Magnetic Separation）。2012 年以来，开展了鞍钢东部尾矿、东鞍山铁矿石、眼前山排岩矿、酒钢粉矿及尾矿、渝东典型沉积型赤褐铁矿、五峰鲕状赤铁矿、国外某难选褐铁矿等劣质铁矿资源和尾矿的 PSRM 小试及中试试验，均获得良好的焙烧效果和分选指标，部分与现有工艺指标对比见表 1-9。

表 1-9　劣质铁矿资源 PSRM 技术指标对比

矿石	现有工艺/%		PSRM 中试/%			差值/%	
	品位	回收率	品位	焙烧物料磁选作业回收率	回收率	品位	回收率
鞍钢东鞍山铁矿石	63~65	65	66~67	91.16	82.04	>1.0	>17
酒钢粉矿	45~48	65~67	60~61	86~92	76~86	>10	>10
鞍钢东部尾矿	—		65.69	89.85	55.33	—	+55.33
鞍钢眼前山排岩矿			63.01	78.57	61.68	—	+61.68

鞍钢东部尾矿来自齐大山选矿厂、齐大山铁矿选矿车间和鞍千矿业公司选矿厂，年排放 2850 万吨。该混合尾矿属于高硅（SiO_2>65%）、高铁（TFe>10%）型尾矿，铁矿物主要以赤、褐铁矿为主，脉石矿物主要是石英和硅酸盐矿物，有害杂质 S、P 含量低。2015 年 1~2 月东北大学对鞍钢东部尾矿进行了 PSRM 中试试验，在给矿 TFe 品位 11.48%的条件下，获得铁精矿品位 65.69%、尾矿品位 5.68%、焙烧物料作业回收率 89.85%、总回收率 55.33%的良好技术指标。同年，鞍钢矿业集团完成了东部尾矿 2850 万吨/年 PSRM 项目的初步设计，工程总投资约 15 亿元人民币，据估算该项目在不增加开采矿石量的前提下，每年可回收合格铁精粉 260 万~300 万吨，精矿成本仅为 260 元/吨左右，该项目于 2016 年 10 月正式启动。

甘肃省嘉峪关地区已探明铁矿资源达 5.54 亿吨，该类铁矿属镜铁矿石，铁矿物嵌布粒微细、褐铁矿与菱铁矿含量高、矿物颗粒纯度低，导致其可选性极差，资源利用效率较低。酒钢年产粉矿（-15mm）约 550 万吨，因常规磁化焙烧设备（竖炉、回转窑）及焙烧工艺等方面的限制，这部分粉矿只能采用强磁选工艺处理，仅能获得精矿 TFe 品位为 45%~48%，SiO_2 含量 11%左右，回收率 65%左右的技术指标，造成资源浪费。2015 年 10 月东北大学开展了酒钢粉矿悬浮焙烧中试试验研究，分别采用了“预富集—悬浮焙烧—磁选—反浮选”和“悬浮焙烧—磁选—反浮选”工艺处理酒钢粉矿。在原矿 TFe 品位 32.50%的条件下，采用“预富集—悬浮焙烧—磁选—浮选”工艺，获得了 TFe 品位 38.63%、回收率 85.08%的强磁预富集粗精矿；预富集粗精矿经 72h 悬浮焙烧连续扩大试验，中试系统运行顺畅稳定、工作参数控制简单、焙烧产品质量优异；最终获得了铁精矿品位 60.67%、回收率 76.27%、SiO_2 含量 4.02%、综合尾矿品位 15.63%的分选指标。采用“悬浮焙烧—磁选—反浮选”工艺处理酒钢粉矿，经 48h 悬浮焙烧连续扩大试验，最终获得了品位 60.59%、回收率 85.62%、SiO_2 含量 4.11%的铁精矿产品，综合尾矿品位为 10.72%。2016 年 6 月酒钢集团 650 万吨/年 PSRM 项目一期工程已正式开工建设，据估算工程达产后酒钢集团吨铁生产成本预计可降低 57.98 元，每年可降低生铁成本 3.01 亿元，经济效益巨大。

劣质铁矿资源悬浮焙烧技术的成功推广，可实现我国赤铁矿、褐铁矿、菱铁矿以及尾矿等劣质铁矿资源的高效利用与回收，初步估计可盘活铁矿资源 100 亿吨以上；同时可大幅提高我国劣质铁矿石现有选矿回收率，属我国复杂难选铁矿石高效利用方面的重大突破。

1.4.2.2 深度还原短流程技术

针对我国大量采用传统的选矿方法无法分选的复杂难选铁矿石，或者虽然能够分选，但回收率很低的铁矿资源，作者所在团队提出了深度还原短流程技术。

该项技术以非焦煤作为还原剂，将复杂难选铁矿石中的铁矿物直接还原为金属铁，同时控制铁颗粒的粒度，通过强化分选过程获得可以代替废钢的产品。

难选铁矿石深度还原（直接还原）是指将不能直接作为高炉原料的低品位难选矿石在比磁化焙烧更高的温度和更强的还原气氛下（有的需要借助于反应助剂或其他外加剂的作用），将难选铁矿石中的三价或二价铁还原成单质铁，并使铁粒长大到一定尺寸，以便于后续磁选的处理技术。

由于“直接还原”这个词在非高炉炼铁出现之前已被炼钢行业使用多年，用于特指在高炉的软熔带以下所发生的固体碳与熔体中三价或二价铁直接发生还原反应生成金属铁的过程。由于将低品位铁矿石进行深度还原焙烧得到金属铁和硅酸盐混合物的过程，不仅包括了固体碳和熔体中三价或二价铁的反应过程，也包括了 CO 和 H_2 等还原性气体与固体 Fe_2O_3 和 FeO 的反应过程，还包括了一定程度的 $Fe+CO_2 = FeO+CO$ 的过程和有硅酸盐参与的更复杂的化学过程。因此，为了避免与已有的概念发生混淆，后者应称为深度还原更为合适。

深度还原工艺是粗粒、非造球条件下的控制还原，能控制铁颗粒的粒度，使之适合分选。工艺过程为原料粉碎、混合—深度还原—磁选、压块—炼钢。采用深度还原工艺，金属铁的回收率可达到 80%～90%，比传统选矿—炼铁工艺（可选性较好的铁矿石）回收率高 10～20 个百分点；所得产品含铁品位可达 85%以上，金属化率大于 85%，可直接用于炼钢，省去了矿粉造块、炼焦、高炉炼铁等工艺环节。其还原剂采用非结焦煤的气化煤气，减少了因炼焦造成的环境污染；同时可摆脱焦煤资源紧张、价格对钢铁产生的困扰。经过高温处理的尾矿活性较高，实施全组分综合利用的可能性大大增加。

作者对羚羊石铁矿、鲕状赤铁矿等采用浮选和焙烧磁选的方法进行研究，结果表明浮选法对羚羊铁矿石根本没有分离作用；采用焙烧磁选法精矿品位可达 67%，但因还原焙烧温度高，回收率仅 58%，且分选指标不稳定。因此采用传统的选矿方法无法对我国难选复杂铁矿石进行有效分选。而对铁矿石进行深度还原—高效分选，通过彻底改变铁矿物（氧化物，甚至硅酸铁）的存在形态使之适于分选，通过强化分选过程可以获得代替废钢的产品。

通过对吉林羚羊石进行深度还原磁选试验，在原矿品位为 34. 79%的条件下，通过深度还原—高效分选工艺的处理，获得了最终产品含铁 93%以上，回收率 85%以上的良好指标，产品性能达到了我国炼钢用直接还原铁 H92 产品标准要求；对宁乡式铁矿石深度还原—高效分选研究结果表明，深度还原铁粉产品的铁品位可达 85%以上、回收率达 92%以上，研究确定了还原过程中以 $Fe_2O_3 \rightarrow Fe_3O_4 \rightarrow FeO \rightarrow Fe$ 反应链为主，同时伴有副反应的发生，生成少量的 Al、Fe、Si 复合物；采用深度还原—分选方法处理白云鄂博氧化矿，实现了铁的有效富集，即得到了全铁品位 93. 33%、金属化率 94. 18%、铁回收率 88. 96%的深度还原铁粉；采用深度还原—高效分选技术处理国外某种难选铁矿石，所得产品含铁 90%以上，矿石中铁的回收率可达 90%甚至更高。国内已有的研究结果表明，采用深度还原技术处理复杂难选铁矿石可以取得良好的指标，这对实现复杂难选铁矿的高效开发利用具有重要的指导意义。

1.4.2.3 分步浮选技术

鞍钢集团旗下的东鞍山和西鞍山采场，经过多年的开采，目前矿石的矿物组成和特性发生了很大变化，矿石中的主要矿物有赤铁矿、磁铁矿、石英、褐铁矿、菱铁矿、铁白云石、角闪石及少量绿泥石等。不同矿区矿物组成的差异较大，因此生产中给矿的组成经常发生变化。近年来随着开采深度的增加，矿石中碳酸铁的含量逐年增加。矿石中的碳酸铁主要是菱铁矿，其次是铁白云石。生产实践表明，碳酸铁的出现对东鞍山铁矿石的浮选影响极大，随着碳酸铁含量的增加，浮选指标呈下降趋势，甚至出现精尾不分现象。结果导致这部分矿石无法得到有效处理，此前东鞍山每年约堆存该类铁矿石数百万吨。

因东鞍山含碳酸盐铁矿石的分选过程中存在不同粒度不同种类矿物间的相互影响，难于实现该类铁矿石的有效分选，一度困扰鞍山地区该类资源的开发利用。作者所在团队提出了浮选过程中矿物交互影响的学术观点，即复杂矿石浮选体系中两种以上矿物间相互吸附、活化、抑制等对浮选分离产生的影响。通过在阴离子捕收剂浮选系统中赤铁矿与石英、菱铁矿与石英、铁白云石与石英、赤铁矿与菱铁矿等二元矿物体系不同粒级矿物间可浮性的相互影响，以及三元矿物体系中（赤铁矿、菱铁矿和石英，赤铁矿、铁白云石和石英等）矿物交互影响的研究，首次发现细粒菱铁矿、铁白云石在赤铁矿和石英表面的交互影响及吸附罩盖是导致含碳酸盐铁矿石难以分选的本质原因。

工艺矿物学研究结果表明，东鞍山含碳酸盐铁矿石主要铁矿物为假象赤铁矿(75.85%)，其次为菱铁矿，还有赤铁矿、半假象赤铁矿及少量的磁铁矿，主要脉石矿物为石英，其他脉石矿物为微晶结构的方解石、白云石、少量铁白云石及含铁的硅酸盐矿物等。矿石中假象赤铁矿的嵌布粒度不仅细，而且不均匀。矿石的构造类型主要为条带状构造，其次为脉状构造、层状构造等。矿石结构主要为由风化淋滤后交代作用形成的残余结构、骸晶结构、镶边结构、溶蚀结构等，其次为由结晶和沉淀作用形成的晶粒结构、自形晶结构、半自形晶结构、他形晶结构等；矿石中假象赤铁矿的嵌布粒度不仅偏细，而且不均匀。在+0.074mm 粒级中，假象赤铁矿的粒级占有率为 41.55%；在−0.010mm 粒级中，假象赤铁矿的占有率为 5.34%，因此要获得较为理想的选别指标，细磨矿是必需的；同时选择性能良好的捕收剂加强对细粒级别假象赤铁矿与菱铁矿的回收也是必要的。

针对含碳酸盐铁矿石矿物组成特征，系统研究了赤铁矿、磁铁矿、菱铁矿、石英、铁白云石纯矿物的可浮性差异。研究结果表明，油酸钠体系中在淀粉和 $CaCl_2$ 组合药剂作用下，赤铁矿和磁铁矿均受到强烈抑制，可浮性较差；pH 值在 4~8 时，菱铁矿和铁白云石的可浮性较好，其他矿物可浮性较差；pH 值大于 10 时，石英获得良好活化，可浮性较好。基于菱铁矿、铁白云石、赤铁矿、磁铁矿和石英的可浮性差异，提出了赤铁矿、磁铁矿与菱铁矿“分流分速”分选原则流程；基于“固—固罩盖界面调控”浮选理论，创造性提出“分步浮选”技术，第一步在中性条件下采用正浮选将容易发生罩盖的细颗粒菱铁矿和铁白云石优先分离，得到含碳酸铁中矿，改善后续分选环境；第二步在强碱性条件下采用反浮选分离赤铁矿、磁铁矿和石英，最终得到合格铁精矿。

1.4.3　优质优用技术

1.4.3.1　超级铁精矿短流程绿色制备技术

超级铁精矿是指含铁量接近理论品位、脉石含量极低的铁精矿，是一种极具发展潜力的新型功能材料。超级铁精矿主要分为超纯铁精矿和高纯铁精矿两类，其中超纯铁精矿指铁品位大于 71.50%，酸不溶物小于 0.20%的铁精矿，是磁性材料、粉末冶金、超纯铁及洁净钢基料的重要原料；高纯铁精矿指铁品位高于 70.50%，二氧化硅含量小于 2.0%的铁精矿，主要用于生产直接还原铁。

超级铁精矿制备的主要工艺方法包括浮选、磁选、重选以及各种方法的有效组合等，具体加工工艺应根据原料的矿石性质和产品质量标准来确定。20 世纪 60 年代，挪威、苏联、美国、加拿大等国先后开展了相关的超级铁精矿研究工作，工业生产出铁品位接近 72.00%，二氧化硅小于 0.50%的超级铁精矿。东北大学[29]在 20 世纪 80 年代分别以鞍山烧结总厂和齐大山两种焙烧磁选精矿、齐大山磁选精矿、歪头山磁选精矿、南芬磁选精矿、保国磁选精矿等普通铁精矿为原料进行超级铁精矿制备试验，均获得了二氧化硅含量小于 0.5%的超级铁精矿，其中南芬超级铁精矿铁品位可达 72.00%。但由于超级铁精矿对二氧化硅含量的要求极为苛刻，且波动范围要求严格，当时国内产品无论质量还是数量均不能满足有关行业的要求。

近年来，随着粉末冶金、直接还原、高端钢材及 3D 打印等技术的高速发展，对超级铁精矿的需求也日益增多，国内相关科研人员以多地优质铁矿资源开展了超级铁精矿技术研究。关翔等针对新疆某铁矿石嵌布粒度细的特点，以 TFe 67.06%的铁精矿为原料，采用磁选—反浮选工艺获得了 SiO_2 含量 0.324%、TFe 品位 71.92%超级铁精矿，回收率接近 70%。付刚华等以安徽某粉末冶金公司生产的 TFe 品位 66.52%普通铁精矿为原料，采用再磨—弱磁—反浮选工艺研究了药剂制度对分选指标的影响，通过调整剂 Na_2CO_3、水玻璃、淀粉及十二胺配合使用，获得了 TFe 品位 72.12%、SiO_2 含量 0.12%、铁回收率 87.38%的技术指标。石仑雷等采用磁选—摇床重选处理新疆 TFe 品位 37.62%的磁铁矿，获得了 TFe 品位 71.58%、SiO_2 含量 0.24%、回收率 47.57%的超级铁精矿。杜新等采用“二段磨矿—磁选—反浮选”工艺处理四川黑水 TFe 品位 32.13%的磁铁矿，获得了超级铁精矿 TFe 品位 71.79%、SiO_2 含量小于 0.30%、回收率 86.51%的分选指标。

自 2003 年起，东北大学以优化铁矿产业结构、延伸铁矿产业链、实现我国铁矿石优质优用为目标，将矿物加工、直接还原和电炉熔炼等多学科有机结合，研究开发了铁精矿窄级别磨矿、深度去杂、选择性还原、直接还原铁品质控制、低碳熔炼等关键技术，形成了源头控制杂质的“铁精矿深度提质—选择性直接还原—低碳电炉熔炼”超级铁精矿和洁净钢基料短流程绿色制备新技术。分别以辽宁、河北、山西、山东及新疆的低品位磁铁矿为原料，开展了系统工艺、设备及高效常温脱硅浮选药剂研究，形成了预先抛尾—阶段磨矿—电磁精选—反浮选脱硅工艺流程，均获得了 TFe 品位大于 71.50%、酸不溶物含量小于 0.20%的超纯铁精矿产品，先后建成了多条超级铁精矿工业化生产线。其中 2014 年东北大学与辽宁省建平县旗盛金属新材料公司联合建成了 10 万吨/年的超级铁精矿工业生产线，在给矿 TFe 品位 65.27%、磨矿细度-0.043mm 占 95%~97%、捕收剂用量 80g/t 条件下，经两段一闭路搅拌磨磨矿、两段电磁精选、一段弱磁选、一粗一精浮选流程，可获得 TFe 品位 71.87%、回收率为 38.77%的超纯铁精矿和 TFe 品位为 70.71%、回收率为 54.31%的高纯铁精矿，铁总回收率为 93.08%。其中超纯铁精矿 SiO_2 含量为 0.11%、酸不溶物 0.15%、P 含量小于 0.005%、S 含量 0.002%，其他杂质含量均较低，为优质粉末冶金、洁净钢原料及磁性材料、医疗、环保等领域功能材料；高纯铁精矿 SiO_2 含量 1.96%、P 含量小于 0.005%、S 含量 0.0035%，为直接还原铁优质原料。生产实践表明，该工艺运转平稳，药剂控制简单，分选效果良好，且可根据市场需求灵活调控生产不同规格的超级铁精矿。该技术解决了我国长期缺少高品位直接还原铁原料的难题，为我国发展钢铁短流程工艺奠定了原料基础。

1.4.3.2 洁净钢基料短流程绿色制备技术

洁净钢是指对钢中杂质含量需严格控制的钢种，一般要求磷、硫的含量小于 0.01%，对氧、氢及低熔点金属的含量也要求极低。洁净钢生产需要低磷、低硫、低碳及残留元素低的铁源原料——洁净钢基料或洁净钢水。目前我国生产洁净钢主要采用流程复杂、污染严重的高炉—转炉三脱—RH 精炼流程。纯铁（TFe>99.90%）和工业纯铁（TFe 99.50%~99.90%）也是洁净钢的主要基料，我国纯铁与工业纯铁主要依靠进口，每吨进口价格高达数万元，严重制约我国洁净钢工业的发展。纯铁不仅是耐热合金、高温合金、马氏体时效钢、精密合金等合金或钢材的原料，还是电机、雷达、电子管、通信、人造卫星等电子工业、国防中的一种功能材料。我国以超级铁精矿为原料生产高品位直接还原铁（TFe>98.00%），再经电炉熔炼生产洁净钢基料（TFe>99.90%）是我国洁净钢工业的重要发展方向。

2015 年基于东北大学洁净钢短流程绿色制备技术研究成果，建平县旗盛金属新材料公司建成了一条低碳电炉熔炼生产洁净钢基料（纯铁）生产线，填补了国内外以低品位磁铁矿制备纯铁的全流程工业化生产技术空白，为我国洁净钢基料生产技术开辟了新途径。以其生产的超纯铁精矿为初始原料，最终可获得 TFe 品位 99.94%的纯铁，该纯铁 P 含量为 0.0006%、S 含量为 0.0068%、C 含量为 0.0020%、其他成分均极低，达到优质洁净钢基料的标准。

该技术的主要优点为：（1）以常温物理选矿方法剔除铁矿中大部分非铁杂质，取代传统的高温熔化造渣剔除杂质工艺，进而降低冶金过程脱除非铁杂质的生产成本；（2）在低温固态条件下选择性还原铁氧化物，可控制非铁杂质进入钢水，且还原及熔炼过程中不会引入其他干扰元素，产品化学成分稳定，进而提高钢水的洁净度，提高钢产品的品质，促进改善我国钢铁产品结构，促进我国从钢铁生产大国转变为钢铁生产强国；（3）选择性还原产品含碳量低，再采用低碳电炉熔炼技术，吨钢减排 CO_2 约 70%；（4）该技术以非结焦煤为能源，有利于钢铁生产摆脱对焦煤的依赖，消除炼焦生产对环境的负面影响，绿色环保。

1.4.4　我国铁矿资源开发利用发展建议

目前，我国铁矿行业遇到了前所未有的挑战，在生态文明建设及经济“新常态”背景下，应转变发展方式，积极推进铁矿资源的高效绿色多元化发展，提高资源利用效率和产品质量，已经成为当前全行业科技发展的方向。面对当前国内铁矿资源现状及技术发展，应加强技术创新驱动产业升级，实现劣质铁矿资源高效利用。随着铁矿资源的开发力度不断加大，微细粒嵌布、有害杂质超标、多金属复杂共生为特点的劣质铁矿资源比例越来越大，单一的选矿方法、简单的选别流程及低廉的选矿成本难以高效利用此类资源。因此，重视选前预处理、研发复合力场高效分选装备、设计绿色环保高效浮选药剂及开发选冶联合工艺成为提高劣质铁矿资源回收率和综合利用效率的重要发展方向；同时，深入节能降耗提质增效、促进高品质资源产品多元化利用空间将成为未来优质铁矿资源高效利用的拓展方向。深入调整铁矿产业结构，发展高端铁精矿产品，提高部分铁精矿产品品质以适应直接还原、粉末冶金、洁净钢等产业发展需要，为我国发展钢铁短流程奠定原料基础，并将矿物加工、直接还原和电炉熔炼等多学科交叉融合，构建钢铁工业全产业链的关键共性技术体系，共同推动我国钢铁材料产品从中低端向中高端迈进。

参 考 文 献

[1] 吕振福．凌源鲕状赤铁矿高效利用技术研究［D］．东北大学，2011.
[2] 阴江宁，肖克炎，娄德波．中国铁矿预测模型与资源潜力分析［J］．地学前缘，2018，25（3）：107-117.
[3] 冯安生，徐大纯，吕振福．重要矿产开发利用技术与指标［M］．北京：地质出版社，2018.
[4] 李厚民，陈毓川，李立兴，等．中国铁矿成矿规律［M］．北京：地质出版社，2012.
[5] 张秋生．中国早前寒武纪地质及成矿作用［M］．长春：吉林人民出版社，1988.
[6] 郑文勤，邓宇峰，宋谢炎，等．攀枝花岩体钛铁矿成分特征及其成因意义［J］．岩石学报，2014，30（5）：1342~1346.
[7] 孙静，杜维河，王德忠，等．河北承德大庙黑山钒钛磁体矿床地质特征与成因探讨［J］．地质学报，2009，83（9）：1345~1364.
[8] 赵一鸣．中国主要富铁矿床类型及地质特征［J］．矿床地质，2013，32（4）：685~704.
[9] 范裕，周涛发，袁峰，等．宁芜盆地闪长玢岩的形成时代及对成矿的指示意义［J］．岩石学报，2004，26（9）：2715~2728.
[10] 田杰鹏，韦昌山，申玉科，等．山东莱芜热液充填交代—风化淋滤型铁矿床成因浅析［J］．矿床地质，2014，33（增刊）：125~132.
[11] 印万忠，刘莉君，刘明宝，等．难选铁矿石选矿技术［M］．北京：化学工业出版社，2014.
[12] 2018 年进口铁矿石约 10.38 亿吨．http：//news.chinabaogao.com/yejin/201905/05144226412019.html.
[13] 高太，郭小飞，袁致涛，等．我国赤铁矿选矿技术现状与发展趋势［J］．金属矿山，2010（8）：97~101.
[14] 余永富．我国铁矿山发展动向、选矿技术发展现状及存在的问题［J］．矿冶工程，2006.
[15] 吕建华．齐大山矿石矿物学特征及选矿厂工艺特点［J］．矿业工程，2004，2（3）：23~26.
[16] 李维兵，刘保平，陈占金，等．我国红铁矿选矿技术研究现状及发展方向［J］．金属矿山，2005，3：1~6.
[17] 罗立群，乐毅．难选铁物料磁化焙烧技术的研究与发展［J］．中国矿业，2007（3）：55~58.
[18] 王秋林，陈雯，余永富，等．难选铁矿石磁化焙烧机理及闪速磁化焙烧技术［J］．金属矿山，2009（12）：73~76.
[19] 任亚峰，余永富．难选红铁矿磁化焙烧技术现状及发展方向［J］．金属矿山，2005（11）：20~23.
[20] 张锦瑞，胡力可，梁银英．我国难选铁矿石的研究现状及利用途径［J］．金属矿山，2007，11：6~9.
[21] 陈雯，张立刚．复杂难选铁矿石选矿技术现状及发展趋势［J］．有色金属(选矿部分)，2013（S1）：19~23.

[22] 李新创．关于我国铁矿资源保障战略的思考［J］．中国钢铁业，2012（12）：5~10.

[23] 何建华，严良，李素峰．中国铁矿石进口来源国集中度分析及对策研究［J］．中国国土资源经济，2015（2）：43~46.

[24] 李艳军，杨光，赵瑞超，等．含菱铁矿难选铁矿石的特点及选矿技术研究趋势［J］．矿产综合利用，2015（2）：12~16，25.

[25] 王昆，戴惠新．菱铁矿选矿现状［J］．矿产综合利用，2012（1）：6~9.

[26] 陈雯．大西沟低品位、微细粒难处理菱褐铁矿选矿技术研究及工业实践［C］//中国金属学会．第七届（2009）中国钢铁年会论文集（报告与分会场特邀报告），2009：6.

[27] 张凤华，杨招君．高梯度强磁选回收菱铁矿试验［J］．现代矿业，2015，31（6）：64~65.

[28] 孙永升．高磷鲕状赤铁矿深度还原分选试验研究［C］//中国金属学会．第十一届中国钢铁年会论文集——S01. 炼铁与原料，2017：5.

[29] 李学英．李楼镜铁矿的选矿技术研究与展望［C］//河北省冶金学会．冀晋琼粤川鲁六省金属学会第十五届矿山学术交流会论文集，2008：3.

[30] 陈毅琳．镜铁山式铁矿石选矿技术发展现状及展望［C］//中国冶金矿山企业协会矿山技术委员会，金属矿山杂志社．2006年全国金属矿节约资源及高效选矿加工利用学术研讨与技术成果交流会论文集，2006：4.

[31] 李潇雨，周满赓，王婧．工艺矿物学研究对选矿工艺的重要作用——以宁乡式鲕状赤铁矿为例［J］．矿产综合利用，2015（1）：45~50.

[32] 贺爱平，秦元奎，姚敬劬，等．鄂西宁乡式铁矿物质组成研究［J］．资源环境与工程，2012，26（6）：557~565.

[33] 郭宇峰，杨林，姜涛，等．贵州某鲕状赤铁矿选矿试验研究［J］．金属矿山，2009，（12）：68~72.

[34] 朱江，萧敢汪，桂萍，等．湖北宜昌某高磷赤铁矿的选矿工艺研究［C］．2006年全国金属矿节约资源及高效选矿加工利用学术研讨与技术成果交流论文集，2006.

[35] 文勤．鲕状赤铁矿提铁降磷工艺研究［D］．武汉理工大学，2006.

[36] 肖巧斌，戈保梁，杨波，等．云南某鲕状赤铁矿选矿试验研究［C］//中国冶金矿山企业协会会议论文集，2005.

[37] 王秋林，陈雯，余永富，等．难选铁矿石磁化焙烧机理及闪速磁化焙烧技术［J］．现代矿业，2019（12）：73~76.

[38] 王儒，韩跃新，李艳军，等．湖北某鲕状赤铁矿石悬浮焙烧试验研究［J］．金属矿山，2015（6）：65~69.

[39] 王国军，王智化，杨丽，等．某鲕状赤铁矿循环流化床焙烧——磁选试验研究［J］．金属矿山，2010（2）：57~61.

[40] 孙永升，韩跃新，高鹏，等．高磷鲕状赤铁矿石深度还原探索性试验研究［J］．矿冶工程，2015，35（5）：68~71.

[41] 赵志龙，王海华，唐惠庆，等．高磷铁矿除磷的实验研究［C］//中国有色金属学会，中国稀土学会，中国金属学会，2008年全国冶金物理化学学术会议论文集，2008（26）：676~681.

[42] 牛福生，张晋霞，聂铁苗，等．宣龙式鲕状赤铁矿矿物学特征及分选技术［J］．中国矿业，2015（6）：105~109.
[43] 白丽梅，牛福生，吴根，等．鲕状赤铁矿强磁—重选工艺的试验研究［J］．矿业快报，2008（5）：26~28.
[44] 牛福生，白丽梅，吴根，等．宣钢龙烟鲕状赤铁矿强磁—反浮选试验研究［J］．金属矿山，2008（2）：49~52.
[45] 刘红召，曹耀华，高照国．某宣龙式鲕状赤铁矿深度还原—磁选试验［J］．金属矿山，2012（5）：85~87.
[46] 陈兴华，王毓华，黄传兵．某褐铁矿浮选工艺流程试验研究［J］．金属矿山，2005（z2）：147~150.
[47] 谢兴中，王毓华．褐铁矿选矿研究现状与思考［J］．金属矿山，2010（1）：6~10.
[48] 李永聪，孙福印．新疆某褐铁矿的选矿工艺研究［J］．金属矿山，2002（6）：29~30.
[49] 陈雯．絮凝—强磁选回收易泥化褐铁矿的试验研究［J］．金属矿山，2003（6）：32~34.
[50] 张桂兰，李桂芹．难选低品位褐铁矿石的选矿试验［J］．河北理工学院学报，1999（5）：7~12.
[51] 文光远，欧阳奇，周培土．威远菱铁矿选矿和烧结性能的研究［J］．重庆大学学报（自然科学版），1999，22（1）：99~105.
[52] 罗立群．菱铁矿的选矿开发研究与发展前景［J］．金属矿山，2006（1）：68~72.
[53] 刘宁斌，杨杰康，周攻敏．王家滩菱铁矿烧结试验研究［J］．昆钢科技，2006（2）：6~11.
[54] 艾永亮，伍喜庆．弱磁性铁矿物的表面自磁化［J］．北京科技大学学报，2012，34（4）：368~372.
[55] 何廷树，松全元．细粒弱磁性铁矿的选择性絮凝—脱泥研究［J］．中国矿业，1996（6）：39~43.
[56] 张明，刘明宝，印万忠，等．东鞍山含碳酸盐难选铁矿石分步浮选工艺研究［J］．金属矿山，2007（9）：62~64.
[57] 于福家，王泽红．吉林羚羊难选铁矿的选矿研究［J］．矿产保护与利用，2008（5）：27~30.
[58] 于福家，王泽红．某难选铁矿的选矿研究［J］．矿冶工程，2009，29（4）：33~35.
[59] 高文义，张松波，印万忠．吉林临江难选铁矿石焙烧磁选试验研究［J］．金属矿山，2009（9）：61~63.
[60] 刘杰，李艳军，韩跃新，等．吉林临江羚羊铁矿石深度还原试验研究［J］．金属矿山，2012（1）：67~69.
[61] 李玉刚，樊丽琴，李强．白云鄂博矿选矿技术攻关回顾与展望［J］．包钢科技，2015，41（4）：12~16.
[62] 谢金球，张鉴，白永兰．包钢选矿厂氧化矿选矿工艺流程分析与探讨［J］．矿冶，2000，9（3）：29~33.
[63] 邓育民，张鉴．包钢选矿厂焙烧磁选工艺流程的技术经济分析与改造前景［J］．金属矿山，1994（1）：35~37.

[64] 樊丽琴，宋素芬，柳金庭．包钢选矿厂降低铁精矿中氟含量的技术攻关［J］．矿冶快报，2001（19）：14～16.

[65] 熊锋．高压辊磨的历史、发展现状及技术展望［J］．有色冶金设计与研究，2018，39（6）：20～24.

[66] 肖庆飞，康怀斌，肖珲．碎磨技术的研究进展及其应用［J］．铜业工程，2016（1）：15～27.

[67] 赵敏，卢亚平，等．粉碎理论与破碎设备发展评述［J］．矿冶，2001，10（2）：36～41.

[68] 包士雷，孙永升，程仁举．搅拌磨在选矿中的应用［J］．现代矿业，2010（7）：43～45.

[69] 杨松荣．矿物加工工程技术的新进展［J］．世界有色金属，2005（9）：13～16.

[70] 孙传尧．当代世界的矿物加工技术与装备——第十届选矿年评［M］．北京：科学出版社，2006：426～427.

[71] 王重渝，杨庆林，王键敏．SLon-1000 立环脉动高梯度磁选机工业应用试验［J］．有色金属（选矿部分），1989（3）：38～41.

[72] 熊大和．SLon-1000 立环脉动高梯度磁选机的研制［J］．金属矿山，1988：37～40.

[73] 李月侠，李彪．DMG 型电磁脉动高梯度磁选机用于红柱石除铁的研究及实践［J］．金属矿山，2001（3）：39～41.

[74] LGS 立式转环感应湿式强磁选机及其在钛铁矿分选中的应用［J］．有色设备，2011（6）：33～35.

[75] 王兆连，朱自安，赵玲，等．零挥发 5.5T 低温超导磁选机［C］．中国硅酸盐学会　中国非金属矿加工利用技术交流会论文集．

[76] 殷武．浮选设备的新进展［J］．现代矿业，2015（7）：37～40.

[77] 朱一民，陈佳丽，贾静文，等．新型阳离子捕收剂对石英的捕收性能及作用机理［J］．金属矿山，2015，5：81～84.

[78] 朱一民，陈佳丽，贾静文，等．新型阳离子捕收剂浮选石英的研究［J］．矿产综合利用，2015，2：39～43.

[79] 朱一民，陈星，贾静文，等．新型常温捕收剂对石英的浮选性能研究［J］．2015，24（12）：121～130.

[80] 北京矿冶研究院药剂研究室．醚胺的合成及浮选试验［J］．有色金属，1979（1）：3～8.

[81] Peres A. E. C.，Correa M. I. Depression of iron oxides with iron starches［J］．Minerals Engineering，1996，9（12）：1227～1234.

[82] 郭兵．白云鄂博赤铁矿与钠辉石分离规律性研究［J］．矿山，1996，6（1）：28～32.

[83] 葛英勇，陈达，张明．耐低温阳离子捕收剂 GE-601 反浮选磁铁矿的研究［J］．金属矿山，2004（4）：32～34.

[84] 钟宏．甲基苯胺树脂浮选铁矿泥的研究［J］．矿冶工程，1993，13（4）：32.

[85] 刘保平，林祥辉．采用磨矿—磁选—重选—（RA-715 药剂）反浮选工艺进行安钢舞矿难选贫红铁矿工业调试获得成功［J］．矿冶工程，2006（2）：109.

[86] 赵宁宁．阴离子捕收剂 DZN-1 的合成及其捕收性能的研究［D］．沈阳：东北大学，2011.

2 悬浮磁化焙烧技术与装备

2.1 磁化焙烧研究现状

近年来，国内许多研究单位围绕微细粒矿、菱铁矿、褐铁矿、鲕状赤铁矿等复杂难选铁矿资源的高效开发与利用，开展了大量的基础研究和技术开发工作，基本达成了采用选冶联合工艺才能实现该类铁矿资源高效利用的共识。其中磁化焙烧—磁选是处理该类矿石的有效技术。磁化焙烧—磁选是指将物料或矿石在一定的温度下进行化学反应，使矿石中的赤铁矿、菱铁矿、褐铁矿等弱磁性铁矿物转变为强磁性的磁铁矿或磁赤铁矿，再利用矿物之间的磁性差异进行磁选分离。选矿科技工作者早在20世纪初就已开始研发铁矿石磁化焙烧预处理技术，根据反应器类型的不同，磁化焙烧可分为竖炉焙烧、回转窑焙烧及流态化焙烧[1]。

2.1.1 竖炉磁化焙烧

竖炉磁化焙烧过程是原矿石在竖炉加热带加热到700~800℃以后，矿石自动落入还原带，在550~600℃温度下与煤气中的还原气体发生化学反应，从而将弱磁性的赤铁矿还原为强磁性的磁铁矿，其工艺流程如图2-1所示[2]。

竖炉生产过程可以分为给矿系统、燃烧系统、还原系统和冷却搬出系统[3]。其中给矿系统主要包括矿石的输送和预热两个过程，通过皮带输送机将原矿石输送到炉顶存储槽（料斗），矿石先到达炉膛上部的预热带，与高温废气发生热交换，使其平均温度达到150~200℃；燃烧系统包括燃烧和加热两个过程，预热后的矿石进入加热带，通过助燃空气和燃烧煤气发生化学反应所释放的热量对矿石进行加热，同时为了保证矿石在进入还原带时有足够高的温度进行还原反应，必须使燃烧控制室内的温度控制在1050~1150℃；还原系统是整个系统中最重要的环节，加热后的矿石进入还原带与常温还原煤气接触，使其温度降低到570℃左右时与还原煤气中的CO和H_2进行磁化还原反应；还原焙烧后的矿石进入水封池冷却至400℃左右，然后由搬出系统运出至后续磨矿—分选系统[4]。

我国早在1926年就在鞍山地区采用竖炉对铁矿进行工业规模的磁化焙烧生产，称为“鞍山式竖炉”，并于20世纪60~70年代对鞍山式竖炉进行了多次技术改造，逐渐形成了单台10万吨/年的处理能力。竖炉磁化焙烧—磁选曾经是我国赤铁矿选别的主要流程，20世纪80~90年代鞍山钢铁公司、包头钢铁公司、

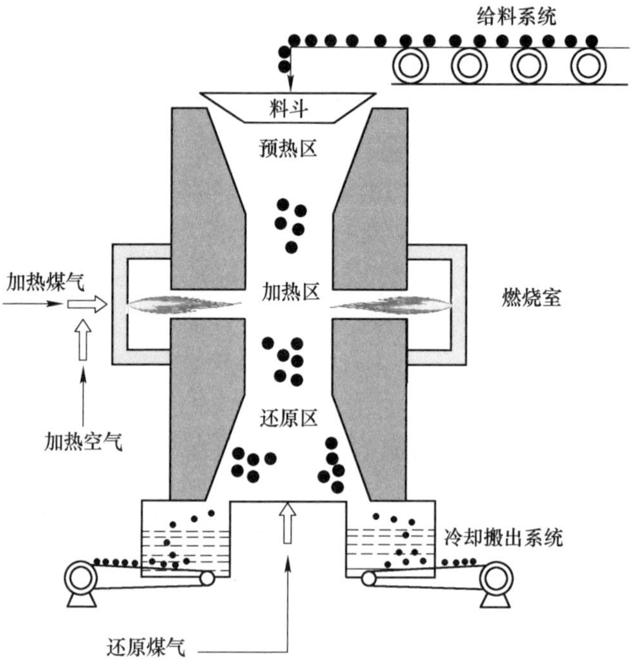

图 2-1　竖炉磁化焙烧工艺流程原理示意图

酒泉钢铁公司等选矿厂共建有磁化焙烧竖炉近 120 座，每年处理铁矿石 1300 多万吨[5]。水城钢铁采用 100m^{3}鞍山式竖炉处理粒度为 15~75mm 的贵州赫章镁菱铁矿，结果表明含铁 39%的原矿经竖炉焙烧 10~12h 后品位可提高到 53.70%以上。龙泰集团通过对含铁 38.3%的白尖铁矿进行酒钢竖炉投笼焙烧后，在磨矿细度-0.074mm 占 85%的条件下，经过一粗两精三段弱磁分选流程可获得铁品位 54.11%、回收率 82.68%的铁精矿。马鞍山钢铁集团利用小型 8m^{3}竖炉处理菱铁矿球团，在焙烧温度 1050~1100℃的条件下，焙烧矿铁品位可由 42%提高到 62%左右。目前，仅酒钢选矿厂因原矿中含有菱铁矿无法直接用于烧结而采用 44 座 100m^3 竖炉磁化焙烧技术处理菱铁矿、镜铁矿混合型铁矿石，焙烧矿经弱磁选可获得 TFe 品位 55%~57%的铁精矿，铁回收率 70%~80%。但多年的生产实践表明，竖炉只能处理粒度为 15~75mm 的块矿，无法处理小于 15mm 的“粉矿”，一旦矿石破碎过程中“粉矿”超过 30%，就会影响料层的透气性，导致还原气体不能透过料层，进而影响磁化焙烧效果。因此，酒钢选矿厂约 40%的 0~15mm 粒级铁矿石只能采用强磁选工艺处理，仅能获得 TFe 品位 45%~48%的铁精矿，铁回收率 65%左右。回收率低、“粉矿”无法利用、能耗高、焙烧产品质量不均匀等问题严重制约了竖炉磁化焙烧的推广和应用。

2.1.2 回转窑磁化焙烧

回转窑是目前国内难选铁矿磁化还原焙烧的重要设备，其工作原理如图 2-2 所示。由焦粒（煤粉）及铁矿原料等组成的固体炉料由窑尾加入，窑体稍有倾斜，在窑转动时炉料向窑头运动。窑头外有烧嘴燃烧燃料（使用煤粉、煤气或燃油），燃烧废气则由窑尾排出，高温炉气与炉料逆向运动，炉料在窑内完成加热和还原磁化反应后进入冷却系统[6]。

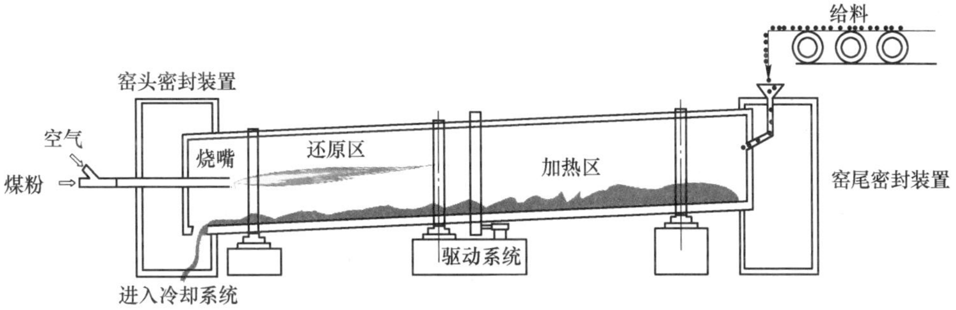

图 2-2 回转窑磁化还原过程原理示意图

回转窑磁化焙烧一般处理粒度小于 30mm 的铁矿石。苏联克里沃罗格中部采选公司建有 30 座 ϕ3.6m×50m 的回转窑进行铁矿石磁化焙烧工业生产，每条回转窑处理能力 43~48t/h，在还原温度 800~900℃的条件下，可获得铁品位 64.5%、回收率 84%的铁精矿。我国酒泉钢铁公司曾建有 1 座 ϕ3.6m×50m 的回转窑，处理 10mm 以下的矿石，处理能力为 32t/h，还原温度 700~800℃，可获得铁品位 58.2%、回收率 84.6%的技术指标。长沙矿冶研究院针对大西沟菱铁矿进行了系统的煤基回转窑磁化焙烧—弱磁选—反浮选试验研究，并据此建成了年处理量 90 万吨的大西沟选矿厂，经过一系列的生产调试和技术改造，取得了铁精矿 TFe 品位 60.6%、铁回收率 75.4%的工业生产指标[7]。

相对于竖炉磁化焙烧，回转窑磁化焙烧的给矿粒度有所减小，焙烧效果及焙烧矿分选指标均优于竖炉磁化焙烧，但同样存在焙烧能耗高的问题，尤其是容易出现“结圈”现象，降低作业率。目前，回转窑磁化焙烧最长仅能保证 30~75 天不出现“结圈”问题。因此，焙烧能耗高及易“结圈”仍是回转窑磁化焙烧推广应用亟须解决的主要问题。

2.1.3 流态化磁化焙烧

流态化磁化焙烧是指矿石颗粒在流体介质作用下呈流体化状态进行加热反应，有利于提高焙烧矿质量。其优点为：（1）颗粒多悬浮于气相中，处于较好的分散状态，能使气固接触充分，产品质量均匀；（2）反应速度快，反应过程中的传热、传质效果好，热耗低；（3）设备运转部件少，容易调节。

20 世纪 50~60 年代，流态化磁化焙烧在国内外受到较为广泛的关注，中国、美国、意大利、加拿大、德国等都有相关的研究[8,9]。早期流态化磁化焙烧设备主要是沸腾炉，主要是用来处理粒度为 0~3mm 矿石的一种炉型。沸腾炉以流态化技术作为基础，在气流的作用下固体颗粒被抬起形成流态化床层，矿石在沸腾状态下被加热还原磁化，从而提高了焙烧矿质量。据报道，意大利佛罗内卡（Follonica）建成了世界第一座流态化磁化焙烧工厂，该工厂日处理 1000t 黄铁矿，获得制酸用 SO_2 和 TFe 品位 65%、回收率 95%的铁精矿；美国曾设计了处理能力 20 万吨/年多级流化床磁化焙烧工厂，但因装备和成本等原因未能实现工业化应用。

奥地利 Boehm 等[10]进行了菱铁矿的流态化磁化焙烧—磁选半工业试验研究，试验所用流态化焙烧系统处理能力为 50kg/h，由输送床结合多级旋风分离器组合而成，如图 2-3 所示。燃气煅烧温度约 600~700℃，气体流量（标态）约 0.36kg/m^3，固体物料在系统中停留时间约 5s。结果表明，菱铁矿石经流态化焙烧后，在干式磁选场强 0.13T 的条件下，可以获得铁品位 48%~55%及回收率 80%~92%的指标。但近年来，国外鲜有磁化焙烧研发的相关报道。

自 1958 年以来，我国就流态化磁化焙烧技术和装备开展了大量的研究，其中包括甘肃菱铁矿和镜铁矿、包头白云鄂博铁矿、河北宣化鲕状赤铁矿、南京凤凰山赤铁矿及鞍山赤铁矿等实验室试验研究和扩大试验研究[11]。鞍山钢铁公司曾在 100t/d 流态化试验炉的基础上，自行设计、建成了日处理量 700t 的折倒式半截流两相沸腾焙烧炉，工艺过程是将 0~3mm 的原矿送入炉内，矿粒受到炉内气流作用进行自然分级，分出的细粒级随气流进入副炉进行载流还原焙烧；粗粒级下落与主炉内上升的气流呈逆向运行，在稀相状态下进行加热，然后至浓相沸腾床进行还原反应。焙烧好的粗粒产品经设在气体分布板上的溢流管落到下部矿浆池中，进行淬冷；细粒级产品经副炉和收尘器下部也排到矿浆池中。利用上述沸腾焙烧炉，鞍钢齐大山选矿厂进行了工业试验，获得精矿铁品位 57.6%~64.7%、回收率 87.1%~96.2%的指标[12]。

沸腾炉与竖炉、回转窑相比具有以下优点：（1）矿石入炉粒度减小，比表面积大，气固两相接触面积大，传热传质效率提高；（2）床层内的温度易于控制和气流分布较均匀。与前两种炉型相比，焙烧矿质量及后续磁选指标均有所提高，但沸腾炉焙烧依然存在诸多问题。如粉矿颗粒（0~3mm）依然较粗，焙烧反应速度不够快，且装备磨损较为严重，尤其是装置运行不稳定，工艺技术尚未得到彻底解决。

在传统的工业磁化焙烧炉中，矿石粒径是影响焙烧时间和传热传质的主要因素，若进一步减小矿石粒径，则有望大幅度提高矿石的焙烧效率。我国著名选矿专家余永富院士带领的科研团队提出了循环流态化闪速磁化焙烧的概念[11,12]，采用输送床结合多级旋风分离器组合反应装置（图 2-3），对昆明王家滩矿、重钢接龙铁矿等难选铁矿石进行粉矿流态化磁化焙烧，获得了精矿铁品位 55.2%～60.67%以上、铁回收率达 70.3%～75.4%的指标，并在湖北黄梅建成了 60 万吨/年的产业化工程项目。

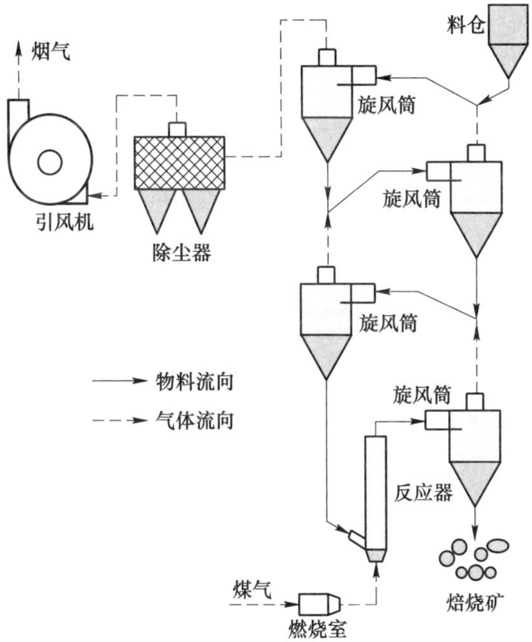

图 2-3 闪速磁化焙烧工艺系统示意图

中国科学院过程工程研究所在已有流态化磁化焙烧研究积累的基础上，研发了复杂难选铁矿流态化磁化焙烧成套新技术，提出了低温流态化磁化焙烧工艺[1]，并与云南曲靖越钢控股集团公司合作，于 2008 年建成了 10 万吨/年产业化示范工程。工业试验结果表明，在磁化焙烧温度 450℃条件下，处理 TFe 33%褐铁矿，经磁选后获得了精矿铁品位 57%以上、铁回收率 93%～95%的技术指标。

2.2 悬浮磁化焙烧新技术

流态化焙烧是高效利用复杂难选铁矿资源的重要手段，对于常规选矿方法无法分选的褐铁矿、菱铁矿、沉积型变质赤铁矿等难选铁矿资源的开发利用具有重要的应用价值。但传统流态化焙烧技术与装备处理赤铁矿、菱铁矿或褐铁矿等混合型铁矿石时，存在以下问题：（1）由于矿石中铁矿物性质不一致，相同还原工况下不同铁矿物的反应不同步，弱磁性铁矿物不能完全反应生成强磁性的 Fe_3O_4，有时出现过还原生成无磁性的 FeO，甚至与脉石矿物生成极难还原的硅酸铁（Fe_2SiO_4），进而造成分选指标较差；（2）物料加热和还原是在同一炉腔内进行，还原气用量大且还原气氛难以保证；（3）焙烧物料冷却过程未对潜热进行高效回收利用。

针对传统磁化焙烧技术存在的问题，东北大学提出了复杂难选铁矿石“预氧化—蓄热还原—再氧化”悬浮磁化焙烧新理念，研发成功了铁矿多段悬浮磁化焙烧实验室及中试装备，新型铁矿多段悬浮磁化焙烧系统组成示意图如图 2-4 所示。

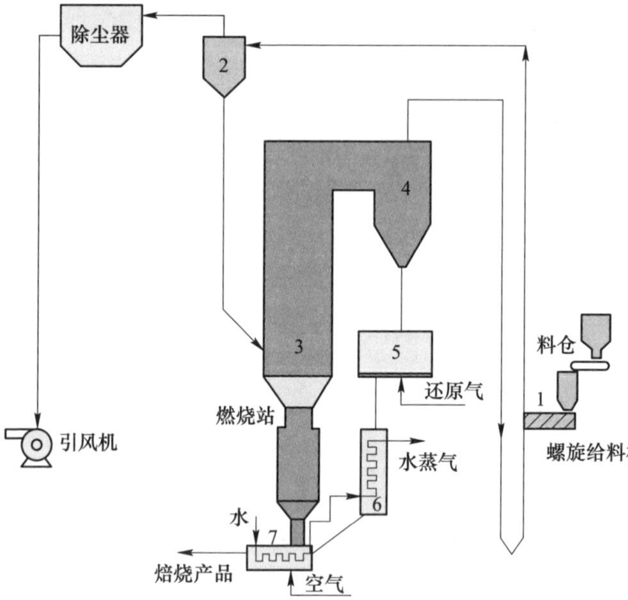

图 2-4　新型铁矿悬浮磁化焙烧系统组成示意图

1，2—给料预热系统；3，4—加热预氧化系统；5—蓄热还原系统；6，7—多级冷却系统

新型铁矿多段悬浮磁化焙烧系统由给料预热系统、加热预氧化系统、蓄热还原系统、多级冷却系统、除尘系统等组成。原料用螺旋加料机给入，被来自旋风分离器的热烟气预热流化，通过提升管送至气固旋风分离器进行气固分离，固体粉料从焙烧炉下部的进料口进入加热氧化腔，而烟气经过除尘后放空。加热氧化炉底部装有燃烧器，燃料与被预热的空气混合后燃烧，使得铁矿粉在氧化气氛下加热，将矿石中铁矿物（$FeCO_3$、$Fe_2O_3 \cdot nH_2O$）氧化为赤铁矿（Fe_2O_3），高温矿粉经热料旋风分离器分离后进入体积较小的还原腔，还原腔底部通入还原气，使矿石中的 Fe_2O_3 利用自身储蓄热量转化为 Fe_3O_4，最后进入两级冷却器，通过控制温度和气氛使 Fe_3O_4 部分氧化为强磁性 γ-Fe_2O_3，该过程释放出大量潜热，实现了热量的高效循环利用。整个悬浮磁化焙烧系统采用负压运行，动力来自引

风机，节能、安全、环保。

东北大学针对复杂难选铁矿石品位低、铁矿物种类多的特点，形成了复杂难选铁矿“预富集—悬浮磁化焙烧—分选”新工艺。以湖北五峰鲕状赤铁矿、渝东典型沉积型赤褐铁矿、鞍钢东部尾矿、东鞍山铁矿石及酒钢粉矿等为原料，开展了系统的悬浮磁化焙烧实验室及中试试验，均获得良好的焙烧效果和分选指标，其中东鞍山铁矿石在原矿 TFe 品位 31.74%的条件下，中试获得铁精矿 TFe 品位 66.55%、总回收率 77.01%的良好技术指标，较东鞍山烧结厂现有分选工艺精矿铁品位提高了 3 个百分点，回收率提高了 10 个百分点以上；采用“悬浮磁化焙烧—磁选—反浮选”工艺处理 TFe 品位 32.50%的酒钢粉矿，获得了品位 60.59%、回收率 85.62%的铁精矿产品，较现场强磁工艺精矿品位提高 10 个百分点，回收率提高 20 个百分点以上。

难选铁矿石预富集—悬浮焙烧—磁选技术入选 2016 年世界钢铁工业十大技术要闻。该技术属于国际首创复杂难选铁矿石高效利用新技术，具有氧化焙烧与还原焙烧分离、焙烧温度低、生产能力大（单台 200 万吨/年）、环保无污染、生产成本低、能源利用效率高及自动化程度高的特点。该技术成功推广，可实现贫杂难选赤铁矿、菱铁矿、褐铁矿石以及尾矿资源的高效利用，可盘活铁矿资源 100 亿吨以上。

酒钢集团基于酒钢粉矿悬浮磁化焙烧小试和中试试验研究成果，启动了酒钢粉矿悬浮磁化焙烧选矿改造工程项目。2016 年 6 月酒钢粉矿悬浮磁化焙烧项目一期工程正式开工建设，投资 4.8 亿元，建设一条年处理粉矿 165 万吨的悬浮焙烧选矿生产线。目前，该生产线已完成建设，标志着国际首台铁矿石悬浮磁化焙烧炉迈入工业化生产阶段。项目投产后，可提高酒钢自产精矿质量及粉矿利用率，进一步降低生铁成本，解决酒钢钢铁主业铁料资源自给短板问题，预计年创利润 1.5 亿元。另外，酒钢集团已启动了块矿及尾矿悬浮焙烧工业化项目的可行性研究工作。基于鞍钢东部尾矿预富集—悬浮磁化焙烧—磁选中试试验成果，鞍钢矿业集团也完成了东部尾矿 2850 万吨/年悬浮焙烧项目的初步设计。据估算该项目在不增加开采矿石量的前提下，每年可回收合格铁精粉 300 万吨，精矿成本 260 元/t 左右，经济、环境及社会效益巨大。

2.3 悬浮磁化焙烧基础理论

2.3.1 铁矿物磁化焙烧基本原理

通过磁化焙烧使弱磁性铁矿物转化为强磁性矿物的过程可以用铁矿物的磁化焙烧图来表示。图 2-5 所示为铁的各种氧化物相互转化与温度的关系，横坐标表示铁氧化物中铁和氧的质量百分含量，纵坐标表示矿石的加热温度。

图中的 C 点表示菱铁矿（$FeCO_3$），L 点表示褐铁矿（$Fe_2O_3 \cdot nH_2O$），A 点

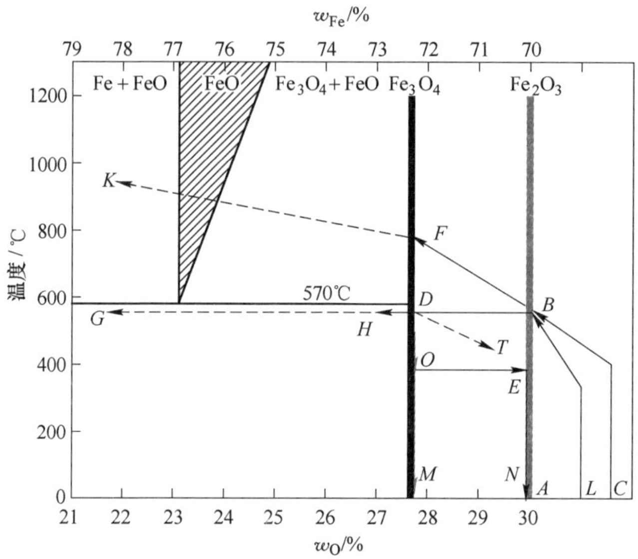

图 2-5 铁矿物磁化焙烧图

表示赤铁矿（α-Fe_2O_3）。由图 2-5 可知：

菱铁矿在 400℃ 的时候开始发生分解反应，于 560℃ 的时候结束（如图中 *CBD* 段或 *CBF* 段所示），并转化为磁铁矿，其化学反应为：

$$3FeCO_3(s) \longrightarrow Fe_3O_4(s) + 2CO_2(g) + CO(g) \tag{2-1}$$

当温度在 300～400℃ 的范围时，褐铁矿开始发生分解反应，脱除结晶水，600℃ 的时候脱水过程结束，并且转变成赤铁矿（如图中 *LB* 段所示），其化学反应为：

$$Fe_2O_3 \cdot nH_2O(s) \longrightarrow Fe_2O_3(s) + nH_2O(g) \tag{2-2}$$

在还原性气氛下，赤铁矿加热到 400℃ 时开始发生还原磁化反应，但是此时的反应速度很慢。当温度达到 570℃ 以后，还原磁化反应进程如图中 *BD* 段或 *BF* 段所示路线进行，当达到 *D* 点或 *F* 点时，说明赤铁矿已经完全转变为磁铁矿（Fe_3O_4）。其化学反应式为：

$$3Fe_2O_3(s) + CO(g) \longrightarrow 2Fe_3O_4(s) + CO_2(g) \tag{2-3}$$

生成的磁铁矿在无氧的中性气氛下迅速冷却时，其组成是不变的（图中 *DOM* 段所示）；如果还原生成的磁铁矿在 400℃ 以下空气中冷却，则会沿着 *DOEN* 段被氧化，生成强磁性的 γ-Fe_2O_3，并释放出热量，其化学反应为：

$$4Fe_3O_4(s) + O_2(g) \longrightarrow 6\gamma\text{-}Fe_2O_3(s) \tag{2-4}$$

如果是在 400℃ 以上的温度下接触空气，则生成的磁铁矿会沿着 *DT* 段被氧化，生成弱磁性的 α-Fe_2O_3。

若焙烧过程中条件没有控制好，赤铁矿的还原反应没有在 *D* 点或 *F* 点终止，

而是继续沿着 *DG* 段或 *FK* 段进行下去，则会发生过还原，如 *DG* 段或 *FK* 段所示。当温度低于 570℃时，将发生如下化学反应：

$$Fe_3O_4(s) + 4CO(g) \longrightarrow 3Fe(s) + 4CO_2(g) \tag{2-5}$$

当温度高于 570℃时，过还原将生成弱磁性的 FeO（如 *FK* 段所示），此时发生的化学反应如下：

$$Fe_3O_4(s) + CO(g) \longrightarrow 3FeO(s) + CO_2(g) \tag{2-6}$$

上述两种情况的过还原都将导致热耗的增加和焙烧时间的延长，使焙烧炉处理能力下降。在工业生产中，赤铁矿石的有效还原温度下限一般是 450℃，上限为 700~800℃，最宜为 570℃。如采用固体还原剂时，还原温度较高，一般为 800~900℃。同时，还原剂不足或者还原带温度降低会导致部分弱磁性矿物不能完全还原成磁铁矿，这样会降低矿石磁性，增加焙烧矿在弱磁选尾矿中的铁损失；还原剂过剩、温度过高或者矿石在还原区停留时间过长都会使部分磁铁矿过还原变成浮氏体（FeO），导致矿石磁性降低、分选过程中铁的损失增加。

2.3.2　铁矿物磁化还原热力学

热力学第二定律是研究化学反应在一定条件下进行的方向及限度，进而能够控制或创造一定条件，使之达到人们所要求的方向及其进行的程度（最大转化率）。

化学反应的吉布斯自由能变化（ΔG）是判断反应在恒温、恒压下能否自发进行的依据。对于任一化学反应，其吉布斯自由能的变化可表示为：

$$\Delta G = \sum G_{产物} - \sum G_{反应物} \tag{2-7}$$

式中，$\sum G_{产物}$、$\sum G_{反应物}$ 分别是化学反应的产物、反应物吉布斯自由能总和。

$\Delta G<0$，表示反应能自发地向右进行；$\Delta G>0$，表示反应不可能自发地向右进行，反应有逆向（向左）进行的趋势；$\Delta G=0$，反应达到平衡，ΔG 的符号一旦确定，$|\Delta G|$ 的大小仅仅是反应趋势的大小。

2.3.2.1　赤铁矿磁化焙烧热力学分析

在悬浮磁化焙烧过程中，所使用的还原性气体为 CO 或 H_2。因此，主要针对赤铁矿在 CO 和 H_2 还原气氛下进行热力学分析。

当采用的还原剂为 CO 时，可能发生的反应有：

$$3Fe_2O_3(s) + CO(g) = 2Fe_3O_4(s) + CO_2(g)$$

$$\Delta_r G_m^{\ominus} = -39.94 - 5.71 \times 10^{-2} T \quad kJ/mol \tag{2-8}$$

当 $T<843K$（570℃）时，

$$1/4Fe_3O_4(s) + CO(g) = 3/4Fe(s) + CO_2(g)$$

$$\Delta_r G_m^{\ominus} = -8.10 + 0.99 \times 10^{-2} T \quad kJ/mol \tag{2-9}$$

当 $T>843K$（570℃）时，

$$Fe_3O_4(s) + CO(g) = 3FeO(s) + CO_2(g)$$

$$\Delta_r G_m^{\ominus} = +22.50 - 2.51 \times 10^{-2} T \quad kJ/mol \tag{2-10}$$

$$FeO(s) + CO(g) = Fe(s) + CO_2(g)$$

$$\Delta_r G_m^{\ominus} = -18.30 + 2.16 \times 10^{-2} T \quad kJ/mol \tag{2-11}$$

上述反应（2-8）~反应（2-11）的标准吉布斯自由能变 $\Delta_r G_m^{\ominus}$ 与平衡常数 $K^{\ominus}$ 的关系可由式（2-12）表示：

$$\Delta_r G_m^{\ominus} = -RT\ln K^{\ominus} \tag{2-12}$$

式中　$\Delta_r G_m^{\ominus}$——标准吉布斯自由能变化，J/mol；

R——气体常数，J/(mol · K)；

T——绝对温度，K；

$K^{\ominus}$——反应的平衡常数。

此外，反应的平衡常数 $K^{\ominus}$ 和气相平衡组成的关系可用式（2-13）表示：

$$K^{\ominus} = \frac{\dfrac{p(CO_2)}{p^{\ominus}}}{\dfrac{p(CO)}{p^{\ominus}}} = \frac{\varphi(CO_2)}{\varphi(CO)} = \frac{100 - \varphi(CO)}{\varphi(CO)} \tag{2-13}$$

因此：

$$\varphi(CO) = \frac{100}{1 + K^{\ominus}} \quad \% \tag{2-14}$$

由式（2-14）可以计算并绘出反应（2-8）~反应（2-11）的热力学参数平衡图，如图 2-6 所示。

由图 2-6 可见，在 300~800℃范围内，将赤铁矿还原为磁铁矿所需的 CO 浓度 $\varphi(CO)$ 非常小（约 0.002%）。表明在 CO 还原性气氛中，赤铁矿磁化还原为磁铁矿的反应（2-8）非常容易发生。理论上，在 570℃以下也有可能还原出金属铁（Fe），如反应（2-11）所示，但所需 $\varphi(CO)$ 较高（$35.12\%<\varphi(CO)$）。在 570~800℃范围内，也可能还原出弱磁性的浮氏体（$\varphi(CO)>38.85\%$）和金属铁（$\varphi(CO)>48.32\%$）。因此，在悬浮磁化焙烧试验过程中，为防止新生磁铁矿过还原为金属铁或浮氏体，还原剂 CO 的浓度 $\varphi(CO)$ 应控制在 35.12%以下。但是，通常情况下由于动力学因素的影响，理论分析与实际生产往往有很大的差别。

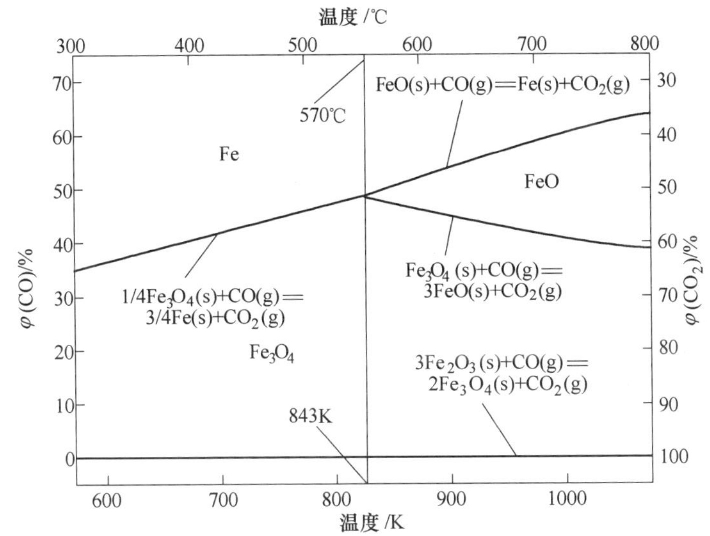

图 2-6　CO 还原铁氧化物的平衡组分相图

当采用 H_2 还原赤铁矿时，各级反应方程式及其 $\Delta_r G_m^\ominus$ 如下所示：

当温度大于 843K 时，存在下列反应：

$$3Fe_2O_3(s) + H_2(g) = 2Fe_3O_4(s) + H_2O(g)$$

$$\Delta_r G_m^\ominus = -15.55 - 0.74 \times 10^{-1}T \quad \text{kJ/mol} \tag{2-15}$$

$$Fe_3O_4(s) + H_2(g) = 3FeO(s) + H_2O(g)$$

$$\Delta_r G_m^\ominus = 71.94 - 0.74 \times 10^{-1}T \quad \text{kJ/mol} \tag{2-16}$$

$$FeO(s) + H_2(g) = Fe(s) + H_2O(g)$$

$$\Delta_r G_m^\ominus = 23.43 - 0.16 \times 10^{-1}T \quad \text{kJ/mol} \tag{2-17}$$

当温度小于 843K 时，存在下列反应：

$$3Fe_2O_3(s) + H_2(g) = 2Fe_3O_4(s) + H_2O(g)$$

$$\Delta_r G_m^\ominus = -15.55 - 0.74 \times 10^{-1}T \quad \text{kJ/mol} \tag{2-18}$$

$$Fe_3O_4(s) + 4H_2(g) = 3Fe(s) + 4H_2O(g)$$

$$\Delta_r G_m^\ominus = 35.55 - 0.3 \times 10^{-1}T \quad \text{kJ/mol} \tag{2-19}$$

同理根据上述反应标准吉布斯自由能变与平衡常数之间的关系，可以计算得到铁氧化物还原反应平衡时的 H_2 浓度，结果如图 2-7 所示。由该图可以直观地确定一定温度及气相成分下，任一氧化铁转变的方向及最终的相态，并能得出一定气相组成条件下铁氧化物的还原平衡温度。图 2-7 中 4 条曲线是将式（2-15）~式（2-17）、式（2-19）四个化学反应平衡时的气相组成对温度作图得到的。四条曲线把整个反应划为 A、B、C、D 四个区域。A 为 Fe_2O_3 稳定区域，即图中横坐标与式（2-15）反应曲线之间的部分，由图中可以看出这个区域面积非常小，表明反应（2-15）非常容易进行，即使在 H_2 浓度很低的情况下，该反应也能进行；图中 B 区域为 Fe_3O_4 稳定区域，C 为浮氏体稳定区域，D 为金属 Fe 稳定区域。由图中可以看出，在还原温度为 843K 时，Fe_3O_4 还原生成 FeO 的 H_2 平衡浓度为 75%，随还原温度的升高，H_2 的平衡浓度不断降低，在还原温度为 1000K 时，H_2 的还原平衡浓度则降至 51%。因此在悬浮焙烧过程中应根据还原温度对 H_2 浓度进行相应的调整，以避免过还原现象的产生。

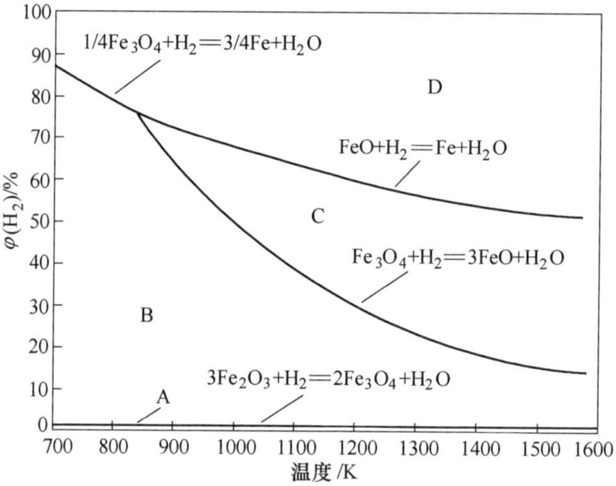

图 2-7　H_2 还原氧化铁的平衡图

2.3.2.2　菱铁矿磁化焙烧热力学分析

菱铁矿是难选铁矿石中经常存在的一种铁矿物。菱铁矿分解反应随炉内气氛不同而稍有不同。在惰性气氛中，菱铁矿的受热分解反应式如下：

$$FeCO_3(s) == FeO(s) + CO_2(g)$$

$$\Delta_r G_m^{\ominus} = +75.33 - 16.98 \times 10^{-2} T \quad kJ/mol \qquad (2\text{-}20)$$

由于 FeO 具有强还原性，而热解气体产物 CO_2 也具有较强的氧化性。因此，在高温条件下这两种中间产物又迅速发生氧化反应，如式（2-21）所示：

$$3FeO(s) + CO_2(g) == Fe_3O_4(s) + CO(g)$$

$$\Delta_r G_m^{\ominus} = -22.50 + 2.51 \times 10^{-2} T \quad kJ/mol \qquad (2\text{-}21)$$

综上所述，菱铁矿在惰性气氛中（如 N_2 气氛）的分解反应可用式（2-22）表示。

$$3FeCO_3(s) == Fe_3O_4(s) + CO(g) + 2CO_2(g)$$

$$\Delta_r G_m^{\ominus} = +203.48 - 48.42 \times 10^{-2} T \quad kJ/mol \qquad (2\text{-}22)$$

图 2-8 所示为 200～900℃反应（2-22）的标准吉布斯自由能变化与温度的关系。在悬浮焙烧过程中，物料在流态化作用下被加热至 600～900℃。若加热环境为中性气氛，由图 2-8 可知，在 600～900℃温度范围内，反应（2-22）的 $\Delta_r G_m^{\ominus} <0$；随着温度的提高，反应的 $|\Delta_r G_m^{\ominus}|$ 越大；这表明标准状态下，反应（2-22）能自发向右进行，随着温度的升高，反应自发向右进行的趋势增大。

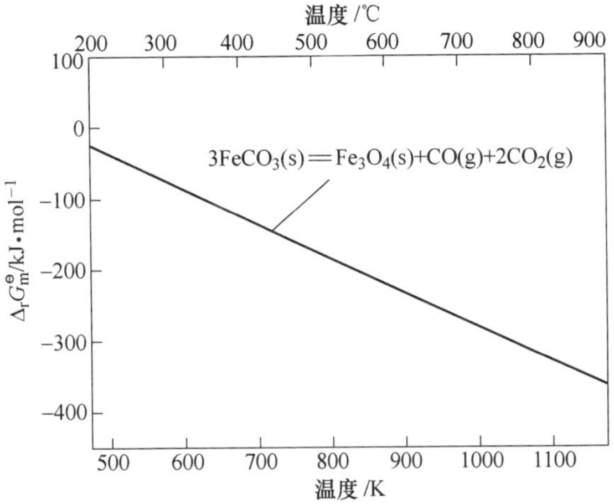

图 2-8 反应式（2-22）的标准吉布斯自由能变化与温度的关系

在氧化气氛中，菱铁矿的分解首先按式（2-20）发生，但是分解产物即刻被氧气氧化，生成弱磁性的赤铁矿（α-Fe_2O_3）或强磁性的磁铁矿（Fe_3O_4），反应如式（2-23）和式（2-24）所示：

$$4FeCO_3(s) + O_2(g) \xlongequal{\quad} 2Fe_2O_3(s) + 4CO_2(g)$$

$$\Delta_r G_m^{\ominus} = -268.54 - 43.24 \times 10^{-2} T \quad \text{kJ/mol} \tag{2-23}$$

$$6FeCO_3(s) + O_2(g) \xlongequal{\quad} 2Fe_3O_4(s) + 6CO_2(g)$$

$$\Delta_r G_m^{\ominus} = -168.08 - 78.45 \times 10^{-2} T \quad \text{kJ/mol} \tag{2-24}$$

图 2-9 所示为反应（2-23）和反应（2-24）的标准吉布斯自由能变化与温度的关系。若物料加热环境为氧化性气氛，在 600～900℃温度范围内，反应（2-23）及反应（2-24）的 $\Delta_r G_m^{\ominus} <0$；随着反应温度的提高，反应的 $|\Delta_r G_m^{\ominus}|$ 增大。这表明标准状态下反应（2-23）及反应（2-24）均能自发向右进行；且随着温度的提高，反应向右自发进行的趋势越大。但在相同温度条件下，反应（2-24）较反应（2-23）的吉布斯自由能变大，表明反应（2-24）更容易发生。因此，在悬浮态加热阶段，应该在合理的温度范围内尽可能地提高物料加热温度以促进菱铁矿向磁铁矿或赤铁矿的转化趋势。当菱铁矿在悬浮态加热阶段转变为赤铁矿后，其还原磁化反应将按照赤铁矿磁化焙烧进行。

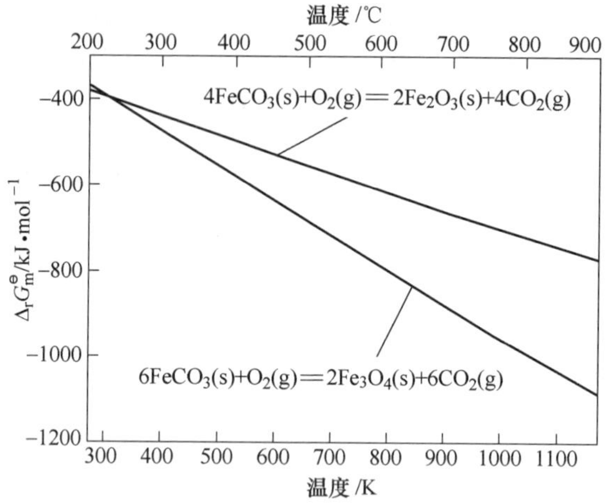

图 2-9　反应（2-23）和反应（2-24）的标准吉布斯自由能变化与温度的关系

2.3.2.3　褐铁矿磁化焙烧热力学分析

褐铁矿不是一种单独的矿物，而是以针铁矿等铁的氢氧化物为主的混合矿物。由于褐铁矿石含铁矿物的风化产物成分不纯，水的含量变化也很大，难以确定其具体的化学组成，故将其视为针铁矿进行磁化焙烧热力学分析。在磁化焙烧过程中针铁矿首先发生脱羟基反应生成赤铁矿，然后赤铁矿与还原剂 CO 或 H_2 发生还原反应，转化为磁铁矿。针铁矿磁化焙烧过程中脱羟基反应如式（2-25）所示，不同温度下的标准吉布斯自由能变化如图 2-10 所示。

$$2FeO(OH)(s) = Fe_2O_3(s) + H_2O(g) \qquad (2\text{-}25)$$

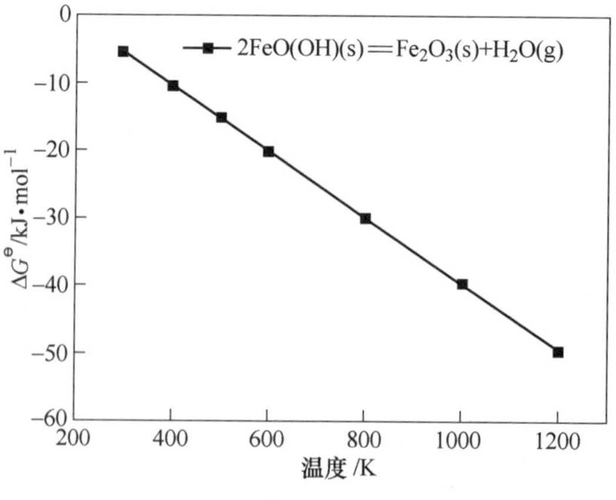

图 2-10　反应式（2-25）吉布斯自由能变与温度之间的关系

2.3.2.4　悬浮焙烧过程中脉石矿物反应热力学分析

难选铁矿石中矿物组成较为复杂，矿石中除含有铁矿物外还含多种脉石矿物，如石英、方解石、白云石、磷灰石等，在悬浮焙烧过程中除铁矿物的还原反应外，脉石矿物在悬浮焙烧过程中也可能发生反应。例如，石英在悬浮焙烧过程中可能被 H_2 还原，方解石及白云石可能发生分解，磷灰石发生还原反应等。脉石矿物在悬浮焙烧过程中可能发生的反应如下所示：

$$SiO_2(s) + 2H_2(g) = Si(s) + 2H_2O(g)$$
$$\Delta_r G_m^\ominus = 418.57 - 0.073T \quad kJ/mol \tag{2-26}$$
$$CaCO_3(s) = CaO(s) + CO_2(g)$$
$$\Delta_r G_m^\ominus = 168.33 - 0.15T \quad kJ/mol \tag{2-27}$$
$$MgCa(CO_3)_2(s) = MgO(s) + CaO(s) + 2CO_2(g)$$
$$\Delta_r G_m^\ominus = 293.60 - 0.32T \quad kJ/mol \tag{2-28}$$
$$Ca_3(PO_4)_2(s) + 5H_2(g) + 3SiO_2(s) = 3CaSiO_3(s) + P_2(g) + 5H_2O(g)$$
$$\Delta_r G_m^\ominus = 833.96 - 0.32T \quad kJ/mol \tag{2-29}$$

图 2-11 所示为反应（2-26）~反应（2-29）的标准吉布斯自由能变随温度的变化。由图 2-11 可知，反应（2-26）、反应（2-29）的标准吉布斯自由能均大于零，表明在温度范围内反应（2-26）、反应（2-29）均不能自发进行。因此，石英、磷灰石在悬浮焙烧过程中无法被 H_2 还原。反应（2-27）、反应（2-28）的吉布斯自由能在温度超过 901K、1151K 时小于 0，这表明在温度超过 901K、1151K 时，反应（2-27）、反应（2-28）可能发生。

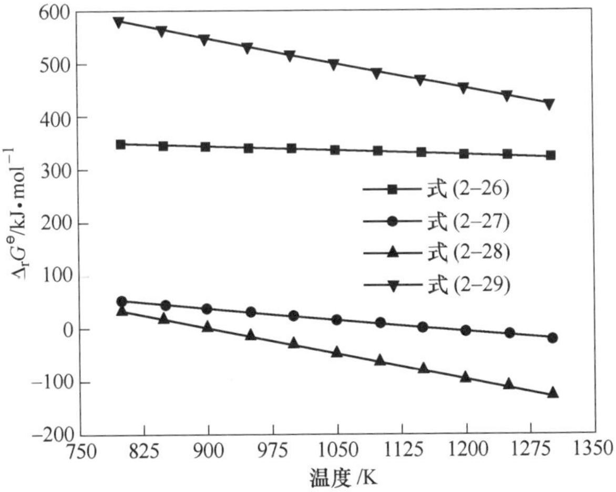

图 2-11　反应（2-26）~反应（2-29）的吉布斯自由能随温度的变化

2.3.3　磁铁矿再氧化热力学分析

高温焙烧产物的冷却是磁化焙烧技术中重要的环节之一，在冷却过程中焙烧产物将发生氧化和相变反应，因此不同的冷却方式对焙烧产品的质量会产生影响。目前，磁化焙烧工业生产和试验研究过程中普遍采用水冷工艺对焙烧产物进行冷却。但是水冷方法不仅消耗大量的水资源，而且余热难以有效回收。悬浮磁化焙烧冷却采用的是在空气中快速冷却，并通过调控参数生成部分假象赤铁矿（γ-Fe_2O_3）。

磁化焙烧矿中新生磁铁矿与空气接触自然冷却时，在高于400℃容易氧化形成弱磁性的赤铁矿（α-Fe_2O_3），如反应（2-30）所示；在低于400℃区间内则被氧化生成同样具有强磁性的假象赤铁矿（γ-Fe_2O_3），反应如式（2-31）所示。

$$4Fe_3O_4(s) + O_2(g) \xlongequal{\quad} 6\alpha\text{-}Fe_2O_3(s)$$

$$\Delta_r G_m^{\ominus} = -491.64 + 29.45 \times 10^{-2}T \quad \text{kJ/mol} \tag{2-30}$$

$$4Fe_3O_4(s) + O_2(g) \xlongequal{\quad} 6\gamma\text{-}Fe_2O_3(s)$$

$$\Delta_r G_m^{\ominus} = -396.57 + 25.16 \times 10^{-2}T \quad \text{kJ/mol} \tag{2-31}$$

图2-12所示为反应（2-30）、反应（2-31）的标准吉布斯自由能变化与温度的线性关系。如图2-12所示，在100~600℃范围内，反应（2-30）、反应（2-31）的$\Delta_r G_m^{\ominus}$值均为负值，但在相同冷却温度条件下反应（2-30）的$|\Delta_r G_m^{\ominus}|$较反应（2-31）的$|\Delta_r G_m^{\ominus}|$大，表明相同冷却温度条件下，反应（2-30）自发向右进行的趋势较反应（2-31）大，即反应（2-30）可优先发生或γ-Fe_2O_3有自发向α-Fe_2O_3转变的趋势，如式（2-32）所示：

$$\gamma\text{-}Fe_2O_3(s) \xlongequal{\quad} \alpha\text{-}Fe_2O_3(s)$$

$$\Delta_r G_m^{\ominus} = -15.23 + 0.63 \times 10^{-2}T \quad \text{kJ/mol} \tag{2-32}$$

但通常情况下由于动力学因素的影响，理论分析与实际生产往往有很大的差别，还原焙烧物料中Fe_3O_4向γ-Fe_2O_3转变而不向α-Fe_2O_3转变的温度阈值应该通过具体的试验确定。

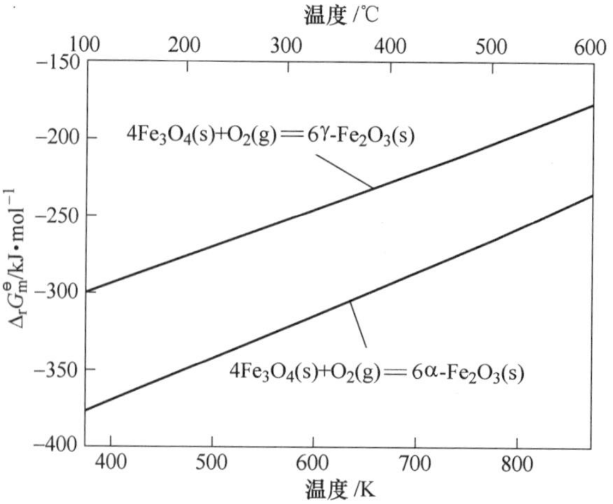

图2-12　反应（2-30）和反应（2-31）的标准吉布斯自由能变化与温度的关系

通过热力学分析软件 HSC Chemistry 的 Reaction Equations 模块计算反应（2-31）的反应焓变 $\Delta_r H$，如式（2-33）所示：

$$\Delta_r H = \sum H_{产物} - \sum H_{反应物} \tag{2-33}$$

式中，$\sum H_{产物}$、$\sum H_{反应物}$ 分别是化学反应的产物、作用物的焓总和。

当冷却氧化温度为 400℃时，该反应的 $\Delta_r H = -396.57$kJ/mol，即每生成 6mol 假象赤铁矿（γ-Fe_2O_3）就有 396.57kJ 的热量放出。因此，在工业生产实践中，可考虑将焙烧后的矿石（约 560℃）在进入冷却器前经下料管道预先冷却至 400℃以下，进入冷却器后通过控制冷却环境（同时进行空气逆流直接热交换和水流逆向间接热交换）使焙烧矿石中新生 Fe_3O_4 最大限度转化为强磁性 γ-Fe_2O_3，以回收该过程释放出的反应热。

2.3.4 铁矿物磁化焙烧动力学

利用热力学原理能确定反应过程进行的方向和限度，但不能确定反应的速率。通常条件下，反应过程是由物质的扩散和界面化学反应等环节组成的串联过程。研究反应动力学的目的是了解反应在不同条件下的组成环节（机理）及其速率表达式，导出总反应的动力学方程，确定反应过程的限制环节，明确反应机理以及各种因素对速率的影响，以便选择合适的反应条件控制反应的进行，以达到强化反应过程、缩短反应时间及提高生产效率的目的。

2.3.4.1 *赤铁矿磁化反应动力学*

图 2-13 给出了不同还原温度条件下赤铁矿还原磁化的反应转化率及反应速率随时间变化关系。由图 2-13（a）可知，不同温度条件下的 $\alpha = f(t)$ 曲线均呈现明显的“S”形。因此，反应在时间上可以划分为三个不同时期：诱导孵化期（$0<\alpha<0.15$），加速期（$0.15<\alpha<0.50$）和减速期（$0.50<\alpha<1.0$）。首先，反应从赤铁矿颗粒表面的某些活性点（晶格歪扭程度大、缺陷多的地方）开始，但由于新相磁铁矿晶核的生成有困难，反应速度很慢，称为诱导孵化期。其次，是新相磁铁矿长大期，磁铁矿晶核在赤铁矿颗粒表面已经广泛形成，并且各晶核均以一定的速度增长，磁铁矿相与赤铁矿相的界面也逐渐增大。因此，反应速率随着界面的扩大而加快，称为加速期。最后，固体颗粒内部新相磁铁矿已广泛形成，各新相磁铁矿晶核在生长过程中相遇，而且相互侵占兼并进而彼此开始重叠，反应速率逐渐下降，称为减速期。从图 2-13（b）可以看出，随着反应温度的增加，诱导孵化期缩短，反应速率加快（尤其是当反应温度≥550℃时，效果更明显）。

“S”形 $\alpha = f(t)$ 曲线通常见于局部固相反应。对于这类“S”形 $\alpha = f(t)$ 曲线，最常用的分析方法是采用 Avrami-Erofeev 成核与生长动力学模型。采用基于

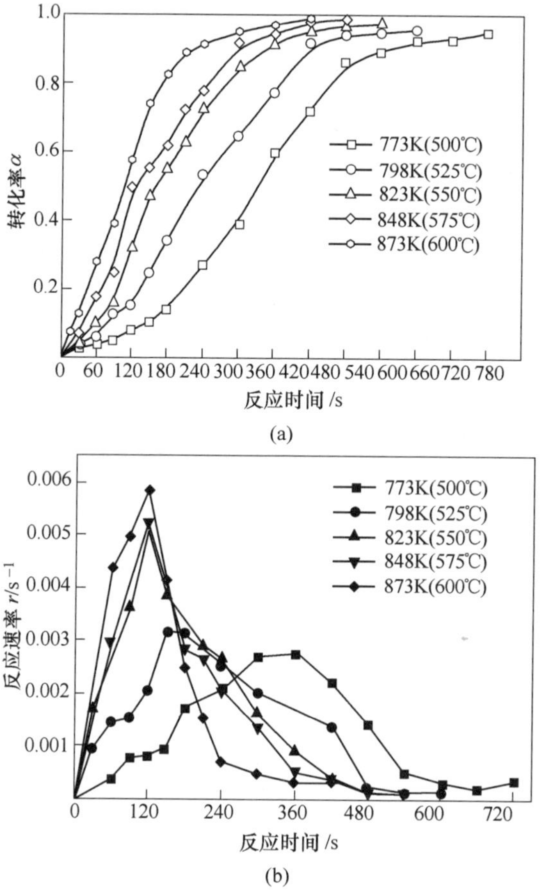

图 2-13　赤铁矿磁化反应动力学数据

（a）反应转化率；（b）反应速率

成核与生长过程表达式的 Hancock-Sharp "ln. ln" 方法来分析 $\alpha=f(t)$ 数据。描述成核与生长过程的表达式如式（2-34）和式（2-35）所示：

$$\alpha = 1 - \exp(-\beta t^n) \tag{2-34}$$

$$\ln[-\ln(1-\alpha)] = \ln\beta + n\ln t \tag{2-35}$$

式中　α——t 时间内赤铁矿还原为磁铁矿的转化率或反应分数；

t——反应时间，s；

β——与温度有关的常数，主要由形核频率和晶粒长大速率决定；

n——与系统几何学有关的指数。

将不同温度条件下 $\alpha=f(t)$ 动力学试验数据（转化率和反应时间）代入式（2-35）进行计算，结果如图 2-14 所示。

通过对不同温度条件下 $\ln[-\ln(1-\alpha)]$ 和 $\ln t$ 进行线性拟合，便可计算得出不

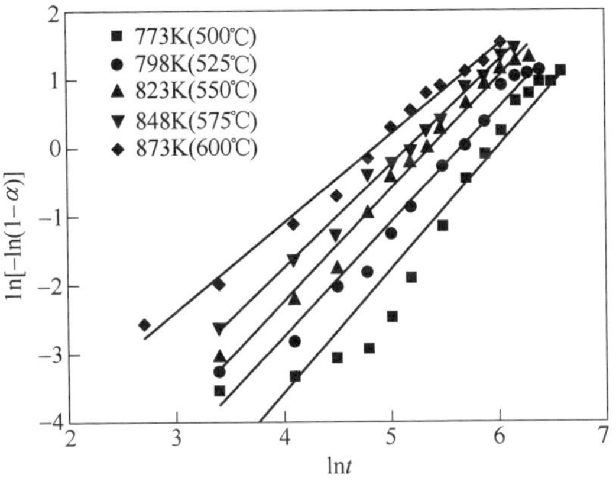

图 2-14 不同温度下函数 ln[-ln(1-α)]与 ln$t$ 的线性拟合

同温度条件下的 lnβ 值（拟合直线的截距）和 n 值（拟合直线的斜率），计算结果见表 2-1。由表 2-1 可知，线性相关系数 R 的平均值高达 0.9879，表明拟合所得参数可信度较高。另外，指数 n 的平均值为 1.58，表明通用的 Avrami-Erofeev 成核与生长动力学模型比较适合描述赤铁矿向磁铁矿还原转变过程。

表 2-1 不同温度条件下式（2-35）参数求解结果

序号	温度/K	拟合直线斜率 n	拟合直线截距 lnβ	线性相关系数 R
1	773(500℃)	1.79	-10.71729	0.9642
2	798(525℃)	1.66	-9.37611	0.9897
3	823(550℃)	1.63	-8.74489	0.9944
4	848(575℃)	1.51	-7.78061	0.9964
5	873(600℃)	1.29	-6.26923	0.9948
平均		1.58	-8.57763	0.9879

通过对不同温度条件下$[-\ln(1-\alpha)]^{1/n}$和 t 进行线性拟合，便可计算得出各温度条件下反应速率常数 k 值（拟合直线的斜率），计算结果见图 2-15 和表 2-2。

表 2-2 不同温度条件下速率常数 k 值

序号	温度/K	反应速率常数 k/s^{-1}	线性相关系数 R
1	773(500℃)	0.00281	0.9931
2	798(525℃)	0.00365	0.9961
3	823(550℃)	0.00462	0.9976
4	848(575℃)	0.00552	0.9989
5	873(600℃)	0.00675	0.9947

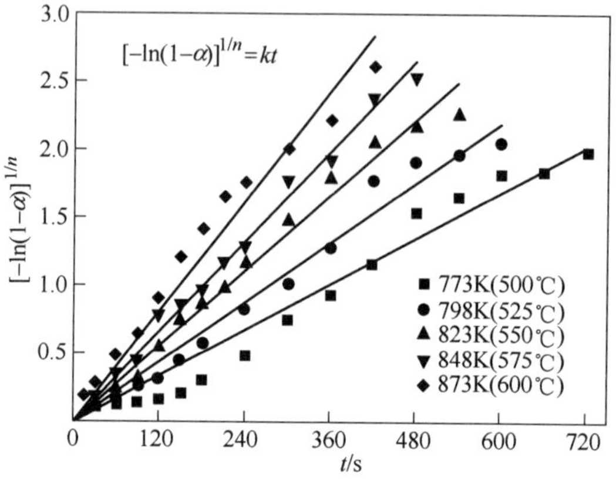

图 2-15　不同温度下函数 $[-\ln(1-\alpha)]^{1/n}$ 与 t 的线性拟合

基于阿伦尼乌斯公式，反应速率常数 k 与还原温度 T 之间的关系可表示为：

$$k = A\exp\left(-\frac{E_a}{RT}\right) \tag{2-36}$$

$$\ln k = \ln A - \frac{E_a}{R}\frac{1}{T} \tag{2-37}$$

式中　A——指前因子，s^{-1}；

T——反应温度，K；

E_a——表观活化能，J/mol；

R——气体常数，8.314J/(mol · K)。

将不同反应温度条件下的反应速率常数 k 代入方程式（2-37），并对 $\ln k$ 和 $1/T$ 进行回归计算和线性拟合，结果如图 2-16 所示。据此，可得指前因子 $A=5.58s^{-1}$，表观活化能 $E_a=48.70$kJ/mol。

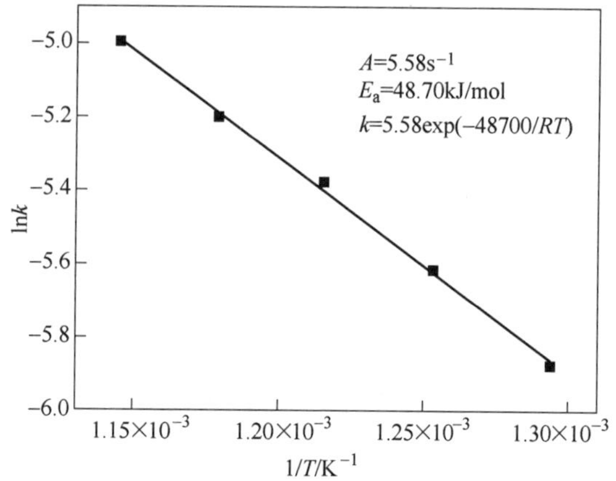

图 2-16　反应速率 k 与温度 T 之间的关系

2.3.4.2 菱铁矿磁化反应动力学

针对菱铁矿纯矿物采用 TG 技术分析了菱铁矿的热分解反应的动力学行为。通过微分法计算了菱铁矿的热分解动力学参数，并判定其热分解过程所符合的动力学模型，为含菱铁矿矿石的悬浮磁化焙烧技术研发提供理论依据。

菱铁矿在不同升温速率（5℃/min、10℃/min、15℃/min、20℃/min）下由室温升至 900℃过程中进行热解反应，通过反应过程中的失重数据计算出相应的反应分数。菱铁矿在不同升温速率下的反应分数曲线如图 2-17 所示，反应速率曲线如图 2-18 所示。

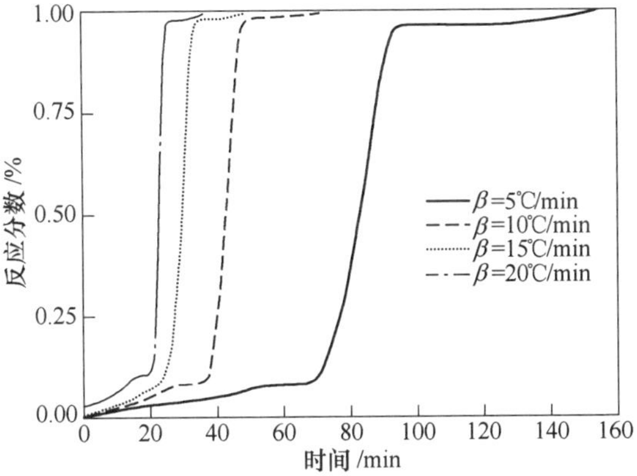

图 2-17 菱铁矿在不同升温速率下的反应分数

由图 2-17 可知，菱铁矿热分解反应的反应分数随时间变化主要经历三个阶段，分别是逐渐上升、快速增加、逐渐平缓。反应分数在 0~0.2 之间时，反应分数曲线变化趋势为第一阶段，此阶段分解反应逐渐开始；反应分数在 0.2~0.9 之间，反应分数曲线变化趋势为第二阶段，此阶段反应快速进行；反应分数在 0.9~1 之间，反应分数曲线变化趋势为第三阶段，反应逐渐减缓直至完成。随着升温速率由 5℃/min 增加为 20℃/min，各个反应阶段所需反应时间逐渐缩短。升温速率由 5℃/min 增加为 20℃/min 时，反应分数达到 $\alpha = 0.9$ 所需要的时间分别 91.11min、46.89min、32.55min、24.73min，这表明升温速率增大，达到同一反应阶段所需时间明显减少，菱铁矿完成热分解反应需要的时间减少。

由图 2-18 可知，菱铁矿的热分解反应速率主要经历了由 0 快速升高达到反应速率最大值，然后降低为 0 的过程。升温速率由 5℃/min 增加为 20℃/min 时，曲线的峰值速率明显增大且左移，出现峰值所需的时间更短。同时，升温速率对菱铁矿热分解的反应速率影响显著，在升温速率分别为 5℃/min、10℃/min、

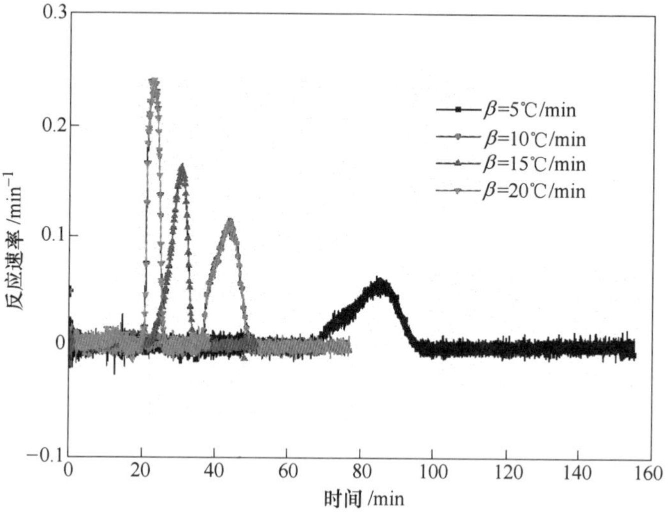

图 2-18　菱铁矿在不同升温速率下的反应速率

15℃/min、20℃/min 时，反应速率达到峰值的时间依次是 85.52min、42.27min、30.88min、23.23min，其反应速率峰值分别为 0.06min^{-1}、0.11min^{-1}、0.16min^{-1}、0.24min^{-1}，表明在一定范围内升高升温速率，可以达到在较短时间内快速反应的效果，降低反应完成所需时间。

自 20 世纪 20 年代出现对物质反应过程的动力学研究工作起，众多研究人员接连提出用于动力学研究的分析方法。采用 Šatava-Šesták 积分法与 Flynn-Wall-Ozawa 法结合，对菱铁矿非等温动力学的机理函数进行研究。Flynn-Wall-Ozawa 方程如下：

$$\lg\beta = \lg\left(\frac{AE}{RG(\alpha)}\right) - 2.315 - 0.4567\frac{E}{RT} \tag{2-38}$$

根据式（2-38），在不同的升温速率下选取相同的反应分数时，$G(\alpha)$ 为一定值，这时可对 $\lg\beta$ 与 $1/T$ 进行线性拟合，根据所得拟合直线的斜率求得 E 值。

Šatava-Šesták 方程如下：

$$\lg G(\alpha) = \lg\left(\frac{AE_S}{R\beta}\right) - 2.315 - 0.4567\frac{E_S}{RT} \tag{2-39}$$

在升温速率确定时，$\lg\left(\frac{AE_S}{R\beta}\right)$ 为常数项，将反应分数代入表 2-3 所示的 16 种常用动力学机理函数积分式中得到对应的 $G(\alpha)$ 的值，随后可对 $\lg G(\alpha)$ 和 $1/T$ 进行线性拟合，根据所得到的拟合直线进行活化能 E_S、指前因子 A 的求解。计算得到的 E_S 需要与 Flynn-Wall-Ozawa 法求得的 E 进行比较，找出满足 $|(E - E_S)/E| \leqslant 0.1$ 条件的 $G(\alpha)$ 函数，并对比各函数的线性拟合系数，选取

拟合程度较好的为最佳机理函数，建立菱铁矿石非等温动力学模型。

表 2-3 动力学机理函数

反应模型	$f(\alpha)$	$G(\alpha)$
A_1	$1-\alpha$	$-\ln(1-\alpha)$
$A_{3/2}$	$(3/2)(1-\alpha)[-\ln(1-\alpha)]^{1/2}$	$[-\ln(1-\alpha)]^{2/3}$
A_2	$2(1-\alpha)[-\ln(1-\alpha)]^{1/2}$	$[-\ln(1-\alpha)]^{1/2}$
A_3	$3(1-\alpha)[-\ln(1-\alpha)]^{2/3}$	$[-\ln(1-\alpha)]^{1/3}$
A_4	$4(1-\alpha)[-\ln(1-\alpha)]^{3/4}$	$[-\ln(1-\alpha)]^{1/4}$
P_1	$2\alpha^{1/2}$	$\alpha^{1/2}$
P_2	$3\alpha^{2/3}$	$\alpha^{1/3}$
R_1	1	α
R_2	$2(1-\alpha)^{1/2}$	$1-(1-\alpha)^{1/2}$
R_3	$3(1-\alpha)^{2/3}$	$1-(1-\alpha)^{1/3}$
D_1	$1/(2\alpha)$	α^2
D_2	$[-\ln(1-\alpha)]^{-1}$	$\alpha+(1-\alpha)\ln(1-\alpha)$
D_3	$(3/2)(1-\alpha)^{2/3}/[1-(1-\alpha)^{1/3}]$	$[1-(1-\alpha)^{1/3}]^2$
D_4	$(3/2)[(1-\alpha)^{-1/3}-1]^{-1}$	$1-2\alpha/3-(1-\alpha)^{2/3}$
F_0	1	α
F_2	$(1-\alpha)^2$	$(1-\alpha)^{-1}-1$

选取菱铁矿石热分解的主要反应阶段，即反应分数 0.15～0.95（间距 0.05），进行数据处理和动力学参数的求解。将反应分数 α 所对应的温度 T 与升温速率 β 进行 $\lg\beta$ 与 $1/T$ 的线性拟合，根据拟合所得直线的斜率求解活化能 E。将不同升温速率下的反应分数 α 代入表 2-3 所列的 16 种常用的气固反应动力学机理函数中，求得各个机理函数对应的 $G(\alpha)$ 的数值，并分别计算 $\lg G(\alpha)$ 和 $1/T$ 的数值。根据式（2-39），绘制各升温速率对应的 $\ln G(\alpha)-1/T$ 曲线，并对上述曲线进行线性拟合，根据拟合结果的直线斜率与截距数值求得活化能 E_S 和指前因子 A 的数值，计算结果如图 2-19 和表 2-4 所示。

表 2-4 菱铁矿分解可能的机理函数

反应模型	升温速率 β/℃ · min^{-1}	活化能 E_S/kJ · mol^{-1}	$\ln(A/\text{min}^{-1})$	线性拟合系数
A_1	5	116.35	17.76	0.9979
	10	128.96	20.03	0.9998
	15	128.96	20.44	0.9998
	20	158.43	24.72	0.9958
	平均值	133.18	20.74	0.9983

续表 2-4

反应模型	升温速率 β/℃ · min^{-1}	活化能 E_S/kJ · mol^{-1}	$\ln(A/min^{-1})$	线性拟合系数
$A_{3/2}$	5	77.56	11.37	0.9979
	10	85.97	13.09	0.9998
	15	85.97	13.49	0.9998
	20	105.62	16.38	0.9958
	平均值	88.78	13.58	0.9984
R_3	5	100.39	13.80	0.9982
	10	113.83	16.28	0.9982
	15	113.83	16.69	0.9982
	20	135.20	19.73	0.9862
	平均值	115.81	16.62	0.9952

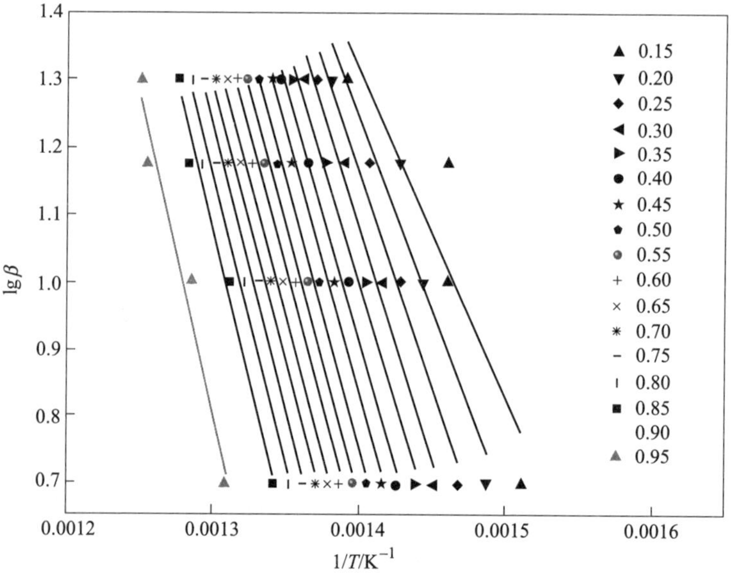

图 2-19　非等温条件下 $\ln\beta$ 与 $1/T$ 的线性拟合曲线

由图 2-19 可知，$\ln\beta$ 与 $1/T$ 有良好的线性相关性，因此 Flynn-Wall-Ozawa 法适用于菱铁矿热分解动力学活化能的确定。计算得到的活化能 E 为 139.03kJ/mol。由表 2-4 可知，菱铁矿热分解机理模型中拟合系数接近于 1 的机理模型并不唯一，其中 A_1、$A_{3/2}$、和 R_3 函数的线性拟合系数较高。模型 A_1 对应的活化能数值 E_S与 Flynn-Wall-Ozawa 法计算得到的 E 满足 $|(E - E_S)/E| \leqslant 0.1$ 的关系，且其线性拟合系数平均值为 0.9983，拟合程度较好。综上，确定 A_1 模型（$f(\alpha)$ =

$1-\alpha$, $G(\alpha)=-\ln(1-\alpha)$)为菱铁矿非等温热分解反应的最佳机理模型。不同升温速率下的非等温动力学方程见表 2-5。

表 2-5　菱铁矿非等温动力学方程

机理模型	升温速率 β/℃ · min^{-1}	动力学模型
A_1	5	$d\alpha/dT=10329992\exp(-13994.46716/T)(1-\alpha)$
	10	$d\alpha/dT=49994067\exp(-15511/T)(1-\alpha)$
	15	$d\alpha/dT=50221300\exp(-15511/T)(1-\alpha)$
	20	$d\alpha/dT=2721006611\exp(-19055/T)(1-\alpha)$

2.3.5　悬浮磁化焙烧过程中物相及磁性变化规律

2.3.5.1　磁化过程中物相及磁性变化规律

不同还原时间下赤铁矿焙烧物料的 XRD 图谱如图 2-20 所示，还原时间对焙烧物料磁性的影响如图 2-21 所示。

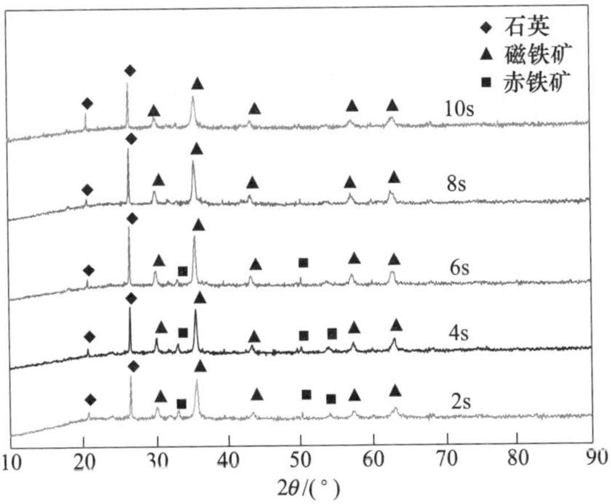

图 2-20　不同还原时间焙烧物料 XRD 图谱

由图 2-20 可知，随还原时间的延长，焙烧物料的 XRD 图谱中赤铁矿的衍射峰逐渐减弱，而磁铁矿的衍射峰逐渐增强，在还原时间为 8s 时，焙烧物料图谱中赤铁矿的衍射峰已经消失，仅有磁铁矿和石英的衍射峰。由图 2-21 可知，随着还原时间的延长，焙烧物料的磁化强度和比磁化率均随之增加，当还原时间由 2s 延长至 8s 时，焙烧物料的磁化强度和比磁化率增长幅度较大，在还原时间为 10s 时物料的比磁化率可达 $4.69\times10^{-4}m^3/kg$。这表明在还原时间较短时，还原不充分，延长还原时间有利于 Fe_2O_3 转化为 Fe_3O_8，焙烧物料的还原度增加，物料中磁铁矿的含量逐渐升高。

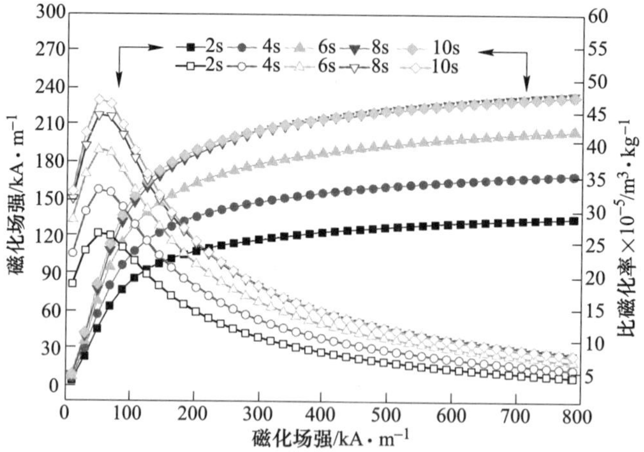

图 2-21　还原时间对焙烧物料磁性的影响

2.3.5.2　低温氧化过程中物相及磁性变化规律

图 2-22 所示为不同氧化温度条件下（氧化时间 2min）磁铁矿焙烧产品的穆斯堡尔图谱，穆斯堡尔参数和物质的相对含量分析结果见表 2-6。由表 2-6 中不同焙烧温度条件下磁铁矿氧化产品中磁赤铁矿及赤铁矿的体积百分含量可知，当氧化温度为 300~350℃时，磁铁矿的氧化产物为磁赤铁矿（γ-Fe_2O_3），其含量随着温度的升高而逐渐增大，且无赤铁矿（α-Fe_2O_3）形成。当氧化温度进一步升高至 375~400℃时，赤铁矿开始形成，其含量急剧增加。相应地，磁赤铁矿含量

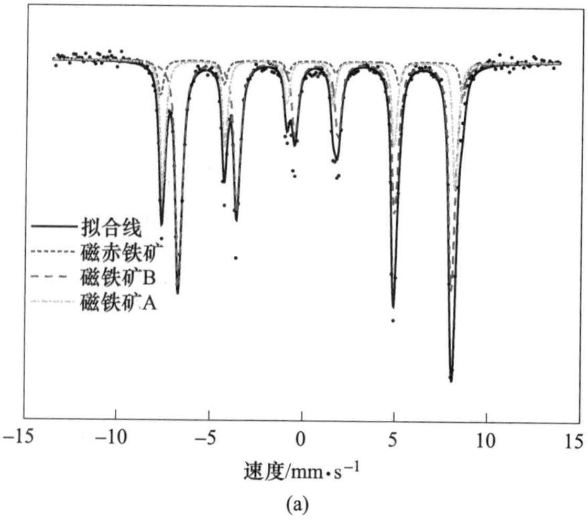

(a)

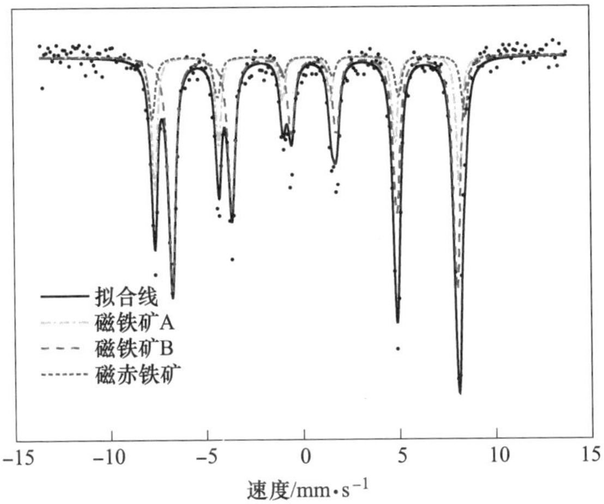
拟合线
磁铁矿A
磁铁矿B
磁赤铁矿
−15
−10
−5
0
5
10
15
速度/mm·s−1
(b)

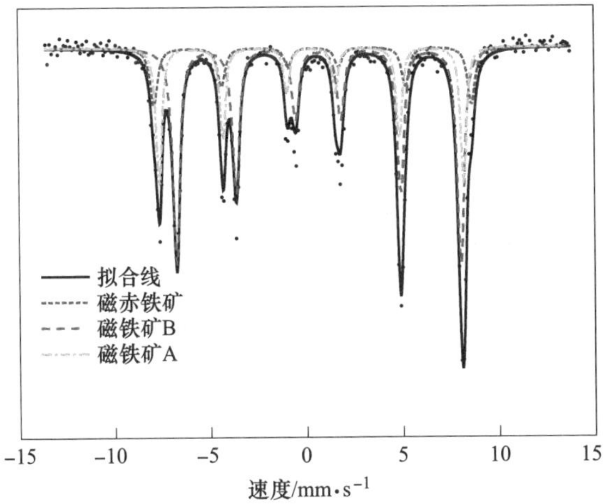
拟合线
磁赤铁矿
磁铁矿B
磁铁矿A
−15
−10
−5
0
5
10
15
速度/mm·s−1
(c)

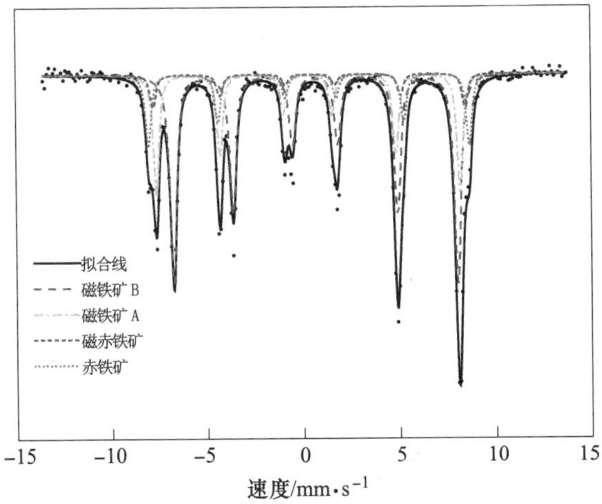
拟合线
磁铁矿 B
磁铁矿 A
磁赤铁矿
赤铁矿
−15
−10
−5
0
5
10
15
速度/mm·s−1
(d)

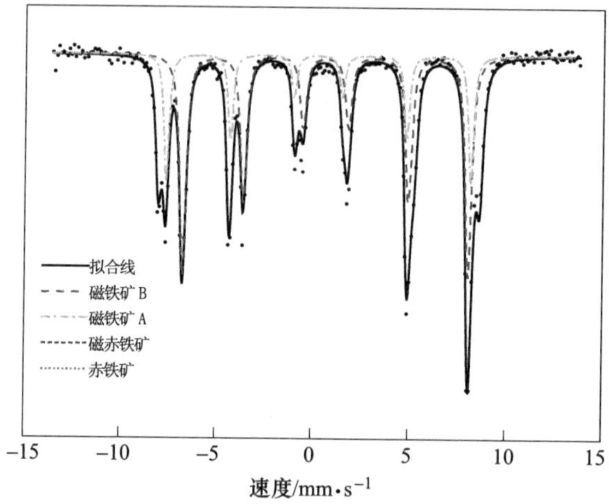

(e)

图 2-22　不同温度下磁铁矿氧化产品的穆斯堡尔谱

(a) 300℃；(b) 325℃；(c) 350℃；(d) 375℃；(e) 400℃

迅速降低。表明磁赤铁矿在温度高于 350℃ 的条件下并不能稳定存在，会发生 $\gamma\text{-}Fe_2O_3 \rightarrow \alpha\text{-}Fe_2O_3$ 的转化。根据前人的研究可知，磁铁矿氧化为磁赤铁矿的机制是 Fe^{2+} 自磁铁矿内部通过空穴作用等扩散至表层，被氧气氧化后在磁铁矿表层通过拓扑效应生成磁赤铁矿。温度太高会导致磁赤铁矿向赤铁矿转化。若要实现磁铁矿向磁赤铁矿的高效转化，温度既不能过高，也不能过低。因此，在悬浮磁化焙烧实际生产过程中，应保证还原生成的磁铁矿在隔绝空气的条件下预先冷却至 350℃ 以下方可与空气接触氧化，否则容易再氧化形成弱磁性的赤铁矿，不利于后续焙烧物料的磁选分离。

表 2-6　不同温度下磁铁矿氧化产品的穆斯堡尔分析参数

样品	物相	同质异能移 I. S. /mm · s^{-1}	四极分裂 Q. S. /mm · s^{-1}	超精细磁场 H/T	体积分数 A/%
300℃氧化产品	Fe_3O_4-A	0. 29	−0. 0005	49. 07	28. 27
	Fe_3O_4-B	0. 65	−0. 003	45. 83	63. 33
	$\gamma\text{-}Fe_2O_3$	0. 39	0. 028	50. 69	8. 41
325℃氧化产品	Fe_3O_4-A	0. 29	−0. 0005	49. 02	26. 01
	Fe_3O_4-B	0. 65	−0. 004	45. 81	59. 22
	$\gamma\text{-}Fe_2O_3$	0. 37	0. 01	50. 34	14. 76
350℃氧化产品	Fe_3O_4-A	0. 29	0. 003	49. 12	28. 5
	Fe_3O_4-B	0. 65	−0. 004	45. 83	55. 77
	$\gamma\text{-}Fe_2O_3$	0. 39	−0. 05	50. 23	15. 74

续表 2-6

样品	物相	同质异能移 I.S./mm·s^{-1}	四极分裂 Q.S./mm·s^{-1}	超精细磁场 H/T	体积分数 A/%
375℃氧化产品	Fe_3O_4-A	0.28	−0.009	49.04	25.58
	Fe_3O_4-B	0.65	−0.007	45.87	51.86
	γ-Fe_2O_3	0.37	−0.077	50.34	7.13
	α-Fe_2O_3	0.38	−0.126	51.84	15.44
400℃氧化产品	Fe_3O_4-A	0.28	0.002	48.99	22.47
	Fe_3O_4-B	0.66	−0.014	45.9	48.47
	γ-Fe_2O_3	0.36	−0.061	50.27	3.62
	α-Fe_2O_3	0.37	−0.122	51.73	25.44

在悬浮磁化焙烧实际生产中，还原焙烧物料冷却过程氧化产品的磁性决定了后续磁选富集的效果。因此，探明磁铁矿氧化产品的磁性特征具有重要的科学意义。图 2-23 所示为磁铁矿原矿及其不同温度条件下氧化产品的磁滞回线、磁性参数。

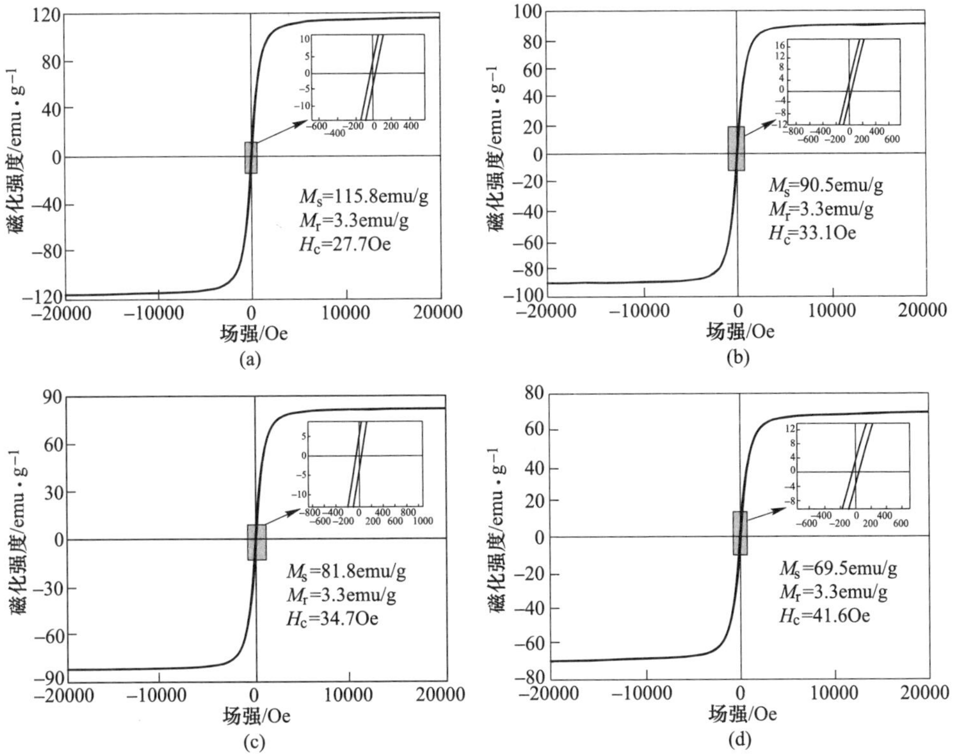

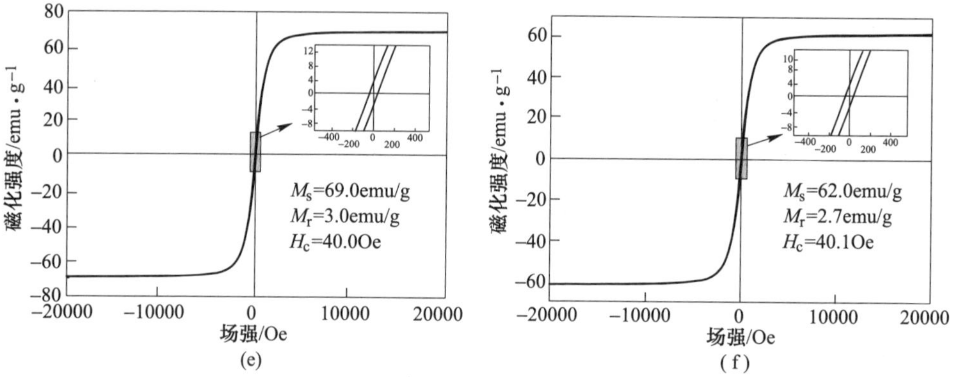

图 2-23　磁铁矿原料及其不同温度下氧化产品的磁滞回线

（a）磁铁矿；（b）300℃；（c）325℃；（d）350℃；（e）375℃；（f）400℃

通过比较各温度条件下磁铁矿氧化产品的饱和磁化强度值可知，随着氧化温度的提高，磁铁矿氧化产品的饱和磁化强度 M_s 逐渐降低。根据穆斯堡尔谱分析可知，氧化产品 M_s 的降低是由于部分磁铁矿被高温氧化成为磁赤铁矿和赤铁矿所致。磁铁矿颗粒的氧化导致磁铁矿晶体晶格参数发生不同的变化，从而在晶格内部产生了局部应力，内应力的存在会增加有效的磁晶各向异性和矫顽力。因此，部分氧化磁铁矿颗粒受局部应力控制的矫顽力明显大于未经氧化的纯磁铁矿颗粒的矫顽力，即磁赤铁矿壳和磁铁矿内核之间的耦合会增加颗粒的整体矫顽力。

当氧化温度为 300～350℃时，磁铁矿氧化产品的矫顽力 H_c 随着氧化温度的提高而逐渐提高；继续提高温度至 375℃或 400℃时，氧化产品的矫顽力 H_c 开始出现下降，说明 300～350℃氧化产品中磁赤铁矿的含量随着温度的升高逐渐增加，350～400℃氧化产品中磁赤铁矿的含量随着温度的继续升高开始降低（即发生了 $\gamma\text{-}Fe_2O_3 \rightarrow \alpha\text{-}Fe_2O_3$ 的转化）。同时，当氧化温度为 300～350℃时，氧化产品的剩余磁化强度 M_r 与原料纯磁铁矿石的 M_r 相同（均为 3. 3emu/g），进一步升高温度至 375～400℃时，氧化产品的 M_r 随着温度的升高而逐渐降低。这可能是由于当氧化温度为 300～350℃时，磁铁矿氧化为同样具有强磁性矿物磁赤铁矿，故氧化产品的 M_r 不变；而当氧化温度为 375～400℃时，磁铁矿氧化产物主要为弱磁性的赤铁矿（含少量磁赤铁矿，如表 2-6 所示），且温度越高，生产的赤铁矿含量越多，故氧化产品的 M_r 随着温度的升高而逐渐降低。

2.3.6　磁铁矿的形成与生长行为

利用扫描电子显微镜（SEM）及金相光学显微镜对不同条件下磁化焙烧样品微观形貌进行分析，确定样品中磁铁矿相的存在形态，查明磁铁矿相的形成及生长过程。

图 2-24 所示为反射光下磁化焙烧不同阶段样品的抛光截面显微图片。由图 2-24（a）可见，在反应前期，赤铁矿的磁化还原反应首先在颗粒的边缘（界）处发生；由图 2-24（b）知，新生磁铁矿呈针状结构。随着反应进度的推进或反应时间的延长，生成的磁铁矿相越来越多，产物磁铁矿粒度逐渐增大，赤铁矿内核逐渐变小（图 2-24（c）），并最终完全转变为磁铁矿（图 2-24（d））。由图 2-24（d）可以发现，形成的磁铁矿颗粒随机地布满了数量不等的灰色斑点或条纹，这些灰色斑点或条纹是新生磁铁矿颗粒的孔洞或裂纹由于胶结过程中被环氧树脂填充所造成的。这种现象的形成可能是由于赤铁矿的可塑性不够，受热容易产生微裂纹，裂纹处化学反应活性高，新生磁铁矿更容易在裂纹处形核并长大。同时，由于新相磁铁矿与旧相赤铁矿晶格结构参数的差异，反应相变时会引起体积膨胀，新生磁铁矿晶粒长大过程中也容易随机地引发微裂纹的产生，进一步促进了反应的发生。因此，新生磁铁矿通常是多孔状的。

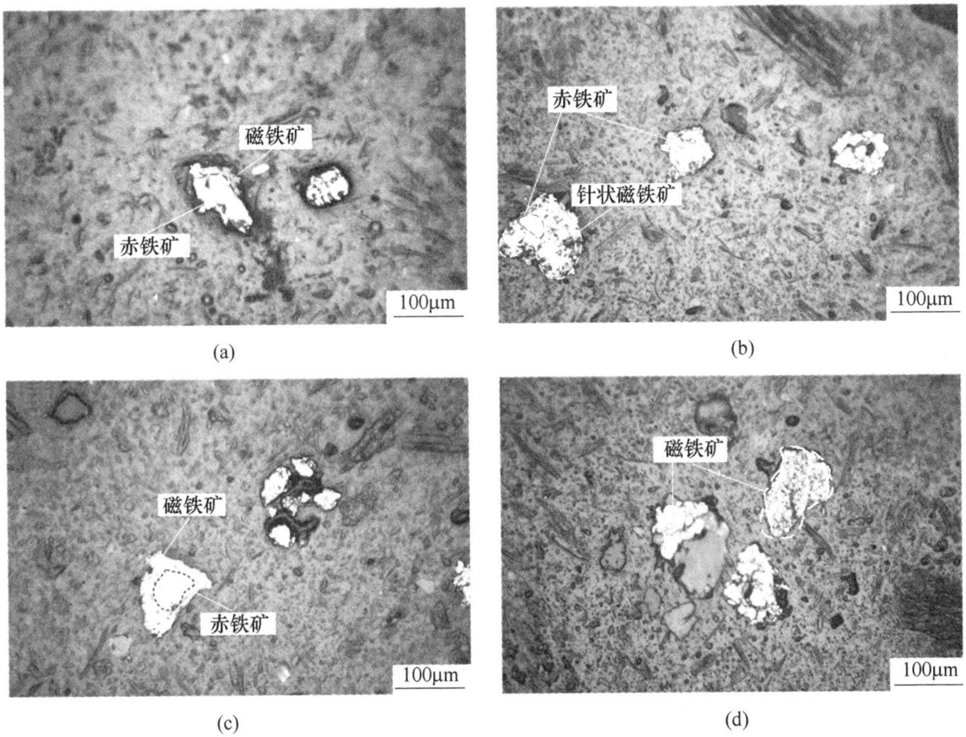

图 2-24　550℃下不同还原焙烧时间样品的微观形貌
（a）1min；（b）3min；（c）5min；（d）9min

为进一步探明赤铁矿悬浮态磁化焙烧前、后物料的微观结构变化特征，对赤铁矿纯矿物原料及焙烧物料（赤铁矿向磁铁矿的反应转化率 $\alpha=100\%$）进行扫描电子显微镜（SEM）分析，结果如图 2-25 所示。由图2-25（a）可以看出，原

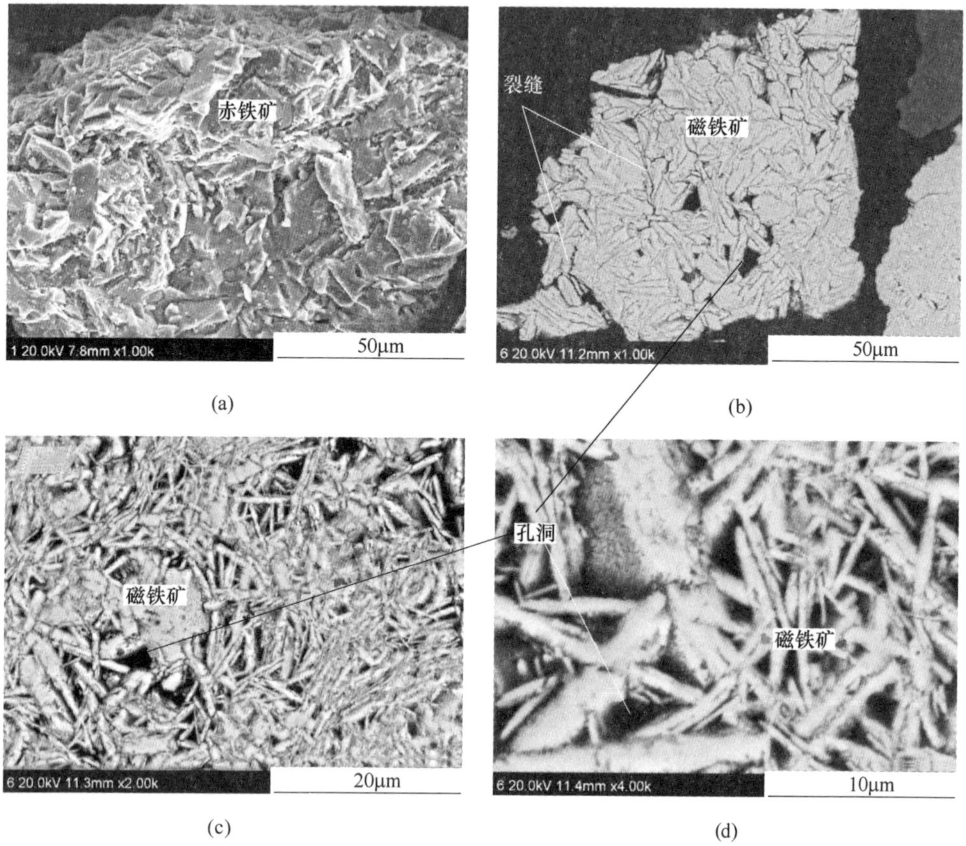

图 2-25　原料表面及焙烧物料抛光截面的 SEM 图像

(a) 原料 (1000 倍); (b) 焙烧物料 (1000 倍); (c) 焙烧物料 (2000 倍); (d) 焙烧物料 (4000 倍)

料赤铁矿颗粒的表面（边缘）粗糙、凹凸不平。这主要是由于赤铁矿纯矿物制备过程中机械研磨作用造成的，使颗粒裸露出新鲜凹凸表面。这些凹凸表面存在大量的不饱和化学键，具有很高的化学反应活性，故赤铁矿的磁化还原优先在颗粒的新鲜外表面（边缘）发生。由焙烧物料不同放大倍数的 SEM 图像（图 2-25（b）、（c）和（d））可知，反应生成的磁铁矿颗粒是疏松多孔状的，并伴随有大量微裂纹和微孔洞的存在。焙烧物料放大 2000 倍及 4000 倍的 SEM 图像显示，生成的磁铁矿晶核呈致密的针状结构，这些针状结构大小不一，平均长度约 10～20μm，平均直径约 0.5～2μm，但这些致密针状结构的磁铁矿晶核聚集形成蜂窝多孔状的磁铁矿颗粒。由此可以推断，新生的磁铁矿晶核优先在原始赤铁矿颗粒的边缘处形成，并呈致密针状结构。随着反应的进行，生成的 Fe^{2+} 通过扩散作用向针状结构的磁铁矿尖端（磁铁矿-赤铁矿的相界面）运输，促使致密针状磁铁矿晶核长大。在磁铁矿晶核长大过程中，由于磁铁矿与赤铁矿晶格参数的差异，发生赤铁矿向磁铁矿物相转化时存在相变应力，容易在磁铁矿与赤铁矿的相界面处产生微裂纹或微孔，若微裂纹发生在针状磁铁矿晶核的尖端，则 Fe^{2+} 向针状磁铁矿晶核尖端扩散的通道被阻断，针状磁铁矿晶核停止生长；若微裂纹发生在其他磁铁矿-赤铁矿的相界面处，裸露出赤铁矿的新鲜内表面，化学反应活性高，磁铁矿晶核容易在此处形成并长大。同时，微裂纹发生位置的随机性大，致使新生的针状磁铁矿晶核大小不一，且多呈树枝状结构随机地分布于磁铁矿颗粒中，如图 2-25（d）所示。

采用光学显微图像分析技术时焙烧物料颗粒中磁铁矿粒度进行测量与统计，结果如图 2-26 所示。由图 2-26 可知，焙烧温度和反应时间对产物磁铁矿平均粒度影响显著。随着焙烧温度的升高和反应时间的延长，磁铁矿平均粒度显著增加。值得指出的是，不同系列温度条件下，在磁铁矿平均粒度小于 10μm 区间，磁铁矿平均粒度随时间的增加幅度小于磁铁矿平均粒度大于 10μm 区间的增加幅度。这一结果表明磁铁矿粒度的增长过程可分为两个不同的反应阶段（诱导期和生长期），且不同反应阶段内磁铁矿的生长速率不同，诱导期磁铁矿的生长速度明显要比生长期的生长速度慢。

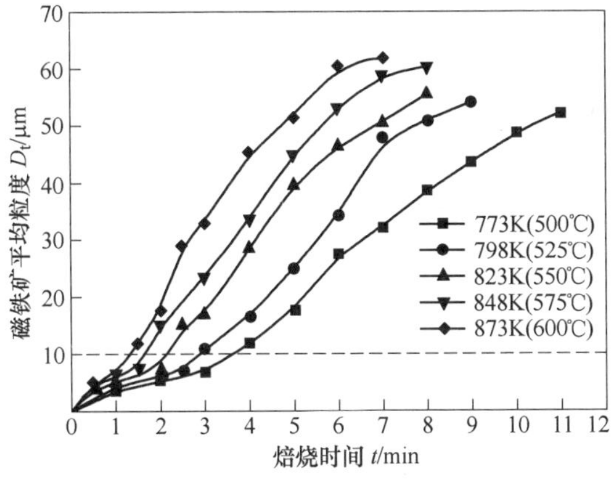

图 2-26 磁铁矿平均粒度随时间的变化

这主要是因为反应从赤铁矿固体颗粒表面的某些活性中心（晶格歪扭程度大、缺陷多的区域）开始，但由于新相磁铁矿成核困难，故诱导期磁铁矿粒度增长缓慢；一旦新相磁铁矿核生成（反应进入了生长期），其本身就是新的活性中心，活化区域的数量（面积）增多，对反应起到了催化作用（相界面上质点的无序态、力场的不对称性及总键能的减小等均对界面反应有催化作用），大幅度地增大离子 Fe^{2+} 的生成速率和浓度梯度，从而提高了 Fe^{2+} 离子在磁铁矿向反应界面处扩散、迁移的能力（推动力），促进新相磁铁矿核的生长，即快速地提高磁铁矿粒度增大的速率，磁铁矿粒度增大过程如图 2-27 所示。

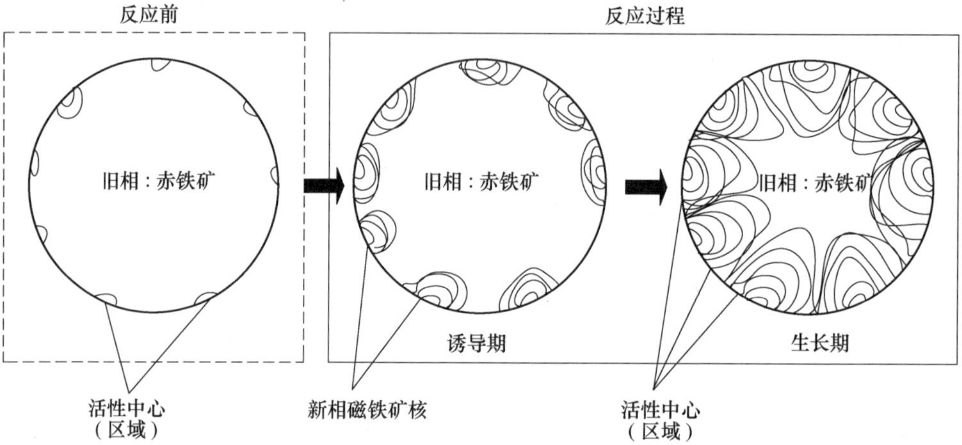

图 2-27　新相磁铁矿形成与长大过程示意图

2.3.7　悬浮磁化焙烧流动特性数值模拟

悬浮磁化焙烧是在流化状态下进行的，颗粒的运动状态直接关系到气固间的流动特性及热质传递效率，进而影响物料磁化焙烧的反应速率。国内外针对流态化过程中气固两相流作用机理进行了大量的实验研究，通过实验测量流态化过程中的不同参数，并对测量数据进行关联，从而获得经验或半经验公式。但是受实验条件的限制及气固流动的复杂性的影响，采用实验法仅能获得少量的参数，无法揭示流态化过程中的完整细节。随着计算机技术的飞速发展，计算流体力学在气固两相流体运动特性研究中得到了长足的发展。采用数值模拟方法可以对实验难以进行的测量过程进行模拟研究并可节省大量的人力物力。

计算流体力学主要解法有有限差分法、有限元法及有限体积法等，其中有限体积法的应用最广。目前比较常用的计算流体力学软件均基于有限体积法。Fluent 软件是气固流动模拟中比较成熟的软件，并已得到广泛的应用。

2.3.7.1　颗粒速度和颗粒浓度径向分布

在物料粒度为 -0.074mm 占 80%，分别在气体速度为 1.2m/s、1.4m/s、1.6m/s 的条件下对颗粒在悬浮炉内颗粒浓度和颗粒速度在径向分布特性进行模拟。气体速度对颗粒速度在悬浮炉不同高度径向分布的影响如图 2-28 所示。气体速度对颗粒浓度在悬浮炉不同高度径向分布的影响如图 2-29 所示。

由图 2-28 可知，在一定气体速度及高度处，颗粒速度在径向分布上呈中间速度高、边壁处颗粒速度低，并且颗粒速度由中心处向边壁逐渐减小的趋势，这是由于在边壁处颗粒与壁面存在摩擦力，导致颗粒速度降低。随悬浮焙烧炉高度

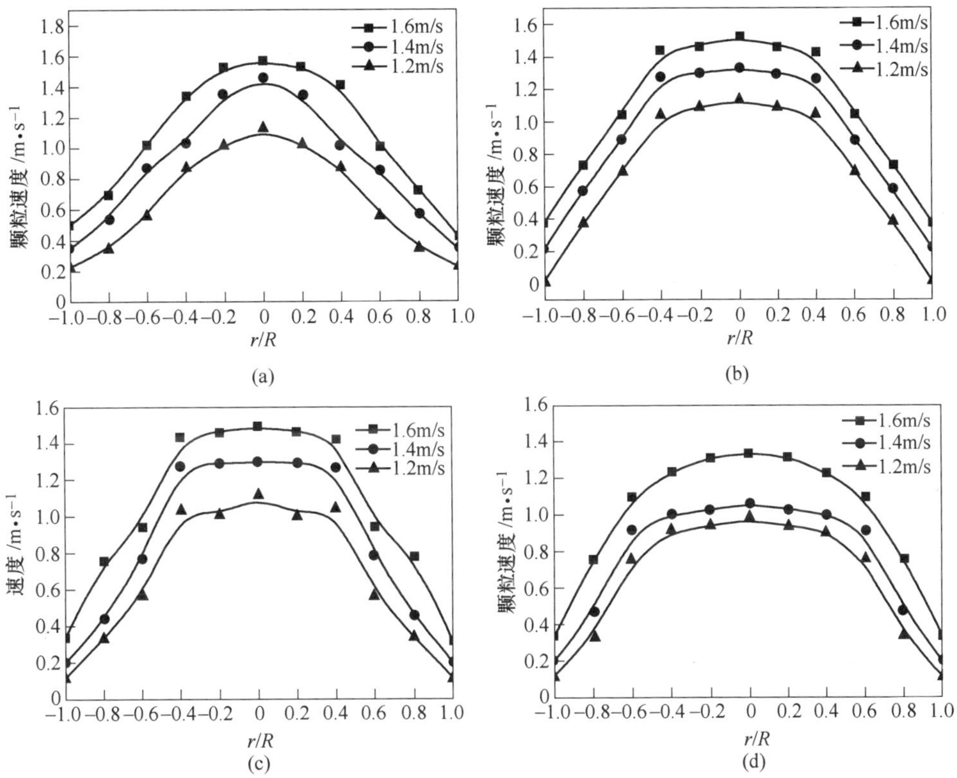

图 2-28　气体速度对颗粒速度在径向分布的影响

(a) $z/H=0.2$；(b) $z/H=0.5$；(c) $z/H=0.7$；(d) $z/H=0.9$

的升高，颗粒速度呈逐渐减小的趋势，这是由于在悬浮焙烧过程中存在着摩擦力及颗粒间的碰撞，导致颗粒上升力逐渐减弱，从而使颗粒速度逐渐减小，并随着高度的升高中心区域颗粒速度趋于平缓。在一定高度处当气体速度增加时，颗粒速度在径向和轴向均随之增加，这是由于随着气体速度的增加，颗粒在悬浮焙烧过程中的上升力也就越大，从而导致颗粒在轴向和径向上的速度增加。

由图 2-29 可以看出，在一定速度和高度下，颗粒浓度在径向分布上呈中心区域浓度低、边壁区域颗粒浓度高的趋势，并在边壁处颗粒浓度达到最大值，呈明显的不均匀性。这是由于在中心区域气体速度较大，在该区域大量的气体形成一个快速的通道，仅有少量颗粒夹带在气体中快速上升，从而导致中心区域颗粒浓度较低。随着炉体高度的升高颗粒浓度呈逐渐减小的趋势，并且颗粒浓度在径向分布的不均匀性也逐渐减小。这是由于颗粒在高速气体的带动下向上运动，随着高度的升高颗粒速度之间的差异逐渐减小，从而导致颗粒浓度区域均匀。随着气体速度的增加，颗粒浓度在径向分布上呈逐渐增加的趋势。在轴向上随着高度的升高，颗粒浓度随气体速度的增加而减小。

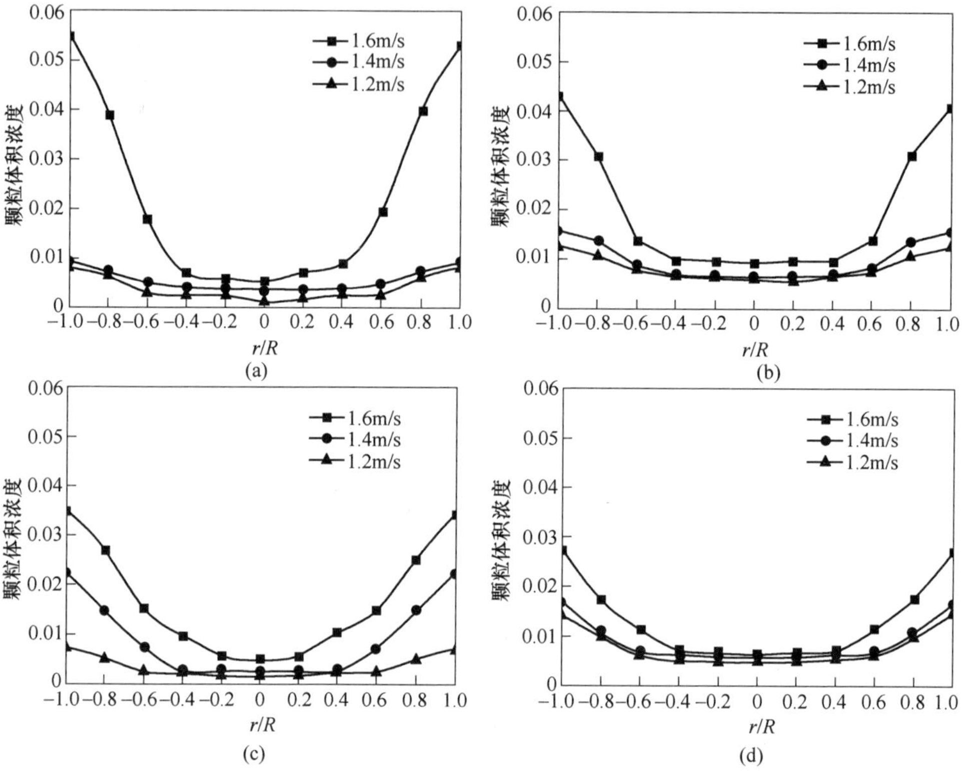

图 2-29　气体速度对颗粒浓度在径向分布的影响

(a) $z/H=0.2$; (b) $z/H=0.5$; (c) $z/H=0.7$; (d) $z/H=0.9$

2.3.7.2　物料粒度对颗粒流动特性的影响

在气体速度为 1m/s，物料粒度分别为-0.074mm 占 70%、80%、90%的条件下，对颗粒速度和颗粒浓度在悬浮焙烧炉内不同高度处的径向分布进行模拟。不同物料粒度对颗粒速度在悬浮焙烧炉内径向分布的影响如图 2-30 所示。不同物料粒度对颗粒浓度在悬浮焙烧炉内径向分布的影响如图 2-31 所示。

由图 2-30 可以看出，在相同物料粒度下，颗粒速度在径向分布上也呈现出中心区域速度高、边壁速度低的特点，其中颗粒速度在径向分布的不均匀性随悬浮焙烧炉高度的升高而逐渐降低，表明在悬浮焙烧炉底部颗粒之间的速度差异较大，颗粒运动激烈，随高度的升高颗粒速度之间的差异逐渐减小，速度在径向上趋于平均。随物料粒度的减小，颗粒速度在径向方向上呈逐渐增加的趋势。这是由于随着物料粒度的减小，颗粒在悬浮焙烧过程中所受的上升力增加，从而使颗粒速度增加。在轴向上，随着物料粒度的减小，颗粒的速度也呈逐渐增加的趋势，其中当物料粒度由-0.074mm 占 70%增加至 80%时，增加幅度较大。

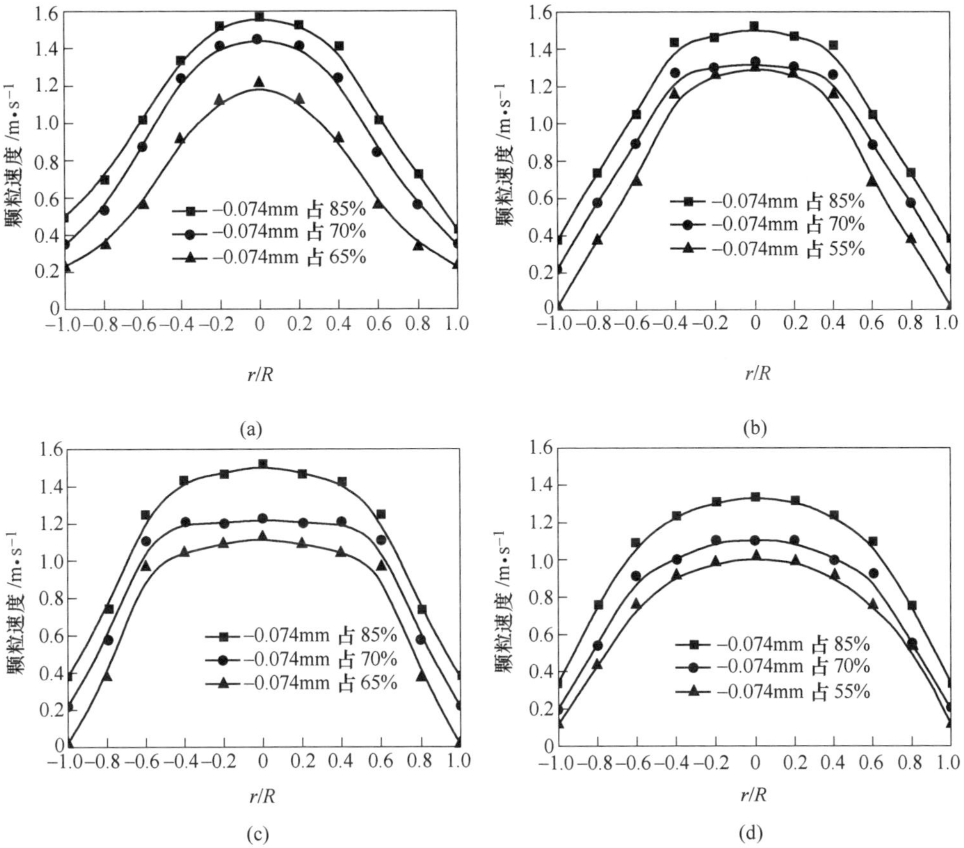

图 2-30 物料粒度对颗粒速度在径向分布的影响

（a）$z/H=0.2$；（b）$z/H=0.5$；（c）$z/H=0.7$；（d）$z/H=0.9$

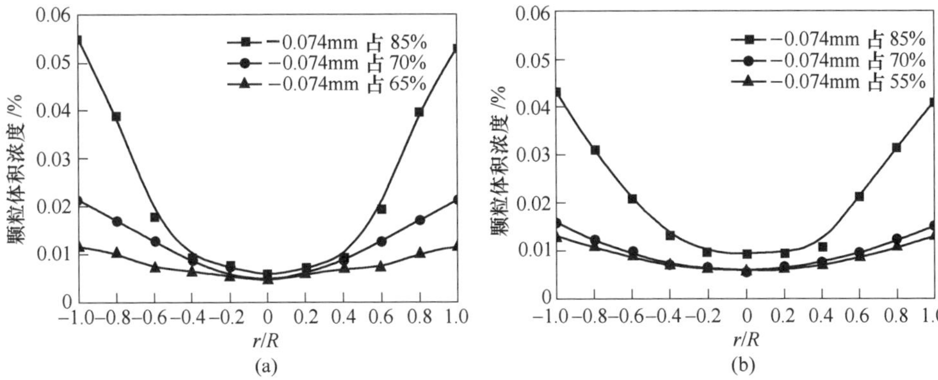

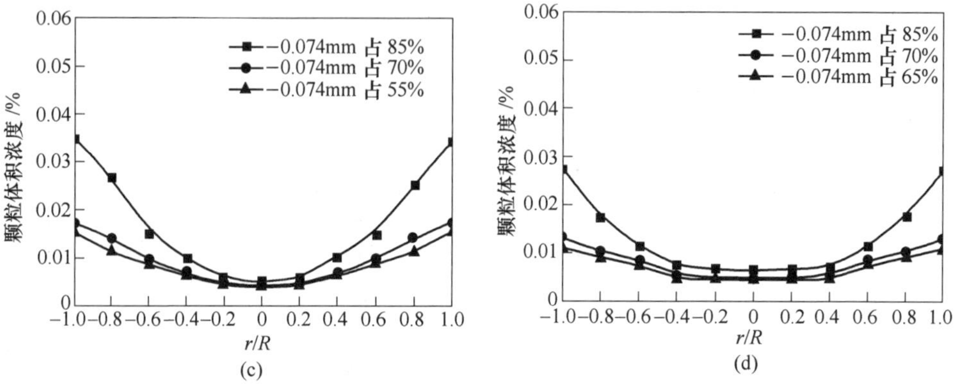

图 2-31　物料粒度对颗粒浓度在径向分布的影响

(a) $z/H=0.2$；(b) $z/H=0.5$；(c) $z/H=0.7$；(d) $z/H=0.9$

由图 2-31 可知，在一定颗粒粒度下颗粒浓度在径向上呈中心浓度低、边壁浓度高的趋势，随高度的升高颗粒的浓度呈逐渐减小的趋势，并且颗粒浓度在径向分布上的不均匀性也逐渐减小。随物料粒度的减小，颗粒浓度呈逐渐增加的趋势，尤其是在边壁区域，该现象十分明显。当物料粒度增大到一定程度后，径向各点颗粒浓度受物料粒度变化的影响逐渐减弱。

2.4　悬浮磁化焙烧小型试验

采用实验室型悬浮磁化焙烧系统（图 2-32），先后完成了镜铁矿、微细粒赤铁矿、褐铁矿、鲕状赤铁矿等典型难选含铁原料的悬浮磁化焙烧—磁选试验研究，均取得了良好的技术指标。

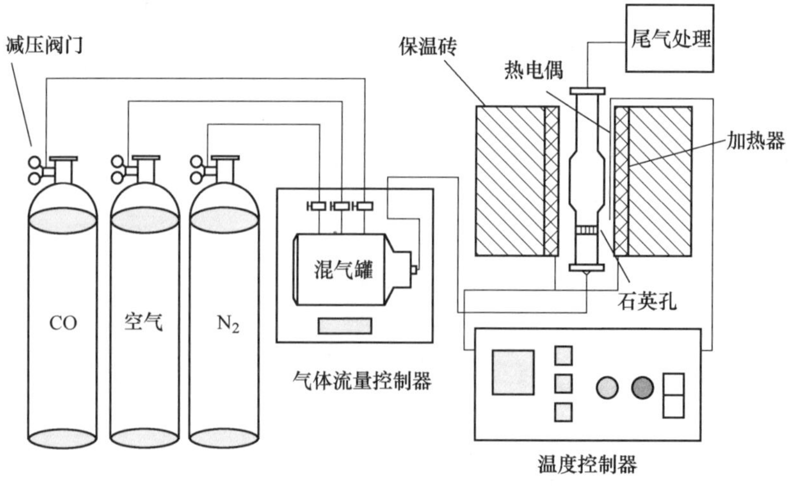

图 2-32　磁化焙烧系统示意图

2.4.1 镜铁矿悬浮磁化焙烧

呈现金属光泽的鳞片状或片状的赤铁矿集合体称为镜铁矿。我国镜铁矿主要存在于安徽霍邱、甘肃嘉峪关等地区。其中安徽的李楼镜铁矿已探明储量近3亿吨，矿石含铁矿物为镜铁矿，并含有赤铁矿、褐铁矿、磁铁矿等；脉石矿物主要为石英。李楼镜铁矿石的结构主要以鳞片变晶结构为主，粒度主要在0.05~0.25mm之间，还有少量为0.25~0.5mm，在磨矿细度-0.074mm占79%的条件下，铁矿物的解离度可达90%以上。甘肃的镜铁山式铁矿石已探明储量近6亿吨，主要有用矿物为镜铁矿、褐铁矿和菱铁矿，主要脉石矿物为碧玉和千枚岩。由于矿物浸染粒度细，结晶颗粒粒度为0.02~0.5mm，需要细磨至-0.074mm占95%以上才能单体解离。由以上可知，镜铁矿属于典型的难选铁矿。

焙烧温度、还原时间和还原剂浓度对镜铁矿磁化还原效果影响如图2-33~图2-35所示。由图2-33可知，磁化焙烧温度对磁选精矿铁品位和回收率影响显著。随着温度升高，铁精矿品位和回收率呈现出先增加后降低的变化规律。当温度从500℃升高至540℃时，铁精矿品位由57.19%增加到58.43%，继续升高温度至580℃时，铁品位又降低至57.84%；当温度从500℃升高560℃时，回收率由86.11%增加到89.08%，继续升高温度至580℃时，回收率则又降低至87.37%。这种现象是由于温度大于560℃时铁矿物发生过还原，生成FeO所致。尽管精矿铁品位随温度变化而变化，但在整个温度条件试验范围内均高于57%。

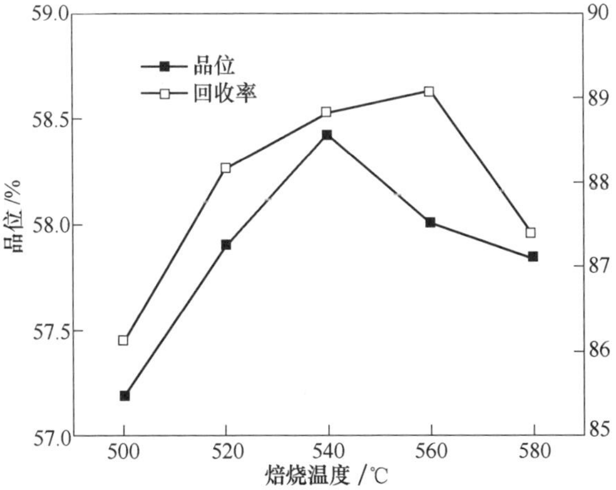

图2-33 镜铁矿磁化焙烧温度条件试验

由图2-34可见，还原时间对磁化焙烧具有明显的影响。当还原时间从2min增加至5min时，铁精矿回收率由83.86%增加到89.63%；继续延长还原时间至

25min，回收率则显著减小到 80. 21%。这是由于还原时间小于 5min 时，矿石中铁矿物没有完全被还原为磁铁矿，而还原时间大于 5min 时，铁矿物过还原为 FeO。当还原时间由 2min 增加至 10min 时，铁精矿品位变化并不明显，在 57. 1% 上下波动；当继续延长还原时间至 25min 时，铁品位则明显升高到 58. 85%。

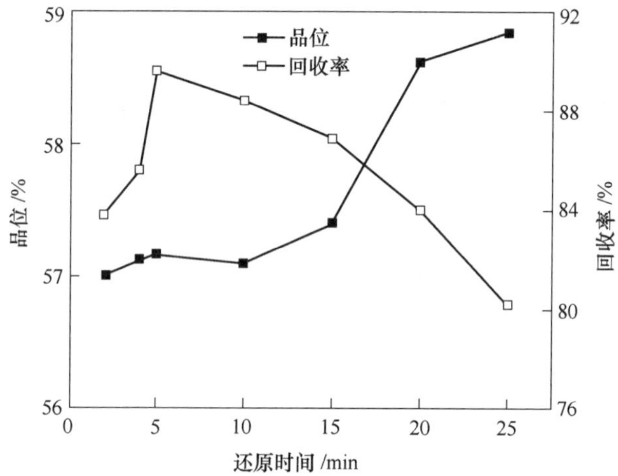

图 2-34　镜铁矿还原时间条件试验

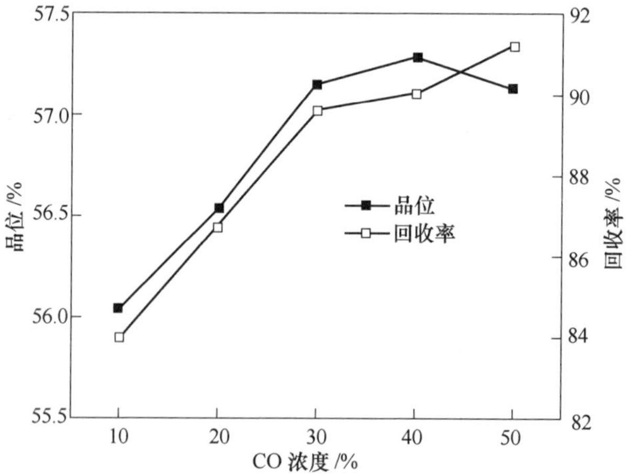

图 2-35　镜铁矿 CO 浓度条件试验

由图 2-35 可知，当 CO 浓度从 10%增加到 30%时，铁精矿品位和回收率迅速增加，继续增加 CO 浓度至 50%时，铁品位趋于稳定，回收率增加幅度明显减小。当 CO 浓度≥30%时，可获得精矿铁品位大于 57%、回收率大于 89. 5%的指标。

2.4.2 微细粒赤铁矿悬浮磁化焙烧

赤铁矿结晶粒度小于0.045mm的铁矿石通常被称为微细粒赤铁矿。微细粒赤铁矿是我国一种典型的难选铁矿资源，如山西袁家村铁矿和湖南祁东铁矿。该类矿石中赤铁矿结晶粒度微细，采用传统选矿技术难以获得良好的技术指标。以我国典型的微细粒难选铁矿为原料，开展了悬浮磁化焙烧试验研究。

物料粒度对悬浮磁化焙烧效果影响如图2-36所示。可知，焙烧粒度对磁选精矿铁品位和回收率影响并不显著，随着焙烧粒度变细，磁选精矿铁品位在60.93%~61.72%之间波动，铁回收率在91.43%~91.94%范围内变化。

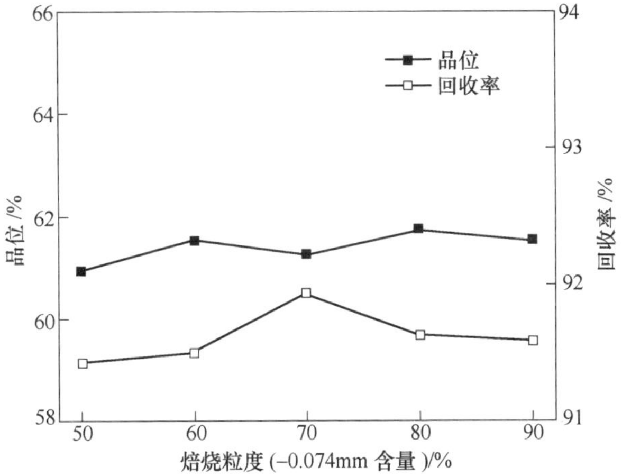

图2-36 微细粒赤铁矿焙烧粒度试验

焙烧温度对悬浮磁化焙烧效果影响如图2-37所示。磁化焙烧温度对磁选精

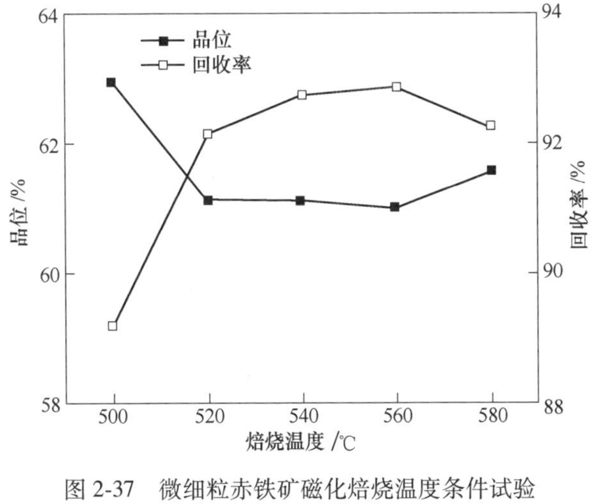

图2-37 微细粒赤铁矿磁化焙烧温度条件试验

矿铁品位影响并不明显，对铁回收率影响显著。随着温度升高，铁精矿品位在61.01%~62.93%之间波动变化，可认为处于稳定状态。随着温度升高，铁回收率呈现出先升高后基本保持平稳的变化规律。当温度从500℃升高至540℃时，回收率由89.19%增加到92.75%，继续升高温度，回收率基本保持不变。

由图2-38可知，还原气体浓度对磁化还原效果影响显著。在还原气体浓度为10%时，磁选精矿铁品位较高，为63.30%，但回收率偏低，为81.29%；随着还原气体浓度继续增加，磁选精矿铁品位变化并不明显，在60.34%~61.52%之间波动，铁回收率呈现出先明显增加后趋于稳定的变化趋势。例如，当还原气体浓度从10%增加到30%时，铁精矿回收率由81.29%迅速增加到92.84%；继续增加还原气体浓度至50%时，回收率整体变化不大。

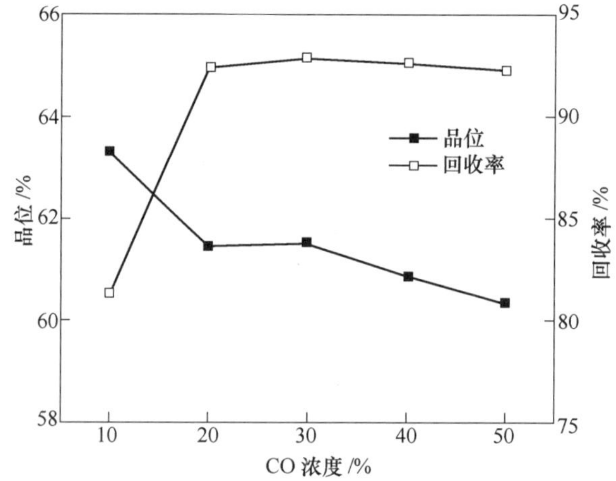

图2-38　微细粒赤铁矿还原气体浓度条件试验

还原时间是影响磁化焙烧效果的重要因素之一，还原时间过短会导致铁矿物还原不完全，而过长又会发生过还原。由图2-39可知，随着还原时间延长，磁选精矿铁品位呈逐渐降低的趋势，当还原时间由5min增加至35min时，磁选精矿铁品位由64.47%降至60.48%；而铁回收率则显著增加，尤其是当还原时间小于20min时，增加趋势更加明显。当还原时间从5min增加至20min时，铁精矿回收率由63.42%增加到93.40%，继续延长还原时间至35min，回收率小幅降至92.19%。这是由于还原时间小于20min时，矿石中铁矿物没有完全被还原为磁铁矿，当还原时间超过20min发生过还原。

2.4.3　褐铁矿悬浮磁化焙烧

褐铁矿是一种典型的复杂难选氧化铁矿石，矿石中主要铁矿物为褐铁矿、赤铁矿、针铁矿，伴生杂质铝、硅含量较高，矿物组成复杂多样，导致其可选性

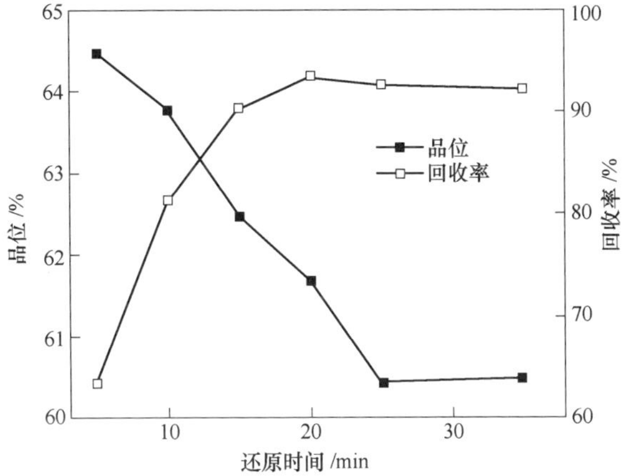

图 2-39 微细粒赤铁矿还原时间条件试验结果

差，传统选矿工艺难以获得良好指标，需要采用创新技术方可实现其高效利用。

由图 2-40 可知，磁化焙烧温度对磁选精矿铁品位影响并不明显，对铁回收率影响显著。随着温度升高，铁精矿品位在 63.58%~64.08%之间波动变化，可认为处于稳定状态。随着温度升高，铁回收率呈现出先升高后降低的变化规律。当温度从 500℃升高至 540℃时，回收率由 97.36%增加到 98.42%，继续升高温度至 580℃时，回收率又降低至 94.50%。这种现象是由于温度大于 540℃时，铁矿物发生过还原生成 FeO 所致。

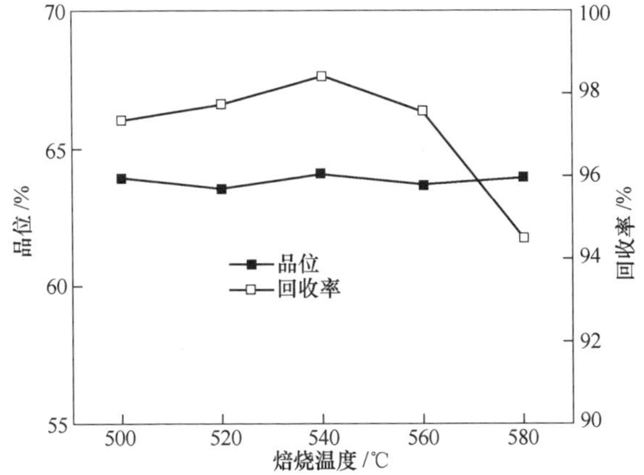

图 2-40 褐铁矿磁化焙烧温度条件试验

由图 2-41 可知，随着还原气体浓度增加，磁选精矿铁品位变化并不明显，在 63.17%~63.83%之间波动；铁回收率呈现出明显增加的趋势，尤其是当浓度小于 40%时。例如，当还原气体浓度从 10%增加到 30%时，铁精矿回收率由 77.22%迅速增加到 95.16%；继续增加还原气体浓度至 50%时，回收率逐渐增加至 97.83%。当 CO 浓度≥40%时，可获得精矿铁品位大于 63%、回收率大于 96%的指标。

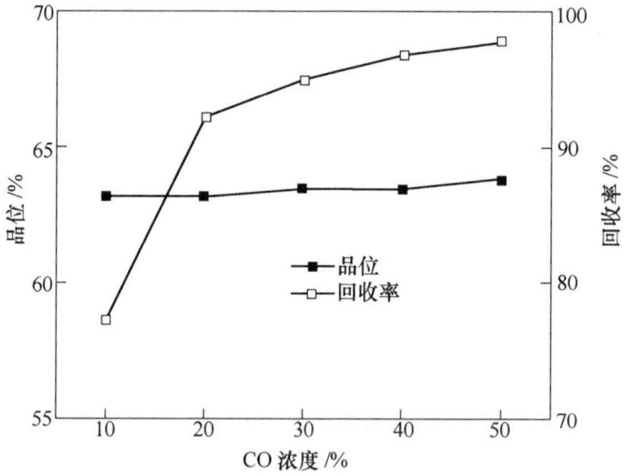

图 2-41　褐铁矿还原气体浓度条件试验

由图 2-42 可知，随着还原时间延长，磁选精矿铁品位在 63.04%~63.56%之间波动变化，可认为处于稳定阶段；铁回收率显著增加，尤其是当还原时间小于 20min 时，增加趋势更加明显。当还原时间从 5min 增加至 20min 时，铁精矿回收率由 50.84%增加到 96.53%，继续延长还原时间至 30min，回收率增加幅度减小，逐渐增加至 98.33%。这是由于还原时间小于 20min 时，矿石中铁矿物没有完全被还原为磁铁矿。

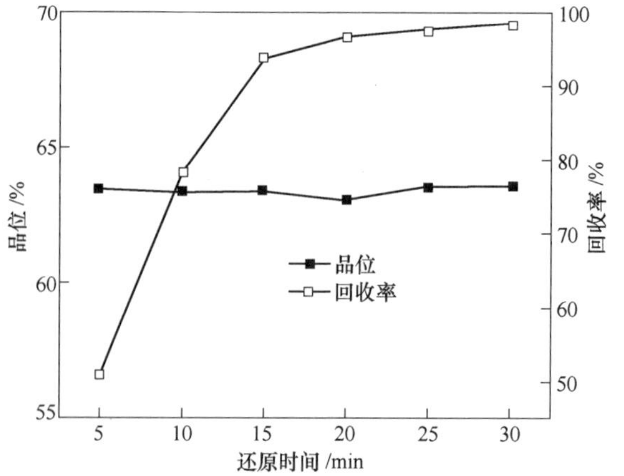

图 2-42　褐铁矿还原时间条件试验结果

由图 2-43 可知，给料粒度对磁选精矿铁品位和回收率影响并不显著，随着给料粒度变细，磁选精矿铁品位在 63.56%~64.20%之间波动，铁回收率在 97.18%~97.49%范围内变化。

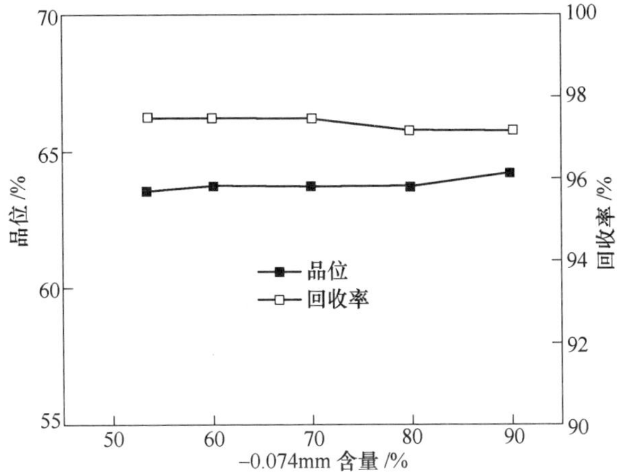

图 2-43 褐铁矿给料粒度试验结果

2.4.4 鲕状赤铁矿悬浮磁化焙烧

鲕状赤铁矿是我国主要的难选铁矿石之一，矿石储量较大，占我国铁矿资源的11%左右。由于鲕状赤铁矿嵌布粒度极细，且经常与菱铁矿、鲕绿泥石及含磷矿物共生或相互包裹，是目前国内外公认的最难选的铁矿石，该类型资源基本没有得到开发利用。

物料粒度对鲕状赤铁矿悬浮磁化焙烧效果的影响如图 2-44 所示。由图 2-44 可知，当物料粒度由-0. 074mm 占 60%减小 80%时，磁选精矿铁品位和回收率均呈逐渐增加的趋势。当物料粒度为-0. 074mm 占 80%时，精矿铁品位和回收率均达到最大值，分别为 53. 14%和 42. 94%。这是由于随物料粒度的减小，颗粒比表面积随之增大，气-固之间的接触面积也就越大，提高了传热、传质效率，从而使反应进行的更为充分，改善了分选指标。

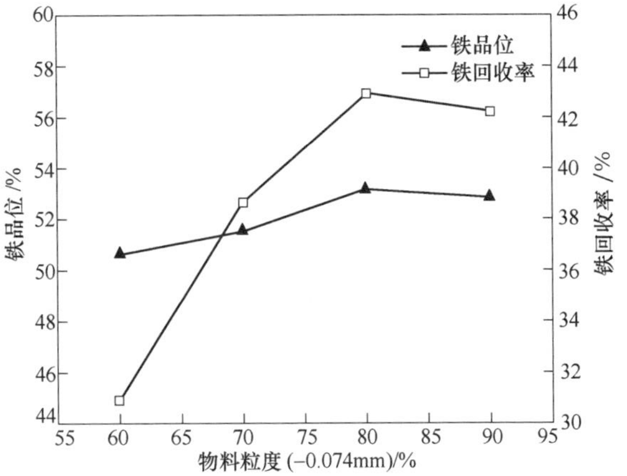

图 2-44 物料粒度对磁选精矿铁品位和回收率的影响

还原剂浓度对鲕状赤铁矿悬浮磁化焙烧效果的影响如图 2-45 所示。由图 2-45 可知，当还原剂浓度由 20%增加至 40%时，精矿铁品位和回收率均随之增加，分别由 56.96%、53.36%增加至 57.02%、57.98%，继续增加还原剂浓度，精矿品位和回收率则随之降低。在不同还原剂浓度下进行悬浮焙烧会形成不同的还原气氛，其还原能力和还原效率存在一定的差异。还原剂浓度过低，反应不充分，无法获得理想的分选指标；反之，还原剂浓度过高则容易发生过还原现象。

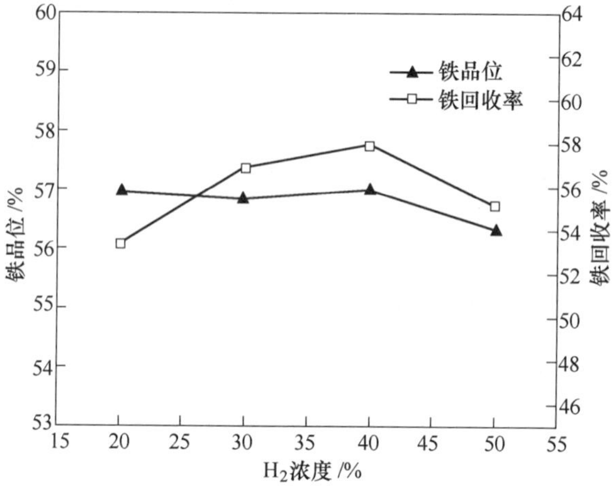

图 2-45　还原剂浓度对磁选精矿铁品位和回收率的影响

还原温度对鲕状赤铁矿悬浮磁化焙烧效果的影响如图 2-46 所示，由图 2-46 可知，当还原温度在 550~650℃之间时，精矿铁品位和回收率随还原温度的升高而增加，在还原温度为 650℃ 时，精矿品位和回收率达到最大值，分别为 57.24%和 62.70%。

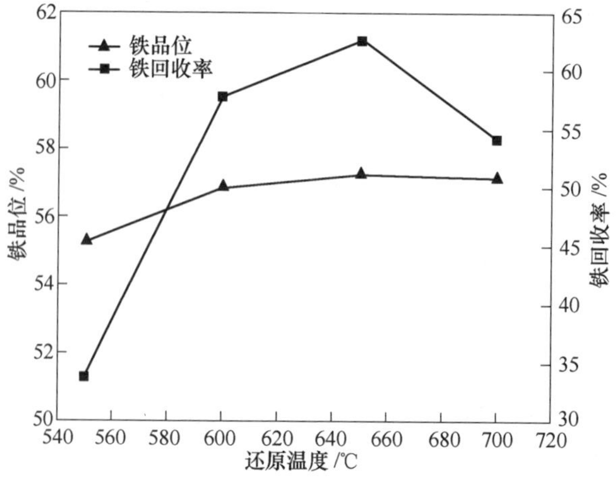

图 2-46　还原温度对磁选精矿铁品位和回收率的影响

还原时间对鲕状赤铁矿悬浮磁化焙烧效果的影响如图 2-47 所示。由图 2-47 可知，随还原时间的延长，精矿铁品位略有增加，但变化幅度相对较小，在 57.24%~58.32%之间波动。铁回收率则随还原时间的增加而逐渐增大，由 62.7%增加至 85.76%。

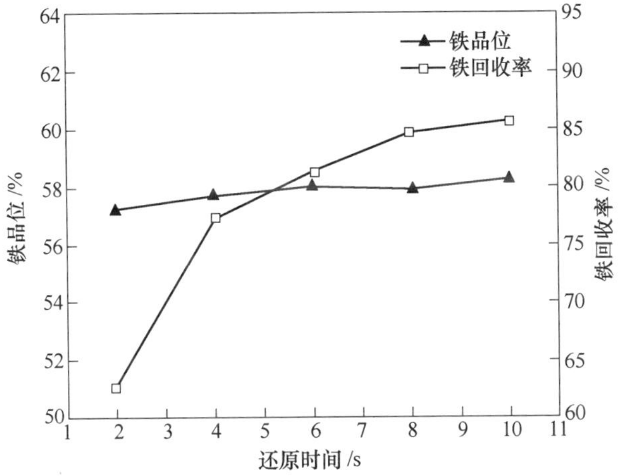

图 2-47 还原时间对磁选精矿铁品位和回收率的影响

2.5 悬浮磁化焙烧技术装备半工业试验

2.5.1 悬浮磁化焙烧半工业试验装备

东北大学在朝阳东大矿冶研究院建成了处理能力 500kg/h 的难选铁矿石悬浮磁化焙烧半工业试验装备。该装备与工业型悬浮磁化焙烧炉的结构完全一致，可以进行多种难选铁矿资源的悬浮磁化焙烧扩大连续试验。悬浮磁化焙烧半工业试验装备外观如图 2-48 所示，工作原理示意图如图 2-49 所示，主要由以下几个系统组成：

（1）给料系统（包括给料仓 1、失重秤 2、螺旋给料器 3）；

（2）磁化焙烧系统（包括燃烧机 8、悬浮焙烧炉 5、旋风分离器 6、流态化还原反应器 7）；

（3）出料系统（包括冷却器 9、收料器 10）；

（4）收尘系统（包括旋风除尘器 11、灰槽 12 和 15、布袋除尘器 14）；

（5）公用工程系统（包括罗茨风机 17、燃气系统、CO 气系统、N_2 系统、给排水系统）。

物料经给料仓 1，通过失重秤 2 和螺旋给料器 3 控制给料量，给入旋风分离器 6 的立管中，经过旋风预热器 4 预热后送入悬浮焙烧炉 5 加热，在磁化还原反

图 2-48　悬浮磁化焙烧半工业试验装备

应器 7 内还原得到还原物料，然后送入冷却器 9 冷却，再送入收料器 10。整个系统采用负压操作，动力来自于罗茨风机 17。废气经旋风除尘器 11 初步脱尘后进入一级冷却器 13，冷却至 160℃后进入布袋除尘器 14 净化，然后经二级冷却器 16 冷却至低于 50℃后进入风机 17 排入大气。高温除尘器和布袋除尘器的灰尘进入灰槽 12 和 15。灰槽内的灰每隔 2h 清理一次，并通过人工返回给料仓。

2.5.2　悬浮磁化焙烧半工业试验

2.5.2.1　镜铁矿悬浮磁化焙烧半工业试验

在实验室小型试验基础上，针对镜铁矿这一典型难选铁矿石开展了悬浮磁化焙烧半工业试验。查明还原温度、CO 用量、N_2 用量、还原气氛、处理量、还原时间等因素对焙烧效果的影响规律，确定适宜的焙烧参数，在适宜参数下连续稳定运行 48h，运行过程中记录关键点的指标、温度、压力情况，考察悬浮磁化焙烧装备的工作状态。

A　悬浮磁化焙烧条件优化

还原温度对镜铁矿悬浮磁化焙烧效果影响如图 2-50 所示。由图 2-50 可知，随

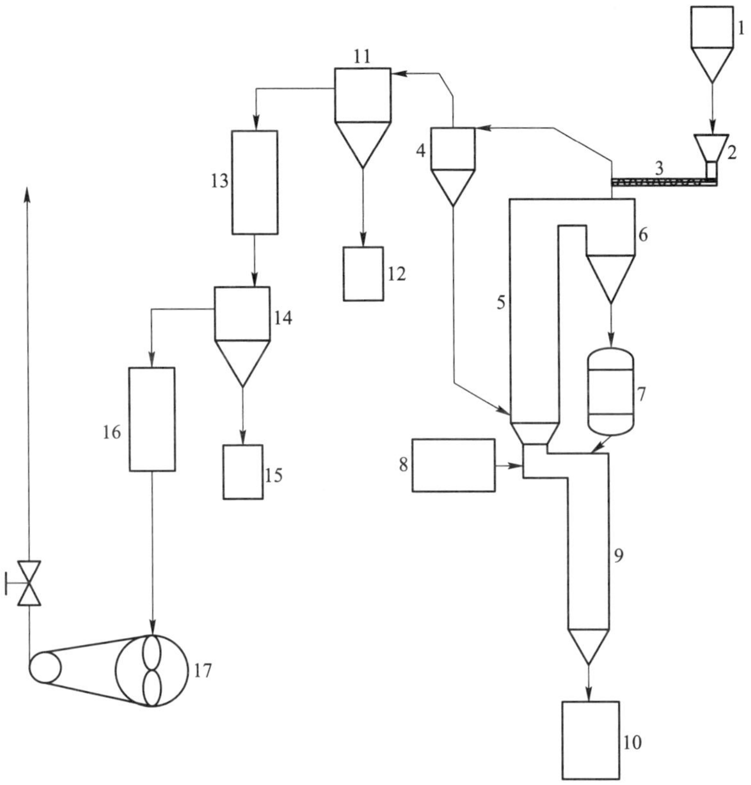

图 2-49　悬浮磁化焙烧工作原理示意图

1—给料仓；2—失重秤；3—螺旋给料器；4—预热器；5—悬浮焙烧炉；6—旋风分离器；7—还原反应器；8—燃烧机；9—冷却器；10—收料器；11—旋风除尘器；12，15—灰槽；13——级冷却器；14—布袋除尘器；16—二级冷却器；17—罗茨风机

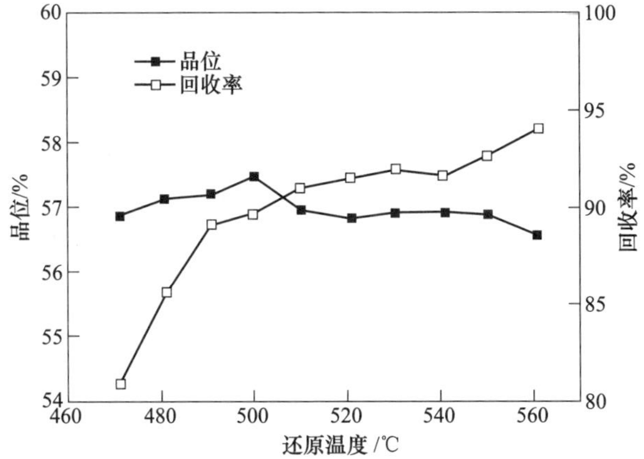

图 2-50　还原温度对镜铁矿悬浮磁化焙烧的影响

着还原温度升高，磁选铁精矿品位变化并不十分明显，而是在 56.57%~57.48%范围内波动，平均值为 56.98%；回收率呈现出先显著增加，后缓慢增加的变化规律。当还原温度由 470℃升高到 490℃时，铁精矿回收率由 80.94%迅速增加到 89.10%；继续升高温度至 560℃时，回收率逐渐升高到 94.00%。镜铁矿悬浮磁化焙烧还原温度应控制在 500℃以上，可达到铁精矿品位大于 56.5%、作业回收率大于 90%的良好指标。

悬浮焙烧采用的还原剂为 CO，还原剂用量对还原速度影响显著。CO 用量对镜铁矿悬浮磁化焙烧效果影响如图 2-51 所示。由图 2-51 可知，随着 CO 用量增加，磁选精矿铁品位在 56.78%~57.69%之间波动变化，数值均在 56.5%以上，可认为铁品位基本保持稳定；铁回收率则整体上呈现出先升高后降低的变化趋势。当 CO 用量由 3.0m^3/h 增加到 4.0m^3/h 时，铁回收率从 89.81%增加到 92.74%；继续增加 CO 用量至 7.0m^3/h 时，回收率略微降低至 90.99%。经理论计算，在 180kg/h 的给料速度下，矿石中铁矿物全部转化为磁铁矿需要的 CO 量为 4.5m^3/h。然而，结果表明在 CO 用量为 3.0~4.0m^3/h 时，就已经达到了良好的焙烧效果。这主要是由于矿石中含有一定量的菱铁矿，该部分菱铁矿在焙烧过程中会分解为磁铁矿，故实际需要的 CO 用量可小于 CO 理论用量。综上分析，镜铁矿悬浮磁化焙烧扩大试验过程中 CO 用量应≥4.0m^3/h。

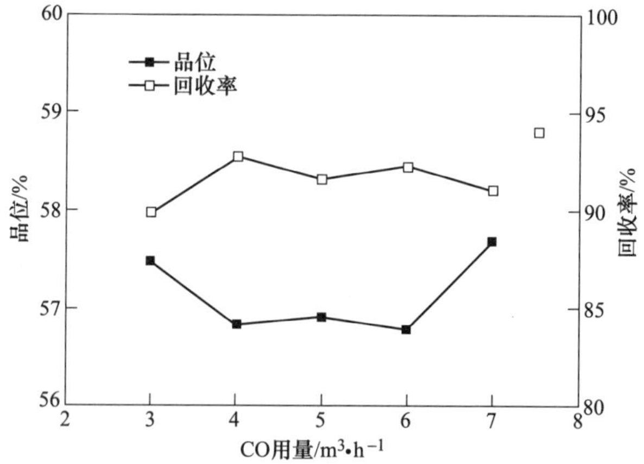

图 2-51　CO 用量对镜铁矿悬浮磁化焙烧的影响

铁矿石悬浮磁化焙烧过程中，需要通过 N_2 对物料流动状态和 CO 浓度进行调节。N_2 用量对镜铁矿悬浮磁化焙烧效果影响如图 2-52 所示。由图 2-52 可知，N_2 用量对磁选铁精矿品位和回收率影响并不显著。随着 N_2 用量增加，精矿铁品位在 56.87%~57.67%之间变化，回收率在 90.26%~91.76%范围内波动。这主要是由于尽管 N_2 用量增加然而 CO 浓度仍然相对较高，为 33.33%~45.45%，完全满足矿石中铁矿物磁化还原的需求。因此，需要进一步调整 N_2 和 CO 配比开展 CO 浓度试验。

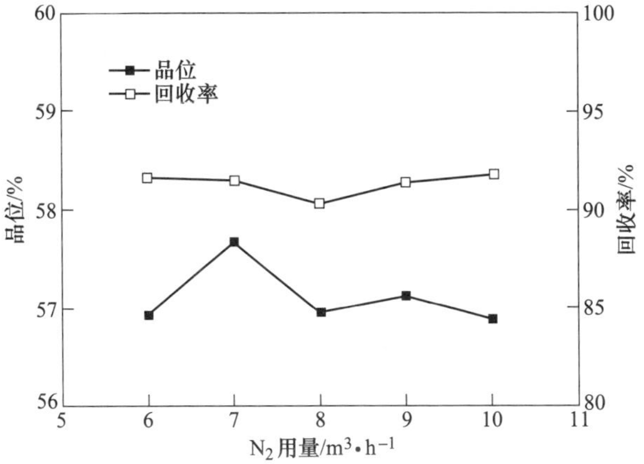

图 2-52 N_2 用量对镜铁矿悬浮磁化焙烧的影响

还原气氛对镜铁矿悬浮磁化焙烧效果影响如图 2-53 所示。由图 2-53 可知，随着 CO 浓度增加，磁选铁精矿回收率整体上呈现出先增加后降低的变化趋势，铁品位呈现出整体上升的变化规律。当 CO 浓度由 22%升高到 36%时，铁回收率由 90.24% 增加到 93.36%；继续升高 CO 浓度至 64% 时，回收率则降低到 91.43%。当 CO 浓度从 27% 升高到 64% 时，精矿铁品位由 56.88% 升高到 57.89%。尽管 CO 浓度对精矿铁品位和回收率有一定影响，但是影响效果并不明显，在整个试验条件范围内，铁精矿品位均大于 56.5%、回收率均大于 90%。

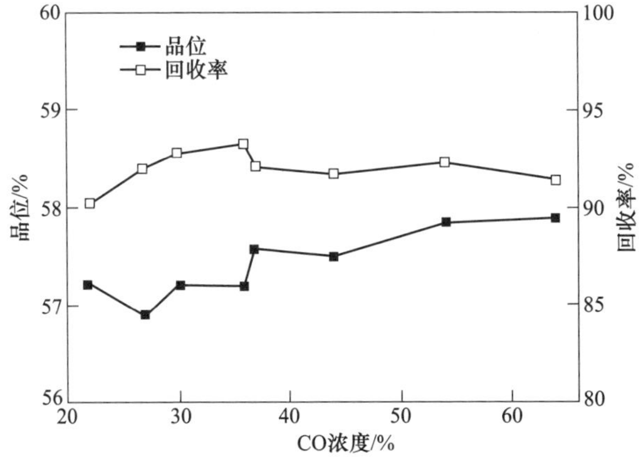

图 2-53 还原气氛对镜铁矿悬浮磁化焙烧的影响

处理量对镜铁矿悬浮磁化焙烧效果影响如图 2-54 所示。由图 2-54 可知，随着处理量增加，铁精矿品位呈现出先增加后降低的变化规律。当处理量由 140kg/h 增加到 180kg/h 时，铁精矿品位由 57.03%增加到 57.66%；继续增加处理量至

200kg/h 时，铁品位则降低至 56.98%。当处理量在 140~200kg/h 范围内变化时，铁精矿回收率变化不明显，在 91.13%~91.81%范围内波动；处理量由 200kg/h 增加到 220kg/h 时，回收率增加至 92.99%。尽管品位和回收率有一定的变化规律，但精矿铁品位均大于 56.9%、回收率均在 91%以上。

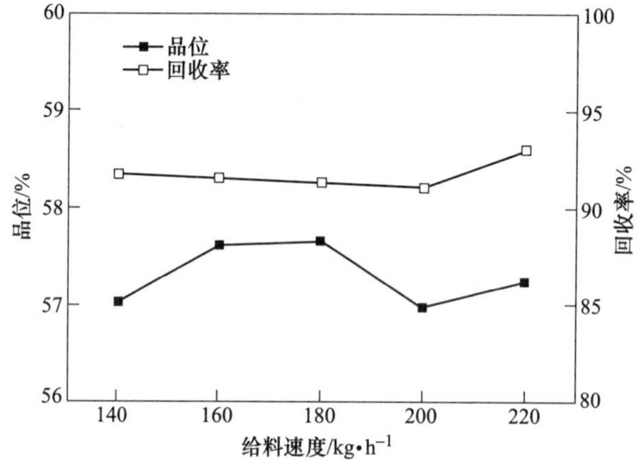

图 2-54　处理量对镜铁矿悬浮磁化焙烧的影响

还原时间是影响磁化焙烧效果的又一重要因素。还原时间是通过总气量改变的，试验过程中难以确定具体时间，故以总气量表示。还原时间对镜铁矿悬浮磁化焙烧效果影响如图 2-55 所示。由图 2-55 可知，总气量对铁精矿回收率会产生一定的影响作用，对铁精矿品位影响作用不明显。随着总气量增加，铁精矿回收率呈现出整体下降的趋势，铁精矿品位则在 57.10%~57.66%之间波动。当总气量从 10.5m^3/h 增加到 20.5m^3/h 时，铁精矿回收率由 92.15%降低到 91.16%。然而，在整个试验区间内，铁精矿回收率均大于 91%。

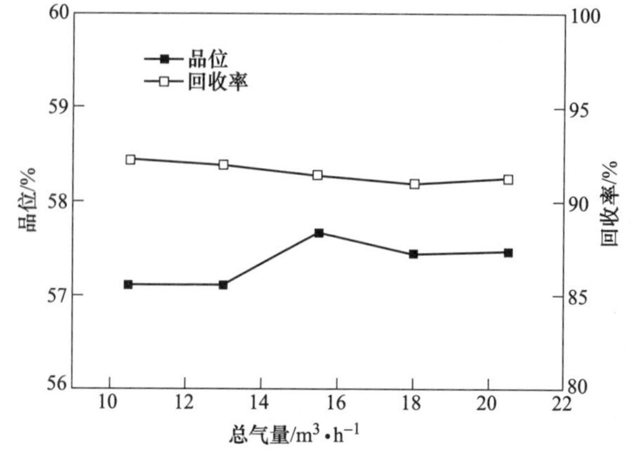

图 2-55　总气量对镜铁矿悬浮磁化焙烧的影响

B 连续稳定运行

镜铁矿悬浮磁化焙烧适宜条件为：处理量 180kg/h、CO 用量 4.0m³/h、N_2 用量 7.0m³/h、还原温度 520℃、总气量 11.0m³/h。在该条件下进行悬浮磁化焙烧连续稳定运行试验，以考查悬浮焙烧炉顺行以及指标稳定情况。连续悬浮焙烧试验过程中，当反应器温度达到520℃时，开始计时。稳定试验过程中每隔 1h 取小样一次，取样时间 3min，对样品进行磁选管分选，以分选指标作为衡量连续悬浮磁化焙烧工艺稳定性的标准。悬浮磁化焙烧连续运行稳定试验结果如图 2-56 所示。由图 2-56 可知，取样样品经磁选后，铁精矿品位均在 56.5%以上，平均值为57.37%；铁回收率均大于88%，平均值为92.45%。上述结果表明悬浮磁化焙烧产品分选指标稳定。

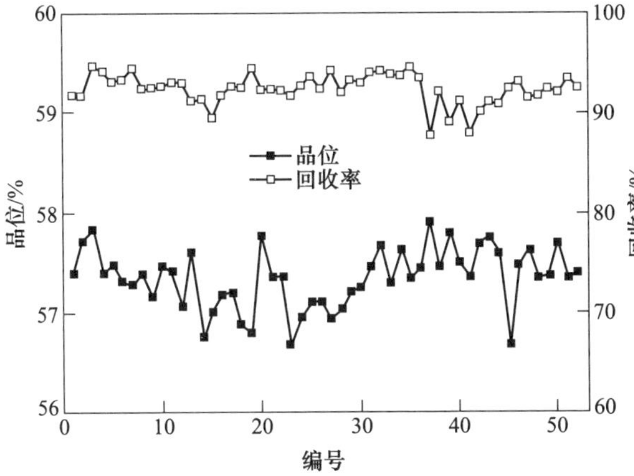

图 2-56 镜铁矿悬浮磁化焙烧连续运行稳定试验结果

温度和压力是悬浮焙烧系统运行稳定的两个重要指标。因此，为考察悬浮焙烧系统的稳定性，在条件试验和连续稳定运行试验过程中对关键点的温度和压力进行监测。关键点温度和压力监测数据如图 2-57 和图 2-58 所示。

由图 2-57 可知，整个试验过程中悬浮焙烧系统关键部分燃烧站、主炉 P04、还原室 P05、旋风分离器 P03、冷却段 C01、冷却水出水的温度基本保持稳定。稳定运行期间还原室的温度保持在 520～550℃范围内，冷却水温度稳定在 45～65℃。由图 2-58 可知，试验过程中风机、液化气站和主炉 P04 的压力也处于良好的稳定状态。例如，风机压力在-4.8～-10.2kPa 范围内波动，P04 顶部压力在-0.02～-0.36kPa 范围内变化。上述监测结果表明，悬浮焙烧系统运行过程中能够实现温度和压力的良好控制，该系统生产运行稳定可靠。

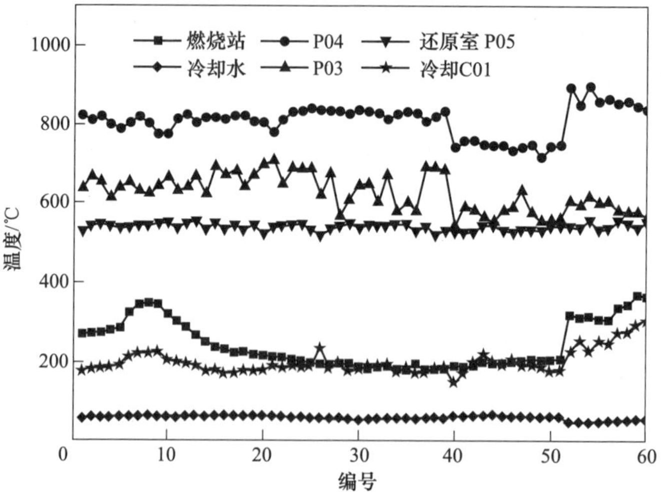

图 2-57　试验期间温度监测曲线

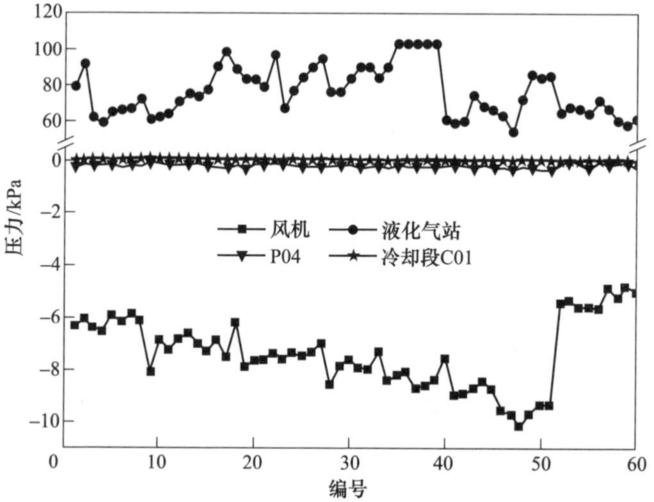

图 2-58　试验期间压力监测曲线

2.5.2.2　微细粒赤铁矿悬浮磁化焙烧半工业试验

在实验室小型试验基础上，针对微细粒赤铁矿难选铁矿石开展了悬浮磁化焙烧半工业试验。由于矿石中硫含量较高，为避免过多的硫进入焙烧烟气中，因此首先进行了脱硫预富集处理。针对脱硫后精矿开展了悬浮磁化焙烧半工业试验。

A　脱硫预富集

微细粒赤铁矿难选铁矿石脱硫预富集采用磨矿——粗一精一扫浮选——段弱磁强磁预选工艺，具体工艺参数为：磨矿细度-0.074mm 占 60%~70%，浮选粗选 $CuSO_4$ 用量 100g/t、黄药用量 50g/t、2 号油 25g/t，一次精选黄药用量 20g/t、2 号油 15g/t，弱磁选场强 2500Oe，强磁选场强 10000Oe。在上述条件下，脱硫预富集连续运行 10d，制备脱硫预富集精矿 21t。脱硫预富集扩大连选数质量流程如图 2-59 所示。由图 2-59 可知，采用球磨—分级——粗一精一扫浮选——段弱磁——段强磁工艺，在磨矿细度-0.074mm 占 68.88%的条件下，可获得预富集精矿铁品位 46.25%、铁回收率 93.40%、S 含量 0.55%的技术指标。

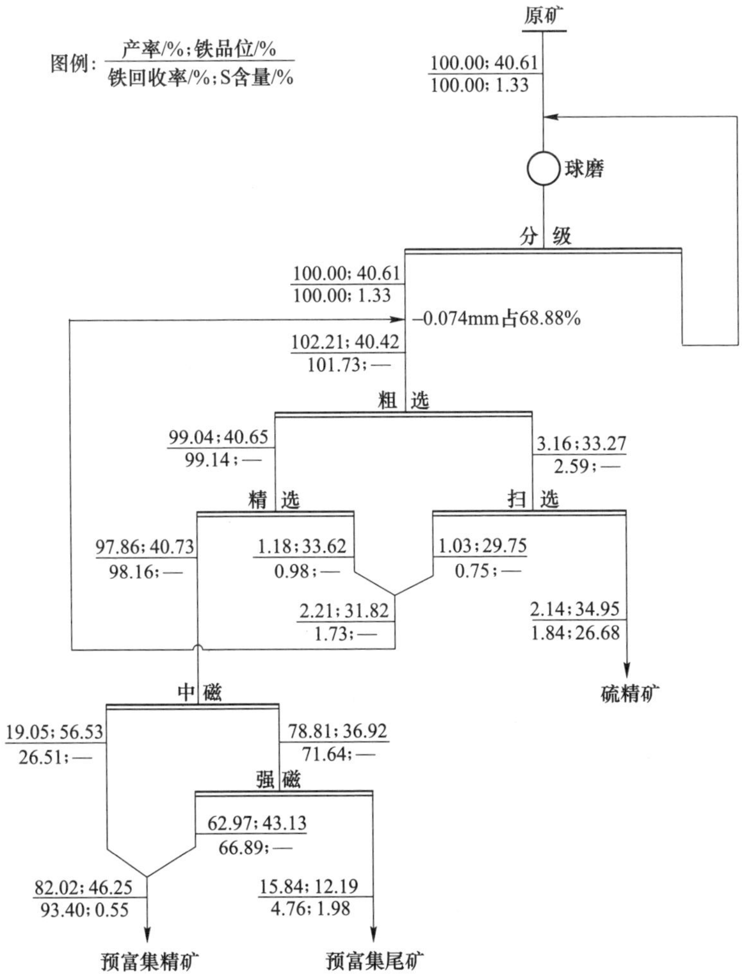

图 2-59　脱硫预富集精矿数质量流程

B　悬浮磁化焙烧条件优化

还原温度对微细粒赤铁矿悬浮磁化焙烧效果影响如图 2-60 所示。由图 2-60 可知，随着还原温度升高，磁选铁精矿品位呈现出略有下降的趋势，但是变化并不十分明显，均在 66%以上；回收率呈现出先显著增加后趋于稳定的变化规律。当还原温度由 350℃ 升高到 500℃ 时，铁精矿回收率由 25.24% 迅速增加到 84.37%；继续升高温度至 530℃时，回收率在 84.11%~85.07%之间波动变化。

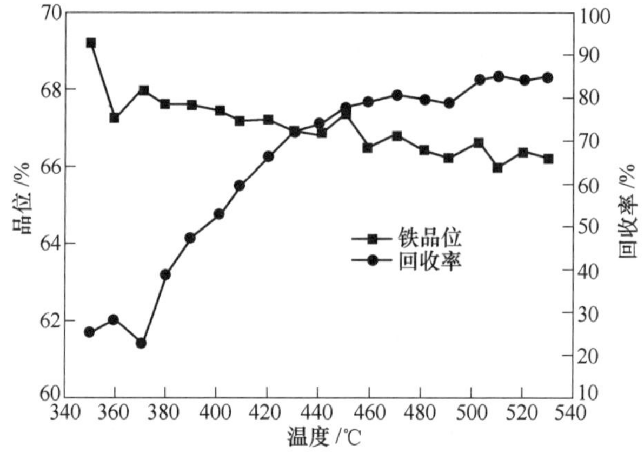

图 2-60　还原温度对微细粒赤铁矿悬浮磁化焙烧的影响

微细粒赤铁矿悬浮磁化焙烧采用的还原剂为 CO 和 H_2，还原剂用量对微细粒赤铁矿悬浮磁化焙烧效果影响如图 2-61 所示。由图 2-61 可知，随着还原剂用量增加，磁选精矿铁品位在 66.19%~66.97%之间波动，数值均在 66%以上，可认为铁品位基本保持稳定；铁回收率整体上呈现出逐渐升高的变化趋势。当还原剂用量由 6.6m^3/h 增加到 11.1m^3/h 时，铁回收率从 84.37%增加到 90.05%。

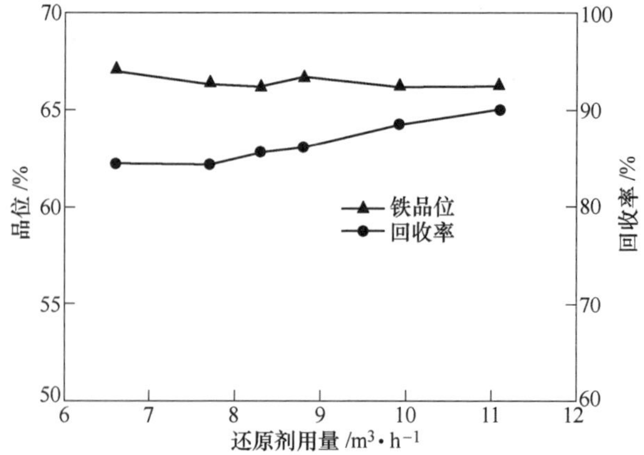

图 2-61　还原剂用量对微细粒赤铁矿悬浮磁化焙烧的影响

还原剂浓度对微细粒赤铁矿悬浮磁化焙烧效果影响如图 2-62 所示。由图 2-62 可知，还原剂浓度对磁选精矿铁品位影响并不显著，随着还原剂浓度增加，铁品位在 65.78%~66.49%之间波动变化。然而，还原剂浓度对回收率有一定影响。随着还原剂浓度增加，回收率呈现出先增加后趋于稳定的变化趋势。当还原剂浓度由 44%升高到 50%时，铁回收率由 89.29%增加到 92.11%，继续升高还原剂浓度至 60%时，回收率增加幅度明显变小，可认为基本不变。考虑到天然气裂解后，还原气体 CO 和 H_2 的浓度约为 60%，故微细粒赤铁矿悬浮磁化焙烧适宜的还原剂浓度为 60%。

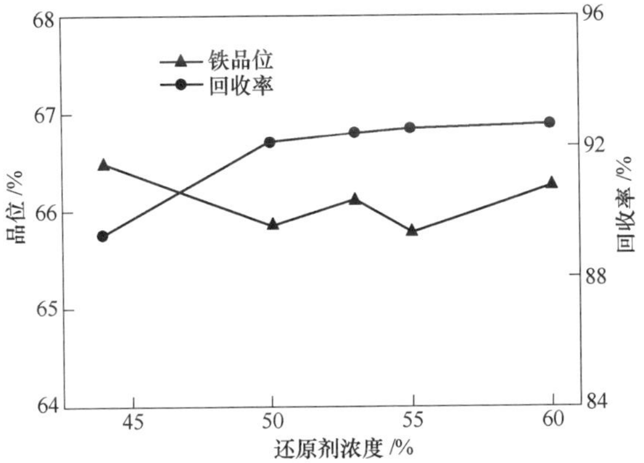

图 2-62　还原剂浓度对微细粒赤铁矿悬浮磁化焙烧的影响

总气量主要是影响物料在反应器内的停留时间，即还原时间。总气量对微细粒赤铁矿悬浮磁化焙烧效果影响如图 2-63 所示。由图 2-63 可知，总气量对铁精矿品位会产生一定影响，对铁精矿回收率影响作用不明显。随着总气量增加，铁精矿品位呈现出略有降低的趋势，但降低幅度不大。当总气量由 18.0m^3/h 增加到 22.0m^3/h 时，铁精矿品位从 66.72%降低到 65.56%；回收率在 92.04%~92.63%之间波动。

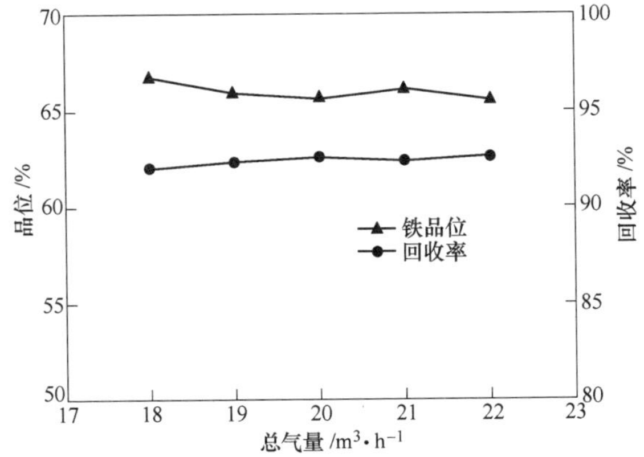

图 2-63　总气量对微细粒赤铁矿悬浮磁化焙烧的影响

还原气体中 CO 和 H_2 比例对微细粒赤铁矿悬浮磁化焙烧效果影响如图 2-64 所示。由图 2-64 可知，还原气体中氢气配比对磁选铁精矿品位影响并不明显，对回收率影响显著。随着还原气体中氢气浓度增加，铁精矿品位在 65.38%～66.78%之间波动变化，可认为保持稳定状态。当氢气配比由 0%增加到 50%时，回收率从 69.56%迅速增加到 92.28%；继续增加至 75%时，回收率趋于稳定。考虑到天然气裂解气体中氢气和一氧化碳比例为 3∶1，故确定还原气体中氢气浓度为 75%。

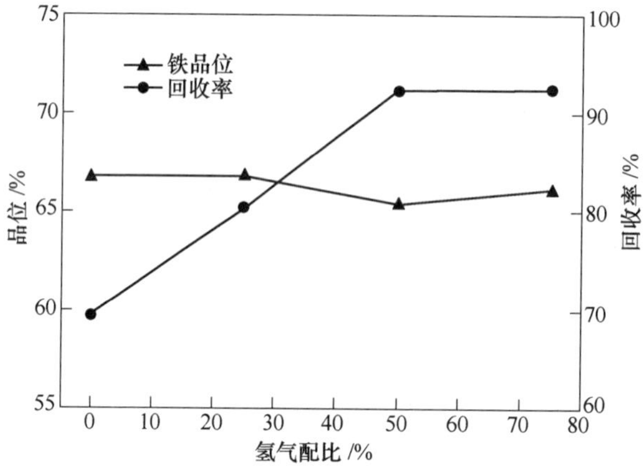

图 2-64　氢气配比对微细粒赤铁矿悬浮磁化焙烧的影响

给料量对微细粒赤铁矿悬浮磁化焙烧效果影响如图 2-65 所示。由图 2-65 可知，随着给料量由 140kg/h 增加至 200kg/h，铁精矿品位变化不大，在 66.09%～66.31%范围内波动；铁回收率呈现逐渐降低的变化趋势，在给矿量为 140kg/h 时达到最大值 94.16%。

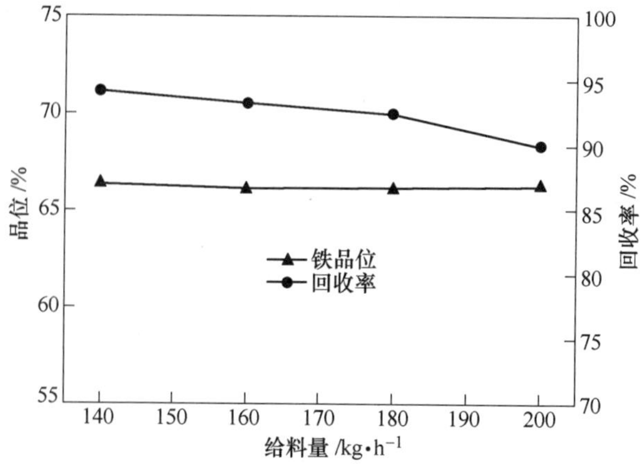

图 2-65　给料量对微细粒赤铁矿悬浮磁化焙烧的影响

C 连续稳定运行

通过悬浮磁化焙烧条件试验确定微细粒赤铁矿脱硫预富集精矿适宜的悬浮磁化焙烧工艺参数为：处理量 140kg/h、还原剂用量 7.3m^3/h、N_2 用量 4.8m^3/h、还原温度 510℃、还原剂浓度 60%。在上述条件下，进行了悬浮磁化焙烧连续运行稳定试验，以考查悬浮焙烧炉顺行以及指标稳定情况。连续悬浮焙烧试验过程中，当反应器温度达到 510℃时开始计时。稳定试验过程中每隔 1h 取小样一次，取样时间 2min，对样品进行磁选管分选，以分选指标作为衡量连续悬浮磁化焙烧工艺稳定性的标准。连续稳定试验共计进行了 55h，处理矿样 7.7t。悬浮磁化焙烧连续运行稳定试验结果如图 2-66 所示。由图 2-66 可知，悬浮磁化焙烧产品分选指标优异且稳定，铁精矿品位平均值为 66.38%；铁回收率平均值为 91.94%。

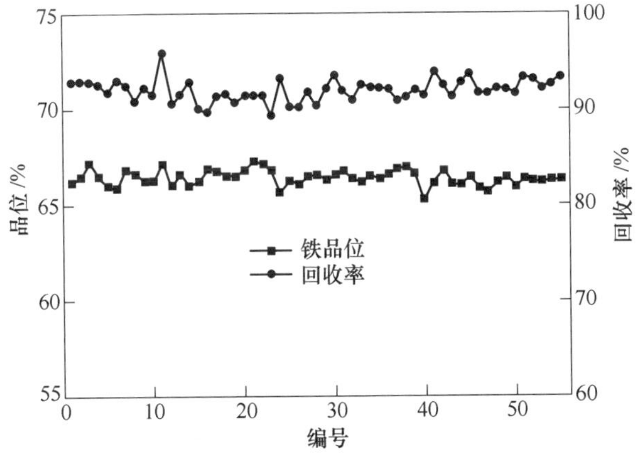

图 2-66 微细粒赤铁矿悬浮磁化焙烧连续运行稳定结果

条件试验和连续稳定运行试验过程中关键点的温度和压力监测数据如图 2-67

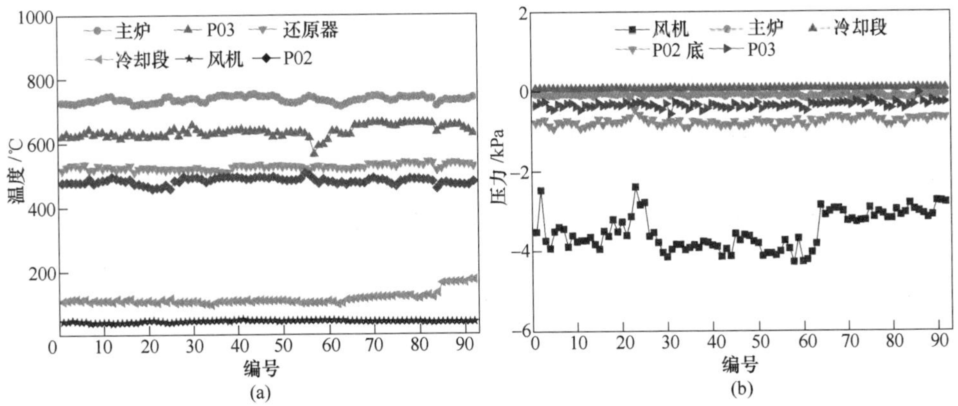

图 2-67 悬浮磁化焙烧试验期间监测曲线

(a) 温度；(b) 压力

所示。由图 2-67 可知，整个试验过程中悬浮焙烧系统关键部分燃烧站、主炉 P04、还原室 P05、旋风分离器 P03、冷却段 C01、冷却水出水的温度基本保持稳定。稳定运行期间还原室的温度保持在 510~540℃范围内，风机温度稳定在 38~48℃。试验过程中风机、液化气站和主炉 P04 的压力也处于良好的稳定状态。例如，风机压力在-2. 4~-4. 2kPa 范围内波动，P04 顶部压力在-0. 02~-0. 18kPa 范围内变化。上述监测结果表明，悬浮焙烧系统运行过程中能够实现温度和压力的良好控制，该系统生产运行稳定可靠。

2. 5. 2. 3　褐铁矿悬浮磁化焙烧半工业试验

A　悬浮磁化焙烧条件优化

在实验室悬浮磁化焙烧基础上开展了褐铁矿悬浮磁化焙烧半工业试验。还原温度、CO 用量、还原气氛、处理量、还原时间因素对悬浮磁化焙烧效果影响如图 2-68~图 2-72 所示。

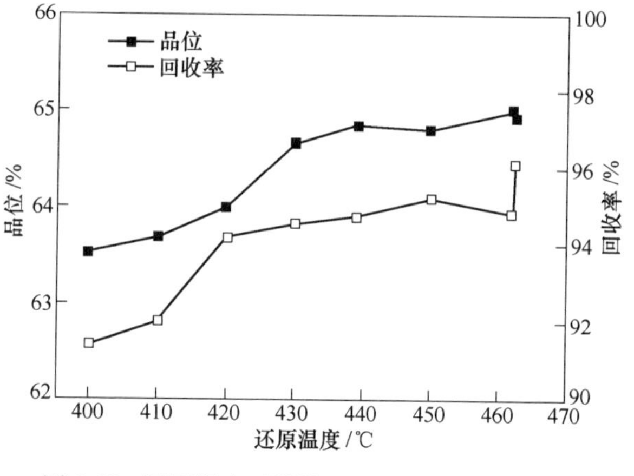

图 2-68　还原温度对褐铁矿悬浮磁化焙烧的影响

由图 2-68 可知，随着还原温度升高，磁选铁精矿品位变化并不十分明显，而是在 63. 53%~64. 99%范围内波动，平均值为 64. 43%；回收率呈现出先显著增加，后缓慢增加的变化规律。当还原温度由 400℃升高到 450℃时，铁精矿回收率由 91. 42%迅速增加到 95. 21%；继续升高温度至 462℃时，回收率逐渐升高到 96. 17%。综上所述，褐铁矿悬浮磁化焙烧还原温度应控制在 450℃以上，可达到铁精矿品位大于 64. 00%、作业回收率大于 95. 00%的技术指标。

由图 2-69 可知，随着 CO 用量增加，磁选精矿铁品位在 64. 53%~64. 92%之间波动变化，数值均在 64. 50%以上，可认为铁品位基本保持稳定；铁回收率整体上呈现出先升高后小幅降低的变化趋势。当 CO 用量由 5. 0m^3/h 增加到 6. 5m^3/h 时，铁回收率从 94. 66%增加到 97. 70%；继续增加 CO 用量至 7. 0m^3/h 时，回收

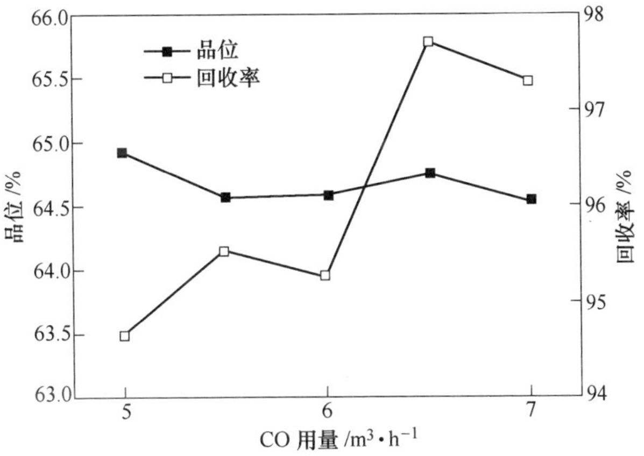

图 2-69 CO 用量对褐铁矿悬浮磁化焙烧的影响

率略微降低至 97.30%。因此，褐铁矿悬浮磁化焙烧过程中 CO 用量应不小于 6.5m^3/h。

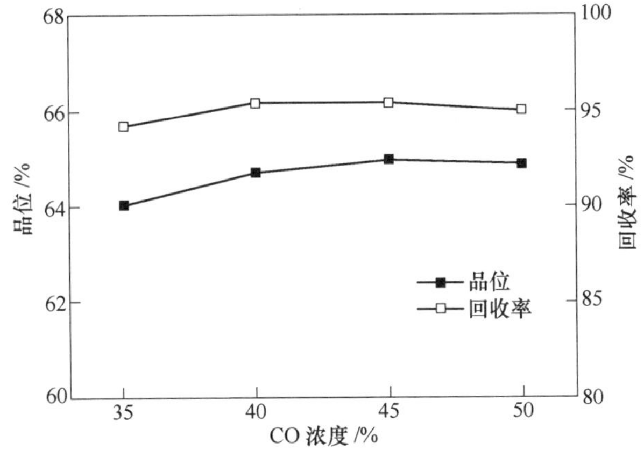

图 2-70 还原气氛对褐铁矿悬浮磁化焙烧的影响

由图 2-70 可知，随着 CO 浓度增加，磁选铁精矿回收率整体上呈现出先增加后降低的变化趋势，铁品位基本保持在 64.02%~64.95%之间。当 CO 浓度由 35%升高到 45%时，铁回收率由 94.16%增加到 95.41%；继续升高 CO 浓度至 50%时，回收率则小幅回落到 94.98%。尽管 CO 浓度对精矿铁品位和回收率有一定影响，但是影响效果并不明显，在整个试验条件范围内，铁精矿品位均大于 64%，回收率均大于 94%。

由图 2-71 可知，随着给料量由 100kg/h 增加至 160kg/h，铁精矿品位和回收率基本变化不大，其中精矿铁品位在 64.94%~65.18%范围内波动，铁回收率在 95.56%~96.17%范围内波动。

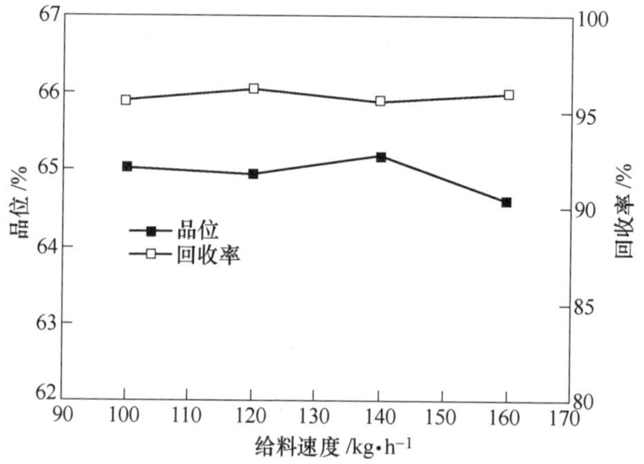

图 2-71　给料量对褐铁矿悬浮磁化焙烧的影响

由图 2-72 可知，总气量对铁精矿回收率会产生一定的影响作用，对铁精矿品位影响作用不明显。随着总气量增加，铁精矿回收率呈现出整体上升的趋势，铁精矿品位则在 64.28%～65.20%之间波动。当总气量从 $13m^3/h$ 增加到 $17m^3/h$ 时，铁精矿回收率由 94.50%升至 97.19%。在整个试验区间内，铁精矿回收率均大于 94%。

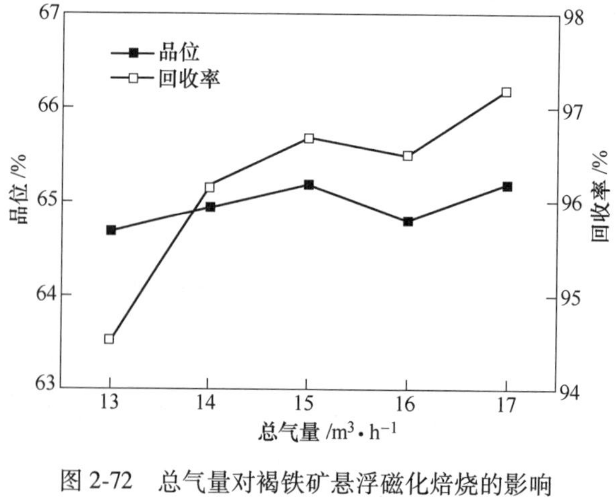

图 2-72　总气量对褐铁矿悬浮磁化焙烧的影响

B　稳定运行试验

根据条件试验结果，确定悬浮磁化焙烧连续稳定试验运行条件为：处理量 120kg/h、CO 用量 $6.5m^3/h$、N_2 用量 $9.5m^3/h$、还原温度 460℃、总气量 $16.0m^3/h$。在上述条件下，进行了褐铁矿悬浮磁化焙烧连续运行稳定试验，连续稳定试验共计进行了54h，处理矿样6.48t。悬浮磁化焙烧连续运行稳定试验结果如图2-73所示。由图2-73可知，取样样品经磁选后，铁精矿品位均在64%以上，平均值为64.48%；铁回收率均大于95%，平均值为97.22%。上述结果表明悬浮磁化焙烧产品分选指标稳定。

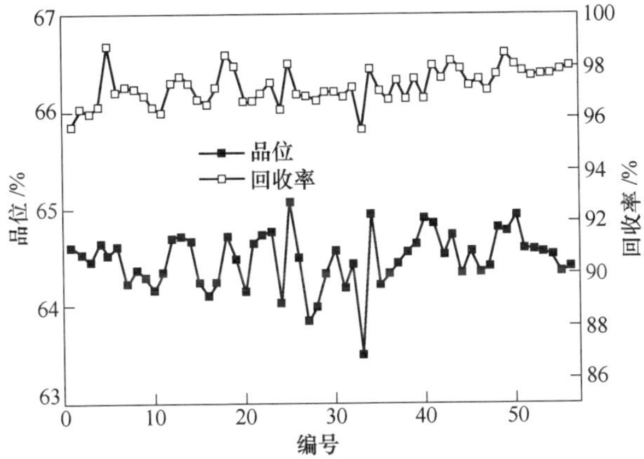

图2-73 褐铁矿悬浮磁化焙烧连续运行稳定试验结果

参 考 文 献

[1] 朱庆山，李洪钟．难选铁矿流态化磁化焙烧研究进展与发展前景［J］．化工学报，2014，65（7）：2437~2442.

[2] Chai T Y，Ding J L，Wu F H. Hybrid intelligent control for optimal operation of shaft furnace roasting process［J］. Control Engineering Practice，2011，19：264~275.

[3] Yan A J，Chai T Y，Yu W，et al. Multi-objective evaluation-based hybrid intelligent control optimization for shaft furnace roasting process［J］. Control Engineering Practice，2012，20：857~868.

[4] 卢绍文，丁进良，刘琳琳．竖炉焙烧过程METSIM动态模拟［J］．化工学报，2015，66（1）：244~250.

[5] 朱俊士．选矿手册［M］．北京：冶金工业出版社，2008.

[6] 王筱留．钢铁冶金学［M］．北京：冶金工业出版社，2011.

[7] 罗良飞，陈雯，严小虎，等．大西沟菱铁矿煤基回转窑磁化焙烧半工业试验［J］．矿冶工程，2006（2）：71~73.

[8] Priestley R J. Upgrading iron ore by fluidizing magnetic conversion［J］. Blast Furnace and Steel Plant，1958，46（3）：202~307.

[9] Uwadiale G G O O. Magnetizing reduction of iron ores［J］. Mineral Processing and Extractive Metallurgy Review，1992，11：1~19.

[10] Boehm A, Boehm M, Kogelbauer A. Neutrons for mineral processing—thermodiffractometry to investigate mineral selective magnetizing flash roasting [J]. ChemieIngenieurTechnik, 2014, 86 (6): 883~890.

[11] 冯志力，余永富，刘根凡，等．王家滩菱铁矿流态化磁化焙烧试验研究［J］．金属矿山，2009 (9)：58~60.

[12] 刘小银，余永富，洪志刚，等．难选弱磁性铁矿石闪速（流态化）磁化焙烧成套技术开发与应用研究［J］．矿冶工程，2017，37 (2)：40~45.

3 难选铁矿石深度还原技术

3.1 引言

铁矿石供需矛盾的日益加剧，为我国铁矿资源（特别是复杂难选铁矿资源）的开发与利用带来了机遇。为提高我国铁矿石的自给率，摆脱国外矿业巨头的束缚，相关科研工作者围绕铁矿资源的高效利用开展了大量的研究工作，形成了许多新技术和新成果，集中体现在微细粒铁矿高效选别、矿石破碎与细磨、尾矿再利用、磁化焙烧—磁选、新型捕收剂研发等方面。尽管上述工作为我国铁矿资源开发利用提供了强有力的理论与技术保障，然而在我国复杂难选铁矿资源中约有上百亿吨铁矿石因铁矿物嵌布粒度极微细、矿物间嵌布关系密切、含有害元素 P 和 S、共伴生其他金属（如钒、钛、铝、铬、锡、锌）等因素导致采用传统选矿工艺和磁化焙烧技术也难以实现铁矿物的高效回收。例如，被公认的世界上最难选的鲕状赤铁矿就属于此类铁矿石。目前，该类铁矿资源尚未获得大规模工业化开发，利用率极低。因此，研发创新性工艺技术，实现该类铁矿资源的高效开发与利用具有重要的实际意义。

针对这种极难选铁矿资源的开发利用，东北大学韩跃新教授及其团队突破选矿—造块—高炉的传统理念，将矿物加工、冶金和冶金物理化学等多学科有机结合，提出了深度还原技术，即以煤粉为还原剂，在低于矿石熔化温度下将矿石中的铁矿物还原为金属铁，并通过调控促使金属铁聚集生长为一定粒度的铁颗粒（图 3-1），还原物料经高效分选获得金属铁粉。深度还原是介于“直接还原”和“熔融还原”之间的一种状态，该工艺包含铁氧化物还原和金属铁颗粒长大两个过程，其产品为不同于直接还原产品（DRI）和熔融还原产品（液态铁水）的金属铁粉（图 3-2）。此外，直接还原和熔融还原对原料要求较高，通常是高品位的块矿、铁精矿和氧化球团，故直接还原和熔融还原的主要反应是铁氧化物的还原反应。深度还原的原料是复杂难选铁矿石，原料成分复杂，还原过程不仅包含铁氧化物的还原及相变，还存在其他矿物的还原及矿物之间更复杂的反应。因此，深度还原技术与非高炉炼铁中的“直接还原和熔融还原”有本质的区别，应将其视为一个全新的学术概念加以对待。深度还原技术为我国复杂难选铁矿的开发利用开辟了全新途径。

深度还原技术成为近年选矿和冶金领域研究热点之一。东北大学、北京科技

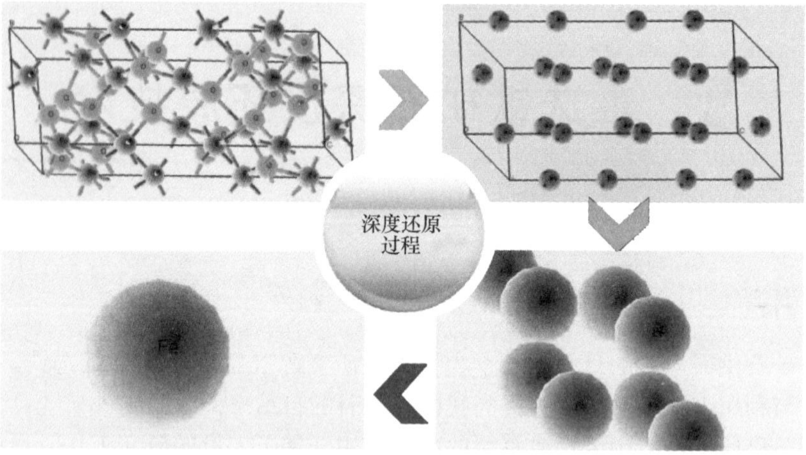

图 3-1　铁矿物还原——铁颗粒生长示意图

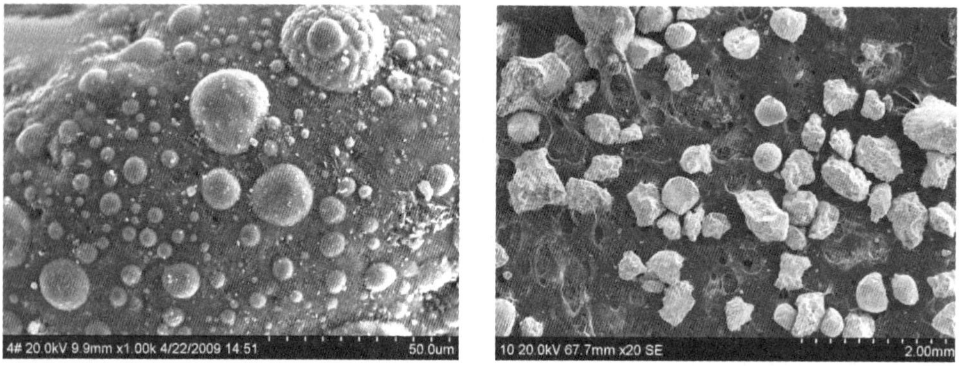

(a)　　(b)

图 3-2　深度还原产品 SEM 图像

（a）还原物料；（b）磁选铁粉

大学、中南大学、重庆大学、长沙矿冶研究院、华北理工大学、广西大学、武汉理工大学等多家单位围绕难选铁矿石深度还原技术开展了大量的研究工作。东北大学[1~4]采用深度还原技术对湖北官店高磷鲕状赤铁矿、吉林临江羚羊铁矿石、包头白云鄂博铁矿石进行了研究。结果表明，在适宜的还原条件下，均可以得到金属化率 95%以上的还原物料，磁选后铁粉品位达 90%以上，铁回收率达 90%以上。Li 等[5]对河北宣化难选鲕状赤铁矿进行了深度还原—磁选试验研究，在适宜的还原工艺条件下，获得了铁品位为 92. 53%、回收率为 90. 78%的深度还原铁粉。Yu 等[6]研究了原料粒度对深度还原—磁选的影响。研究发现，当原料粒度从-4mm 降低到-0. 1mm 时，磁选铁粉的品位和回收率均有所增加，还原剂粒度的影响效果明显弱于矿样粒度。徐承焱、曹允业等[7,8]研究了还原剂组分对深度还原效果的影响。研究表明，还原剂中挥发分和固定碳有利于提高还原铁粉的品位和回收率，而灰分含量过高对还原铁粉品位和回收率的提高有不利影响。李光辉等[9,10]研究了深度还原过程中磷矿物的反应行为和磷元素在金属相中的迁移规律。朱德庆等[11]采用深度还原—磁选工艺处理湖南某地超微细贫赤铁矿石，实现了铁的有效富集。在还原温度为950℃、还原时间为80min、煤/矿质量比为2.5∶1的条件下通过煤基直接还原转化为金属化率为93.82%的还原矿；还原矿经阶段磨矿、阶段磁选，可获得铁品位为69.54%、铁回收率为65.58%、金属化率高达98.02%的指标。

复杂难选铁矿深度还原技术属于国际首创的铁矿石高效利用新技术，其成功研发和应用，不仅为我国复杂难选铁矿高效经济开发利用提供了新途径，而且对钢铁生产流程的变革和节能减排具有深远影响。该技术实现了极难选铁矿的高效回收（铁回收率大于90%，较传统分选—冶炼工艺提高10个百分点以上），可以盘活我国上百亿吨的极难选铁矿资源。该技术缩短了钢铁生产流程，省去了铁矿石分选、铁精矿造块等工艺，从而缩短生产流程、提高生产效率、降低生产成本。深度还原技术以普通煤粉为还原剂，摆脱了钢铁生产对焦煤的依赖，可有效地减少因炼焦造成的环境污染，对改变钢铁生产的能源结构和流程具有重要意义。总之，复杂难选铁矿深度还原技术发展潜力巨大，具有显著的经济、社会及环境效益。

3.2 深度还原基础理论

3.2.1 深度还原热力学

热力学的主要任务就是研究化学反应的可能性问题，所谓反应的可能性指的是在一定的条件下发生的方向及可能达到的限度。在常压下，采用“吉布斯自由能函数法”对难选铁矿石深度还原可能发生的反应进行热力学计算，讨论在深度还原过程中反应自发进行的热力学温度。通过计算反应的标准吉布斯自由能变可以判断反应的自发进行程度，当 $\Delta G_T^\ominus=0$ 时，反应达到平衡；当 $\Delta G_T^\ominus<0$ 时，反应可以自发正向进行；当 $\Delta G_T^\ominus>0$ 时，反应逆向进行。

根据方程 $\Delta G_T=\Delta_r G_m^\ominus+RT\ln K^\ominus$，当反应处于平衡状态时，其 $\Delta G_T=0$。反应平衡常数可以通过式（3-1）进行计算：

$$\Delta_r G_m^\ominus=-RT\ln K^\ominus \tag{3-1}$$

式中 $\Delta_r G_m^\ominus$——标准吉布斯自由能；

R——气体常数；

T——绝对温度；

$K^{\ominus}$——标准平衡常数。

通常平衡常数越大，表示达到平衡时生成物的分压或浓度越大，或者反应物的分压或浓度越小，即正反应可以进行得越彻底。

3.2.1.1　氧化物还原的基本原理

A　金属氧化物的生成自由能

金属氧化物的稳定性可以用该氧化物的自由能来表示。以 M 代表金属，则生成反应的化学通式为：

$$2M(s) + O_2(g) \longrightarrow 2MO(s) \tag{3-2}$$

反应的自由能 ΔG 和标准生成 Gibbs 自由能为：

$$\Delta G = \Delta G^{\ominus} + RT\ln \frac{p^{\ominus}}{p'_{O_2}},\ \Delta G^{\ominus} = RT\ln \frac{p^{\ominus}}{p_{O_2}} \tag{3-3}$$

式中，p_{O_2}、p'_{O_2} 分别为反应式在一定温度和压力下氧气的平衡分压和实际分压。

当 $\Delta G<0$ 时，反应向着生成 MO 的方向进行；当 $\Delta G>0$ 时，反应向着 MO 分解的方向进行；当 $\Delta G=0$ 时，反应达到平衡。所以，ΔG 值越小，金属与氧生成金属氧化物的趋势愈大，表明金属与氧的亲和力越强，该金属氧化物的稳定性越高，还原就越难；反之，ΔG 值越大，金属与氧生成金属氧化物的趋势越小，金属与氧的亲和力越弱，表明该金属氧化物的稳定性越低，还原就越容易。

B　金属氧化物的分解压力

金属氧化物的稳定性还可以用该氧化物的分解压力来表示。以 M 代表金属，则分解反应的化学通式为：

$$2MO(s) \longrightarrow M(s) + O_2 \tag{3-4}$$

分解反应的平衡常数为：

$$K_p = p_{O_2}/p^{\ominus} \tag{3-5}$$

氧化物的分解压力越大，说明该金属与氧的亲和力越小，从而该氧化物越不稳定，越容易分解。分解压力是氧化物的一种属性，它与阳离子的离子半径大小、阳离子所带电荷、电子层的排列有关。温度升高，该氧化物的分解压力也升高，氧化物的稳定性变弱。但由于金属氧化物的分解压力都很小，因此一般不能单纯用加热的办法来制取金属，而通过还原反应来获取金属。

C　还原反应进行的条件

还原反应是深度还原过程中的基本反应，除铁的还原外还有其他少量硅、锰、磷等元素的还原。对金属氧化物的还原反应可按下面通式表示：

$$MO(s) + B(s) \longrightarrow M(s) + BO(s) \tag{3-6}$$

式中　MO——被还原的金属氧化物；

M——还原得到的金属；

B——还原剂，可以是气体或固体，也可以是金属、非金属；

BO——还原剂夺取金属氧化物中的氧后被氧化得到的产物。

反应式（3-6）是兼有氧化和还原的综合反应。对金属氧化物而言是被还原为金属，而对还原剂则是被氧化。从电子论的实质看，还原反应对金属氧化物而言，$M^{2+}+2e = M$，即获得电子的过程，金属的价位变低。而对于还原剂而言，$B-2e = B^{2+}$，还原反应是失去电子、价位变高的过程。还原剂能否夺取金属氧化物中的氧，取决于以下几方面：

一方面，看还原剂与氧的化学亲和力的大小。凡是与氧亲和力大于金属元素M与氧的亲和力的物质都可以作为该金属氧化物的还原剂。显然，还原剂与氧的亲和力越大，还原能力越强。对被还原的金属氧化物来说，其金属元素与氧的亲和力越强，该氧化物越难还原。还原反应进行的必备条件是：$p_{O_2}(BO) < p_{O_2}(MO)$ 亦即还原剂生成的氧化物的分解压要小于被还原金属氧化物的分解压。

另一方面，看其氧化物的标准生成 Gibbs 自由能（$\Delta G^{\ominus}$）。衡量各种元素对氧亲和力的大小常用这些元素氧化物的标准生成 Gibbs 自由能做指标。还原反应式可按反应的标准生成 Gibbs 自由能变化表示为：

$$\Delta G^{\ominus} = \Delta G^{\ominus}_{BO} - \Delta G^{\ominus}_{MO} \tag{3-7}$$

只有氧化物标准生成 Gibbs 自由能小于被还原元素氧化物的标准生成 Gibbs 自由能的物质，才能起到还原剂的作用。图 3-3 所示为冶金过程中常见氧化物的标准生成 Gibbs 自由能随温度变化的关系（对 1mol O_2 而言）。在图 3-3 中位置越低的氧化物，其 $\Delta G^{\ominus}$ 值越小，该氧化物越稳定，越难还原。凡是在铁下面的物质，其单质都可用来还原铁的氧化物，例如：Si 可以还原 FeO。如果两线有交点，则交点温度即为开始还原温度。高于交点温度，下面的单质能还原上面的氧化物；低于交点温度，则反应逆向进行。如在图中没有交点，那么下面的单质一直能还原上面的氧化物。

从图 3-3 中还可以看出，除了 CO 外，几乎所有其他氧化物的标准生成 Gibbs 自由能均随温度的升高而增加，故其稳定性均随着温度的升高而降低；而 CO 的标准生成 Gibbs 自由能是随着温度的升高而降低，表明其稳定性随温度的升高而升高；CO 的 $\Delta G^{\ominus}$ 曲线几乎同所有氧化物的 $\Delta G^{\ominus}$ 曲线相交，这表明在足够的温度下，C 可以作为几乎所有其他氧化物的还原剂。但是，难选铁矿石深度还原的温度一般不超过 1200~1300℃，在这样的温度条件下，CO 的标准生成 Gibbs 自由能大大高于 Al_2O_3、MgO、SiO_2 和 CaO 的标准生成 Gibbs 自由能。因此，这三种氧化物在深度还原过程中不可能被还原，而只能形成渣相。V_2O_3、MnO、Nb_2O_3 及 CrO_3 等氧化物的氧势线距离铁氧化物的氧势线较为接近，但仍处于铁氧化物氧势线的下方，在铁氧化物的深度还原过程中，他们只能从高价态氧化物还原成低价态氧化物。而其他氧化物的氧势线位置则都高于铁氧化物，也就是说在铁氧

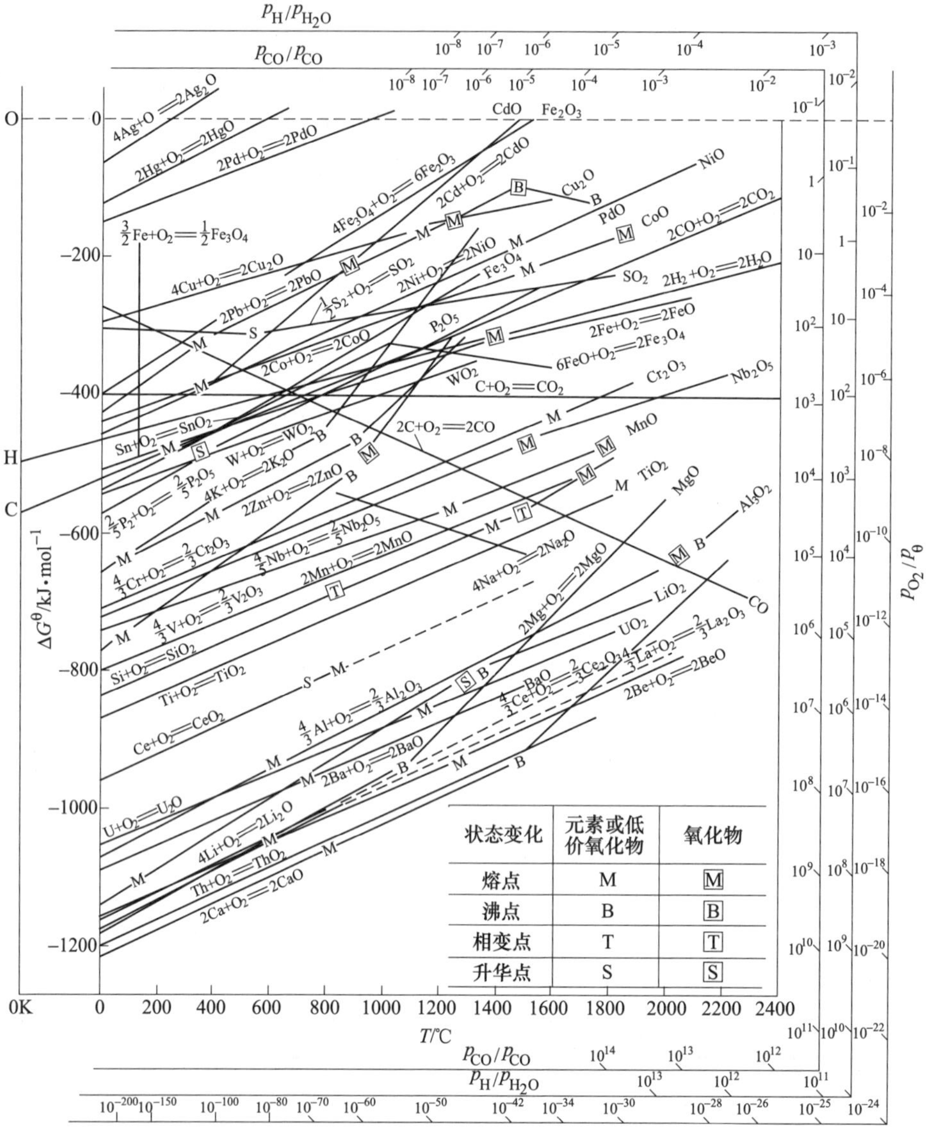

图 3-3　Ellingham 图

化物的深度还原过程中，这些元素几乎全部被还原出来，并部分进入铁粉，成为铁粉的组分。此类元素相对于钢铁来讲有些是有利元素，他们的存在及作用可改善钢铁性能，提高铁粉的价值，如 Ni、Co 等；但大部分是有害的，他们的存在往往给冶炼带来困难或降低钢铁的价值，例如 P、S、K、Pb 等。

D　碳的气化反应热力学

深度还原的基本原理是用还原剂将铁氧化物中的铁还原出来，采用的还原剂是普通煤粉。煤粉中含有挥发分、固定碳、水分等，在受热后，水分和挥发分呈气态逸出。需要指出，本章只考虑煤中固定碳及其气化产生的 CO 参与还原反应，而挥发分中的甲烷、氢及其他碳氢化合物均不予考虑。因此，铁矿石深度还原过程包括碳的气化、直接还原、间接还原等一系列复杂的化学反应。C 与 O_2 的反应产物有 CO_2 和 CO 两种，反应式如式（3-8）和（3-9）所示。前者称为碳的完全燃烧反应，后者称为碳的不完全燃烧反应。

$$C(s) + O_2 = CO_2(g) \tag{3-8}$$

$$C(s) + \frac{1}{2}O_2 = CO(g) \tag{3-9}$$

当氧过剩时，O_2 和 CO_2 是气相中的主要成分。在过剩碳存在时，上述两个反应的特点是气相中氧的平衡分压很低。两个反应的 $\Delta_r G_m^{\ominus}$-T 如图 3-4 所示。两个反应在 973K 相交，低温下（973K 以下）主要是 C 氧化成 CO_2，高温下（973K 以上）C 主要氧化为 CO。

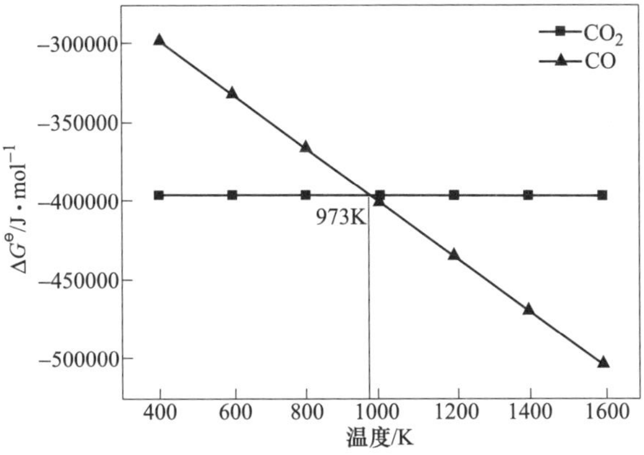

图 3-4 C 与 O_2 反应的 $\Delta_r G_m^{\ominus}$-T 图

而当碳过剩时，气相平衡成分受反应式（3-10）的控制。

$$C(s) + CO_2(g) = 2CO(g) \tag{3-10}$$

反应式（3-10）称为布都尔反应（Boudouard reaction），又称碳的气化反应，在有固体碳参加的还原过程中起着重要的作用。该反应为可逆反应，逆反应称为 CO 裂解反应或析碳反应，如果过分发展会严重影响还原气氛。反应平衡常数可以通过式（3-1）进行计算。以 CO（CO 与 CO_2）的体积分数 x_{CO} 为纵轴，可得碳的气化反应平衡曲线，如图 3-5 所示。由图 3-5 可知，平衡线的右侧，反应式（3-10）向生成 CO 的方向进行；平衡线左侧，反应式（3-10）向 CO 分解方向进行。反应温度是影响气相中 CO 浓度的最主要因素，在 600~900℃ 温度范围内影响最为强烈，1100℃ 以上的温度范围内气相中 CO_2 的含量甚微；压力升高可使平

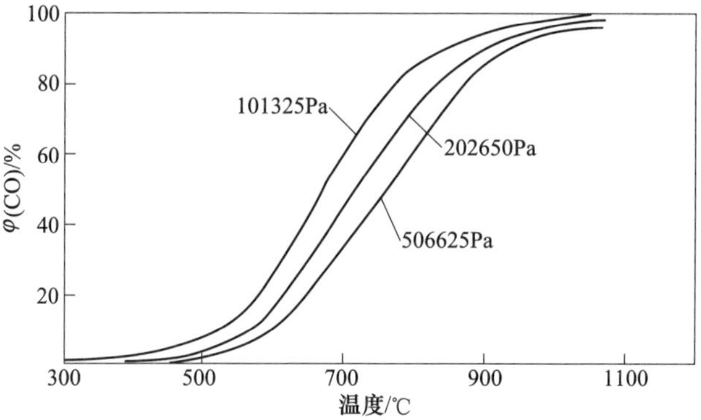

图 3-5　碳的气化反应平衡曲线

衡向 CO 分解方向移动。由此可见，得到较强还原气氛的最有效的方法是升高反应温度，同时应尽可能的降低系统压力。

3.2.1.2　铁矿物还原的基本理论

A　铁氧化物的结构与性质

在深度还原过程中，铁氧化物的还原反应属于气-固相反应和固-固相反应。固相反应的近代观点认为，原子发生位移是固相内发生化学变化或者结构变化的前提。在除绝对零度以外的所有温度下，任何晶体中均存在各种缺位。原子发生位移的一个可能机理是原子可以从正常的晶格结点转移到有序分布的缺位中，即缺位扩散理论；另一个可能机理是原子沿结点间的运动，这种运动是位于晶格结点间的原子转移到正常的结点上，同时将原来的原子推到新的结点。所以，研究铁矿物在金属化时产生的主要化合物的状态和性质，对分析深度还原过程有重要的意义。

铁元素以多种价态与氧化合，不同条件下铁氧化物状况可用铁-氧系相图表示，通过状态图可以了解在不同温度时铁氧化物的状态[12]。图 3-6 为 Fe-O_2 系相图，各关键点坐标见表 3-1。

表 3-1　Fe-O_2 系关键点说明

位置	温度/℃	$w_{[O]}$/%	位置	温度/℃	$w_{[O]}$/%
A	1536	0	*H*	1423	25.60
B	1524	0.16	*I*	1597	27.64
D	1392		*J*	1583	28.30
F	910	23.15	*K*	1457	28.36
G	570	23.50	*L*		30.06

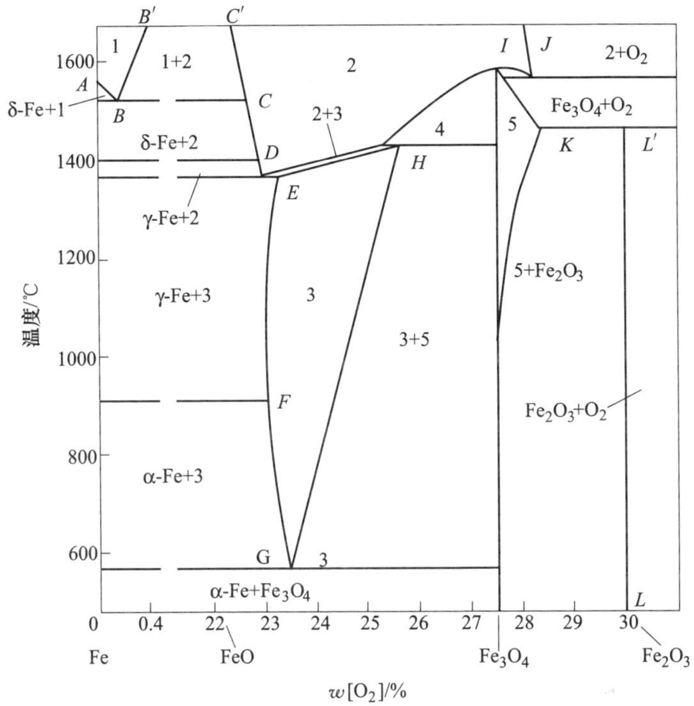

图 3-6 $Fe-O_2$ 系相图

1—铁熔体；2—氧化物熔体；3—浮氏体；4—氧化物熔体+磁铁矿；5—磁铁矿

由图 3-6 和表 3-1 可见，纯铁的固相有两个相变点，911℃时由 α-Fe 转变为 γ-Fe，1392℃时再转变为 δ-Fe，熔点为 1536℃。高于 1597℃时任何固态铁或者铁氧化物均不存在。铁和氧气形成三个稳定的化合物：浮氏体-Fe_xO、磁铁矿-Fe_3O_4 及赤铁矿-Fe_2O_3。

浮氏体在 570～1423℃的温度范围内可以稳定存在。在 570℃时，α-Fe-Fe_xO 和 Fe_xO-α-Fe_3O_4 的平衡线交叉，故在此温度以下的范围浮氏体分解为铁及磁铁矿，也就是说低于 570℃时，没有浮氏体存在的热力学条件。浮氏体的含氧量随着温度的提高，范围越来越大（23.1%～25.6%），由此看出 Fe：O＝1 是达不到的，有时为了简便，将浮氏体记为 $Fe_{0.947}O$ 或者 FeO。浮氏体具有 NaCl 类型的面心立方晶格，如果所有氧离子的晶格结点均被占用，则铁离子结点内就有缺位，铁离子也就可以沿晶格移动。鉴于电中性的原则，浮氏体的晶格中应有当量的三价铁离子，这样以来铁离子正电荷可以沿晶格在二价铁及三价铁之间移动，这也是浮氏体具有电导性的原因。

磁铁矿约在 800℃以下有固定的化学组成，铁氧摩尔比为 0.75。温度升高时磁铁矿可以固溶少量的氧，1457℃时铁氧摩尔比达到 0.724，此时磁铁矿中含氧量达到最高。在1597℃以下的温度范围内，磁铁矿都可以稳定的存在。磁铁矿具有尖晶石型晶格，晶格中的氧组成最紧密的立方排列。尖晶石型结构的无序性使得磁铁矿中的铁离子扩散系数更高，位于八面体晶顶的二价和三价铁离子交换更容易，这也是磁铁矿具有高导电性的原因。

赤铁矿在1457℃以下的温度范围内均稳定存在，高于1457℃时赤铁矿将会发生裂解，放出一部分氧，转化为磁铁矿。

B　铁氧化物还原热力学

理论和实践均已证明，铁氧化物的还原是由高价向低价逐级进行的，顺序与氧化物生成相反。当温度在570℃以下时，按照 $Fe_2O_3 \rightarrow Fe_3O_4 \rightarrow Fe$ 的顺序进行；当温度在570℃以上时，按照 $Fe_2O_3 \rightarrow Fe_3O_4 \rightarrow FeO \rightarrow Fe$ 的顺序被还原。

深度还原以煤作还原剂，在还原初期，矿石颗粒和煤粉颗粒的接触面上发生固-固相反应，是真正意义上的直接还原。随着反应进行，煤粉和铁矿粉接触不再紧密甚至中断，使得碳在还原产物层中不能溶解和扩散，不可能大容积地发生反应。高温下碳的气化反应会快速发生，在外界提供反应热的条件下，生成的CO与铁氧化物开始进行间接还原，此时还原反应由固-固相反应转化为气-固相反应，还原动力学条件大大改善。整个还原过程中以间接反应为主要反应。在实际生产中，高温下还原反应进行的相当剧烈，也证明了气-固相反应为主要反应。

利用碳的燃烧反应和低价铁氧化物的生成反应组合，可得出碳直接还原赤铁矿的各级反应方程式及其 $\Delta_r G_m^{\ominus}$：

$$3Fe_2O_3(s) + C(s) = 2Fe_3O_4(s) + CO(g)$$

$$\Delta_r G_m^{\ominus} = 124429 - 224.37T \quad J/mol \tag{3-11}$$

$$Fe_3O_4(s) + C(s) = 3FeO(s) + CO(g)$$

$$\Delta_r G_m^{\ominus} = 196720 - 199.38T \quad J/mol(T > 570℃) \tag{3-12}$$

$$FeO(s) + C(s) = Fe(s) + CO(g)$$

$$\Delta_r G_m^{\ominus} = 149600 - 150.36T \quad J/mol(T > 570℃) \tag{3-13}$$

$$1/4Fe_3O_4(s) + C(s) = 3/4Fe(s) + CO(g)$$

$$\Delta_r G_m^{\ominus} = 161380 - 162.63T \quad J/mol(T < 570℃) \tag{3-14}$$

利用CO的燃烧反应和低价铁氧化物的生成反应组合，可得出CO还原赤铁矿的各级反应方程式及其 $\Delta_r G_m^{\ominus}$：

$$3Fe_2O_3(s) + CO(g) = 2Fe_3O_4(s) + CO_2(g)$$

$$\Delta_r G_m^{\ominus} = -42121 - 53.37T \quad J/mol \tag{3-15}$$

$$Fe_3O_4(s) + CO(g) = 3FeO(s) + CO_2(g)$$

$$\Delta_r G_m^{\ominus} = 30170 - 29.38T \quad \text{J/mol}(T > 570℃) \tag{3-16}$$

$$FeO(s) + CO(g) = Fe(s) + CO_2(g)$$

$$\Delta_r G_m^{\ominus} = -16950 + 20.64T \quad \text{J/mol}(T > 570℃) \tag{3-17}$$

$$1/4Fe_3O_4(s) + CO(g) = 3/4Fe(s) + CO_2(g)$$

$$\Delta_r G_m^{\ominus} = -5170 + 8.39T \quad \text{J/mol}(T < 570℃) \tag{3-18}$$

因为 Fe_2O_3 在上述反应中容易被 CO 和 C 还原，故主要分析 Fe_3O_4 和 FeO 的还原反应平衡。还原反应（3-16）~反应（3-18）的标准吉布斯自由能变化 $\Delta_r G_m^{\ominus}$ 可表示为 $\Delta_r G_m^{\ominus} = -RT\ln K^{\ominus}$，其中反应的平衡常数 $K^{\ominus}$ 和气相平衡成分的关系可用式（3-19）表示。根据式（3-16）~式（3-18）的 $\Delta_r G_m^{\ominus}$ 与温度的关系以及式（3-19），可计算得到铁氧化物被 CO 还原的平衡图。

$$K^{\ominus} = \frac{P_{CO_2}}{P_{CO}} = \frac{\varphi(CO_2)}{\varphi(CO)} \tag{3-19}$$

如前所述，C 作还原剂时的主要反应为 CO 与铁氧化物进行的间接还原，故将 100kPa 下碳的气化反应曲线迭加到 CO 还原铁氧化物的平衡图中，得到以固体 C 为还原剂时铁氧化物的还原反应平衡图，如图 3-7 所示。图 3-7 中碳气化反应曲线分别与两个间接还原反应的曲线交于 A、B 两点。A 点坐标为 $\varphi(CO)=42\%$，$T=677℃$，是反应（3-12）的起始温度；B 点坐标为 $\varphi(CO)=62\%$，$T=719\sim737℃$，是反应（3-13）的起始温度。在低于 A 点的温度范围内时，体系的 CO 浓度低于反应（3-12）、反应（3-13）的 CO 平衡浓度，发生的是 $Fe_2O_3 \to Fe_3O_4$ 的还原反应及 $Fe \to Fe_xO \to Fe_3O_4$ 的氧化反应，即当体系达到平衡时，在这一温度区间内最终稳定存在的是 Fe_3O_4；在 A、B 温度之间，体系的 CO

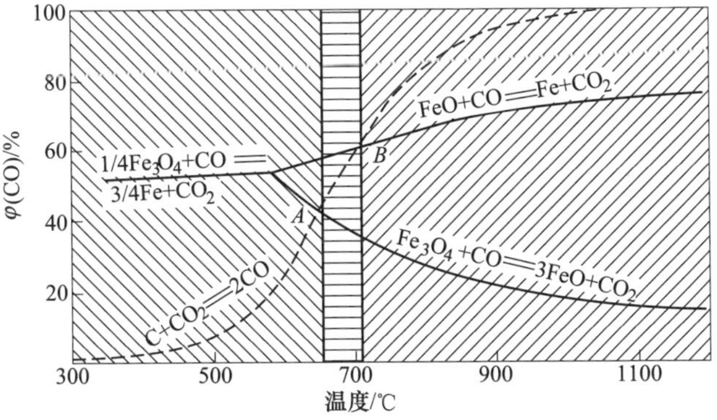

图 3-7 有 C 参加的铁氧化物还原反应平衡图

▧—Fe_3O_4 存在区；▤—Fe_xO 存在区；▨—Fe 存在区

浓度仅高于还原反应（3-12）的 CO 平衡浓度，但低于还原反应（3-13）的 CO 平衡浓度，故发生的是 $Fe_2O_3 \rightarrow Fe_3O_4 \rightarrow Fe_xO$ 的还原反应及 $Fe \rightarrow Fe_xO$ 的氧化反应，即当体系达到平衡时，在这一温度区间内最终稳定存在的是 Fe_xO；在高于 B 点的温度范围内时，由于固定碳的气化作用，使体系的 CO 浓度高于各级铁氧化物间接还原的 CO 平衡浓度，发生的是 $Fe_2O_3 \rightarrow Fe_3O_4 \rightarrow Fe_xO \rightarrow Fe$ 的转变，即当体系达到平衡时，在这一温度区间内最终稳定存在的是 Fe。因此，分别过 A、B 两点作两条垂线，可以直观地看到整个平衡图划分为 Fe_3O_4、Fe_xO 及 Fe 三个稳定存在区。

由铁氧化物还原热力学分析可知，要在热力学稳定状态下得到金属铁，还原温度必须在 737℃以上。且铁氧化物发生的主要还原反应为反应（3-15）~反应（3-17），次要还原反应为反应（3-11）~反应（3-13）。

3.2.1.3　铁复杂化合物生成及还原热力学

A　铁复杂化合物的生成

难选铁矿石组成复杂，除含有铁矿物外，还存在硅、镁、钙、铝等杂质组分。因此，还原过程中不仅发生铁氧化物的还原反应，铁氧化物（尤其是还原过程中产生的 FeO）和杂质组分之间还可能生成复杂的铁化合物，反应如下（式中 T 的单位为 K）：

$$2CaO(s) + Fe_2O_3(s) = 2CaO \cdot Fe_2O_3(s)$$

$$\Delta_r G_m^{\ominus} = -53100 - 2.51T \quad J/mol \tag{3-20}$$

$$CaO(s) + Fe_2O_3(s) = CaO \cdot Fe_2O_3(s)$$

$$\Delta_r G_m^{\ominus} = -29700 - 4.81T \quad J/mol \tag{3-21}$$

$$2FeO(s) + SiO_2(s) = 2FeO \cdot SiO_2(s)$$

$$\Delta_r G_m^{\ominus} = -36200 + 21.09T \quad J/mol \tag{3-22}$$

$$FeO(s) + Al_2O_3(s) = FeO \cdot Al_2O_3(s)$$

$$\Delta_r G_m^{\ominus} = -33140 + 6.11T \quad J/mol \tag{3-23}$$

$$FeO(s) + SiO_2(s) = FeSiO_3(s)$$

$$\Delta_r G_m^{\ominus} = -19554 + 7.6T \quad J/mol \tag{3-24}$$

反应（3-20）~反应（3-24）的标准吉布斯自由能变随温度的变化关系如图 3-8 所示。从图 3-8 可以看出，在深度还原温度范围内，反应（3-20）~反应（3-24）的吉布斯自由能均小于 0。从热力学上说明，反应（3-20）~反应（3-24）均有可能发生。600~1200K 范围内，铁复杂化合物生成的优先顺序为：$2CaO \cdot Fe_2O_3 > CaO \cdot Fe_2O_3 > FeO \cdot Al_2O_3 > 2FeO \cdot SiO_2 > FeSiO_3$。1200~1600K 时，铁复杂

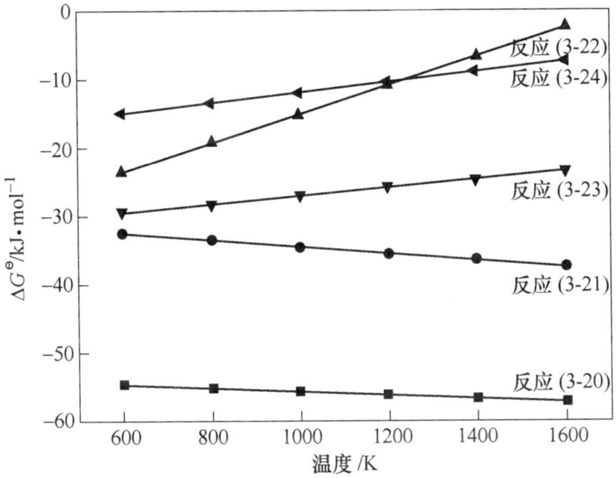

图 3-8 反应（3-20）~反应（3-24）的标准吉布斯自由能变随温度的变化

化合物生成的优先顺序为：$2CaO \cdot Fe_2O_3 > CaO \cdot Fe_2O_3 > FeO \cdot Al_2O_3 > FeSiO_3 > 2FeO \cdot SiO_2$。假如体系内生成 $2FeO \cdot SiO_2$，其熔点为 1205℃，而且 $2FeO \cdot SiO_2$ 又可与 FeO、SiO_2 分别组成两个低熔点化合物 $FeO\text{-}2FeO \cdot SiO_2$、$SiO_2\text{-}2FeO \cdot SiO_2$，其熔点分别为 1178℃和 1177℃。这些物质组成低共熔点混合物，可能导致体系内出现局部熔融。

B 铁复杂化合物的还原反应

难选铁矿石深度还原体系处于强烈的还原气氛下，生成的铁复杂化合物有可能和 C 或者 CO 发生反应，进一步被还原，反应式如下：

$$2FeO \cdot SiO_2(s) + 2CO(g) = 2Fe(s) + SiO_2(s) + 2CO_2(g)$$
$$\Delta_r G_m^\ominus = 12510 + 10.54T \quad J/mol \tag{3-25}$$

$$FeO \cdot Al_2O_3(s) + CO(g) = Fe(s) + Al_2O_3(s) + CO_2(g)$$
$$\Delta_r G_m^\ominus = 37509 - 6.9T \quad J/mol \tag{3-26}$$

$$2CaO \cdot Fe_2O_3(s) + 3CO(g) = 2Fe(s) + 2CaO(s) + 3CO_2(g)$$
$$\Delta_r G_m^\ominus = -33427 - 4.21T \quad J/mol \tag{3-27}$$

$$CaO \cdot Fe_2O_3(s) + 3CO(g) = 2Fe(s) + CaO(s) + 3CO_2(g)$$
$$\Delta_r G_m^\ominus = 10027 - 1.91T \quad J/mol \tag{3-28}$$

$$FeSiO_3(s) + CO(g) = CO_2(g) + Fe(s) + SiO_2(s)$$
$$\Delta_r G_m^\ominus = 1128.4 - 13.9T \quad J/mol \tag{3-29}$$

$$2FeO \cdot SiO_2(s) + 2C(s) = 2Fe(s) + SiO_2(s) + 2CO(g)$$
$$\Delta_r G_m^\ominus = 353924 - 338.91T \quad J/mol \tag{3-30}$$

$$FeO \cdot Al_2O_3(s) + C(s) = Fe(s) + Al_2O_3(s) + CO(g)$$

$$\Delta_r G_m^{\ominus} = 208216 - 181.62T \quad J/mol \tag{3-31}$$

$$2CaO \cdot Fe_2O_3(s) + 3C(s) = 2Fe(s) + 2CaO(s) + 3CO(g)$$

$$\Delta_r G_m^{\ominus} = -426877 - 503.77T \quad J/mol \tag{3-32}$$

$$CaO \cdot Fe_2O_3(s) + 3C(s) = 2Fe(s) + CaO(s) + 3CO(g)$$

$$\Delta_r G_m^{\ominus} = -450277 - 501.47T \quad J/mol \tag{3-33}$$

$$FeSiO_3(s) + C(s) = CO(g) + Fe(s) + SiO_2(s)$$

$$\Delta_r G_m^{\ominus} = 170600 - 159.9T \quad J/mol \tag{3-34}$$

图 3-9 为反应（3-25）~反应（3-29）的标准吉布斯自由能变随温度的变化关系。由图 3-9 可知，反应（3-25）、反应（3-26）、反应（3-28）的标准吉布斯自由能变均大于 0，故从热力学方面来看，反应（3-25）、反应（3-26）、反应（3-28）不能发生；反应（3-27）、反应（3-29）的标准吉布斯自由能变小于 0，可能发生。根据反应（3-27）、反应（3-29）的标准吉布斯自由能变的大小可知，$2CaO \cdot Fe_2O_3$ 优于 $FeSiO_3$ 被 CO 还原。

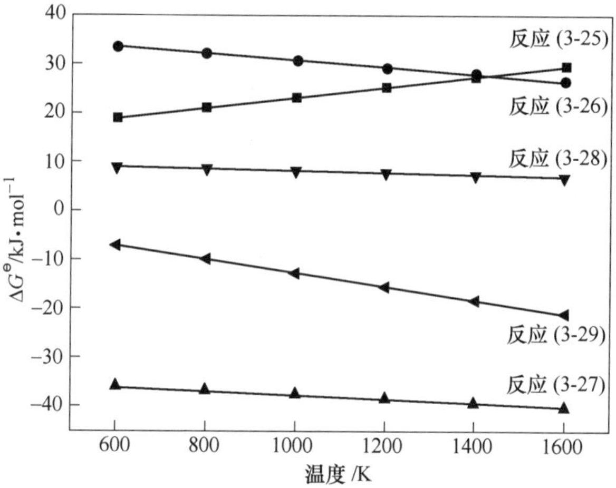

图 3-9　反应（3-25）~反应（3-29）的标准吉布斯自由能变随温度的变化

图 3-10 所示为反应（3-30）~反应（3-34）的标准吉布斯自由能变随温度的变化关系。由图 3-10 可知，反应（3-30）、反应（3-31）、反应（3-34）的标准吉布斯自由能变小于 0 的起始温度为 771.2℃、873.3℃、793.8℃；反应（3-32）、反应（3-33）的标准吉布斯自由能变均小于 0。在 950~1300℃时，根据标准吉布斯自由能变的大小可知，铁复杂化合物被 C 还原的优先顺序为：$CaO \cdot Fe_2O_3 > 2CaO \cdot Fe_2O_3 > 2FeO \cdot SiO_2 > FeSiO_3 > FeO \cdot Al_2O_3$。

3.2.1.4　脉石成分还原热力学

难选铁矿石矿物组成复杂，主要脉石矿物有石英、绿泥石、碳酸钙、白云

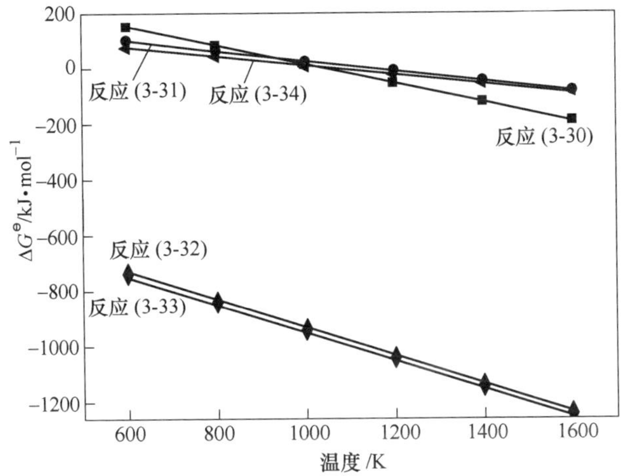

图 3-10 反应(3-30)~反应(3-34)的标准吉布斯自由能变随温度的变化

石、磷灰石、方解石以及硅酸盐等。由于每种铁矿石中脉石矿物组成不同，且有些矿物难以确定具体化学式，故难以进行热力学计算。通过难选铁矿石化学组成分析可知，其脉石化学成分主要有 CaO、MgO、SiO_2、Al_2O_3。故此，针对难选铁矿石中脉石矿物主要组分的还原反应进行热力学分析。深度还原过程中 CaO、MgO、SiO_2、Al_2O_3 可能发生的还原反应如下：

$$CaO(s) + C(s) = Ca(s) + CO(g)$$

$$\Delta_r G_m^{\ominus} = 527275 - 195.089T \quad J/mol \ (1112 \sim 1764K) \tag{3-35}$$

$$MgO(s) + C(s) = Mg(s) + CO(g)$$

$$\Delta_r G_m^{\ominus} = 496694 - 203.036T \quad J/mol \ (922 \sim 1378K) \tag{3-36}$$

$$\Delta_r G_m^{\ominus} = 597500 - 277T \quad J/mol \ (1378 \sim 2500K)$$

$$SiO_2(s) + 2C(s) = Si(s) + 2CO(g)$$

$$\Delta_r G_m^{\ominus} = 681337 - 348.756T \quad J/mol \ (298 \sim 1685K) \tag{3-37}$$

$$Al_2O_3(s) + 3C(s) = 2Al(s) + 3CO(g)$$

$$\Delta_r G_m^{\ominus} = 1344296 - 582.781T \quad J/mol \ (933 \sim 2315K) \tag{3-38}$$

$$CaO(s) + CO(g) = Ca(s) + CO_2(g)$$

$$\Delta_r G_m^{\ominus} = 358267 - 22.897T \quad J/mol \ (1112 \sim 1764K) \tag{3-39}$$

$$MgO(s) + CO(g) = Mg(s) + CO_2(g)$$

$$\Delta_r G_m^{\ominus} = 327686 - 30.844T \quad J/mol \ (922 \sim 1378K) \tag{3-40}$$

$$\Delta_r G_m^{\ominus} = 450817 - 120.310T \quad J/mol \ (1378 \sim 2000K)$$

$$SiO_2(s) + 2CO(g) = Si(s) + 2CO_2(g)$$

$$\Delta_r G_m^{\ominus} = 343321 - 4.372T \quad J/mol\ (298 \sim 1685K) \tag{3-41}$$

$$Al_2O_3(s) + 3CO(g) = 2Al(s) + 3CO_2(g)$$

$$\Delta_r G_m^{\ominus} = 829445 - 61.189T \quad J/mol\ (933 \sim 2315K) \tag{3-42}$$

上述反应的标准吉布斯自由能变随温度的变化如图 3-11 所示。由图 3-11 可知，在深度还原温度范围内，反应（3-35）~反应（3-42）的标准吉布斯自由能变 $\Delta_r G_m^{\ominus}$ 均大于 0，说明以上 8 个反应在热力学上均不能自发进行。由此可见，CaO、MgO、SiO_2、Al_2O_3 深度还原过程中均不可能被 C 和 CO 还原成对应的单质。

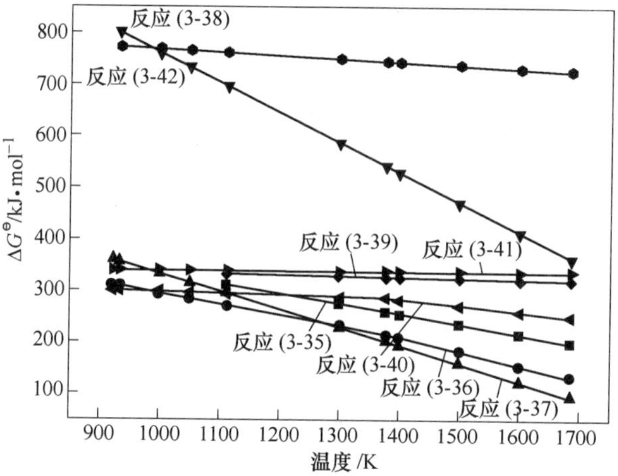

图 3-11 反应（3-35）~反应（3-42）的标准吉布斯自由能变随温度的变化

3.2.1.5 脉石成分之间反应热力学

深度还原过程中，脉石矿物之间也有可能发生各种化学反应，反应式如下：

$$CaO(s) + SiO_2(s) = CaO \cdot SiO_2(s)$$

$$\Delta_r G_m^{\ominus} = -92500 - 2.5T \quad J/mol \tag{3-43}$$

$$2CaO(s) + SiO_2(s) = 2CaO \cdot SiO_2(s)$$

$$\Delta_r G_m^{\ominus} = -118800 - 11.3T \quad J/mol \tag{3-44}$$

$$3CaO(s) + SiO_2(s) = 3CaO \cdot SiO_2(s)$$

$$\Delta_r G_m^{\ominus} = -118800 - 6.7T \quad J/mol^{-1} \tag{3-45}$$

$$3CaO(s) + 2SiO_2(s) = 3CaO \cdot 2SiO_2(s)$$

$$\Delta_r G_m^{\ominus} = -236800 + 9.6T \quad J/mol \tag{3-46}$$

$$3CaO(s) + Al_2O_3(s) = 3CaO \cdot Al_2O_3(s)$$

$$\Delta_r G_m^{\ominus} = -12600 - 24.69T \quad J/mol \tag{3-47}$$

$$CaO(s) + Al_2O_3(s) = CaO \cdot Al_2O_3(s)$$

$$\Delta_r G_m^{\ominus} = -18000 - 18.83T \quad J/mol \tag{3-48}$$

$$CaO(s) + 2Al_2O_3(s) = CaO \cdot 2Al_2O_3(s)$$

$$\Delta_r G_m^{\ominus} = -16700 - 25.52T \quad J/mol \tag{3-49}$$

$$CaO(s) + 6Al_2O_3(s) = CaO \cdot 6Al_2O_3(s)$$

$$\Delta_r G_m^{\ominus} = -16380 - 37.57T \quad J/mol \tag{3-50}$$

$$Al_2O_3(s) + SiO_2(s) = Al_2O_3 \cdot SiO_2(s)$$

$$\Delta_r G_m^{\ominus} = -8800 + 3.89T \quad J/mol \tag{3-51}$$

$$3Al_2O_3(s) + 2SiO_2(s) = 3Al_2O_3 \cdot 2SiO_2(s)$$

$$\Delta_r G_m^{\ominus} = -8600 - 17.41T \quad J/mol \tag{3-52}$$

$$Al_2O_3(s) + 2SiO_2(s) = Al_2O_3 \cdot 2SiO_2(s)$$

$$\Delta_r G_m^{\ominus} = 161150 - 19.1T \quad J/mol \tag{3-53}$$

反应（3-43）~反应（3-46）的标准吉布斯自由能变随温度的变化如图3-12所示。由图3-12可知：反应（3-43）~反应（3-46）的标准吉布斯自由能变均小于0，所以均有可能发生。根据标准吉布斯自由能变的大小可知，生成的优先顺序为：$3CaO \cdot 2SiO_2 > 2CaO \cdot SiO_2 > 3CaO \cdot SiO_2 > CaO \cdot SiO_2$。反应（3-47）~反应(3-50）的标准吉布斯自由能变随温度的变化如图3-13所示。由图3-13可知，根据标准吉布斯自由能变的大小可知，600~1000K时，反应生成物的优先顺序为：$CaO \cdot 6Al_2O_3 > CaO \cdot 2Al_2O_3 > CaO \cdot Al_2O_3 > 3CaO \cdot Al_2O_3$。1000~1600K时，反应生成物的优先顺序为：$CaO \cdot 6Al_2O_3 > CaO \cdot 2Al_2O_3 > 3CaO \cdot Al_2O_3 > CaO \cdot Al_2O_3$。反应（3-51）~反应（3-53）的标准吉布斯自由能变随温度的变化如图3-14所示。由图3-14可知，反应（3-51）和反应（3-52）的标准吉布斯自由能变均小于0，所以均有可能发生；反应（3-53）的标准吉布斯自由能变大于0，所以不可能发生。

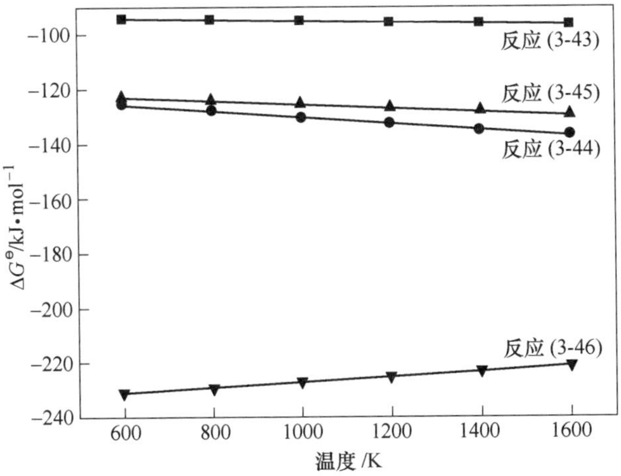

图3-12 反应（3-43）~反应（3-46）的标准吉布斯自由能变随温度的变化

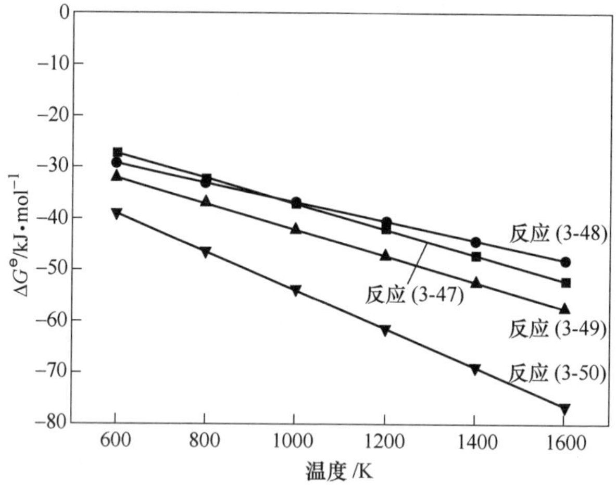

图 3-13　反应（3-47）~反应（3-50）的标准吉布斯自由能变随温度的变化

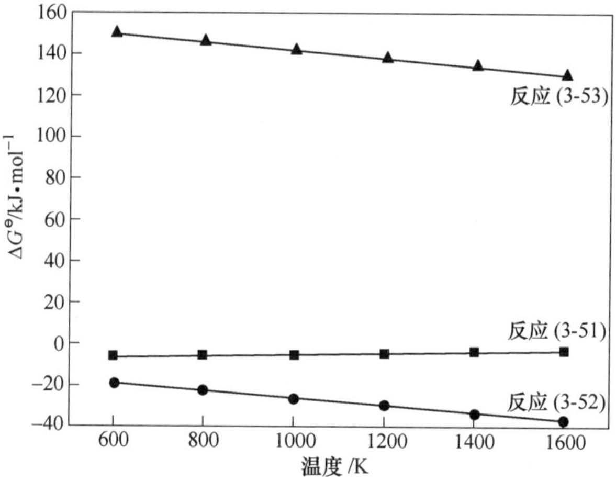

图 3-14　反应（3-51）~反应（3-53）的标准吉布斯自由能变随温度的变化

3.2.2　深度还原动力学

3.2.2.1　动力学研究方法

A　试验原料

难选铁矿石种类繁多，其深度还原动力学会有所差异。本章以鲕状赤铁矿这一典型的难选铁矿石为对象开展深度还原动力学研究。所用原料包括鲕状赤铁矿石、赤铁矿纯矿物、石英纯矿物、Al_2O_3 和 $CaCO_3$，其中鲕状赤铁矿石取自湖北官店，赤铁矿和石英纯矿物自行提纯制得，Al_2O_3 和 $CaCO_3$ 为分析纯化学试剂。

动力学研究采用热重法进行，为了减少煤粉中挥发分的影响，选用挥发分较少的焦炭作为还原剂。鲕状赤铁矿石化学成分见表 3-2。由表 3-2 可以看出，原矿铁品位为 42.21%，主要杂质成分为 SiO_2、Al_2O_3 和 CaO。赤铁矿纯矿物的化学分析结果见表 3-3，纯度为 96.76%。石英纯矿物中 SiO_2 含量为 99.92%。

表 3-2　鲕状赤铁矿化学成分　（质量百分比，%）

TFe	SiO_2	Al_2O_3	CaO	MgO
42.21	21.80	5.47	4.33	0.59
FeO	TiO_2	Mn	P	S
4.31	0.19	0.20	1.31	0.13

表 3-3　赤铁矿纯矿物化学分析　（质量百分比，%）

TFe	FeO	SiO_2	Al_2O_3	MgO	CaO	P
67.73	0.28	2.96	0.037	<0.01	<0.01	0.013

焦炭的化学成分见表 3-4。由表 3-4 可以看出，焦炭的固定碳和灰分含量较高，挥发分和水分含量较低。这对热重分析研究深度还原过的动力学是有利的。

表 3-4　焦炭化学成分　（质量百分比，%）

名称	固定碳	挥发分	灰分	水分	P	S
含量	81.64	3.36	15.00	0.43	0.028	0.293

B　试验系统

深度还原过程动力学研究采用的设备为自行组建的热重分析系统，该系统主要由竖式高温加热炉、变压器、PID 可编程温度控制器和热天平组成。竖式高温加热炉的加热方式采用四周辐射传热，以保证物料受热均匀；炉管尺寸为 ϕ55mm×1000mm，升温速度可调，最大为 20℃/min，最高温度为 1600℃。试验系统如图 3-15 所示。

C　试验方法

采用等温法和非等温法两种方法开展深度还原动力学研究，以赤铁矿纯矿物为基础，依次进行 Fe_2O_3、Fe_2O_3-SiO_2、Fe_2O_3-SiO_2-Al_2O_3 和 Fe_2O_3-SiO_2-Al_2O_3-$CaCO_3$ 体系深度还原反应过程的动力学研究，考察主要脉石矿物对赤铁矿深度还原过程的影响，并对鲕状赤铁矿深度还原过程动力学进行研究。两种方法的试验过程如下。

将按要求配制的矿样分别与焦炭混合，放入炉管内进行深度还原反应，由软件自动采集矿样与焦炭深度还原反应过程总的失重数据。反应过程中总的失重包括赤铁矿失氧导致的失重、焦炭挥发和气化导致的失重以及矿样中水分和矿物分

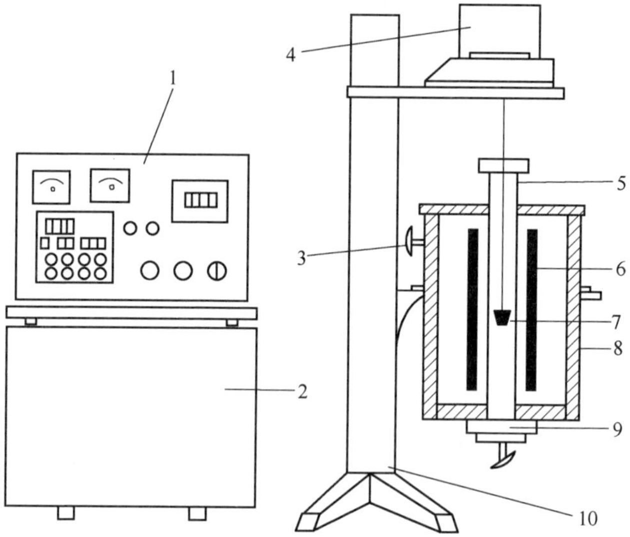

图 3-15　试验系统

1—可编程温度控制器；2—变压器；3—热电偶；4—热天平；5—炉管；6—热电偶；7—刚玉坩埚；8—竖式高温加热炉；9—炉管托盘；10—支架

解导致的失重。将矿样替换为同质量的石英，石英与焦炭不发生反应，可在相同的工艺条件下得到焦炭受热失重的数据。在相同工艺条件下，采集同成分矿样在加热过程中的水分和矿物分解的失重数据。

将铁氧化物中的氧定义为可还原氧，可根据上述数据计算出反应过程中可还原氧的失重数据。等温法动力学试验在 1150℃、1200℃、1250℃和 1300℃条件下进行；非等温法动力学试验在室温～1300℃间进行，升温速率设定为 10℃/min。

D　动力学分析方法

深度还原动力学指标用还原度表示。还原度为某一时刻铁氧化物的失氧量与铁氧化物的总含氧量的比值。失氧量可由反应前后试样的质量变化来测定。t 时刻，深度还原反应的还原度 α 可由式（3-54）计算得到。

$$\alpha = \frac{W_0 - W_t}{AW_0} \times 100 \tag{3-54}$$

式中　α——还原度,%；

W_0——矿样初始质量，g；

W_t——t 时刻矿样质量，g；

A——理论最大失重率,%。

反应的还原速率 r 可由式（3-55）计算得到：

$$r = \frac{d\alpha}{dt} = \frac{\Delta\alpha}{\Delta t} \tag{3-55}$$

式中 r——还原速率，min^{-1}；

$\Delta\alpha$——微小时间间隔内的失重分数；

Δt——数据保存间隔值，min。

用热重分析法研究动力学时，主要采用等温法和非等温法两种方法作为研究手段。在等温条件下，均相或非均相化学反应的动力学方程可表示为：

$$r = \frac{d\alpha}{dt} = k(T)f(\alpha) \tag{3-56}$$

式中 $k(T)$——反应速率常数，是反应温度的函数，min^{-1}；

$f(\alpha)$——反应机理函数，描述反应过程中的机理。

对式（3-56）排列积分可得式（3-57）。

$$G(\alpha) = \int_0^{\alpha} \frac{d\alpha}{f(\alpha)} = \int_0^{t} k(T)\,dt = k(T)t \tag{3-57}$$

式中 $G(\alpha)$——机理函数的积分形式。

由式（3-57）可知，机理函数可以通过考察 $G(\alpha)$ 与还原时间的线性关系得以确定。线性相关度最高的 $G(\alpha)$ 对应的 $f(\alpha)$ 即为深度还原的最佳机理函数，回归直线的斜率即为反应速率常数 $k(T)$ 。反应速率常数 $k(T)$ 与表观活化能 E 和指前因子 A 的关系可以用阿伦尼乌斯公式表达：

$$k(T) = Ae^{-\frac{E}{RT}} \tag{3-58}$$

对式（3-58）取对数处理可得式（3-59），由式（3-59）可知，动力学参数（指前因子和表观活化能）可以分别通过 $\ln k(T)$ 和 $1/T$ 线性拟合直线的斜率和截距获得。

$$\ln k(T) = \ln A - \frac{E}{RT} \tag{3-59}$$

非等温法采用积分法进行数据处理，所用的公式如下：

$$\ln[G(\alpha)/T^2] = \ln(AR/\beta E) - E/RT \tag{3-60}$$

式中 E——活化能，kJ/mol；

A——指前因子，min^{-1}；

T——热力学温度，K；

$G(\alpha)$——机理函数积分形式；

β——升温速率。

$\ln[G(\alpha)/T^2]$ 与 $1/T$ 线性关系最佳时对应的 $G(\alpha)$ 即为反应的机理函数，根据相应的斜率和截距即可求得活化能与指前因子。

3.2.2.2　脉石成分对赤铁矿深度还原动力学影响

A　等温动力学分析

a　不同成分对深度还原过程还原度的影响

Fe_2O_3、Fe_2O_3-SiO_2、Fe_2O_3-SiO_2-Al_2O_3 和 Fe_2O_3-SiO_2-Al_2O_3-$CaCO_3$ 体系在1150℃、1200℃、1250℃和1300℃条件下分别进行深度还原反应，将深度还原过程中的失重数据代入式（3-54），计算出相应的还原度。不同成分对 Fe_2O_3 等温深度还原过程还原度的影响如图 3-16 所示。

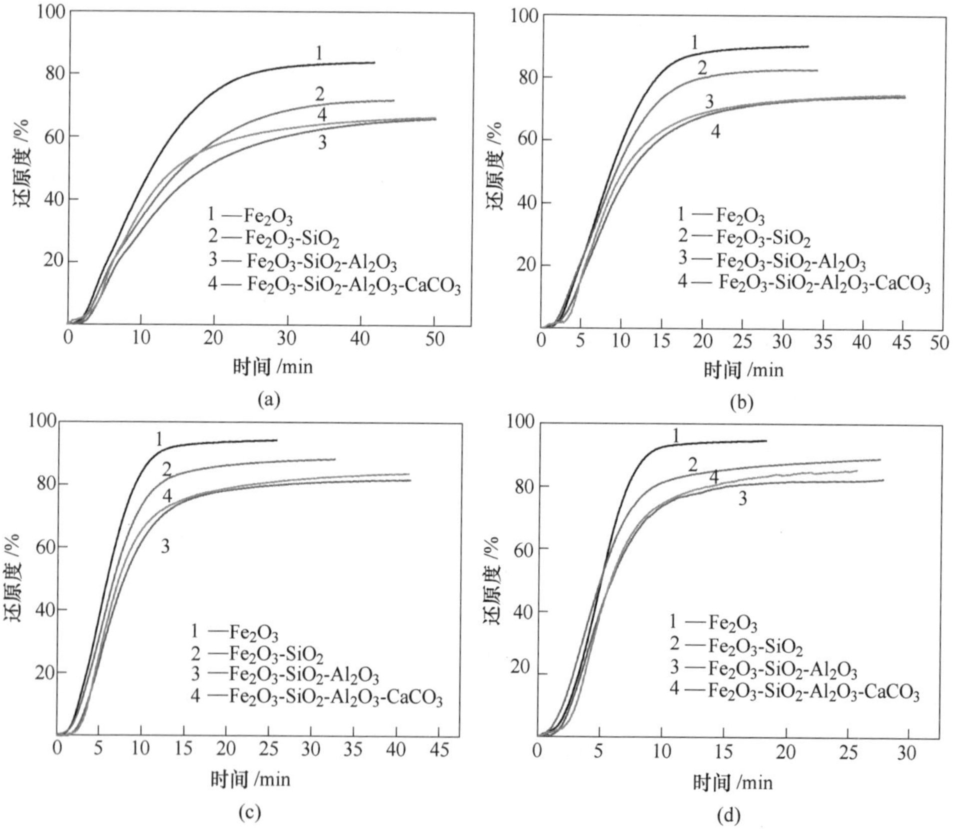

图 3-16　四个体系等温深度还原反应的还原度曲线
（a）1150℃；（b）1200℃；（c）1250℃；（d）1300℃

对比四个体系深度还原反应的还原度曲线可以发现，配入 SiO_2 和 Al_2O_3 后，反应达到平衡的时间不断增加，还原度不断减小；配入 $CaCO_3$ 后，反应达到平衡时的还原度略有增加。由表 3-5 可以看出，SiO_2 和 Al_2O_3 均对 Fe_2O_3 深度还原过程还原度产生较大影响。相对而言，SiO_2 对反应达到平衡时间的影响较小，但大

幅降低了 Fe_2O_3 深度还原反应的还原度；Al_2O_3 大幅度延长了反应达平衡的时间，同时也降低了 Fe_2O_3 深度还原反应的还原度；$CaCO_3$ 略微提高了 Fe_2O_3 深度还原反应的还原度。

表 3-5 四个体系深度还原反应的还原时间及还原度

温度/℃	Fe_2O_3		Fe_2O_3-SiO_2		Fe_2O_3-SiO_2-Al_2O_3		Fe_2O_3-SiO_2-Al_2O_3-$CaCO_3$	
	时间/min	还原度/%	时间/min	还原度/%	时间/min	还原度/%	时间/min	还原度/%
1150	42	83.92	44	71.73	50	65.84	50	66.37
1200	33	90.03	34	82.44	45	74.01	45	74.61
1250	30	91.91	32	85.87	41	79.52	41	81.48
1300	19	94.55	28	88.87	28	82.36	26	85.32

b 不同成分对深度还原过程还原速率的影响

将 Fe_2O_3、Fe_2O_3-SiO_2、Fe_2O_3-SiO_2-Al_2O_3 和 Fe_2O_3-SiO_2-Al_2O_3-$CaCO_3$ 体系在 1150℃、1200℃、1250℃和 1300℃条件下深度还原过程的 α-t 数据分别代入式 (3-55)，可计算出相应的还原速率，还原速率曲线如图 3-17 所示。

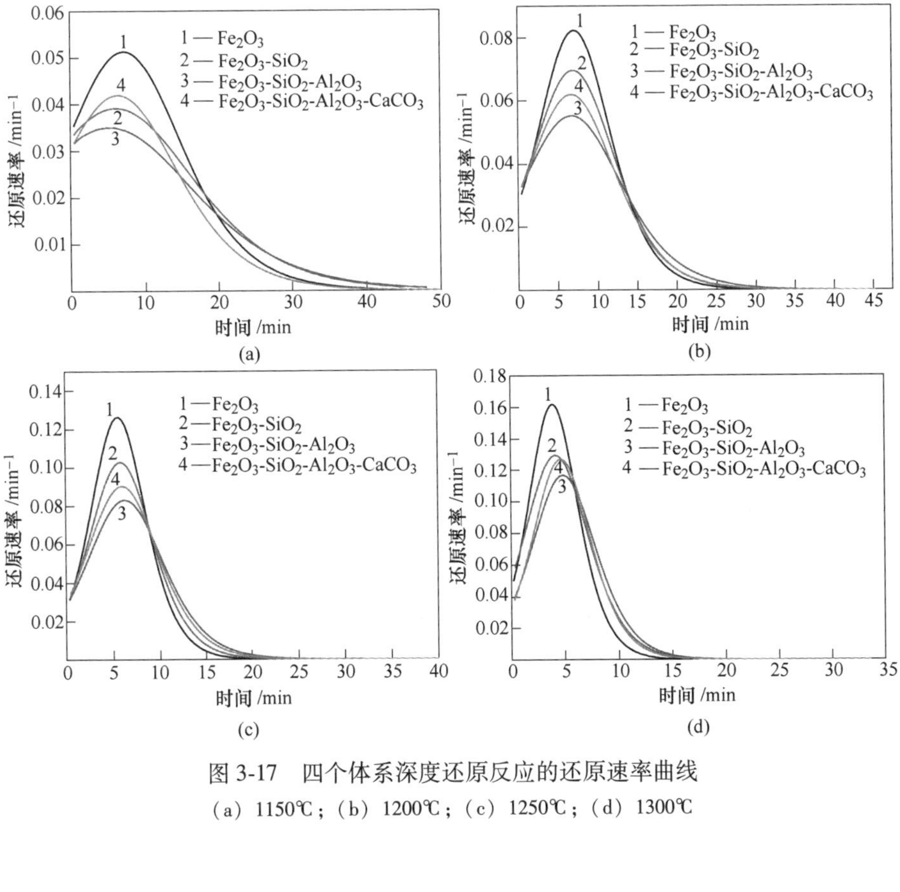

图 3-17 四个体系深度还原反应的还原速率曲线

(a) 1150℃；(b) 1200℃；(c) 1250℃；(d) 1300℃

由图 3-17 可以看出，对比 Fe_2O_3、Fe_2O_3-SiO_2 和 Fe_2O_3-SiO_2-Al_2O_3 体系的还原速率曲线，可以发现，配入 SiO_2 和 Al_2O_3 后，三个体系的最大还原速率呈减小趋势；对比 Fe_2O_3-SiO_2-Al_2O_3 和 Fe_2O_3-SiO_2-Al_2O_3-$CaCO_3$ 两个体系可以发现，配入 $CaCO_3$ 后，反应的最大还原速率有较大幅度的增加，见表 3-6。由表 3-6 可以看出，SiO_2 和 Al_2O_3 均对 Fe_2O_3 深度还原过程中的最大还原速率产生较大影响。相对而言，SiO_2 的影响大于 Al_2O_3 的影响。在感应期和加速期，$CaCO_3$ 可以提高 Fe_2O_3 深度还原反应的还原速率，而在减速期，该体系的还原速率下降较快。这是因为，在感应期和加速期 $CaCO_3$ 分解生成 CaO 和 CO_2，CO_2 与焦炭反应生成 CO，加大了 CO 与 Fe_2O_3 的接触面积，同时 CaO 可以提高焦炭的反应活性，导致还原速率增大。与 Fe_2O_3-SiO_2-Al_2O_3 体系相比，该体系的还原剂在感应期和加速期消耗较大，因此在减速期，炉管内 CO 浓度相对较低，还原速率下降较快。

表 3-6　四个体系深度还原反应的最大还原速率

温度/℃	最大还原速率/min^{-1}			
	Fe_2O_3	Fe_2O_3-SiO_2	Fe_2O_3-SiO_2-Al_2O_3	Fe_2O_3-SiO_2-Al_2O_3-$CaCO_3$
1150	0.051	0.039	0.035	0.042
1200	0.082	0.070	0.055	0.062
1250	0.126	0.103	0.083	0.090
1300	0.162	0.130	0.117	0.127

c　不同成分对深度还原反应动力学参数的影响

根据前文等温动力学参数求解方法，计算获得了 Fe_2O_3、Fe_2O_3-SiO_2、Fe_2O_3-SiO_2-Al_2O_3 和 Fe_2O_3-SiO_2-Al_2O_3-$CaCO_3$ 体系等温深度还原反应的动力学参数（活化能 E 和指前因子 A），见表 3-7。由表 3-7 可知，Fe_2O_3、Fe_2O_3-SiO_2 和 Fe_2O_3-SiO_2-Al_2O_3 体系的活化能呈不断增加的趋势。活化能为每摩尔普通分子变为活化分子所需要的能量。因此活化能越大，反应的阻力越大。Fe_2O_3-SiO_2-Al_2O_3-$CaCO_3$ 体系深度还原过程中，由于 $CaCO_3$ 分解需要吸收能量，因此，该体系深度还原反应的活化能实际为总活化能与 $CaCO_3$ 分解的活化能之差。已有研究结果表明 $CaCO_3$ 分解的活化能介于 40.6～192.698kJ/mol 之间，所以 Fe_2O_3-SiO_2-Al_2O_3-$CaCO_3$ 体系深度还原反应的活化能应低于 Fe_2O_3-SiO_2-Al_2O_3 体系。

表 3-7　四个体系等温深度还原反应的动力学参数

体系	Fe_2O_3	Fe_2O_3-SiO_2	Fe_2O_3-SiO_2-Al_2O_3	Fe_2O_3-SiO_2-Al_2O_3-$CaCO_3$
E/kJ · mol^{-1}	192.48	235.33	248.23	288.21
A/min^{-1}	9.47×10^5	3.22×10^7	4.02×10^7	1.15×10^9

B 非等温动力学分析

a 不同成分对深度还原过程还原度的影响

Fe_2O_3、Fe_2O_3-SiO_2、Fe_2O_3-SiO_2-Al_2O_3 和 Fe_2O_3-SiO_2-Al_2O_3-$CaCO_3$ 体系在室温~1300℃条件下进行深度还原反应，将记录的深度还原过程中的失重数据代入式（3-54），可计算出相应的还原度。还原度曲线（α-t）如图 3-18 所示。由图 3-18 可以看出，还原温度达到 1300℃时，对比四个体系非等温还原度曲线，配入 SiO_2 和 Al_2O_3 后，还原度不断减小；配入 $CaCO_3$ 后，还原度略有增加。试验结束时，四个体系的还原度曲线均趋于平衡，还原度依次为 86.59%、75.09%、71.57%和 73.23%。

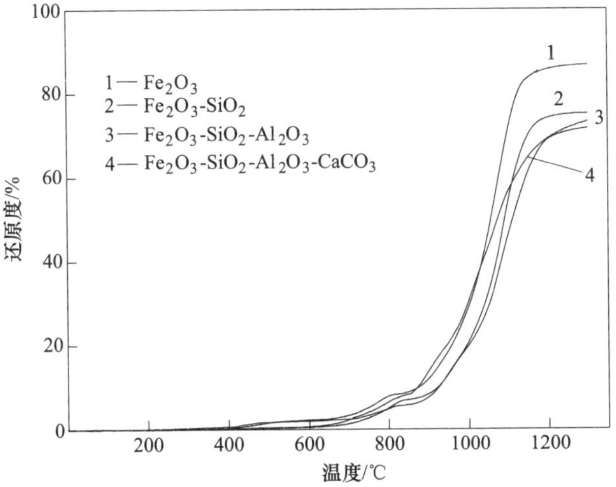

图 3-18 四个体系非等温深度还原反应的还原度曲线

b 不同成分对深度还原过程还原速率的影响

将 Fe_2O_3、Fe_2O_3 SiO_2、Fe_2O_3-SiO_2-Al_2O_3 和 Fe_2O_3-SiO_2-Al_2O_3-$CaCO_3$ 体系在 400~1300℃条件下深度还原反应的 α-t 数据代入式（3-55），可计算出相应的还原速率。还原速率曲线如图 3-19 所示。由图 3-19 可以看出，Fe_2O_3、Fe_2O_3-SiO_2 和 Fe_2O_3-SiO_2-Al_2O_3 体系还原反应的最大还原速率依次下降。在反应进行到 1045℃时，Fe_2O_3 的还原速率达到最大值 0.0399min^{-1}；配入 SiO_2 后，反应进行到 1060℃时，达到最大还原速率 0.0346min^{-1}；在此基础上配入 Al_2O_3 之后，反应进行到 1080℃时，达到最大还原速率 0.0277min^{-1}。加入 $CaCO_3$ 后，深度还原反应速率的最大值为 0.0246min^{-1}，但是该体系在 1040℃时即达到最大值，且达到最大值之前该体系的还原速率相对较大。

c 不同成分对深度还原反应动力学参数的影响

根据前文非等温动力学参数求解方法，计算获得了 Fe_2O_3、Fe_2O_3-SiO_2、

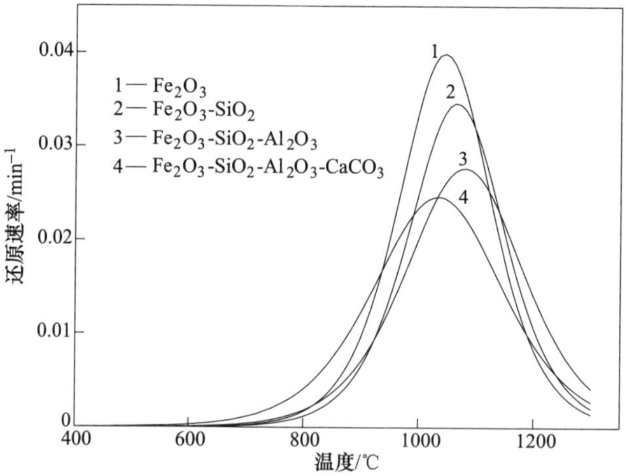

图 3-19 四个体系非等温深度还原反应的还原速率曲线

Fe_2O_3-SiO_2-Al_2O_3 和 Fe_2O_3-SiO_2-Al_2O_3-$CaCO_3$ 体系非等温深度还原反应的动力学参数（活化能 E 和指前因子 A）差别较大，见表 3-8。由表 3-8 可知，Fe_2O_3、Fe_2O_3-SiO_2 和 Fe_2O_3-SiO_2-Al_2O_3 体系的活化能呈不断增加的趋势，反应的阻力随之增加，与试验结果相符。Fe_2O_3-SiO_2-Al_2O_3-$CaCO_3$ 体系深度还原过程中，$CaCO_3$ 分解需要吸收能量，该体系深度还原反应的活化能实际为总活化能与 $CaCO_3$ 分解的活化能之差。已有研究结果表明，$CaCO_3$ 分解的活化能介于 40.6~192.698kJ/mol 之间，所以 Fe_2O_3-SiO_2-Al_2O_3-$CaCO_3$ 体系深度还原反应的活化能低于 Fe_2O_3-SiO_2-Al_2O_3 体系。

表 3-8 四个体系非等温深度还原反应的动力学参数

体系	Fe_2O_3	Fe_2O_3-SiO_2	Fe_2O_3-SiO_2-Al_2O_3	Fe_2O_3-SiO_2-Al_2O_3-$CaCO_3$
E/kJ · mol^{-1}	178.74	238.66	245.41	309.49
A/min^{-1}	8.83×10^5	1.04×10^7	2.99×10^7	1.37×10^{10}

3.2.2.3 鲕状赤铁矿深度还原过程动力学

A 等温动力学研究

a 鲕状赤铁矿等温深度还原过程还原度分析

在 1150℃、1200℃、1250℃ 和 1300℃ 条件下分别进行深度还原动力学试验，将记录的深度还原反应过程中的失重数据分别代入式（3-54），计算出相应的还原度，还原度曲线（α-t）如图 3-20 所示。由图 3-20 可知，还原温度对鲕状赤铁矿深度还原影响较大。鲕状赤铁矿等温深度还原反应完成所需要的时间及反应完成时的还原度，见表 3-9。由表 3-9 可以看出，还原温度越高，鲕状赤铁矿等温深度还原所需的时间越短，由1150℃时的82min缩短到1300℃时的51min；还原温度越高，反应完成时的还原度越高，由1150℃时的61.41%升高到1300℃时的86.20%。

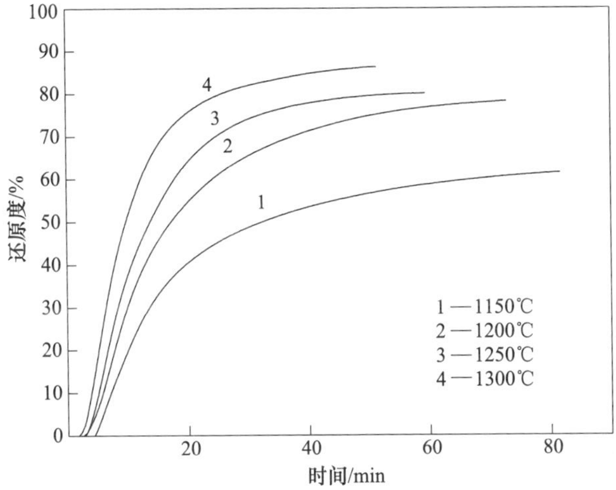

图3-20 鲕状赤铁矿等温深度还原过程的还原度曲线

表3-9 不同温度条件下的还原时间及还原度

还原温度/℃	1150	1200	1250	1300
还原时间/min	82	73	60	51
还原度/%	61.41	78.20	80.04	86.20

b 鲕状赤铁矿等温深度还原过程还原速率分析

将鲕状赤铁矿在还原温度为1150℃、1200℃、1250℃和1300℃条件下等温深度还原过程的α-t数据分别代入式（3-55），可计算出相应的还原速率，还原速率曲线如图3-21所示。由图3-21可以看出，鲕状赤铁矿在1150℃、1200℃、1250℃和1300℃条件下的深度还原反应过程均经历了感应期—加速期—减速期三个阶段。还原温度在1150℃、1200℃、1250℃和1300℃条件下，鲕状赤铁矿深度还原反应达到最大还原速率的时间分别为10min、8min、7min和5min，相应的最大还原速率分别为0.037min^{-1}、0.054min^{-1}、0.069min^{-1}和0.092min^{-1}。

c 动力学参数求解

首先采用尝试法确定最适宜的机理函数$G(\alpha)$。将温度为1150℃、1200℃、1250℃和1300℃时得到的四组α-t值分别代入常用的动力学方程$G(\alpha)$中，确定最佳机理函数为$G(\alpha)=[-\ln(1-\alpha)]^3$，结果见表3-10。$\ln k$与$(1/RT)\times1000$线性拟合直线如图3-22所示。由图3-22可知，经拟合所得直线方程为$y=-318.32x+$

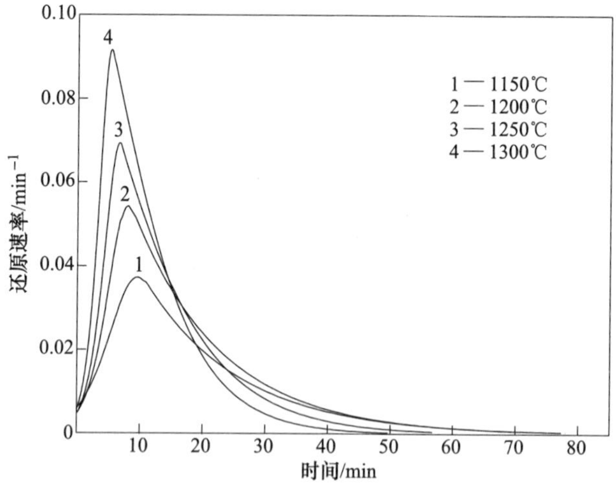

图 3-21　鲕状赤铁矿等温深度还原过程的还原速率曲线

23.75，根据拟合直线斜率和截距计算获得鲕状赤铁矿深度还原反应的活化能 E 为 318.32kJ/mol，指前因子 A 为 $2.07\times10^{10}\text{min}^{-1}$，反应符合 Avrami-Erofeev 方程，成核及长大是限制环节。

表 3-10　鲕状赤铁矿深度还原反应动力学参数

温度/℃	机理函数 $G(\alpha)$	k	线性相关系数 R
1150	$[-\ln(1-\alpha)]^3$	0.0123	0.9922
1200		0.0582	0.9924
1250		0.0891	0.9831
1300		0.1821	0.9912

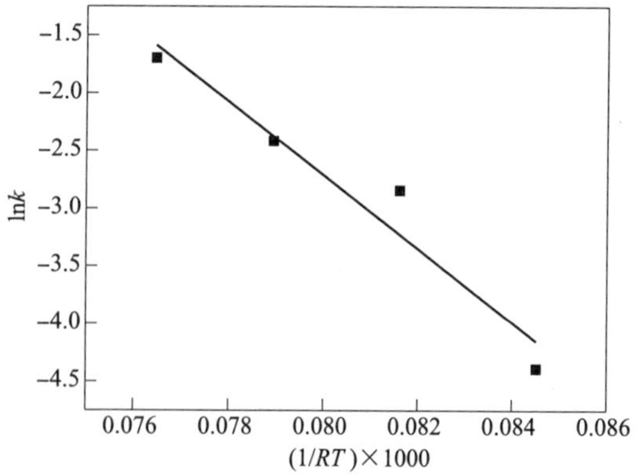

图 3-22　ln$k$ 与（1/RT）×1000 线性拟合结果

B　非等温动力学研究

a　鲕状赤铁矿非等温深度还原过程还原度分析

鲕状赤铁矿在室温~1300℃条件下进行深度还原非等温动力学研究，将记录的深度还原过程中的失重数据代入式（3-54），计算出相应的还原度，非等温条件下还原度曲线（α-t）如图3-23所示。由图3-23可知，在还原温度介于室温~400℃之间时，Fe_2O_3与焦炭基本不发生还原反应。还原温度介于400~700℃之间时，反应主要为焦炭与Fe_2O_3接触的固-固反应，还原度增加缓慢，仅达到1.62%；还原温度超过700℃，随着固-固反应的进行和焦炭的气化，反应主要为CO与Fe_2O_3之间的气-固反应，还原度快速增加；试验结束时，还原温度升至1300℃，此时还原度为75.91%。

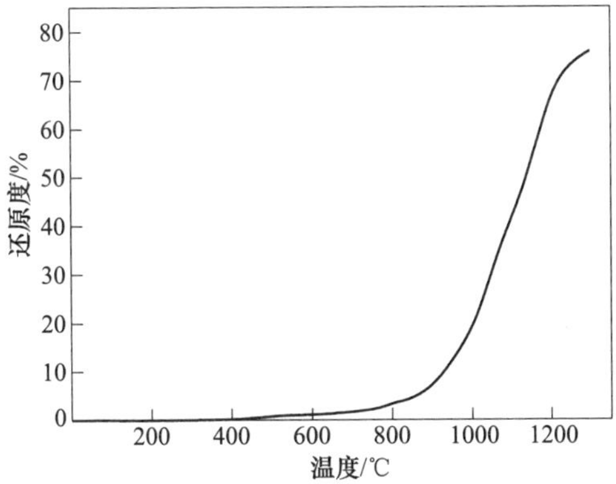

图3-23　鲕状赤铁矿非等温深度还原过程的还原度曲线

b　鲕状赤铁矿非等温深度还原过程还原速率分析

将高磷鲕状赤铁矿与焦炭在室温~1300℃条件下深度还原过程中的α-t数据代入式（3-55），可计算出相应的还原速率。还原速率曲线如图3-24所示。由图3-24可知，对高磷鲕状赤铁矿非等温深度还原过程，还原温度低于700℃时，还原速率增加缓慢，小于0.001min^{-1}；还原温度达到700℃之后，还原速率快速增加，当还原温度为1100℃时，还原速率达到最大值0.025min^{-1}，然后呈现出不断减小的趋势；试验结束时，还原温度升至1300℃，还原速率降为0.008min^{-1}，已经明显变缓。

c　动力学参数求解

依据前文非等温动力学参数求解方法，将鲕状赤铁矿在室温~1300℃深度还原过程主要反应阶段的α-t值代入常用的动力学方程$G(\alpha)$中，结果表明，该体系深度还原反应非等温法试验确定的机理函数为$G(\alpha)=[-\ln(1-\alpha)]^3$，反应符

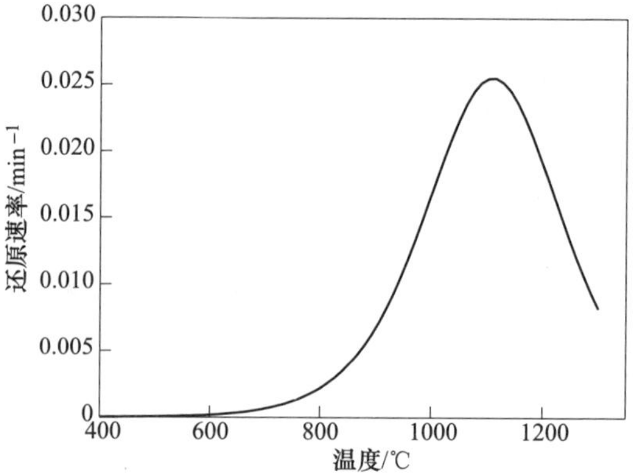

图 3-24　鲕状赤铁矿深度还原过程的还原速率曲线

合 Avrami-Erofeev 方程，成核及长大是限制环节。$\ln\{[\ln(1-\alpha)]^3/T^2\}$-$(1/RT)\times1000$ 线性拟合直线如图 3-25 所示。由图 3-25 可知，经拟合所得直线方程为 $y=-309.49x+10.51$，根据拟合直线斜率和截距计算获得鲕状赤铁矿非等温深度还原反应的活化能 E 为 309.49kJ/mol，指前因子 A 为 $1.37\times10^{10}\text{min}^{-1}$。

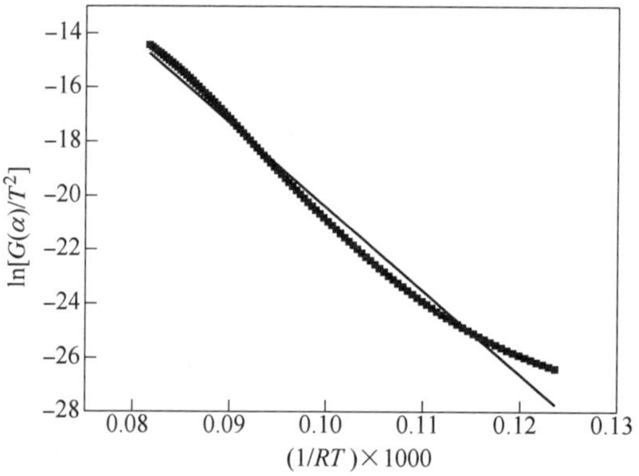

图 3-25　$\ln\{[\ln(1-\alpha)]^3/T^2\}$ 与 $(1/RT)\times1000$ 线性拟合结果

3.2.2.4　鲕状赤铁矿与纯矿物体系动力学对比

A　等温动力学

a　还原度对比分析

Fe_2O_3-SiO_2-Al_2O_3-$CaCO_3$ 体系和磷鲕状赤铁矿在 1150℃、1200℃、1250℃和 1300℃条件下分别进行深度还原反应，将记录的深度还原过程中的失重数据分别代入式（3-54），计算出相应的还原度，还原度曲线如图 3-26 所示。Fe_2O_3-SiO_2-Al_2O_3-$CaCO_3$ 体系和鲕状赤铁矿深度还原反应达到平衡时所需还原时间及还原度见表3-11。由表3-11可以看出，反应达到平衡时，Fe_2O_3-SiO_2-Al_2O_3-$CaCO_3$ 体系和鲕状赤铁矿的还原度差别不大，但是鲕状赤铁矿深度还原反应所需的还原时间明显大于 Fe_2O_3-SiO_2-Al_2O_3-$CaCO_3$ 体系，说明鲕状赤铁矿的矿物成分和结构比纯矿物体系更复杂，还原难度更大。

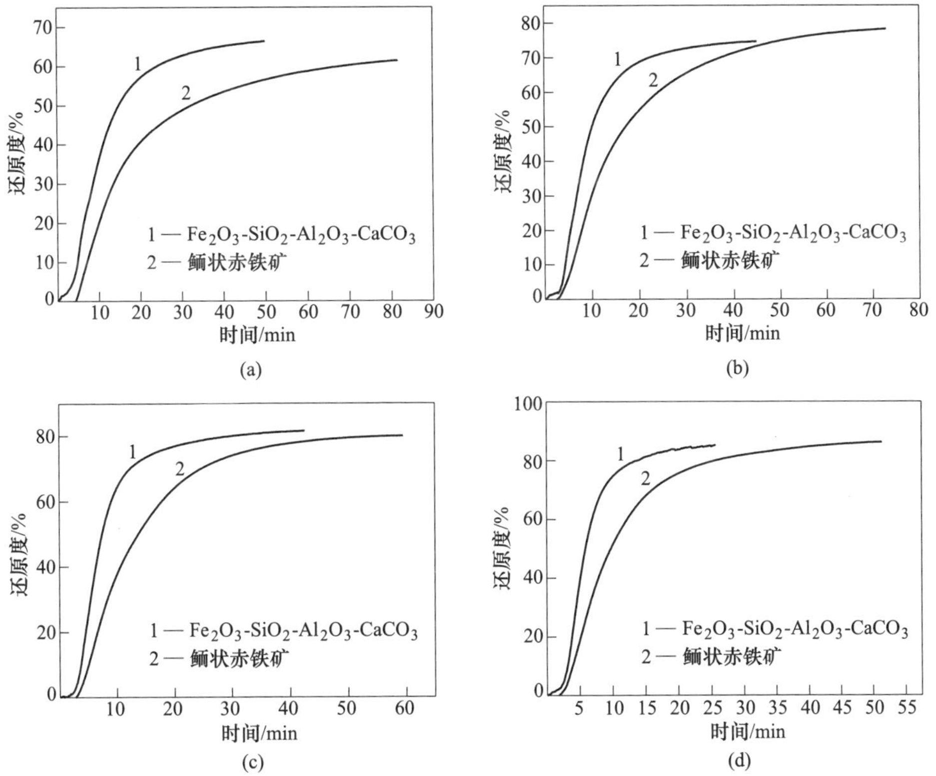

图 3-26 等温深度还原反应的还原度曲线

(a) 1150℃；(b) 1200℃；(c) 1250℃；(d) 1300℃

表 3-11 深度还原反应的还原时间及还原度

温度/℃	Fe_2O_3-SiO_2-Al_2O_3-$CaCO_3$		鲕状赤铁矿	
	时间/min	还原度/%	时间/min	还原度/%
1150	50	66.37	82	61.41
1200	45	74.61	73	78.20
1250	41	81.48	60	80.04
1300	26	85.32	51	86.20

b 还原速率对比分析

将 Fe_2O_3-SiO_2-Al_2O_3-$CaCO_3$ 体系和鲕状赤铁矿在1150℃、1200℃、1250℃和

1300℃条件下深度还原过程的 α-t 数据代入式（3-55），可计算出相应的还原速率，还原速率曲线如图 3-27 所示。Fe_2O_3-SiO_2-Al_2O_3-$CaCO_3$ 体系和鲕状赤铁矿深度还原过程中的最大还原速率见表 3-12。由表 3-12 可以看出，在四个温度条件下，Fe_2O_3-SiO_2-Al_2O_3-$CaCO_3$ 体系深度还原反应过程中的最大还原速率均大于鲕状赤铁矿。这主要是因为鲕状赤铁矿呈同心环状构造，还原剂与 Fe_2O_3 接触需要穿过脉石环带，增加了反应过程的难度，进而导致还原速率偏低。

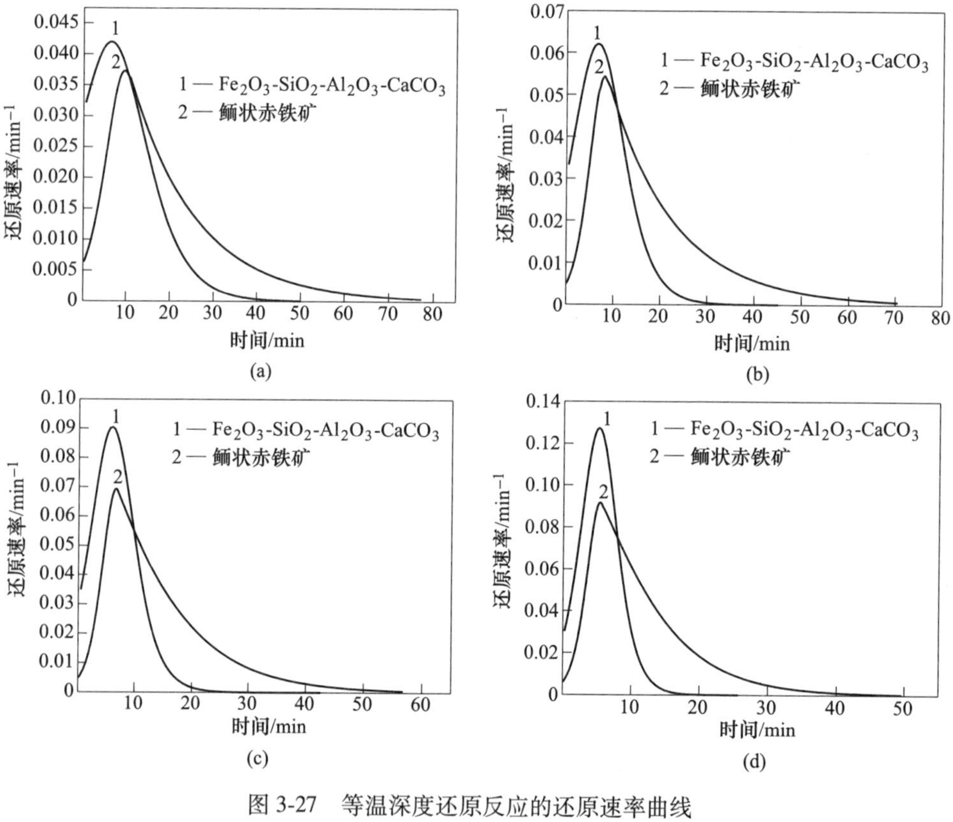

图 3-27　等温深度还原反应的还原速率曲线
（a）1150℃；（b）1200℃；（c）1250℃；（d）1300℃

表 3-12　深度还原反应的最大还原速率

温度/℃	最大还原速率/min^{-1}	
	Fe_2O_3-SiO_2-Al_2O_3-$CaCO_3$	鲕状赤铁矿
1150	0.042	0.037
1200	0.062	0.054
1250	0.090	0.069
1300	0.127	0.092

c 动力学参数对比分析

Fe_2O_3-SiO_2-Al_2O_3-$CaCO_3$ 体系和鲕状赤铁矿等温深度还原反应的动力学参数（活化能 E 和指前因子 A）见表 3-13。由表 3-13 可以看出，鲕状赤铁矿等温深度还原反应的活化能高于 Fe_2O_3-SiO_2-Al_2O_3-$CaCO_3$ 体系，这说明鲕状赤铁矿结构复杂，深度还原反应过程的阻力较大，反应达平衡时所需时间较长。

表 3-13 等温深度还原反应的动力学参数

体系	Fe_2O_3-SiO_2-Al_2O_3-$CaCO_3$	鲕状赤铁矿
E/kJ · mol^{-1}	288.21	318.32
A/min^{-1}	1.15×10^9	2.07×10^{10}

B 非等温动力学

a 还原度对比分析

Fe_2O_3-SiO_2-Al_2O_3-$CaCO_3$ 体系和鲕状赤铁矿在室温～1300℃条件下进行深度还原反应，将记录的深度还原过程中的失重数据代入式（3-54），计算出相应的还原度，还原度曲线如图 3-28 所示。由图 3-28 可知，还原温度介于 400～1100℃时，Fe_2O_3-SiO_2-Al_2O_3-$CaCO_3$ 体系深度还原反应的还原度高于鲕状赤铁矿；还原温度介于 1100～1300℃时，鲕状赤铁矿的还原度增大速度高于 Fe_2O_3-SiO_2-Al_2O_3-$CaCO_3$ 体系，但是增大速度均已变缓；试验结束时，二者深度还原反应的还原度差别不大。

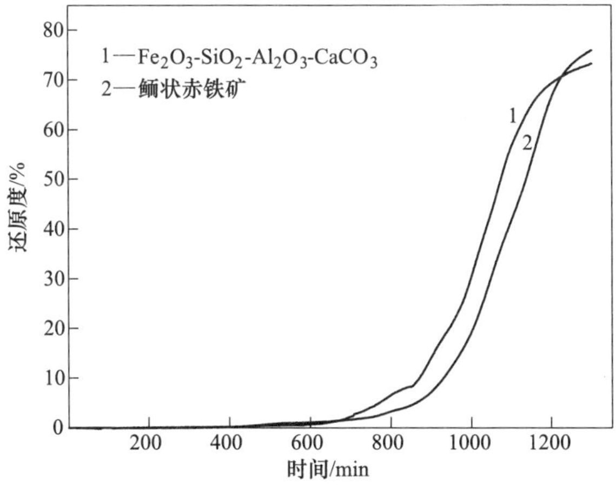

图 3-28 非等温深度还原反应的还原度曲线

b 还原速率对比分析

将 Fe_2O_3-SiO_2-Al_2O_3-$CaCO_3$ 体系和鲕状赤铁矿在室温～1300℃条件下深度还

原过程的 α-t 数据代入式（3-55），可计算出相应的还原速率，还原速率曲线如图 3-29 所示。由图 3-29 可知，还原温度介于 400～1050℃时，Fe_2O_3-SiO_2-Al_2O_3-$CaCO_3$ 体系深度还原反应的还原速率高于鲕状赤铁矿；该阶段 Fe_2O_3-SiO_2-Al_2O_3-$CaCO_3$ 体系中 Fe_2O_3 的还原程度及还原剂的消耗均高于鲕状赤铁矿。还原温度高于 1050℃之后，Fe_2O_3-SiO_2-Al_2O_3-$CaCO_3$ 体系的还原速率下降较快。

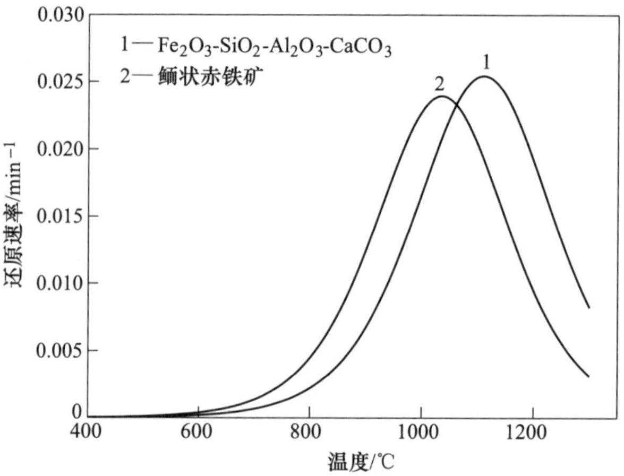

图 3-29　非等温深度还原反应的还原度曲线

c　动力学参数对比分析

Fe_2O_3-SiO_2-Al_2O_3-$CaCO_3$ 体系和鲕状赤铁矿非等温深度还原反应的动力学参数（活化能 E 和指前因子 A）差别较大，见表 3-14。由表 3-14 可以看出，鲕状赤铁矿非等温深度还原反应的活化能高于 Fe_2O_3-SiO_2-Al_2O_3-$CaCO_3$ 体系，这说明鲕状赤铁矿深度还原反应过程的阻力较大。

表 3-14　非等温深度还原反应的动力学参数

体系	Fe_2O_3-SiO_2-Al_2O_3-$CaCO_3$	鲕状赤铁矿
E/kJ · mol^{-1}	272.60	309.49
A/min^{-1}	1.24×10^{9}	1.37×10^{10}

3.2.3　金属颗粒粒度分布规律

在矿物加工领域，颗粒的粒度及分布规律是一项重要的参数。只有在适宜的粒度范围内才能实现目的矿物与脉石矿物的有效分离。同时，粒度作为固体物料的一项重要基本物理特性在颗粒形成及处理过程中发挥着重要作用，往往会直接影响最终或中间产品的质量。

深度还原过程中矿石中的铁矿物被还原剂还原为金属铁，生成的金属铁会逐渐聚集生长。只有当金属铁生长到一定粒度时，方能实现金属铁相与渣相的良好解离，进而实现金属铁的磁选富集。此外，金属相粒度表征对于探明金属相的生长机理、控制金属相生长和优化深度还原过程具有重要意义。

3.2.3.1 金属铁颗粒粒度测量与表征

根据测量原理不同，粒度测量技术可以分为筛分分析、激光衍射分析和图像分析三大类。深度还原样品中金属铁相与渣相紧密的结合在一起，在不破坏金属铁形状和尺寸的前提下，难以彻底实现金属铁与渣相的单体解离和分离。筛分分析和激光衍射分析显然不适用于还原样品中金属颗粒粒度的测量。近年来，随着计算机视觉技术和图像处理技术的快速发展，图像分析技术被广泛的应用于粒度检测。图像分析技术可以准确且迅速地获得混合物料中某一物质的丰度、形状和尺寸。因此，图像分析技术是还原样品中金属相粒度测定的最佳方法。根据还原样品中金属铁颗粒的存在形式及特性，形成了基于光学显微图像分析技术的深度还原物料中铁颗粒粒度检测及表征方法。

A 光片制作

在深度还原样品中，金属铁颗粒镶嵌于渣相基体内部，仅部分暴露在基体之外。因此，若直接对金属铁粒度进行测量，会导致测量结果误差较大；同时，还原样品表面凹凸不平，直接采集的光学显微图像不清晰，同样会引起较大误差。为了尽量减小上述误差，图像采集之前需对还原样品进行镶嵌、抛光处理，具体操作步骤如下：

（1）制片。取一定量的还原物料与胶木粉充分混匀，二者体积比为 1∶5。将混匀后的样品装入镶嵌机进行压片，加压加热时间大约为 14min，经 40min 冷却至室温后取出成型的光片，直径约为 32mm。

（2）粗磨。将上一步制好的光片在磨抛机上进行粗磨，粗磨时不断加水冲洗，至肉眼看到铁颗粒即可。

（3）细磨。用 600 号、800 号、1200 号金刚砂分别精磨 2~3min，每次磨完后用清水冲洗干净。

（4）抛光。这是光片磨制最重要的一步。使用全毛呢料在磨抛机上抛光，在抛光过程中不断加入抛光剂（抛光剂选用氧化铬微粉）抛光 2min，再加清水抛光 1min。

（5）检查。在显微镜下观察，光片表面需平滑如镜，无小坑、细裂痕和明显的擦痕，同一种矿物在光片中央部位和边缘部分其磨光程度同样精细。拍摄成照片，显像清楚，矿物清晰可见。

B 图像的采集与处理

在光学显微镜视野下，在截面上随机选取 30 个视场，测定视场中所有铁颗粒的等面积圆半径，取其平均值作为铁颗粒的平均半径。具体操作步骤如下：

（1）采集图片。光片直径约 32mm，放大 10×10 时，照片 1.4mm×1.05mm。光片每次移动 5mm，每个光片可拍照片 30 张，采集到的原始图片如图 3-30（a）所示。每个条件样品做一个光片，每张光片采集 30 张图片。

（2）编辑图片。第一步可采集 1600×1200dpi 分辨率的 JPG 格式的图片，为了适应 Motic 3.0 图像分析软件，利用画图软件将图片修改为 800×600dpi 分辨率的 JPG 格式。

（3）采集数据。将第二步编辑完毕的图片依次导入 Motic 3.0 软件，对原始图像中的颗粒信息进行数字化处理。铁颗粒在光学显微镜下显得很亮，与胶木粉及脉石矿物形成的背景有很强的对比。根据铁颗粒和背景颜色的不同将图 3-30（a）单点分割，将图像中的铁颗粒用彩色标出，并进行边缘增强运算、补洞运算、去噪声运算等操作，处理后的图像如图 3-30（b）所示。然后对该图像进行自动计算，最终可获得颗粒数和每个铁颗粒的相关参数。将采集到的数据以 Excel 格式导出。

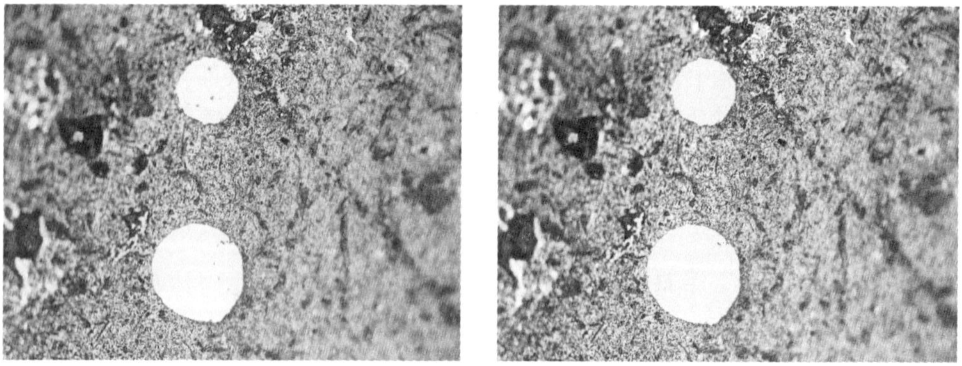

(a)　　(b)

图 3-30　铁颗粒图像

（a）原始图像；（b）处理后的图像

（4）统计铁颗粒大小。利用 Excel 表格的排序、筛选、统计功能，对铁颗粒的大小和数量进行统计计算。

C　铁颗粒粒度表征

深度还原物料中，金属铁相主要以类球状颗粒形式存在。故假设铁颗粒为球形，采用累计粒度特性曲线对铁颗粒粒度特性进行表征。金属铁颗粒累计粒度特性曲线具体的计算方法如下：

$$Y = \frac{\sum_{i=d_{\min}}^{i=d} [(d/2)^3 \times n_d]}{\sum_{i=d_{\min}}^{i=d_{\max}} [(d/2)^3 \times n_d]} \times 100\% \tag{3-61}$$

式中　Y——粒度小于 d 的负累计产率，%；

d——金属铁颗粒直径，μm；

n_d——直径为 d 的金属铁颗粒的个数，个；

d_{max}——金属铁颗粒的最大直径，μm；

d_{min}——金属铁颗粒的最小直径，μm。

3.2.3.2　铁颗粒成核及长大行为

不同还原时间下铁颗粒的 SEM 图像及其表面 EDS 能谱如图 3-31 所示。由图 3-31（a）、（b）可见，在还原反应初期，在铁矿石表面某些质点上铁矿物与煤粉中的固体碳相互接触发生反应，形成少量微细的 Fe 或者 FeO，这部分金属铁以微小的不规则颗粒的形式存在于铁矿石表面，这段时间较短，大约在 5min 左右就已经开始析出。还原时间 10min 时，从图 3-31（c）中可以看出，金属铁逐渐由不规则颗粒逐渐靠拢聚集，并最终以球状颗粒从基体中析出。而此时的基体有的变成较大的球状颗粒，其表面 EDS 能谱分析表明，基体物质的主要成分 Si、Ca、O 以及少量的 Fe、Mg、Al、Ba，说明基体主要由脉石间相互发生固相反应新生成的组分构成，如硅酸钙、硅酸镁、铝酸钙等。前文分析表明，这些物质的

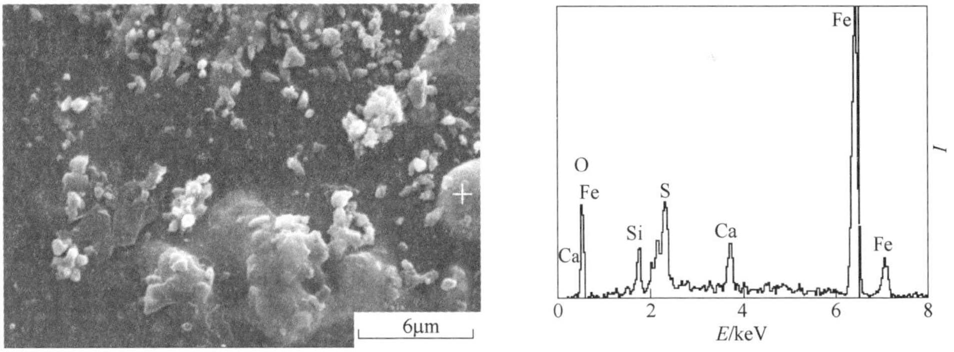

(a)

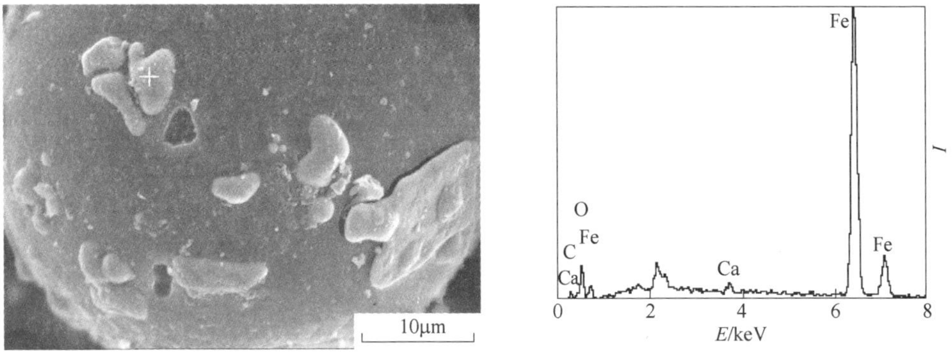

(b)

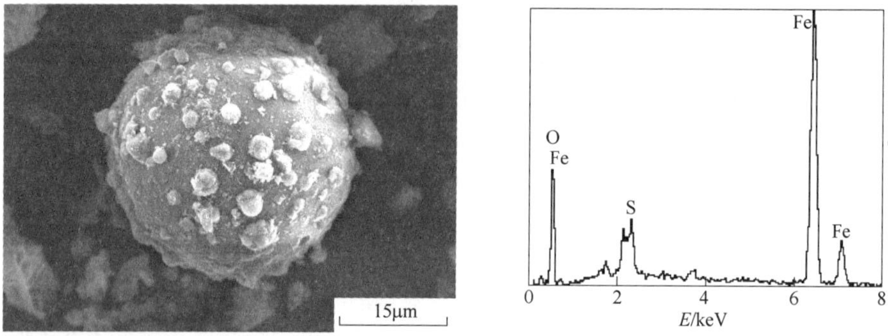
15μm
O
Fe
S
Fe
Fe
0
2
4
6
8
E/keV
I

(c)

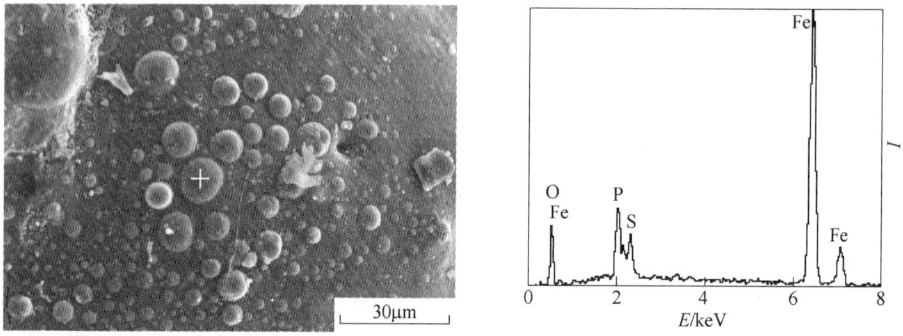
30μm
O
Fe
P
S
Fe
Fe
0
2
4
6
8
E/keV
I

(d)

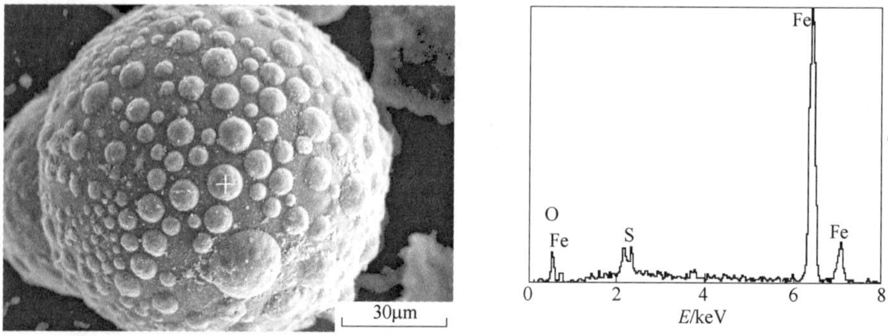
30μm
O
Fe
S
Fe
Fe
0
2
4
6
8
E/keV
I

(e)

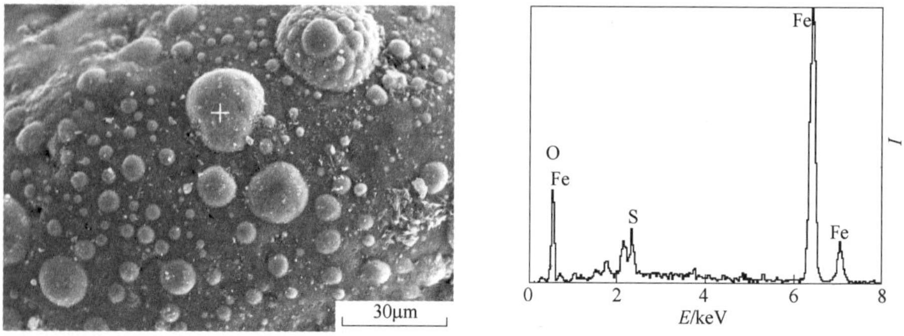
30μm
O
Fe
S
Fe
Fe
0
2
4
6
8
E/keV
I

(f)

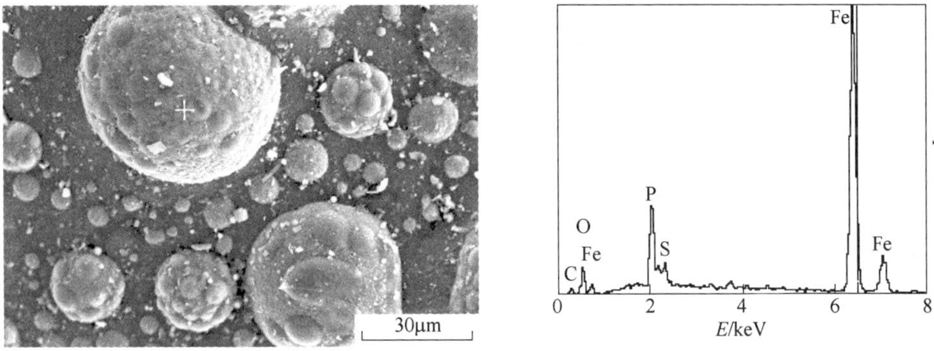

(g)

图 3-31 不同还原时间下铁颗粒 SEM 图像及其表面 EDS 能谱

(a) 5min; (b) 7.5min; (c) 10min; (d) 15min; (e) 20min; (f) 30min; (g) 60min

生成较金属铁的生成更容易，故在金属铁生成前这些脉石矿物按照最小表面能的原理依靠自身巨大的表面能形成了较大的球状颗粒。因此在此后的铁颗粒生成并析出时，就形成了图 3-31（c）中较小的金属铁颗粒从较大的球状脉石中析出的现象。

由图 3-31（d）、(e）中可见，随着还原时间延长至 20min，析出的金属铁颗粒密度及粒度均明显增大。当还原时间进一步延长至 30min 及更长时，由图 3-31（f）、(g）可知，小的铁颗粒逐渐聚集、收缩，最后形成粒度较大的球状铁颗粒，并以其为中心逐渐长大。此外，由图中不同还原时间下颗粒表面的能谱可以看出铁颗粒表面的 Si、Ca 等杂质元素的峰值不断减小至消失，而有害元素 S、P 的峰值并未消失，表明随还原时间的延长，铁颗粒的纯度不断增加，元素 S、P 溶进了金属铁中，成为有害组分，这与之前的热力分析相吻合。同时也进一步表明，S、P 元素分别以 FeS 和 P 单质的形式进入铁颗粒中，采用物理选矿的方法无法脱除铁粉中的 S、P。

图 3-32 所示为脉石矿物的 SEM 图像及其表面 EDS 能谱。从图 3-32（a）中可以看出，当还原 20min 时，脉石基体上的金属铁颗粒已有一小部分自动脱落，留下圆状小坑，说明铁颗粒在脉石基体中的镶嵌力度比较小，简单的磨矿就可以使铁颗粒从镶嵌物中解离出来。而当还原时间进一步延长时，金属铁颗粒将会逐渐聚集长大，从图 3-32（b）脉石矿物 SEM 图像中可知，由于析出的金属铁颗粒粒度较大，致使析出过程中产生的应力也相对较大，从而造成脉石颗粒碎裂，并生成新的表面。因此可以判断，这部分较大金属铁颗粒经简单磨矿和筛分，即可获得高品位的铁粉。由此也表明，深度还原物料适宜采用“阶段磨矿、粗细分选”流程处理。

还原时间对还原物料金属化率的影响如图 3-33 所示。由图 3-33 可见，在还

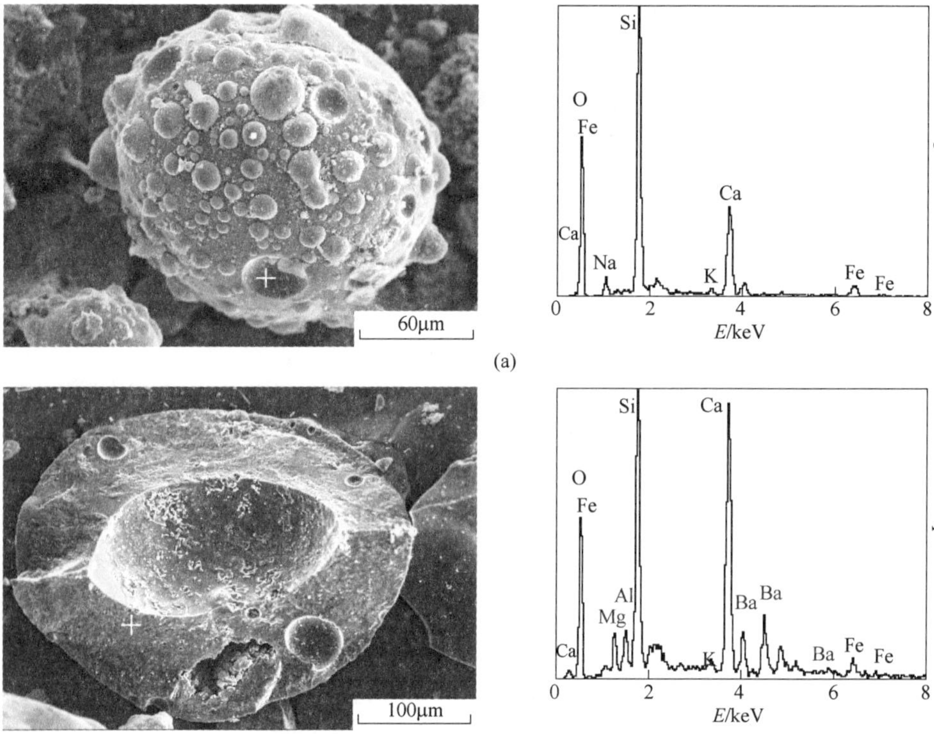

图 3-32　脉石矿物 SEM 图像及其表面 EDS 能谱
（a）20min；（b）30min

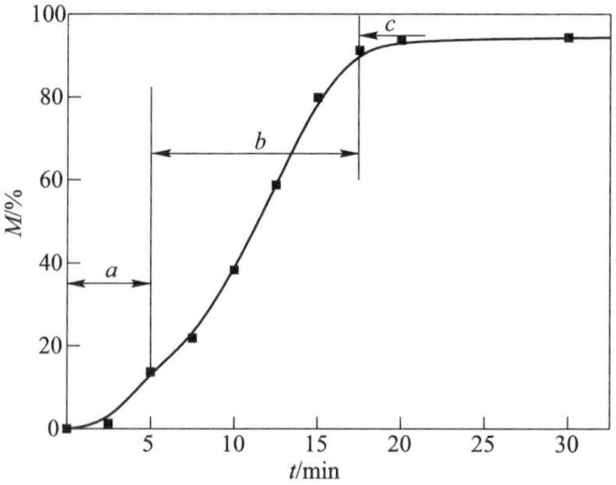

图 3-33　还原时间对还原物料金属化率的影响

原时间 5min 之前，还原物料的金属化率较低，且增长速度比较缓慢。结合不同还原时间下还原物料的 SEM 图像（图 3-31）分析可知，该阶段铁矿物仍以 Fe_3O_4

和 Fe_2O_3 为主，此时已有较多的 FeO 生成，但金属铁的衍射峰并不明显，故使得该阶段的金属化率较低，且金属铁颗粒以微小的不规则颗粒形式存在，也进一步说明了该阶段的反应速率较慢。当还原时间延长至 17.5min 时，还原物料的金属化率由 13.62%迅速上升至 91.24%，dM/dt 达到了最大值，且趋近于常数，表明该阶段绝大多数的铁氧化物被还原为金属铁，且还原反应速率非常快。同样由图 3-31 分析可知，该阶段 Fe_3O_4 和 Fe_2O_3 被逐渐还原至完全消失，同时金属铁颗粒的粒度及密度明显快速增加，说明该阶段有大量的金属铁生成并以金属颗粒的形式快速析出、长大，这一分析结果与该阶段的金属化率曲线相吻合。

当还原时间增加至 30min 时，还原物料的金属化率由 91.24%缓慢升高到 94.34%，还原时间再增加时还原物料金属化率的变化幅度较小，说明该阶段铁矿物已经基本全被还原为金属铁。在该阶段的深度还原过程中，每一时刻都存在着不同粒度的金属铁颗粒，由于粒度的不同，金属铁相的曲率半径也就不同。

$$\frac{RT}{M}\ln\left(\frac{C_1}{C_2}\right) = \frac{2\sigma}{\rho}\left(\frac{1}{r_1} - \frac{1}{r_2}\right) \tag{3-62}$$

式中 M——分子量；

C_1，C_2——分别为对应半径为 r_1 和 r_2 的颗粒瞬时表面平衡浓度；

σ——表面张力；

P——物质密度。

根据 Ostwald 公式（式（3-62））分析可知，不同粒度金属铁颗粒表面平衡溶质的浓度不同，金属铁颗粒粒度越小，其瞬时平衡的相应溶质浓度越高，这样就形成了金属铁颗粒之间的浓度梯度；同时由于粒度小的金属铁颗粒比粒度大的金属铁颗粒比表面能高，这两方面的原因致使金属铁颗粒中的溶质（Fe）由小颗粒的表面向大颗粒表面迁移，并最终导致了小颗粒逐渐缩小消失，大颗粒则不断聚集长大。20min、30min 和 60min 的 SEM 图像明显地显示出了该阶段金属铁颗粒粗化过程。

根据以上对深度还原过程中铁矿物金属化过程及金属铁颗粒成核、长大行为的分析，可将铁矿物的金属化过程及金属铁颗粒成核、长大过程分为以下三个阶段：

（1）还原成核（图 3-33 曲线上 a 段）。在还原过程中，当还原条件达到可以产生金属铁时，铁矿石颗粒表面的铁氧化物在煤中的固定碳、煤中挥发分（H_2、CO、C_mH_n）的作用下形成微细的 Fe 颗粒，这些颗粒成为铁晶粒长大的晶核。

（2）深度还原（图 3-33 曲线上 b 段）。随着还原过程的进行，铁矿石中各类铁矿物还原成金属铁。新生成的金属铁首先出现于原始各类铁矿物的晶格结点上，仍保留与原始矿物相同的分布。由于新生成的金属铁未能按自身晶格排列，因而具有极强的活性。随着还原深度进行，新生成的金属铁不断增加，并在温度、固定碳、CO 的作用下，成分（如含 C 量、含 P 量，与其他金属形成合金）、熔点发生变化的同时，逐渐向初始形成的铁晶粒迁移，并以其为晶核聚集、长大。

（3）铁颗粒粗化（图 3-33 曲线上 *c* 段）。该阶段铁矿石中铁矿物已经基本全部被还原为金属铁，随着还原时间的延长，新生成的金属铁在一定的温度条件下，按照最小表面能的原理，依靠自身的巨大的表面活化能，以已形成的晶核为中心集聚、收缩，并不断长大。

3.2.3.3　白云鄂博氧化矿石铁颗粒粒度分布规律

A　还原温度对铁颗粒粒度的影响

白云鄂博氧化矿石不同还原温度下铁颗粒累计粒度特性曲线如图 3-34 所示。由图 3-34 可知，当还原温度由 1125℃升高到 1225℃时，铁颗粒的粒度不断增大，d_{50}由 67.38μm 增大到 565.70μm；当温度继续升高到 1250℃时，铁颗粒粒度反而略有降低。其主要原因可能是还原温度升高，不仅有利于金属铁的生成，还加速了铁的扩散迁移和渗碳，使还原物料熔点降低，有利于铁相的扩散凝聚。同时温度升高也使得铁相的结晶收缩加剧，依据界面自由能最小的原则，金属铁会逐渐析出并以球状颗粒的形式凝聚长大，故升高温度可使还原物料的铁颗粒粒度增大；而当还原温度继续升高达到矿石的熔化温度时，还原物料中将产生大量液相，导致还原动力学条件严重恶化，降低了铁矿石的还原率，进而影响了铁颗粒的聚集长大。

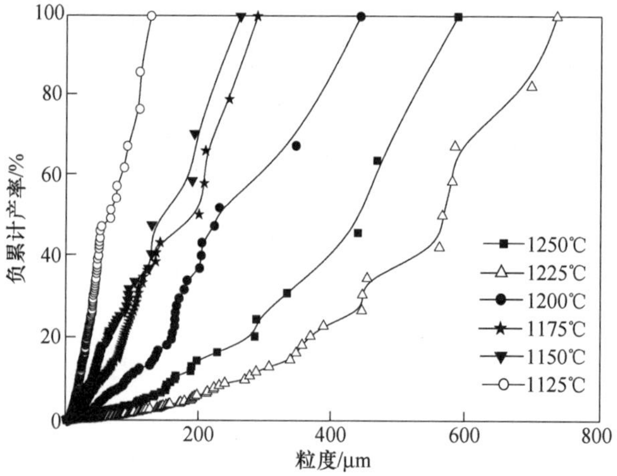

图 3-34　不同还原温度下铁颗粒累计粒度特性曲线

B 还原时间对铁颗粒粒度的影响

白云鄂博氧化矿石不同还原时间下铁颗粒累积粒度特性曲线如图 3-35 所示。由图 3-35 可知，随着反应时间的延长，铁颗粒的直径逐渐增大，当还原时间由 10min 增加到 60min 时，铁颗粒的 d_{50}由 119. 80μm 增大到 565. 70μm。研究表明，当还原时间为 10~15min 时，铁的氧化物几乎已全部被还原为金属铁。还原时间再延长时，一方面由于颗粒越大，界面自由能越低；另一方面颗粒越大，曲率半径越大，颗粒周围的溶质浓度小，于是形成浓度梯度，这两方面的原因导致大颗粒和小颗粒中溶质（Fe）化学位的差异，从而引起小颗粒向大颗粒方向扩散聚集，即铁颗粒长大过程是金属铁扩散聚集的过程。因此还原时间是铁颗粒长大的一个动力学条件，延长还原时间有利于铁颗粒的聚集长大。

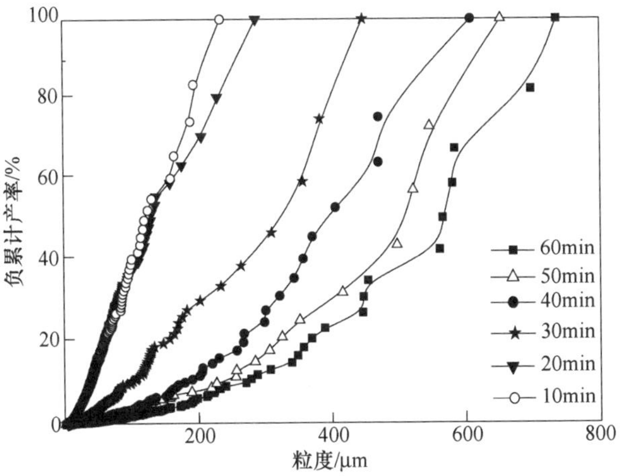

图 3-35 不同还原时间下铁颗粒的累积粒度特性曲线

C 配碳系数对铁颗粒粒度的影响

白云鄂博氧化矿石不同配碳系数下铁颗粒累积粒度特性曲线如图 3-36 所示。由图 3-36 可知，当配碳系数为 0. 5 时，铁矿物并不能被完全还原出来，故铁颗粒直径较小，其 d_{50}仅为 101. 05μm。当配碳系数分别为 1. 0、1. 5、2. 0、2. 5 时，其 d_{50}分别为 321. 05μm、195. 43μm、278. 88μm、320. 00μm，由此可知当配碳系数在适宜范围内时，配碳系数对铁颗粒粒度的影响并不十分明显。但当配碳系数过大时，铁颗粒粒度迅速变小，这可能是由于未反应的残碳将阻碍铁相的扩散聚集，直接影响了铁颗粒的长大。总之，配碳系数对铁颗粒的粒度影响呈先变大后变小的趋势，但其影响程度没有还原温度和还原时间显著。

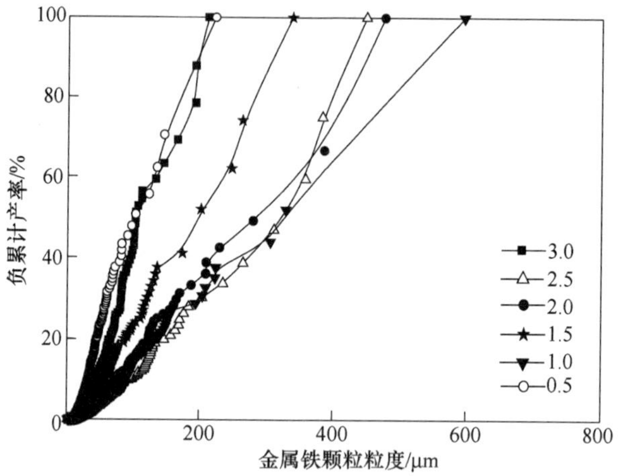

图 3-36 不同配碳系数下铁颗粒的累计粒度特性曲线

3.2.3.4 鲕状赤铁矿石铁颗粒粒度分布规律

A 还原温度对铁颗粒粒度的影响

鲕状赤铁矿石不同还原温度下的铁颗粒累计粒度特性曲线如图 3-37（a）~（i）所示。由图 3-37（a）~（i）可知，各图中每组曲线的变化趋势基本一致，即随着还原温度不断升高，还原物料中的金属铁颗粒粒度不断增大。如图 3-37（d）所示，还原时间为 40min，当还原温度由 1150℃升高到 1275℃时，铁颗粒最大粒度由 259.21μm 增大到 700.00μm，D_{50}由 162.46μm 增大到 482.25μm。部分试验中还原温度升高到 1300℃时，铁颗粒粒度反而呈现出减小的趋势（图 3-37（a）、（b）、（c）、（i））。根据热胀冷缩原理，将装有原料的陶瓷坩埚放入炉膛中，炉膛温度过高时坩埚表面易出现裂痕，造成体系内还原条件恶化，局部温度过高。由于陶瓷坩埚表面有微孔，在热作用强烈的部位，深度还原过程中产生的 FeO 易与坩埚材料（主要为 SiO_2）发生反应，生成正硅酸铁（$2FeO \cdot SiO_2$）、偏硅酸铁（$FeO \cdot 2SiO_2$）、玻璃状硅酸铁（$m FeO \cdot n SiO_2$）等硅酸铁。这些低熔点化合物与陶瓷坩埚黏结，在坩埚壁上形成很厚的烧结层，使 FeO 大量损失，从而影响铁氧化物的还原和铁颗粒的长大。对比图 3-37（a）~（i）中的各组曲线可知，还原时间越长，还原温度由 1150℃升高到 1275℃时，铁颗粒粒度增大的幅度越大。如图 3-37（a）所示，还原时间为 10min 时，还原温度由 1150℃升高到 1275℃时，铁颗粒的 D_{50} 由 97.83μm 增大到 295.28μm。而当还原时间为 80min 时（图 3-37（g）），还原温度由 1150℃升高到 1275℃时，铁颗粒的 D_{50} 由 258.96μm 增大到 822.34μm。

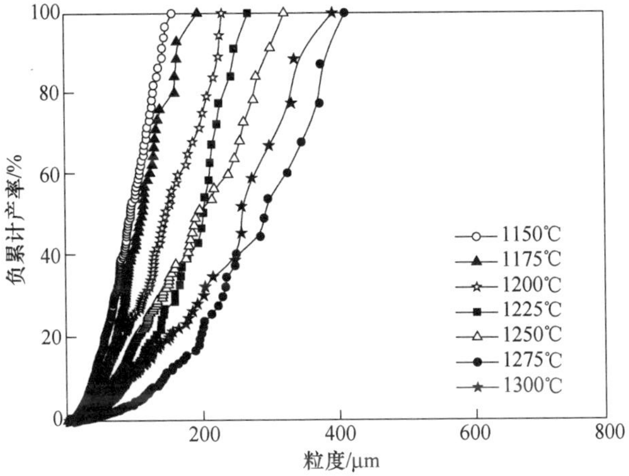
100
80
60
40
20
0
200
400
600
800
负累计产率/%
粒度/μm
1150℃
1175℃
1200℃
1225℃
1250℃
1275℃
1300℃
(a)

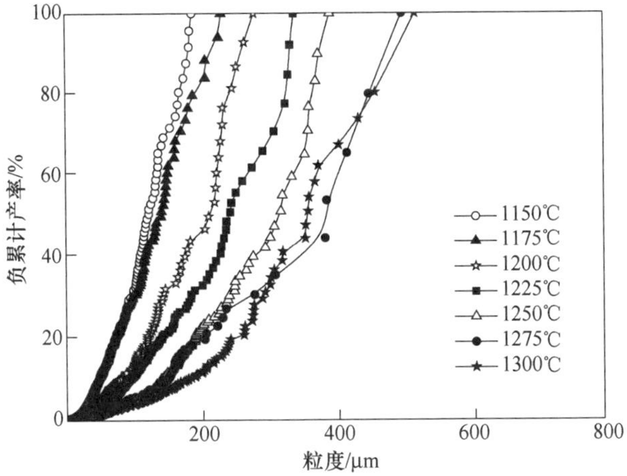
100
80
60
40
20
0
200
400
600
800
负累计产率/%
粒度/μm
1150℃
1175℃
1200℃
1225℃
1250℃
1275℃
1300℃
(b)

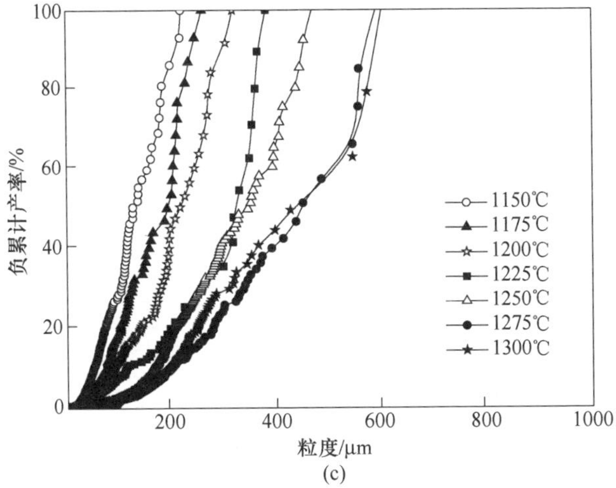
100
80
60
40
20
0
200
400
600
800
1000
负累计产率/%
粒度/μm
1150℃
1175℃
1200℃
1225℃
1250℃
1275℃
1300℃
(c)

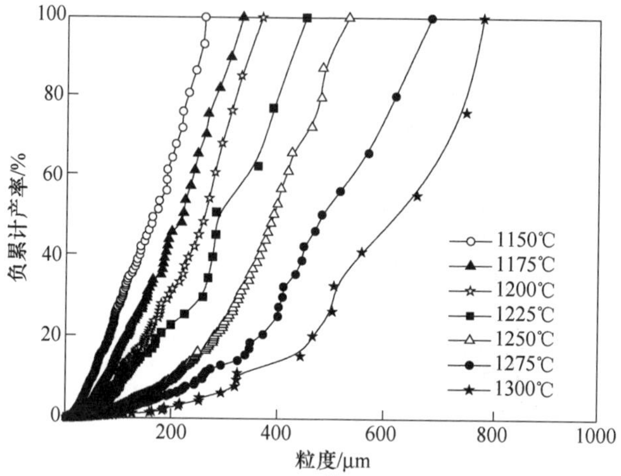

100
80
60
40
20
0
200
400
600
800
1000
负累计产率/%
粒度/μm
1150℃
1175℃
1200℃
1225℃
1250℃
1275℃
1300℃

(d)

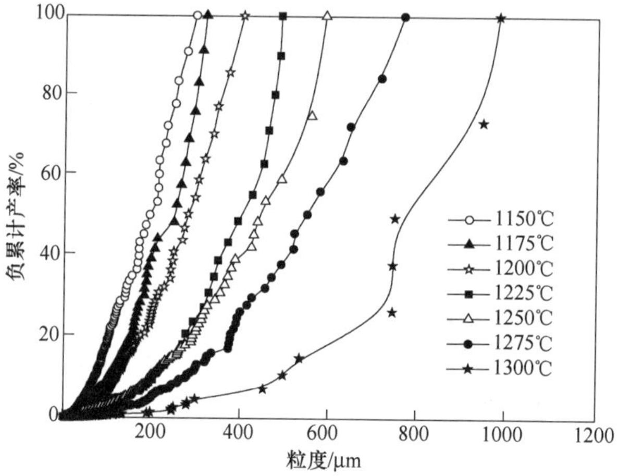

100
80
60
40
20
0
200
400
600
800
1000
1200
负累计产率/%
粒度/μm
1150℃
1175℃
1200℃
1225℃
1250℃
1275℃
1300℃

(e)

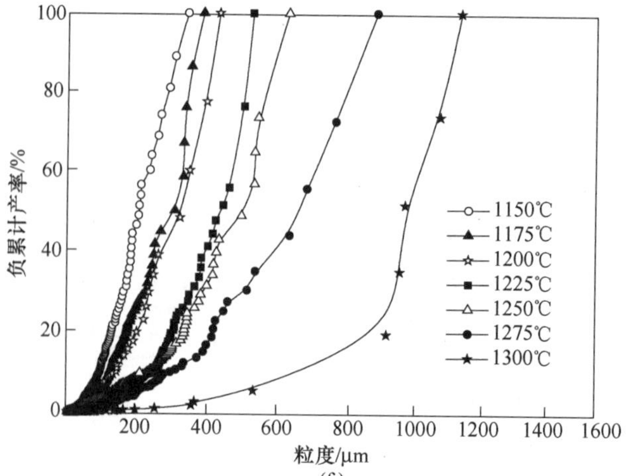

100
80
60
40
20
0
200
400
600
800
1000
1200
1400
1600
负累计产率/%
粒度/μm
1150℃
1175℃
1200℃
1225℃
1250℃
1275℃
1300℃

(f)

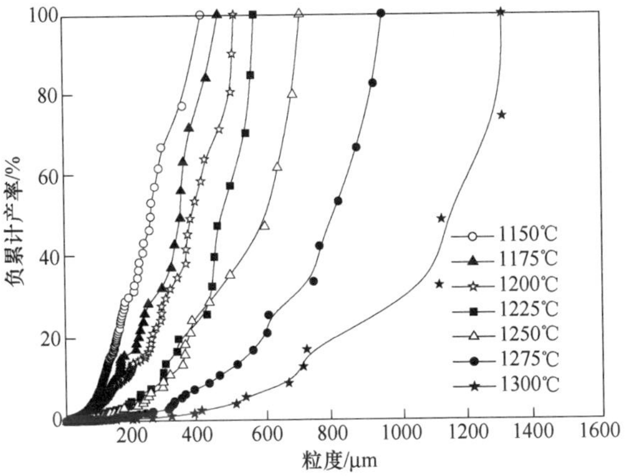

(g)

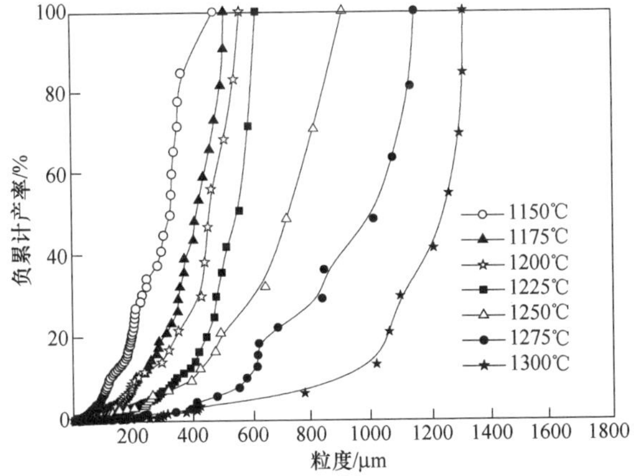

(h)

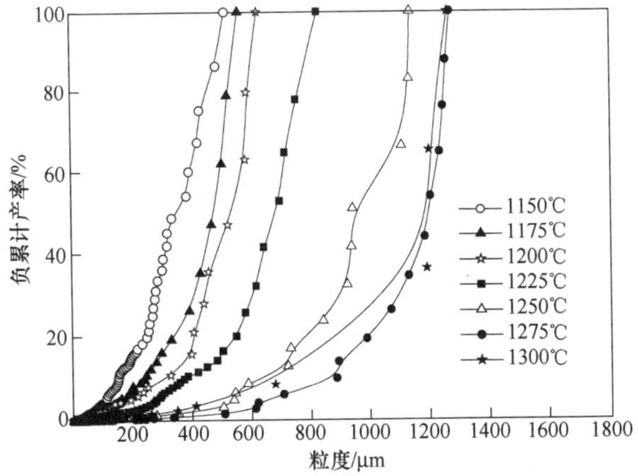

(i)

图 3-37 不同还原温度下铁颗粒累计粒度特性曲线

(a) 10min; (b) 20min; (c) 30min; (d) 40min; (e) 50min; (f) 60min; (g) 80min; (h) 100min; (i) 120min

B　还原时间对铁颗粒粒度的影响

鲕状赤铁矿石不同还原时间条件下的铁颗粒累积粒度特性曲线如图 3-38 所示。图 3-38（a）~（g）呈现出与还原温度对还原物料中铁颗粒粒度影响相似的规律，即随着还原时间的延长，铁颗粒累积粒度特性曲线均依次向右移动，表明铁颗粒粒度随还原时间的延长而逐渐增大。如图 3-38（e）所示，在还原温度为 1250℃，还原时间由 10min 延长到 80min 时，铁颗粒最大粒度由 325.98μm 增大到 732.48μm，D_{50}由 194.01μm 增大到 600.28μm。在图 3-38（g）中，还原温度为 1300℃，当还原时间延长到 120min 时，还原物料铁颗粒粒度呈减小趋势。一方面，可能是由于还原时间过长时，体系内还原气氛减弱，氧化气氛增强，已被还原为金属铁的铁氧化物可能再度被氧化，不利于铁颗粒的生长；另一方面，与前述还原温度对铁颗粒粒度的影响相似，在热作用强烈或热作用时间长的部位，

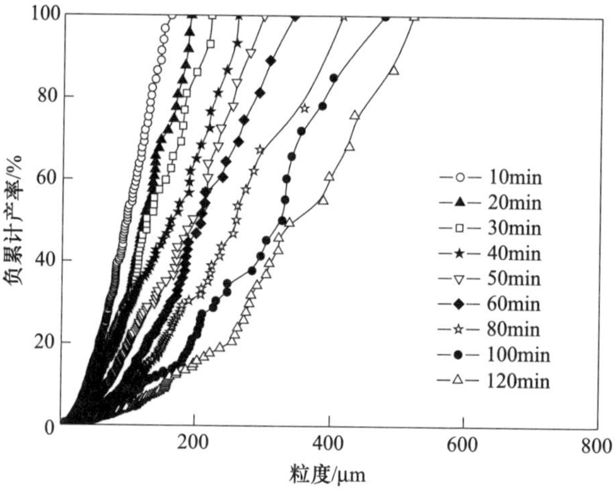

(a)

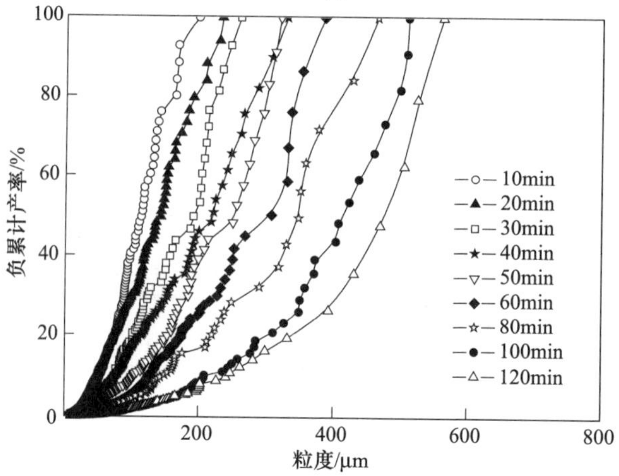

(b)

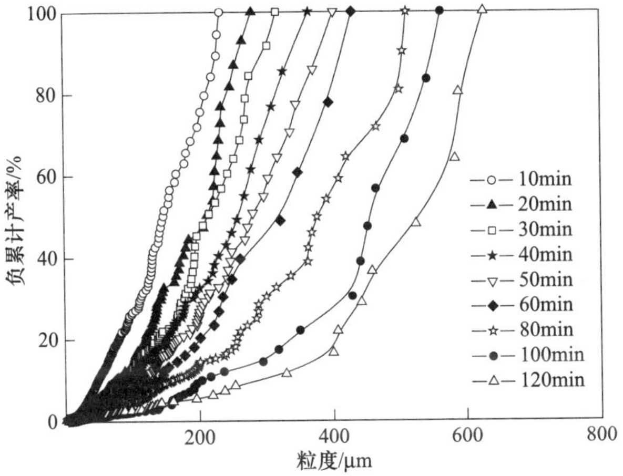

100
80
60
40
20
0
200
400
600
800
负累计产率/%
粒度/μm
10min
20min
30min
40min
50min
60min
80min
100min
120min

(c)

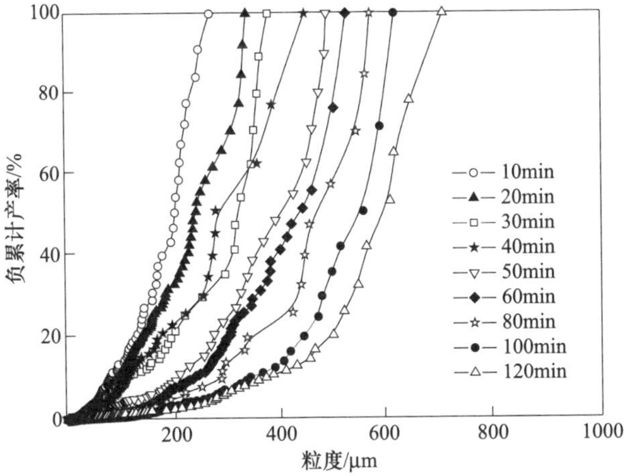

100
80
60
40
20
0
200
400
600
800
1000
负累计产率/%
粒度/μm
10min
20min
30min
40min
50min
60min
80min
100min
120min

(d)

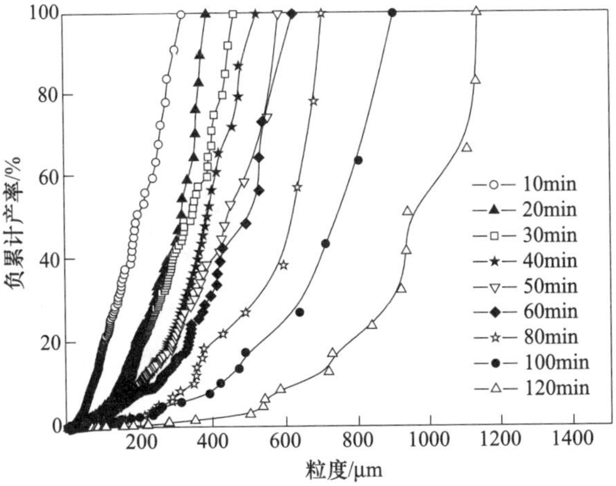

100
80
60
40
20
0
200
400
600
800
1000
1200
1400
负累计产率/%
粒度/μm
10min
20min
30min
40min
50min
60min
80min
100min
120min

(e)

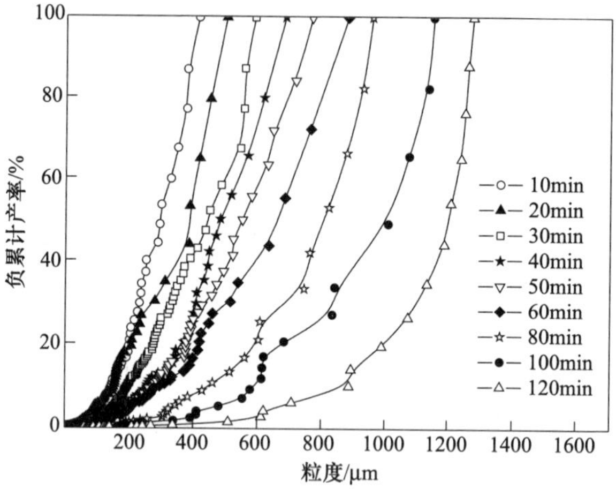

(f)

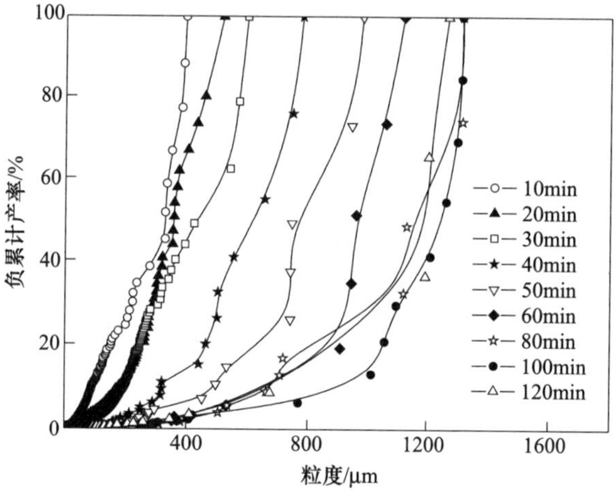

(g)

图 3-38　不同还原时间下的铁颗粒累积粒度特性曲线

(a) 1150℃；(b) 1175℃；(c) 1200℃；(d) 1225℃；(e) 1250℃；(f) 1275℃；(g) 1300℃

FeO 易与坩埚材料（主要为 SiO_2）发生反应生成低熔点化合物，并与陶瓷坩埚黏结，使 FeO 大量损失，从而影响铁氧化物的还原和铁颗粒的生长。对比图 3-38 (a)~(g) 中的各组曲线可知，还原温度越高，还原时间由 10min 延长到 100min 时，铁颗粒粒度增大的幅度越大。如图 3-38（a）所示，还原温度为 1150℃，还原时间由 10min 延长到 100min 时，铁颗粒的 D_{50} 由 97. 83μm 增大到 326. 88μm。而当还原温度为 1275℃（图 3-38（f）），还原时间由 10min 延长到 100min 时，铁颗粒的 D_{50} 由 295. 28μm 增大到 1009. 76μm。

C 碱度对铁颗粒粒度的影响

鲕状赤铁矿石不同二元碱度条件下的铁颗粒累积粒度特性曲线如图 3-39 所示。由图 3-39 可以看出，原矿的二元碱度为 0.2，在还原温度为 1225℃，还原时间为 40min 时，金属铁颗粒的最大粒度为 429.58μm，D_{50}为 268.91μm。提高二元碱度，铁颗粒粒度逐渐增大，在二元碱度为 1.0 时粒度达到最大值 642.42μm，D_{50}为 426.05μm；继续提高二元碱度到 1.2 时，铁颗粒粒度迅速减小，粒度最大值为 520.96μm，D_{50}为 281.36μm。结果表明，在适宜范围内，二元碱度对铁颗粒粒度的影响并不十分明显；但当碱度过高时，铁颗粒粒度迅速变小，这可能是由于碱度过高时体系内渣相较多，阻碍了铁颗粒的聚集长大。总体来说，二元碱度对铁颗粒粒度变化的影响程度没有还原温度和还原时间明显。由于二元碱度较高时 CaO 的添加量较大，在实际生产中操作繁琐、成本增加，而且调节二元碱度对铁颗粒粒度的影响并不显著，在原矿碱度条件下，铁颗粒粒度已经可以生长到较大粒度。

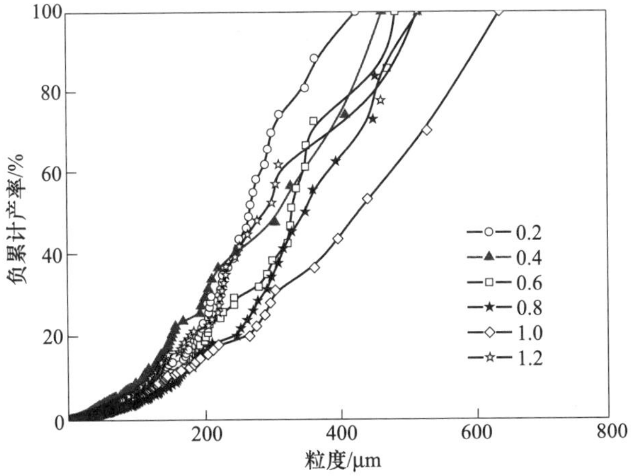

图 3-39 不同二元碱度条件下的铁颗粒累计粒度特性曲线

3.2.3.5 深度还原过程中金属铁颗粒粒度预测模型

A 数据选择及处理

还原温度和还原时间是影响铁颗粒生长的两个关键因素，通过改变还原温度和还原时间，可以调控铁颗粒的粒度。为实现深度还原过程中铁颗粒粒度的调控，采用 MATLAB 数学软件研究铁颗粒粒度与还原温度和还原时间之间的关系，建立铁颗粒粒度预测数学模型。矿物加工领域通常用 D_{80}来表示颗粒粒度的分布特征，故选取金属铁颗粒的 D_{80}作为建模数据。建模数据选取鲕状赤铁矿石还原物料中金属铁颗粒粒度。由图 3-37 可得到还原温度 1150~1300℃，还原时间 10~

120min 范围内 D_{80}的一系列数值，见表 3-15。

表 3-15 不同还原工艺条件下金属铁颗粒的 D_{80}数值 (μm)

T/℃	t/min								
	10	20	30	40	50	60	80	100	120
1150	132.04	170.08	183.59	229.76	257.47	291.51	357.91	366.87	432.46
1175	164.18	190.72	227.77	295.42	302.47	352.98	428.96	499.70	525.73
1200	211.38	248.77	271.70	327.82	346.89	396.21	502.03	543.46	590.70
1225	238.24	327.19	360.76	387.74	476.17	504.02	563.34	618.43	746.46
1250	280.26	372.51	437.35	479.89	559.89	594.51	713.07	810.41	951.42
1275	378.01	450.87	555.76	618.69	716.92	794.57	930.24	1135.16	1280.41
1300	336.23	460.74	573.13	751.45	946.95	1060.74	1380.05	1312.20	1202.47

由于在对某一变量进行比较时，尽管具有相同的量纲，但其数值的变化幅度、变化趋势存在着较大的差异，造成数值比较上的不便。为了消除这一影响，在建模之前需要采用标准差法对自变量的数值进行标准化处理，其转化公式为：

$$x^* = \frac{x - \mu}{\sigma} \tag{3-63}$$

式中 x^*——经标准化处理后数据；

x——原始数据；

μ——平均值；

σ——标准差。

经过处理后，数据符合标准的正态分布，消除了原始数据因数量水平和变化幅度不同而造成的影响。还原温度 T 和还原时间 t 标准化处理后的数值见表 3-16。

表 3-16 还原温度和还原时间的标准化数值

T	-1.49	-0.99	-0.50	0.00	0.50	0.99	1.49	—	—
t	-1.32	-1.04	-0.76	-0.47	-0.19	0.09	0.66	1.23	1.80

注：T 的平均值为 1225，标准差为 50.40；t 的平均值为 56.67，标准差为 35.24。

B 模型建立

以还原温度 T 和还原时间 t 为自变量，铁颗粒粒度 D_{80}为因变量，采用 MATLAB 软件对其进行拟合分析，结果如图 3-40 所示。图 3-40 中拟合曲面的方程为：

$$D_{80}(T, t) = 481.3 + 221.8T + 188.1t + 63.5T^2 + 72.3Tt - 10.1t^2$$
$$(1150℃ \leqslant T \leqslant 1300℃, 10\text{min} \leqslant t \leqslant 120\text{min}) \tag{3-64}$$

相关系数 R^2 为 0.9755，表明拟合效果良好。由图 3-40 也可以看出试验数据

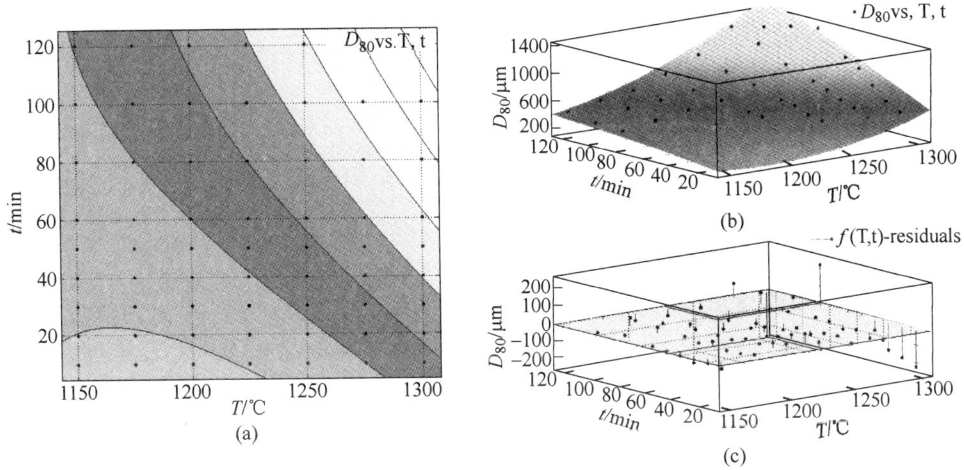

图 3-40 金属铁颗粒粒度拟合结果

（a）曲面投影到 T-t 平面的等高线图；（b）模型的主图；（c）残差图

点基本全部分布在拟合曲面上，试验值与模型值之间的差值较小，随机散布在 0-0 平面两侧。同时还可发现，模型值随还原温度和还原时间的变化规律与试验值相同，均随着还原温度升高和还原时间延长而不断增大。综合上述分析，可以得出拟合曲面对原观测值拟合情况良好，拟合方程可作为描述金属铁颗粒粒度 D_{80} 与还原温度 T 和还原时间 t 之间关系的数学模型。

C 模型验证

由式（3-64）计算出本节试验条件下金属铁颗粒粒度的模型预测值，预测值与测量值之间的比较分析如图 3-41 所示。从图 3-41 可以发现，模型预测值数据

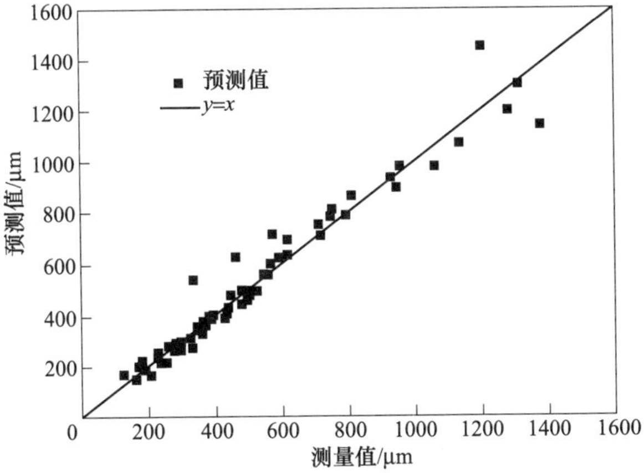

图 3-41 模型预测值与试验测量值对比分析

点在直线 $y=x$ 上下两侧均匀分布且呈现出良好的线性关系，说明预测值与试验测量值之间具有良好的一致性。这一结果表明建立的数学模型精度较高，可以用于预测深度还原过程中金属铁颗粒的粒度。

为进一步验证该模型的准确性与可行性，选取还原温度 1220℃、还原时间 45min 作为试验点进行验证。经测量该条件下的金属铁颗粒粒度累积特性曲线如图 3-42 所示，铁颗粒的特征粒径 D_{80}为 392. 14μm。将 $T=1220$℃、$t=45$min 标准化后代入模型 $D_{80}(T,t) = 481.3+221.8T+188.1t+63.5T^2+72.3Tt-10.1t^2$，可求得 $D_{80}(T,t) = 398.89$μm。据此可知模型预测结果与实际测量结果较为接近，故建立的铁颗粒粒度模型具有良好的稳定性。结合该模型，通过调整 T 和 t 可实现对深度还原过程中铁颗粒粒度的优化与控制。

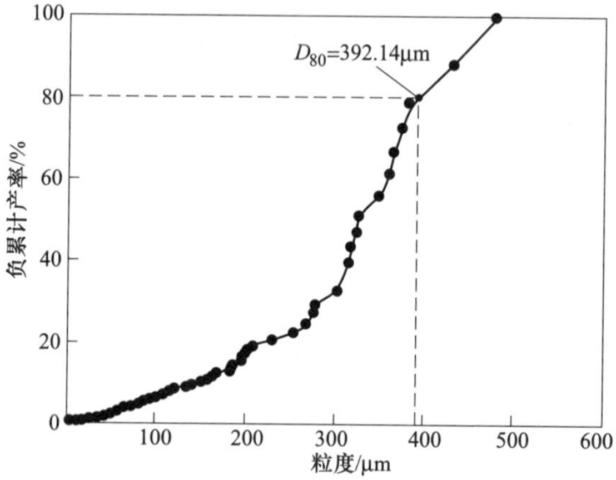

图 3-42　还原温度 1220℃和还原时间 45min 条件下金属铁颗粒粒度累积特性曲线

3.3　深度还原磁选小型试验

3.3.1　研究方法

3.3.1.1　试验设备

难选铁矿石深度还原采用的设备为自行研制的单向加热炉，示意图如图 3-43 所示。单向加热炉碳棒发热件安装在炉腔的顶部，利用单方向的热辐射加热还原物料。炉膛尺寸为 1000mm×200mm×150mm，等温段长度 900mm，升温速度为 10~20℃/min，升温上限为 1600℃。控温系统为 PDI 可编程控制柜。由于还原炉为非封闭系统，为保持深度还原过程中炉腔内的还原气氛，在炉腔两端加入保护煤粉，保护试样不被氧化。

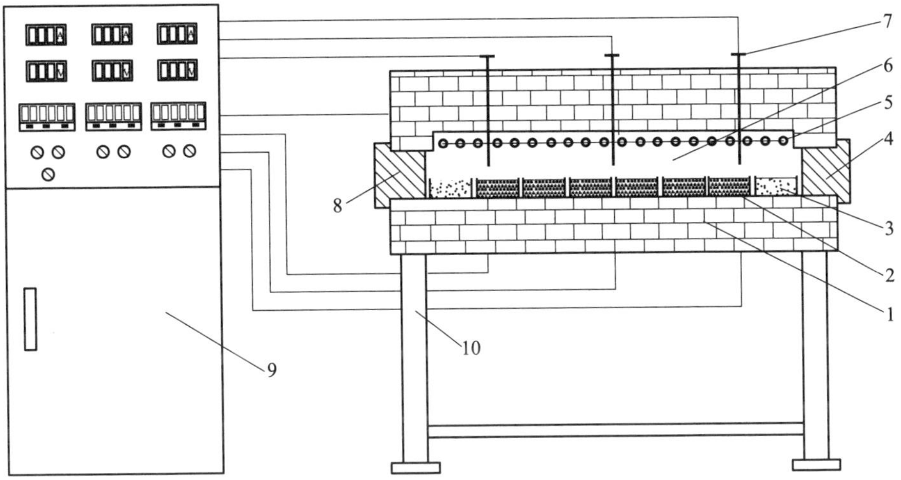

图 3-43 单向加热炉示意图

1—炉体；2—钢坩埚（还原物料）；3—钢坩埚（保护煤）；4—出料口；
5—碳棒；6—炉膛；7—热电偶；8—进料口；9—控制柜；10—底座

3.3.1.2 试验流程

称取一定质量的难选铁矿石，经过理论计算配入适量的煤粉进行干混，然后将其装入坩埚中，待炉腔内温度达到预设温度时，快速将坩埚放入炉腔内，自动恒温至规定时间，然后迅速将还原物料取出水淬冷却。深度还原物料烘干，取样化验 TFe、MFe，计算还原物料金属化率；另取部分物料磨至适宜的细度进行磁选试验，磁选所得产品称重，分别化验 TFe、MFe，计算磁性产品回收率和金属化率。试验流程如图 3-44 所示。

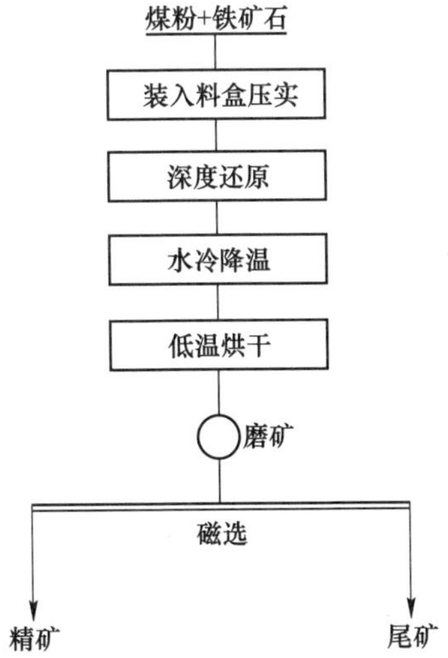

图 3-44 深度还原-磁选试验流程

3.3.1.3 评价指标

深度还原的目的是彻底改变难选铁矿石中的铁矿物的赋存状态，使其还原为金属铁，然后通过磨矿磁选获得金属铁粉。故而，深度还原效果评价主要包括两个方面：一是对深度还原过程中铁矿物金属化程度的评价；二是对还原物料磨矿磁选的评价。深度还原过程中铁矿物金属化程度采用金属化率作为评价指标，金属化率是指还原物料中金属铁含量与全铁含量的比值，计算公式如下：

$$M = \frac{w(\mathrm{MFe})}{w(\mathrm{TFe})}\% \tag{3-65}$$

式中　$w(\mathrm{MFe})$——金属铁的质量分数,%;

$w(\mathrm{TFe})$——全铁的质量分数,%。

还原物料磨矿磁选的效果通过磁选产品（即金属铁粉）的铁品位和铁的回收率进行评价，其中铁品位通过化学分析方法获得，回收率计算公式如下：

$$\varepsilon_{\mathrm{TFe}} = \frac{w_{\mathrm{TFe}}^{1} m_1}{w_{\mathrm{TFe}}^{0} m_0} \times 100\% \tag{3-66}$$

式中　$\varepsilon_{\mathrm{TFe}}$——磁选产品中铁的回收率,%;

w_{TFe}^{1}——磁选产品中全铁的品位,%;

m_1——磁选产品的质量，g;

w_{TFe}^{0}——入选还原物料中全铁的品位,%;

m_0——入选还原物料的质量，g。

3.3.2　白云鄂博矿石深度还原磁选

3.3.2.1　还原温度对深度还原过程的影响

还原温度是影响铁氧化物还原程度的决定性因素，因此首先考察了还原温度对各项还原指标的影响。还原温度对还原物料金属化率的影响如图 3-45 所示，对还原物料磁选指标影响如图 3-46 所示。

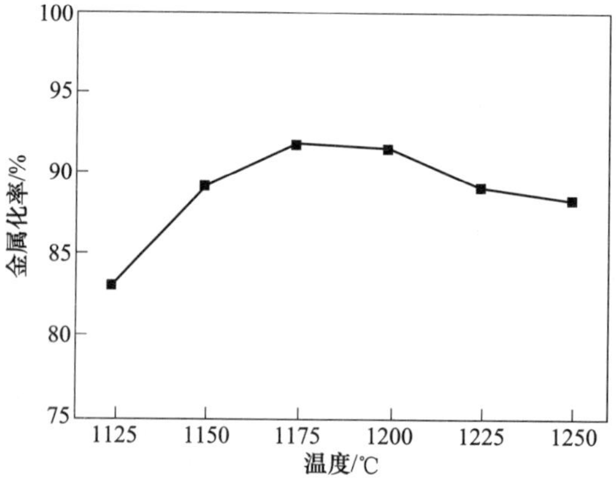

图 3-45　还原温度对还原物料金属化率的影响

由图 3-45 可见，还原温度对还原物料金属化率的影响较大，当还原温度由 1125℃上升到 1175℃时，金属化率由 83. 23%增加到最大值 91. 92%；随着还原温度的继续增加，还原物料的金属化率反而降低；当温度达到 1250℃时，金属化

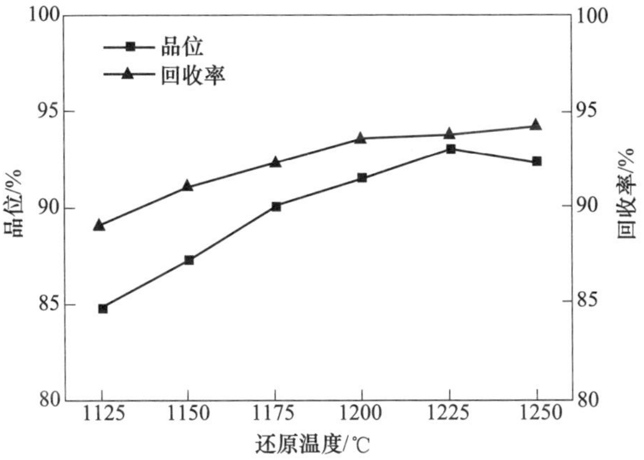

图 3-46 还原温度对铁粉指标的影响

率下降到 88.43%。根据铁氧化物的还原热力学理论可知，随着还原温度的升高，煤的反应活性也大大提高，碳的气化反应速度加快，CO 浓度更大，铁氧化物的还原反应速度更快，故升高温度可使还原物料的金属化率增大。当温度达 1250℃时，已达到矿石的开始熔化温度，矿石或固相反应的生成物开始熔化黏结，使矿物原料的孔隙率下降，阻碍还原气氛向内部扩散，导致还原动力学条件的严重恶化，进而降低铁矿石的还原率。由图 3-46 可以看出，随还原温度的升高，铁粉的品位及回收率均有不同程度的升高，但当温度升高到一定程度后，各项指标的升高幅度不大，铁品位甚至有所下降。综合分析可知，适当提高还原温度，可以提高还原物料的金属化率，有利于提高还原物料的分选指标；但还原温度过高会恶化还原动力学条件，进而降低还原物料的金属化率及铁粉品位。

3.3.2.2 还原时间对深度还原过程的影响

还原时间对还原物料金属化率的影响如图 3-47 所示。由图 3-47 可知，随着还原时间的延长，还原物料的金属化率总体上呈上升趋势。当还原时间从 10min 增加到 30min 时，还原物料的金属化率从 79.89%迅速提高到 94.34%。但是随着还原时间的进一步增加，金属化率的升高非常有限，甚至在 50min 后反而下降至 89.23%。其原因可能是：在还原的初始阶段，矿粉颗粒与煤粉颗粒的接触条件良好，并且产生的 CO 浓度比较高，还原反应进行得较为激烈，促使铁矿粉颗粒中铁矿物较快还原为金属铁；随着反应时间的延长，铁矿粉和煤逐渐分离，CO 浓度也逐渐降低，使得还原反应速率降低并趋于反应平衡，还原物料的金属化率也就趋于稳定；由于还原炉为非封闭系统，当还原时间过长时，炉内还原性气氛降低而氧化性气氛增强，使已还原的金属铁再被氧化，从而造成了还原物料的金属化率下降。

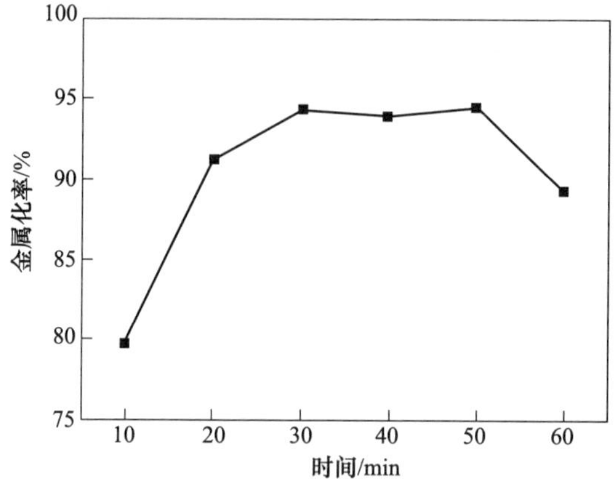

图 3-47　还原时间对还原物料金属化率的影响

还原时间对还原物料磁选指标影响如图 3-48 所示。由图 3-48 可知，在开始阶段，随着时间的延长，铁粉的品位提高很快，当还原时间从 10min 增加到 30min 时，铁粉品位从 79.20%迅速提高到 91.61%。但 30min 以后，随时间的延长铁粉品位的升高非常有限，而铁的回收率在还原时间 10~60min 的范围内变化不大。由此可见在一定时间范围内，延长还原时间对提高铁粉品位非常有利，这是因为延长还原时间有利于金属铁颗粒聚集长大，同时脉石矿物向金属铁颗粒外聚集的程度也大大提高，使得金属铁颗粒与脉石矿物更易分离，故在相同的磨矿、磁选条件下得到的铁粉品位更高。但还原时间超过一定值后，对提高还原物料金属化率及铁粉品位意义不大。

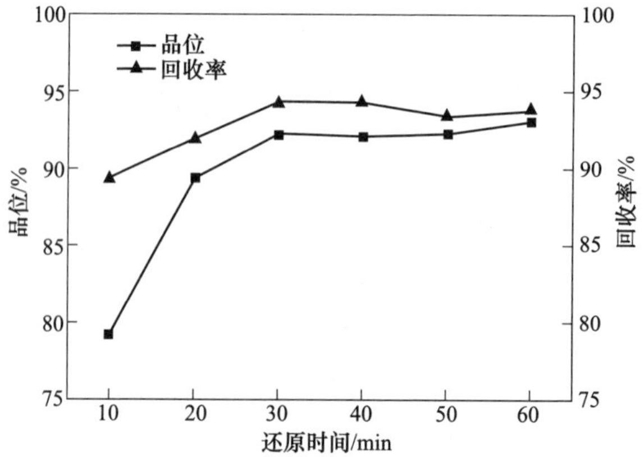

图 3-48　还原时间对铁粉指标的影响

3.3.2.3 配碳系数对深度还原过程的影响

配碳系数对还原物料金属化率的影响如图3-49所示。由图3-49可见，在配碳系数 x_C/x_O 由0.5增加到2时，还原物料的金属化率由81.38%提高到94.48%，当 x_C/x_O 进一步增加时，还原物料的金属化率反而略有下降。这是因为配碳比越高，碳的气化速度就越快，从而提高还原炉内CO浓度，因此配碳系数增加促进了铁氧化物的还原过程；同时配碳比的增加，增大了铁矿粉和碳粉的接触面积，这也将促进铁氧化物的还原。因此，在 x_C/x_O 比小于2时，随着配碳比的增加，还原物料的金属化率逐渐升高；当配碳系数过大时，可能因为未反应的残碳阻碍了铁相的扩散凝聚，使铁的氧化物还原不完全，从而降低了还原物料的金属化率。

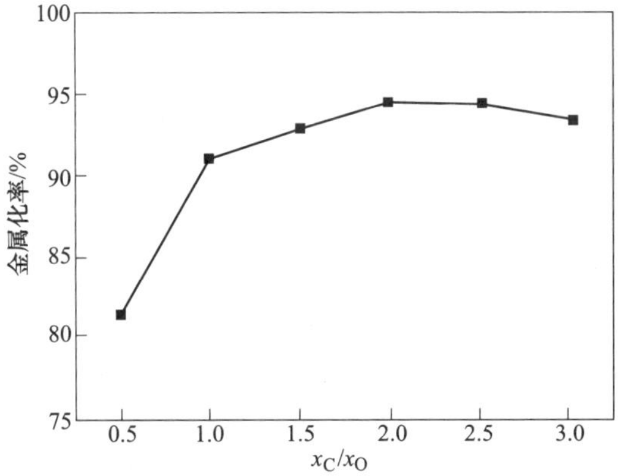

图3-49 配碳系数对还原物料金属化率的影响

配碳系数对还原物料磁选指标影响如图3-50所示。由图3-50可知，在开始阶段，随着配碳系数的增加，铁粉的品位和回收率都急剧升高。在配碳系数为2时，铁粉品位达到最大值92.52%。配碳系数进一步增加，铁粉的品位明显下降，当配碳系数为3时，铁粉品位下降至91.02%。随着配碳系数增加，一方面提高还原炉内CO浓度，另一方面增大了铁矿粉和碳粉的接触面积。因此，铁氧化物能较完全地还原为金属铁颗粒并能逐渐长大，在分选过程中容易得到品位较高的铁粉。但当配碳系数过大时，未反应的残碳阻碍了铁相的扩散凝聚，不利于金属铁颗粒的长大，生成细小颗粒增多，使还原物料的可选性变差，故造成铁粉品位的降低。

3.3.2.4 煤粉粒度对深度还原过程的影响

原料的粒度直接决定了反应物表面积的大小和还原物料的孔隙率，从而影响

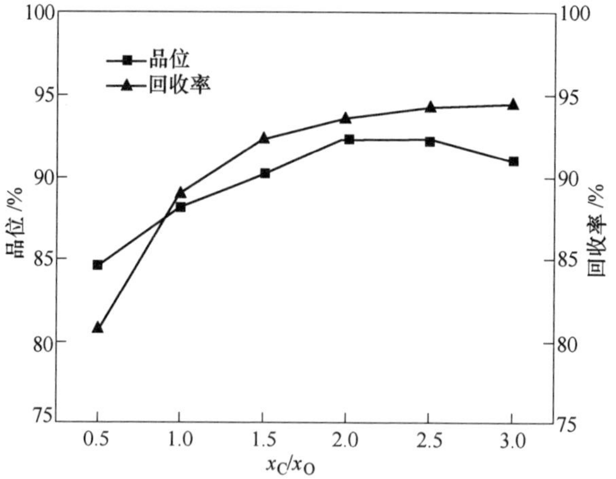

图 3-50　配碳系数对铁粉指标的影响

还原的速率及还原效果。煤粉粒度对还原物料金属化率的影响如图 3-51 所示。由图 3-51 可见，随着煤粉粒度变粗，还原物料的金属化率总体呈先上升后下降的趋势，当煤粉粒度由-0. 5mm 增大到-1. 0mm 时，还原物料金属化率由 94. 18%上升到 94. 48%；但煤粉粒度进一步增大到-3. 0mm 时，还原物料金属化率降低至 89. 4%。这可能因为，当煤粉粒度过细时，恶化了还原物料的透气性，使得 CO 的传质阻力增加，从而降低还原速率和矿石的还原度。试验中煤粉最小粒度为-0. 5mm，这个粒度不足以严重恶化还原物料的透气性，故煤粉粒度为-0. 5mm 时，还原物料的金属化率变化不大。而当颗粒变粗时，煤颗粒的比表面积减小，不利于直接还原反应及煤的气化反应进行，因而影响还原物料的金属化

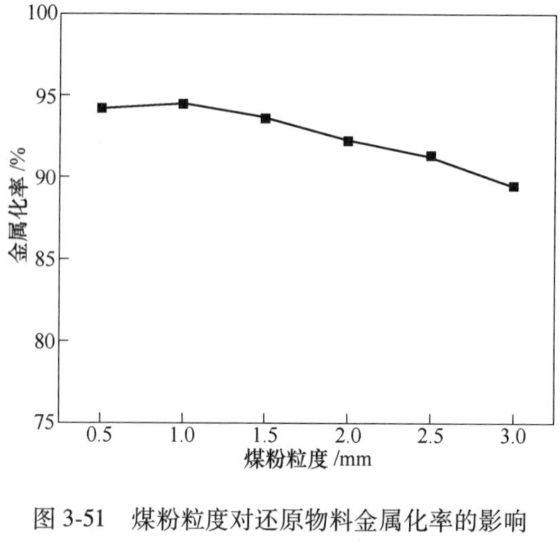

图 3-51　煤粉粒度对还原物料金属化率的影响

率。煤的粒度与矿石的粒度相差较大，致使还原物料的混合不均匀，也是造成还原物料金属化率变低的一个原因。

煤粉粒度对还原物料磁选指标影响如图 3-52 所示。由图 3-52 可知，铁粉的品位具有随煤粒度增加而降低的趋势，当煤粉粒度由-0.5mm 增大到-1.5mm 时，铁粉的品位变化不大，但煤粉粒度进一步增大到-3.0mm 时，铁粉品位由 92.55%降低至 87.05%。而在试验采用的煤粉粒度范围内，铁粉的回收率随煤粉粒度变化幅度不明显。综合分析，相对来说煤粉粒度对还原及分选指标影响较小。在一定范围内，煤粉粒度适当减小，有利于提高还原物料的金属化率及铁粉的品位。

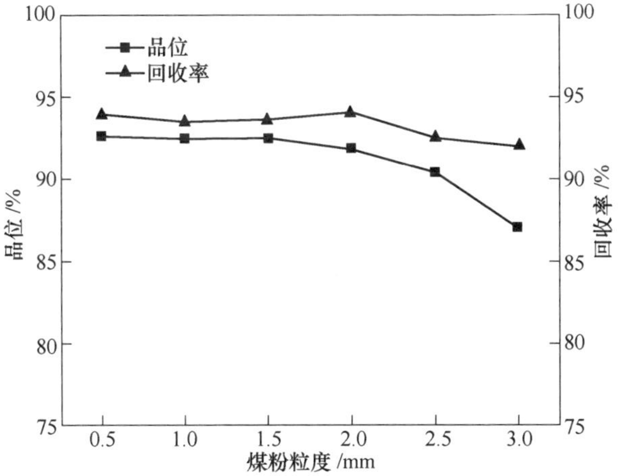

图 3-52 煤粉粒度对铁粉指标的影响

3.3.2.5 矿石粒度对深度还原过程的影响

矿石粒度对还原物料金属化率的影响如图 3-53 所示。由图 3-53 可见，随着矿石粒度变粗，还原物料的金属化率呈下降的趋势，当矿石粒度由-0.5mm 增大到-2.0mm 时，还原物料金属化率下降较为缓慢，由 95.02%下降到 93.64%；当矿石粒度进一步增大到-2.0mm 后，还原矿金属化率由 93.64%迅速降低至 89.95%。这是因为，随着原料粒度的减小，铁氧化物的总表面积增加，使得铁氧化物和 CO 及 C 的接触碰撞几率增加，从而加快了还原速率，有利于还原反应的进行。但粒度过细使反应体系透气性差，还原气体的传质阻力增加，降低还原速率。同样由于矿石粒度和煤粉粒度差距较大，导致混合不均也是还原物料金属化率降低的一个因素。由此看出，矿石粒度越细，矿石的还原程度越高，但矿石的粒度的下限应以不影响料层内的透气性为宜。

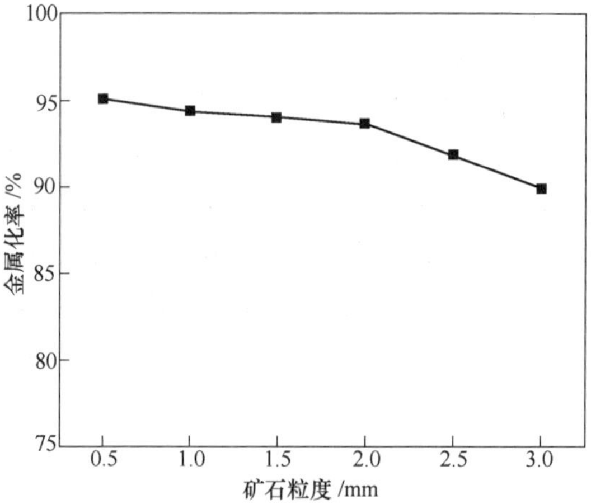

图 3-53　矿石粒度对还原物料金属化率的影响

矿石粒度对还原物料磁选指标影响如图 3-54 所示。由图 3-54 可知，随着矿石粒度变粗，铁粉品位总体呈先上升后下降趋势，而回收率则一直呈下降趋势。当矿石粒度由 -0.5mm 增加到 -2.0mm 时，铁粉品位变化不大，回收率则由 95.21%下降至 93.97%；但矿石粒度进一步增加到-3.0mm 时，铁粉品位迅速降低至 88.40%，而回收率下降更快，降至 86.87%。这是因为一方面随着矿石粒度的增加，大大减少了铁氧化物的表面积，从而大大降低还原物料的还原程度；另一方面颗粒变粗后，颗粒核心在短时间内无法被还原。综合分析可知，矿石粒度适当减小，可提高还原物料的金属化率及铁粉指标。

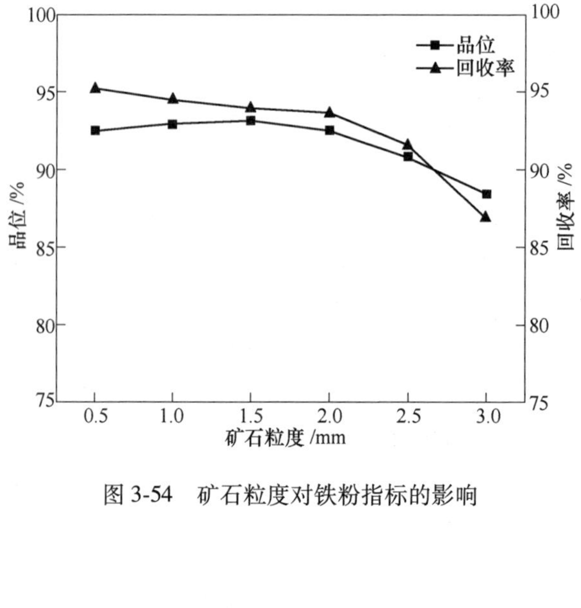

图 3-54　矿石粒度对铁粉指标的影响

3.3.3 凌源鲕状赤铁矿石深度还原磁选

3.3.3.1 还原温度对深度还原过程的影响

还原温度对不同粒度矿石还原物料金属化率的影响如图 3-55 所示。由图 3-55 可以看出，随着还原温度的增加，还原物料金属化率先降后升，在 1250℃ 出现拐点，在 1275℃时金属化率较高。

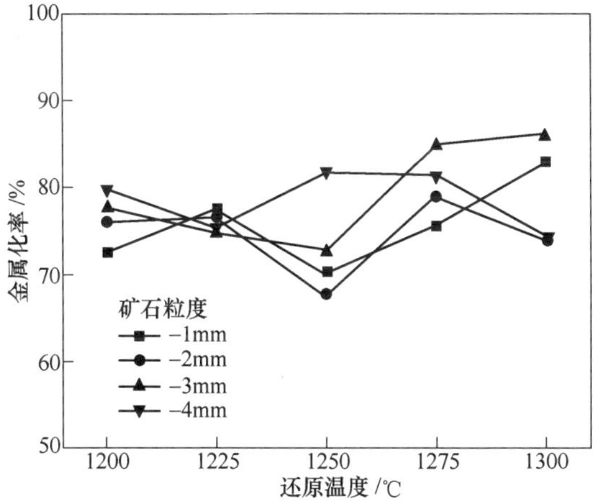

图 3-55 还原温度对金属化率的影响

为考察还原温度对还原物料磁选效果的影响，在磨矿细度-0.074mm 占 85%、磁场强度 56kA/m 条件下，针对不同还原温度下还原物料进行了初步磨矿磁选。磁选精矿金属化率与还原温度关系如图 3-56 所示，磁选精矿品位、回收

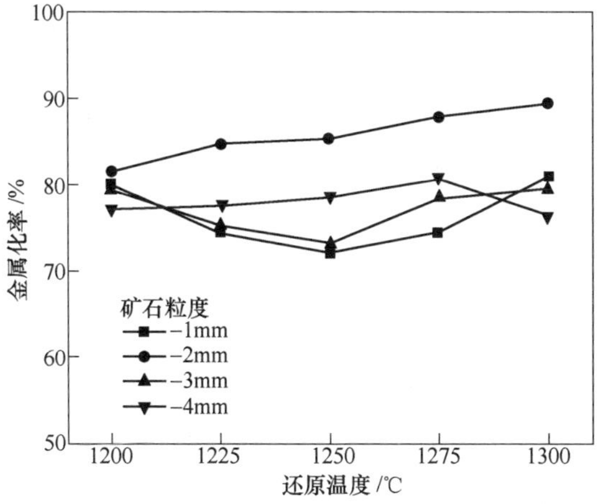

图 3-56 磁选精矿金属化率与还原温度的关系

率与还原温度关系如图 3-57 所示。由图 3-56、图 3-57 可以看出，不同还原温度的还原物料金属化率相差虽然较大，但经过一次磁选后精矿金属化率都有一定程度的提高。除-2mm 还原物料外，其他各粒级还原物料磁选精矿金属化率低于80%。当还原温度高于 1250℃时，-2mm 矿石还原物料磁选精矿金属化率大于85%，由于在 1250℃时还原物料金属化率要低于其他温度，在磁选中此处回收率要有所降低，经过简单磁选后各还原物料精矿回收率均在 80%以上，精矿品位则大部分在 54%~60%之间变化。

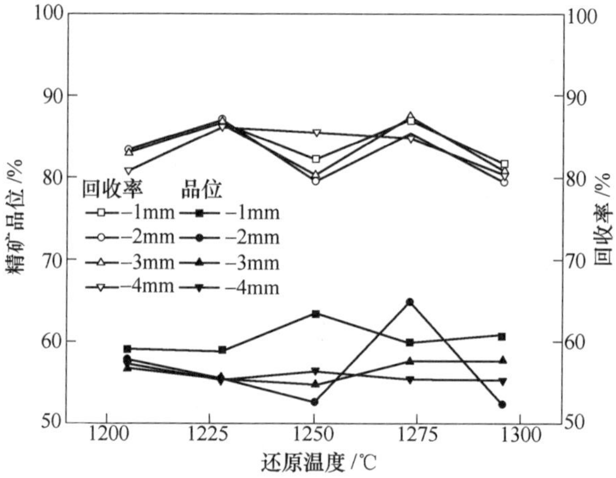

图 3-57　还原温度对磁选结果影响

3.3.3.2　还原时间对深度还原过程的影响

还原时间对深度还原物料金属化率的影响如图 3-58 所示，还原物料磁选精矿金属化率与还原时间关系如图 3-59 所示，磁选精矿回收率、品位与还原时间关系如图 3-60 所示。由图 3-58 可以看出，当还原时间从 20min 增加到 40min 时，各粒级矿石还原物料的金属化率随还原时间的增加而迅速增加。原矿粒度小于1mm 时，还原物料金属化率从 77. 33%上升到 88. 09%；原矿粒度小于 2mm 时，还原物料金属化率从 75. 13%上升到 87. 12%；原矿粒度小于 3mm 时，还原物料金属化率从 76. 99%上升到 86. 19%；原矿粒度小于 4mm 时，还原物料金属化率从 79. 35%升高到 87. 50%。当还原时间超过 40min 后，还原物料金属化率增加缓慢，甚至有随还原时间增加下降的趋势。在还原时间为 40min 时，各粒级矿石还原物料的金属化率基本达到 85%以上。由图 3-59、图 3-60 可以看出，不同还原时间的还原物料金属化率相差较大，经一次磁选后精矿金属化率均有所提高，且基本高于 80%。磁选精矿回收率随着还原时间的增加而逐渐增加，不同粒级还原物料磁选回收率可达到 87%以上，高者可达 92%；磁选精矿品位可达 56%~63%。

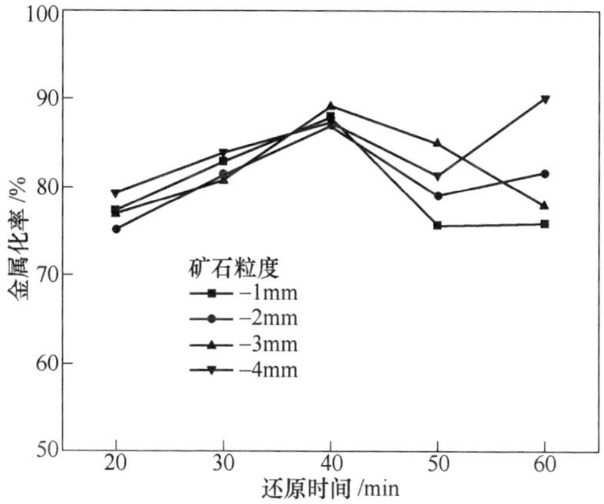

图 3-58 还原物料金属化率与还原时间的关系

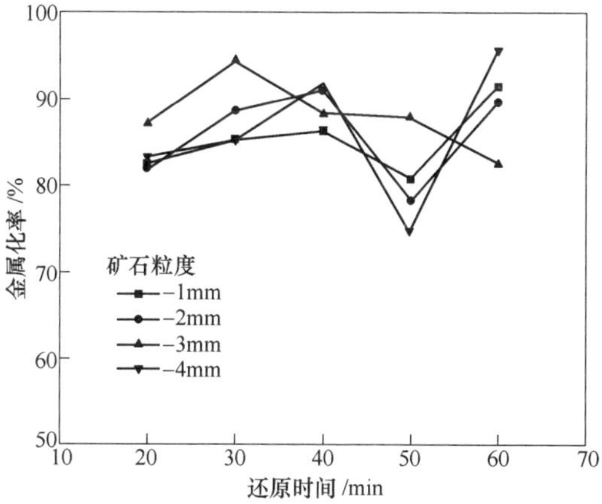

图 3-59 磁选精矿金属化率与还原时间的关系

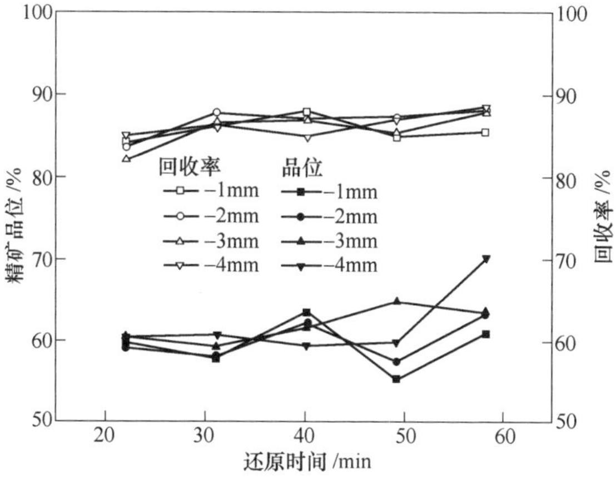

图 3-60 还原时间对磁选结果影响

3.3.3.3　配碳系数对深度还原过程的影响

配碳系数对还原物料金属化率的影响如图 3-61 所示。由图 3-61 可以看出，随着配碳系数的增加，还原物料金属化率迅速增加：在配碳系数从 1.0 增加到 3.0 时，-1mm 粒级原矿还原物料金属化率从 58.47%增加到 88.09%，增加了 29.62 个百分点；-2mm 粒级原矿还原物料金属化率从 63.16%增加到 87.12%，增加了 23.96 个百分点；-3mm 粒级原矿还原物料金属化率从 58.32%增加到 89.19%，增加了 35.37 个百分点；-4mm 粒级原矿还原物料金属化率从 58.26%增加到 89.30%，增加了 31.04 个百分点。在配碳系数较低时，原矿粒度越粗还原物料金属化率越低；随着配碳系数的增加，在配碳系数为 3.0 时各粒级原矿还原物料金属化率差距已不大，仅相差 2%左右，因此适宜的配碳系数为 3.0，此时配入煤量为矿石的 41.28%。

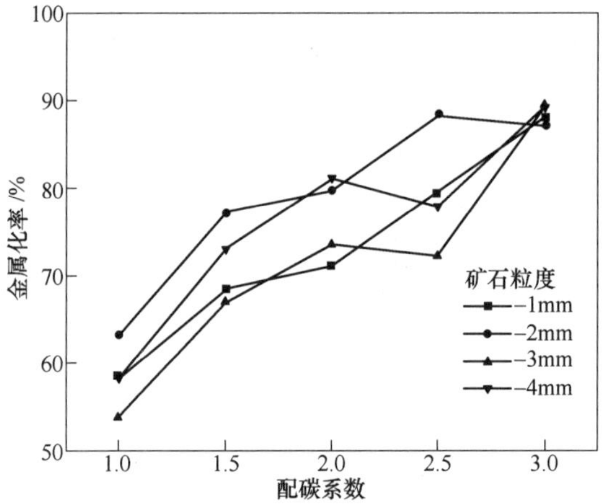

图 3-61　金属化率与配碳系数的关系

还原物料磁选精矿金属化率与配碳系数关系如图 3-62 所示，磁选精矿回收率、品位与配碳系数关系如图 3-63 所示。由图 3-62 和图 3-63 可以看出，不同配碳系数的还原物料磁选精矿金属化率、回收率变化趋势明显。配碳系数低时还原物料金属化率低，因而磁选精矿金属化率也低，较低的金属化率使矿石中大部分铁矿物仍然呈氧化物状态存在于矿石中，因而在磁选过程中难以回收，使得精矿回收率偏低；随着配碳系数的增加，还原物料金属化率上升，矿石中的铁氧化物逐渐转化为金属铁，因而在磁选过程中被逐渐回收进入精矿，提高了精矿回收率。

3.3.3.4　矿石粒度对深度还原过程的影响

矿石粒度的大小也一定程度影响还原物料金属化率，入炉矿石粒度小，还原

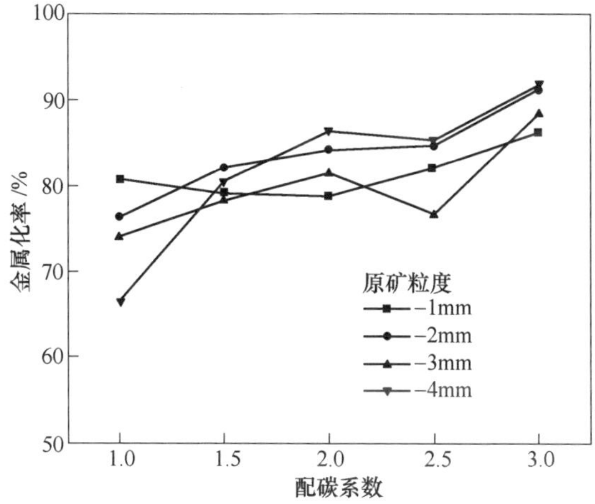

图 3-62 磁选精矿金属化率与配碳系数的关系

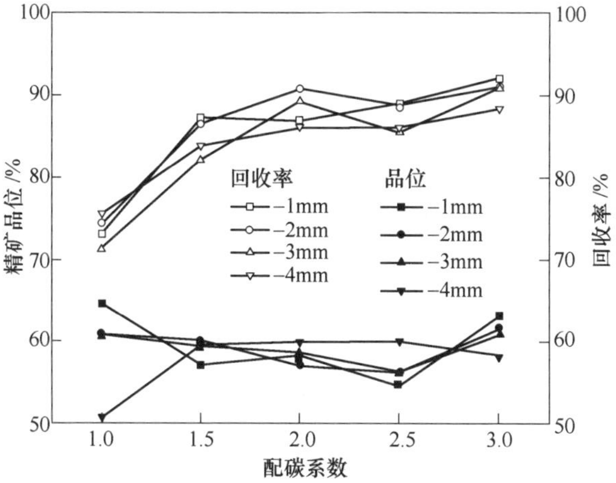

图 3-63 配碳系数对磁选结果的影响

速度快，还原比较彻底。不同矿石粒度对深度还原物料的金属化率的影响如图 3-64 所示，还原物料磁选精矿金属化率、回收率及品位与矿石粒度关系如图 3-65 所示。由图 3-64 可以看出，还原物料金属化率随矿石粒度的增加而降低。矿石粒度由-1.0mm 增加到-4.0mm 时，还原物料金属化率由 88.09%迅速下降到 79.30%。由图 3-65 可知，随矿石粒度的增加，磁选精矿的金属化率处于稳定状态，在 90%左右波动；而精矿的回收率和铁品位都随之逐渐降低。

3.3.3.5 配煤粒度对深度还原过程的影响

配煤粒度对-2.0mm 和-4.0mm 矿石深度还原物料的金属化率的影响如图

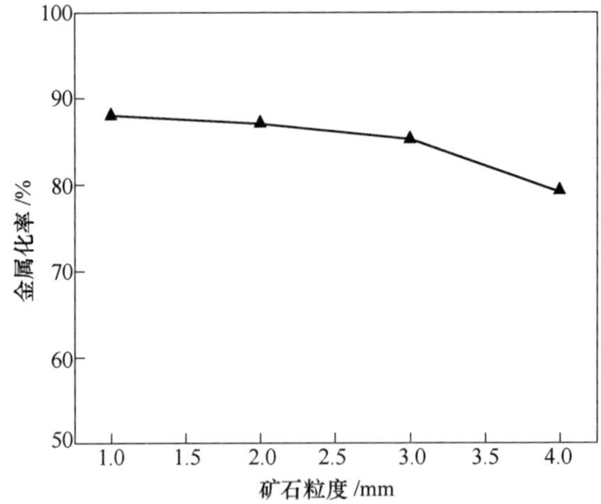

图 3-64　金属化率与矿石粒度的关系

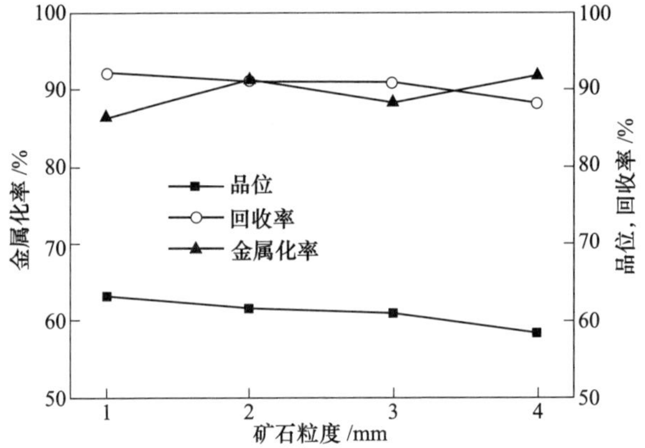

图 3-65　矿石粒度对磁选结果的影响

3-66 所示，还原物料磁选精矿金属化率与还原时间关系如图 3-67 所示，磁选精矿回收率、品位与还原时间关系如图 3-68 所示。由图 3-66 可以看出，还原物料金属化率随配煤粒度增加而降低。当矿石粒度为-2mm 条件下，当煤粒度由-1.0mm 增加到-3.0mm 时，还原物料金属化率由 87.12%迅速下降到 78.47%；在还原煤粒度相同的条件下，原矿粒度越粗还原物料金属化率越低。由图 3-67、图 3-68 可以看出，随还原煤粒度的增加，磁选精矿产品金属化率、回收率和铁品位都随之降低。

3.3.4　临江羚羊铁矿石深度还原磁选

3.3.4.1　还原温度对深度还原过程的影响

还原温度对羚羊铁矿石深度还原物料金属化率的影响如图 3-69 所示，对还原

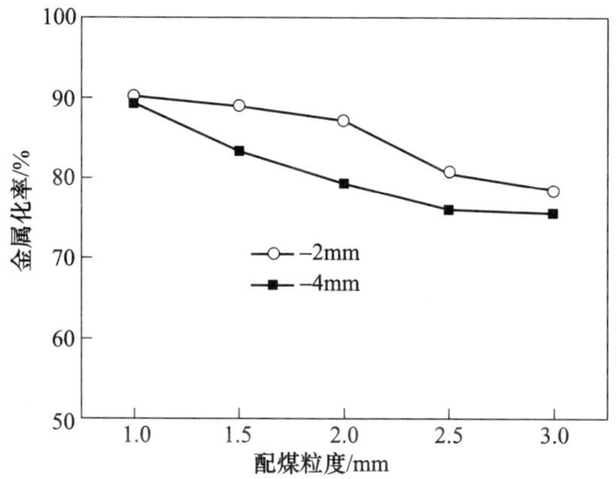

图 3-66 金属化率与配煤粒度的关系

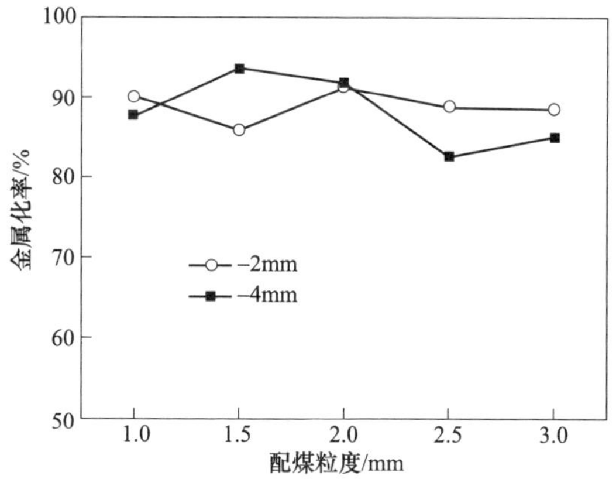

图 3-67 配煤粒度对磁选精矿金属化率的影响

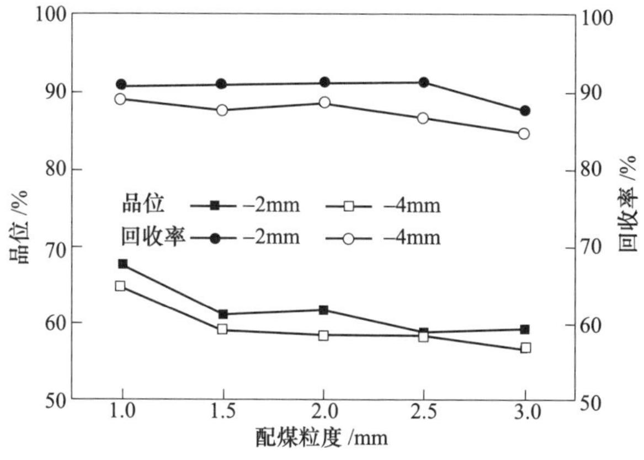

图 3-68 配煤粒度对磁选结果的影响

物料的磁选结果的影响如图 3-70 所示。由图 3-69 所示，随着还原温度的升高，还原物料的全铁品位、金属铁含量和金属化率逐渐增大。当还原温度升高到1275℃时，还原物料的全铁品位、金属铁含量和金属化率达到最大。此时，全铁品位、金属铁含量和金属化率的值分别为 46. 11%、41. 30% 和 89. 57%。由图 3-70 可知，总体上，随着还原温度的升高，深度还原铁粉产品的铁品位和回收率逐渐增大。当还原温度升高到 1275℃时，铁品位和回收率达到最大，其值分别为 73. 93% 和 93. 65%；当还原温度继续升高到 1300℃时，铁的回收率继续升高而铁品位下降。

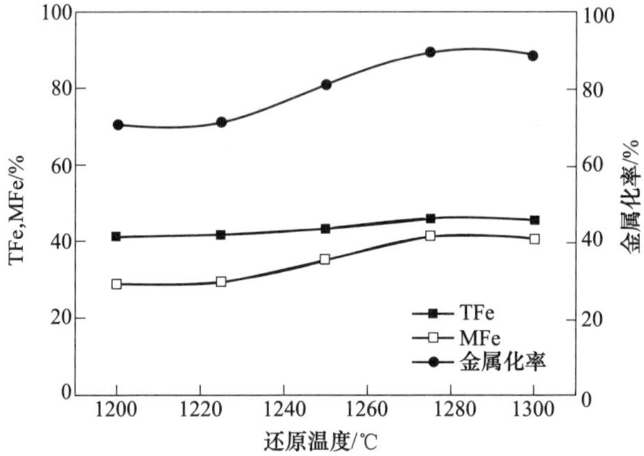

图 3-69　还原温度对金属化率的影响

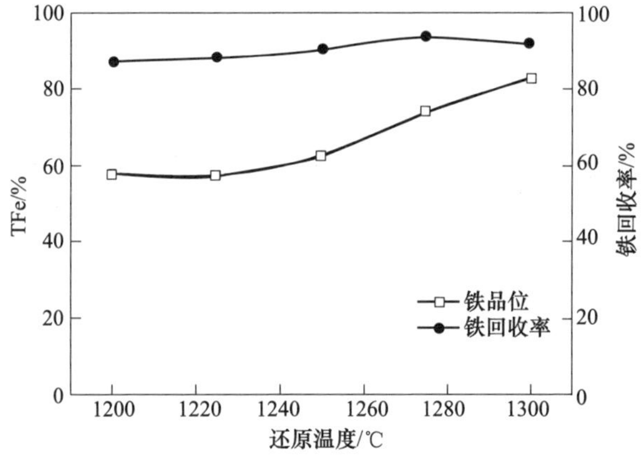

图 3-70　还原温度对磁选结果的影响

3.3.4.2　还原时间对深度还原过程的影响

还原时间对羚羊铁矿石深度还原物料金属化率影响如图 3-71 所示，对还原物料的磁选结果的影响如图 3-72 所示。由图 3-71 可知，在还原时间由 20min 延长至 40min 的过程中，还原物料的金属化率大幅度增加。当反应时间延长到 40min 以后，还原物料的金属化率均达到 85%以上；当还原时间达到 50min 时，还原物料的金属化率达到最大值 94.36%，此时还原物料的全铁品位和金属铁含量分别为 46.46%和 43.84%。由图 3-72 可知，随着反应时间由 20min 延长至 40min，深度还原铁粉产品的铁品位和回收率增大；当反应时间达到 40min 后，铁的回收率基本保持稳定，均达到 94%以上，而铁品位波动较大；当反应时间为 50min 时，铁的品位和回收率均较大，其值分别为 74.19%和 96.53%。

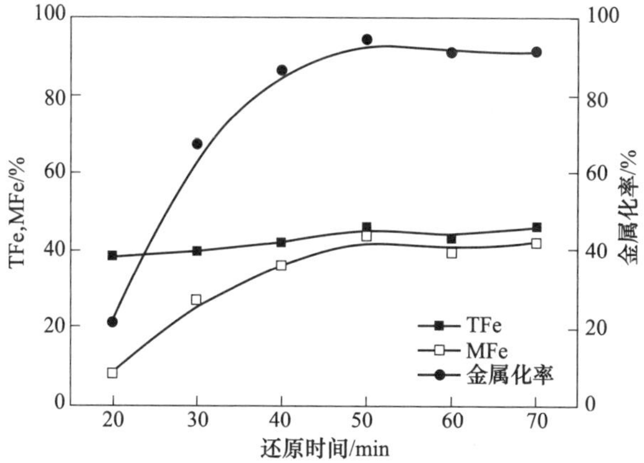

图 3-71　还原时间对金属化率的影响

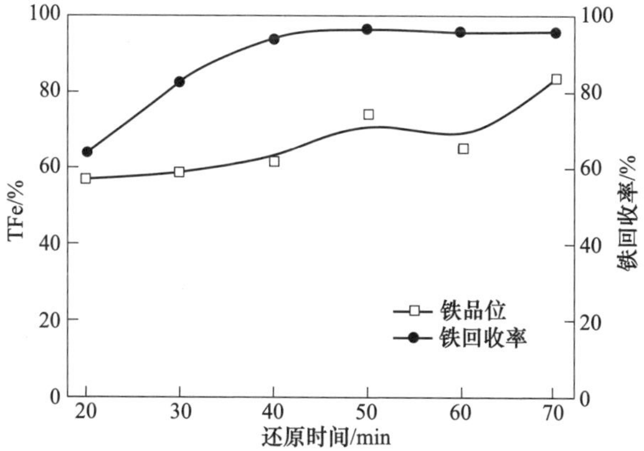

图 3-72　还原时间对磁选结果的影响

3.3.4.3　配煤量对深度还原过程的影响

配煤量对羚羊铁矿石深度还原物料金属化率的影响如图 3-73 所示，对还原物料的磁选结果的影响如图 3-74 所示。由图 3-73 可知，随着配煤过剩倍数的增加，总体上，还原物料的全铁品位下降，而金属化率增加。当配煤过剩倍数达到 2.0 以后，还原物料的金属化率变化较小，维持在 80%左右；当配煤过剩倍数为 3.0 时，还原物料的金属化率为 83.42%，而全铁品位和金属铁含量分别为 38.96%和 32.50%。由图 3-74 可知，深度还原铁粉产品的铁品位先减小后增大。而配煤过剩倍数由 1.0 增大到 2.0 的过程中，铁的回收率逐渐增大；当配煤过剩倍数达到 2.0 以后，深度还原铁粉产品的铁回收率基本保持不变，维持在 90%以上；当配煤过剩倍数为 3.0 时，铁的品位和回收率分别为 65.05%和 91.14%。

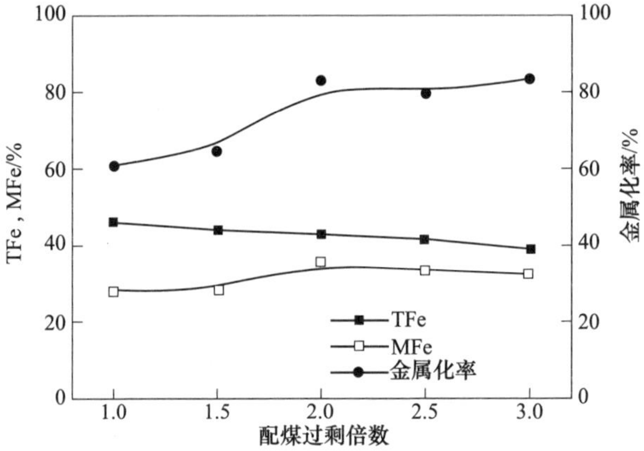

图 3-73　配煤量对金属化率的影响

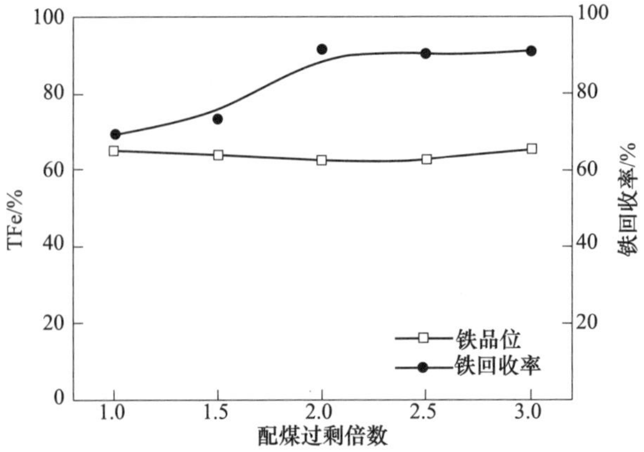

图 3-74　配煤量对磁选结果的影响

3.3.4.4 煤粉粒度对深度还原过程的影响

煤粉粒度对羚羊铁矿石深度还原金属化率的影响如图 3-75 所示，对还原物料的磁选结果的影响如图 3-76 所示。由图 3-75 可知，当还原煤粒度为-0.5mm 和-2.5mm 时，还原物料的金属化率的值较大，均达到 88%以上；而当还原煤的粒度为-1.0mm、-1.5mm 和-2.0mm 时，还原物料的金属化率相对较低，稳定在 80%左右；当还原煤粒度为-2.0mm 时，还原物料的全铁品位、金属铁含量和金属化率分别为 44.31%、35.42%和 79.94%。由图 3-76 可知，深度还原铁粉产品的铁品位和回收率随着还原煤粒度的变化波动较大。当还原煤粒度为-0.5mm 时，铁粉产品的铁品位达到最大值；当还原煤的粒度为-1.5mm 时，铁粉产品的铁回收率达到最大值。

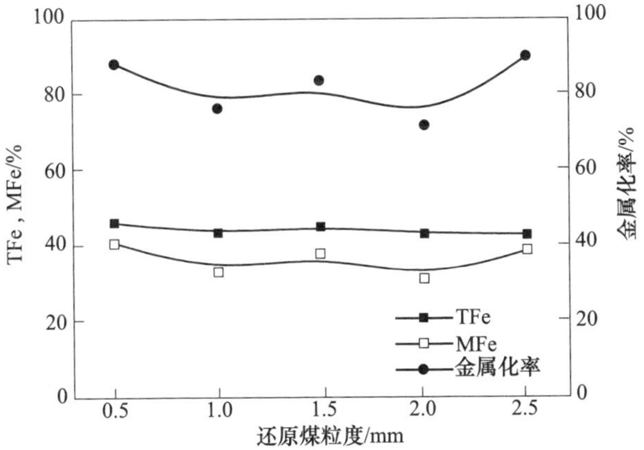

图 3-75 还原煤粒度对金属化率的影响

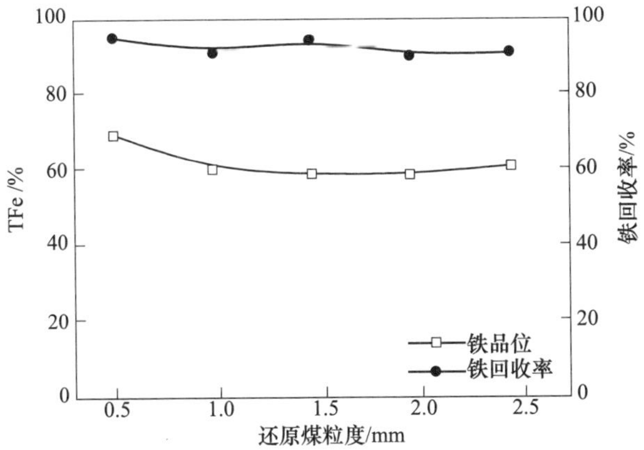

图 3-76 还原煤粒度对磁选结果的影响

3.3.4.5 矿石粒度对深度还原过程的影响

矿石粒度对羚羊铁矿石深度还原金属化率的影响如图 3-77 所示，对还原物料的磁选结果的影响如图 3-78 所示。由图 3-77 可知，随着矿石粒度的增加，还原物料的金属化率先增大后减小，当矿石粒度为-2.0mm 时，还原物料的金属化率达到最大，其值为 88.96%；在此条件下，还原物料的全铁品位和金属铁含量分别为 45.76%和 40.71%。由图 3-78 可知，随着矿石粒度增加，深度还原铁粉产品的铁回收率先增大后减小。当矿石粒度为-2.0mm 时，铁的品位和回收率达到最大值，分别为 71.60%和 96.06%。

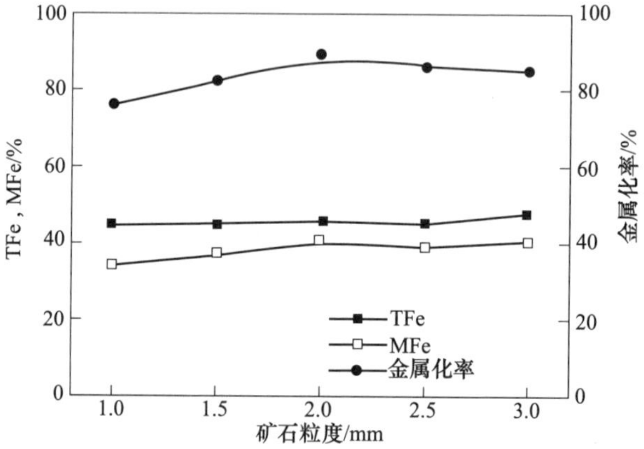

图 3-77　矿石粒度对金属化率的影响

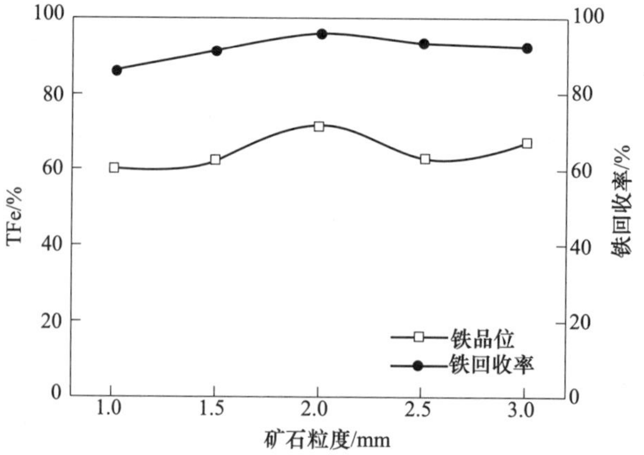

图 3-78　矿石粒度对磁选结果的影响

3.4 深度还原磁选半工业试验

依据深度还原基础理论研究和深度还原实验室小型试验结果，我们自主研发了半工业型深度还原装备，组建了深度还原磁选半工业试验系统，选取吉林临江羚羊铁矿石为原料开展了深度还原磁选半工业试验。

3.4.1 深度还原磁选半工业试验系统

深度还原-磁选半工业试验系统处理能力为200kg/h，该系统主要由板式深度还原炉、颚式破碎机、球磨机、磁选机组成，系统设备联系图如图 3-79 所示。深度还原高效分选工艺流程所使用的主要设备参数如下。

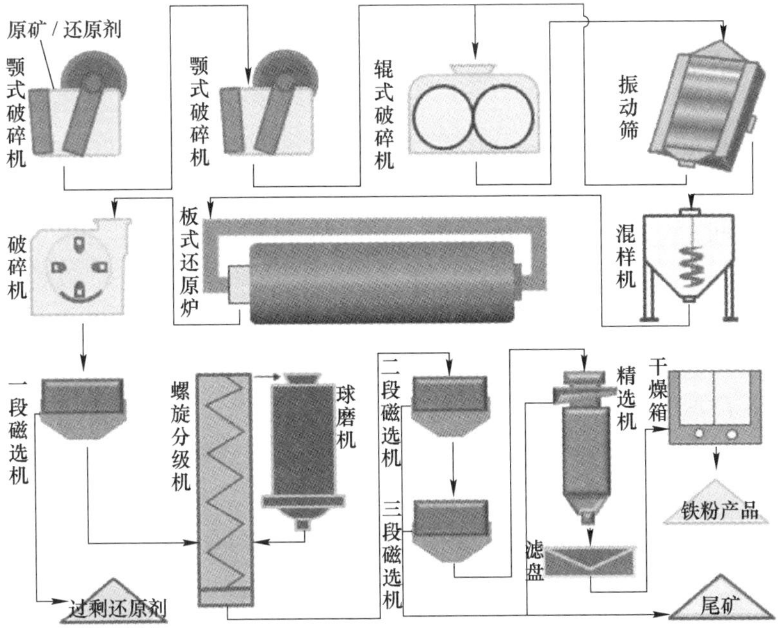

图 3-79 深度还原-高效分选中试系统设备联系图

(1) 颚式破碎机。一段粗碎采用 PEF250×400 型颚式破碎机，进料口尺寸 250mm×400mm，最大给料 210mm；第二段破碎采用 PEF150×150 型颚式破碎机，进料口尺寸 150mm×150mm，最大给料 120mm。结构主要由机架、偏心轴、大皮带轮、飞轮、侧护板、肘板、肘板后座、调隙螺杆、复位弹簧、固定颚板与活动颚板等组成，其中肘板还起到保险作用。衬板采用高强度锰钢材质（水韧处理），细碎采用 250×150 型对辊破碎机，筛分设备采用自定中心振动筛 ZKS-1000×2000。

(2) 球磨机。磨矿设备采用 ϕ600mm×1200mm 球磨机，装机功率 11kW，磨机由电机连接小齿轮驱动大齿轮带动球磨机筒体做回转运动，筒体内衬为锰钢衬板，磨矿介质为钢球，球磨机与 ϕ500 单螺旋分级机构成闭路磨矿。

（3）磁选机。磁选系统由一台 CTS-66（ϕ400×600）磁选机、两台 CTB-44（ϕ400×600）磁选机和一台 ϕ450 精选机构成，对深度还原炉处理的物料，冷却、锤碎后进行磁选。

（4）板式深度还原炉。板式深度还原炉采用双层加热方式，即把燃烧空间分为上下两层，以承载矿石的托盘为界。还原炉主体结构为炉体、炉衬、燃烧系统、管道系统、托盘传动系统等。板式深度还原炉以热值为 47MJ/kg 的液化石油气为原料，处理能力达 5t/d。

3.4.2　半工业试验工艺流程

吉林临江羚羊铁矿石深度还原-高效分选的工艺流程如图 3-80 所示。此工艺流程是在考虑半工业试验生产线连续生产的前提下提出来的，如个别作业采用批次或间歇式生产，相关作业可合并，流程可缩短，相应的设备也可减少。深度还原炉中移动料盘的大小为 1m×1m。首先针对深度还原炉进行烘炉、调试和改进，待还原炉工作平稳后，进行深度还原半工业试验研究。在深度还原过程中，为了保证焙烧时间 1h，以确保每 20min 移出一个料盘。在深度还原半工业试验过程中，每 50min 取样化验出料料盘中物料的 TFe、MFe 和金属化率，以检测还原的效果；同时，取样进行分选试验以进一步确定适宜的深度还原工艺条件。通过深度还原工艺条件试验，确定最佳的深度还原半工业试验的工艺条件，并在此条件下制备充足的深度还原物料为高效分选提供足够的原料。针对深度还原物料进行高效分选半工业试验研究。分选试验过程中，定期进行流程考察，取样分析化验 TFe 品位、粒度和浓度，并对精矿进行多元素分析，同时整理和分析相关数据，最终获得该流程的数质量流程图。

3.4.3　深度还原半工业试验条件优化

首先进行了深度还原半工业试验条件试验，主要考察了料层厚度、添加剂用量等对深度还原过程的影响，试验条件设置见表 3-17。

表 3-17　深度还原试验条件

编号	还原温度/℃	还原时间/min	配煤过剩倍数	料层厚度/mm	是否盖煤	添加剂用量/%
1 号	1275	60	3.0	90	是	
2 号	1275	60	3.0	70	是	
3 号	1275	40	3.0	50	是	10
4 号	1275	60	3.0	50	是	10

续表 3-17

编号	还原温度/℃	还原时间/min	配煤过剩倍数	料层厚度/mm	是否盖煤	添加剂用量/%
5 号	1275	60	3.0	50	是	
6 号	1275	60	3.0	50	是	10
7 号	1275	60	3.0	30	是	
8 号	1275	60	3.0	30	否	

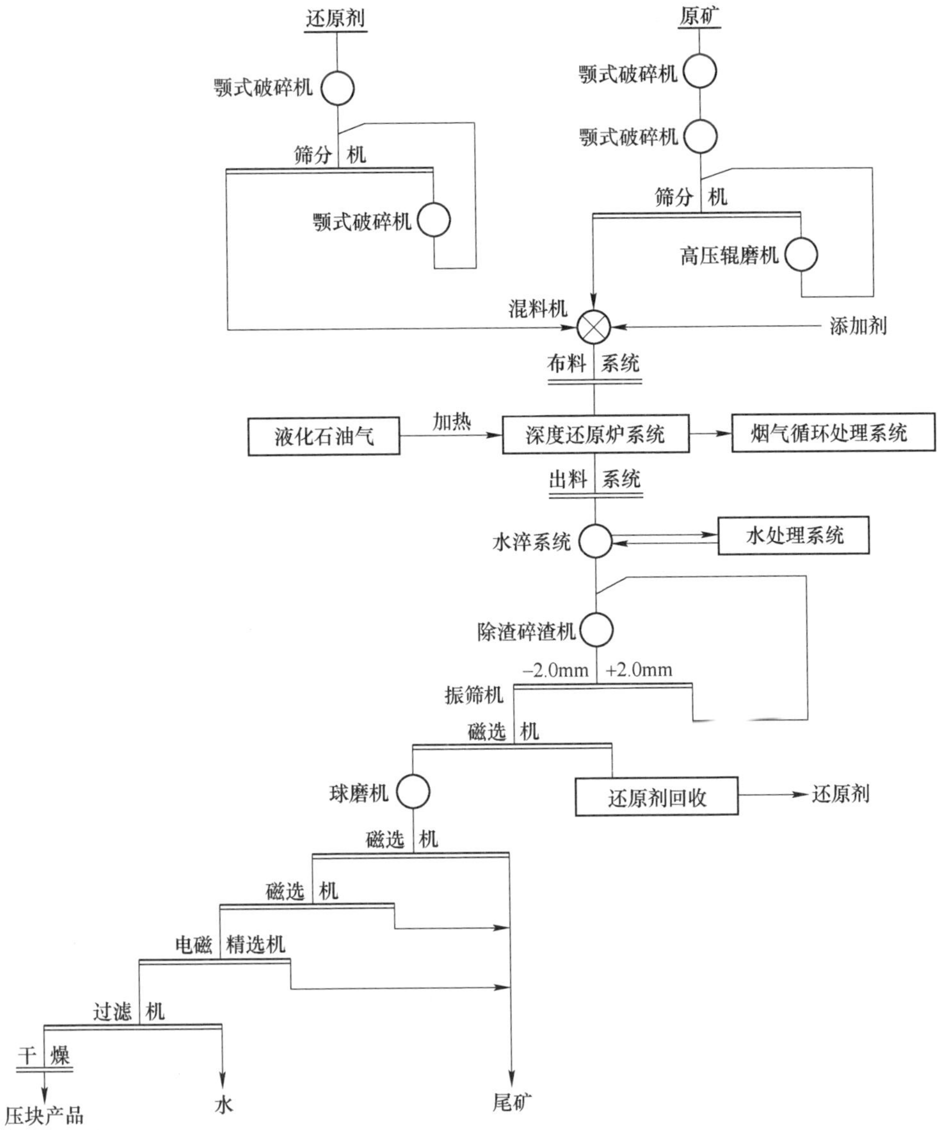

图 3-80 深度还原-高效分选半工业试验工艺流程

3.4.3.1　料层厚度对深度还原过程的影响

A　还原物料的金属化率检测结果

针对不同料层厚度30mm、50mm、70mm和90mm的物料进行深度还原半工业试验研究，试验结果见表3-18。试验结果表明，随着料层厚度的增加，深度还原物料的金属化率逐渐降低。

表 3-18　还原物料的金属化率

编号	料层厚度/mm	TFe/%	MFe/%	金属化率/%
7号	30	44.13	27.98	63.32
5号	50	42.03	20.69	49.23
2号	70	44.19	11.01	24.92
1号	90	44.19	8.70	19.69

B　还原物料分选试验结果

针对料层厚度为30mm、50mm、70mm和90mm的还原物料进行分选工艺研究。首先进行摇床选别脱煤，对脱煤后的摇床精矿细磨后进行两段磁选，进而获得最终精矿产品。工艺流程如图3-81所示，试验结果见表3-19。试验结果表明，随着料层厚度的增加，最终精矿产品的铁品位基本保持不变，但铁回收率逐渐降低，当料层厚度为30mm时可获得铁品位82.46%、铁回收率94.77%的铁精矿产品。根据以上试验结果，为了进一步提高深度还原的处理能力，选取料层厚度为50mm进行后续的深度还原半工业条件试验研究。

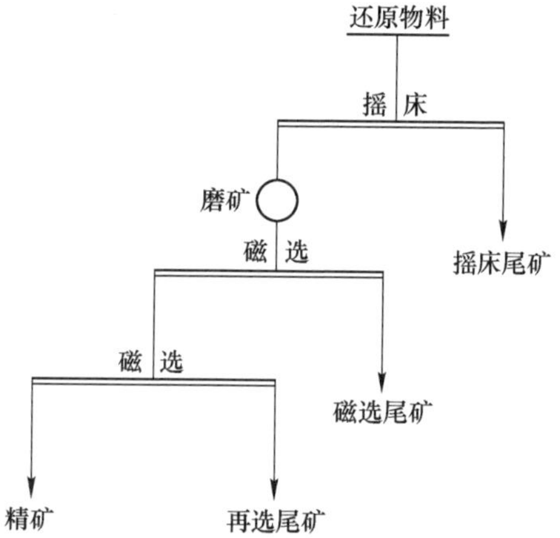

图 3-81　还原物料选矿试验流程

表 3-19　还原物料分选试验结果

编号	料层厚度/mm	磨矿细度 −74mm/%	产品名称	总产率/%	TFe/%	总回收率/%
8号	30	45.21	精矿	47.20	88.46	94.53
			磁选尾矿	16.04	10.03	3.64
			摇床尾矿	36.76	2.20	1.83
			还原物料	100.00	44.17	100.00

续表 3-19

编号	料层厚度/mm	磨矿细度 -74mm/%	产品名称	总产率/%	TFe/%	总回收率/%
5 号	50	55.45	再选精矿	43.22	79.62	79.60
			再选尾矿	13.03	20.24	6.10
			磁选尾矿	31.07	18.49	13.29
			摇床尾矿	12.68	3.44	1.01
			还原物料	100.00	43.23	100.00
2 号	70	79.00	再选精矿	37.91	60.08	50.20
			再选尾矿	9.05	39.79	7.94
			磁选尾矿	47.09	35.81	40.16
			摇床尾矿	11.22	15.25	4.08
			还原物料	100.00	44.95	100.00
1 号	90	80.62	精矿	25.25	58.05	34.08
			再选尾矿	13.06	45.70	13.88
			磁选尾矿	57.95	36.27	51.05
			摇床尾矿	6.08	13.45	1.90
			还原物料	100.00	42.46	100.00

3.4.3.2　添加剂对深度还原过程的影响

A　还原物料的金属化率检测结果

在料层厚度为 50mm 的条件下，为了进一步提高最终产品的质量针对不同焙烧时间以及不同添加剂用量的物料进行深度还原试验研究，试验结果见表 3-20。试验结果表明，当加入添加剂且还原时间较短时深度还原物料的金属化率相对较低，在相同时间下物料加入添加剂后深度还原的效果略优于未加添加剂的深度还原效果。

表 3-20　还原物料的金属化率检测结果

编号	TFe/%	MFe/%	金属化率/%
5 号	42.03	20.69	49.23
6 号	43.06	23.90	55.50
3 号	41.67	17.06	40.94
4 号	41.99	19.00	45.25

B　还原物料的分选试验结果

针对 6 号、5 号、3 号和 4 号样品，先进行摇床选别脱煤，对摇床精矿经细磨后进行磁选，以获得最终的精矿产品。选矿工艺流程如图 3-81 所示，试验结果见表 3-21。表 3-21 所示试验结果表明，在焙烧时间 1h 且不加添加剂的条件下可获得选别指标更好的精矿产品，但针对料层厚度为 50mm 的物料，很难获得质量合格的精矿产品。因此，选用料层厚度为 30mm，在焙烧时间 1h、未添加添加剂的条件下进行后续的深度还原试验研究。

表 3-21　还原物料分选试验结果

编号	磨矿细度 -74mm/%	产品名称	产率/%	TFe/%	回收率/%
6 号	61.84	精矿	53.35	62.66	72.60
		再选尾矿	15.78	26.09	8.94
		磁选尾矿	26.35	27.52	17.40
		摇床尾矿	14.65	16.21	5.70
		还原物料	100.00	41.67	100.00
5 号	55.45	精矿	43.22	79.62	79.60
		再选尾矿	13.03	20.24	6.10
		磁选尾矿	31.07	18.49	13.29
		摇床尾矿	12.68	3.44	1.01
		还原物料	100.00	43.23	100.00
3 号	62.57	精矿	48.49	60.31	65.73
		再选尾矿	15.49	30.90	10.76
		磁选尾矿	34.25	29.04	23.10
		摇床尾矿	4.94	15.52	1.78
		还原物料	100.00	43.06	100.00
4 号	65.77	精矿	48.46	59.91	65.69
		再选尾矿	17.01	30.74	11.83
		磁选尾矿	31.90	28.78	21.85
		摇床尾矿	7.58	15.58	2.81
		还原物料	100.00	42.03	100.00

3.4.3.3　盖煤工艺对深度还原过程的影响

A　还原物料的金属化率检测结果

在深度还原过程中，混合物料表面是否盖煤对深度还原过程存在一定的影响，试验结果见表 3-22。试验结果表明，当混合物料表面未盖煤时，可获得金属化率相对较高的还原物料产品。

表 3-22 还原物料的金属化率检测结果

编号	是否盖煤	TFe/%	MFe/%	金属化率/%
7号	是	44.13	27.98	63.32
8号	否	42.17	36.85	87.38

B 深度还原物料的分选试验结果

为了进一步考察7号和8号样品深度还原效果，针对还原物料进行磨矿磁选试验研究，试验流程如图3-81所示，试验结果见表3-23，重现性结果见表3-24。试验结果表明，8号样品的选别效果明显优于7号样品，说明在试验过程中无须在还原物料上加盖煤粉。

表 3-23 还原物料分选试验结果

编号	产品名称	产率/%	TFe/%	回收率/%
8号 (未盖煤)	精矿	44.77	88.68	86.94
	再选尾矿	15.23	17.55	5.85
	磁选尾矿	40	8.23	7.21
	还原物料	100.00	45.67	100.00
7号 (盖煤)	精矿	60.97	59.85	97.02
	再选尾矿	39.03	19.73	20.47
	磁选尾矿	36.82	19.74	19.32
	还原物料	136.82	37.61	136.82

表 3-24 还原物料分选重现性试验结果

编号	磨矿细度-74mm/%	产品名称	总产率/%	TFe/%	总回收率/%
8号 (未盖煤)	43.19	精矿	44.77	88.68	86.94
		再选尾矿	15.23	17.55	5.85
		磁选尾矿	40	8.23	7.21
		还原物料	100.00	45.67	100.00
7号 (盖煤)	45.21	精矿	60.97	59.85	97.02
		再选尾矿	39.03	19.73	20.47
		磁选尾矿	36.82	19.74	19.32
		还原物料	136.82	37.61	136.82

3.4.4 连续稳定运行试验

在深度还原半工业条件试验研究的基础上，确定最佳的半工业深度还原试验条件为：还原温度 1275℃、还原时间 60min、配煤过剩倍数 3.0、料层厚度 30mm、未盖煤。在上述条件下进行了深度还原连续稳定运行试验，并为后续深度还原物料的高效分选过程提供原料。共计制备了 40t 深度还原物料以备后续试验使用。还原物料性质检测结果见表 3-25。

表 3-25　最佳条件下稳定运行深度还原试验结果

取样编号	TFe/%	MFe/%	金属化率/%
1	42.16	37.64	89.29
2	41.94	37.23	88.77
3	41.85	37.76	90.22
4	42.39	38.08	89.84
5	42.70	38.04	89.10
6	42.37	38.02	89.73
7	42.34	38.24	90.32
8	42.19	37.80	89.60
9	42.71	38.58	90.32
平均	42.29	37.93	89.69

3.4.5　深度还原物料高效分选半工业试验

针对深度还原物料进行了分选工艺流程试验研究。还原物料经过一段捶碎后通过 2mm 筛，捶碎后产品经过一段磁选抛除过剩还原剂，一段磁选精矿给入球磨机中进行磨矿，细磨后产品经过二段磁选后给入精选机中进行精选，精选后产品为最终产品，分选试验流程如图 3-82 所示。经过现场流程调试，流程基本达到平衡后，开始进行流程考察，针对流程各个作业产品进行取样化验分析，主要取样点和检测项目见表 3-26。

表 3-26　流程考察取样点及检测内容

取样点代号	取样点名称	TFe/%	MFe/%	浓度/%	粒度（-0.074mm 含量）
1	还原物料	√	√	√	
2	-2.0mm 产品	√		√	
3	一段磁选给矿				
4	一段磁选精矿	√		√	
5	一段磁选尾矿	√		√	√
6	球磨排矿	√		√	
7	二段磁选给矿				

续表 3-26

取样点代号	取样点名称	TFe/%	MFe/%	浓度/%	粒度（-0.074mm 含量）
8	二段磁选精矿	√		√	
9	二段磁选尾矿	√		√	
10	三段磁选精矿	√		√	
11	三段磁选尾矿	√		√	
12	精矿（铁粉产品）	√		√	
13	精选尾矿	√		√	
14	总尾矿	√		√	

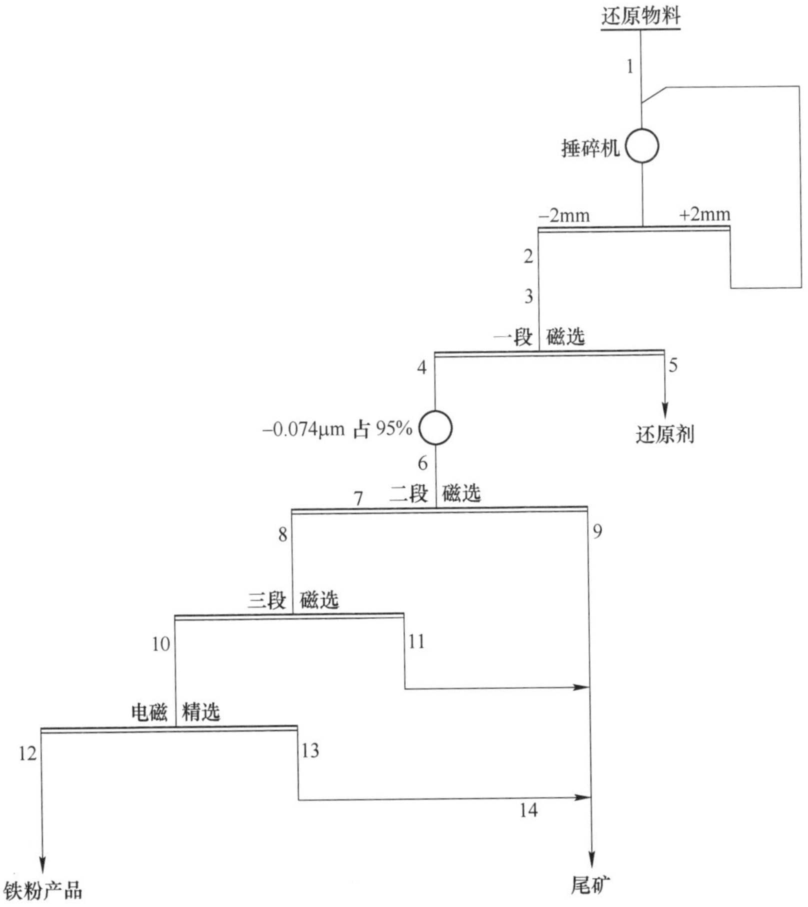

图 3-82　还原物料分选试验流程

根据流程考察试验结果，最终获得深度还原物料分选数质量流程如图 3-83 所示。由图 3-83 可知，还原物料经分选后，可获得铁品位 88.49%、回收率 89.07%、产率 42.55%的还原铁粉产品，且最终磁选尾矿的品位为 10.78%。

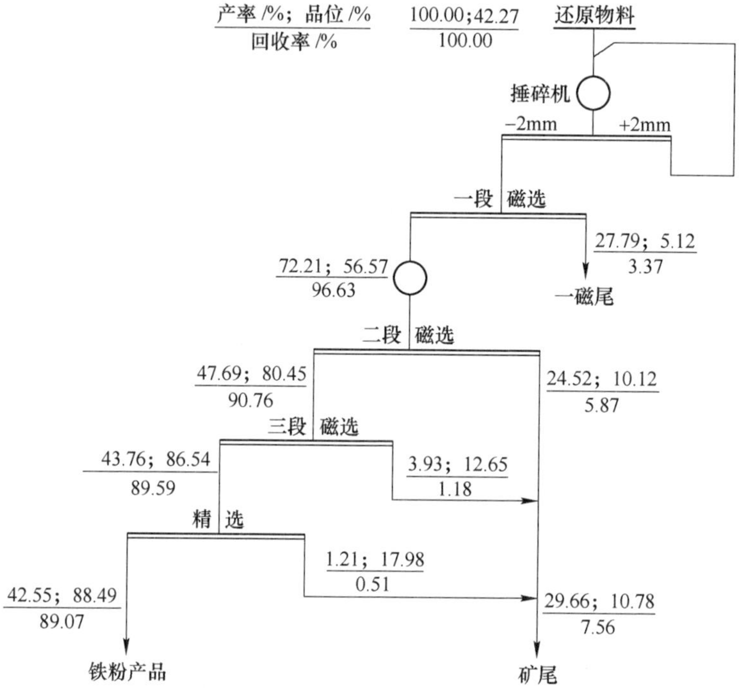

图 3-83　还原物料产品分选数质量流程

深度还原铁粉产品的化学分析结果见表 3-27。分析结果表明，该铁粉产品金属铁含量较高，有害元素含量较少，可作为后续炼钢原料使用。深度还原产品的 SEM 图像如图 3-84 所示，结果表明，经过深度还原分选后可获得由形状规则的铁颗粒组成的铁粉产品。

图 3-84　深度还原铁粉产品的 SEM 图像

表 3-27 半工业试验深度还原铁粉产品化学组成

组分	TFe	MFe	CaO	MgO	Mn	Al_2O_3
含量/%	88.49	76.20	0.55	0.48	2.72	1.76
组分	SiO_2	TiO_2	S	P	La	Ce
含量/%	2.87	0.16	0.088	0.20	0.015	0.036

参考文献

[1] Li S F, Sun, Y S, Han Y X, et al. Fundamental research in utilization of an oolitic hematite by deep reduction [J]. Advanced Materials Research, 2011, 158: 106~112.

[2] Sun Y S, Han Y X, Gao P, et al. Recovery of iron from high phosphorus oolitic iron ore using coal-based reduction followed by magnetic separation [J]. International Journal of Minerals, Metallurgy, and Materials, 2013, 20 (5): 411~419.

[3] 李艳军，韩跃新，朱一民，等. 临江羚羊铁矿石深度还原试验研究 [J]. 东北大学学报（自然科学版），2012，33（1）：137~140.

[4] 高鹏，韩跃新，李艳军，等. 白云鄂博氧化矿石深度还原-磁选试验研究 [J]. 东北大学学报（自然科学版），2010，31（6）：886~889.

[5] Li K Q, Ni W, Zhu M, et al. Iron extraction from oolitic iron ore by a deep reduction process [J]. Journal of Iron and Steel Research, International, 2011, 18 (8): 9~13.

[6] Yu W, Sun T C, Liu Z Z, et al. Effects of particle sizes of iron ore and coal on the strength and reduction of high phosphorus oolitic hematite-coal composite briquettes [J]. ISIJ International, 2014, 54 (1): 56~62.

[7] 徐承焱，孙体昌，寇珏，等. 还原剂组分对高磷鲕状赤铁矿直接还原效果的影响 [J]. 金属矿山，2014（12）：61~65.

[8] 曹允业，孙体昌，高恩霞，等. 煤的挥发分对高磷鲕状赤铁矿直接还原焙烧的影响 [J]. 东北大学学报（自然科学版），2014，35（9）：1346~1349.

[9] Li G H, Rao M J, Ouyang C Z, et al. Distribution characteristics of phosphorus in the metallic iron during solid-state reductive roasting of oolitic hematite ore [J]. ISIJ International, 2015, 55 (11): 2304~2309.

[10] Li G H, Zhang S H, Rao M J, et al. Effects of sodium salts on reduction roasting and Fe-P separation of high-phosphorus oolitic hematite ore [J]. International Journal of Mineral Processing, 2013, 124: 26~34.

[11] 朱德庆，翟勇，潘建，等. 煤基直接还原-磁选超微细贫赤铁矿新工艺 [J]. 中南大学学报，2008，39（6）：1133~1138.

[12] 方觉. 非高炉炼铁工艺与理论 [M]. 北京：冶金工业出版社，2003.

4 超级铁精矿与洁净钢基料绿色制备

4.1 引言

钢铁作为最重要的结构和功能材料，在国民经济、人民生活、国家安全等方面发挥着不可替代的作用。我国钢铁工业历经十余年的快速发展，产能、产量迅速增长，有力地支撑了我国经济的快速发展。但我国钢铁行业关键技术缺乏创新、产品研发限于跟跑，从而导致产品缺乏特色，中低端产品严重过剩。尤其是随着我国钢铁工业步入发展的“新常态”，其高能耗、高污染、低效益、低品质等问题日益突出。因此，通过技术创新实现钢铁行业的高效绿色化转型发展，减少钢铁生产工艺过程的资源和能源消耗，减少污染排放，提高钢铁产品的质量，推动我国钢铁材料产品从中低端向中高端迈进，已成为我国钢铁工业和钢铁材料产品科技发展的首要任务。

随着国防、交通、石油、汽车等行业发展和技术进步，对钢材的性能要求不断提高，我国对高端钢材产品的需求也与日俱增。由于受铁矿资源禀赋所限，我国高品质钢材的生产主要采用高炉—转炉传统冶炼流程。这就导致铁水中残留元素需在铁水预处理、转炉炼钢等过程中去除，造成了炼钢工艺流程复杂、成本上升，不仅生产难度大、消耗高，同时钢的化学成分及材质稳定性难以控制，限制了我国高端钢产品的发展。为满足对高端钢材的需求，我们不得不高价大量进口国外相应产品。高端钢材的进口不仅对我国钢铁行业产生严重影响，也对我国装备制造、国防等工业发展具有一定限制。因而，通过技术创新降低我国优质钢材的生产成本，提高高端钢材的产量，对于保障我国社会、经济、科技的健康可持续发展意义重大。

近年来，我国近50%地区不同程度出现雾霾天气，环境问题十分严重。尽管我国钢铁工业节能环保工作取得了重大进展，但作为能源消耗和大气污染物排放的大户，其对环境造成的破坏仍然相当严重。据统计，我国钢铁工业能源消耗占全国总能耗的15%左右，二氧化碳排放量约占全国排放量的12%，废水排放约占工业废水排放总量的15.65%，粉尘排放约占工业粉尘排放总量的15.65%，烟尘排放约占全国烟尘排放的8.3%，二氧化硫排放约占全国工业二氧化硫排放的

7.4%，废气排放约占全国工业废气排放量的21.31%。钢铁工业的主要污染源有烧结、炼焦、炼铁、炼钢及附属工序，其中炼铁系统的能耗最高、污染最严重。因此，缩短钢铁生产流程、采用清洁生产技术是钢铁工业可持续发展的必由之路，更是改善我国生态环境质量的客观要求。

超级铁精矿是指含铁量高、脉石含量低的铁精矿，既是选矿的深加工产品，又是一种具有发展潜力的新型功能材料[1]。超级铁精矿制备的主要工艺方法包括浮选、磁选、重选以及各种方法的有效组合等，具体加工工艺应根据原料的矿石性质和产品质量标准确定。国外关于超级铁精矿的研究始于20世纪60年代，苏联、加拿大、美国、挪威等国先后开展了相关的研究工作[2,3]，并形成了一定的生产规模，生产出的超级铁精矿铁品位接近72.00%，二氧化硅小于0.50%。美国皮里齐选矿厂以TFe 69.0%，SiO_2含量2.0%的磁选精矿为原料，以季胺盐作为捕收剂进行浮选，每年生产3万~6万吨TFe71.50%、SiO_2含量0.15%的超纯铁精矿，用于制造磁性材料；德国某选厂采用烷基羟基醋酸胺浮选铁遂岩磁选精矿，经一次粗选两次扫选得到含TFe品位71.30%、SiO_2 1.01%的高纯铁精矿。

我国在20世纪60年代采用优质铁精矿生产磁性材料。东北大学在20世纪80年代分别以鞍山烧结总厂和齐大山两种焙烧磁选精矿、齐大山磁选精矿、歪头山磁选精矿、南芬磁选精矿、保国磁选精矿等普通铁精矿为原料进行超级铁精矿制备试验，均获得了SiO_2含量小于0.5%的超级铁精矿，其中南芬超级铁精矿TFe品位可达72%。但由于高品位铁精矿对二氧化硅含量的要求极为苛刻，且波动范围要求严格，当时国内生产的超纯铁精矿，无论产品的质量和数量均不能满足有关行业的要求。近年来，随着粉末冶金、直接还原、高端钢材及3D打印等技术的高速发展，对超级铁精矿的需求也日益增多，国内相关科研人员以多地优质铁矿资源开展了超级铁精矿技术研究[4]。

随着国防、交通、石油、汽车等行业发展和技术进步，对钢材的性能要求日益提高。钢中杂质元素、夹杂物等对钢的性能影响极大。1962年，Kiessling率先提出了洁净钢（clean steel）的概念，洁净钢是指对钢中杂质元素含量具有非常严格控制要求的钢种，一般要求硫、磷的质量分数小于0.01%，且对氢、氧以及低熔点金属的含量也有严格的要求。国内外对洁净钢的研究给予了高度重视，目前已经有许多大规模洁净钢生产企业建成投产，洁净钢的生产水平已成为企业综合竞争能力的重要表现之一。近年来我国高效率、低成本洁净钢生产技术取得了一定进展，但洁净钢生产的数量、品种、质量和成本均与世界先进水平有很大的差距，无法满足我国国民经济发展的需要，严重制约我国装备制造、国防等工业发展。

洁净钢生产需要低碳、低硫、低磷、有害及残留元素低的铁源原料——洁净钢水或洁净钢基料。我国目前生产的洁净钢主要采用高炉—转炉传统冶炼流程。我国铁矿资源禀赋差，整体呈现品位低、嵌布粒度细、组成复杂的特点。虽然经过复杂的选矿工艺处理可以生产出满足高炉冶炼要求的铁精矿，然而冶炼得到的铁水通常含有较多杂质。以高炉铁水为原料生产洁净钢时，铁水中残留元素需在铁水预处理、转炉炼钢等过程中去除，造成了炼钢工艺流程的复杂和成本的上升，不仅生产难度大、消耗高、碳排放量大，钢的化学成分及材质稳定性也难以控制，限制了我国洁净钢生产技术的发展。此外，高炉炼铁以焦碳为主要能源，排放大量污水、CO_2、硫化物、氮氧化物等，造成严重的环境污染。

除采用传统的高炉铁水外，工业纯铁（TFe 99.50%~99.90%）和纯铁（TFe>99.90%）也是洁净钢的主要基料，但我国工业纯铁和纯铁主要依靠进口，进口价格高达每吨数万元，严重影响我国洁净钢的生产。纯铁或超纯铁具有诸多特殊性能，不仅可用于冶炼各种高温合金、耐热合金、精密合金、马氏体时效钢等合金或钢材，还是雷达、通信、电机、电子管、人造卫星等国防、电子工业中的一种功能材料。因此，开发高效率、低成本洁净钢基料生产技术，成为钢铁行业十分迫切的任务之一。直接还原炼铁是以非焦煤为能源，在不熔化、不造渣的条件下，原料基本保持原有物理形态，铁的氧化物经还原获得以金属铁为主要成分的固态产品的技术方法。其产品直接还原铁中硅、锰、镍、铬、钛、钒、砷、锑、铋等元素含量比高炉铁水及废钢低 1~2 个数量级，是生产优质钢铁材料不可或缺的原材料。因此，以我国超级铁精矿为原料生产高品位直接还原铁（TFe>98.00%），再通过熔炼生产洁净钢基料（TFe>99.90%）是我国发展洁净钢工业的重要出路。

自 2003 年起，东北大学以优化铁矿产业结构、延伸铁矿产业链，实现我国铁矿石优质优用为目标，将矿物加工、直接还原和电炉熔炼等多学科有机结合，研究开发了铁精矿深度去杂、超级铁精矿选择性还原、直接还原铁品质控制、低碳熔炼等一系列关键技术，形成了基于源头控制杂质含量的“铁精矿深度提质—选择性直接还原—低碳电炉熔炼”超级铁精矿与洁净钢基料短流程绿色制备新技术，超级铁精矿及洁净钢基料短流程绿色制备技术示意图如图 4-1 所示。分别以辽阳、本溪、朝阳及山东、新疆的低品位磁铁矿为原料，开展了系统工艺、设备及高效常温脱硅浮选药剂研究，形成了预先抛尾—阶段窄级别磨矿—电磁精选—反浮选脱硅工艺流程，均获得了 TFe 品位>71.50%、二氧化硅及其他杂质含量小于 0.20%的超纯铁精矿产品，建成了多条超级铁精矿工业化生产线。

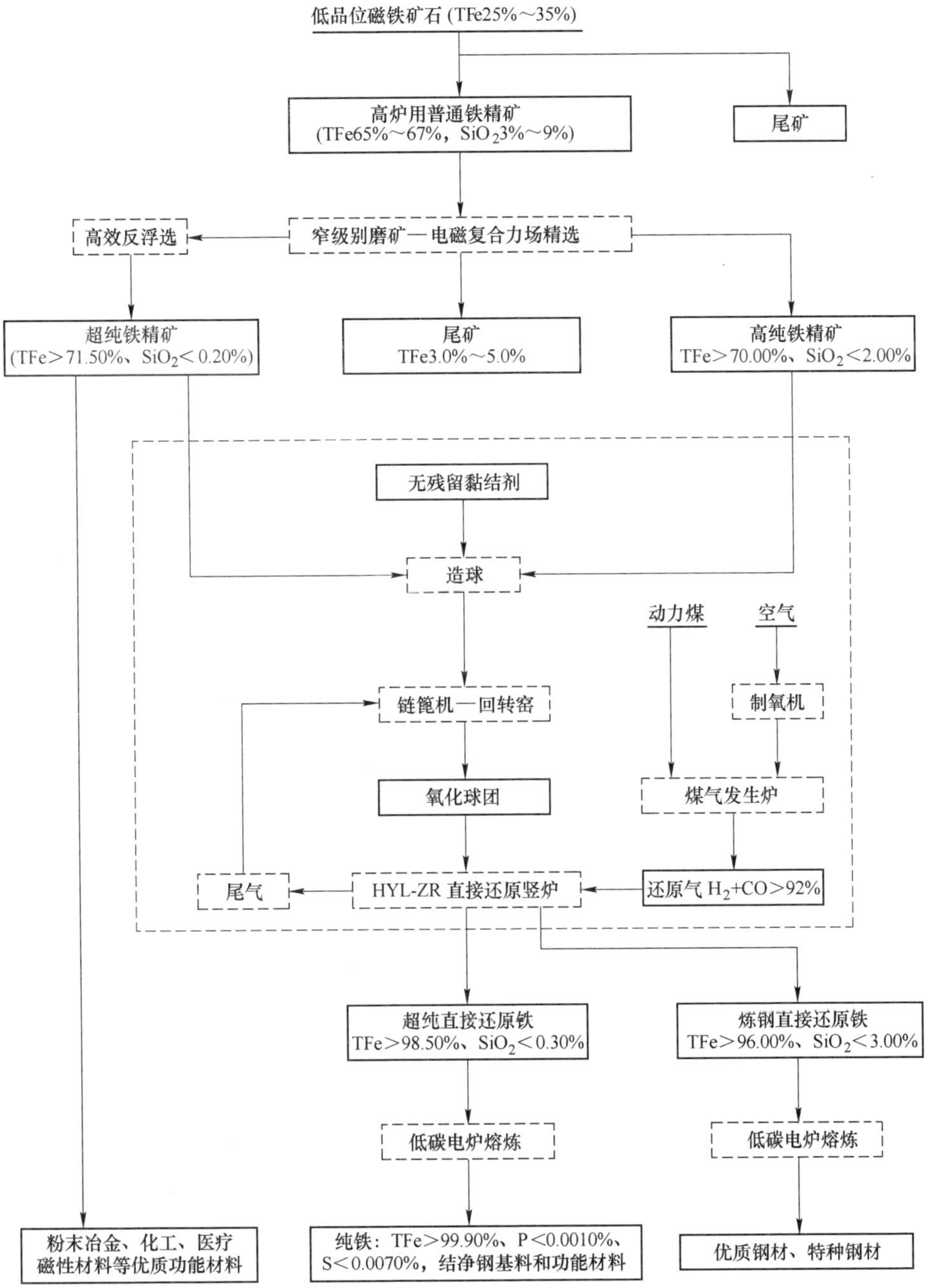

图 4-1　超级铁精矿及洁净钢基料短流程绿色制备技术示意图

4.2　铁精矿分类

铁精矿是指天然矿石经过破碎、磨碎、选矿等加工处理成的精矿粉。根据铁品位、杂质含量及用途，铁精矿可分为普通铁精矿和超级铁精矿两大类。普通铁精矿主要指用于高炉炼铁的精矿产品，依据原矿类型不同分为以磁铁矿为主的铁精矿、以赤铁矿为主的铁精矿、以钒钛磁铁矿为主的铁精矿和以多金属铁矿为主的铁精矿四类。根据普通铁精矿铁含量及其他理化指标的不同又划分为不同等级，见表 4-1~表 4-4。

表 4-1　磁铁精矿级别的划分

级别	理化指标（质量分数）/%						
	TFe	SiO_2	S	P	Al_2O_3	水分	粒度-0.075mm
C68	≥68.0	≤6.5	≤0.08	≤0.05	≤0.6	≤10.0	≥70.0
C67	67.0~<68.0	≤6.5	≤0.10	≤0.05	≤0.6	≤10.0	≥60.0
C66	66.0~<67.0	≤7.0	≤0.15	≤0.07	≤1.0	≤10.0	≥60.0
C65	65.0~<66.0	≤7.5	≤0.15	≤0.10	≤1.0	≤11.0	≥60.0
C63	63.0~<65.0	≤8.0	≤0.20	≤0.10	≤2.0	≤11.0	≥60.0
C60	60.0~<63.0	≤9.0	≤0.50	≤0.10	≤2.0	≤11.0	≥60.0

注：水分指标供参考。

表 4-2　赤铁精矿级别的划分

级别	理化指标（质量分数）/%						
	TFe	SiO_2	S	P	Al_2O_3	水分	粒度-0.075mm
H67	≥67.0	≤5.0	≤0.05	≤0.05	≤0.8	≤10.0	≥70.0
H66	66.0~<67.0	≤5.0	≤0.08	≤0.05	≤0.8	≤10.0	≥70.0
H65	65.0~<66.0	≤6.5	≤0.10	≤0.05	≤1.2	≤10.0	≥70.0
H63	63.0~<65.0	≤8.0	≤0.20	≤0.10	≤1.2	≤10.0	≥70.0
H60	60.0~<63.0	≤10.0	≤0.30	≤0.10	≤1.2	≤10.0	≥70.0
H58	58.0~<60.0	≤12.0	≤0.30	≤0.10	≤1.5	≤10.0	≥70.0

注：水分指标供参考。

表 4-3　以钒钛磁铁矿为主铁精矿级别的划分

级别	理化指标（质量分数）/%								
	TFe	SiO_2	Al_2O_3	V_2O_5	TiO_2	P	S	水分	粒度-0.075mm
P63	≥63.0	≤3.5	≤2.0	≥0.30	≤6.0	≤0.07	≤0.12	≤10.0	≥60.0
P60	60.0~<63.0	≤4.0	≤3.0	≥0.35	≤8.0	≤0.10	≤0.20	≤10.0	≥60.0
P55	55.0~<60.0	≤6.0	≤4.0	≥0.35	≤13.0	≤0.10	≤0.30	≤11.0	≥60.0
P53	53.0~<55.0	≤8.0	≤4.5	≥0.35	≤13.0	≤0.15	≤0.90	≤11.0	≥60.0

注：水分指标供参考。

表 4-4 以多金属铁矿为主铁精矿级别的划分

级别	理化指标（质量分数）/%								
	TFe	SiO_2	P	S	K_2O+Na_2O	F	REO	水分	粒度 -0.075mm
B67	≥67.0	≤4.0	≤0.10	≤0.80	≤0.30	≤0.30	≥0.10	≤12.0	≥80.0
B66	66.0~<67.0	≤4.0	≤0.10	≤0.80	≤0.40	≤0.40	≥0.10	≤12.0	≥80.0
B65	65.0~<66.0	≤4.5	≤0.10	≤1.00	≤0.50	≤0.60	≥0.10	≤12.0	≥80.0
B63	63.0~<65.0	≤5.0	≤0.15	≤1.00	≤0.60	≤0.80	≥0.10	≤12.0	≥80.0
B58	58.0~<63.0	≤7.0	≤0.15	≤1.00	≤0.60	≤0.80	≥0.10	≤12.0	≥80.0

注：水分指标供参考。

超级铁精矿是指铁含量在70%以上，且其他杂质成分满足质量要求的铁精矿。从天然铁矿石中能有效地提取超级铁精矿的主要为磁铁矿，故超级铁精矿主要由结晶粒度较粗的磁铁矿石加工制得。不同应用领域对超级铁精矿有不同的质量要求，表4-5所示为不同应用领域对铁精矿粉的质量要求。

表 4-5 不同应用领域的超级铁精矿质量标准

应用领域	Fe_3O_4/%	SiO_2/%	Al_2O_3/%	P/%	Cu、Pb、Zn 等含量
炼钢用直接还原铁	>98.00	<1-2	<0.30	<0.05	微量
永磁磁性材料	>99.50	<0.50	<0.10	<0.03	微量
软磁与特殊磁材	>99.90	<0.03	微量	微量	几乎没有
化工、环保、保鲜	>99.00	<0.50	<0.50	微量	微量
医疗	>99.90	<0.03	<0.03	微量	几乎没有

依据成分及用途不同，超级铁精矿主要分为超纯铁精矿和高纯铁精矿两类，其中超纯铁精矿指铁品位高于71.50%，二氧化硅及其他杂质含量（酸不溶物）小于0.20%的铁精矿，是粉末冶金、磁性材料、超纯铁及洁净钢基料的重要原料，以其为原料生产的优质还原铁粉广泛用于交通、机械、电子、航天、航空及新能源等领域；高纯铁精矿指铁品位高于70%，二氧化硅及其他杂质含量小于2%的铁精矿，主要用于生产直接还原铁（DRI）。超纯铁精矿的化学成分应满足表4-6要求，高纯铁精矿成分应满足表4-7要求。

表 4-6 超纯铁精矿化学成分技术指标 （%）

成分	TFe	SiO_2	S	P	Al_2O_3	CaO	MgO
含量	≥71.50	<0.25	<0.005	<0.005	<0.15	<0.10	<0.15
成分	Mn	Ti	Cr	Cu	Pb	Zn	酸不溶物
含量	<0.05	<0.05	<0.05	<0.01	<0.05	<0.05	<0.20

表 4-7　高纯铁精矿化学成分技术指标　(%)

成分	TFe	SiO_2	S	P	Al_2O_3	CaO	MgO
含量	≥70.5	<2.0	<0.05	<0.05	<0.2	<0.2	<0.2

4.3　超级铁精矿制备技术

4.3.1　超级铁精矿加工方法

超级铁精矿一般都是通过对普通磁铁精矿的深加工获得。超级铁精矿的具体加工工艺应根据原料的矿石性质、生产条件和产品质量标准确定，主要的工艺方法包括浮选、磁选、重选和细筛，以及各种方法的有效组合等。

4.3.1.1　浮选

浮选可分为正浮选和反浮选。对品位较高的富赤铁矿（或镜铁矿）来说，正浮选和反浮选均可获得高质量的超级铁精矿。

从国内外的研究和生产情况来看，目前采用阳离子反浮选法从磁选精矿中脱硅是提高铁精矿品位的有效方法之一。脱硅浮选用阳离子捕收剂进行反浮选，可不添加铁矿物抑制剂，在中性矿浆或碱性矿浆中浮选。

美国皮里齐选矿厂每年用一部分磁选精矿生产 3 万~6 万吨超级铁精矿，用于制造磁性材料。原料为含 TFe 69.0%，SiO_2 含量 2.0%的磁选精矿，用季胺盐作捕收剂，从中浮选出脉石及连生体，可以制备出含 TFe 71.50%、SiO_2 含量 0.15%的超级铁精矿。

德国某选厂采用烷基羟基醋酸胺浮选铁遂岩磁选精矿。胺盐用量为 110g/t，在自然 pH 条件下，经一次粗选两次扫选得到含 TFe 71.3%、SiO_2 1.01%的超级铁精矿。

美国莫萨比地区用阳离子反浮选法处理含 SiO_2 4%的磁选精矿，生产出含 SiO_2 小于 2%的超级铁精矿。该流程的特点是尽量消除中间产品的返回，强调单独处理（包括浮选、磁选、细筛等），以保证精矿质量。在得到超级铁精矿的同时，还可以得到适用于高炉冶炼用的普通精矿。

东北大学的前身东北工学院从 20 世纪 80 年代开始超级铁精矿的研究。从矿床成因、矿石类型的考查入手，选用性能良好的阳离子表面活性剂为石英的捕收剂，分别以鞍山烧结总厂和齐大山两种焙烧磁选精矿、齐大山磁选精矿、歪头山磁选精矿、南芬磁选精矿、保国磁选精矿、袁家沟磁选精矿、锅底山磁选精矿、周家磁选精矿以及大石河磁选精矿等普通铁精矿为原料，得到 SiO_2 含量小于 0.5%的超级铁精矿，其中南芬铁精矿含 TFe 最高，可达到 72%。

关翔等[5]针对新疆某铁矿石嵌布粒度细的特点，在生产普通铁精矿的基础上，进行了制取超级铁精矿的试验研究。当再磨细度-320 目 94%的极细条件下，采用磁选、反浮选工艺，可使 SiO_2 含量降低到 0.324%，超级铁精矿品位达到 71.92%，回收率接近 70%。生产工艺简单，指标理想，技术经济上可行，两种流程上下衔接，企业可根据市场需求，灵活掌握生产不同规格的超级铁精矿。

付刚华等[6]以安徽某粉末冶金公司超级铁精矿生产线所用普通铁精矿为原料，将其再磨、弱磁再选后进行生产超级铁精矿的反浮选试验，通过添加调整剂 Na_2CO_3、水玻璃、淀粉解决现场单纯使用十二胺引起的反浮选回收率偏低问题，试验结果表明，将 2000g/t Na_2CO_3、200g/t 水玻璃、100g/t 淀粉与 130g/t 十二胺配合使用，在 24%矿浆浓度下，反浮选获得的超级铁精矿的作业回收率可由单纯使用十二胺时的 44.61%提高到 89.58%；将矿浆浓度提高到 28%，可使反浮选处理能力提高 16.68%，而作业铁回收率仍达 87.69%。

杜新等[7]以四川黑水铁矿为研究对象。试验采用“二段磨矿—磁选—反浮选脱硅”的选矿工艺流程，获得了含铁品位 71.79%、回收率 86.51%、SiO_2 含量小于 0.3%的超级铁精矿，及含铁品位 67.31%、回收率 1.38%的普通铁精矿。试验结果表明，资源禀赋较好的矿山，可以在选矿厂同时产出超级铁精矿和普通铁精矿，增加矿山企业的经济效益，盘活经济上难以开采的铁矿资源。

4.3.1.2　磁选

对某些磁铁矿来说，采用湿式或干式弱磁场磁选机，或者两者联合使用，可以获得较高纯度的超级铁精矿。南芬选矿厂曾用筒式弱磁场磁选机处理富矿，用于生产海绵铁。近年来许多单位采用弱磁选在试验室中制得了含 TFe 71%左右的高质量精矿。

本溪钢铁公司钢铁研究所对南芬磁铁矿精矿采用再磨—脱水槽—磁选工艺流程，获得了含 TFe 71.9%，SiO_2 低于 0.6%、P 和 S 含量低于 0.02%的超高纯铁精矿。

对赤铁矿矿石，湿式弱磁场磁选机效果较好。加拿大普列斯特钢铁公司从卡提尔采矿公司买进螺旋选矿机选出的镜铁矿精矿，磨至-35 目作为琼斯磁选机的给矿，经强磁选 SiO_2 含量由 6%降低至 0.3%以下，酸不溶物含量降低到 0.4%左右，另外，加拿大的蒙特利尔粉末金属公司用类似的方法生产出酸不溶物含量小于 0.2%的氧化铁产品，产量 100t/d；加拿大兴建的第一座大型超级铁精矿选厂西得别克-多斯克用琼斯强磁选机处理螺旋选矿机生产的镜铁矿精矿，每年可生产 300 万吨超级铁精矿，制成球团直接还原。

乔江晖等[8]利用某地 TFe 含量 12.22%的低品位变质型磁铁矿原矿经单一磁选就可直接生产出 TFe 71.58%，SiO_2 含量 0.37%的超级铁精矿。由于超级铁精矿的技术含量高、附加值大，此举大大降低了铁矿石可利用品位的下限；同样地，张敏等[9]采用单一磁选法处理某磁选磁铁矿精矿，在磨矿粒度为-0.074mm 粒级占 56.5%时入选即可获得 TFe 72.07%，SiO_2 含量 0.23%的超级精矿。对上述两种原矿矿石性质分析可知，该两种磁铁矿结晶粒度粗，可选性非常好。

强磁场磁选机在降低电流强度的情况下，借助水流的强冲洗作用，也可处理磁铁矿，生产出 TFe 70. 80%，SiO_2 含量 1. 5%的超级精矿。

4. 3. 1. 3 重选

超级铁精矿的品位一般接近铁矿物的理论品位，因此要想获得合格的铁精矿，使入选物料实现充分的单体解离是首要条件，鉴于我国铁矿石大部分嵌布粒度细的事实，细磨与超细磨是制取超级铁精矿的必要步骤。但由于重选法无法有效分选微细粒矿物，采用重选法制备超级铁精矿就成为技术人员面临的挑战。

李会娟、张一敏等人[10,11]为防止重选矿浆中微细颗粒的相互凝聚，针对金山店磁铁精矿提出了分散—螺旋溜槽法制取超级铁精矿，具体做法是在重选矿浆中加入 S 型分散剂防止微细粒矿物的互凝，再通过螺旋溜槽分选出合格的超级铁精矿，可获得 TFe>71. 5%，SiO_2 含量低于 0. 5%的产品。紫金矿业石仑雷等人采用摇床重选处理新疆某地的磁铁矿精矿，可获得 TFe 71. 58%，SiO_2 含量 0. 24%的超级铁精矿，有效地实现了普通铁精矿重选提铁降硅制备超级铁精矿的工艺改造，可更好更有效地利用资源，企业经济效益也实现了成倍增加。

4. 3. 1. 4 细筛—磁选柱

在磁选所得精矿中，单体脉石比较少见，以连生体状态存在的脉石比较多，可以认为大量连生体的存在是影响精矿质量的主要因素。因此，采用细筛自循环工艺可以提高精矿质量，甚至直接得到超级精矿。如美国皮里奇选矿厂的一段磁选精矿，经两段筛孔为 0. 1mm 的弧形细筛筛分，筛下产物与二段磁选精矿合并就可以得到 TFe 69%，SiO_2 含量 2%的超级精矿。

在弱磁选别设备中，常规磁选设备（筒式磁选机）由于磁场力很大，对磁铁矿选别过程存在强大的“磁团聚”作用。磁团聚使磁选过程选择性降低，产生“磁性夹杂”和“非磁性夹杂”。磁性夹杂使连生体进入磁选精矿，非磁性夹杂使单体脉石进入磁选精矿。从而用单一磁选法难以获得高品位磁铁矿精矿。磁选柱是一种既能充分分散磁团聚，又能充分利用磁团聚的电磁式低弱磁场高效磁重选矿设备。在鞍山设计研究院采用磁选柱提纯超级铁精矿试验中，通过对磁选柱的上升水流、磁场强度、磁场变换周期和排矿阀大小的合理控制有效生产出 TFe72%以上的超级铁精矿。磁选柱是磁铁矿提纯超级铁精矿的最佳选别设备。

赵伟等[12]将板石矿业公司选矿厂细筛筛下产物采用磁选柱进一步抛尾后可得到 TFe 71. 76%，SiO_2 含量低于 0. 50%的超级精矿，同时可以保证普通精矿品位 67%以上，没有尾矿抛出，没有金属流失。赵辉等[13]采用细筛—磁选柱工艺处理千山铁矿磁铁矿精矿，可以生产出 TFe 71%以上，SiO_2 含量小于 0. 6%的超级铁精矿。蔡正鹏[14]采用 CH-CXJ24000 型全自动淘洗磁选机（磁选柱）进行工业试验，在给矿铁品位为 65. 32%的条件下，可以获得铁品位为 70. 27%、回收率为 82.52%的超级精矿。廖锦等[15]采用磁选柱代替新疆某铁矿原来的筒式磁选机作为精选设备，可使最终精矿品位达到 71.86%，满足超级铁精矿的要求，且磁选柱无运转部件，能耗更低，操作更简单。上述生产实践表明，磁选柱具有很高的分选精度，可有效抛除磁选精矿中混杂的脉石单体和贫连生体，采用细筛—磁选柱生产超级铁精矿可避免增加磨矿和浮选作业，有效降低了生产成本[16]。

4.3.2 基于矿物学基因特性的超级铁精矿制备评价方法

选取国内 6 种典型的普通磁铁精矿为对象，利用光学显微分析技术查明了磁铁矿与脉石矿物连生的特征类型、各类连生体的含量、磁铁矿结晶粒度等矿物学基因特性；针对 6 种铁精矿开展分选试验，确定了获得超纯铁精矿的流程结构、参数及分选技术指标；将普通铁精矿连生体的类型、含量、磁铁矿结晶粒度等矿物学特性与超级铁精矿制备流程及技术指标有机结合加以分析，探明了二者之间的内在联系和规律，建立了基于原料矿物学基因特性的超级铁精矿制备评价体系，为超级铁精矿原料的快速、便捷筛选提供了技术支撑。

4.3.2.1 普通铁精矿矿物学特性分析

针对 6 种普通铁精矿进行了铁化学物相组成分析，结果见表 4-8。结果表明，6 种普通铁精矿铁品位介于 65.63%~69.85%范围内；铁元素主要以磁性铁的形式存在，分布率均在 98%以上；氧化铁、碳酸铁、硫化铁、硅酸铁的含量相对较少。

表 4-8 铁化学物相分析

编号	铁物相	磁性铁矿物中铁	氧化铁矿物中铁	碳酸铁矿物中铁	硫化铁矿物中铁	硅酸铁矿物中铁	全铁
1	含量/%	64.85	0.00	0.20	0.20	0.38	65.63
	分布率/%	98.81	0.00	0.30	0.30	0.58	100.00
2	含量/%	68.92	0.00	0.43	0.27	0.23	69.85
	分布率/%	98.67	0.00	0.62	0.39	0.33	100.00
3	含量/%	65.95	0.00	0.17	0.20	0.57	66.89
	分布率/%	98.59	0.00	0.25	0.30	0.85	100.00
4	含量/%	65.53	0.32	0.27	0.09	0.25	66.46
	分布率/%	98.60	0.48	0.41	0.14	0.38	100.00
5	含量/%	66.30	0.56	0.10	0.04	0.48	67.48
	分布率/%	98.25	0.83	0.15	0.06	0.71	100.00
6	含量/%	67.06	0.27	0.18	0.12	0.42	68.05
	分布率/%	98.54	0.40	0.26	0.18	0.62	100.00

将普通铁精矿镶嵌抛光，采用光学显微分析技术对其进行了检测分析。由分析结果可知，铁精矿中铁矿物主要为磁铁矿，主要脉石矿物为石英。磁铁矿单体解离度较高，但仍有部分以连生体形式存在。磁铁矿连生体的含量及结合特征是影响最终精矿质量的重要因素。据统计，铁精矿中连生体结合类型可分为以下 3 种：

（1）毗连型。磁铁矿与非金属矿物连生边界平直，边界线呈线性弯曲状，如图 4-2（a）所示。

（2）包裹型。磁铁矿以包裹体形式嵌镶于非金属矿物中，其中磁铁矿包裹体粒径大于 10μm 属细粒包裹，小于 10μm 为微细包裹，如图 4-2（b）所示。

（3）反包裹型。磁铁矿中包裹微细粒的非金属矿物的连生类型，这种类型连生体中的脉石矿物因粒径细小，难以从铁矿物中解离出来，影响铁精矿的品位，如图 4-2（c）所示。

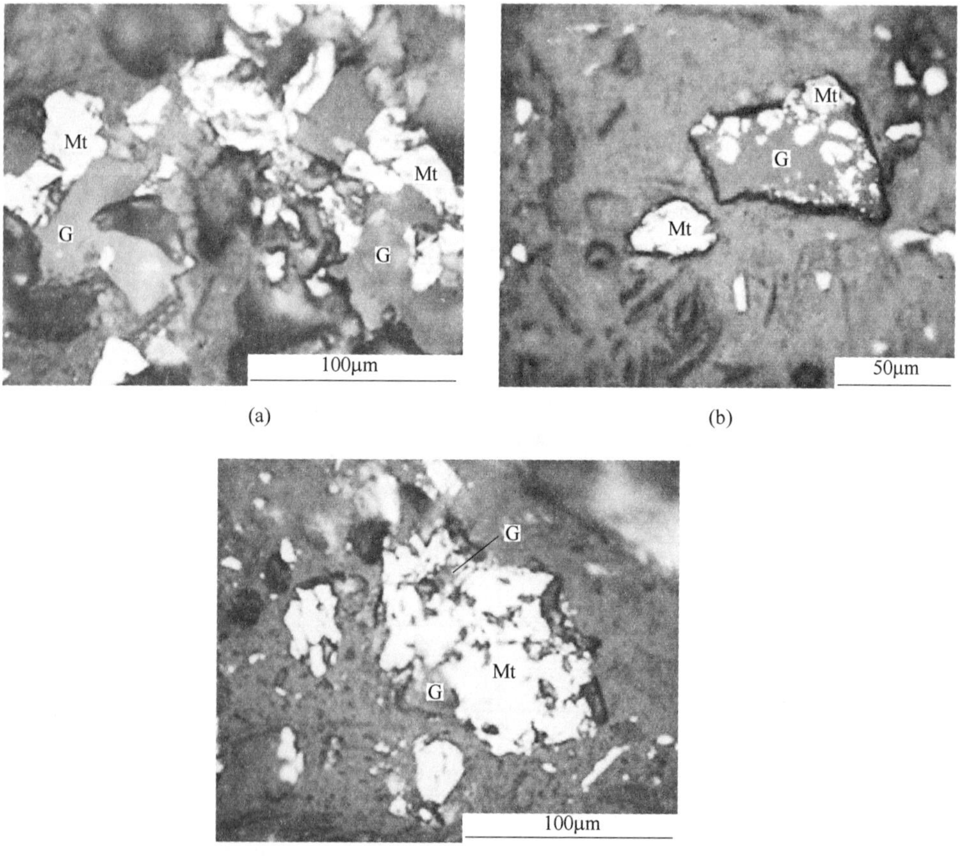

(a)　　(b)

(c)

图 4-2　磁铁矿连生体类型

（a）毗连型；（b）包裹型；（c）反包裹型

对6种铁精矿样品中磁铁矿连生体的结合类型进行了统计，结果见表4-9。由表4-9可知，1号样品中磁铁矿连生体类型主要为毗连型和细粒包裹型，含量分别为49.02%和35.29%；2号和3号样品中磁铁矿连生体主要为毗连型；4号样品中磁铁矿连生体主要为毗连型和反包裹型；5号样品中磁铁矿连生体主要为毗连型和微细包裹型；6号样品中磁铁矿连生体主要为包裹型，其中细粒包裹型含量为41.34%，微细包裹型含量为32.17%；6种铁精矿中各类磁铁矿连生体含量各有不同，表明样品具有充足的代表性。

表4-9 磁铁矿连生体结合类型统计结果

编号	各类型含量/%				合计
	毗连型	细粒包裹型	微细包裹型	反包裹型	
1	49.02	35.29	1.96	13.73	100.00
2	80.12	13.47	1.75	4.66	100.00
3	78.16	13.79	2.30	5.75	100.00
4	48.82	4.73	3.14	43.31	100.00
5	60.39	6.82	27.79	12.55	100.00
6	16.41	41.34	32.17	10.08	100.00

矿物的结晶粒度直接影响分选行为和精矿质量，因此对铁精矿样品中磁铁矿的结晶粒度进行统计，结果见表4-10。由统计结果可知，1号样品中磁铁矿主要分布在-0.038+0.010mm粒级；2号样品中磁铁矿主要分布在-0.053+0.010mm粒级；3号样品中磁铁矿主要分布在0.038mm以上粒级中；4号和6号样品中磁铁矿主要分布在0.053mm以下粒级中；5号样品中磁铁矿主要分布在0.075mm以上和0.010mm以下粒级中。

表4-10 磁铁矿结晶粒度统计结果

编号	粒级/mm	+0.075	-0.075+0.053	-0.053+0.038	-0.038+0.010	-0.010
1	分布率/%	4.75	11.07	19.12	46.77	18.29
	累计/%		15.82	34.94	81.71	100.00
2	分布率/%	9.59	17.07	25.31	36.27	11.76
	累计/%		26.66	51.97	88.24	100.00
3	分布率/%	25.41	38.23	20.62	9.65	6.09
	累计/%		63.64	84.26	93.91	100.00
4	分布率/%	4.73	12.63	20.93	38.19	23.52
	累计/%		26.66	51.97	88.24	100.00

续表 4-10

编号	粒级/mm	+0.075	-0.075+0.053	-0.053+0.038	-0.038+0.010	-0.010
5	分布率/%	23.63	17.31	12.45	16.43	30.18
	累计/%		40.94	53.39	69.82	100.00
6	分布率/%	6.58	7.11	21.71	29.34	35.26
	累计/%		13.69	35.4	64.74	100.00

4.3.2.2 普通铁精矿分选试验研究

以获得超级铁精矿为目标，针对上述6种普通铁精矿开展了分选试验，最终确定的分选工艺和精矿产品的技术指标见表4-11。由试验结果可知，1号、2号和3号样品经分选后，获得的精矿产品铁品位大于71.5%、SiO_2含量小于0.25、酸不溶物含量小于0.25，满足超纯铁精矿的要求；4号、5号和6号样品分选所得精矿产品铁品位大于70.0%、SiO_2含量小于2.0%，满足高纯铁精矿的要求，然而不满足高纯铁精矿的要求。

表 4-11　超纯铁精矿分选试验结果

编号	分选工艺		精矿技术指标/%			
	流程结构	主要参数	TFe	回收率	SiO_2	酸不溶物
1	预先抛尾—阶段磨矿—阶段磁选—脱硅反浮选	一段磨矿-0.038mm占94%、二段磨矿-0.030mm占89%、捕收剂用量300g/t	71.99	77.51	0.23	0.13
2	预先抛尾—一段磨矿—两段磁选—脱硅反浮选	磨矿-0.038mm占93%、捕收剂用量200g/t	71.80	81.24	0.21	0.14
3	磨矿—两段磁选—脱硅反浮选	磨矿-0.038mm占93%、捕收剂用量200g/t	71.69	74.41	0.24	0.16
4	预先抛尾—阶段磨矿—阶段磁选—脱硅反浮选	一段磨矿-0.038mm占95%、二段磨矿-0.030mm占96%、捕收剂用量450g/t	70.86	84.74	1.04	0.77
5	阶段磨矿—阶段磁选—脱硅反浮选	一段磨矿-0.038mm占94%、二段磨矿-0.030mm占97%、捕收剂用量400g/t	71.41	75.97	0.52	0.34
6	预先抛尾—阶段磨矿—阶段磁选—脱硅反浮选	一段磨矿-0.038mm占95%、二段磨矿-0.030mm占97%、捕收剂用量400g/t	71.03	74.38	0.54	0.41

4.3.2.3 超级铁精矿制备评价体系

将6种普通铁精矿工艺矿物学特征与分选试验结果有机结合加以分析，可知二者之间存在着内在的联系。1 号、2 号和 3 号样品中磁铁矿微细包裹型和反包裹型连生体含量较少，且 0.010mm 粒级以下的磁铁矿含量较少，三种样品均获得了超纯铁精矿；4 号、5 号和 6 号样品中磁铁矿微细包裹型和反包裹型连生体含量较高，且 0.010mm 粒级以下的磁铁矿含量较高，三种样品可获得高纯铁精矿，难以获得超纯铁精矿。进一步分析 1 号、2 号和 3 号样品可知，1 号样品中磁铁矿连生体主要为毗连型和细粒包裹型，而 2 号和 3 号样品中磁铁矿连生体主要为毗连型；以 1 号样品为原料制备超纯铁精矿需两段磨矿，而 2 号和 3 号样品仅需一段磨矿。因此，磁铁矿连生体的类型及磁铁矿结晶粒度是决定普通铁精矿能否制备超级铁精矿的关键因素。基于上述分析，建立了基于原料工艺矿物学基因特性的超级铁精矿制备评价体系，见表 4-12。该评价体系可用于快速判断普通铁精矿是否可以作为制备超级铁精矿的原料。

表 4-12 超级铁精矿制备评价体系

矿物学特性		超级铁精矿种类	
磁铁矿连生体特征	结晶粒度特征	高纯铁精矿	超纯铁精矿
毗连型>70%	-0.010mm 含量<10%	易于制备	易于制备
细粒包裹型>30% 微细包裹+反包裹型<15%	-0.010mm 含量<20%	较易制备	可制备
反包裹型>40%	-0.010mm 含量>20%	可制备	不可制备
微细包裹型>30%	-0.010mm 含量>30%	可制备	不可制备

4.3.3 窄级别高效磨矿解离技术

普通铁精矿中磁铁矿主要集中分布于-0.053+0.010mm 粒级，需对其进行细磨方可实现磁铁矿的单体解离。铁矿物的过磨和欠磨都不利于超级铁精矿的制备，欠磨导致脉石和铁矿物难以解离；过磨导致物料粒度超出物理选矿设备分选的下限，不利于杂质的去除。搅拌磨机磨矿方式有利于普通铁精矿的细磨，因此，我们开展了系统的普通铁精矿搅拌磨磨矿研究工作。利用 Fluent 软件对搅拌磨机磨腔的单相流流场运动进行仿真模拟，查明了搅拌器转速对磨腔内流场速度、湍流强度、剪切速率分布的影响规律，建立了不同直径磨矿介质和不同搅拌器转速的磨矿动力学方程；明确了磨矿动力学参数对磨矿速率的影响规律；对比分析了搅拌磨与球磨两种磨矿方式对普通铁精矿磨矿效果的影响，形成了搅拌磨窄级别磨矿技术。

4.3.3.1 搅拌磨机磨腔内流体运动数值模拟

搅拌磨机磨腔内流场特性模拟选用的软件为 Fluent。搅拌磨矿机磨矿主要在磨腔内发生，所以进行仿真的部分是筒体和搅拌器，只对这两个部件进行了三维建模。模型的尺寸是基于 SLJM-2L 立式搅拌磨机，具体如下：筒高 180mm，筒的直径 120mm，搅拌轴的直径 18mm，销钉长 31mm，销钉直径 12mm，销钉间距为 30mm，共五组销钉，建立模型如图 4-3 所示。

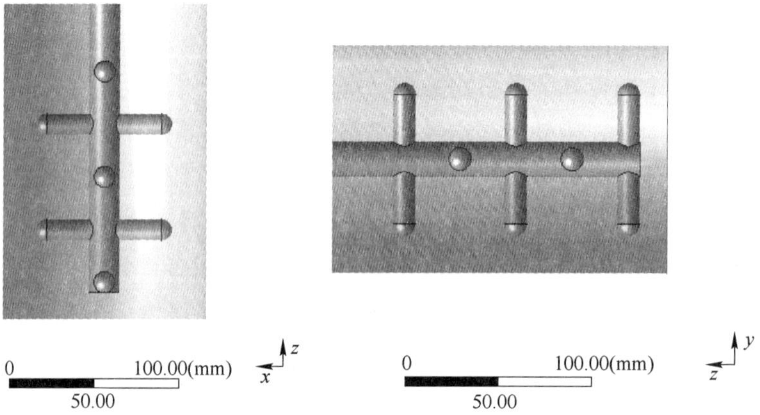

图 4-3　搅拌磨模型

磨腔内流场速度模拟结果如图 4-4 所示。由图 4-4（a）可知，随着搅拌棒的转动，速度等值线在搅拌磨筒体中分布是不均匀的，存在着明显的速度梯度；在靠近搅拌棒、筒壁附近位置速度梯度等值线较密，说明速度梯度大，在这些位置会对物料产生有效的研磨。由图 4-4（b）可知，磨腔内的速度在 0～2. 0m/s 之间，主要分布在 0. 75m/s 左右，速度分布较为集中。如果改变流体流动状态，使速度分布范围更广泛，扩大速度梯度，粉磨效果将会更好。

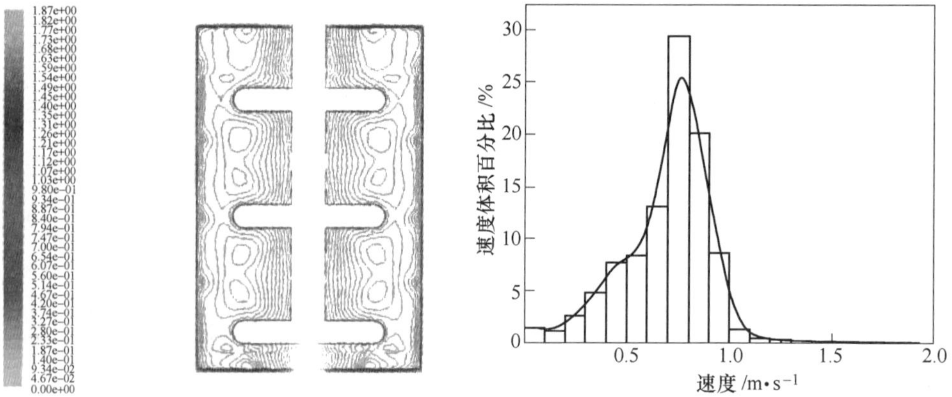

(a)　　(b)

图 4-4　搅拌器转速为 450rpm 时流场速度特征

（a）XZ 平面速度等值线；（b）速度体积分布

磨腔内湍流强度模拟结果如图 4-5 所示。由图 4-5（a）可知，磨腔内的湍流强度分布不均匀。搅拌棒周围的湍流强度大，流体运动剧烈，研磨和碰撞作用较强烈；搅拌筒的底部湍流强度相对较弱，该区域可能出现物料混合不均现象。由图 4-5（b）可知，磨腔内的湍流强度体积百分比在 4%~20%之间，主要分布在 8%左右，湍流强度整体分布较集中。

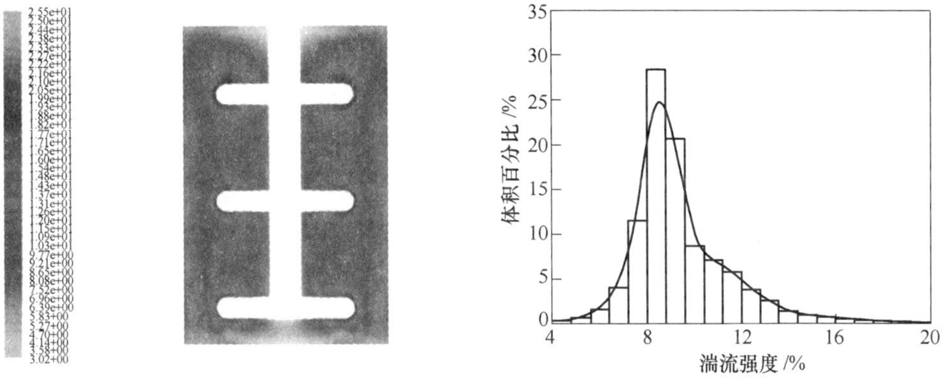

(a) (b)

图 4-5 磨腔内湍流强度特征

（a）*XZ* 平面湍流强度云图；（b）湍流强度体积分布

图 4-6 所示为磨腔内剪切速率模拟结果。剪切率大的区域也就是研磨破碎作用主要发生的区域。由图 4-6 可知，剪切速率在搅拌器边缘和筒壁处较大，因为动力由搅拌器传递出来，在筒壁处迅速变为零，所以这些区域剪切速率大，粉磨效果较好。通过体积加权平均计算得出剪切率为 27.02s^{-1}的区域比例为 75.80%。

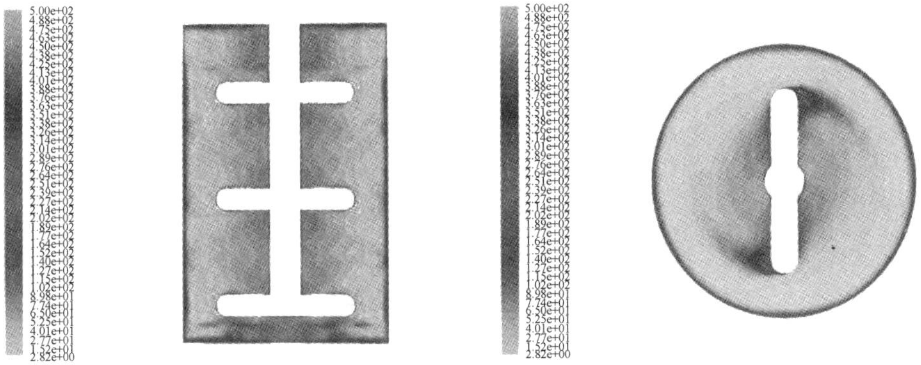

图 4-6 磨腔内湍剪切率云图

通过数值模拟结果可以得出，搅拌器周围速度、湍流强度和剪切速率较大，研磨能力较强；筒体底角速度和湍流强度较小，容易发生粉磨死区。

4.3.3.2　搅拌磨机磨矿动力学

磨矿动力学是指物料被磨碎的速率与磨矿时间的关系。在磨矿动力学研究过程中，n 阶动力学方程应用较为广泛，其形式为：

$$R(t) = R_0\exp(-k(d)t^{n(d)}) \tag{4-1}$$

式中　R_0——被磨物料中粗级别的原始含量，%；

R——经过磨矿时间 t 后粗级别残留的含量，%；

t——磨矿时间，min；

k——比例系数，与磨矿产品的粒度 d 有关。对式（4-1）两次取对数可得直线方程：

$$\ln\left(\ln\left(\frac{R_0}{R}\right)\right) = \ln k(d) + n(d)\ln t \tag{4-2}$$

直线方程的截距为 $\ln k$，斜率为 n。因此，通过对不同时间的磨矿产品进行直线拟合即可得到参数 k、n 的值。

以直径为 4mm、6mm、8mm 钢球作为磨矿介质，在搅拌器转速 450r/min、介质充填率 75%、料球比 0.8、磨矿浓度 72%条件下，进行磨矿动力学试验，磨矿时间分别为 0.5min、1min、1.5min、2min、2.5min、3min、3.5min、4min，用马尔文激光粒度仪测定磨矿产品的粒度分布。将试验数据带入式（4-2）进行拟合分析，计算获得动力学参数 n 和 k。不同介质直径下磨矿动力学参数 k、n 值随磨矿产品粒度 d 的变化如图 4-7 所示。

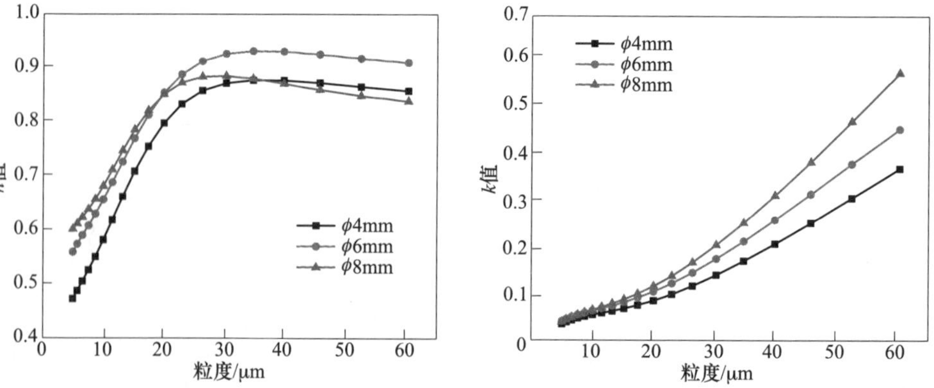

图 4-7　介质直径对动力学参数的影响

由图 4-8 可知，磨矿动力学参数 n 和 k 值随着物料的粒度变细而减小，表明粗粒级物料的磨矿速率要快于细粒级物料磨矿速率。在物料粒度较细时，介质的

直径对参数 n 值产生影响；在物料较粗时，介质的直径对参数 n 值基本不影响。物料粒度相同时，介质直径越大，参数 k 值越大。

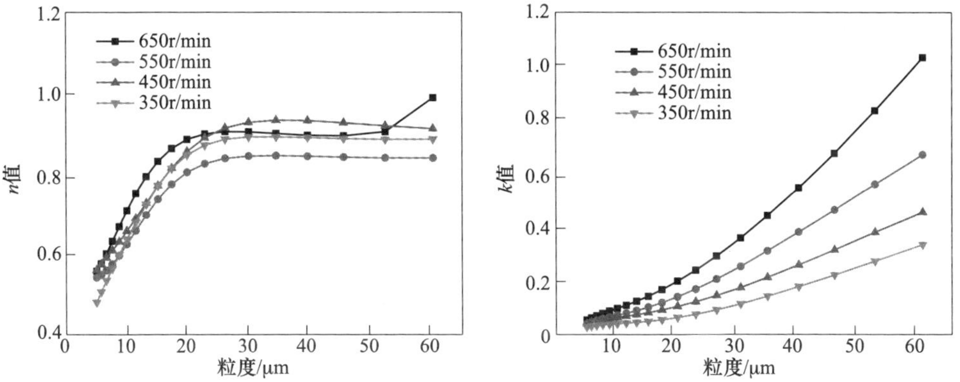

图 4-8 搅拌器转速对磨矿动力学参数的影响

在搅拌器转速 350r/min、550r/min、650r/min，料球比 0.8，介质充填率 75%，磨矿浓度 72%条件下，进行磨矿动力学试验。试验数据带入式（4-2），计算获得磨矿动力学参数 n 和 k，如图 4-8 所示。由图 4-8 可知，虽然搅拌器转速不同，但参数 n 的转折点、数值大小以及变化趋势值大致相同，说明参数 n 值与操作条件搅拌器的转速关系不大。相同搅拌器转速下，参数 k 值随着粒度的增大而增大；相同物料粒度下，不同搅拌器转速的 k 值随着搅拌器转速的增加而增大。

4.3.3.3 搅拌磨机与球磨机磨矿效果对比

选取朝阳铁品位 66.85%的普通铁精矿为原料，开展了两种磨机磨矿效果对比研究。根据原料工艺矿物学分析，60.12%的磁铁矿分布在-0.038mm 粒级。因此，确定在磨矿细度为-0.038mm 粒级含量占 80%时，比较两种磨机的磨矿效率和能耗情况。

两种磨矿产品粒度组成分析结果如图 4-9 所示。由图 4-9 可知，当标准筛筛分粒度为-0.038mm 粒级含量占 80%时，搅拌磨机磨矿产品粒度相对均匀，球磨机磨矿产品的粒度分布区间较宽；搅拌磨机产品单粒径最大体积分布将近 6%，而球磨机产品单粒径最大体积分布仅为 5%；搅拌磨机产品较球磨机产品-0.010mm 粒级含量少；搅拌磨机产品最小粒径略大于球磨产品最小粒径。结果表明，球磨机过磨现象严重，搅拌磨机更易于实现窄级别磨矿。

表 4-13 为两种磨矿方式的磨矿效率对比分析结果。由表 4-13 可知，相同细度下球磨机产品实际粒度相对较粗。然而在球磨机略粗的情况下对比磨矿效率发现两种磨机均磨至-0.038mm 粒级含量占 80%时，球磨机需要 25min，搅拌磨机仅用 2min。球磨机每次试验处理干矿量比搅拌磨机的多 0.718kg，但是处理能力

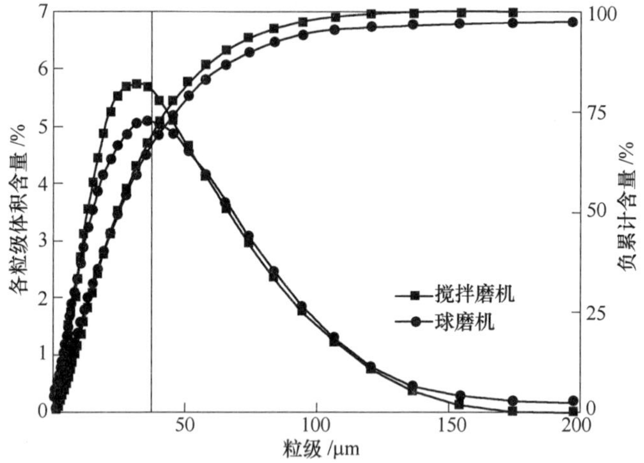

图 4-9　相同磨矿细度下产品细度对比

球磨机仅为 4.12kg/h，搅拌磨机可达 30kg/h。搅拌磨机-0.038mm 粒级比生产率为 5.02kg/(L · h)，球磨机相同粒级比生产率仅为 0.22kg/(L · h)，搅拌磨机的比生产率远高于球磨机的比生产率。耗能情况对比发现，球磨机的单位能耗生产率为 4.52kg/(kW · h)，搅拌磨机的单位能耗生产率为 36.48kg/(kW · h)，搅拌磨机比球磨机节能 87.6%。综上，搅拌磨机的磨矿效率远高于球磨机的磨矿效率。

表 4-13　两种磨机相同磨矿细度的磨矿效率对比

磨机种类	粒级/mm	产率/%	磨矿时间 /min	处理能力 $/kg \cdot h^{-1}$	比生产率 $/kg \cdot (L \cdot h)^{-1}$	单位能耗生产率 $/kg \cdot (kW \cdot h)^{-1}$
球磨机	+0.045	10.62	25	4.12	0.22	4.52
	-0.045+0.0	9.58				
	-0.038	79.80				
	合计	100.00				
搅拌磨机	+0.045	10.88	2	30.00	5.02	36.48
	-0.045+0.0	9.89				
	-0.038	79.22				
	合计	100.00				

磨矿是为了提高选别指标。为证明搅拌磨机优越性，对两种产品进行筒式磁选和电磁精选两段选别，选别指标见表 4-14。由表 4-14 可知，经选别后搅拌磨机产品磁选精矿 TFe 品位 70.19%、回收率 98.43%、SiO_2 含量为 1.84%，满足高纯铁精矿的要求；球磨机产品磁选精矿 TFe 品位 68.81%、回收率 98.62%、SiO_2

表 4-14 两种磨机相同磨矿细度的磁选试验

磨机种类	产品名称	产率/%	TFe 品位/%	回收率/%	SiO_2/%
球磨机	精矿	93.74	70.19	98.43	1.84
	尾矿	6.26	16.76	1.57	
	合计	100.00	66.85	100.00	
搅拌磨机	精矿	95.81	68.81	98.62	2.89
	尾矿	4.19	22.02	1.38	
	合计	100.00	66.85	100.00	

含量为2.89%，未达到高纯铁精矿的质量要求。采用光学显微镜对两种精矿产品进行了镜下检测。检测过程中发现，球磨机精矿中存在一定量的粗粒级连生体颗粒，从而使得精矿品位降低；而搅拌磨机精矿中颗粒粒度较均匀，连生体数量极少。

综上可知，磨矿工艺对于超级铁精矿制备具有关键作用。搅拌磨机细磨技术可实现普通铁精矿中磁铁矿连生体的窄级高效解离，为铁精矿的深度提质创造有利条件；同时，搅拌磨机磨矿效率明显高于球磨机且能耗低。

4.3.4 新型浮选脱硅药剂

超纯铁精矿不仅要求 TFe 品位高于 71.50%，还要求二氧化硅及其他杂质含量（酸不溶物）小于 0.20%，由此可见，二氧化硅及其他杂质（酸不溶物）含量控制极为关键。研究过程中发现，仅通过磁选工艺难以获得合格的超纯铁精矿，需要采用浮选方法控制二氧化硅及其他杂质含量。然而，现有的铁矿浮选药剂浮选过程中矿浆需要加温处理，消耗了大量的能源。因此，开展铁矿石常温高效脱硅浮选药剂研究具有重要实际意义。

4.3.4.1 磁铁矿和石英矿物晶体化学特征

制备超级铁精矿的浮选过程就是利用磁铁矿和石英矿物表面物理化学性质的差异来实现磁铁矿和石英矿物的高效分离，因为矿物晶体的表面物理化学性质决定了矿物表面的润湿性、荷电性和吸附能力的强弱；因此系统地深入研究磁铁矿和石英矿物晶体表面性质，有助于提高磁铁矿和石英矿物分选效果，为实现磁铁矿与脉石石英的高效浮选分离提供理论指导。

采用 Material Studio 软件对磁铁矿晶胞中原子的 Mulliken 电荷布居、能带结构、总态密度及分态密度等进行了分析。结果见表 4-15、图 4-10 和图 4-11。从能带结构图 4-10 中可以看出，以费米能级（E_f）作为能量零点，磁铁矿价带和导带的带隙基本接近于0。从总态密度图中可以看出，参与能带组成的价态电子

表 4-15　优化后磁铁矿晶胞中原子的 Mulliken 电荷布居

原子	s	p	d	f	总电子	电荷/eV
O	1.84	4.72	0	0	6.577	-0.57
Fe	0.25	0.49	6.49	0	7.23	0.77

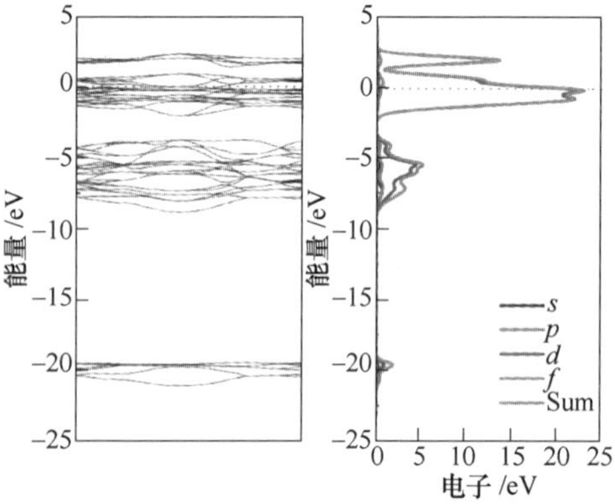

图 4-10　磁铁矿能带结构图及总态密度图

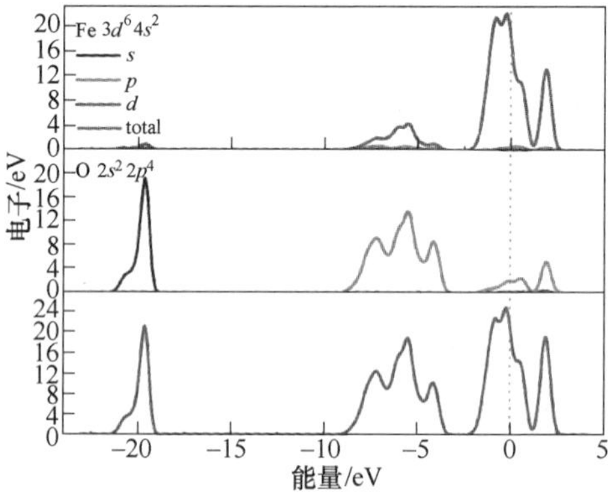

图 4-11　磁铁矿分态密度图

主要是 O $2s^2 2p^4$ 和 Fe $3d^6 4s^2$ 中的 s、p、d 轨道。费米能级附近主要由铁原子的 $3d$ 轨道占据，说明在磁铁矿的表面铁原子活性最高，因此当药剂与磁铁矿表面发生吸附作用时，优先会与铁原子作用。从表 4-15 磁铁矿的 Mulliken 电荷布居可知，铁原子带正电，而氧原子带负电，会使得磁铁矿表面的活性点铁原子易于与阴离子药剂发生电子交换吸附，而不易与阳离子捕收剂发生作用。

采用 Material Studio 软件的 CASTEP 模块，应用第一性原理，选取优化后的晶胞进行性质计算，得到石英晶胞中各原子的电荷布居及 Si-O 键布居，如图 4-12、图 4-13 和表 4-16 所示，石英结构内部的电荷密度及差分电荷密度如图 4-14 和图 4-15 所示。

图 4-12　石英优化结构 Si-O 键分析

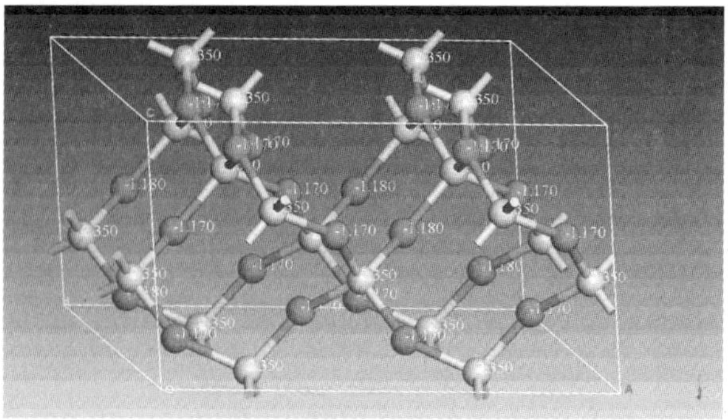

图 4-13　石英原子的 Mulliken 布居分析

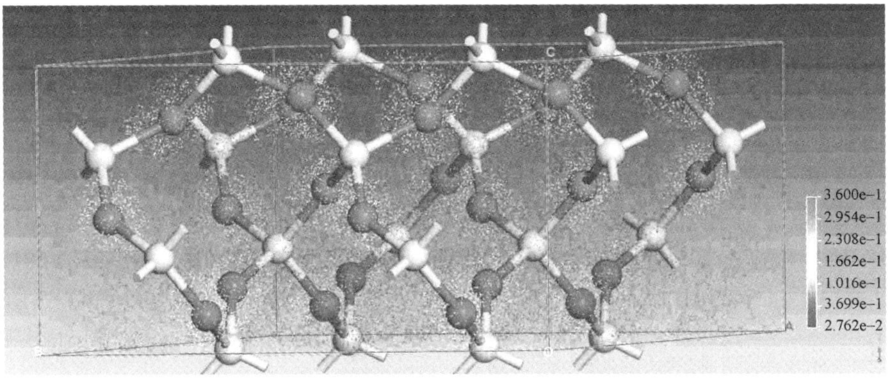

图 4-14　石英结构内部电子密度分布

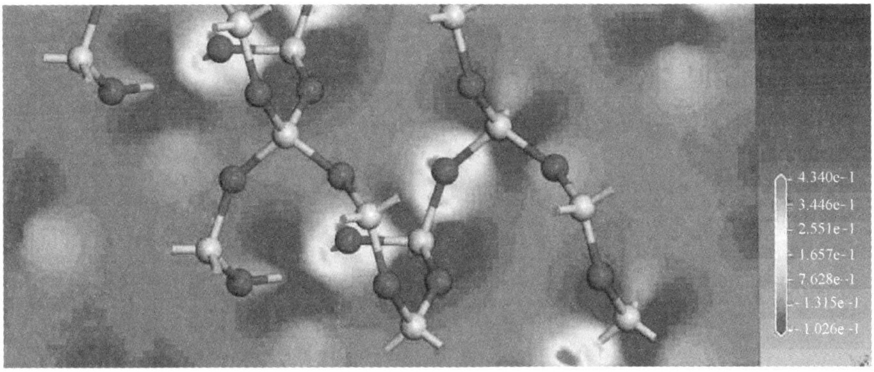

图 4-15　石英结构内部差分电荷密度

石英优化后结构中 Si-O 键 Mulliken 布居值为 0.53，Si1-O_1 键长为 1.616Å，Si_2-O_2 键长为 1.619Å，从石英键的布居值来看，Si-O 键具有较强的共价键，键长较短则不容易断裂，各个 Si-O 键强度相同或相近，则没有规则的解理面。从表 4-16 可知，石英中主要是氧原子的 2*p* 轨道得到电子，为 5.34eV，硅原子的 3*p* 轨道失去电子，失去 1.09eV。而石英晶体中硅原子带正电，氧原子带负电，因此石英氧具有较多的负电性和活性，更容易和溶液中氢氧根离子产生氢键作用，从而导致石英表面更容易带负电。而石英表面的负离子是阳离子捕收剂吸附的活性点，但其不易与阴离子捕收剂发生作用。

表 4-16　石英晶胞中原子的 Mulliken 布居分析

原子	*s*	*p*	*d*	总电子	电荷/e
Si	1.83	5.34	0	7.17	2.35
O	0.57	1.09	0	1.65	−1.17

石英能带结构、总态密度及分态密度图如图 4-16 和图 4-17 所示。由图 4-16 可以看出，石英的价带和导带的禁带宽度值为 5.703eV，说明其为绝缘体，无导电性，与实际情况相符。其中，从总态密度图中可以看出，参与能带组成的价态电子为 O $2s^2 2p^4$ 和 Si $3s^2 3p^2$ 中的 s、p、d 轨道。从石英分态密度图 4-17 中可以看出，−15 ~ −20eV 范围内的能带主要由氧原子的 $2s$ 轨道和硅原子的 $3p$ 轨道组成，5 ~ 15eV 范围内的能带主要是由硅原子的 $3p$ 轨道组成，总态密度图中费米能级（E_f）附近主要由 O 的 $2p$ 轨道占据，说明当药剂在石英表面发生吸附作用时，会优先和破碎面上的氧原子发生作用。

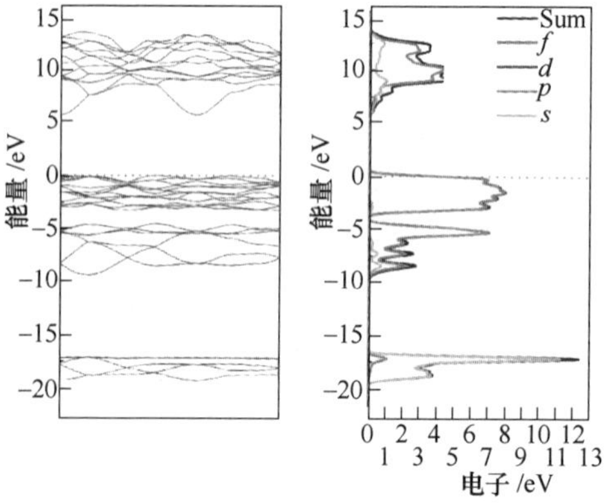

图 4-16　石英能带结构图及总态密度图

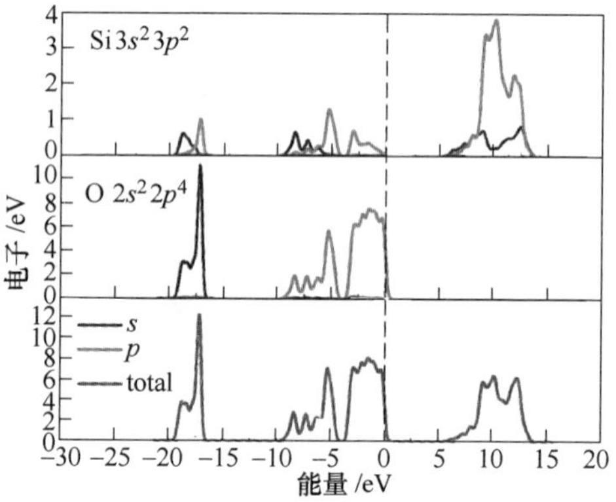

图 4-17　石英分态密度图

4.3.4.2　新型捕收剂的合成及捕收性能

采用烯酮式反应机理，对阴离子型捕收剂进行改性，合成出取代电负性很强的极性基的两性捕收剂 DJW-1。制备步骤为：（1）称取定量干燥原料 A 放入定量容器中，在油浴中加热至 50℃ 使之熔化，开动磁力搅拌；（2）滴加催化剂 B2g，加热使之熔化和原料 A 混合均匀；（3）升温至 85℃ 后，按定量摩尔比加入原料 B，反应 3h，得到产物 C；（4）冷却至 50℃ 后，在产物 C 中加入等摩尔的原料 D，反应温度为 60℃，反应时间 1h，反应结束降温到 50℃ 左右出料，即制得 DJW-1 产品，其外观为乳白色油状膏体，常温加水即溶，无需加碱或加热处理，使用时配置成 6% 水溶液使用。

以 DJW-1 为捕收剂，在常温下进行石英纯矿物浮选试验，结果如图 4-18 所示。由图 4-18 可以看出，在捕收剂 DJW-1 用量为 31.25mg/L 时，捕收效果就已经很好，可以达到 91.6%；随 DJW-1 的用量的增加，石英的回收率逐渐增加，当用量为 187mg/L 时，回收率为 99.0%；当继续增加捕收剂用量，回收率不再增加。pH 值 7 ~ 10.5 时对矿物浮选回收率影响较小，回收率都在 98% 左右；当 pH 值为 9.5 时，回收率最大为 99.4%；在 pH 值为 11.5 附近回收率略有降低。

当 $CaCl_2$ 的用量为 0mg/L 时，石英的回收率为 95%；当 $CaCl_2$ 的用量为 50mg/L 时，石英的回收率为 98.8%。由以上可知，$CaCl_2$ 的用量对石英的回收率影响不大，可能是由于药剂结构中电负性大的基团可以直接与石英表面的活性位点发生吸附作用，直接对石英捕收。由试验结果可以确定捕收剂 DJW-1 反浮选石英可以不用或少用活化剂。

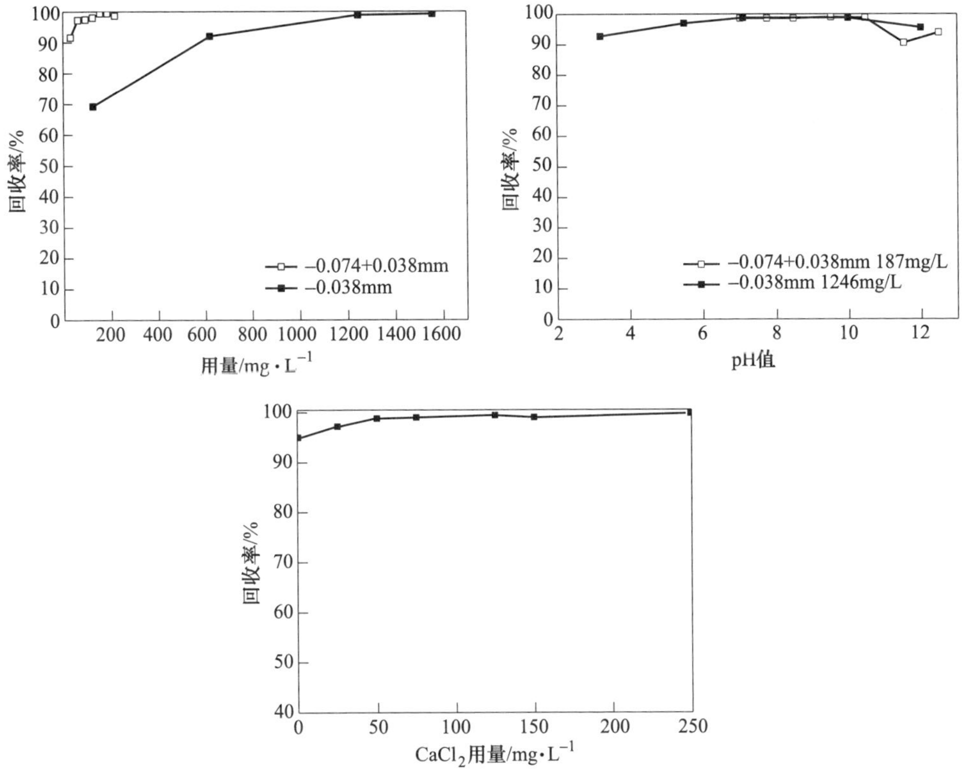

图 4-18 DJW 体系下石英纯矿物浮选试验结果

4.3.4.3 新型捕收剂与石英作用机理

图 4-19 所示为药剂 DJW-1 的红外光谱。在 3447.88cm^{-1} 处是羧酸类的—OH 的伸缩振动峰；2923.84cm^{-1} 是—CH_2—的不对称伸缩振动吸收峰；2846.98cm^{-1} 为—CH_2—的对称伸缩振动吸收峰；1637.26cm^{-1} 是—CH_3 的不对称弯曲振动峰；1405.69cm^{-1} 是—CH_3 的对称弯曲振动峰。图 4-20 所示是石英与药剂 DJW-1 作用后的红外光谱图。在 3444.46cm^{-1} 处是吸附了羧酸类的—OH 基团，吸收峰发生微小偏移，所以形成的氢键吸附；2923.84cm^{-1}、2846.98cm^{-1} 两处新生成的峰代表药剂与石英发生了化学吸附，在 1627.15cm^{-1}、1398.95m^{-1} 处也产生了—CH_3 的峰；

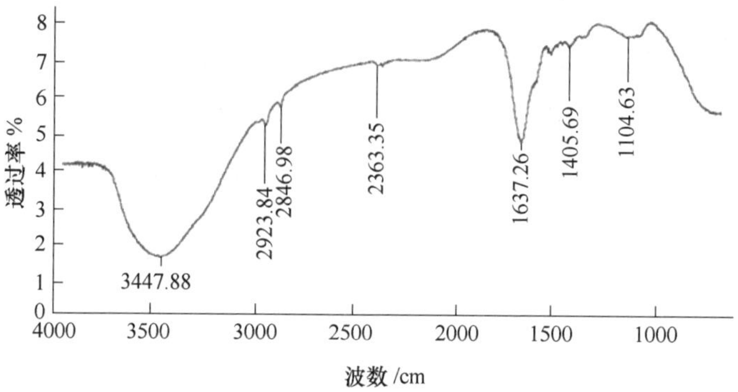

图 4-19　捕收剂 DJW-1 的红外光谱

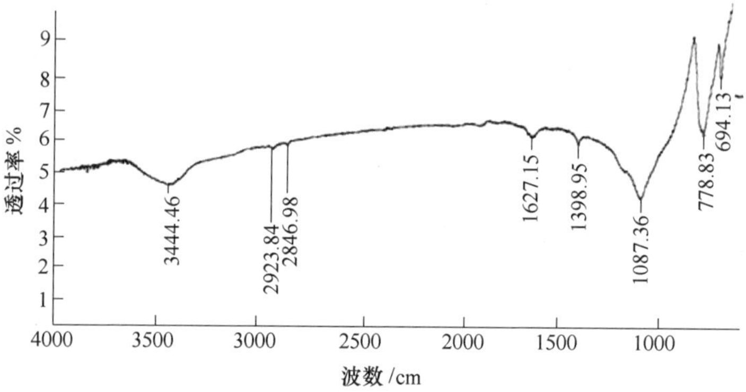

图 4-20　石英与捕收剂 DJW-1 作用后的红外光谱

1087.36cm^{-1}、778.83cm^{-1}、694.13cm^{-1}并且向低频移动，发生了氢键作用。说明表面荷负电的 SiO_2 与 DJW-1 反应结合，硅氧原子键变长，振动频率变低。

接触角检测结果如图 4-21 ~ 图 4-23 所示。可知当 DJW-1 用量从 15mg/L 增加

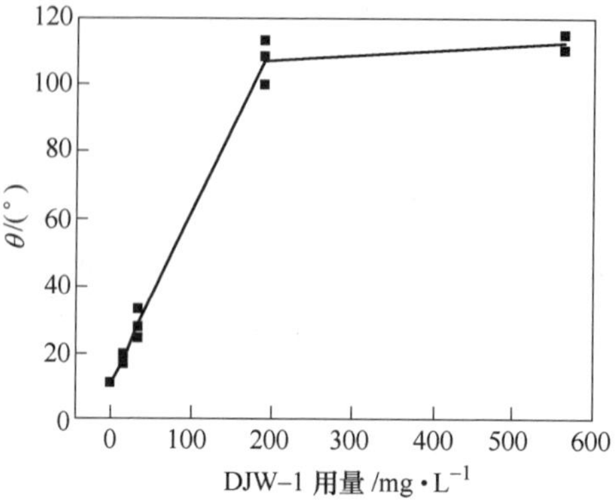

图 4-21　DJW-1 用量对接触角的影响

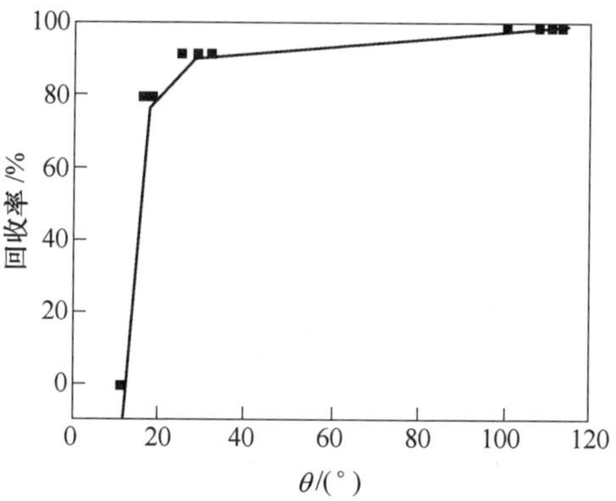

图 4-22　DJW-1 作用后接触角对回收率影响

图 4-23 DJW-1 用量从小到大作用后石英表面接触角变化

到 31.25mg/L，接触角从 18°增大到 28.3°时，此时回收率已经由 79%增大到 91.6%；当 DJW-1 用量到达 187mg/L 时，回收率为 99.4%，接触角迅速增大到 107°；当捕收剂用量继续增加到 561mg/L 时，接触角增大幅度较小，为 112.5°，回收率已经趋于稳定。

捕收剂加入后矿物接触角的变化可以反映出捕收剂对矿物的作用特性。从试验结果可见，石英的接触角受捕收剂加入的影响很大。石英与捕收剂作用以后，石英表面接触角明显增大，从而使其可浮性增强。可以看出，加入浮选药剂以后，石英的可浮性发生了很大改变。当石英与捕收剂作用后，表面不饱和键与水分子间的作用能与水分子间的缔合能差别增大，而对气泡的黏着功明显增加，从而吸附在气泡表面并随之上浮。

综上，本项目基于磁铁矿和石英的晶体化学及表面特性，设计合成了 DJW 高效脱硅浮选药剂，该药剂选择性好、捕收能力强、浮选无需加温，为超纯铁精矿的绿色制备提供了药剂保障。

4.3.5 超级铁精矿制备流程

超级铁精矿制备评价体系、搅拌磨机窄级别磨矿技术、新型 DJW 浮选脱硅药剂集成，用于超级铁精矿的绿色制备。选取辽宁省朝阳市建平县旗盛公司普通铁精矿为原料，首先分析了原料的工艺矿物学特性，判定其是否适合制备超级铁精矿；进而系统开展了磨矿、磁选、浮选试验，确定了适宜的分选流程。

4.3.5.1 原料工艺矿物学特性

普通铁精矿化学成分和铁化学物相分析结果见表 4-17 和表 4-18。由分析结果可知，该原料 TFe 品位为 65.46%，铁主要赋存于磁铁矿中，菱铁矿、赤褐铁矿、硫化铁、硅酸铁的含量相对较少；主要脉石成分为 SiO_2；有害元素磷和硫的含量较低。

表 4-17 化学成分分析 (%)

成分	TFe	FeO	SiO_2	Al_2O_3	CaO	MgO	S	P
含量	65.46	29.05	7.53	0.37	0.61	0.60	0.044	0.035

表 4-18　铁化学物相分析结果　　(%)

铁化学物相	磁性铁中的铁	碳酸铁中的铁	赤褐铁矿中的铁	硫化铁中的铁	硅酸铁中的铁	合计
含量	63.50	0.44	0.22	0.15	1.56	65.87
分布率	96.40	0.67	0.33	0.23	2.37	100.00

对原料进行光学显微镜鉴定，各种矿物相对含量见表 4-19。由表 4-19 可知，该铁精矿的矿物组成较复杂，金属矿物主要为磁铁矿，含量为 87.76%，另有少量赤铁矿、褐铁矿、黄铁矿及微量黄铜矿；非金属矿物含量为 11.70%。

表 4-19　矿物组成及含量统计结果　　(%)

矿物名称	磁铁矿	赤铁矿	黄铁矿	褐铁矿	黄铜矿	非金属矿物	合计
含量	87.76	0.23	0.21	0.1	微量	11.7	100

磁铁矿的粒度较细小，超过半数磁铁矿颗粒小于 0.037mm，其中小于 0.01mm 的磁铁矿含量较高。铁矿粉中磁铁矿单体解离度较高，磁铁矿主要与非金属矿物结合形成的连生体，多为贫连生体，与黄铁矿等结合形成的连生体含量很少。磁铁矿与非金属矿物结合的连生体主要为毗连型和包裹型连生体。脉石矿物主要指非金属矿物，非金属矿物的粒度较粗一些，在 0.053mm 以上和 0.053mm 以下的粒级中各占一半。非金属矿物的单体解离度较低，连生体主要为与磁铁矿结合形成的连生体，因此磁铁矿与非金属矿物的分离是提高铁精矿品位的关键。非金属矿物主要以毗连型和包裹型与磁铁矿结合形成连生体。

磁铁矿和非金属矿物的单体解离度、各类连生体的数量、在每一连生体中的相对含量、二者的结合特征，直接影响它们的选矿行为和下一步处理的方法。磁铁矿的单体解离度较高，连生体类型主要为磁铁矿与非金属矿物结合形成的连生体，多为贫连生体。对磁铁矿与非金属矿物的结合类型进行统计，结果见表 4-20。根据统计得出该铁矿粉中铁矿物与非金属矿物的结合类型主要有如下几种。

表 4-20　磁铁矿与非金属矿物结合类型统计结果　　(%)

结合类型	毗连型	包裹型	其他类型	合计
含量	75.33	22.41	2.26	100.00

(1) 毗连型。磁铁矿与非金属矿物连生边界平直，边界线呈线性弯曲状。

(2) 包裹型和半包裹型。磁铁矿以包裹体形式嵌镶于非金属矿物中，磁铁矿在连生体中所占的比率一般较低。该铁矿物中磁铁矿包裹体粒径一般大于 10μm，多属细粒包裹型。

(3) 其他类型。这里主要指磁铁矿中包裹细微粒的非金属矿物的连生类型，包裹体为非金属矿物。

由表4-20可知，磁铁矿与非金属矿物结合的连生体主要结合类型为毗连型和包裹型，含量分布为75.33%和22.41%，有2.26%的连生体磁铁矿包裹非金属矿物，这种类型连生体中的非金属矿物因粒径细小，难以从磁铁矿中解离出来，影响铁精矿的品位。

对铁矿粉中磁铁矿和非金属矿物进行粒度测定，结果见表4-21和表4-22。由表4-21可知，大部分磁铁矿颗粒分布在0.075mm以下粒级中，在0.037mm以下粒级中的分布率为57.57%，其中在0.01mm以下粒级中的分布率为14.36%，可见磁铁矿粒度十分细小。由表4-22可知，非金属矿物在0.075mm以上的分布率为39.68%，在0.037mm以下的分布率为25.08%，非金属矿物的粒度以中细粒分布为主。

表4-21 磁铁矿粒度统计结果 (%)

粒级/mm	+0.075	-0.075+0.053	-0.053+0.037	-0.037+0.01	-0.01
分布率	7.05	12.27	23.11	43.21	14.36
累计		19.32	42.43	85.64	100.00

表4-22 非金属矿粒度统计结果 (%)

粒级/mm	+0.075	-0.075+0.053	-0.053+0.037	-0.037+0.01	-0.01
分布率	39.68	12.70	22.54	21.90	3.18
累计		52.38	74.92	96.82	100.00

4.3.5.2 工艺流程探索

A 磨矿—弱磁—精选流程

针对不同磨矿细度的产品进行了磨矿—弱磁—精选流程试验，试验结果见表4-23。由表4-23可知，随着磨矿细度增加，精矿中酸不溶物及SiO_2含量增加，这可能由于给矿经磨矿后粒度过细，导致脉石因磁团聚而夹杂严重。因此，针对普通铁精矿直接进行磨矿—磁选难以制备出合格铁精矿。

表4-23 精矿杂质含量测定结果 (%)

磨矿细度(-0.030mm)	TFe	酸不溶物	SiO_2	Al_2O_3	S	P
83.30	70.49	0.59	0.65	0.13	0.010	0.006
90.90	70.00	0.67	0.96	0.11	0.002	0.002
98.50	70.67	0.84	0.90	0.18	0.0160	0.002

B　预先抛尾—精矿再磨—磁选—精选流程

为解决精矿中脉石夹杂的问题，考虑在磨矿前增加对给矿进行预选抛尾作业，以考察是否有利于脉石矿物的去除。试验流程如图 4-24 所示，试验结果见表 4-24。由表 4-24 可知，采用预先抛尾—精矿再磨—弱磁—精选流程，所得精矿中杂质含量仍然较高，并未达到理想指标。

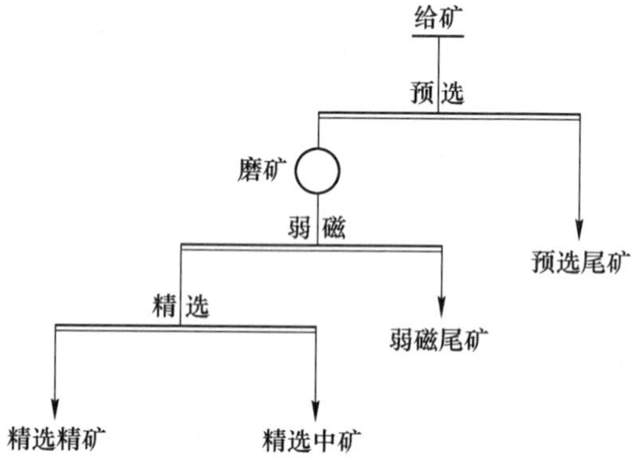

图 4-24　预先抛尾—精矿再磨—弱磁—精选试验流程

表 4-24　预先抛尾—精矿再磨—弱磁—精选试验结果　（%）

磨矿细度（-0.030mm）	产品名称	产率	铁品位	总回收率	酸不溶物	SiO_2	Al_2O_3
83.30	精选精矿	81.76	69.85	88.99	0.80	0.89	0.20
	精选中矿	5.83	67.48	6.13	—	—	—
	弱磁尾矿	5.61	24.31	2.13	—	—	—
	预选精矿	93.20	67.34	97.23	6.58	0.88	0.28
	预选尾矿	6.80	26.11	2.77	—	—	—
	给矿	100.00	64.18	100.00	—	—	—

C　预先抛尾-阶段磨矿阶段磁选流程

为解决精矿中脉石夹杂的问题，考虑采用预先抛尾—阶段磨矿、阶段磁选流程，以考察是否有利于脉石矿物的去除。试验流程如图 4-25 所示，分选结果见表 4-25。由表 4-25 可知，采用预先抛尾—阶段磨矿—阶段选别的流程，所得精矿中杂质含量相对较低。可获得精矿品位 71.02%的铁精矿，精矿中酸不溶物为 0.41%，SiO_2 含量为 0.48%。

综上所述，对比粗精矿采用磨矿—磁选—精选、预先抛尾—精矿再磨—磁选—精选、预先抛尾—阶段磨矿—阶段选别三种选别流程的结果可知，采用预先抛尾—阶段磨矿—阶段选别的方法可获得品位为 71.02%的精矿，且精矿中酸不溶物及杂质含量较低。若要获得更高品级的超级铁精矿，还需要对阶段磨矿—磁选精矿进行反浮选脱硅。

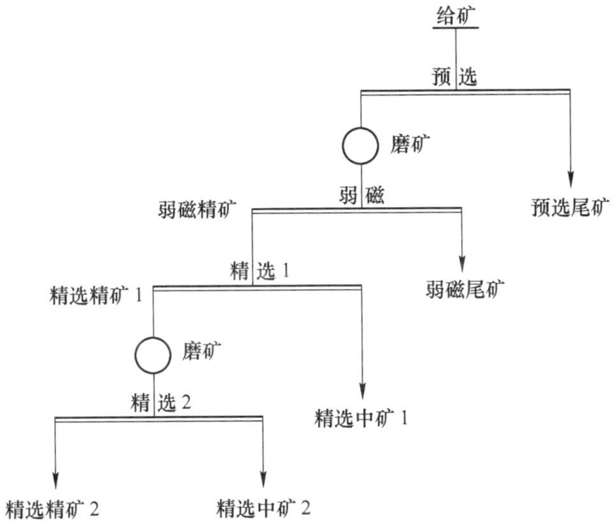

图 4-25 预先抛尾—阶段磨矿—阶段选别试验流程

表 4-25 预先抛尾—阶段磨矿—阶段选别试验结果 (%)

磨矿细度（-0.030mm）	产品名称	总产率	铁品位	总回收率	酸不溶物	SiO_2	Al_2O_3
83.30	精选精矿 1	85.67	70.98	93.85	0.82	1.74	0.11
	精选精矿 2	80.49	71.02	88.41	0.41	0.48	0.073
	精选中矿 2	5.18	67.80	5.44	—	—	—
	精选中矿 1	1.86	53.27	1.53	—	—	—
	弱磁尾矿	5.67	21.42	1.87	—	—	—
	预选精矿	93.20	67.34	97.25	6.58	0.88	0.28
	预选尾矿	6.80	26.11	2.75	—	—	—
	给矿	100.00	64.18	100.00	—	—	—

D 预先抛尾—阶段磨选—反浮选试验

在预先抛尾—阶段磨选流程基础上增加反浮选作业，以考察浮选对最终选别指标的影响。捕收剂 DJW-1 用量为 200g/t。试验流程如图 4-26 所示，试验结果见表 4-26。由表 4-26 可知，采用反浮选获得的精矿 1 中杂质含量显著降低，其中酸不溶物含量为 0.30%，SiO_2 含量为 0.19%，铁品位 72.05%，铁回收率达 62.50%。确定超级铁精矿适宜的工艺条件为预先抛尾—阶段磨选—反浮选工艺流程。

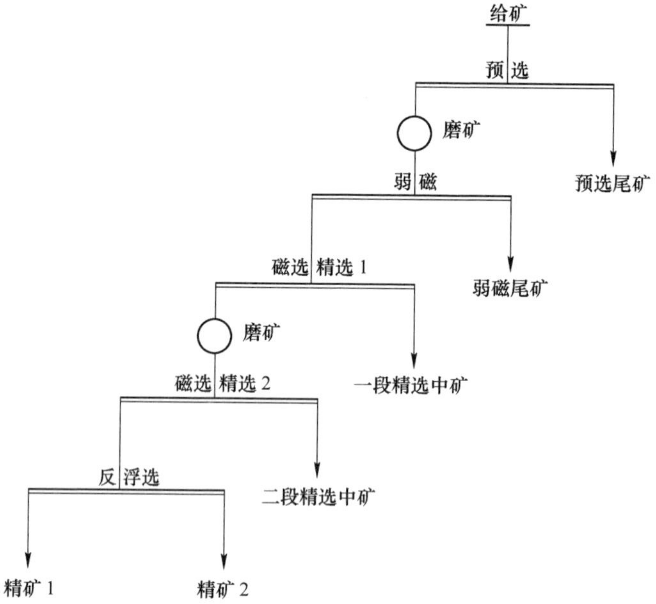

图 4-26　预先抛尾—阶段磨选—反浮选试验流程

表 4-26　预先抛尾—阶段磨选—反浮选试验结果　(%)

捕收剂用量/g · t^{-1}	产品名称	产率	铁品位	总回收率	酸不溶物	SiO_2	Al_2O_3
200	精矿 1	56.94	72.05	62.50	0.30	0.19	0.24
	精矿 2	23.55	72.21	25.91	—	—	—
	合计	80.49	72.10	88.41	—	—	—

4.3.5.3　预先抛尾-阶段磨选-反浮选流程优化

A　预先抛尾——一段磨矿—弱磁—电磁精选试验

预先抛尾——一段磨矿—弱磁—电磁精选流程如图 4-27 所示，将不同磨矿细度的精矿进行弱磁选和电磁精选，结果见表 4-27。由表 4-27 可知，采用预先抛尾——一段磨矿—弱磁—电磁精选的流程，一段磨矿细度-0.038mm 占 92.29%较为适宜，可获得铁品位为 71.63%，回收率为 95.60%，酸不溶物含量为 0.78%，SiO_2 含量为 0.70%的精矿。

表 4-27　预先抛尾——一段磨矿—弱磁—电磁精选试验结果　(%)

磨矿细度（-0.038mm）	铁品位	回收率	SiO_2	酸不溶物
74.15	71.28	97.35	1.06	1.11
85.26	71.47	95.49	0.77	0.82
92.29	71.63	95.60	0.70	0.78
95.32	71.73	95.58	0.92	1.07

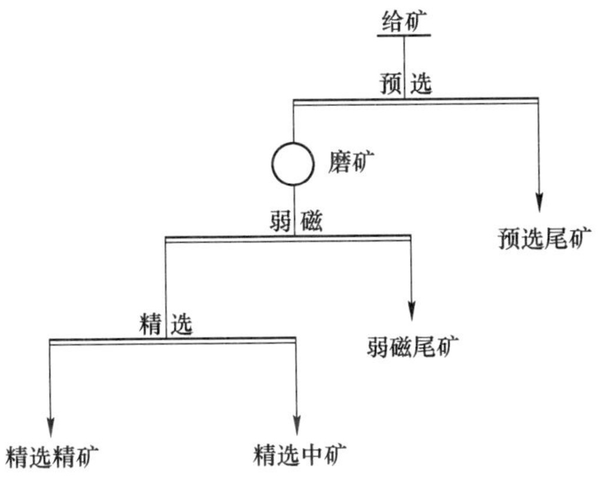

图 4-27 预先抛尾——段磨矿细度—弱磁—电磁精选流程

B 预先抛尾——段磨矿—弱磁—电磁精选—二段磨矿—电磁精选试验

近年来，细磨装备及技术在金属矿选矿中取得了一系列突破性进展。工业生产实践证明，与传统球磨机相比，搅拌磨机具有能源效率高、节省介质、低碳环保、安装维护操作简单等显著特点和优越性。产品越细，搅拌磨机比球磨机的效率越高，与传统的球磨机相比，立磨可节约能耗 30%~50%。鉴于二段磨矿粒度较细，故采用 SLJM-2L 立式超细搅拌磨机进行磨矿。

采用预先抛尾—阶段磨矿阶段工艺流程进行选别。将一段磁选精矿进行二段磨矿—精选，工艺流程如图 4-28 所示，试验结果见表 4-28。由表 4-28 可知，随着磨矿细度的提高，精矿铁品位均接近 72.00%，精矿中 SiO_2 含量、酸不溶物含量逐渐降低。当二段磨矿细度-0.030mm 占 92.05%时，精矿铁品位 71.87%、酸不溶物 0.20%、SiO_2 含量 0.33%，SiO_2 含量略微超标，需进行反浮选脱除。

表 4-28 预先抛尾——段磨矿—弱磁—电磁精选—二段磨矿—电磁精选试验结果

(%)

二段磨矿细度（-0.030mm）	铁品位	总回收率	SiO_2	酸不溶物
78.95	71.81	91.58	0.39	0.28
87.79	71.97	90.77	0.37	0.21
92.05	71.87	90.50	0.33	0.20
94.27	71.92	90.65	0.34	0.20

C 反浮选脱硅

为进一步降低精矿中杂质成分 SiO_2，采用新型捕收剂 DJW-1 针对预先抛尾——段磨矿—弱磁—电磁精选—二段磨矿—电磁精选流程精矿进行反选，捕收剂用量对分选指标的影响见表 4-29。由表 4-29 可知，二段磨矿细度-0.030mm 占 92.05%时，随着捕收剂用量的增加，精矿铁品位逐渐提高，精矿中二氧化硅含

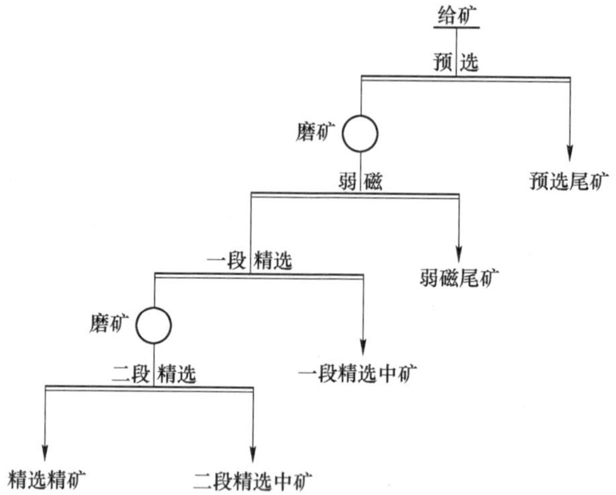

图 4-28　预先抛尾——一段磨矿—弱磁—电磁精选—二段磨矿—电磁精选流程

量、酸不溶物含量逐渐降低。当捕收剂用量为 200g/t 时，获得精矿铁品位 71.88%、回收率为 63.98%、酸不溶物 0.19%、SiO_2 含量 0.30%的指标。超级铁精矿化学成分见表 4-30。

表 4-29　反浮选脱硅试验结果　　(%)

DJW-1 用量/g · t^{-1}	铁品位	总回收率	SiO_2	Al_2O_3	酸不溶物
300	72.28	46.82	0.30	0.14	0.18
200	71.88	63.98	0.30	0.15	0.19
100	71.81	84.70	0.35	0.15	0.19

表 4-30　精矿化学成分分析结果　　(%)

TFe	CaO	MgO	SiO_2	Al_2O_3	S	P	K/g · t^{-1}
71.88	0.024	0.008	0.30	0.15	0.0092	0.0020	0.0061
Na	TiO_2	Mn	Cu	Pb	Zn	酸不溶物	
0.0072	0.032	0.005	0.0002	0.0012	0.0024	0.19	

4.3.5.4　推荐工艺流程

预先抛尾—阶段磨选—反浮选流程为超级铁精矿适宜制备流程，推荐流程最终的试验结果见表 4-31，数质量流程图如图 4-29 所示。由表 4-31 可见，采用预先抛尾—阶段磨选—反浮选流程可获得品位为 71.88%、回收率为 63.98%的超级铁精矿，精矿中 SiO_2 含量为 0.30%、酸不溶物含量为 0.19%，其他杂质含量均在标准要求范围。

表 4-31 预先抛尾—阶段磨选—反浮选流程结果 (%)

产品名称	总产率	铁品位	总回收率
超级铁精矿	58.59	71.88	63.98
反浮选中矿	24.51	71.17	26.52
精选中矿 2	3.54	69.34	3.72
精选中矿 1	0.81	61.88	0.76
弱磁尾矿	6.35	24.64	2.36
预选尾矿	6.20	28.11	2.65
合 计	100.00	65.82	100.00

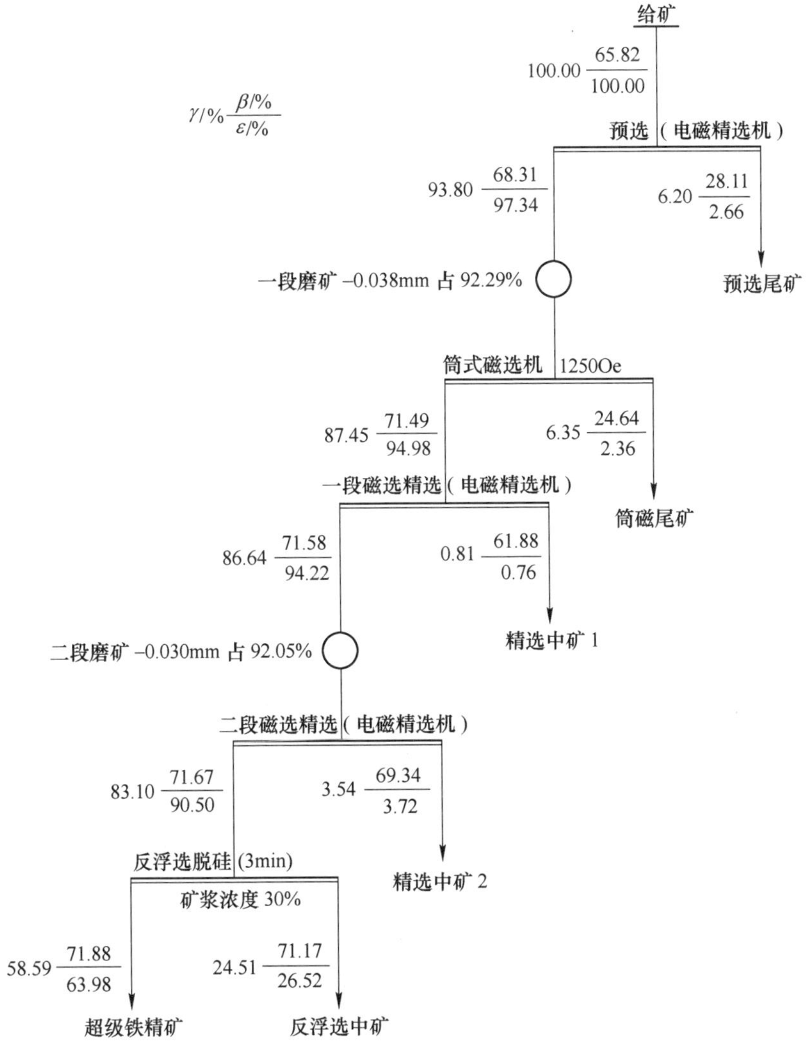

图 4-29 超级铁精矿制备工艺流程数质量流程

由图 4-29 可见，采用预先抛尾—阶段磨选—反浮选流程制备超级铁精矿，共有预选尾矿、弱磁选尾矿、精选中矿 1、精选中矿 2、反浮选中矿和超级铁精矿等多个产品，由于预选尾矿和弱磁尾矿铁品位分别为 28.11%和 24.64%，主要为铁矿物与脉石矿物连生体，且粒度较小，单独处理经济上不合理，可考虑返回常规磁铁矿选矿流程作为球磨给矿进行再磨再选，抑或直接作为尾矿排入尾矿库；精选中矿 1、中矿 2 及反浮选中矿铁品位分别为 61.88%、69.34% 和 71.17%，可根据铁精矿品级要求分别销售。

4.3.6 超级铁精矿制备扩大连选试验

4.3.6.1 扩大连选方法

超级铁精矿制备扩大连续试验流程如图 4-30 所示，超级铁精矿扩大连选制备采用的主要设备见表 4-32。将上述设备根据流程连接组建扩大连选试验系统。

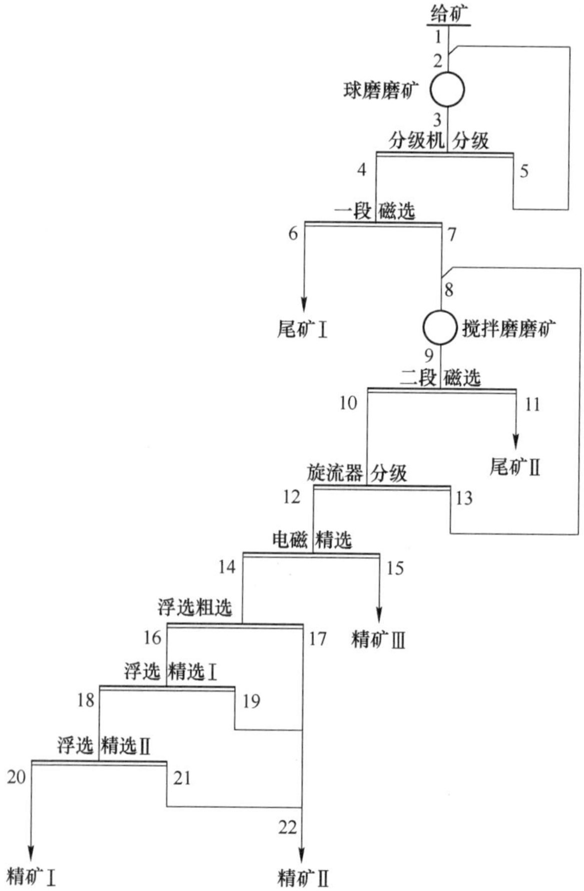

图 4-30　扩大试验流程

当连续试验系统调试稳定后，每间隔 2h 进行取样和检测，以检测和评定连续扩大试验结果。

表 4-32 主要设备参数

名称	型号	规格	功率/kW	厂 家
格子球磨机	XMQL420×450	ϕ420×450	2.12	武汉探矿机械厂
浓缩磁选机	NCT500×600	ϕ500×600	5.5	沈阳隆基电磁科技股份有限公司
鼓型磁选机	XCRS500×600	ϕ500×600	0.25	沈阳隆基电磁科技股份有限公司
立式砂浆泵	XBSL	486×280×465	0.75	武汉洛克粉磨设备制造有限公司
磁悬浮精选机	LJC207	ϕ207	2	沈阳隆基电磁科技股份有限公司
恒磁场脱磁器	LTC75×900	ϕ75×900	1.6	沈阳隆基电磁科技股份有限公司
搅拌桶	XJT30	30L	0.75	武汉洛克粉磨设备制造有限公司
搅拌桶	XJT50	50L	0.75	武汉洛克粉磨设备制造有限公司
连续浮选机	FX-7	7L	0.37	武汉探矿机械厂
搅拌磨机	WHTM-50	50L	5.5	辽宁五寰科技发展有限公司

4.3.6.2 扩大连续试验指标

超级铁精矿制备扩大连续试验共计稳定运行 96h，并间隔 2h 进行了流程考察，流程考察数质量流程图如图 4-31 所示。由图 4-31 可见，在给矿 TFe 品位 67.29%条件下，获得了 TFe 品位为 72.19%、回收率为 25.57%的超纯铁精矿，TFe 品位为 71.99%、回收率为 36.66%的高纯铁精矿，TFe 品位为 71.63%、回收率为 31.99%的超级铁精矿Ⅲ，总回收率达 94.22%。

制备的超级铁精矿化学成分分析结果见表 4-33。由表 4-33 可知，TFe 品位高达 72.22%、SiO_2 含量为 0.20%、酸不溶物含量为 0.18%，其他杂质含量均较低，为优质的直接还原、粉末冶金、洁净钢原料及磁性材料、医疗、环保等领域功能材料。

表 4-33 超纯铁精矿化学成分分析 (%)

成分	TFe	SiO_2	Al_2O_3	CaO	MgO	TiO_2	S	P
含量	72.22	0.20	0.095	0.0022	未检测	0.068	0.0029	0.002
成分	K	Na	Mn	Cu	Pb	Zn	酸不溶物	
含量	0.003	0.009	0.008	0.001	<0.001	0.001	0.18	

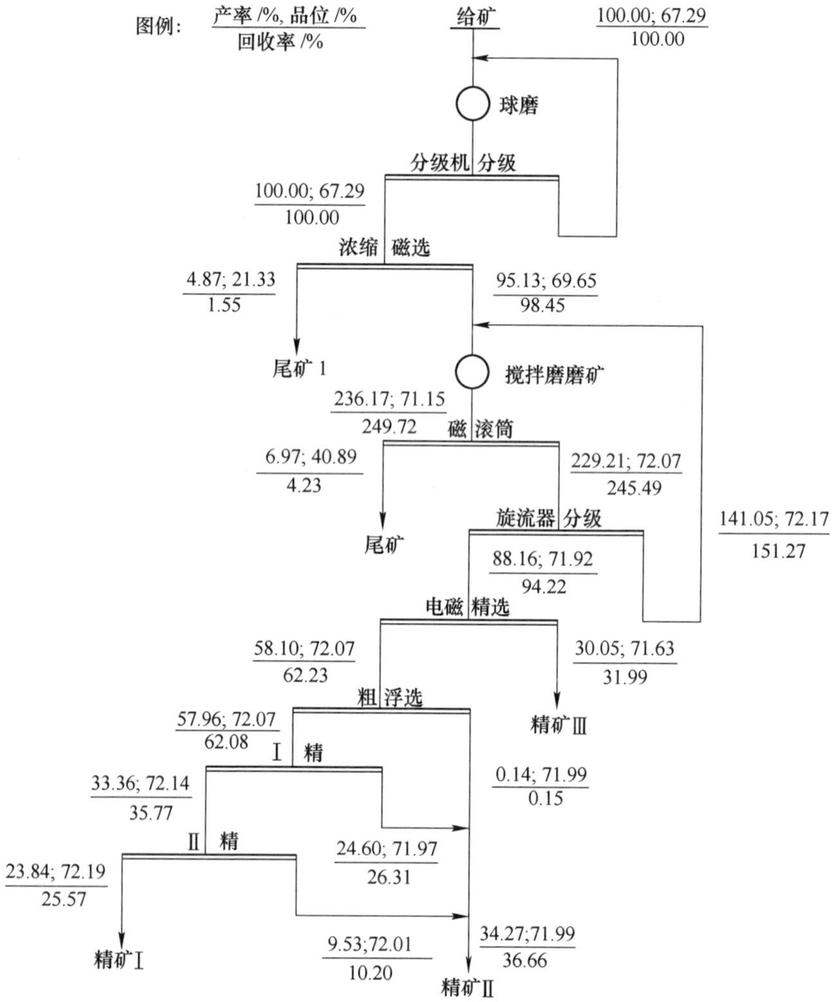

图 4-31　超级铁精矿制备数质量流程

4.4　洁净钢基料短流程制备技术

4.4.1　高纯铁精矿气基直接还原竖炉用球团制备

4.4.1.1　高纯铁精矿造球

A　造球工艺及设备

铁精矿进行冶炼之前必须经过造球处理，造球是氧化球团生产过程中最重要的工序环节，生球的含水量、强度、粒度、粒度组成、生球的产出量及产出量的稳定性对整个炼铁生产过程有重要的影响，是整个球团生产线运行的基础，对最终产品球团的产量及质量有决定性的影响。造球的目的是寻求适宜的造球黏结剂，探索采用黏结剂的适宜配加量；探索造球的适宜水分以及生球的强度，生球的爆裂温度与各工艺参数的关系。

生球制备包括原料准备、配料、混料、焖料、圆盘造球机造球、生球干燥等阶段。所使用的造球设备是东北大学钢铁研究所自制的圆盘造球机，如图 4-32 所示。直径 $\phi=1000mm$，转速为 16r/min，边高 $h=250mm$，倾角 $\alpha=45°$。造球分为母球形成、母球长大、生球压实三阶段。造母球时在圆盘造球机内根据需要取少量原料加水，造母球时间不计入造球时间，造球时间从母球开始长大开始计时，控制在 40min，造球过程加水 5%。生球筛分获得成品生球，成品生球性能检测。造球工艺流程如图 4-33 所示。

图 4-32 生球制备所用设备

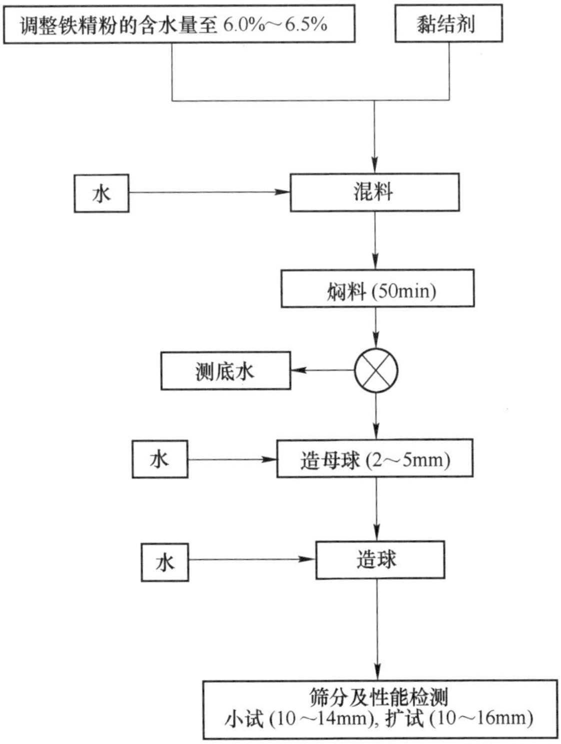

图 4-33 造球工艺流程

B　造球黏结剂

国外钢铁工业铁矿球团生产多数采用有机黏结剂。有机黏结剂不仅黏结效果好，用量少（0.3%~0.4%），且有机黏结剂在球团焙烧过程中烧失多，在成品球团中残留量仅20%~30%，对球团的铁品位影响很小，但生产成本高，至今我国冶金球团生产使用有机黏结剂较少。

我国钢铁工业铁矿球团生产通常采用膨润土为黏结剂，冶金工业球团用黏结剂质量标准见表4-34。我国有膨润土黏结剂生产厂家400多家，但质量达标的较少，这造成我国球团生产中黏结剂膨润土的加入量较高，一般加入量为1.20%以上，少数工厂加入量高达3.00%。近年来，通过改进膨润土加工装备、技术及开发膨润土基复合黏结剂，使黏结剂的质量有了提高，黏结剂加入量大幅度下降。鞍钢集团矿业公司球团厂加入量由3.00%~2.50%降到1.00%~1.200%，使球团的铁品位大幅度提高，取得良好的经济效益。

表4-34　冶金铁矿球团用膨润土质量标准

指标名称	单位	级别				
		Ⅰ	Ⅱ	Ⅲ	Ⅳ	Ⅴ
蒙脱石含量	%	>90	89~80	79~65	64~50	49~35
2H吸水率	%	>150	149~138	173~120	119~100	<100
阳离子交换容量	mmol/100g	>82	>81~74	73~61	60~49	<49
膨胀倍数		>12	11.9~11	10.9~10	9.9~9	<9
粒度	0.075mm	≥99%				
水分	%	<10				
项目	单位	级别				
		P-Q-1	P-Q-2	P-Q-3		
膨润容	≥mL/g	15	12	9		
吸水率	≥mL/g	150	120	100		
吸蓝量	≥g/100g	35	30	20		
干法粒度（%）≥	-0.075mm	99	99	95		
水分	≤%	13				

考虑到进口有机黏结剂价格高，高纯铁精矿球团制备黏结剂选用国内球团生产厂常规黏结剂，探索采用国产以膨润土为基体制造复合黏结剂的可能性。通过对国内、省内球团厂黏结剂使用情况的调查和分析比较，选择凌源钢铁公司烧结厂竖炉球团车间使用的凌源产膨润土，北京中科圣宝荷新材料科技有限公司生产的“圣宝荷GW冶金球团复合黏结剂”（以下简称复合黏结剂）为高纯铁精矿球团制备黏结剂。两种黏结剂的化学成分和性能见表4-35和表4-36。

表 4-35 膨润土的化学成分和理化性能 (%)

FeO	SiO_2	CaO	Al_2O_3	MgO	P_2O_5	TiO_2	MnO	Na_2O	K_2O
1.646	67.410	0.644	13.150	3.517	0.022	0.240	0.052	3.423	2.675

烧损	胶质价	膨胀倍数	吸蓝量/$g \cdot 100g^{-1}$	蒙脱石含量	pH 值	-0.074mm
7.28	94	10	16.5	37.33	10.3	>98

表 4-36 圣宝荷 GW 冶金球团复合黏结剂化学成分 (%)

MgO+CaO	Na	K	烧损
~20.0	0.03	0.01	>35.0

由表 4-35 可知，该膨润土蒙脱石含量、膨胀倍数、吸蓝量仅达到冶金球团用膨润土的质量标准的低限，是质量较低的膨润土。但该黏结剂为辽宁省建平县本地生产，产量大，供应可靠。由表 4-36 可见复合黏结剂的主要成分是黏结性能特别强的天然聚合物与改性聚合物合成的植物蛋白胶有机物和氧化钙、氧化镁混合物。复合黏结剂可以以 1∶5 的比例替代膨润土，减少因添加黏结剂造成氧化球团的 SiO_2 含量升高，有利于提高氧化球团的铁品位。

C 生球性能

以高纯铁精矿（TFe 品位 70.31%，SiO_2 含量 1.96%）为原料制备出生球和干燥球，外观形貌分别如图 4-34 和图 4-35 所示。

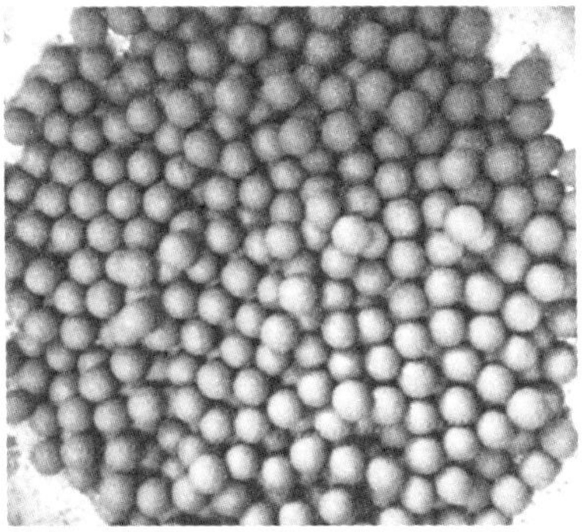

图 4-34 生球形貌

图 4-35 干燥球形貌

不同黏结剂及配比的生球强度见表 4-37。由表 4-37 可知，使用复合黏结剂可以提高生球的落下强度和抗压强度。在复合黏结剂配比为 0.5%时，生球的落下强度和抗压强度与膨润土配比 1.0%时的结果近似；在复合黏结剂配比 1.0%时生球的落下强度有较大幅度提高；精矿粉不配加黏结剂时落下强度和抗压强度都非常低；混合黏结剂的效果在膨润土和复合黏结剂之间，略好于膨润土。加入消石灰效果与膨润土类似，在生球含水 5.8%~6.8%范围，落下强度小于 4 次/个球。

表 4-37 不同条件下生球强度

黏结剂种类	配比/%	生球水分/%	生球抗压强度/N·球$^{-1}$	生球落下强度/次·0.50m^{-1}
膨润土	1.0	6.00	5.20	2.80
		6.60	8.20	2.85
		6.70	8.10	2.90
		7.20	8.30	3.00
		7.40	8.60	3.00
		7.70	8.80	3.50
		8.20	8.10	4.05
		8.30	8.00	5.10
		8.96	6.60	5.60
复合黏结剂	0.5	7.80	7.20	4.65
		8.20	7.45	4.50
		8.40	7.00	4.50
		8.50	7.10	4.50
		8.60	7.05	4.75
	1.0	8.10	6.85	6.40
		9.30	5.50	7.40
		6.00	2.0	1.0
		6.80	6.50	2.60
		5.8	5.60	2.20
		6.60	10.00	3.10
		7.80	12.00	4.50
		8.10	9.30	5.00
		10.10	7.00	6.40
无	0.00	6.00	2.0	1.0
消石灰	$CaO/SiO_2=1.00$	6.80	6.50	2.60
	$CaO/SiO_2=0.30$	5.80	5.60	2.20
膨润土+复合黏结剂	0.5+0.5	6.60	10.00	3.10
		7.80	12.00	4.50
		8.10	9.30	5.00
		10.10	7.00	6.40

综上所述，采用膨润土和复合黏结剂为黏结剂、生球水分为8%~9%时，生

球落下强度达到>5 次/个球，但生球抗压强度较低（5~8N/球），考虑到生产过程造球盘直径远大于试验用造球盘，生球抗压强度会得到提高，故推断配加 1%膨润土或 0.5%复合黏结剂，生球水分 8%~9%的生球能够满足链箅机—回转窑工艺生产氧化球团的要求。

不同条件下生球的爆裂温度检测结果见表 4-38。由表 4-38 可知，生球爆裂温度均高于 550℃。鉴于工业化链箅机—回转窑生产中，通常链箅机的鼓风干燥段的温度在约为 250℃，故可推断高纯铁精矿制备的生球爆裂温度可以满足工业化链箅机—回转窑生产的需要。

表 4-38 不同黏结剂及配比条件下生球的水分和爆裂温度

1%膨润土		0.5%复合黏结剂		混合黏结剂		1%复合黏结剂	
生球水分/%	爆裂温度/℃	生球水分/%	爆裂温度/℃	生球水分/%	爆裂温度/℃	生球水分/%	爆裂温度/℃
6.60	680	7.8	>700	6.6	>700	8.1	>700
7.30	>700	8.41	670	7.7	>700	9.3	>700
7.40	>600	8.5	>700	7.7	>700	—	—
7.50	>600	8.6	>700	8.1	>700	—	—

考虑到有机复合黏结剂焙烧后残留物量少，有利于提高球团的铁品位，进而有利于提高直接还原铁的品位，建议在氧化球团的冶金性能满足直接还原竖炉需要的条件下优先选用有机复合黏结剂，或以有机复合黏结剂替代部分膨润土作为造球黏结剂。

4.4.1.2 生球干燥和预热

在工业化链箅机—回转窑工艺生产氧化球团的过程中，由造球系统生产的合格生球在链箅机上进行的干燥、预热、固结。生球干燥和预热是链箅机—回转窑生产的重要环节，生球干燥、预热、固结的结果对链箅机—回转窑的运行及氧化球团的质量有重大影响。

A 生球干燥和预热设备

高纯铁精矿制备氧化球团样品的干燥、预热在东北大学炼铁试验室的 ϕ350mm 多功能焙烧杯中进行。焙烧杯可以进行鼓风干燥、抽风干燥和抽风预热，焙烧杯燃烧室温度可以达到 1350℃。焙烧杯装置系统示意图如图 4-36 所示。

焙烧杯由主、副燃烧器，直径可调的焙烧杯，主副烟道，助燃风机，抽烟机，气体调节和控制系统及检测仪器仪表系统，数据采集和过程控制计算机系统组成。焙烧杯的主副燃烧器使用天然气作燃料，通过调节一次风、二次风和供氧量调节干燥、预热气体的温度、流速，以及通过球团料层干燥、预热气体介质的

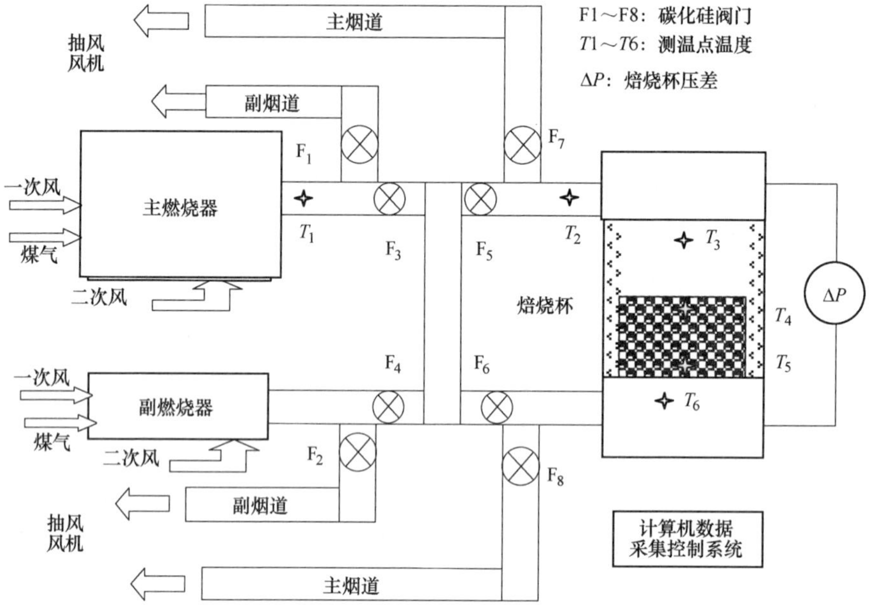

图 4-36　多功能焙烧杯系统简图

含氧量。干燥、预热过程通过焙烧杯配备热电偶，用于监测生球干燥和预热的过程。烟气的流动方向通过 8 个碳化硅阀门控制。

B　性能检测方法

预热球的抗压强度检测采用标准材料试验机进行，每次使用 30 个球，以每个球破碎时受到的压力为强度值，取 30 个球的平均值为抗压强度的指标。我国链箅机—回转窑氧化球团各生产厂依据各自生产条件及经验提出对预热球抗压强度的控制标准。由于原料条件和生产条件的差异，各厂对预热球抗压强度的控制标准差别很大，国内目前没有统一标准。通常认为预热球抗压强度大于 300N/个球可以满足生产的需要。

链箅机—回转窑氧化球团生产过程中，预热球的抗磨性能是影响回转窑生产的最重要的因素。预热球的抗磨性能采用预热球转鼓指数为指标。预热球的转鼓指数的检测方法参考美国 A. C 公司标准进行。转鼓采用 A. C 转鼓结构（图 4-37），转速为 25r/min，转动 50 转。试样重 500g，试样粒度为 8～18mm。试样在转鼓内转动后进行筛分，以+6. 3mm 和−0. 5mm 粒级占总量的百分数为预热球转鼓指数。+6. 3mm 粒级占总量的百分数越高，−0. 5mm 粒级占总量的百分数越低，表示预热球的抗磨性能越好，表示预热球进入回转窑后因物料的运动产生的粉末越少，有利于保证回转窑的正常运行。

C　干球性能

干燥和预热过程主要的操作参数见表 4-39 和表 4-40。干燥球和预热球的各项

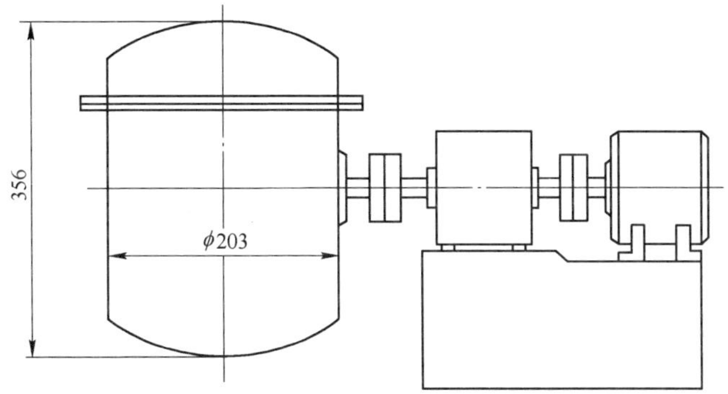

图 4-37　A. C 转鼓结构

指标见表 4-41 和表 4-42。由表 4-41 和表 4-42 可知，干燥和预热试验获得的以膨润土为黏结剂的预热球的 TFe 为 68.6%~68.9%，以复合黏结剂为黏结剂的预热球 TFe 为 68.9%~69.1%，复合黏结剂的球团 TFe 高 0.2%~0.3%。两种黏结剂预热球，除为了考察 FeO 对回转窑焙烧的影响的两个试验外，预热球的 FeO 含量小于 3%，可见在干燥和预热过程生球中的磁铁矿得到了比较充分的氧化。干燥球是生球在链箅机上干燥生成的，通常干燥球的抗压强度高于生球的抗压强度就不会压碎，本高纯铁精矿干球抗压强度为 57.8~95N/个球，可以满足链箅机生产的要求。

表 4-39　复合黏结剂 0.5%的生球的干燥和预热工艺参数

编号	生球水分/%	料层厚度/mm	鼓风干燥		抽风干燥		抽风预热		总时间/min	底料温度/℃
			时间/min	温度/℃	时间/min	温度/℃	时间/min	温度/℃		
F-1	7.69	150	5	200	6	435	7/8	590/730	26	807
F-2		100	4	200	4	402	5/8	640/780	21	842
F-3	9.68	150	6	200	4	510	10/12	520/790	32	915
F-4		195	8	153	8	480	6/11	690/890	33	930

表 4-40　膨润土黏结剂 1%的生球的干燥和预热工艺参数

编号	生球水分/%	料层厚度/mm	鼓风干燥		抽风干燥		抽风预热		总时间/min	底料温度/℃
			时间/min	温度/℃	时间/min	温度/℃	时间/min	温度/℃		
P-1	8.41	50	8	160	3	400	10/10	500/730	31	730
P-2		50	6	200	8	430	7/8	500/780	29	842
P-3	8.92	50	8	200	5	470	6/7	630/790	26	830
P-4	8.52	50	9	150	6	400	5/10	600/820	30	905
P-5	8.26	70	4/5	160	7	540	7/7	680/820	30	870
P-6	7.78	30	7	200	5	470	5/5/8	600/870	30	890

表 4-41 复合黏结剂 0.5%干燥球和预热球的主要质量指标

编号	底料温度/℃	总时间/min	抗压强度/N · 个球$^{-1}$		AC 转鼓/%		TFe/%	FeO/%
			干燥球	预热球	>6.3mm	-0.5mm		
F-1	807	26	57.8	235.0	90.76	9.18	69.06	2.15
F-2	842	21	87.5	322.0	92.89	7.09	68.88	1.00
F-3	915	32	—	285.5	91.93	7.96		2.61
F-4	930	33	—	493.3	94.05	5.93		1.19

表 4-42 膨润土黏结剂 1%干燥球和预热球的主要质量指标

编号	底料温度/℃	总时间/min	抗压强度/N · 个球$^{-1}$		AC 转鼓/%		TFe/%	FeO/%
			干燥球	预热球	>6.3mm	-0.5mm		
P-1	730	31	95	292.7	93.62	6.30	68.61	1.36
P-2	842	29	—	396.7	95.13	4.85	68.89	0.40
P-3	830	26	—	372.3	95.46	4.52		5.80
P-4	905	30	—	355.7	95.25	4.67		5.03
P-5	870	30	—	699.0	95.11	4.89		2.75
P-6	890	30	—	542.3	93.36	6.34		1.43

预热球的强度与预热终点底部料层的温度密切相关。以干燥、预热试验终点时焙烧杯底部料层温度近似表示预热球的温度。测定的底部料温和预热球强度的关系如图 4-38 和图 4-39 所示。从图 4-38 和图 4-39 可知，试验中预热球 AC 转鼓的强度指标（+6.3mm 的百分比）均大于 90%，以 1.0%膨润土为黏结剂的预热球的抗压强度可以达到 300N/个球以上，0.5%复合黏结剂的预热球当底部料温

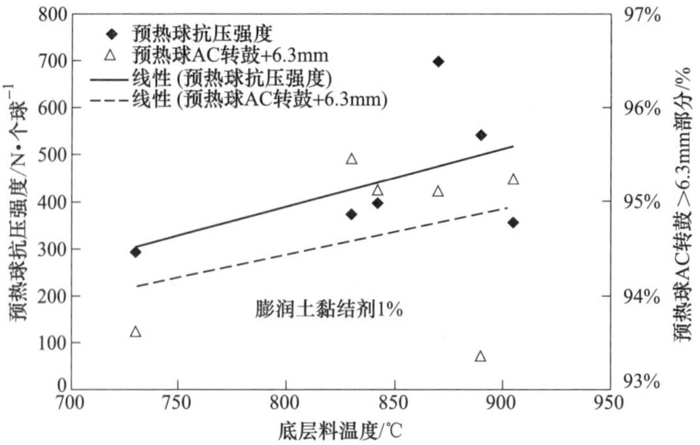

图 4-38 1%膨润土的预热球强度与底层料温的关系

达到830℃以上，预热球的抗压强度也可以达到300N/个球以上，可以满足链箅机—回转窑生产的需要。但以1.0%膨润土为黏结剂的预热球的AC转鼓强度指标明显大于0.5%复合黏结剂的预热球。

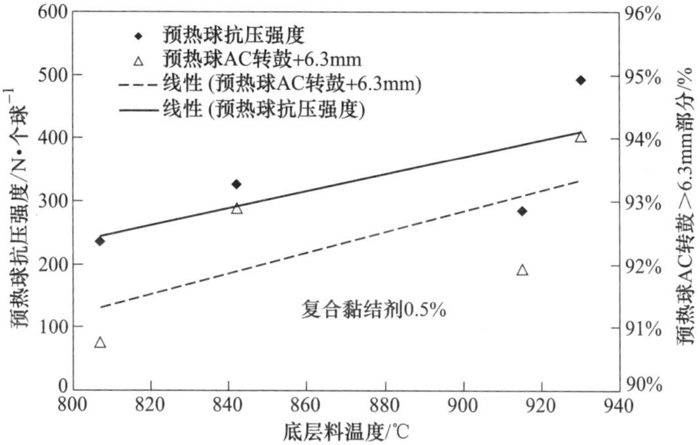

图4-39 0.5%复合黏结剂的预热球强度与底层料温的关系

在链箅机—回转窑生产氧化球团生产中，粉末是造成回转窑结圈的最重要原因。因此，预热球的耐磨性能对回转窑运行的稳定有重要影响。预热球耐磨性能好，预热球在回转窑内运动过程中产生粉末的数量少，减少产生结圈的基础条件，可以降低回转窑产生结圈故障几率。通常，对预热球入窑的抗压强度仅要求大于150N/个球，但对预热球抗磨强度有严格的要求，AC公司的标准要求AC转鼓的耐磨指标-0.59mm部分少于6%。预热球抗磨强度与底部料温的关系如图4-40和图4-41所示。

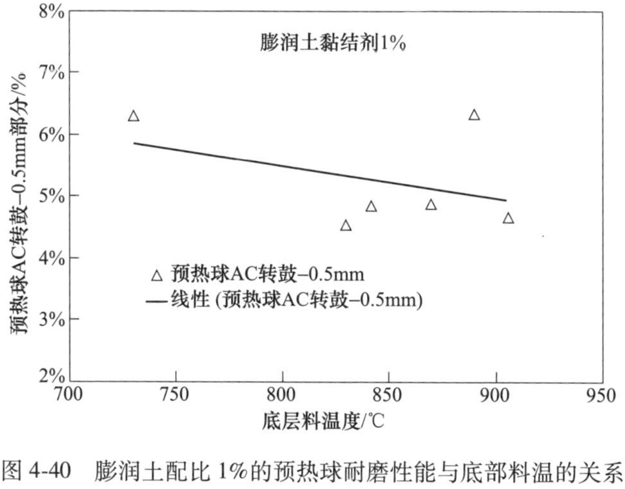

图4-40 膨润土配比1%的预热球耐磨性能与底部料温的关系

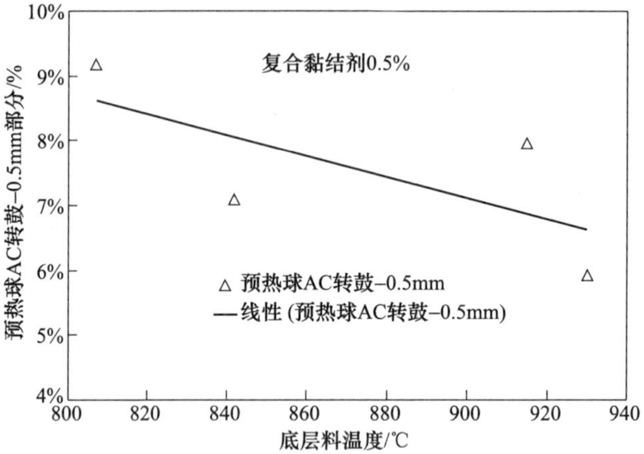

图 4-41　复合黏结剂配比 0.5%的预热球耐磨性能与底部料温的关系

从图 4-40 和图 4-41 可以看出，随底部料温的提高，-0.5mm 部分减少，耐磨性能得到提高。对于 1.0%膨润土为黏结剂的球团，底部料温大于 830℃时大部分预热球耐磨指标可以达到-0.5mm 部分小于 5%，按 AC 公司标准可以满足回转窑生产的要求。但 0.5%复合黏结剂预热球，耐磨指标-0.5mm 部分在 5%~9%范围，明显低于 1.0%膨润土为黏结剂的预热球，低于 AC 公司的标准，能否满足回转窑生产的要求，需要通过工业化生产的验证。

AC 转鼓指标与预热球抗压强度关系如图 4-42 所示。由图 4-42 可知，在预热球抗压强度 200~400N/个球范围，AC 转鼓指标与预热球强度强烈相关，随预热球抗压强度的提高，AC 转鼓指标明显改善，当预热球抗压强度达到 350N/个球以上，AC 转鼓指标基本上可以满足回转窑焙烧的要求。预热球抗压强度超过 400N/

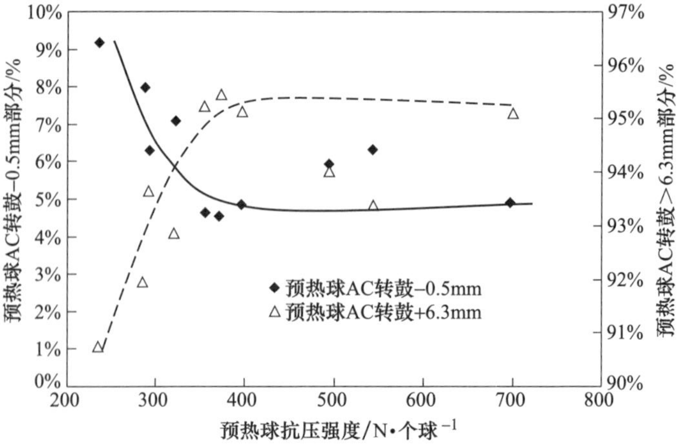

图 4-42　预热球 AC 转鼓指标与预热球抗压强度的关系

个球后，AC 指标改善不明显。从工艺角度考虑，控制预热球抗压强度在 400N/个球附近（350~450N/个球）可满足回转窑焙烧要求。

预热球抗压强度、预热球的耐磨性能（AC 转鼓指标）与 FeO 含量的关系如图 4-43 和图 4-44 所示。从图 4-43 和图 4-44 可知，预热球的 FeO 含量与预热球抗压强度，及预热球的耐磨性能（AC 转鼓指标）的关系不显著。其原因是，铁矿物在预热温度下产生氧化反应，但温度低无法改变矿粉颗粒间的结合方式、结合力。因此，预热球抗压强度和耐磨性能与预热球的 FeO 含量无显著相关关系。但由于磁铁矿（Fe_3O_4）在 300~800℃范围氧化速度高于在 1100℃以上温度的氧化速度，在链箅机上球团与氧化性气体接触条件优于回转窑内球团与氧化性气体接触条件，球团中磁铁矿（Fe_3O_4）在链箅机上进行和完成氧化过程有利于提高链

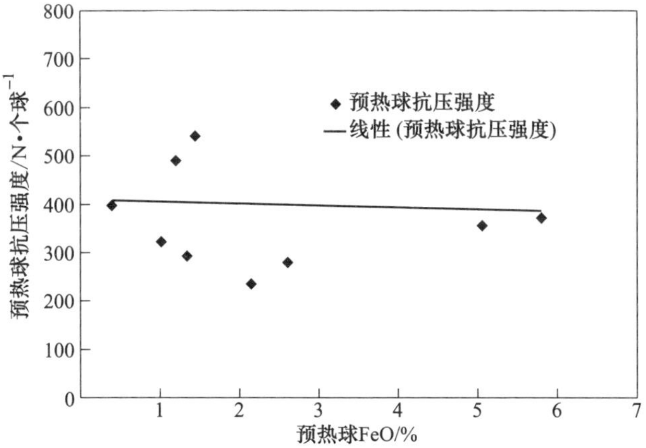

图 4-43 预热球抗压强度与其 FeO 含量的关系

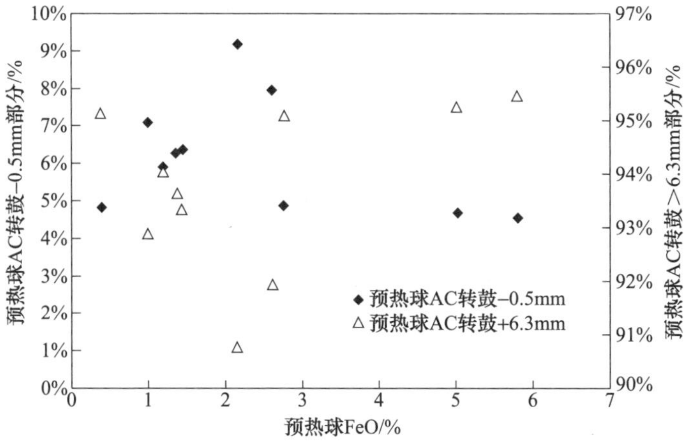

图 4-44 预热球 AC 转鼓指数与其 FeO 含量的关系

算机—回转窑的生产效率；球团在链算机上得到较完全的氧化，有利于增加回转窑内赤铁矿（Fe_2O_3）再结晶和晶体长大时间，有利于提高氧化球团的强度。因此，从提高链算机—回转窑生产的效率、提高产品球团的质量、稳定回转窑生产等角度考虑，通常希望在预热过程中磁铁矿（Fe_3O_4）得到较完全的氧化，并将预热段终点预热球的 FeO 含量作为预热段控制的重要指标，通常要求预热球的 FeO 含量低于 3%。

综上所述，通过对生球干燥、预热适宜工艺条件试验及 ϕ350mm 多功能焙烧杯进行的干燥、预热适宜工艺条件验证性试验，以生球在干燥、预热过程中不产生裂纹，预热球强度和耐磨性能可满足后续工序运行的需要。

4.4.1.3　氧化球团焙烧

球团的焙烧试验分为试验室小试和回转窑火力模型验证性试验两部分进行。试验室小试主要是考察球团制备条件及焙烧条件对成品球团质量、冶金性能的影响，探索适宜的焙烧条件。回转窑火力模型验证性试验的任务是在试验室小试的基础上，以试验室小试获得的适宜的焙烧条件为基础进行验证性试验，确定回转窑焙烧的最佳焙烧条件，并以最佳焙烧条件制备后续竖炉设计时进行还原试验的氧化球团样品。

A　球团焙烧研究方法

试验室球团焙烧试验方法是指生球经干燥后在箱式电炉内进行预热和焙烧，电炉口端开孔以插入通气管。首先将马弗炉升温预热，使炉温升至 900℃ 并保持恒温 10min，将干燥后的生球平铺在耐火材料盛球板上，并平稳放至马弗炉中心位置。整个焙烧过程中向马弗炉内吹入空气，以保证炉内为氧化性气氛。保持预热温度恒温，让球团充分预热，然后以 5℃/min 匀速升至焙烧温度，恒温保持相应焙烧时间。焙烧完成后，球团随炉冷却至 900℃，冷却过程依然保持氧化性气氛，之后将球团从炉内取出，置于空气中冷却。图 4-45 所示为球团焙烧温度制度示意图。

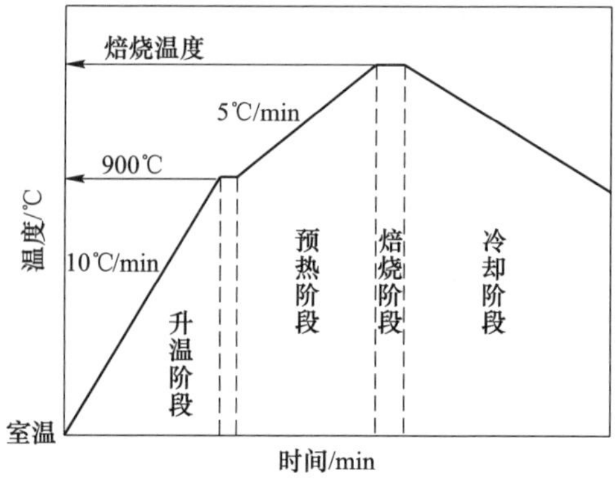

图 4-45　球团焙烧制度示意图

回转窑火力模型焙烧试验是以预热球团为原料，在 ϕ800mm 回转窑火力模型上全面模拟链算机—回转窑工况条件，对预热球进行高温焙烧条件的试验。回转窑火力模型装置内径 ϕ800mm、宽 450mm，结构如图 4-46 所示。回转窑火力模型是截取回转窑的一单元段，水平放置，保持物料在窑内的基本运动状态，依据工业回转窑内温度分布、气氛和运动速度，控制回转窑的升温速度和气氛，模拟炉料在回转窑内的运动及焙烧的全过程。回转窑火力模型以天然气为燃料，助燃风经过废气预热后鼓入窑内，为了保持窑内的氧化气氛，防止预热球的 Fe_2O_3 高温分解，在物料温度大于 1200℃后向通入窑内的燃烧气体中加入适量的工业纯氧气。

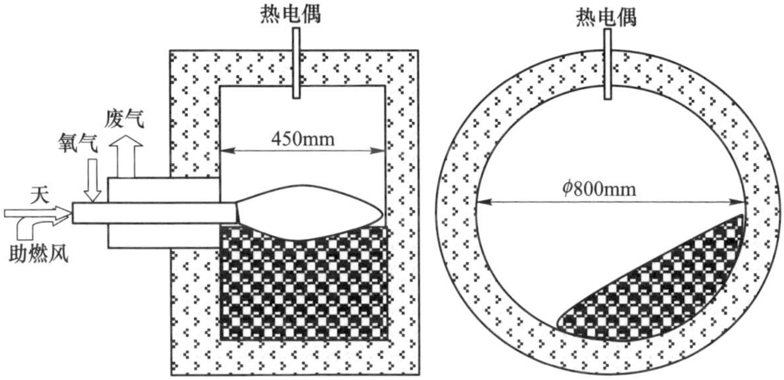

图 4-46 回转窑火力模型装置结构

B 焙烧球团性能

氧化球团性能测试包括物理性能和冶金性能两部分。氧化球团的物理性能主要包括粒度、抗压强度、转鼓强度，冶金性能主要有低温还原粉化、中温还原、还原膨胀。

高纯铁精矿球团试验室焙烧球的抗压强度见表 4-43。由表 4-43 可知，除了在 1220℃焙烧的没有黏结剂的球团外，各种黏结剂配比和焙烧温度的氧化球团的抗压强度都在 2000N/个球以上。配加消石灰的焙烧球，碱度为 1.0 的球团虽然焙烧温度高于碱度为 0.35 的球团，但其抗压强度却低于碱度为 0.35 的酸性球团。

表 4-43 焙烧温度及黏结剂配比对焙烧球抗压强度的影响

黏结剂种类及配比/%	焙烧温度/℃	焙烧时间/min	抗压强度/N · 个球$^{-1}$
未加黏结剂	1220	60	1960
消石灰（R=0.35）	1220	60	2504
消石灰（R=1）	1250	60	2228
1%膨润土	1250	60	2519
0.5%膨润土+0.5%有机黏结剂	1250	60	2994

焙烧温度和黏结剂配比对焙烧球低温还原粉化性能的影响见表 4-44。可以看出只有 1%膨润土配比的焙烧球低温还原粉化指标 $RDI_{+6.3}$ 和 $RDI_{+3.15}$ 大于 90%，

$RDI_{-0.5}$小于 10%。配加消石灰的碱度在 1.0 的焙烧球低温还原粉化指标最差。我国目前没有竖炉直接还原球团矿的低温还原粉化指标的标准，国外也是没有统一标准。考虑到目前国外厂家实际使用的球团矿低温还原粉化 $RDI_{+3.15}$指标大部分在 90%以上（至少也要 85%以上），$RDI_{-0.5}$指标在 10%以下，本试验低温还原粉化指标也按此控制。

表 4-44　焙烧温度及黏结剂配比对焙烧球低温还原粉化性能的影响

黏结剂种类及配比/%	$RDI_{+6.3}$/%	$RDI_{+3.15}$/%	$RDI_{-0.5}$/%
未加黏结剂	77	85	11
消石灰（R=0.35）	78	81	11
消石灰（R=1）	58	64	28
1%膨润土	90	93	6
0.5%膨润土+0.5%有机黏结剂	72	84	11

综上可知，超级铁精矿在各种黏结剂配比下，在 1220～1250℃的焙烧温度范围都可以获得抗压强度大于 2000N/个球的氧化球团；但只有膨润土配比 1.0%的焙烧球，其低温还原粉化指标能够满足竖炉直接还原的要求；配加消石灰使球团碱度达到 1.0 的条件下，焙烧球强度较低，低温还原粉化指标较差，不能作为直接还原专用球团使用。

回转窑火力模型焙烧试验不同温度条件下膨润土配比 1.0%和复合黏结剂配比 0.5%的焙烧球团化学成分、抗压强度等指标见表 4-45。由表 4-45 可知，预热球 FeO 含量、黏结剂种类与焙烧球抗压强度无显著相关关系，对试验球团焙烧温度达到 1250℃，焙烧烟气氧气浓度充分，焙烧球抗压强度都可以达到高于 2000N/个球。

表 4-45　焙烧球的成分和抗压强度

编号	黏结剂	预热球 FeO①/%	焙烧温度/℃	焙烧球		抗压强度②/N·个球$^{-1}$	转鼓指数	
				TFe/%	FeO/%		+6.3mm	−0.5mm
BP1	1.0%膨润土	0.88	1250	68.01	0.46	2208	94.65	4.73
BP2	1.0%膨润土	5.42	1220	67.96	0.59	1478	—	—
BF1	0.5%复合黏结剂	1.58	1220	69.14	4.57	747	—	—
BF2	0.5%复合黏结剂	1.90	1250	69.08	1.26	2124	92.10	6.70

① 2 个样品的平均值。

② 抗压强度检测球团粒度为 10～12mm。

焙烧球的转鼓强度检测表明：抗压强度高于 2000N/个球的 BP1 和 BF2 焙烧球团转鼓指数中抗破碎强度（+6.3mm 部分）大于 92%，耐磨指数（−0.5mm 部分）分别为 4.70%，6.70%，可满足竖炉对球团的要求。

对于抗压强度满足直接还原球团要求的焙烧球，焙烧球的高温冶金性能见表 4-46。由表 4-46 可知，测定的焙烧球样品的低温还原粉化指标 $RDI_{+3.15}$在 85%~93%范围，数据显示焙烧产品的低温还原粉化指标不够理想，但可以满足直接还原竖炉对球团的要求；两种黏结剂的焙烧球的中温还原指数在 62.19%~64.22%范围；球团的还原性能良好，可满足 HYL 竖炉对球团的要求；复合黏结剂的焙烧球还原性略高于膨润土为黏结剂的球团。

表 4-46 焙烧球冶金性能

编号	黏结剂	焙烧温度/℃	FeO/%	抗压强度/N·个球$^{-1}$	低温还原粉化/%			还原膨胀/%	中温还原/%
					$RDI_{+6.3}$	$RDI_{+3.15}$	$RDI_{-0.5}$		
BP1	1.00%膨润土	1250	0.46	2208	66.89	85.89	7.11	18.50	62.19
BF2	0.5%复合黏结剂	1250	1.26	2124	91.70	92.49	7.33	20.50	64.22

综上所述，以高纯铁精矿为原料，以 1.0%膨润土或 0.5%复合黏结剂为黏结剂的球团，在保证回转窑内足够的氧化气氛条件下，经焙烧温度 1250~1260℃，焙烧时间 30min 的焙烧，可以获得抗压强度大于 2000N/个球，转鼓试验抗破碎强度高于 92%，TFe>68%，FeO<1.5% 的氧化球团，球团的国标低温还原粉化指标 $RDI_{+3.15}$>85%、$RDI_{-0.5}$<7.5%，氧化球团能够满足 HYL 竖炉直接还原工艺的要求。

4.4.2 高品位球团矿气基直接还原

4.4.2.1 试验设备

气基竖炉直接还原所采用的装置如图 4-47 所示。主要构造包括计算机综合控制系统、温度控制柜、炉体部分、电子天平测重系统、反应气体供给系统、还原系统。还原反应器为外径 38mm、内径 33mm、高 350mm 耐热钢吊管。测重系统为感量为 0.01g 多功能电子天平，并通过数据通信接口由计算机每 30s 实时记录球团还原失重变化。

4.4.2.2 试验方法

A 试验步骤

对烘干箱中烘干备用的氧化球团进行筛分及分组，选取粒度为（12.5±0.5）mm 的 15 个氧化球团为一组，称量其还原前质量，再通过量尺法测定每组球团还原前直径 10 次，计算球团平均直径。

通过控制柜调节温度，将试验炉升温至试验设计温度并恒温 30min 后，通过

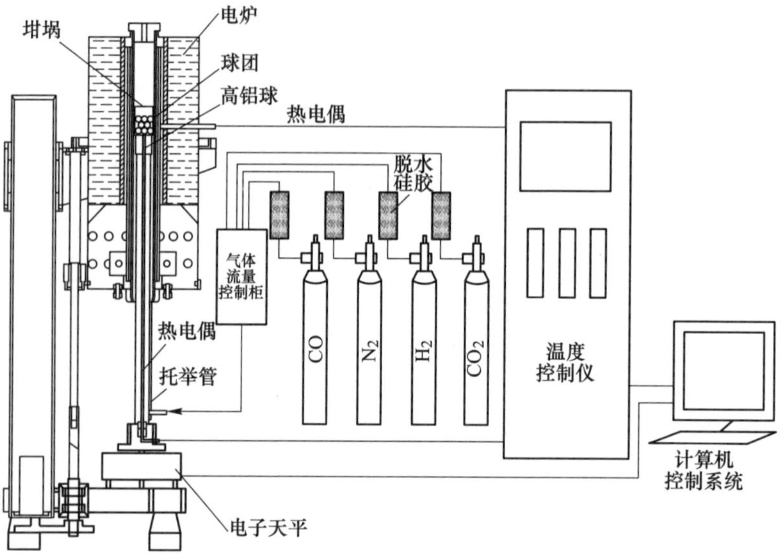

图 4-47　还原试验装置

升降系统将炉体下降，直至托举立管的顶端露出炉管外，把装有试样的坩埚紧密嵌套于托举管的顶端，而后再将炉体上升，直至试样坩埚处于电热炉发热体的恒温段，放入坩埚前，由托举管底部通入 4L/min 的 N_2，以保持惰性气氛。待炉料温度恒温至实验温度 30min 后，将 N_2 改换成等量还原气体。还原过程中，以 30s 为间隔记录试样的失重，获取试样还原失重曲线。将试样重量稳定，不再减重时刻定为还原结束时间。还原结束后取出反应吊管，试样在 N_2 保护下缓慢冷却至室温后进行观测。

B　还原膨胀测定

试验采用量尺法对每组 15 个球团测量还原前后直径 10 次，计算每球还原前后平均直径及体膨胀率。还原膨胀率计算公式如下：

$$膨胀率\ \% = \frac{还原后体积 - 还原前体积}{还原前体积} \times 100 \tag{4-3}$$

C　还原度测定

还原度是衡量球团还原后质量的一个重要指标，它代表了从铁氧化物中排除氧的难易程度，还原度计算公式如下：

$$还原度(\%) = \frac{从铁氧化物中排除的氧量}{原先与铁结合的氧量} \times 100 \tag{4-4}$$

D　还原气成分

为考察还原气成分对还原过程及还原结果的影响，以 Midrex 和 HYL 两大竖炉直接还原工艺还原气成分为基础，选用了六种还原气成分进行试验，还原气成分及模拟条件见表4-47。

表4-47 还原气成分

编号	模拟条件	还原气
1	—	纯 H_2（98%）
2	HYL	$H_2/CO=5/2$
3	—	$H_2/CO=3/2$
4	Midrex	$H_2/CO=1/1$
5	—	$H_2/CO=2/5$
6	—	CO（98%）

注：还原气中 $H_2O+CO_2 \leqslant 2.0\%$。

E 还原温度

为了全面考察球团在直接还原竖炉内还原过程的行为，试验的还原温度选择在竖炉还原可能区间的850℃、900℃、950℃、1000℃、1050℃五组温度，为试验还原温度条件。

4.4.2.3 气基直接还原结果分析

A 还原率分析

高纯铁精矿氧化球团气基直接还原试验结果如图4-48所示。由图4-48可知，在相同的还原气条件下，随着还原温度的升高，还原速度升高；在相同还原气条件下，球团还原达到95%还原率所需时间均随温度升高而减少；在相同还原温度和反应时间条件下，球团的还原率随还原气中 H_2 含量增大而增加，还原气中 H_2 的含量高，还原速度快，但还原气中 H_2 : CO>1 : 1后，还原气中 H_2 : CO增大对还原率达到95%所需时间的影响逐步减弱。

B 还原膨胀分析

不同试验条件下还原后球团的形貌照片如图4-49所示。由图4-49可知，还原温度对还原后球团的裂纹、破裂有重要影响。在同一还原气成分下，还原后球团表面裂纹数量、裂纹深度、裂痕大小均随还原温度升高而增加。1050℃各种还原气成分还原后的球团均出现不同程度的破碎现象，且破碎后球团多为外层剥落、内核完整的形状；而在900℃以下还原后球团未发现明显的裂纹、破碎。

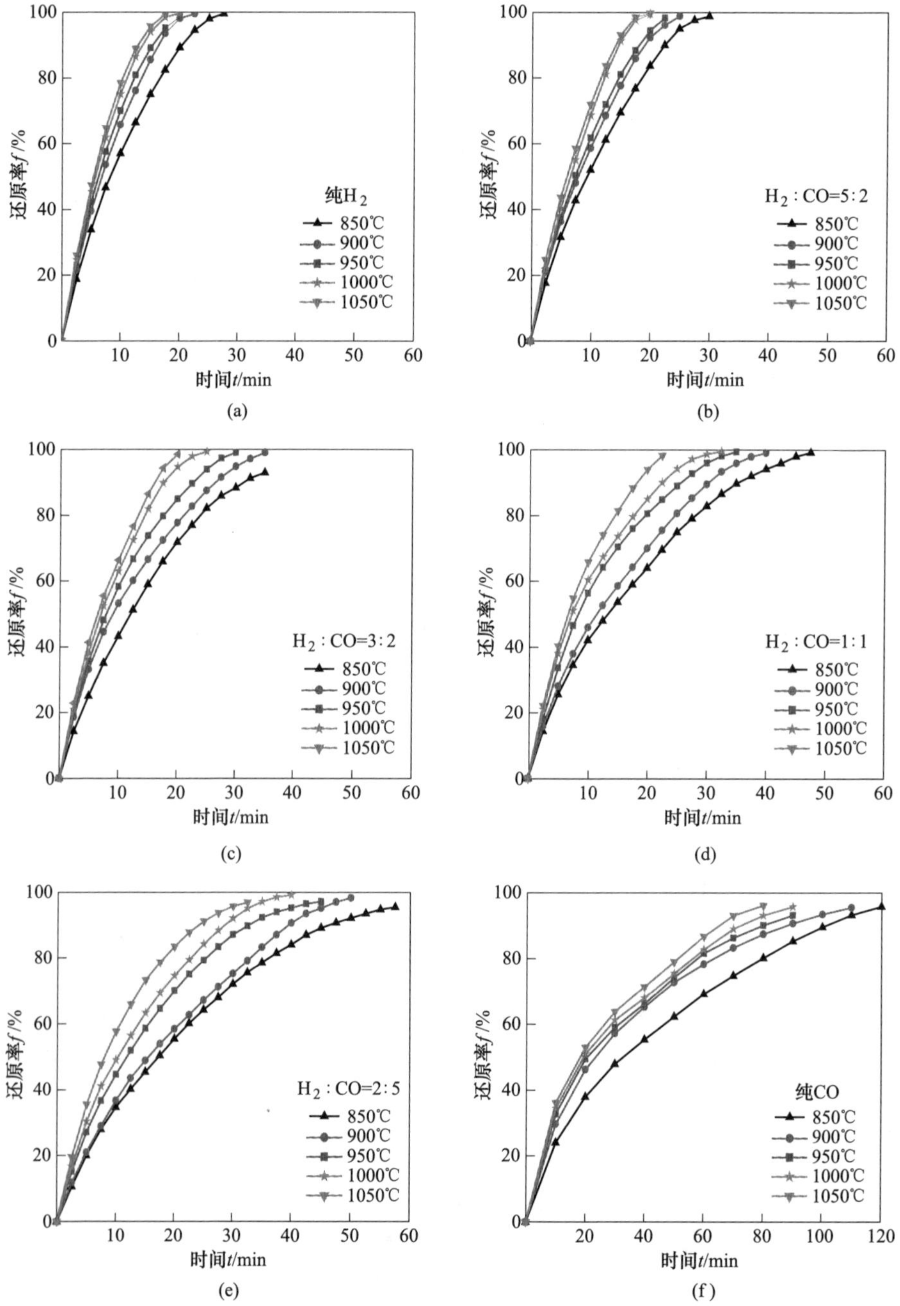

图 4-48　不同条件下还原温度对还原率的影响

(a) 纯 H_2；(b) H_2 : CO=5 : 2；(c) H_2 : CO=3 : 2；
(d) H_2 : CO=1 : 1；(e) H_2 : CO=2 : 5；(f) 纯 CO

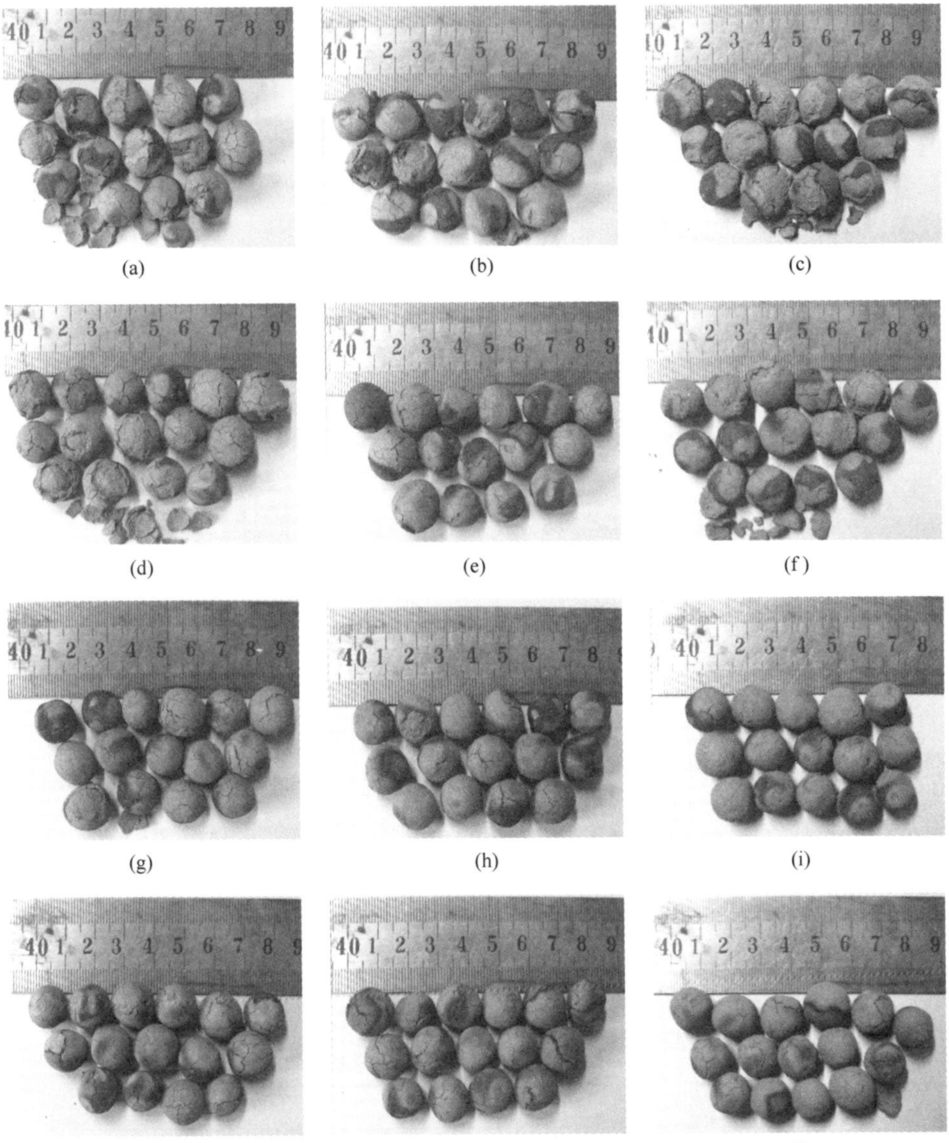

图 4-49 不同还原条件下还原后球团形貌

(a) H_2 : CO = 2.5 : 1, 1050℃; (b) H_2 : CO = 1.5 : 1, 1050℃; (c) H_2 : CO = 1 : 1, 1050℃;
(d) H_2 : CO = 2.5 : 1, 1000℃; (e) H_2 : CO = 1.5 : 1, 1000℃; (f) H_2 : CO = 1 : 1, 1000℃;
(g) H_2 : CO = 2.5 : 1, 950℃; (h) H_2 : CO = 1.5 : 1, 950℃; (i) H_2 : CO = 1 : 1, 950℃;
(j) H_2 : CO = 2.5 : 1, 900℃; (k) H_2 : CO = 1.5 : 1, 900℃; (l) H_2 : CO = 1 : 1, 900℃

还原条件对球团膨胀率的影响如图 4-50 所示。由图 4-50 可知，球团的还原膨胀率随还原温度提高而增加。在温度范围 850~1050℃内，不同还原气条件下，随着温度上升球团膨胀率均呈现增大趋势。1000℃、1050℃两温度下膨胀率明显高于其他温度，均在 30%以上。850℃、900℃、950℃三种温度下只有还原气为纯 CO 时，膨胀率才高于 20%。在相同的还原温度下，球团的还原膨胀率随 H_2 含量变化均呈现两头高中间低的趋势，在 H_2 含量为 30%~70%之间球团膨胀率较小，而纯 CO 气氛下球团膨胀率最高。850℃条件下还原，膨胀率随还原气氛中 H_2 含量变化关系曲线最为平缓。

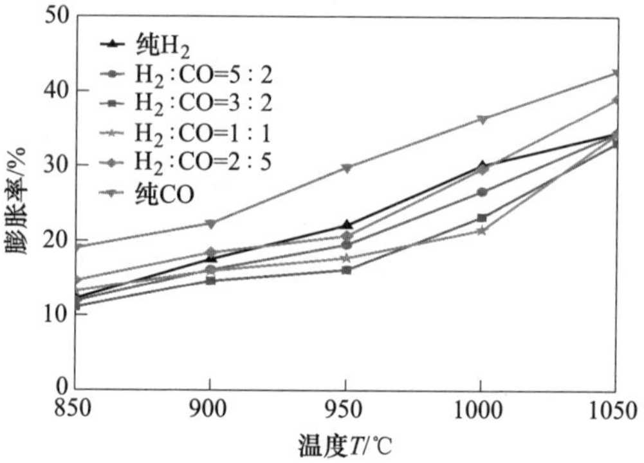

图 4-50 球团膨胀率

4.4.3 洁净钢基料制备

以建平县旗盛金属新材料公司生产的高纯铁精矿（TFe 品位 70.97%，SiO_2 含量 1.21%）为原料进行实验室造球和直接还原试验，获得直接还原铁，其化学成分分析见表 4-48。由表 4-48 可见，直接还原铁 TFe 品位高达 98.48%，金属化率为 96.18%，S 含量 0.0066%，P 含量 0.0014%，其他杂质含量均较低，为优质直接还原铁，可用于冶炼洁净钢、优质钢残留元素稀释剂。

表 4-48 直接还原铁化学成分分析结果 (%)

成分	TFe	MFe	S	P	CaO
含量	98.48	94.72	0.0066	0.0014	0.0196
成分	MgO	Ti	Mn	C	金属化率
含量	0.0067	0.011	0.004	0.58	96.18

以制得的直接还原铁为原料，采用电炉进行低碳熔炼，获得纯铁。纯铁的化学组成见表 4-49，由表 4-49 可知，以超纯铁精矿为初始原料，最终可获得 TFe 品位 99.94% 的纯铁，该纯铁 P 含量 0.0006%，S 含量 0.0068%，C 含量 0.0020%，其他成分均极低，为优质的洁净钢基料。

表 4-49 纯铁化学成分分析 (%)

成分	TFe	C	Si	S	P	Ca	Mg	Al	Mn	Ti
含量	99.94	0.020	<0.001	0.0068	0.0006	0.0036	<0.001	0.0021	0.006	0.006
成分	Sn	Cu	Nb	Cr	Ni	Mo	V	Pb	B	Co
含量	<0.001	0.000	0.002	0.008	0.007	0.002	<0.001	0.000	<0.001	0.002

4.5 超级铁精矿与洁净钢基料高效制备示范工程

辽宁省建平县旗盛金属新材料公司于 2014 年 8 月建成了 10 万吨/年的超级铁精矿工业生产线，经历时 2 个月的半工业试验于 2014 年 11 月正式投产。2014 年 11 月，6 万吨/年的低碳电炉熔炼纯铁生产线建成投产。

4.5.1 超级铁精矿工业生产线

4.5.1.1 生产流程与设备

辽宁省建平县旗盛金属新材料公司建成的 10 万吨/年的超级铁精矿工业生产线工艺流程如图 4-51 所示。该生产线以朝阳地区普通磁铁精矿为原料，采用预

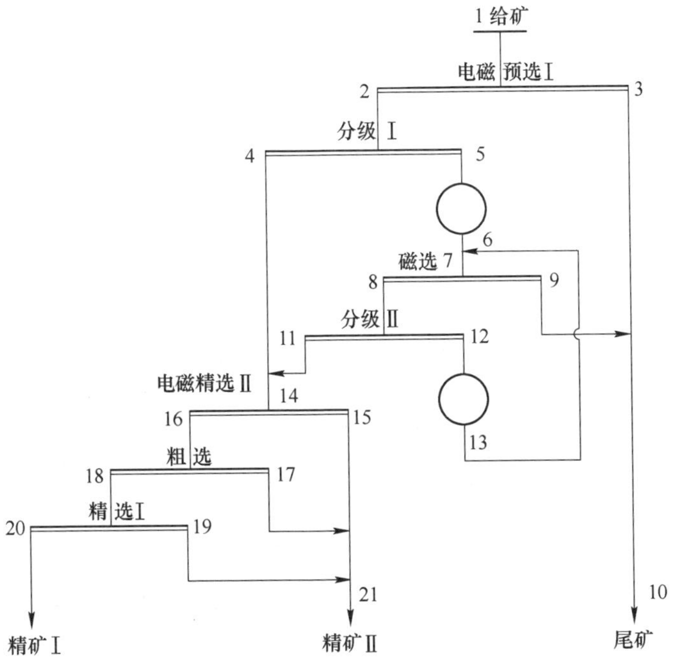

图 4-51 工业试验工艺流程

选一阶段磨矿阶段选别——一粗一精浮选脱硅流程。工业生产系统选用的主要装备和参数见表 4-50，工业生产线如图 4-52～图 4-57 所示。

表 4-50　主要设备参数

序号	设备名称	规格及型号	电压/V	数量	功率/kW	
					单容	总容
1	圆盘给矿机	DK16	380	1		4
2	一次精选机	ϕ600	380	2	2	6
3	一段旋流器	FX150-GX	380	4		
4	磁选机	CTB-918	380	2	4	8
5	二段旋流器	FX150-GX-B	380	6		
6	原矿矿浆搅拌槽	ϕ2000×2000	380	1		15
7	塔式磨机	TW-50	380	4	37	74
8	二次精选机	ϕ600	380	2	3	6
9	浮选搅拌槽	ϕ2000×2000	380	1		15
10	浮选机	BF-4	380	10	15	150
11	浓缩磁选机	NCT-918	380	1		4
12	陶瓷过滤机	TC-36	380	1		32
13	过滤搅拌槽	ϕ4000×3000	380	1		30
14	中矿磁选机	CTB-918	380	1		4.0
15	尾矿磁选机	CTB-718	380	1		3.0

图 4-52　10 万吨/年工业化生产线车间

图 4-53　10 万吨/年工业生产线磨矿分级系统

图 4-54 10 万吨/年工业生产线电磁精选系统

图 4-55 10 万吨/年工业生产线浮选系统

图 4-56 10 万吨/年工业生产线精矿过滤系统

图 4-57 超级铁精矿产品

4.5.1.2 工业生产指标

超级铁精矿工业生产线调试稳定后，对其进行了连续两周的流程考察，共计取样 42 组，流程考察结果平均指标见表 4-51，工业生产数质量流程图如图 4-58 所示。由图 4-58 可见，在给矿 TFe 品位 65.27%、磨矿细度-0.043mm 占 95%~97%、浮选药剂用量 80g/t 条件下，经两段一闭路搅拌磨磨矿、两段电磁精选、一段磁选、一粗一精浮选流程，可获得 TFe 品位 71.87%、回收率为 38.77%的超纯铁精矿Ⅰ；TFe 品位为 70.21%、回收率为 54.31%的高纯铁精矿，总回收率达 93.08%。

表 4-51 流程考察平均指标

编号	名称	浓度/%	TFe/%	产率/%	回收率/%
1	给矿	94.70	65.57	100.00	100.00
2	电磁预选精矿		69.08	91.49	96.38
3	电磁预选尾矿		27.85	8.51	3.62
4	一段分级溢流	11.69	69.21	28.89	30.49

续表 4-51

编号	名称	浓度/%	TFe/%	产率/%	回收率/%
5	一段分级沉砂		69.02	62.60	65.89
6	一段搅拌磨排矿		69.02	62.60	65.89
7	一磁给矿		70.63	209.63	225.79
8	一磁精矿	36.23	71.43	204.24	222.49
9	一磁尾矿	3.75	40.16	5.39	3.30
10	总尾矿		32.62	13.90	6.92
11	二段分级溢流	1.00	71.74	57.21	62.59
12	二段分级沉砂	43.26	71.31	147.03	159.90
13	二段搅拌磨排矿	45.18	71.31	147.03	159.90
14	电磁精选给矿		70.89	86.10	93.08
15	电选精选尾矿	0.07	65.17	7.80	7.76
16	电选精选精矿	29.04	71.46	78.30	85.33
17	浮粗选尾矿	40.23	70.91	22.39	24.22
18	浮粗选精矿	5.80	71.68	55.90	61.11
19	浮精Ⅰ尾矿	5.09	71.35	20.53	22.34
20	精矿Ⅰ	5.78	71.87	35.37	38.77
21	精矿Ⅱ	1.50	70.21	50.73	54.32

两种超级铁精矿的化学成分分析结果见表 4-52 和表 4-53，其中超纯铁精矿 TFe 品位高达 71.99%、SiO_2 含量为 0.11%、酸不溶物 0.15%、P 含量<0.005%、S 含量 0.002%，其他杂质含量均较低，为优质粉末冶金、洁净钢原料及磁性材料、医疗、环保等领域功能材料；高纯铁精矿 TFe 品位为 70.31%、SiO_2 含量 1.96%、P 含量<0.005%、S 含量 0.0035%，为优质的直接还原铁原料。

表 4-52　超纯铁精矿化学成分分析结果　(%)

成分	TFe	SiO_2	S	P	Al_2O_3
含量	71.99	0.11	0.002	<0.005	0.11
成分	Mn	Ti	Cr	酸不溶物	CaO
含量	0.043	0.044	0.032	0.15	<0.10

表 4-53　高纯铁精矿化学成分分析结果　(%)

成分	TFe	SiO_2	S	P	Al_2O_3
含量	70.31	1.96	0.035	<0.005	0.14
成分	MgO	Na	K	CaO	
含量	0.05	<0.01	0.01	0.17	

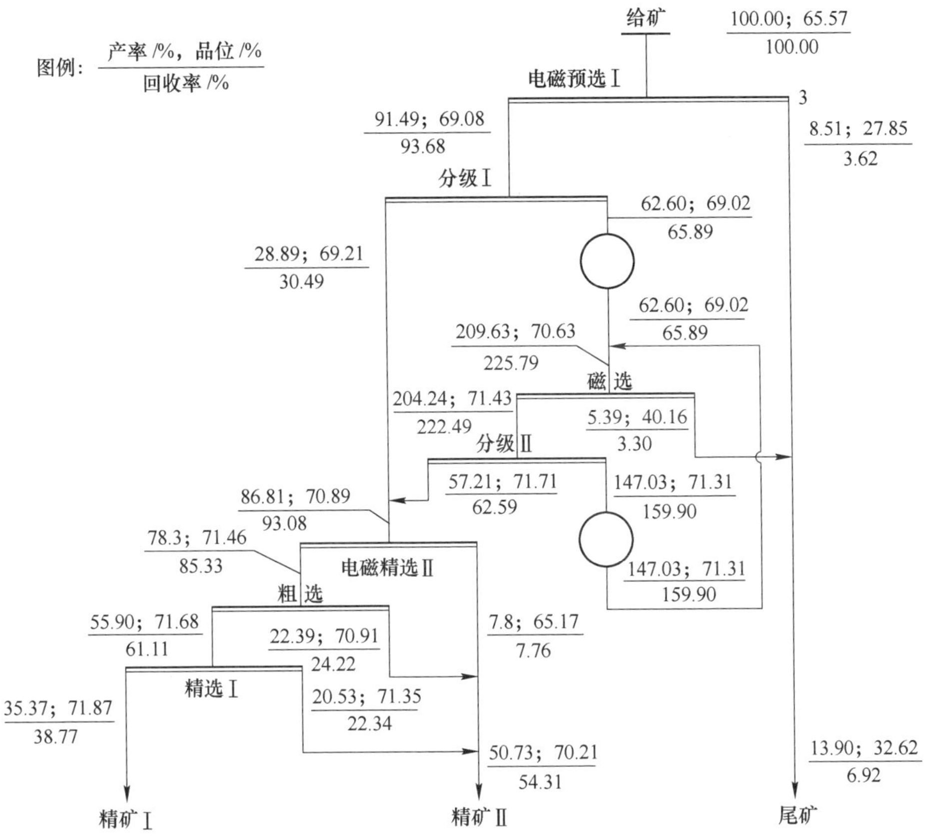

图 4-58 工业生产数质量流程

4.5.2 纯铁低碳熔炼生产线

直接还原铁工业化生产线建设周期长、投资大，建平县旗盛金属新材料公司与朝阳粉末冶金铁粉生产厂合作进行直接还原铁生产。以建平县旗盛金属新材料公司生产的高纯铁精矿（TFe70.31%，$SiO_2$1.96%）为原料进行直接还原试验，获得厚度 80mm、高 500mm 的环状直接还原铁，其化学成分分析见表 4-54，直接还原铁外貌如图 4-59 所示。

表 4-54 直接还原化学成分分析结果 （%）

成分	TFe	MFe	S	P	CaO
含量	98.82	97.18	0.0083	0.0014	0.0238
成分	MgO	Ti	Mn	C	金属化率
含量	0.0183	0.045	0.011	0.016	98.34

图 4-59　直接还原铁产品照片

由表 4-54 可知，直接还原铁 TFe 品位高达 98. 82%，金属化率为 98. 34%，S 含量 0. 0083%，P 含量 0. 0014%，其他杂质含量均较低。达到优质直接还原铁标准，可用于冶炼洁净钢、优质钢残留元素稀释剂。

我国仅有原料纯铁（YT）、电工纯铁（DT）系列工业纯铁（TFe>99. 50%）大型工业化生产线（太钢、武钢、宝钢、鞍钢），采用高炉铁水转炉吹氧脱碳工艺生产。但无采用熔炼法生产纯铁（TFe>99. 90%）和超纯铁（TFe>99. 98%）的工业化生产线。国内纯铁（TFe>99. 90%）和超纯铁（TFe>99. 98%）主要依靠进口，价格昂贵。

纯铁（TFe>99. 90%）和超纯铁（TFe>99. 98%）是生产高档次洁净钢、特种合金材料（高温合金、耐热合金、精密合金等）的原料。同时是雷达、通信、电机、电子管、人造卫星等国防、电子工业的一种功能材料。

东北大学针对我国铁精矿品质较差、直接还原铁和纯铁至今未形成大型工业化生产，严重困扰我国洁净钢、特种合金材料的发展的现状，成功开发了基于源头控制杂质含量，以冷态物理选矿的方法排除铁矿石中的非铁杂质的“铁精矿深度提质—选择性还原—电炉快速低碳熔炼生产 TFe>99. 90%纯铁生产新工艺”。

该新工艺由于采用以常温精选原料铁矿石的方法排除铁矿石中绝大部分非铁元素矿物，低温选择性还原方式控制非铁元素进入金属相，电炉快速低碳熔炼技术生产，与常规传统的高炉—转炉—精炼的工业纯铁生产工艺相比，具有产品中非铁残留元素含量低，非铁残留元素的种类、含量可预测性高，冶炼能耗低，CO_2 排放量小，生产成本远低于其他工艺生产的 TFe>99. 50%的工业纯铁生产成本等特点。

东北大学以建平县旗盛金属新材料公司的超级铁精矿为原料，进行了生产高品位直接还原铁和纯铁的试验。成功生产出 TFe>99. 90%、C<0. 0010%、S 含量 0. 0066%、P 含量 0. 0020%的纯铁。2014 年 11 月，建平县旗盛金属新材料有限

责任公司建成 6 万吨/年纯铁生产线，并成功进行了试生产。生产现场照片如图 4-60 所示，冷却脱模后获得的柱状纯铁照片如图 4-61 所示，纯铁切割后的照片如图 4-62 所示。

图 4-60　纯铁电炉熔生产车间

图 4-61　纯铁外观照片

图 4-62　纯铁内部照片

采用该生产线对直接还原铁进行电炉熔炼，获得的纯铁的化学成分见表 4-55。由表 4-55 可知，以高纯铁精矿为初始原料，最终可获得 TFe 品位 99.92%的纯铁，该纯铁 P 含量 0.0003%，S 含量 0.0092%，C 含量 0.0017%，其他成分也均极低，可以作为优质的洁净钢基料。

表 4-55　纯化学成分分析　（%）

成分	TFe	C	Si	S	P	Ca	Mg	Al	Mn	Ti
含量	99.92	0.017	<0.001	0.0092	0.0003	0.0033	<0.001	0.0029	0.004	0.006
成分	Sn	Cu	Nb	Cr	Ni	Mo	V	Pb	B	Co
含量	<0.001	0.002	0.006	0.010	0.007	0.003	<0.001	0.002	<0.001	0.005

参考文献

[1] 李艳军，张兆元，袁致涛，等．高品位铁精矿的应用现状及前景展望［J］．金属矿山，2006（11）：5-7.

[2] 张锦瑞，王伟之，赵振才．论超级铁精矿的研究现状与方向［J］．矿冶工程，2000，20（4）：1～3.

[3] 谭鑫培．国外生产超级铁精矿选矿技术的发展［J］．金属矿山，1978（5）：77～80.

[4] 李艳军，袁志涛，韩跃新．高品位铁精矿的制备技术及其应用［J］．金属矿山，2006（8）：270～273.

[5] 关翔，李付龙，任新年．新疆某铁矿粗精矿制取超级铁精矿的试验研究［J］．新疆钢铁，2015（2）：54～56.

[6] 付刚华，宋晓雷，郭宇峰，等．提高某超级铁精矿制备过程中的反浮选回收率［J］．金属矿山，2013（2）：72～76.

[7] 杜新，石磊，余成．从四川黑水铁矿中提取超级铁精矿的研究［J］．四川地质学报，2012（9）：205～208.

[8] 乔江晖，宋翔宇，周新民，等．低品位磁铁矿制备超级铁精矿及其应用现状［C］//河南省地质学会. 河南地球科学通报 2010 年卷（下册）．郑州：河南省人民出版社，2010.

[9] 张敏，林玉明．某矿山铁精矿制备超级铁精矿的试验研究［J］．矿冶工程，2012，32（8）：157～159.

[10] 李会娟．超级铁精矿提纯与锶铁氧体预烧料试验研究［D］．武汉：武汉科技大学，2005：22～38.

[11] 张一敏，白志刚，李会娟，等．超级铁精矿提纯与锶铁氧体预烧料试验研究［J］．中国锰业，2006，24（3）：33～35.

[12] 赵伟，田成春．超级铁精矿的工艺试验与工艺改造方案［J］．中国矿业，15（增刊）：82～83，86.

[13] 赵辉，赵通林．磁选柱生产超纯铁精矿的工艺探讨［J］．矿业快报，2006（6）：357～358.

[14] 蔡正鹏．生产超级铁精矿试验研究及应用［C］//王运敏．中国矿业科技文汇—2014. 北京：冶金工业出版社，2014：585～586.

[15] 廖锦，吴城材．LMC 立式脉冲磁选机提取超级铁精矿的研究［J］．金属矿山，2008（11）：403～405.

[16] 宫贵臣，韩跃新，高鹏．超级铁精矿制备技术研究进展［J］．矿产保护与利用，2017（1）：103～107.

5　新型陶瓷球搅拌磨机节能磨矿技术与装备

5.1　引言

节约能源是我国的基本国策，国家实施节约和开发并举，节约被放在了能源发展战略的首位。2015年，国务院发布《中国制造2025》，提出全面推行绿色制造的要求。我国钢铁行业面对资源环境约束不断增强的压力，绿色发展是唯一出路。实现绿色发展，首要问题是进一步降低资源能源消耗，减少污染物产生和降低温室气体排放。2017年国务院印发《全国国土规划纲要（2016—2030年）》强调加快绿色矿山建设，进一步完善分地区分行业绿色矿山建设标准体系，全面推进绿色矿山建设，在资源相对富集、矿山分布相对集中的地区，建成一批布局合理、集约高效、生态优良、矿地和谐的绿色矿业发展示范区，引领矿业转型升级，实现资源开发利用与区域经济社会发展相协调。到2030年，全国规模以上矿山全部达到绿色矿山标准。

近年来，我国选矿技术有了长足的进步，选矿工艺水平不断提高，选矿设备得到全面发展。开发和推广了一大批选矿节能新技术、新工艺和新设备，节能技术水平有了很大提高，选矿能耗在逐年降低。但从总体上看，仍然存在投入不足、创新能力弱，先进适用的节能技术，特别是一些有重大带动作用的共性和关键技术开发不够；同时由于缺乏鼓励节能技术推广的政策和机制，多数节能技术推广应用困难。如一些中小型选矿厂或具有独立法人的选矿企业，最突出的问题是工艺不合理、设备落后、效率低、能耗高。

随着对矿产资源的开发利用，品位高、矿物组成简单、嵌布粒度粗且易选的矿产资源逐渐减少，品位低、嵌布粒度微细的难选资源被逐渐开采。而对于嵌布粒度微细的难选矿产资源，通过细磨或超细磨使有价组分充分解离，是成功分选的关键。因此，磨矿过程在选矿中占据极其重要的地位。磨矿成本在选矿厂的生产费用（主要是电耗、钢耗）中占有很大比例，同时磨矿产品的质量（粒度特性、单体解离度、浓度等）对选别作业的指标也有很大影响。

长期以来，国内外矿山企业的选矿厂二段和三段细磨设备主要为滚筒式球磨机，磨矿过程需要转动筒体和其内部的磨矿介质（多为钢球）与矿浆，能量转化率低，进而导致磨矿效率低。近年来，细磨、超细磨装备及技术在金属矿山取得了一系列突破性进展。搅拌磨机作为一种新型细磨和超细磨设备，具有磨矿效率高、占地面积小、产品粒度级别窄、能耗低等优点，已经广泛应用于冶金矿山行业的细磨和再磨作业。其中，美国美卓（Metso）矿业公司生产的搅拌磨机已广泛应用于铜、金、镍、铂族金属等矿石的细磨作业，主要用于产品粒度 P_{80} 为 15～30μm 的再磨回路。澳大利亚超达公司（X strata）生产的艾萨卧式搅拌磨机自 1994 年研发成功以来，成功应用于铅锌、铜、钼、金、铂族金属等矿石的细磨，其产品粒度 P_{80} 可达到 7μm，该种磨机是采用水平高速搅动研磨使矿物解离，其能量密度可达 $350kWh/m^3$。我国鞍钢关宝山选矿厂安装了 6 台美卓 VTM-1500 型搅拌磨机，用于二段磨矿作业，磨矿产品粒度 P_{80} 为 45μm；中澳合资的卡拉拉矿业公司安装了 5 套爱立许（EIRICH Group）KW-1500 型搅拌磨机，用于处理产品粒度 P_{80} 为 35μm 的磁铁矿等。

目前使用的搅拌磨机的磨矿介质为金属球（钢球、合金钢球或铸铁球等），由于金属球的密度较大、耐磨性中等原因，导致搅拌磨机的装球量较大，进而造成磨矿介质消耗和电耗依然较高、磨机轴瓦等部件载荷大等问题。如果采用密度小、耐磨性高的新型研磨介质，可大幅降低搅拌磨机负荷和球耗，节能降耗效果将更为显著。因此，研发一种新型的轻质、高硬、耐磨的研磨介质是进一步降低搅拌磨机磨矿介质消耗和能耗的有效途径之一。

相关研究表明，陶瓷磨球具有耐磨性能好、硬度高、密度小等优点，将陶瓷球作为搅拌磨机研磨介质，可显著降低磨矿能耗、减少磨矿介质消耗、延长磨机的使用寿命，为一种理想的磨矿介质。陶瓷磨球在冶金矿山磨矿领域的应用显示出巨大的应用前景，预计近两年将在冶金矿山得到大规模推广应用。

5.2　陶瓷球搅拌磨机磨矿理论基础

5.2.1　搅拌磨机用陶瓷球技术要求

5.2.1.1　外观质量

搅拌磨机陶瓷球的外观质量应符合表 5-1 的规定，陶瓷球尺寸及允许偏差应符合表 5-2 的规定，陶瓷球的球形度要求应符合表 5-3 的规定。

表 5-1　陶瓷球的外观质量

项目	外观质量指标		
	压制球		滚制球
斑点	不允许		不允许
起泡	不允许		不允许
帽沿	$\phi \leqslant 30mm$	帽沿厚度≤1mm 球的比例≥95%，帽沿厚度≥2mm 的球不允许	不允许
	$\phi > 30mm$	帽沿厚度≤2mm 球的比例≥95%，帽沿厚度≥3mm 的球不允许	不允许

续表 5-1

项目	外观质量指标	
	压制球	滚制球
裂纹	不允许	不允许
破损黏损	单个球上黏结最大尺寸≤3mm 的不允许超过 1 个，最大尺寸>3mm 的不允许；有破损、黏损的比例应<5%	
粘砂	不允许	不允许

表 5-2　直径及允许偏差　（mm）

尺寸	$\phi<2$	$2\leqslant\phi<10$	$10\leqslant\phi<15$	$\phi\geqslant15$
允许偏差	±0.20	±0.50	±2.00	±1.50

表 5-3　陶瓷球球形度要求　（mm）

尺寸	$\phi<6$	$6\leqslant\phi<15$	$15\leqslant\phi<20$	$\phi\geqslant20$
球形度	≥0.85	≥0.9	≥0.92	≥0.95

5.2.1.2　理化性能指标要求

搅拌磨机专用陶瓷球理化性能指标应符合表 5-4 的规定，磨损系数、碎球率性能指标应符合表 5-5 的规定，冶金矿山搅拌磨机用陶瓷球划分为 5 个等级（见 5.2.1.4）。

表 5-4　理化性能指标

名称	Al_2O_3 含量 /%	Fe_2O_3 含量 /%	密度 $/g\cdot cm^{-3}$	吸水率 /%	维氏硬度	抗压强度 /MPa
含量	≥90	≤0.2	≥3.65	≤0.01	≥1300	≥100

表 5-5　磨损系数、碎球率性能指标

尺寸/mm	$\phi\leqslant5$	$5<\phi\leqslant10$	$10<\phi\leqslant15$	$15<\phi\leqslant20$	$20<\phi\leqslant30$	$\phi>30$
磨损系数 $/g\cdot(kg\cdot h)^{-1}$	$\omega\leqslant0.20$	$\omega\leqslant0.30$	$\omega\leqslant0.30$	$\omega\leqslant0.50$	$\omega\leqslant0.50$	$\omega\leqslant0.80$
碎球率/%	$\sigma\leqslant2$	$\sigma\leqslant2$	$\sigma\leqslant2$	$\sigma\leqslant2$	$\sigma\leqslant2$	$\sigma\leqslant2$

5.2.1.3　检测方法

A　外观质量检验

外观质量检验是从 25kg 样本中随机抽取 50 个球，用精度为 0.02mm 的游标卡尺检测。

B　直径及允许偏差检验

外观尺寸检验取外观质量检测合格的 50 个球，用精度 0.02mm 的游标卡尺测量，滚制球在垂直的两个方向上测量直径，压制球测量经向尺寸、纬向尺寸，球的直径取两个尺寸的算术平均值。

C　球形度检验

取外观质量及尺寸偏差合格的 50 个球，用精度 0.02mm 的游标卡尺测量，压制球测量经向尺寸、纬向尺寸，滚制球测量两个相互垂直方向上的直径。

$$\text{对于压制球：球形度} = \frac{\text{规格尺寸} - |\text{经向尺寸} - \text{纬向尺寸}|}{\text{规格尺寸}}$$

$$\text{对于滚制球：球形度} = \frac{\text{规格尺寸} - |\text{直径 1} - \text{直径 2}|}{\text{规格尺寸}}$$

D　吸水率测定

取外观质量、尺寸偏差、球形度合格的球 3 组（每组 1kg），吸水率按照《耐酸砖》（GB/T 8488）中规定的方法进行分析。

E　体积密度测定

取外观质量、尺寸偏差、球形度合格的球 3 组（每组 1kg）体积密度按《致密定形耐火制品体积密度、显气孔率和真气孔率试验方法》（GB/T 2997）规定的方法进行分析。

F　Al_2O_3 和 Fe_2O_3 含量测定

Al_2O_3 和 Fe_2O_3 含量按《铝硅系耐火材料化学分析方法》（GB/T 6900）规定的方法进行分析。

G　抗压强度测定

抗压强度按《陶瓷材料抗压强度试验方法》（GB/T 4740）规定的方法进行分析。

H　陶瓷球耐磨损系数检测

a　方法原理

本方法是通过陶瓷球在搅拌磨机中以规定的条件研磨，考核陶瓷球的耐磨性能，以单位质量、单位时间内的磨耗记为磨损系数。

b　磨损系数试验设备

磨损系数采用立式搅拌磨机进行试验，磨机筒体为不锈钢罐，试验机的搅拌器边缘线速度设定为 3m/s。待测试介质陶瓷球直径 $\phi \leqslant 10$mm 时，磨机筒体尺寸要求如图 5-1 所示；待测试介质陶瓷球直径 $10 < \phi \leqslant 40$mm 时，磨机筒体尺寸如图 5-2 所示。

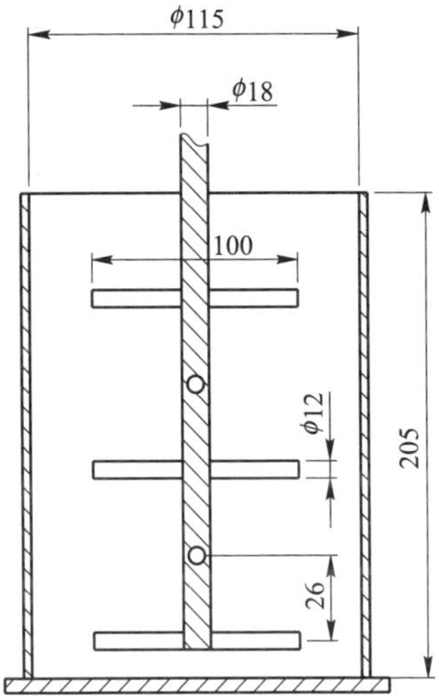

图 5-1 小直径球试验用搅拌磨机筒体结构

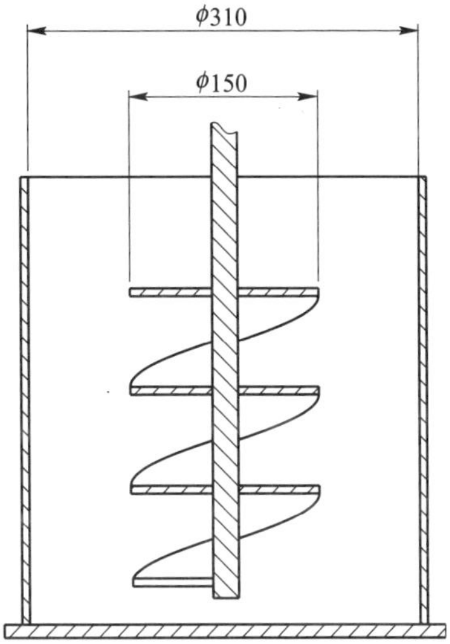

图 5-2 大直径球试验用搅拌磨机筒体结构

c 试样制备

选取外观质量和尺寸合格的单一直径的陶瓷球加入搅拌磨机。小直径陶瓷球（$\phi \leqslant 10$mm）试验使用的搅拌磨机单次测试用球为 4kg；大直径陶瓷球（$10<\phi \leqslant 40$mm）试验使用的搅拌磨机单次测试用球为 30kg。磨矿条件为料球比 0.5、磨矿浓度 50%，加入标准被粉磨物料（石英纯度 95%，-0.074mm 含量 80%），封盖，在搅拌器边缘线速度 3m/s 条件下，不间断运行 0.5h，取出样品用水清洗、烘干备用。

d 试验步骤

（1）按 c 处理后的样品，用精度为 0.01g 的天平称重，记为 m_1。

（2）上述样品在料球比 0.5、磨矿浓度 50%的条件下，放入搅拌磨筒体内，加入标准被粉磨物料（石英纯度 95%，-0.074mm 含量 80%），封盖，在搅拌器边缘线速度为 3m/s 的条件下，不间断运行 5h 后停机。

（3）把样品从磨罐中取出，用水清洗，烘干后称重，记为 m_2。

e 结果表示

磨损系数按式（5-1）计算：

$$\omega = \frac{1000(m_1 - m_2)}{5m_1} \times 100\% \tag{5-1}$$

式中 ω——磨损系数，g/(kg · h)；

m_1——检测前样品总质量，g；

m_2——检测后样品总质量，g。

I　碎球率的测定与计算

碎球率表征研磨过程中陶瓷球的破碎情况。破碎表面积超过球体总表面积1/5以上的记为碎球，碎球总质量与用球总质量的百分比称为碎球率。试验步骤如下：

（1）碎球率试验的试样准备和试验过程与陶瓷球耐磨损系数试验方法相同。

（2）从磨矿试验样品 m_2 中取有代表性的试样称重，记为 m_3。试样质量需满足：当 $\phi \leqslant 5$mm 时，$m_3 \geqslant 200$g；5mm$<\phi \leqslant$10mm 时，$m_3 \geqslant 500$g；10mm$<\phi \leqslant$15mm 时，$m_3 \geqslant 1000$g；15mm$<\phi \leqslant$20mm 时，$m_3 \geqslant 2000$g；$\phi>$20mm 时，$m_3 \geqslant$ 5000g。

（3）从质量为 m_3 的样品球中挑选破碎面积小于等于1/5的球并称重，记为 m_4。

（4）计算试验样品碎球率，碎球率按式（5-2）计算。

$$\sigma = \left(1 - \frac{m_4}{m_3}\right) \times 100\% \tag{5-2}$$

式中　σ——碎球率，%；

m_3——检测后称取的代表试样总质量，g；

m_4——检测后代表试样中未破碎球的总质量，g。

J　维氏硬度的测定

a　样品制备

将待测样品加工出一个光滑的平面，作为待检测面；将样品固定在操作台上，待检测面需和硬度仪压针保持垂直，倾斜角度不大于2°。

b　样品测试

以9.8~294N的恒定负荷，将相对面夹角为136°的方锥形金刚石压入器以0.015~0.07mm/s的速度压样品表面，下压时间保持10~15s。

c　压痕测量

测量压痕对角线的长度 d_1、d_2。两条对角线的长度差与算数平均值 d 的比值应≤5%，否则当次压痕无效。

d　计算方法

维氏硬度按式（5-3）计算：

$$HV = 0.102 \times \frac{F}{S} = 0.102 \times \frac{2F\sin\frac{\alpha}{2}}{d^2} = 0.189 \times \frac{F}{d^2} \tag{5-3}$$

式中　HV——维氏硬度；

F——试验压力，N；

S——压痕有效表面积，mm^2；

d——两条压痕对角线的算数平均值，mm；

α——压入器相对面的夹角，单位为（°）。

每个样品检测5次以上，相邻压痕间距离不小于$3d$，维氏硬度平均值按式（5-4）计算。

$$\overline{HV}=\frac{\sum HV}{n} \tag{5-4}$$

式中　n——测试次数。

5.2.1.4 陶瓷球等级划分

在外观质量和理化性能参数均满足要求的陶瓷球产品中，根据磨损系数和碎球率的不同划分为5个不同的等级，见表5-6。

表5-6 陶瓷球等级划分

产品规格	1级品	2级品	3级品	4级品	5级品
$\phi>30$	$\omega\leqslant0.10$ $\sigma\leqslant1$	$0.10<\omega\leqslant0.30$ $1<\sigma\leqslant2$	$0.30<\omega\leqslant0.80$ $1<\sigma\leqslant2$	$0.80<\omega\leqslant3.00$ $2<\sigma\leqslant4$	$\omega>3.00$ $\sigma>4$
$20<\phi\leqslant30$	$\omega\leqslant0.08$ $\sigma\leqslant1$	$0.08<\omega\leqslant0.20$ $1<\sigma\leqslant2$	$0.20<\omega\leqslant0.50$ $1<\sigma\leqslant2$	$0.50<\omega\leqslant3.00$ $2<\sigma\leqslant4$	$\omega>3.00$ $\sigma>4$
$15<\phi\leqslant20$	$\omega\leqslant0.08$ $\sigma\leqslant0.5$	$0.08<\omega\leqslant0.15$ $0.5<\sigma\leqslant1.5$	$0.15<\omega\leqslant0.50$ $1<\sigma\leqslant2$	$0.50<\omega\leqslant2.50$ $2<\sigma\leqslant3$	$\omega>2.50$ $\sigma>3$
$10<\phi\leqslant15$	$\omega\leqslant0.05$ $\sigma\leqslant0.5$	$0.05<\omega\leqslant0.10$ $0.5<\sigma\leqslant1$	$0.10<\omega\leqslant0.30$ $1<\sigma\leqslant2$	$0.30<\omega\leqslant1.50$ $2<\sigma\leqslant3$	$\omega>1.50$ $\sigma>3$
$5<\phi\leqslant10$	$\omega\leqslant0.05$ $\sigma\leqslant0.5$	$0.05<\omega\leqslant0.10$ $0.5<\sigma\leqslant1$	$0.10<\omega\leqslant0.30$ $1<\sigma\leqslant2$	$0.30<\omega\leqslant1.00$ $2<\sigma\leqslant3$	$\omega>1.00$ $\sigma>3$
$\phi\leqslant5$	$\omega\leqslant0.05$ $\sigma\leqslant0.5$	$0.05\omega\leqslant0.10$ $0.5<\sigma\leqslant1$	$0.10<\omega\leqslant0.20$ $1<\sigma\leqslant2$	$0.20<\omega\leqslant0.80$ $2<\sigma\leqslant3$	$\omega>0.80$ $\sigma>3$

注：ω为磨损系数，g/(kg·h)；σ为碎球率,%。

5.2.2 搅拌磨机数值模拟

5.2.2.1 搅拌磨机三维建模和网格划分

搅拌磨矿机是由机架、电机、传动装置、筒体和搅拌器等部件构成。虽然其由多部分组成，磨矿主要在磨腔内发生，所以对搅拌磨机进行数值仿真的部分是筒体和搅拌器，只对这两个部件进行了三维建模。利用DM软件绘制草图，通过拉伸、旋转和扫掠等工具对Fluent流体域建模，图5-3所示为棒销式搅拌磨机模型，其主要的结构参数见表5-7。

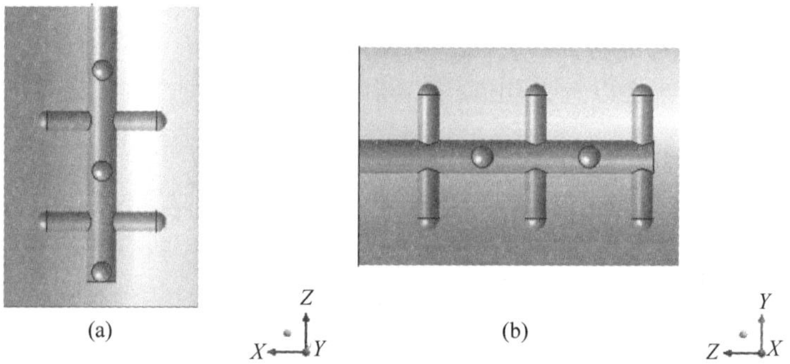

图 5-3　搅拌磨机的模型
(a) XZ 面；(b) YZ 面

表 5-7　棒销式搅拌磨机的主要结构参数　　(mm)

筒径	120
筒高	180
搅拌轴直径	18
搅拌轴长	165
销钉长	40
销钉直径	12
销钉间距	30

搅拌磨机流体计算域网格划分如图 5-4 所示，划分网格数为 776234，检查网格质量，保证网格体积为正。定义筒、搅拌器及搅拌轴的壁定义为 wall 类型，流场计算区域为 fluid。筒体边界和搅拌器的添加 Inflation 为 5 层，增长率为 1. 2。网格的 MinSize 为 2. 50mm，MaxFaceSize 为 2. 5mm，MaxSize 为 4. 00mm。

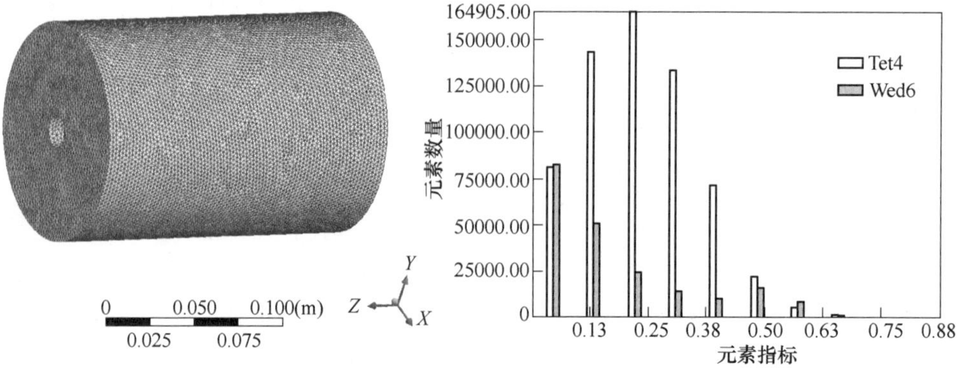

图 5-4　计算域的网格划分与网格 skewness 值

歪斜度是判断网格质量最重要的标准，其取值 0 代表网格没有歪斜，取值 1 代表网格歪斜度最大，可接受最大歪斜度为 0.90。图 5-4 所示为搅拌磨机计算域所采用网格歪斜度的数值，从图中可以看出，网格最大歪斜度值小于 0.88。由于模型存在相切的位置，主要为四面体网格，所以网格质量并不高。

5.2.2.2 流场数值模拟的数学模型与方法

选用鞍钢矿业弓长岭选矿厂再磨铁矿粉作为矿浆，矿浆密度 $3.09g/cm^3$，在室温条件下（$T=298.15K$），采用 BrookfieldDV2 黏度计实测矿浆的黏度 μ 为 $0.03Pa\cdot s$。在理想条件下，不考虑流体动力黏度随温度的变化，为了计算方便，把整个磨腔内的运动流场看成是一种均一的单相流，磨腔看作封闭的体系，没有矿浆进出，根据 Belecher 的研究结果，可以把磨机腔内的浆料近似看作牛顿流体。

计算的转速范围在 450～750r/min，流场雷诺数 Re 的计算方法如式（5-5）所示：

$$Re = \frac{\rho u d}{\mu} \tag{5-5}$$

式中 ρ——流体密度，kg/m^3；

u——流速，m/s，取销钉的末端线速度；

d——特征长度，m，取销钉半径 $r=0.04m$。

计算得到 $Re=4.66\times10^5 > Re_c=2300$，$Re_c$ 为工程上的临界雷诺数。当雷诺数 $Re > Re_c$ 时流体运动属于湍流，故大于 450r/min 的转速下计算域内流体均为湍流流动。

Fluent 设置求解器时，计算稳态问题一般采用 Simplic 或 Simple 算法，一阶迎风可以获得相对较快的收敛结果。求解器选择标准 k-ε 湍流模型，重力方向为 $-z$，对流体计算区域及边界进行初始化，初始速度设为 0，各个变量计算的残差曲线的收敛精度控制均设为 0.0001，保证计算结果的可靠性，进行迭代计算直至运算结果收敛。

流场中各个参数采用体积加权平均的方式计算，计算式如下：

$$\frac{1}{V}\int X\mathrm{d}V = \frac{1}{V}\sum_{i=1}^{n} X_i \mid V_i \mid \tag{5-6}$$

式中 V——流体区域总体积，m^3；

X——湍流场的各个参数值；

n——流体区域网格总数；

X_i——第 i 个网格湍流场的各个参数值；

V_i——第 i 个网格体积，m^3。

根据 G. Lane 的研究，磨球与磨球之间碰撞频率的高低和强度的大小，也即局部研磨效果可以近似用黏性能量耗散率 P 来表征。黏性耗散率是黏度和平均速度梯度的函数，其定义式如下：

$$P = \mu \Phi_v \tag{5-7}$$

式中　μ——动力黏度，Pa · s；

Φ_v——能量耗散数。

能量耗散函数的定义式如下：

$$\Phi_v = 2\left[\left(\frac{\partial u}{\partial x}\right)^2 + \left(\frac{\partial v}{\partial y}\right)^2 + \left(\frac{\partial \omega}{\partial z}\right)^2\right] + \left(\frac{\partial u}{\partial x} + \frac{\partial v}{\partial y}\right)^2 + \left(\frac{\partial \omega}{\partial y} + \frac{\partial v}{\partial z}\right)^2 + \left(\frac{\partial u}{\partial z} + \frac{\partial \omega}{\partial x}\right)^2 \tag{5-8}$$

在 Fluent 求解器中黏性耗散率没有作为流场的参数输出，故选择 Fluent 求解器可以输出的参数剪切率作为可以替代的参数，其定义式如下：

$$S = \sqrt{\Phi_v} \tag{5-9}$$

由式（5-7）和式（5-8）可以推导出剪切率和黏性耗散率的关系：

$$P = \mu S^2 \tag{5-10}$$

假设计算域内的流体为牛顿流体，则动力黏度 μ 为一常量。由式（5-10）可知，黏性耗散率 P 与剪切率 S 的平方成正比。因此，可以采用剪切率这一流场参数来说明搅拌磨机流场内的能量密度分布。

5.2.2.3　搅拌磨磨腔内流场分析

A　流场速度分析

在搅拌器转速为 450r/min 时进行数值模拟，得到一系列数据和图像，截取典型截面 $y=0$、$x=0$ 和 $z=0.015$m 进行分析，如图 5-5 所示。

(a)　　(b)　　(c)

图 5-5　搅拌器转速为 450r/min 时的 $y=0$、$x=0$ 和 $z=0.015$m 平面上速度等值线

（a）$y=0$；（b）$x=0$；（c）$z=0.015$m

从图 5-5 中可以看出，随着搅拌器的转动，速度等值线在搅拌磨筒体中分布是不均匀的，存在着明显的速度梯度，在搅拌棒、转轴、筒壁的周围，等值线分布相对稠密，说明速度梯度大，在这些位置会对物料产生有效的研磨。在筒体的底角处、搅拌轴的附近，虽然等值线密度相对较大，但是相邻等值线的差值小，说明这些位置会产生研磨的死角，减小了有效的研磨区域。

图 5-6 所示为（60，0，20）和（60，0，20）两点之间连线上的速度分布，可以看出流场内的速度是对称分布的。由此可以认为，由于模型是几何对称的，所以流场内的流体特征参数是对称的。磨腔内速度体积分布如图 5-7 所示，可以看出磨腔内的速度在 0~2.0m/s 之间，主要分布在 0.75m/s 左右，速度分布较为集中。如果能改变流体流动状态，增加磨腔内速度范围，扩大速度梯度，粉磨效果将会更好。

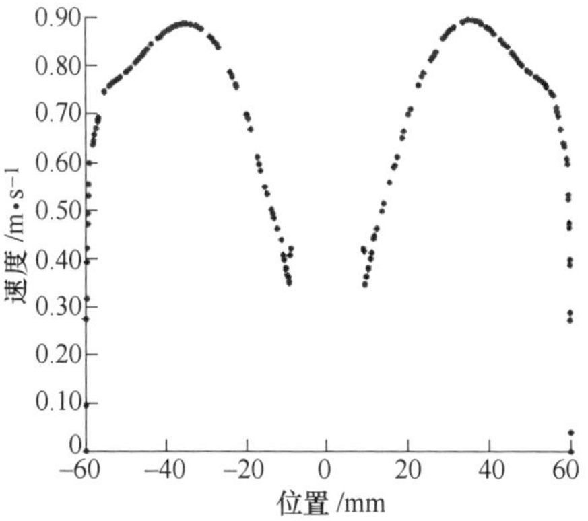

图 5-6 速度沿径向的分布

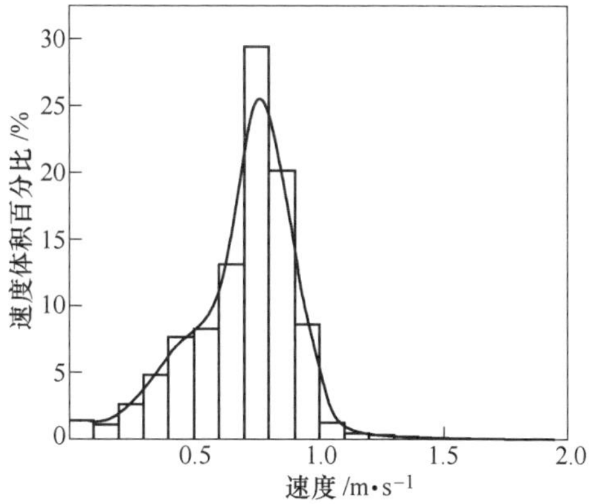

图 5-7 磨腔内速度体积分布

B 湍流强度和剪切率分析

湍流强度简称湍流度或湍强，是流体流动随空间和时间变化的强弱，是衡量湍流强弱的相对指标。湍流强度的分布对于物料混合的效果是非常重要的，湍动程度愈高，物料的混合速率愈快。

图 5-8 所示是（0,0,20）和（60,0,20）两点之间连线上的湍流强度分布，由搅拌轴的筒壁湍流强度先增加后降低。由于筒壁是静止的，在筒壁附近湍流强度呈现回流现象，因此筒壁附近反而增加。图 5-9 所示是湍流强度体积分布图，磨腔内的湍流强度在 4%~20%之间，主要分布在 8%左右，湍流强度整体分布较集中。

磨腔内湍剪切率如图 5-10 所示。由图 5-10 可以看出剪切速率在搅拌器边缘和筒壁处较大，因为动力由搅拌器传递出来，在筒壁处迅速变为零，所以在这些区域剪切速率大，说明粉磨效果较好。根据式（5-10），黏性耗散率与剪切率的平方成正比，剪切率大意味着黏性耗散率也大，因此说明了搅拌器边缘和筒壁处是研磨破碎的主要发生区域。通过体积加权平均得剪切率为 27.02s^{-1} 的区占比 75.80%，表明剪切率小的区域占比很大，正如云图中大部分蓝色区域所示。

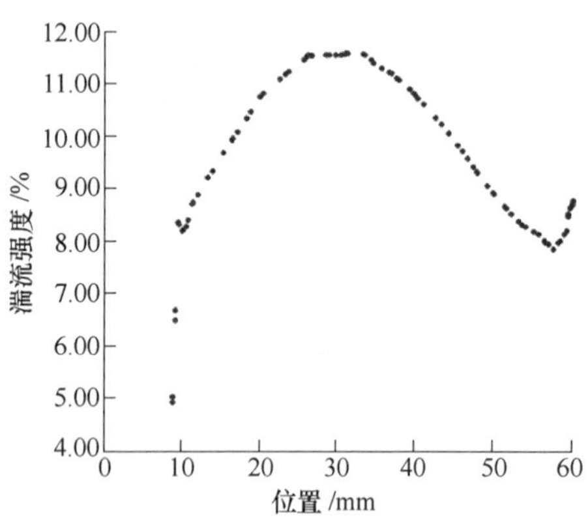

图 5-8　径向上的湍流强度的变化

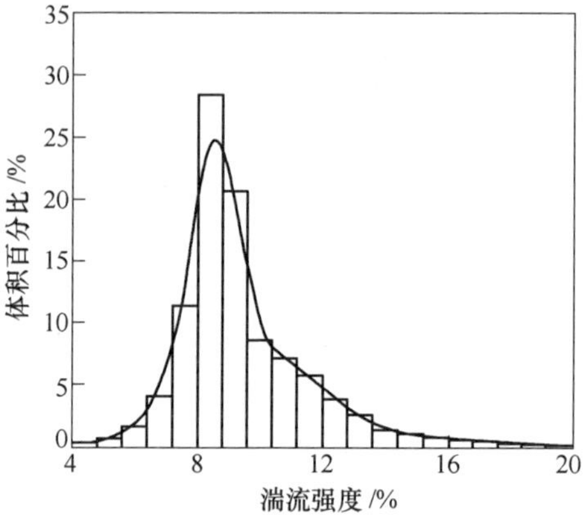

图 5-9　磨腔内湍流强度体积分布

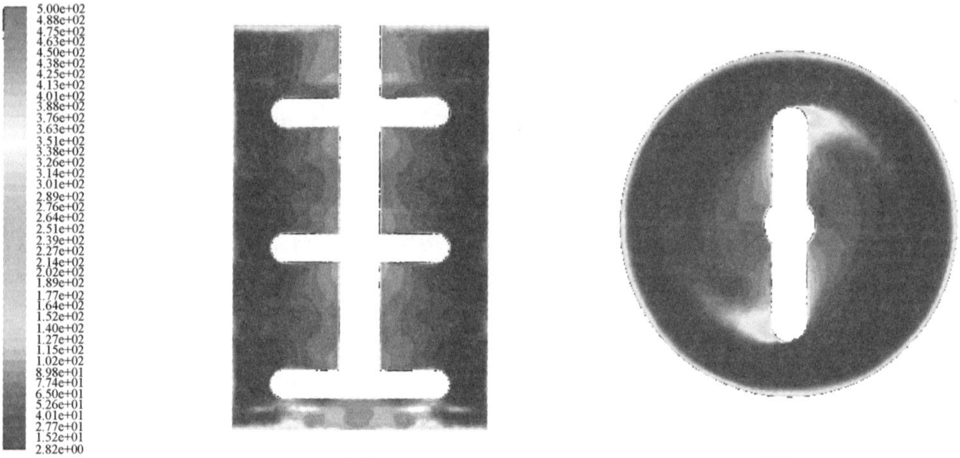

(a)　(b)

图 5-10　磨腔内湍剪切率云图

(a) $x=0$；(b) $z=0.015$m

C　搅拌器转速对流场的影响

搅拌器转速对搅拌磨机磨腔内湍流流场的特性会产生显著影响。因此，设置搅拌器的转速分别为 450r/min、550r/min、650r/min、750r/min，经过 3101、3751、3884、3479 步计算收敛得到模拟结果。图 5-11 所示是截面 $x=0$ 的不同搅拌器转速的计算流域内速度等值线图，流体的速度标尺的上限值设为 3.2m/s。

由图 5-11 可以看出，搅拌磨在不同搅拌器转速的速度等值线图十分相似，整个流场的流型及速度变化趋势基本一致。由于流域内流体的速度标尺的上限值统一设为 3.2m/s，随着搅拌器转速的降低，磨腔内的速度等值线变得稀疏，说明搅拌强度明显下降。

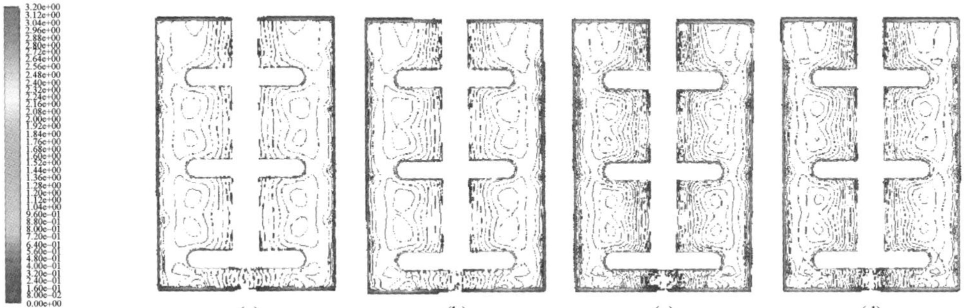
(a)　(b)　(c)　(d)

图 5-11　不同搅拌器转速在 $x=0$ 平面上速度等值线
（a）450r/min；（b）550r/min；（c）650r/min；（d）750r/min

搅拌磨机磨腔内速度加权平均值如图 5-12 所示，速度分布拟合曲线如图 5-13 所示。从图 5-12 可以看出，磨腔内速度的体积加权平均值与搅拌器转速成正比。从图 5-13 可以看出，随着搅拌器转速的增加，速度拟合曲线整体右移，而且速度范围更大，这表明增加搅拌器转速可以扩大筒体内部的速度梯度，有利于加速磨腔内物料的粉磨速度。

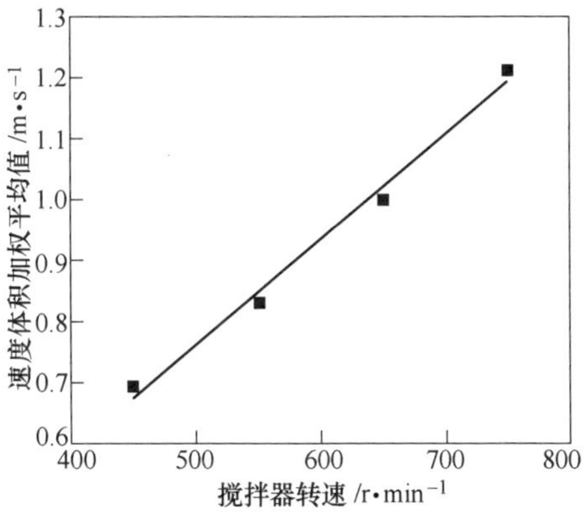

图 5-12　磨腔内速度加权平均值

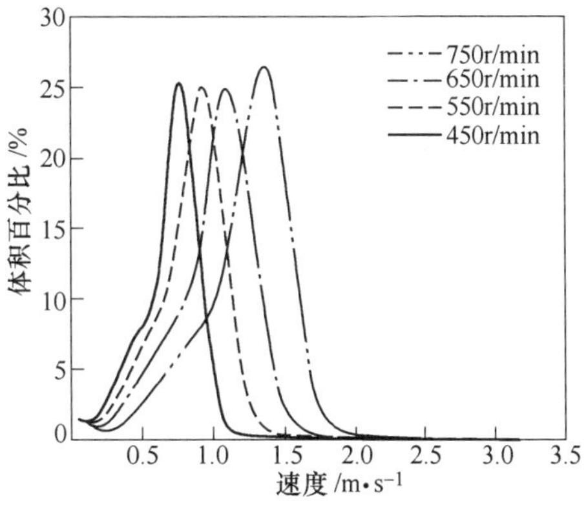

图 5-13　速度分布拟合曲线

根据式（5-6）和式（5-10）计算黏性耗散率的体积加权平均值，不同搅拌器转速黏性耗散率的体积加权平均值见表 5-8。

表 5-8　磨腔内黏性耗散率体积加权平均值

转速/r · min^{-1}	剪切率/s^{-1}	黏性耗散率/Pa · s^{-1}
450	209.01	1311
550	251.10	1892
650	303.74	2768
750	370.91	4127

对不同转速下的黏性耗散率数据进行 $y = a \cdot x^b$ 函数拟合，图 5-14 所示是搅拌磨机流场黏性耗散率体积加权平均值随转速变化曲线，拟合函数的相关度 R^2 为 0.9928，拟合度较高。得到具体的拟合关系式：

$$P = 0.00052n^{2.40} \tag{5-11}$$

式中　P——黏性耗散率，Pa/s；

n——转速，r/min。

从式（5-11）可以看出，黏性耗散率与转速的 2.40 次方成正比，据此可以预测，通过加快搅拌器的转速，其研磨破碎效果将会以 2.40 次方的速度增强，说明在相同条件下提高搅拌器转速有助于提高粉磨物料所需能量。

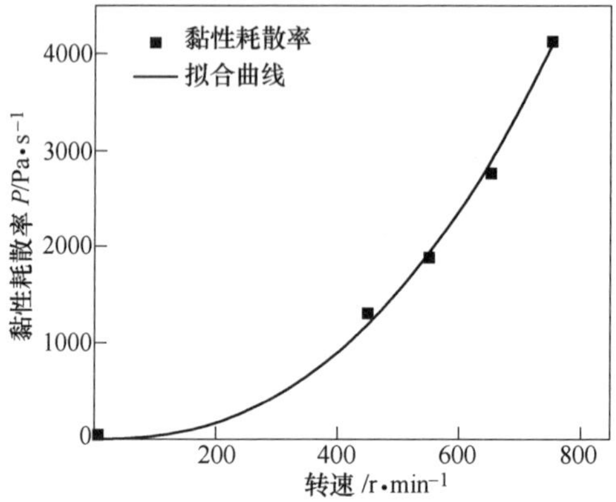

图 5-14　黏性耗散率拟合函数曲线

搅拌磨机磨腔内湍流强度分布拟合曲线如图 5-15 所示，湍动能分布拟合曲线如图 5-16 所示。由图 5-15 和图 5-16 可以看出，湍流强度和湍动能随着转速增大都逐渐增大，曲线变化趋势基本一致。峰湍流强度和湍动能曲线随着搅拌器转

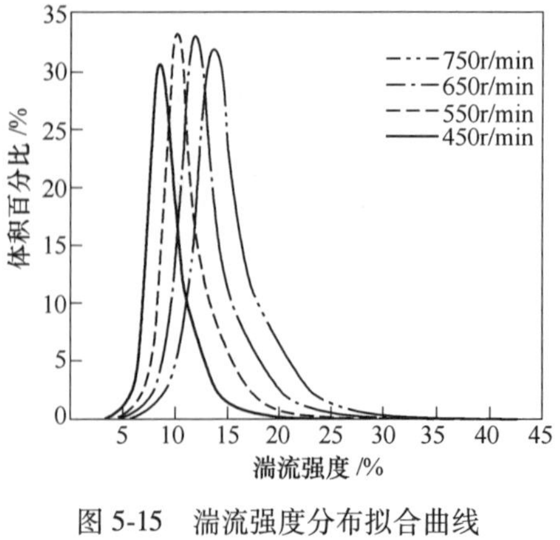

图 5-15　湍流强度分布拟合曲线

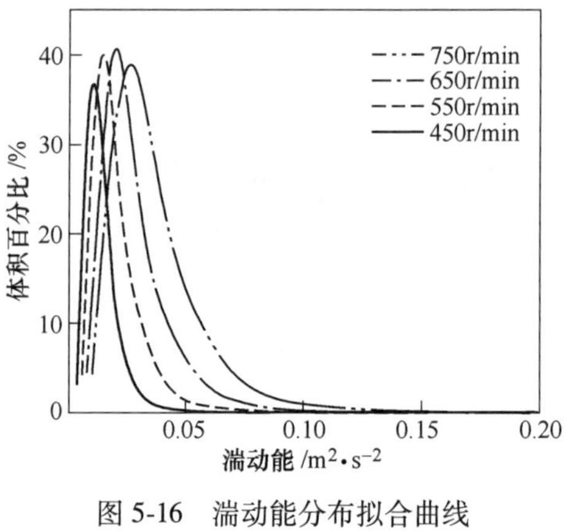

图 5-16　湍动能分布拟合曲线

速增大整体右移，呈现出先增加后减小趋势，分布范围逐渐增大，表明流体区湍流强度和湍动能分布更加均匀、范围逐渐扩大，研磨效果会逐渐提高。

流场中湍流强度、湍动能、湍流耗散率的体积加权平均值见表 5-9。由表 5-9 可知，搅拌器转速由 450r/min 增加到 750r/min，由于随着转速的增大，流体速度变快导致的雷诺数变大，流体内的湍流能量密度强度提高，湍流强度、湍动能、湍流耗散率逐渐递增。在大雷诺数的湍流中，既远离含能区又远离耗散区的范围为惯性子区，可以用量纲分析法导出局部各向同性湍流的能谱，无量纲能谱的唯一可能形式是 Kolmogorov 的-5/3 幂次律（简称-5/3 能谱）。湍流“-5/3”能谱 E 减小，说明惯性子区减小，湍流场中能量传递充分性降低，研磨过程不能充分利用能量。

表 5-9 不同搅拌器转速下流体参数的体积加权平均值

转速/$r \cdot min^{-1}$	湍流强度/%	κ 湍动能 /$m^2 \cdot s^{-2}$	ε 湍流耗散率 /$m^2 \cdot s^{-3}$	$\varepsilon^{2/3}\kappa^{-5/3}$ $E \propto \varepsilon^{2/3}\kappa^{-5/3}$
450	9.45	0.0141	0.97	1190.74
550	11.37	0.0205	1.51	857.16
650	13.29	0.0281	2.32	674.76
750	15.29	0.0372	3.56	562.42

因此，在搅拌磨的实际使用过程中，要根据搅拌磨的类型和物料性质选择适宜的搅拌器转速，以避免转速过低物料研磨效率下降，转速过高能量浪费以及设备的磨损，导致设备的使用寿命缩短。

5.2.3 搅拌磨机磨矿能耗与动力学

5.2.3.1 入磨粒度对比生产率的影响

比生产率指单位时间、单位容积内新生成的某一粒级的质量，是对新生成某粒级的生产能力的量化指标，是考察磨矿效率高低的最直接的衡量方法。比生产率计算公式如下：

$$q = \frac{m(\theta - \theta_0)}{Vt} \tag{5-12}$$

式中 m——干矿量，kg；

θ，θ_0——分别为磨矿后和磨矿前某一粒级的含量，%；

V——磨机的有效体积；

t——磨矿时间，min。

A 搅拌磨机

根据搅拌磨机不同磨矿时间对应的磨矿细度，计算相邻磨矿时间段 $t_n \sim t_{n+1}$ 时的比生产率。以磨矿时间为 t_n 时的磨矿细度为此时间段内的入磨细度，以磨矿时间为 t_{n+1} 时的磨矿细度为此时间段产品的细度。从而可以计算不同入磨粒度时比生产率的变化情况，并建立入磨粒度与比生产率之间的数学关系。

入磨细度对比生产率的影响见表 5-10。由表 5-10 可以看出磨矿的比生产率随着入磨细度的增大而逐渐减小。粗颗粒磨矿时，矿石在形成过程中由于复杂的环境因素使得晶格内存在一些缺陷，磨矿时矿石易沿着缺陷部位断裂。随着磨矿细度的增大，矿石内易断裂的缺陷部位越来越少，且细磨时矿石比表面积较大，用于增大比表面积的能量加大，故物料继续粉磨越困难。

表 5-10　入磨细度对比生产率的影响

入磨细度/%	产品细度/%	磨矿时间/min	比生产率 q
59.10	72.53	1	4.029
63.84	76.04	1	3.660
68.64	78.10	1	2.838
72.53	81.71	1	2.754
76.04	82.74	1	2.010
78.10	84.31	1	1.863
81.71	86.64	1	1.479
82.74	88.22	1	1.644
88.22	92.01	1	1.137
92.01	98.31	5	0.378

注：细度均为-0.038mm 含量，q 为-0.038mm 粒级比生产率。

为了表征入磨粒度与比生产率的关系，对其进行拟合，拟合曲线如图 5-17 所示。由图 5-17 可知，-0.038mm 粒级比生产率与磨矿时相应粒级含量近似于线性

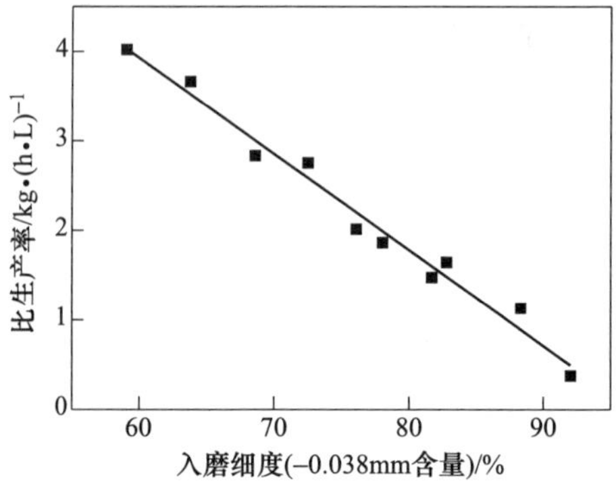

图 5-17　入磨粒度与比生产率的关系

规律，故按线性回归方法拟合，求得回归方程式为：

$$q = 10.37 - 0.107\theta \tag{5-13}$$

回归方程的相关系数 R^2 为 0.98，可见方程的拟合度较高，各拟合系数的误差水平分别为 10.37±0.4、0.107±0.005。

由比生产率的计算公式和拟合回归方程联立可得磨矿产品粒度与磨矿时间的关系如下：

$$q = \frac{m(\theta - \theta_0)}{Vt} = 10.37 - 0.107\theta \tag{5-14}$$

整理可得：

$$\theta = 96.59 - \frac{m(96.59 - \theta_0)}{m + 0.107Vt} \tag{5-15}$$

为了降低误差的影响，结合实际情况可将公式优化为：

$$\theta = 100 - \frac{m(100 - \theta_0)}{m + 0.107Vt} \tag{5-16}$$

式中 m——干矿量，g；

θ，θ_0——分别为磨矿后和磨矿前-0.038mm 粒级含量，%；

V——磨机的有效容积，L；

t——磨矿时间，min。

B 球磨机

同理，对球磨机的入磨粒度与比生产率的关系进行拟合，拟合曲线如图 5-18 所示。由图 5-18 可以看出，随着球磨机的入磨粒度减小，-0.038mm 粒级比生产率逐渐减小。比生产率的对数与入磨粒度近似于线性规律，对其进行线性回归处理，回归方程的相关系数 R 为-0.95，方程的拟合度较高，能正确反映两者间的关系，拟合系数的误差水平分别为 1.18±0.3、0.035±0.005，求得回归方程为：

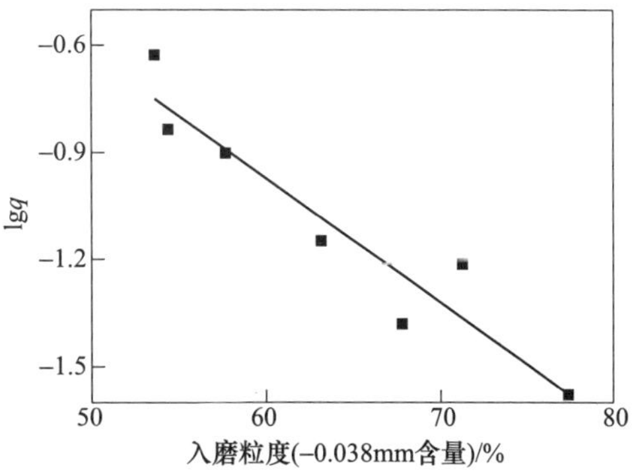

图 5-18 球磨机入磨粒度与 lg$q$ 的关系

$$\lg q = 1.18 - 0.035\theta \tag{5-17}$$

将回归方程变形可得：

$$q = \frac{13.96}{1.08^{\theta}} \tag{5-18}$$

与 $q=\dfrac{m(\theta-\theta_0)}{Vt}$ 联立可得磨矿产品粒度与磨矿时间的关系为

$$t=\frac{m(\theta-\theta_0)}{13.96V}\cdot 1.08^{\theta} \tag{5-19}$$

式中　m——干矿量，g；

θ，θ_0——分别为磨矿后和磨矿前-0.038mm 粒级含量，/%；

V——磨机的有效容积，L；

t——磨矿时间，min。

由两种磨机比生产率与入磨粒度的关系可知，在适宜区间内搅拌磨机比生产率与入磨粒度呈线性相关，而球磨机比生产率与入磨粒度呈负指数相关。随着入磨粒度的减小，二者的比生产率下降，但球磨机的比生产率下降得更快。

计算可得搅拌磨机最大比生产率为 5.47kg/(L·h)，球磨机最大比生产率仅为 0.42kg/(L·h)。这也是选厂球磨再磨系统中新增单体解离度低的原因。由此也可看出球磨机不适宜做铁矿的细磨设备。

5.2.3.2　磨机能耗与产品粒度的关系

研究磨机的能耗可为选矿厂选择合理的磨矿制度提供参考，也是节能减排大环境下提高选厂竞争力的重要措施。在搅拌磨机最佳工作参数下，不同磨矿时间产品粒度与处理单位矿石所消耗的能量之间的关系如图 5-19 所示。

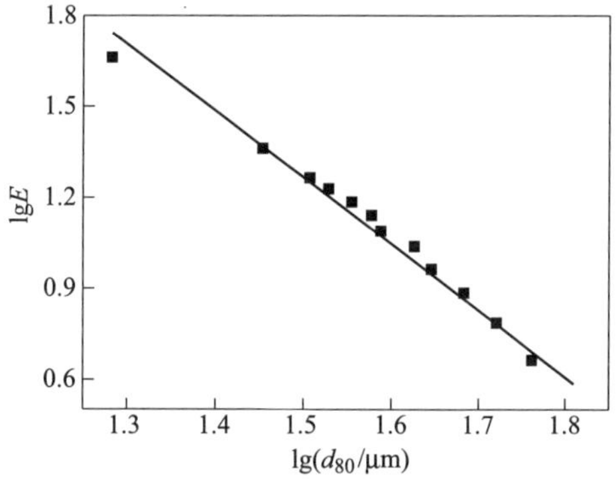

图 5-19　搅拌磨粒度与能耗的关系

由图 5-19 可知，能耗的对数与产品粒度的对数（d_{80}）近似于线性规律，可求得线性回归方程式为：

$$\lg E=4.56-2.20\lg D \tag{5-20}$$

回归方程的相关系数 R^2 为 0.99，各拟合系数的误差水平分别为 4.56±0.16、2.20±0.10。拟合系数的误差均小于各自拟合值的 5%，拟合效果较好。回归方程能准确地反映处理单位矿石量消耗的能量与粒度的关系。

将式（5-20）整理可得：

$$E=36307.8D^{-2.2} \tag{5-21}$$

即

$$\mathrm{d}E=-c\frac{\mathrm{d}x}{x^{2.2}} \tag{5-22}$$

同理，可得球磨机产品不同粒度与处理单位矿石所消耗的能量之间的关系，如图 5-20 所示。线性拟合得到回归方程式为：

$$\lg E = 8.81 - 3.91\lg D \tag{5-23}$$

回归方程的相关系数 R^2 为 0.98，各拟合系数的误差水平分别为 8.81±0.6、3.91±0.3。

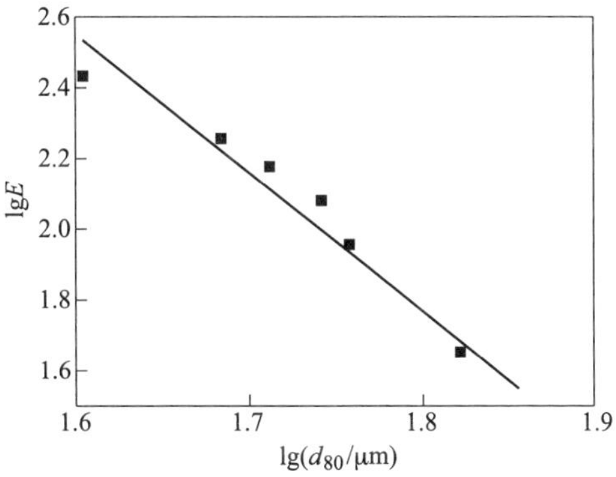

图 5-20　球磨机粒度与能耗的关系

球磨机能耗拟合系数的误差较搅拌磨机的较大，拟合效果不如搅拌磨机好，但是结果仍能客观反映球磨机能耗与产品粒度的关系。

整理可得：

$$E = KD^{-3.91} \tag{5-24}$$

即

$$dE = -c\frac{dx}{x^{3.91}} \tag{5-25}$$

根据瓦尔克公式与三大理论（体积学说、面积学说、裂缝学说）的关系，搅拌磨机磨矿时 n 值为 2.2，球磨机的 n 值为 3.91。两种磨机的磨矿规律都接近于雷廷智学说。三种经典学说的提出至今已上百年，当时的磨矿细度要求比现在的要粗。根据段希祥对细粒磨矿规律的研究，随着粒度变细磨矿过程功耗的增大系数逐渐增大，且增长率越来越大。即磨机的功耗随粒度的降低呈指数上升趋势。

两种磨机磨矿过程的 n 值均大于 2，说明磨矿过程比雷廷智学说适用的粒度还要细。三种磨矿学说均不适用于此粒度磨矿。从两种磨机的 n 值对比来看，球磨机的 n 值是搅拌磨机的 1.78 倍，即球磨机磨矿过程能耗的增长指数是搅拌磨的 1.78 倍。可见球磨机的磨矿能耗较高，随着粒度的变细，球磨机的能量消耗增长速度远高于搅拌磨机。因此，球磨机更不适于作为铁矿细磨设备。

5.2.3.3　搅拌磨磨机的磨矿动力学

磨矿动力学是指物料被磨碎的速率与磨矿时间的关系。假定磨矿速度（粗级别物料减少的速度）与该瞬间磨机中未磨好的粗粒级物料质量成正比。根据这个假设可以得出磨矿动力学的基本形式：

$$\frac{dR}{dt} = -kR \tag{5-26}$$

式中　R——经过时间 t 后粗级别残留的含量,%;

t——磨矿时间，min;

k——比例系数，负号表示粗级别减少。

用积分的方法求解上述微分方程，得到：

$$\int \frac{\mathrm{d}R}{R} = -k\int \mathrm{d}t \tag{5-27}$$

$$\ln R(t) = -kt + C \tag{5-28}$$

设 R_0 为被磨物料中粗级别的原始含量，在磨矿初始，即 $t=0$ 时，有 $C=\ln R_0$。代入式（5-28）得到：

$$\ln R(t) = -kt + \ln R_0 \tag{5-29}$$

$$R(t) = R_0 \exp(-kt) \tag{5-30}$$

式（5-30）为磨矿动力学一阶方程。磨矿是一个极其复杂的过程，n 阶动力学方程更符合实际情况，n 阶动力学方程为：

$$R(t) = R_0 \exp(-kt^n) \tag{5-31}$$

当 $n=0$ 时，为零阶动力学方程，式（5-31）可以写成：

$$R(t) = R_0 \exp(-k) \tag{5-32}$$

当 $n=1$ 时，为一阶动力学方程，式（5-32）可以写成：

$$R(t) = R_0 \exp(-kt) \tag{5-33}$$

零阶动力学方程和一阶动力学方程只适用于特定的情况，n 阶动力学方程应用较为广泛，但式中的参数 k 和 n 在矿石性质和操作条件一定的条件下，还与产品的粒度 d 有关，所以式（5-30）可以写为：

$$R(t) = R_0 \exp(-k(d)t^{n(d)}) \tag{5-34}$$

从而可以利用式（5-34）求出任意时刻、任一粒级的分布率。将式（5-34）两次取对数可以转换为：

$$\ln\left(\ln\left(\frac{R_0}{R}\right)\right) = \ln k(d) + n(d)\ln t \tag{5-35}$$

根据陈炳辰[5]的研究，式（5-34）中的参数 k 和 n 分别与粒度 d 的指数呈现多项式形式的函数关系，形式如下：

$$k = A_0 + A_1 d^{X_0} + A_2 d^{X_1} + \cdots \quad 或 \quad A_0 + A_1 d + A_2 d^2 + \cdots \tag{5-36}$$

$$n = B_0 + B_1 d^{Y_0} + B_2 d^{Y_1} + \cdots \quad 或 \quad B_0 + B_1 d + B_2 d^2 + \cdots \tag{5-37}$$

式（5-36）和（5-37）中，A_0、A_1、$A_2\cdots$，B_0、B_1、$B_2\cdots$，X_0、$X_1\cdots$，Y_0、$Y_1\cdots$分别为待定系数，取决于被磨物料的性质和磨矿条件；参数 n 主要取决于被磨物料的均匀性和强度以及荷球粒度特性；参数 k 主要取决于磨矿粒度，磨得越细，k 值越小。

方程式（5-34）不能满足一个边界条件，因为在方程式中，只有 $t=\infty$ 时，粗级别的残留物才会等于零。尽管如此，在粗级别残留量为 5%～100%的范围内，该方程式还是适用的。

磨矿动力学方程式（5-34）对时间求导数可以得到磨矿速率方程：

$$\frac{\mathrm{d}R}{\mathrm{d}t}=R_0\mathrm{e}^{-kt^n}(-knt^{n-1})=-knt^{n-1}R \tag{5-38}$$

在数学中偏导数的意义是：一个多变量的函数的偏导数，就是它关于其中一个变量的导数而保持其他变量恒定。对式（5-34）中的参数 n、k 分别求偏导数，此时求偏导数的条件为：当对 n 求偏导数时，假设 t、k 值是不变的；当对 k 值求偏导数时，假设 t、n 值是不变的。

对式（5-34）中的 k 求偏导数，结果如下：

$$\frac{\partial R}{\partial k}=-R_0\mathrm{e}^{-kt^n}\cdot t^n \tag{5-39}$$

由式(5-39)可以看出：$\frac{\partial R}{\partial k}<0$，与 n 的取值无关，说明 k 值越大，筛上累计产率 R 越小。

对式（5-34）中的 n 求偏导数结果如下：

$$\frac{\partial R}{\partial n}=-R_0\mathrm{e}^{-kt^n}\cdot kt^n\ln t \tag{5-40}$$

由式(5-40)得出：

(1) $0<t<1$ 时，$\ln t<0$，所以 $\frac{\partial R}{\partial n}>0$，说明 n 值越大，筛上累计产率 R 越大；

(2) $t=1$ 时，$\ln t=0$，所以 $\frac{\partial R}{\partial n}=0$，说明筛上累计产率 R 不变，与 n 的取值无关；

(3) $t>1$ 时，$\ln t>0$，所以 $\frac{\partial R}{\partial n}<0$，说明 n 值越大，筛上累计产率 R 越小。

为了比较参数 k、n 对筛上累计产率 R 减小影响的大小，取时间 $t>1$，对式（5-39）和式（5-40）的偏微分的绝对值的大小进行比较。

$$\left|\frac{\partial R}{\partial n}\right|>\left|\frac{\partial R}{\partial k}\right| \tag{5-41}$$

$$\left|-R_0\mathrm{e}^{-kt^n}\cdot kt^n\ln t\right|>\left|-R_0\mathrm{e}^{-kt^n}\cdot t^n\right| \tag{5-42}$$

$$t>\mathrm{e}^{1/k} \tag{5-43}$$

由式（5-43）可以得出：$t > e^{1/k}$ 时，参数 n 大于参数 k 对 R 减小的影响；$t < e^{1/k}$ 时，参数 k 大于参数 n 对 R 减小的影响；两条曲线交点附近的值相近，因此，$t = e^{1/k}$ 附近，参数 n、k 对 R 的减小都起作用。所以，$e^{1/k}$ 可以作为判断磨矿动力学参数 k、n 对筛上累计产率 R 影响大小的依据。

5.2.3.4　介质直径对磨矿动力学影响

A　不同直径介质磨矿动力学试验

以 ϕ4mm、ϕ6mm、ϕ8mm 陶瓷球作为磨矿介质，在搅拌器转速为 450r/min，介质充填率 75%，料球比为 0.8，磨矿浓度为 72%，磨矿时间分别为 0.5min、1min、1.5min、2min、2.5min、3min、3.5min、4min 的条件下，进行磨矿动力学试验，用马尔文激光粒度仪测定磨矿产品的粒度分布。

磨矿产品的粒度分布如图 5-21 所示，由图 5-21 可以看出，介质为 ϕ4mm、

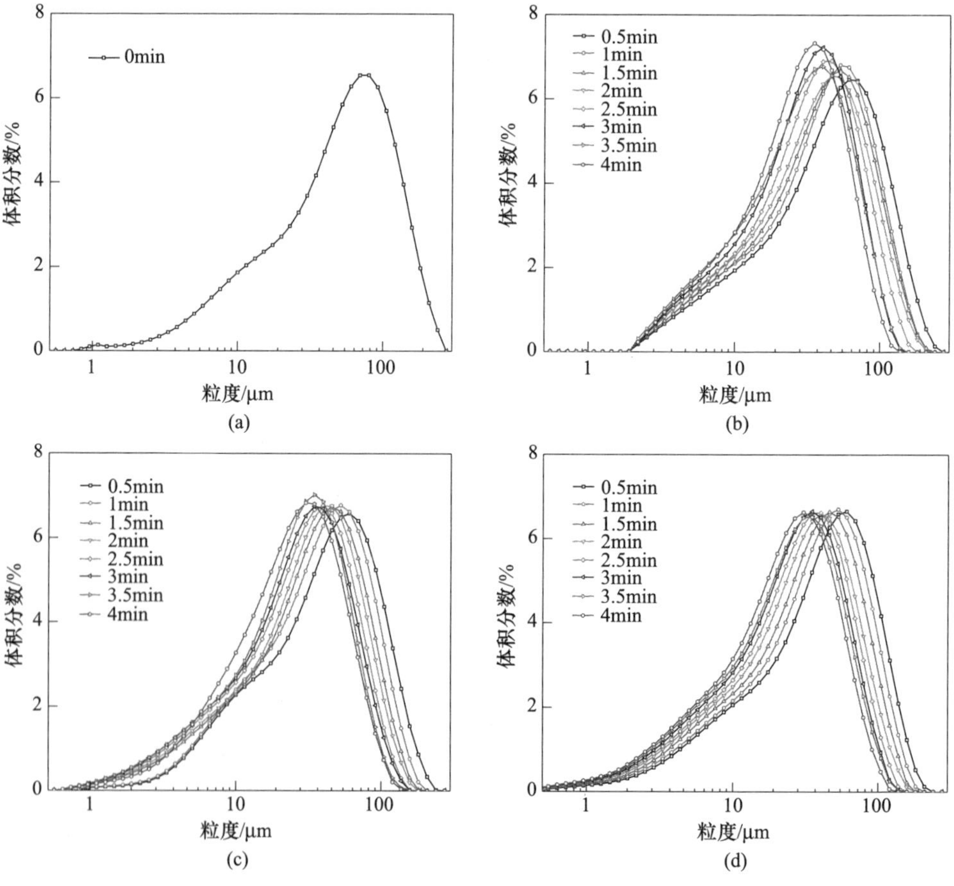

图 5-21　不同介质尺寸下磨矿产品的粒度分布图
（a）原料；（b）4mm 陶瓷球；（c）6mm 陶瓷球；（d）8mm 陶瓷球

ϕ6mm、ϕ8mm 的磨矿产品粒度中细粒级产物的含量随磨矿时间的延长而增加，随着时间的延长磨矿速率减慢，遵循随着磨矿时间延长粗粒级逐渐较少、细粒级逐渐增加的磨矿规律。

将磨矿产品粒级含量代入 n 阶动力学方程式（5-30）进行计算，得到不同粒级的 $\ln(\ln R_0/R)$ 与 $\ln t$ 对应的值，利用 Origin 软件中的 Fitting 命令对 $\ln(\ln(R_0/R))$ 与 $\ln t$ 式进行线性拟合，拟合直线如图 5-22 所示。

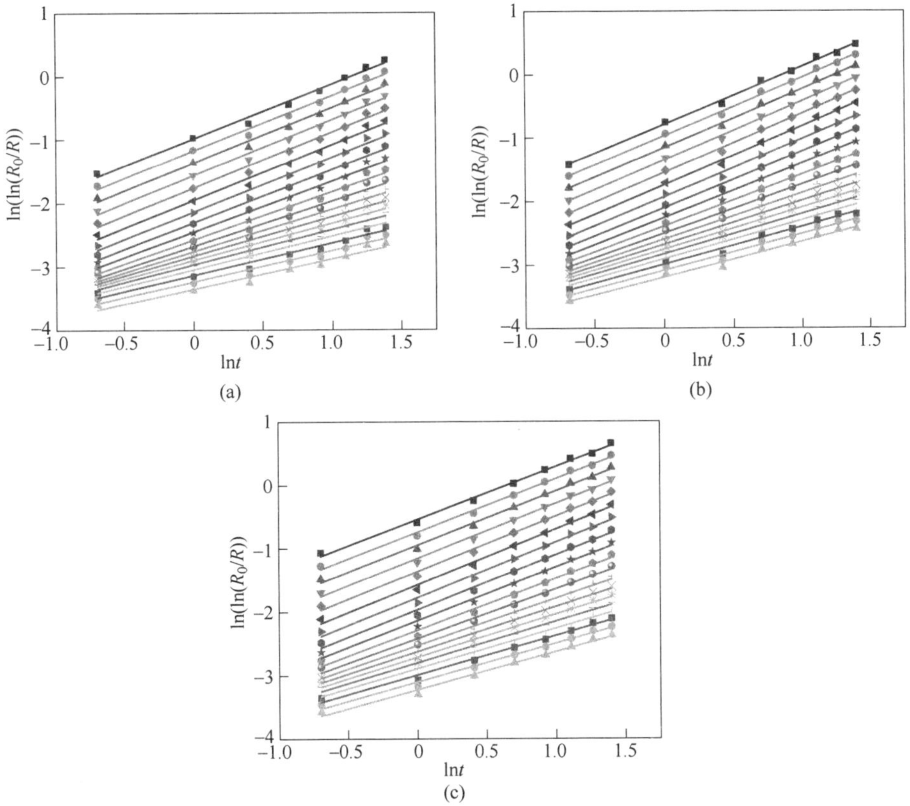

图 5-22　不同直径介质的 $\ln(\ln(R_0/R))$ 与 $\ln t$ 的关系

■ 60.256μm；● 52.481μm；▲ 45.709μm；▼ 39.811μm；◆ 34.674μm；◀ 30.2μm；▶ 26.303μm；
● 22.909μm；★ 19.953μm；● 17.378μm；● 15.136μm；+ 13.183μm；× 11.482μm；* 10μm；
- 8.71μm；| 7.586μm；■ 6.607μm；● 5.754μm；▲ 5.012μm；
—60.256μm 拟合曲线；—52.481μm 拟合曲线；—45.709μm 拟合曲线；
—39.811μm 拟合曲线；—34.674μm 拟合曲线；—30.2μm 拟合曲线；
—26.303μm 拟合曲线；—22.909μm 拟合曲线；—19.953μm 拟合曲线；
—17.378μm 拟合曲线；—15.136μm 拟合曲线；—13.183μm 拟合曲线；
—11.482μm 拟合曲线；—10μm 拟合曲线；—8.71μm 拟合曲线；
—7.586μm 拟合曲线；—6.607μm 拟合曲线；—5.754μm 拟合曲线；
—5.012μm 拟合曲线

图 5-22 中拟合直线的斜率为不同粒级的动力学参数 n 值，直线截距的取自然对数值为动力学参数 k 值，n 值、k 值以及拟合直线相关系数结果见表 5-11。

表 5-11　陶瓷球磨矿产品的 k 值和 n 值

粒度/μm	ϕ4mm			ϕ6mm			ϕ8mm		
	k	n	R^2	k	n	R^2	k	n	R^2
60. 256~69. 183	0. 3709	0. 8579	0. 9889	0. 4556	0. 9108	0. 9958	0. 5774	0. 8389	0. 9949
52. 481~60. 256	0. 3071	0. 8654	0. 9899	0. 3808	0. 9181	0. 9972	0. 4723	0. 8486	0. 9950
45. 709~52. 481	0. 2531	0. 8725	0. 9903	0. 3155	0. 9256	0. 9978	0. 3849	0. 8598	0. 9949
39. 811~45. 709	0. 2081	0. 8770	0. 9901	0. 2598	0. 9309	0. 9979	0. 3126	0. 8710	0. 9945
34. 674~39. 811	0. 1709	0. 8773	0. 9892	0. 2134	0. 9317	0. 9977	0. 2533	0. 8802	0. 9940
30. 200~34. 674	0. 1407	0. 8720	0. 9877	0. 1756	0. 9266	0. 9971	0. 2055	0. 8853	0. 9932
26. 303~30. 200	0. 1170	0. 8582	0. 9854	0. 1455	0. 9128	0. 9962	0. 1677	0. 8838	0. 9922
22. 909~26. 303	0. 0989	0. 8335	0. 9821	0. 1224	0. 8882	0. 9951	0. 1385	0. 8731	0. 9909
19. 953~22. 909	0. 0855	0. 7982	0. 9783	0. 1048	0. 8544	0. 9940	0. 1166	0. 8514	0. 9894
17. 378~19. 953	0. 0755	0. 7553	0. 9740	0. 0917	0. 8134	0. 9932	0. 1001	0. 8215	0. 9881
15. 136~17. 378	0. 0682	0. 7092	0. 9701	0. 0819	0. 7699	0. 9926	0. 0879	0. 7858	0. 9871
13. 183~15. 136	0. 0629	0. 6621	0. 9669	0. 0745	0. 7266	0. 9920	0. 0788	0. 7478	0. 9864
11. 482~13. 183	0. 0585	0. 6190	0. 9644	0. 0686	0. 6887	0. 9912	0. 0715	0. 7123	0. 9863
10. 000~11. 482	0. 0547	0. 5820	0. 9626	0. 0636	0. 6564	0. 9900	0. 0654	0. 6819	0. 9865
8. 710~10. 000	0. 0511	0. 5508	0. 9609	0. 0591	0. 6298	0. 9887	0. 0600	0. 6573	0. 9873
7. 586~8. 710	0. 0473	0. 5263	0. 9600	0. 0547	0. 6084	0. 9876	0. 0547	0. 6383	0. 9876
6. 607~7. 586	0. 0433	0. 5057	0. 9585	0. 0501	0. 5906	0. 9867	0. 0495	0. 6238	0. 9882
5. 754~6. 607	0. 0391	0. 4882	0. 9570	0. 0456	0. 5744	0. 9861	0. 0443	0. 6121	0. 9883
5. 012~5. 754	0. 0348	0. 4733	0. 9550	0. 0409	0. 5598	0. 9857	0. 0391	0. 6021	0. 9888

从表 5-11 可以看出，介质直径为 ϕ4mm、ϕ6mm、ϕ8mm 磨矿产品中不同粒级求得的 $\ln(\ln R_0/R)$ 与 lnt 拟合直线的线性相关系数 R^2 分别均在 0. 95 以上，表明二者线性关系良好。根据表 5-11 中数据绘制动力学参数 n 和 k 与粒径 d 的关系曲线，利用 MATLAB 软件中的 cftool 命令拟合介质直径为 ϕ4mm、ϕ6mm、ϕ8mm 的磨矿动力学方程参数 k 值、n 值与物料粒度 d 的函数关系，结果如图 5-23~图 5-25 所示。

由图 5-23~图 5-25 可以看出，曲线 $k=f(d)$ 呈抛物线，而曲线 $n=f(d)$ 接近于一元三次方程。利用 MATLAB 中的 cftool 命令对其进行拟合，拟合结果见表 5-12。

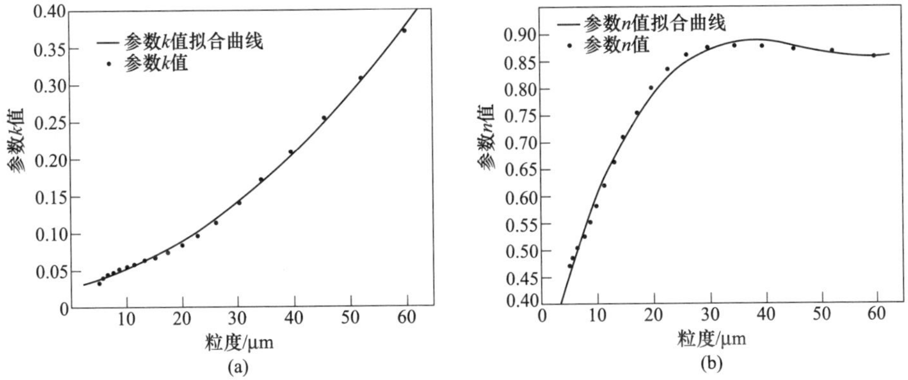

图 5-23 ϕ4mm 陶瓷球动力学参数与粒径 d 的关系曲线

（a）参数 k；（b）参数 n

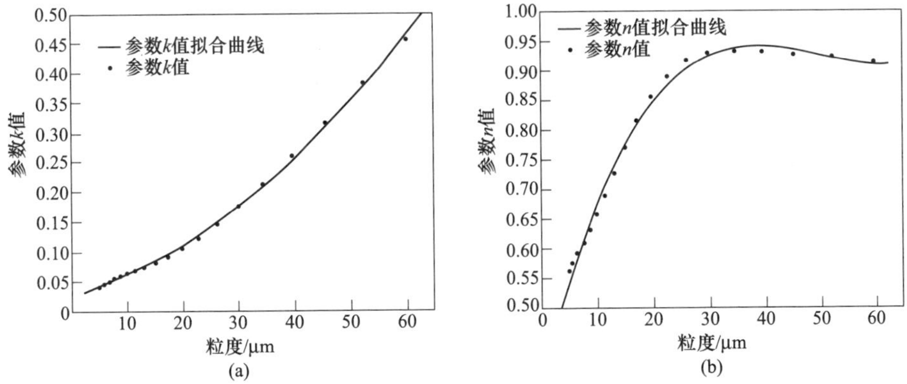

图 5-24 ϕ6mm 陶瓷球动力学参数与粒径 d 的关系曲线

（a）参数 k；（b）参数 n

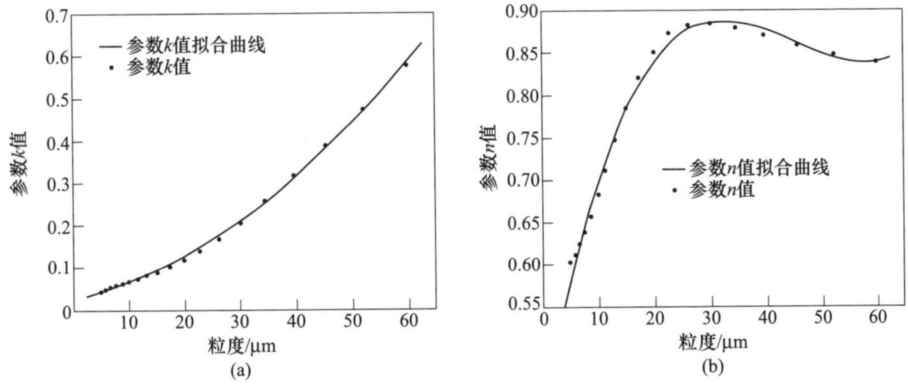

图 5-25 ϕ8mm 陶瓷球动力学参数与粒径 d 的关系曲线

（a）参数 k；（b）参数 n

表 5-12　磨矿动力学参数 k、n 与产品粒度 d 的拟合函数

拟合通式	拟合式的参数	磨矿介质直径/mm		
		4	6	8
$k(d) = p_1d^2 + p_2d + p_3$	p_1	6.624×10^{-5}	7.628×10^{-5}	1.092×10^{-4}
	p_2	1.803×10^{-3}	2.659×10^{-3}	2.736×10^{-3}
	p_3	-0.0271	0.0269	0.0243
	R^2	0.9989	0.9988	0.9992
$n(d) = p_1d^3 + p_2d^2 + p_3d + p_4$	p_1	6.136×10^{-6}	5.155×10^{-6}	6.115×10^{-6}
	p_2	-8.944×10^{-4}	-7.753×10^{-4}	-8.317×10^{-4}
	p_3	0.0414	3.682×10^{-2}	0.0347
	p_4	0.2675	0.3760	0.4280
	R^2	0.9956	0.9940	0.9908

从表 5-12 可以看出，曲线 $k=f(d)$ 和 $n=f(d)$ 的最佳拟合函数的相关系数分别在 0.99 以上，拟合度较高。将式 $k=f(d)$ 和 $n=f(d)$ 代入式（5-34）中分别得到磨矿介质为 ϕ4mm、ϕ6mm、ϕ8mm 陶瓷球时磨矿动力学方程式。

介质直径为 ϕ4mm 时，磨矿动力学方程式为：

$$R = R_0\exp[(6.624e^{-5}d^2 + 1.803e^{-3}d - 0.0271)t^{(6.136e^{-6}d-8.944e^{-4}d^2+0.0414d+0.2675)}] \tag{5-44}$$

介质直径为 ϕ6mm 时磨矿动力学方程式为：

$$R = R_0\exp[(7.628e^{-5}d^2 + 2.659e^{-3}d + 0.0269)t^{(5.155e^{-6}d^3-7.753e^{-4}d^2+3.682e^{-2}d+0.376)}] \tag{5-45}$$

介质直径为 ϕ8mm 时磨矿动力学方程式为：

$$R = R_0\exp[(1.092e^{-4}d^2 + 2.736e^{-3}d + 0.0243)t^{(6.115e^{-6}d^3-8.317e^{-4}d^2+0.0347d+0.428)}] \tag{5-46}$$

为了验证建立的磨矿动力学方程对鞍钢矿业弓长岭选矿厂铁矿再磨适用性，将不同的粒度 d 代入的建立的不同直径磨矿介质的磨矿动力学方程式（5-39）~式（5-41）进行计算，得到理论上磨矿产品粒度分布情况。选取选矿过程中常用的几个粒级范围，对比不同磨矿时间下的磨矿产品筛上累积产率理论值与实际矿石不同磨矿时间下磨矿产品筛上累积产率的差值，结果见表 5-13。

表 5-13　筛上累积产率理论值与磨矿试验值的相对误差 δ

介质直径	粒级/μm	不同磨矿时间的相对误差 δ							
		$\delta_{0.5}$/%	δ_1/%	$\delta_{1.5}$/%	δ_2/%	$\delta_{2.5}$/%	δ_3/%	$\delta_{3.5}$/%	δ_4/%
4mm	39.811~45.709	-0.13	-0.75	-3.22	5.20	-2.13	-0.99	3.07	1.56
	30.200~34.674	-0.02	-0.72	-2.85	4.24	-1.96	-1.12	2.62	1.14
	19.953~22.909	0.95	0.30	-1.23	2.98	-0.69	-0.21	2.43	1.35
	10.000~11.482	0.87	0.57	-0.14	1.75	0.13	0.53	1.86	1.41

续表 5-13

介质直径	粒级/μm	不同磨矿时间的相对误差 δ							
		$\delta_{0.5}$/%	δ_1/%	$\delta_{1.5}$/%	δ_2/%	$\delta_{2.5}$/%	δ_3/%	$\delta_{3.5}$/%	δ_4/%
6mm	39.811~45.709	-0.65	-0.19	-2.51	9.37	-0.52	1.51	-0.72	-0.90
	30.200~34.674	-0.51	-0.23	-2.47	7.28	-0.72	1.21	-0.83	-0.95
	19.953~22.909	0.53	0.59	-1.27	4.06	-0.25	1.11	-0.21	-0.63
	10.000~11.482	0.55	0.74	-0.10	2.66	0.64	1.05	0.98	0.02
8mm	39.811~45.709	0.28	-2.32	-2.44	9.30	-0.16	1.24	-1.17	2.11
	30.200~34.674	0.27	-2.13	-2.27	7.46	-0.57	0.61	-1.10	1.47
	19.953~22.909	1.01	-0.83	-0.88	4.30	-0.31	0.42	0.15	1.32
	10.000~11.482	0.89	0.04	0.36	2.37	0.45	0.81	1.20	1.23

从表 5-13 可以看出，通过建立不同直径的磨矿介质的磨矿动力学方程式计算得到的理论上的磨矿产品粒度分布，与相同磨矿时间下实际磨矿得到的各个粒级的含量绝大多数误差都在 1%左右，说明建立的磨矿动力学方程与铁矿石实际粉磨规律的吻合程度较高。与其他磨矿动力学模型相比，该磨矿动力学方程参数 k、参数 n 采用了相对简单的一元二次和三次多项式的形式。因此，建立的不同直径的磨矿介质的磨矿动力学方程可以为选矿厂选择加入不同直径的磨矿介质提供理论指导，为预测磨矿产品粒度分布情况提供理论依据。

B 介质尺寸对动力学参数的影响

直径为 ϕ4mm、ϕ6mm、ϕ8mm 陶瓷球在搅拌器转速为 450r/min 时的磨矿动力学参数 k 值和 n 值与粒度 d 的关系如图 5-26 所示。

由图 5-26（a）可以看出，n 值随着物料粒度的变粗，呈现先增大而后基本不变的趋势。物料粒度 $d<25\mu m$ 时，相同的物料粒度，磨矿介质直径越大，n 值越大；物料粒度 $d>25\mu m$ 时，随着物料粒度的变粗，n 值的变化与介质的直径没有明显的特征关系。由图 5-26（b）可以看出，k 值随着物料粒度的变粗一直增加；物料粒度相同时，磨矿介质的直径越大，k 值越大；这因为随着矿石粒度的减小，矿粒表面裂缝相对越少，矿粒强度增大，故随着矿石粒度逐渐减小，矿石的可磨性逐渐变差甚至基本不变。

综上所述，参数 n 和 k 值随着物料的粒度变细而减小，表明粗粒级物料的磨矿速率快于细粒级物料磨矿速率。在物料粒度较细时，介质的直径对参数 n 值产生影响；在物料较粗时，介质的直径对参数 n 值基本不影响。物料粒度相同时，介质的直径越大，参数 k 值越大。

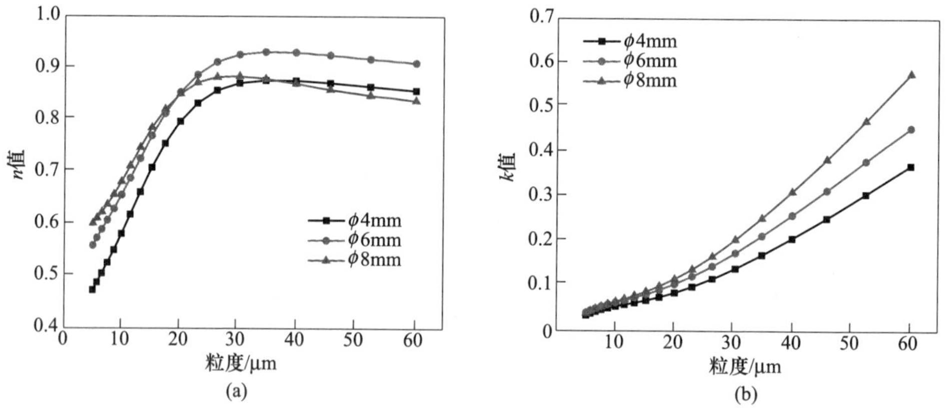

图 5-26　不同介质直径对动力学参数的影响
（a）参数 n；（b）参数 k

磨矿产品粒级 $d=-38\mu m$ 时，ϕ4mm 陶瓷球的磨矿动力学参数 $k=0.1913$，$t=e^{1/k}=186.49$min；ϕ6mm 陶瓷球的磨矿动力学参数 $k=0.2381$，$t=e^{1/k}=66.69$min；ϕ8mm 陶瓷球的磨矿动力学参数 $k=0.2860$，$t=e^{1/k}=33.02$min。磨矿时间范围为 0~4min，可见磨矿时间 t 远小于 $e^{1/k}$，k 对 R 减小的影响起主要作用。根据磨矿动力学理论研究可知：k 越大，R 越小；R 减小的越多，磨矿速率越快，物料粉磨效果越好。这与前文结果：ϕ4mm、ϕ6mm、ϕ8mm 陶瓷球在搅拌器转速为 450r/min 时，比生产率分别为 4.27kg/(h · L)、5.22kg/(h · L)、5.58kg/(h · L)，即随着介质直径的变大其比生产率逐渐增大相符合。

5.2.3.5　搅拌器转速对磨矿动力学影响

A　不同搅拌器转速的磨矿动力学试验

以 ϕ6mm 陶瓷球作为磨矿介质，在搅拌器转速分别为 350r/min、550r/min、650r/min，料球比为 0.8，介质充填率 75%，磨矿浓度为 72%，磨矿时间分别为 0.5min、1min、1.5min、2min、2.5min、3min、3.5min、4min 的条件下，进行磨矿动力学试验，用马尔文激光粒度仪测定磨矿产品的粒度分布。

磨矿产品粒级含量代入 n 阶动力学方程式（5-31）进行计算，得到不同粒级的 $\ln(\ln R_0/R)$ 与 $\ln t$ 对应的值，利用 Origin 软件中的 Fiting 命令对 $\ln(\ln R_0/R)$ 与 $\ln t$ 式进行线性拟合，拟合直线如图 5-27 所示。

根据式（5-35）进行线性拟合，拟合直线的斜率为不同粒级的动力学参数 n 值，直线截距的自然对数值为动力学参数 k 值，n 值、k 值以及拟合直线的相关系数结果见表 5-14。

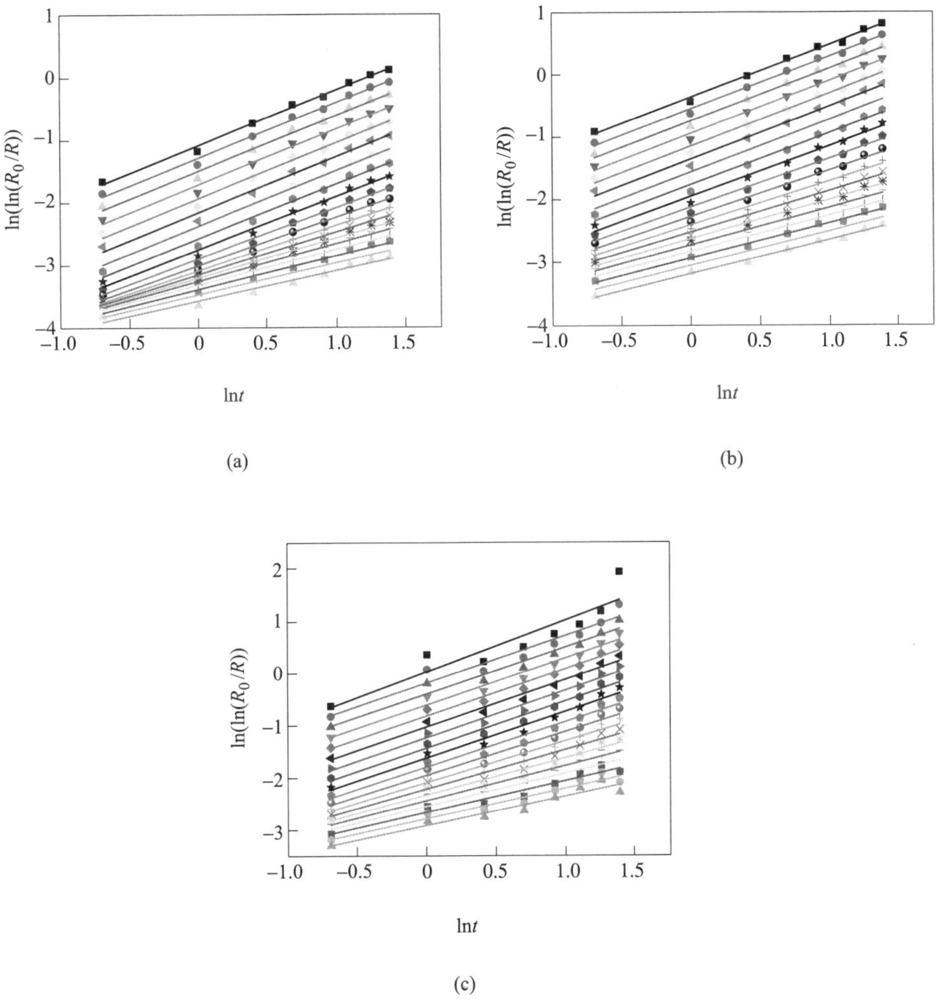

图 5-27 不同搅拌器转速的 ln(ln(R_0/R)) 与 ln$t$ 的关系

（a）转速 350r/min；（b）转速 550r/min；（c）转速 650r/min

■ 60.256μm；● 52.481μm；▲ 45.709μm；▼ 39.811μm；◆ 34.674μm；◀ 30.2μm；▶ 26.303μm；● 22.909μm；★ 19.953μm；⬟ 17.378μm；◉ 15.136μm；+ 13.183μm；× 11.482μm；✳ 10μm；- 8.71μm；| 7.586μm；■ 6.607μm；● 5.754μm；▲ 5.012μm

—60.256μm 拟合曲线；—52.481μm 拟合曲线；—45.709μm 拟合曲线；—39.811μm 拟合曲线；—34.674μm 拟合曲线；—30.2μm 拟合曲线；—26.303μm 拟合曲线；—22.909μm 拟合曲线；—19.953μm 拟合曲线；—17.378μm 拟合曲线；—15.136μm 拟合曲线；—13.183μm 拟合曲线；—11.482μm 拟合曲线；—10μm 拟合曲线；—8.71μm 拟合曲线；—7.586μm 拟合曲线；—6.607μm 拟合曲线；—5.754μm 拟合曲线；—5.012μm 拟合曲线

表 5-14　不同搅拌器转速磨矿产品的参数 *k* 值和 *n* 值

粒度/μm	搅拌器转速/r · min⁻¹								
	350			550			650		
	k	n	R^2	k	n	R^2	k	n	R^2
60. 256～69. 183	0. 3351	0. 8846	0. 9940	0. 7018	0. 8382	0. 9942	1. 0308	0. 9876	0. 8336
52. 481～60. 256	0. 2741	0. 8842	0. 9926	0. 5822	0. 8384	0. 9942	0. 8339	0. 9035	0. 9305
45. 709～52. 481	0. 2224	0. 8861	0. 9911	0. 4801	0. 8405	0. 9935	0. 6750	0. 8933	0. 9573
39. 811～45. 709	0. 1792	0. 8888	0. 9896	0. 3937	0. 8426	0. 9924	0. 5468	0. 8945	0. 9709
34. 674～39. 811	0. 1436	0. 8906	0. 9882	0. 3212	0. 8440	0. 9910	0. 4431	0. 8989	0. 9777
30. 200～34. 674	0. 1149	0. 8902	0. 9872	0. 2612	0. 8429	0. 9894	0. 3594	0. 9030	0. 9801
26. 303～30. 200	0. 0925	0. 8847	0. 9869	0. 2126	0. 8371	0. 9877	0. 2925	0. 9036	0. 9797
22. 909～26. 303	0. 0757	0. 8698	0. 9870	0. 1741	0. 8241	0. 9862	0. 2397	0. 8980	0. 9771
19. 953～22. 909	0. 0636	0. 8458	0. 9877	0. 1444	0. 8027	0. 9849	0. 1986	0. 8842	0. 9729
17. 378～19. 953	0. 0550	0. 8121	0. 9884	0. 1216	0. 7731	0. 9844	0. 1669	0. 8615	0. 9676
15. 136～17. 378	0. 0493	0. 7696	0. 9887	0. 1045	0. 7367	0. 9849	0. 1427	0. 8300	0. 9617
13. 183～15. 136	0. 0454	0. 7232	0. 9887	0. 0916	0. 6965	0. 9863	0. 1240	0. 7920	0. 9565
11. 482～13. 183	0. 0427	0. 6783	0. 9884	0. 0816	0. 6577	0. 9886	0. 1094	0. 7504	0. 9532
10. 000～11. 482	0. 0404	0. 6364	0. 9870	0. 0734	0. 6237	0. 9909	0. 0975	0. 7082	0. 9525
8. 710～10. 000	0. 0384	0. 5977	0. 9846	0. 0664	0. 5957	0. 9926	0. 0875	0. 6676	0. 9528
7. 586～8. 710	0. 0362	0. 5634	0. 9813	0. 0600	0. 5747	0. 9934	0. 0784	0. 6314	0. 9516
6. 607～7. 586	0. 0337	0. 5340	0. 9767	0. 0538	0. 5589	0. 9935	0. 0700	0. 6003	0. 9453
5. 754～6. 607	0. 0310	0. 5056	0. 9709	0. 0479	0. 5481	0. 9931	0. 0620	0. 5754	0. 9335
5. 012～5. 754	0. 0281	0. 4798	0. 9647	0. 0420	0. 5412	0. 9924	0. 0543	0. 5569	0. 9199

由表 5-14 可以看出，根据式（5-35）拟合直线的线性相关系数 R^2 绝大多数均在 0. 95 以上，表明线性关系良好。根据表 5-14 中数据绘制动力学参数 n 和 k 与粒径 d 的关系曲线，利用 MATLAB 软件中的 Cftool 命令进行拟合，结果如图 5-28～图 5-30 所示。

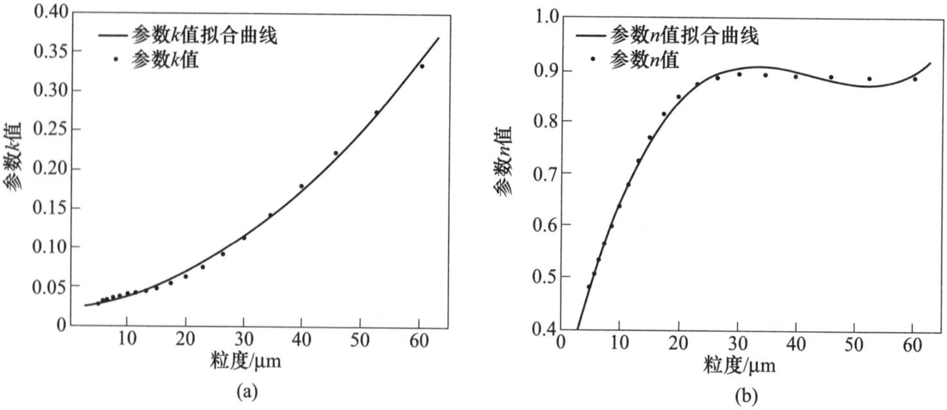

图 5-28　搅拌器转速为 350r/min 产品动力学参数与粒径 d 的关系曲线

（a）参数 k；（b）参数 n

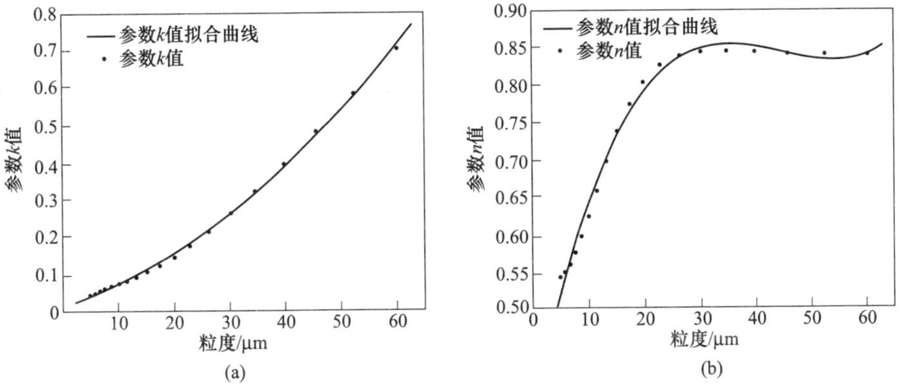

图 5-29　搅拌器转速为 550r/min 的产品动力学参数与粒径 d 的关系曲线

（a）参数 k；（b）参数 n

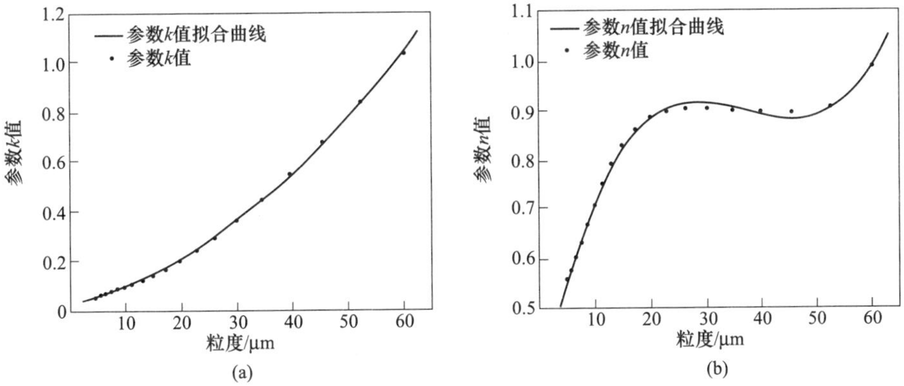

图 5-30　搅拌器转速为 650r/min 产品动力学参数与粒径 d 的关系曲线

（a）参数 k；（b）参数 n

由图 5-28～图 5-30 可以看出，曲线 $k=f(d)$ 呈抛物线，而曲线 $n=f(d)$ 接近于一元三次方程。利用 MATLAB 中的 Cftool 命令对其进行拟合，拟合结果见表 5-15。

表 5-15　磨矿动力学参数 k、n 与产品粒度 d 的拟合函数

拟合通式	拟合式的参数	搅拌器转速/r · min⁻¹		
		350	550	650
$k(d)=p_1d^2+p_2d+p_3$	p_1	7.442×10^{-5}	1.143×10^{-4}	1.913×10^{-4}
	p_2	8.216×10^{-4}	4.759×10^{-3}	5.357×10^{-3}
	p_3	0.0227	0.0128	0.0227
	R^2	0.9982	0.9988	0.9997

续表 5-15

拟合通式	拟合式的参数	搅拌器转速/r/min^{-1}		
		350	550	650
$n(d) = p_1d^3 + p_2d^2 + p_3d + p_4$	p_1	9.731×10^{-6}	6.323×10^{-6}	1.316×10^{-5}
	p_2	-1.239×10^{-3}	-8.445×10^{-4}	-1.472×10^{-3}
	p_3	4.992×10^{-2}	3.591×10^{-2}	5.199×10^{-2}
	p_4	0.2564	0.3589	0.3241
	R^2	0.9974	0.9922	0.9971

从表 5-15 可以看出，曲线 $k=f(d)$ 和 $n=f(d)$ 的最佳拟合函数相关系数分别在 0.99 以上，拟合度较高。将式 $k=f(d)$ 和 $n=f(d)$ 代入式（5-34）中分别得到搅拌器转速为 350r/min、550r/min、650r/min 时磨矿动力学方程式。

搅拌器转速为 350r/min 时，磨矿动力学方程式为：

$$R = R_0\exp[(7.442e^{-5}d^2 + 8.216e^{-4}d + 2.274e^{-2})t^{(9.731e^{-6}d - 1.239e^{-3}d^2 + 4.992e^{-2}d + 0.2564)}] \tag{5-47}$$

搅拌器转速为 550r/min 时，磨矿动力学方程式为：

$$R = R_0\exp[(1.143e^{-4}d^2 + 4.759e^{-3}d + 1.28e^{-2})t^{(6.323e^{-6}d^3 - 8.445e^{-4}d^2 + 3.591e^{-2}d + 0.3589)}] \tag{5-48}$$

搅拌器转速为 650r/min 时，磨矿动力学方程式为：

$$R = R_0\exp[(1.913e^{-4}d^2 + 5.357e^{-3}d + 2.268e^{-2})t^{(1.316e^{-5}d^3 - 1.472e^{-3}d^2 + 5.199e^{-2}d + 0.3241)}] \tag{5-49}$$

为了验证建立的不同搅拌器转速条件下磨矿动力学方程对铁矿石磨矿的适用性，将不同的粒度 d 代入建立的磨矿动力学方程式（5-42）~式（5-44）进行计算，得到理论上磨矿产品粒度分布情况。选定磨矿常用的几个粒级范围情况下，不同磨矿时间对应的磨矿产品筛上累积产率理论值与实际矿石不同磨矿时间下的试验值的相对误差进行比较，结果见表 5-16。

表 5-16　筛上累积产率理论值与实际磨矿试验值的相对误差 δ

搅拌器转速	粒级/μm	不同磨矿时间的相对误差 δ/%							
		$\delta_{0.5}$	δ_1	$\delta_{1.5}$	δ_2	$\delta_{2.5}$	δ_3	$\delta_{3.5}$	δ_4
350r/min	39.811~45.709	0.00	-2.29	-1.29	6.43	-1.31	0.97	0.46	-1.22
	30.200~34.674	0.08	-1.93	-1.42	4.92	-1.46	0.33	-0.16	-1.69
	19.953~22.909	0.79	-0.30	-0.56	2.82	-0.42	0.43	0.23	-0.71
	10.000~11.482	0.65	0.34	0.21	1.54	0.59	1.00	1.09	0.82

续表 5-16

搅拌器转速	粒级/μm	不同磨矿时间的相对误差 δ/%							
		$\delta_{0.5}$	δ_1	$\delta_{1.5}$	δ_2	$\delta_{2.5}$	δ_3	$\delta_{3.5}$	δ_4
550r/min	39.811~45.709	0.89	−3.54	−0.64	11.13	1.85	−2.31	2.44	2.09
	30.200~34.674	0.79	−3.27	−1.09	8.43	0.98	−2.38	1.54	1.37
	19.953~22.909	1.04	−1.61	−1.06	3.81	0.19	−1.61	0.66	0.83
	10.000~11.482	0.73	0.26	0.02	1.97	0.74	−0.07	0.86	0.94
650r/min	39.811~45.709	−0.13	5.05	−6.45	8.96	−4.98	−5.13	7.07	14.87
	30.200~34.674	0.25	3.06	−5.50	6.98	−4.81	−4.79	5.67	9.64
	19.953~22.909	0.97	1.76	−3.25	3.22	−3.09	−2.08	4.60	5.90
	10.000~11.482	0.60	1.91	−0.87	1.28	−0.36	0.90	3.40	2.32

从表 5-16 可以看出，所建立的不同搅拌器转速的磨矿动力学数学模型计算得到的理论上的磨矿产品粒度分布，与相同磨矿时间下实际磨矿得到的各个粒级含量的误差绝大多数都在 1%左右，表明建立的不同搅拌器转速条件下磨矿动力学方程与铁矿石实际粉磨规律的吻合程度较高。与其他磨矿动力学模型相比，该磨矿动力学方程参数 k、参数 n 采用了相对简单的二次和三次多项式的形式。因此，所建立不同搅拌器转速的磨矿动力学方程可以为选矿厂搅拌磨机搅拌器转速调节提供理论指导，为预测磨矿产品粒度分布情况提供理论依据。

B 搅拌器转速对动力学参数的影响

直径为 ϕ6mm 陶瓷球在搅拌器转速分别为 350r/min、450r/min、550r/min、650r/min 时，磨矿动力学参数 k 值和 n 值与粒度 d 的关系如图 5-31 所示。

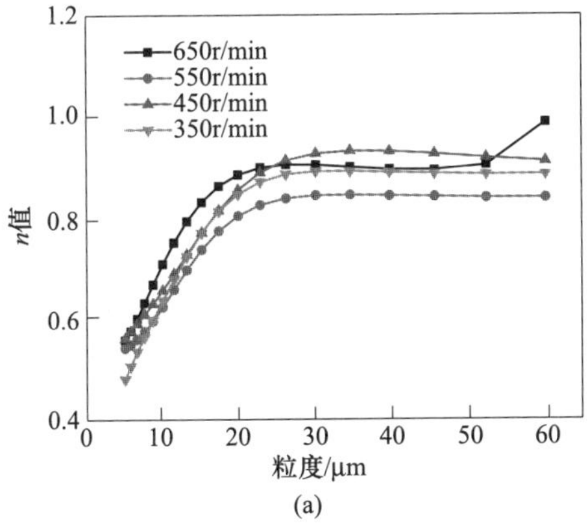

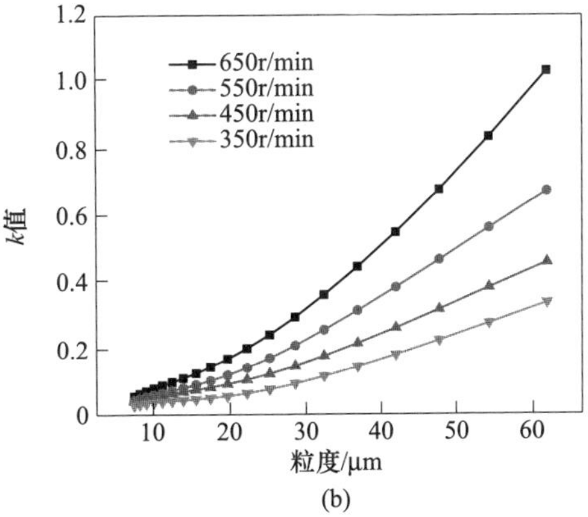

图 5-31 不同搅拌器转速对磨矿动力学参数的影响

（a）参数 n；（b）参数 k

由图 5-31（a）可以看出，尽管搅拌器转速不同，但参数 n 的转折点、数值大小以及变化趋势值大致相同；在 $d>25\mu m$，参数 n 值大小基本不变，是个定值；$d<25\mu m$ 时，参数 n 值随着粒度的减小而减小。由图 5-31（b）可以看出，搅拌器转速相同情况下，参数 k 值随着粒度的增大而变大；相同粒度情况下，搅拌器转速越大，参数 k 值越大。

综上所述，虽然搅拌器转速不同，但参数 n 的转折点、数值大小以及变化趋势值大致相同，说明参数 n 值与操作条件搅拌器的转速关系不大。相同搅拌器转速下，参数 k 值随着粒度的增大而增大；相同物料粒度下，不同搅拌器转速的 k 值随着搅拌器转速的增加而增大。

磨矿产品粒级 $d=-38\mu m$ 时，不同搅拌器转速的动力学参数 k 对应的判断标准 $e^{1/k}$ 值见表 5-17。

表 5-17　磨矿产品粒度为 38μm 对应的 $e^{1/k}$ 值

转速/r · min^{-1}	参数 n 值	参数 k 值	$(t=e^{1/k})$/min
350	0. 8974	0. 1614	490. 68
450	0. 9385	0. 2381	66. 68
550	0. 8510	0. 3587	16. 25
650	0. 8963	0. 5025	7. 32

由表 5-17 可知，在试验范围内的搅拌器转速为 350~550r/min 时，参数 k、n 对 R 的影响大小的判断标准 $t=e^{1/k}>16min$。试验过程中磨矿时间范围为 0~4min，可见实际试验所用的磨矿时间 t 小于 $e^{1/k}$，参数 k 对 R 的减小起主要作用；搅拌器转速为 650r/min 时，参数 k、n 对 R 的影响大小的判断标准 $t=e^{1/k}=7.32min$，与试验所用磨矿时间 0~4min 相近，参数 n 和 k 共同影响 R 的减小。

磨矿介质为 ϕ6mm 陶瓷球，搅拌器转速在 350~550r/min 时，参数 n 相差不大，但是参数 k 值随着搅拌器转速增大而增大，此时 k 值为影响 R 减小的主要因素。这也解释了前文结果，搅拌器转速为 350r/min、450r/min 和 550r/min 时，-0. 038mm 比生产率分别为 3. 81kg/(h · L)、5. 22kg/(h · L) 和 7. 10kg/(h · L)。

在搅拌器转速为 650r/min 时，此时时间 t 在判断标准 $e^{1/k}$ 的附近，说明参数 n 和 k 共同影响 R 的减小。与前面的试验结果，搅拌器转速由 550~650r/min 时，虽然参数 k 值由搅拌器转速 550r/min 的 0. 3587 增加到 0. 5025，增加幅度更大，参数 n 值相差不大，但是比生产率从 7. 10kg/(h · L) 增长到 7. 43kg/(h · L)，增长幅度较小相符合。从理论上解释了此时单纯增加搅拌器转速，不能加快磨矿速率的原因。这也说明了数值模拟中随着搅拌器转速的加快湍流“-5/3”能谱减小，其惯性因子减小，湍流场中能量传递充分性降低，研磨过程不能充分利用能量。

5.3 搅拌磨机磨矿工艺条件优化

5.3.1 钢球介质搅拌磨机磨矿

5.3.1.1 钢球适宜的介质尺寸

磨矿介质尺寸对磨机的磨矿效果也有重要的影响。磨矿过程中，磨矿介质作为一种媒介将能量从搅拌轴传递给待磨物料。介质尺寸不同，运转时其携带的能量不同，运动轨迹也有所差异。磨矿介质与物料的受力情况也受介质尺寸的影响。因此，选择合适的磨矿介质尺寸也是寻找适宜磨矿条件的必要因素。

在磨矿浓度68.50%、介质充填率62%、磨机转速300r/min、单次试验干矿量500g、磨矿时间2min的条件下，研究直径为4mm、6mm、8mm、10mm、12mm的五种尺寸的钢球对磨矿细度的影响。不同钢球尺寸与磨矿细度的关系如图5-32所示。

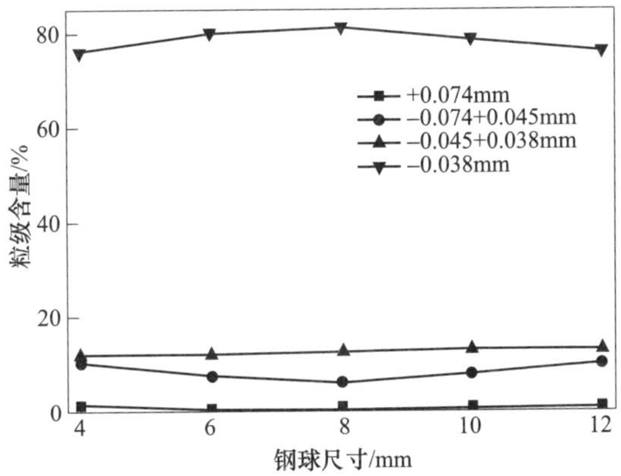

图5-32 钢球介质尺寸对磨矿效果的影响

由图5-32可知，随着磨矿介质尺寸的增大，磨矿产品中细粒级（-0.038mm）含量呈现先升高后降低的趋势。钢球尺寸由4mm增大到8mm时，磨矿细度-0.038mm粒级含量由76.26%增加到81.20%；钢球尺寸由8mm增大继续到12mm时，磨矿细度-0.038mm粒级含量由81.20%减少到76.18%。因为磨矿介质尺寸不同，其最适宜的研磨粒度范围也不同。介质尺寸偏小时研磨作用较强，但是对磨矿物料中粗颗粒的粉磨效果较差。使得磨矿产品中存在一定的粗颗粒，不利于后续的选别；介质尺寸偏大时，单个介质具有的机械能相对较大，其对粗颗粒的碰撞挤压作用较强，有利于对粗颗粒的粉磨。由上述结果可知，8mm钢球为最佳的磨矿介质尺寸。

5.3.1.2　钢球适宜的料球比

料球比是指物料表征体积跟介质孔隙体积的百分比。料球比过小，磨矿的处理能力降低，且介质间的碰撞使得介质磨损较大；料球比过大，由于加入的矿石量大，影响介质的运动和物料的流动性从而使物料研磨不充分，降低磨矿效果。所以必须确定适宜的料球比，进行料球比试验。

每次试验所用的球介质重量：

$$Q = V \times \varphi \times \rho_{介质} \tag{5-50}$$

每次试验所用的矿样重量：

$$W = V \times \varphi \times \varepsilon \times \rho_{物料} \times \theta \tag{5-51}$$

式中　Q，W——分别为球介质重量和需要加入的矿样重量，kg；

V——磨机的有效体积，L；

φ——充填率，%；

θ——料球比；

ε——介质孔隙率，%；

$\rho_{介质}$，$\rho_{物料}$——分别为介质的松散密度和物料的松散密度，kg/m^3。

以 8mm 钢球做磨矿介质，在磨矿浓度 68.50%、介质充填率 62%、磨机转速 300r/min、磨矿时间为 2min、磨机的有效体积为 2L、介质孔隙率为 0.4、钢球的松散密度为 $4.85t/m^3$、物料的松散密度为 $2.08t/m^3$ 条件下进行料球比试验。单次试验处理干矿量随料球比的变化而变化，料球比取值分别为 0.6、0.7、0.8、0.9，所对应的干矿量分别为 619.6g、722.9g、826.1g、929.4g。不同料球比磨矿产品的粒度组成及-0.038mm 粒级的比生产率如图 5-33 所示。

由表 5-18 和图 5-33 可知，随着料球比的增大，磨机的处理量也在增大。相同时间内，-0.038mm 粒级含量逐渐下降。由于处理量的增加，磨矿细度不能准确反映磨矿效果，因此考察不同料球比条件下磨机的磨矿效率要考虑各自的比生产率。

表 5-18　不同料球比的磨矿试验结果

料球比	产率/%				-0.038mm 粒级增加产率/%	比生产率 $q_{-0.038mm}$ /kg·(h·L)$^{-1}$
	+0.074mm	-0.074+0.045mm	-0.045+0.038mm	-0.038mm		
0.6	0.36	3.37	15.40	80.87	35.09	3.26
0.7	0.70	5.46	17.61	76.23	30.45	3.30
0.8	0.59	6.22	18.45	74.75	28.97	3.59
0.9	0.86	7.18	21.16	70.80	25.02	3.49

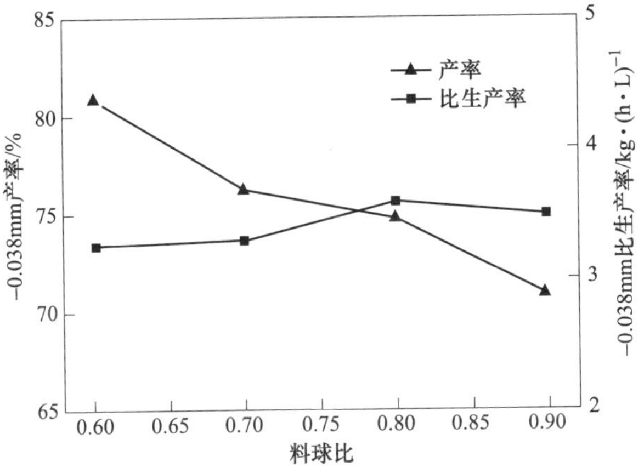

图 5-33　料球比对磨矿效果的影响

比生产率能够直观地反映磨机的磨矿效果。随着料球比的增大，比生产率呈现先升高后降低的趋势。当料球比由 0.6 增大到 0.8，比生产率由 3.26kg/(h·L) 增大到 3.59kg/(h·L)；当料球比由 0.8 增大到 0.9 时比生产率减小到 3.49kg/(h·L)。由比生产率的变化可知料球比为 0.8 时，搅拌磨机的磨矿效率最高。

5.3.1.3　钢球适宜的充填率

充填率是指磨矿介质所占磨机有效容积的百分数。充填率很大程度上决定着磨机的工作效率。由于结构的差异，搅拌磨机的充填率与球磨机相比较大，一般介质球充填率达 65%～80%。搅拌磨机在粉磨过程中搅拌器带动磨球介质运动，因为球介质离中心搅拌轴距离的差异而存在速度差，由此产生的剪切作用是搅拌磨机磨矿过程的主要作用力。充填率过小，磨机的装机功率偏小且能量利用率低，因而矿石的处理能力下降，磨机的工作效率降低；而充填率过大，磨矿效率下降，需要输入搅拌器的运转功率随之加大，导致电机负载过大，耗费不必要的能量，且较大的充填率加大了转轴的负荷，易造成转轴扭断，使磨矿过程存在潜在的意外事故。

以直径 8mm 钢球作为磨矿介质，在磨矿浓度 68.50%、料球比 0.8、磨机转速 300r/min、磨矿时间为 2min、磨机的有效体积为 2L、介质孔隙率为 0.4、钢球的松散密度为 4.85t/m^3、物料的松散密度为 2.08t/m^3 的条件下进行充填率试验，分别考察充填率为 65%、70%、75%、80%时搅拌磨机的磨矿效果。单次试验处理干矿量随充填率的增大依次为 866g、933g、1000g、1066g。不同充填率条件下，磨矿产品的粒度组成及比生产率见表 5-19。

表 5-19　不同介质充填率的磨矿试验结果

充填率/%	产率/%			比生产率 q^2/kg·(h·L)$^{-1}$	比生产率 q^1/kg·(h·L)$^{-1}$
	+0.045mm	-0.045+0.038mm	-0.038mm		
65.00	3.80	16.07	80.14	5.25	4.84
70.00	4.35	15.83	79.82	5.29	4.84
75.00	5.27	15.14	79.59	5.34	4.77
80.00	6.17	15.64	78.19	5.18	4.69

注：q^1、q^2 分别为-0.045mm 比生产率和-0.038mm 比生产率。

充填率是影响磨机利用系数、决定磨机处理能力的重要指标之一，选择适宜的充填率是优化磨机磨矿效果的关键。由表 5-19 和图 5-34 可知，不同充填率条件下磨矿产品中-0.038mm 粒级含量随充填率的增大逐渐下降。-0.038mm 粒级的比生产率随充填率的增加呈先增大后减小的趋势。在充填率由 65%增大到 75%过程中，-0.038mm 粒级比生产率由 5.25kg/(h·L) 增大到 5.37kg/(h·L)；当充填率继续增大到 80%时，-0.038mm 粒级比生产率下降到 5.18kg/(h·L)。充填率为 75%时-0.038mm 粒级比生产率最大。而-0.045mm 粒级比生产率随充填率的增大逐渐下降，在充填率由 65%增大到 75%过程中，比生产率下降较小。表明充填率不高于 75%时对+0.045mm 的磨矿作用较强，能保证粗粒级物料的粉磨，从而提高铁矿物的单体解离度。因此确定最适宜的充填率为 75%。

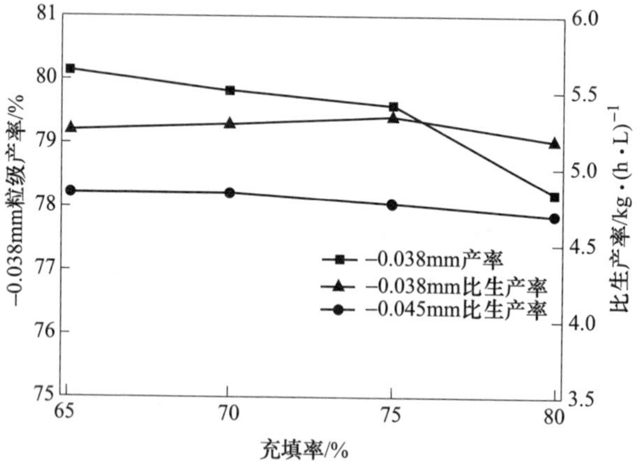

图 5-34　不同充填率对磨矿效果的影响

5.3.1.4　钢球适宜的搅拌器转速

搅拌磨机是一种低中速型超细粉磨设备，其转速的高低很大程度上决定了自身的生产能力和产品质量。随着搅拌磨机转速的增加，磨矿介质间作用强度加大，介质之间的碰撞频率和相对速度也显著提高，从而加大对物料的粉磨效果。

然而搅拌器转速过大时，介质会因为受到离心作用而有远离搅拌轴的趋势，在中心轴附近易出现粉磨死区，从而影响磨矿产品的粒度组成；且转速越大，能量消耗也就越大。过大的转速可能会因为能量过剩而降低磨矿效率，因此引入单位能耗生产率与比生产率共同衡量不同转速条件下的磨矿效率。

单位能耗生产率是指磨矿设备每消耗 1kW · h 电量新生成的某粒级的质量。

$$\mu = \frac{m(\theta - \theta_0)}{Pt} \tag{5-52}$$

式中 m——干矿量，kg；

θ，θ_0——分别为磨矿后和磨矿前-0.038mm 粒级含量,%；

P——磨矿时电机功率，kW；

t——磨矿时间，min。

以直径 8mm 钢球作为磨矿介质，在磨矿浓度 68.50%、料球比 0.8、介质充填率 75%、单次处理干矿量 1000g 条件下进行搅拌器转速试验，考察磨机转速分别为 135r/min、200r/min、300r/min、400r/min、450r/min 时搅拌磨机的磨矿效果。不同转速条件下的比生产率和单位能耗生产率见表 5-20 和图 5-35。

表 5-20 不同转速磨矿试验结果

转速 /r · min^{-1}	产率/%			功率 /kW	比生产率 q /kg · (h · L)$^{-1}$	单位能耗生产率 μ /kg · (kW · h^{-1})
	+0.045mm	-0.045+0.038mm	-0.038mm			
135	10.21	9.13	80.66	0.127	1.84	27.46
200	12.86	10.70	76.43	0.175	3.23	35.03
300	11.24	9.46	79.30	0.275	5.29	36.56
400	5.45	6.64	87.90	0.395	6.65	31.99
450	4.56	6.48	88.96	0.473	6.82	27.39

注：q 为-0.038mm 比生产率；μ 为-0.038mm 单位能耗生产率。

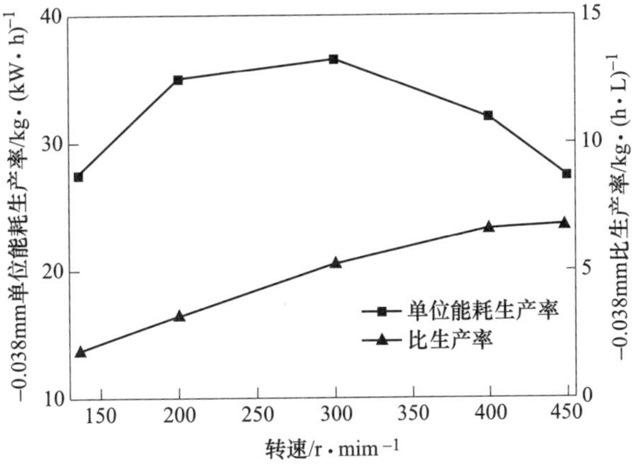

图 5-35 不同转速对磨矿效果的影响

磨矿时，相同条件下磨矿的不同阶段矿石粉磨的效果也不尽相同。为了能准确反映不同转速条件下的磨矿效果，在低转速时采取延长磨矿时间的方法避免偶然情况的发生，转速 135r/min 时磨矿时间为 6min，转速 200r/min 时磨矿时间为 3min，转速 300r/min 及以上时磨矿时间为 2min，此时磨矿产品中-0. 038mm 含量均为 80%左右。

由表 5-20 和图 5-35 可知，随着转速的增大，-0. 038mm 粒级比生产率逐渐增大。但是随着转速增大，能耗越来越大。-0. 038mm 粒级单位能耗生产率随着转速的增加，呈现先增大后减小的趋势。当磨机转速为 300r/min 时，单位能耗生产率最大，可达 36. 56kg/(kW · h)。因为低转速条件下，磨腔内介质的运动强度较低，物料不易被粉碎，因此比生产率随转速的增大而增大；高转速时，磨机能量输入较大，因此介质的运动强度也大。当介质的运动达到一定的强度后即可满足物料粉磨的能量需求；继续增大转速，介质间的“无用”碰撞增加，使得能量损失且易造成过磨。

5. 3. 1. 5　钢球适宜的磨矿浓度

磨矿浓度对磨机磨矿效果有着重要的影响。磨矿浓度低时，介质在矿浆中有效比重增大，因此介质间的冲击力和研磨力均较强，黏着在介质周围的物料较少，物料受研磨的效率降低；磨矿浓度增高时，介质的有效比重降低，但矿浆黏度增加，介质周围黏着的物料增多，磨矿效率提高；但磨矿浓度过高时，矿浆的流动性降低，加大排矿难度。

以直径 8mm 钢球作为磨矿介质，在磨机转速 300r/min、料球比 0. 8、介质充填率 75%、单次处理干矿量 1000g、磨矿时间 2min 的条件下，进行磨矿浓度试验，考察磨矿浓度分别为 60%、65%、68. 5%、72%、75%时搅拌磨机的磨矿效果。不同磨矿浓度条件下磨矿结果见表 5-21 和图 5-36。

表 5-21　磨矿浓度对磨矿试验的影响

磨矿浓度/%	产率/%			功率/kW	单位能耗生产率 μ/kg · (kW · h)$^{-1}$
	+0. 045mm	-0. 045+0. 038mm	-0. 038mm		
60	14. 15	11. 92	73. 93	0. 2485	33. 98
65	12. 63	10. 09	77. 28	0. 2654	35. 60
68. 5	10. 88	9. 89	79. 22	0. 2750	36. 48
72	10. 21	10. 45	79. 34	0. 2850	35. 32
75	10. 56	9. 87	79. 58	0. 3125	32. 45

注：μ 为-0. 038mm 单位能耗生产率。

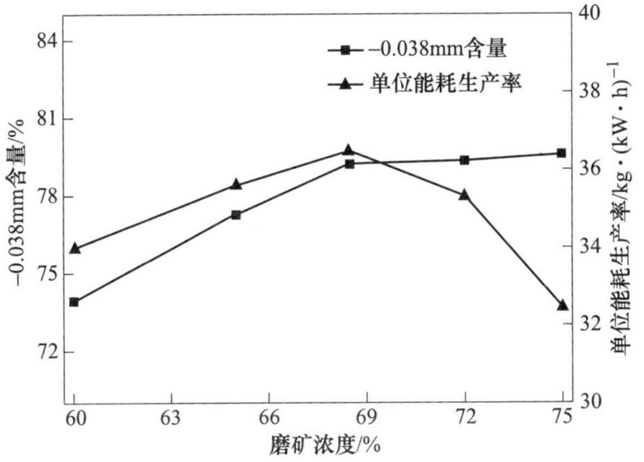

图 5-36 磨矿浓度对磨矿试验的影响

由表 5-21 和图 5-36 可知，磨矿浓度在 60%～75%范围内，随着磨矿浓度的增加-0.038mm 粒级的含量由 73.93%增加到 79.58%；磨机功率随浓度的增加由 0.2485kW 逐渐增加到 0.3125kW。单位能耗生产率随着浓度的增加呈现先增大后减小的趋势。当磨矿浓度由 60%逐渐增大到 68.50%时，-0.038mm 粒级单位能耗生产率由 33.98kg/(kW·h) 增加到 36.48kg/(kW·h)；当磨矿浓度继续增大到 75%时，-0.038mm 粒级单位能耗生产率由 36.48kg/(kW·h) 减小到 32.45kg/(kW·h)。考虑到现场生产时矿浆浓度过大易造成排矿困难，且考虑节能减排的效果，故选取适宜的磨矿浓度为 68.50%。

5.3.2 陶瓷球介质搅拌磨机磨矿

5.3.2.1 陶瓷球适宜的充填率

与球磨机不同，搅拌磨机的充填率比较大，一般介质球充填率达 70%～80%。以直径为 6mm 陶瓷球作为磨矿介质，在磨矿浓度 68.50%、料球比为 0.8、搅拌器转速为 300r/min、磨矿时间 2min 的条件下进行充填率试验，物料的用量及介质用量见表 5-22，不同充填率下-0.038mm 粒级的含量和比生产率试验结果如图 5-37 所示。

表 5-22 充填率与物料的用量及介质用量的关系

充填率/%	介质的质量/kg	物料/g	水/mL
65	2.821	865.28	397.90
70	3.038	931.84	428.51
75	3.255	998.40	459.12
80	3.472	1064.96	489.73

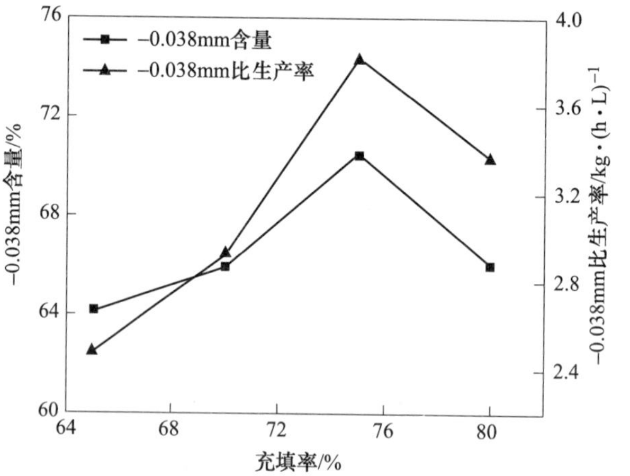

图 5-37　充填率对磨矿效果的影响

由图 5-37 可知，−0. 038mm 粒级的比生产率随充填率的增加呈现先增大后减小的变化趋势。当充填率由 65%增大到 75%时，−0. 038mm 粒级比生产率由 2. 48kg/(h · L) 增大到 3. 82kg/(h · L)；当充填率由 75%增大到 80%时，−0. 038mm 粒级比生产率下降到 3. 44kg/(h · L)。可见，当充填率为 75%时，−0. 038mm 粒级比生产率最大为 3. 82kg/(h · L)。

5. 3. 2. 2　陶瓷球适宜的料球比

料球比是指物料表征体积跟介质之间空隙率体积的百分比。以直径为 6mm 陶瓷球作为磨矿介质，在介质充填率为 75%、磨矿浓度 68. 50%、搅拌器转速 300r/min、磨矿时间 2min 的条件下进行料球比试验，物料的用量以及介质用量见表 5-23，不同料球比下−0. 038mm 粒级的含量和比生产率试验结果如图 5-38 所示。

表 5-23　料球比与物料的用量以及介质用量的关系

料球比	介质的质量/kg	物料/g	水/mL
0. 6	3. 255	748. 80	344. 34
0. 7	3. 255	873. 60	401. 73
0. 8	3. 255	998. 40	459. 12
0. 9	3. 255	1123. 20	516. 51

由图 5-38 可知，随着料球比的增加，磨机处理量逐渐增大，−0. 038mm 粒级含量逐渐下降。−0. 038mm 比生产率随着料球比的增大呈现先升高后降低的趋势。在料球比由 0. 6 增大到 0. 8 过程中，比生产率由 2. 97kg/(h · L) 增加到

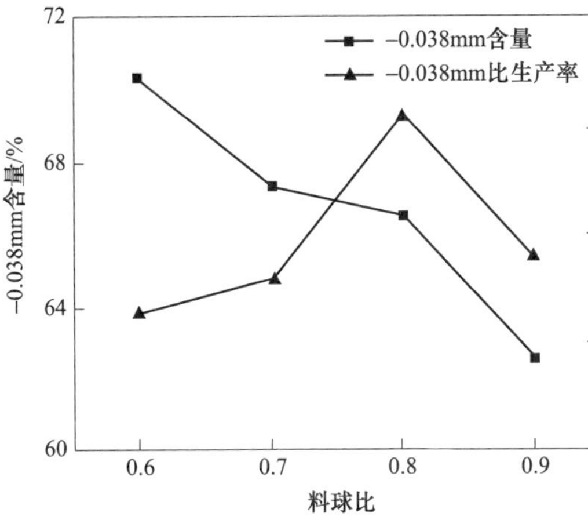

图 5-38 料球比磨矿效果的影响

3. 22kg/(h · L)；当料球比由 0. 8 增加到 0. 9 时比生产率减小到 2. 96kg/(h · L)。因此，适宜的料球比为 0. 8，此时比生产率为 3. 22kg/(h · L)。

5. 3. 2. 3 陶瓷球适宜的磨矿浓度

磨矿浓度对磨机的磨矿效果有重要的影响。以直径为 6mm 陶瓷球作为磨矿介质，在介质充填率为 75%、料球比 0. 8、磨机转速 300r/min、磨矿时间 2min 的条件下进行磨矿浓度试验，不同磨矿浓度下-0. 038mm 粒级的含量和比生产率试验结果如图 5-39 所示。由图 5-39 可知，磨矿浓度在 60% ~ 75% 范围内，-0. 038mm 比生产率和产率有着相同的变化趋势。当磨矿浓度由 60%逐渐增大到 72%时，-0. 038mm 比生产率由 2. 86kg/(h · L) 增大到 3. 36kg/(h · L)；当磨矿

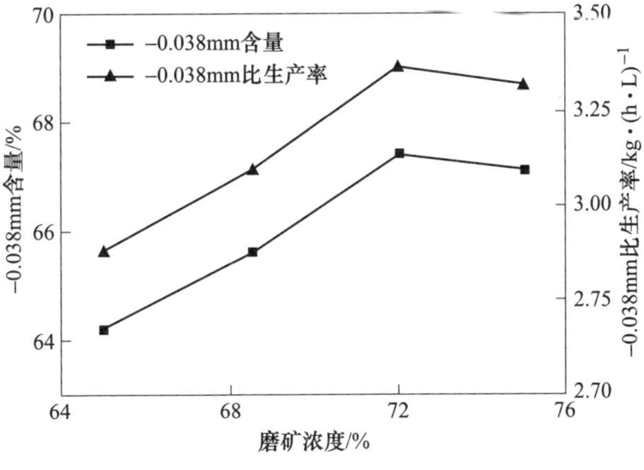

图 5-39 磨矿浓度磨矿试验结果

浓度由 72%继续增大到 75%时，-0.038mm 比生产率由 3.36kg/(h·L）减小至 3.32kg/(h·L)。因此，适宜的磨矿浓度为 72%，此时比生产率可达到 3.36kg/(h·L)。

5.3.2.4　陶瓷球适宜的介质直径及搅拌器转速

搅拌磨机为一种中低速型磨矿设备，其转速的高低很大程度上决定了自身的生产能力和产品粒度。从数值模拟的结果来看，随着搅拌磨转速的增加，磨球之间的碰撞频率和速度梯度明显提高，磨球应力强度加大，从而对物料进行有效的粉碎和研磨；然而搅拌器转速过大，介质会因为转轴的离心作用而在搅拌轴出现粉磨死区，且转速越大能耗也越大。因此，要根据试验的实际情况，选择适宜的搅拌器转速。

在介质充填率 75%、料球比为 0.8、磨矿浓度为 72%条件下，探究直径分别为 4mm、6mm、8mm、10mm 的陶瓷球在不同搅拌器转速下的磨矿效果。不同球径的磨矿介质的-0.038mm 粒级的比生产率和磨矿效率的试验结果如图 5-40 所

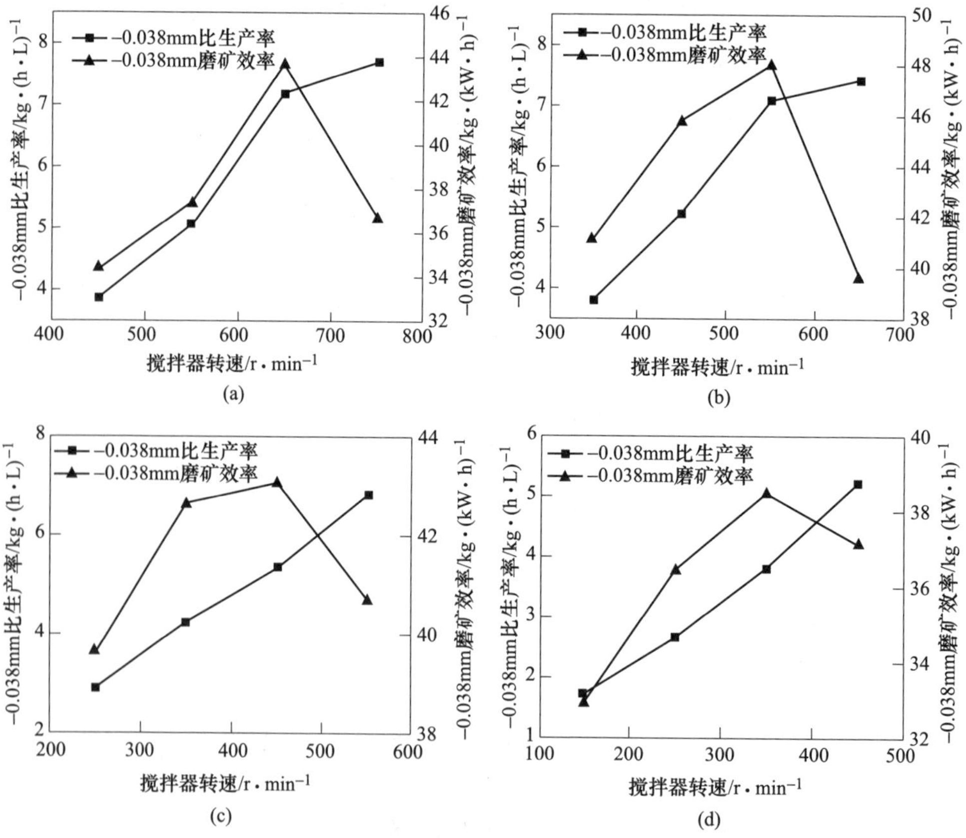

图 5-40　不同搅拌器转速下的试验结果

（a）ϕ4mm 陶瓷球；（b）ϕ6mm 陶瓷球；（c）ϕ8mm 陶瓷球；（d）ϕ10mm 陶瓷球

示。由图5-40可以看出，不同尺寸的磨矿介质对应磨矿效率的最佳搅拌器转速率是不同的。随着搅拌器转速的变快，不同直径的磨矿介质-0.038mm比生产率在试验速度范围内是一直增加的；随着搅拌器的转速率的变快，不同直径的磨矿介质-0.38mm磨矿效率呈现先增加后减少的趋势。

不同尺寸的磨矿介质的最佳的搅拌器转速对应的磨矿效率见表5-24。由表5-24可以看出，介质直径越大，其达到较高的磨矿效率所需要的搅拌器转速越小，搅拌磨的比生产率和磨矿效率也会随之下降。ϕ4mm和ϕ6mm陶瓷球作为搅拌磨的磨矿介质，它们的比生产率相差不大，但是使用ϕ6mm陶瓷球磨矿时，搅拌磨的功率更小，磨矿效率更高。

表5-24 不同尺寸的磨矿介质的最佳搅拌器转速对应的磨矿效率

介质尺寸/mm	转速率/$r \cdot min^{-1}$	产率/%	功率/kW	比生产率 q/$kg \cdot (h \cdot L)^{-1}$	磨矿效率 μ/$kg \cdot (kW \cdot h)^{-1}$
ϕ4	650	80.98	0.3296	7.20	43.67
ϕ6	550	80.48	0.2955	7.10	48.03
ϕ8	450	72.92	0.2593	5.58	43.07
ϕ10	350	64.08	0.1983	3.82	38.49

注：q为-0.038mm比生产率；μ为-0.038mm磨矿效率。

5.3.3 陶瓷球和钢球磨矿对比分析

陶瓷球密度为3.75g/cm^3，普通钢球的密度为7.85g/cm^3，可见陶瓷球的密度不到钢球的一半。在磨腔内加入相同体积的磨矿介质时，由于陶瓷球的总重量小于钢球，因此陶瓷球不仅可以有效降低磨机的启动轴扭矩，还会降低磨矿过程磨机电机的功率。陶瓷球由氧化铝粉体烧制而成，其硬度经过检测莫氏硬度接近刚玉硬度9，比普通钢球的硬度更大，说明其耐磨性更强。根据前文在同一个搅拌磨设备中对钢球和陶瓷球作为磨矿介质的磨矿工艺优化试验结果，选取ϕ8mm钢球和ϕ6mm陶瓷球作为搅拌磨的磨矿介质，对比分析它们的磨矿效果。

为了在相同的磨矿产品细度下进行对比，首先分别进行了磨矿细度试验。磨矿细度试验的条件为：矿样用量1kg，ϕ6mm陶瓷球的介质充填率75%，料球比为0.8，磨矿浓度为72%，搅拌器转速550r/min；ϕ8mm钢球的介质充填率75%，料球比为0.8，磨矿浓度68.5%，搅拌器转速300r/min。两种磨矿介质的磨矿试验结果如图5-41和表5-25所示。从图5-41可以看出，陶瓷球和钢球磨矿介质作为搅拌磨的磨矿介质时，它们的磨矿产品-0.038mm的含量均为80%时，磨矿时间分别为1.5min和2min。由表5-25可知，磨矿产品-0.038mm含量占80%时，陶瓷球相对于钢球，时间节约了 1/4，搅拌磨电机的功率下降了 33.68%，陶瓷球的比生产率提高了 32.89%，磨矿效率提高了 20.10%。结果表明，陶瓷球在搅拌器高转速下，粉磨效果好于钢球。

表 5-25　陶瓷球的磨矿试验结果

介质种类	转速率 /r · min^{-1}	产率/%	功率/kW	比生产率 q /kg · (h · L)$^{-1}$	磨矿效率 μ /kg · (kW · h)$^{-1}$
陶瓷球	550	80.42	0.2955	7.07	47.87
钢球	300	80.52	0.4456	5.32	39.86

注：q 为-0.038mm 比生产率；μ 为-0.038mm 磨矿效率。

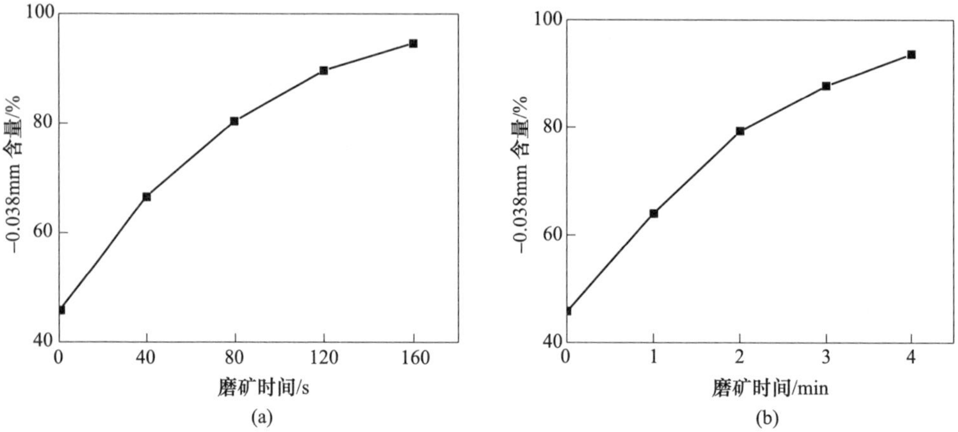

图 5-41　磨矿细度曲线
(a) 陶瓷球；(b) 钢球

5.4　陶瓷球搅拌磨机磨矿半工业试验

5.4.1　陶瓷球搅拌磨机半工业试验装备

依据搅拌磨机数值模拟及陶瓷球磨矿试验结果，结合陶瓷球的特性，自行研制了适用于陶瓷球的半工业型和工业型专用搅拌磨机。半工业型陶瓷球搅拌磨机外观如图 5-42 所示。为了模拟工业连续生产，将搅拌磨机与蠕动泵连接构成闭路循环磨矿，如图 5-43 所示。矿浆循环泵采用进口的 BREDEL25 型蠕动泵，蠕动泵最大流量为 2750L/h，随着出口压力的增大流量逐渐变小。磨机与蠕动泵形成闭合回路，使矿浆形成一个自循环。磨机上端物料溢流进入蠕动泵，蠕动泵将矿浆打入磨机底部循环口，保证矿浆处于相对均匀状态。半工业型陶瓷球搅拌磨机详细参数见表 5-26。

图 5-42　120L 陶瓷球搅拌磨机

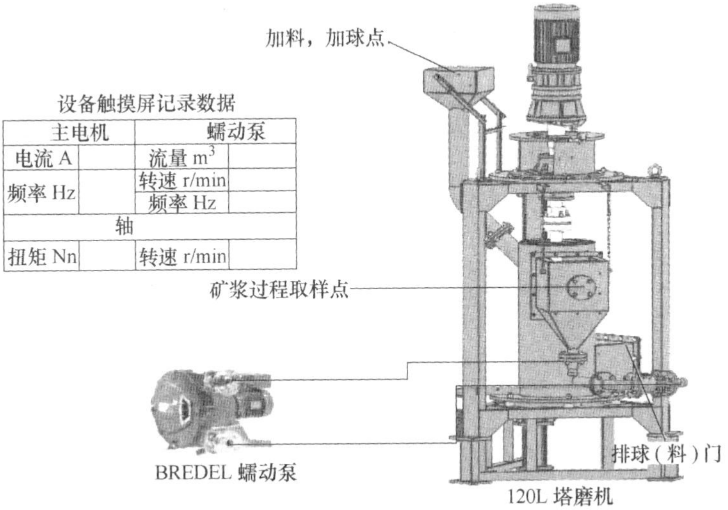

图 5-43　蠕动泵与搅拌磨机构成的循环系统

表 5-26　120L 搅拌磨机的各项参数

参　数	符　号	数　值	单　位
加水到溢流面用水量总计	V_s	140	L
溢流底口离顶面距离	L_1	245	mm
筒体底部到顶面距离	H_1	1025	mm
筒体内部直径	D_1	437	mm

续表 5-26

参　数	符　号	数　值	单　位
螺旋底部离底面距离	H_2	60	mm
螺旋直径	D_2	300	mm
螺旋高度	H_3	350	mm
螺旋顶部离底面距离	H_3	594.5	mm
驱动功率	P_q	7.5	kW
电机 50Hz 转速	ω_1	1480	r/min
减速器速比		9	
螺旋轴 50Hz 转速	ω_2	164.44	r/min
螺旋轴 50Hz 边缘线速度	V_1	2.58	m/s

5.4.2 陶瓷球磨矿介质工艺优化

5.4.2.1 充填率试验

在磨矿浓度 70%、磨矿时间 1h、给矿量 180kg、加水量 77kg、陶瓷球直径 20mm、磨机转速 170r/min（边缘线速度 2.67m/s）的条件下进行充填率试验，充填率分别为 60%、72.5%和 85%。试验过程中每隔 10min 取样一次，耗电量记录一次。对不同取样时间的磨矿产品的-0.043mm 粒级含量和-0.043mm 粒级的比生产率、磨矿效率等进行分析，试验结果如图 5-44～图 5-46 所示。

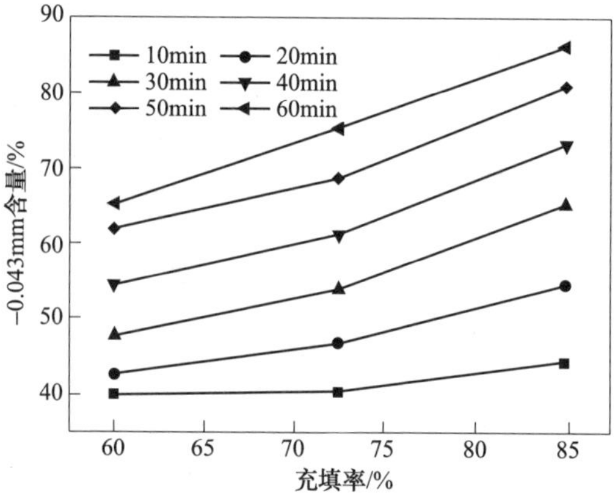

图 5-44　充填率对-0.043mm 粒级产率影响

由图 5-44～图 5-46 可知，随着充填率的提高，磨机的整体耗电量由 2.48kW · h 升高至 2.68kW · h，随后略微降低至 2.61kW · h。提高磨机的陶瓷球介质充填

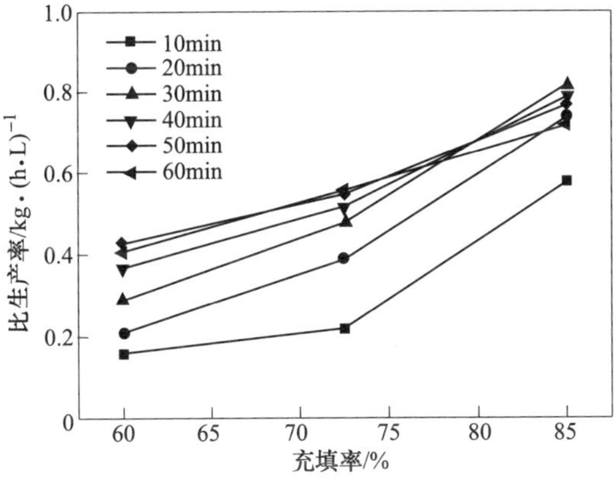

图 5-45　充填率对比生产率影响

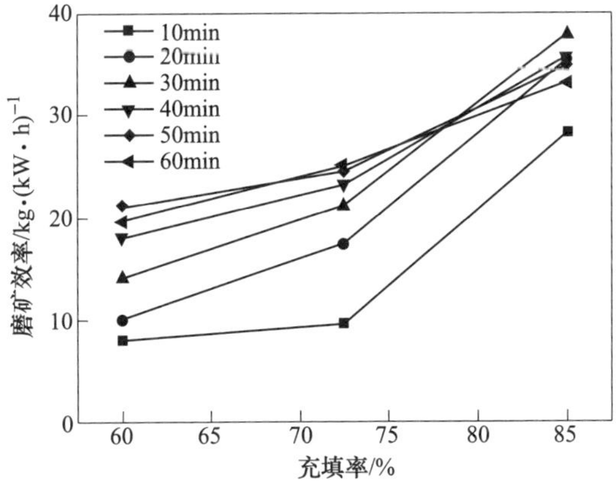

图 5-46　充填率对磨矿效率影响

率，磨机的耗电量有小幅提升。随着充填率由60%增加至85%，在不同的时间条件下，-0.043mm粒级产率、比生产率和磨矿效率均逐渐升高，表明在给矿量、磨机转速和矿浆浓度等不变的前提下，提高搅拌磨机的介质充填率有利于提高粉磨物料的细度，并提高磨机的比生产率和磨矿效率。

5.4.2.2　搅拌器转速试验

在磨矿浓度70%、磨矿时间1h、给矿量180kg、加水量77kg、ϕ20mm陶瓷球用量177kg、充填率65%的条件下进行转速试验，转速分别为160r/min（边缘线速度2.5m/s）、170r/min（边缘线速度2.67m/s）、182r/min（边缘线速度2.87m/s）和191r/min（边缘线速度3.0m/s）。不同取样时间的磨矿产品的-0.043mm粒级含量、-0.043mm粒级的比生产率、磨矿效率试验结果分别如图5-47～图5-49所示。

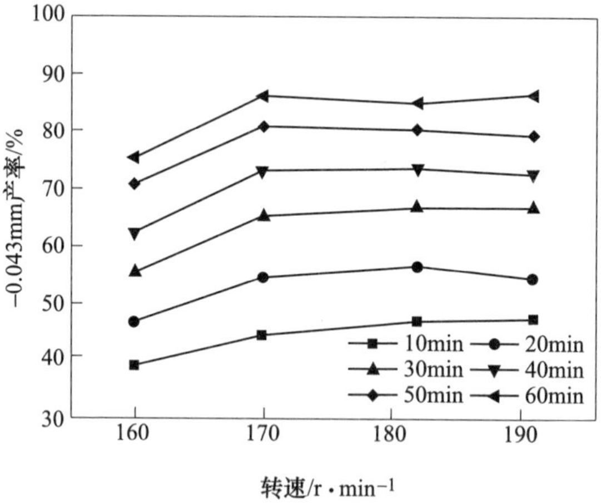

图 5-47　转速对-0.043mm 粒级产率影响

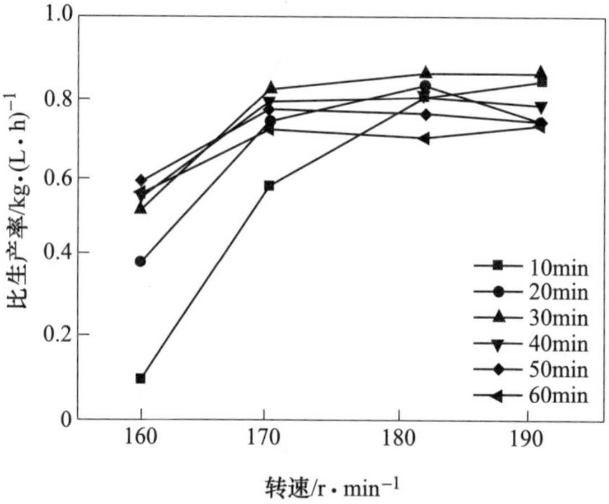

图 5-48　转速对比生产率影响

由图 5-47～图 5-49 可知，随着磨机转速由 160r/min 增加至 170r/min 时，在不同的时间条件下，-0.043mm 粒级产率、比生产率和磨矿效率均逐渐升高；继续增加磨机转速，-0.043mm 粒级产率、比生产率和磨矿效率均缓慢上升或上下波动。这是因为当磨机达到一定转速后，由于陶瓷球比重较小，在螺旋轴的提升作用下向上运动，导致陶瓷球排列松散，陶瓷球介质在搅拌磨机筒体内整体向上抬升，导致部分陶瓷球未在螺旋叶片的有效作用区域下，研磨作用效果减弱。综合考虑确定磨机转速为 170r/min。

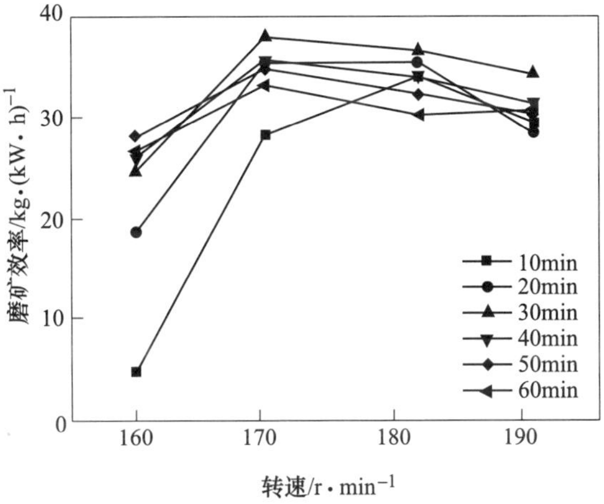

图 5-49 转速对磨矿效率影响

5.4.2.3 磨矿浓度试验

在磨矿时间 1h、搅拌器转速 170r/min、给矿量 155kg、ϕ20mm 陶瓷球用量 177kg、充填率 65%的条件下进行磨矿浓度试验，磨矿浓度分别为 60%、65%和 70%。不同取样时间的磨矿产品的-0.043mm 粒级含量、-0.043mm 粒级的比生产率和磨矿效率试验结果分别如图 5-50~图 5-52 所示。

由图 5-50~图 5-52 可知，随着磨矿浓度由 60%增加至 70%，在不同的时间条

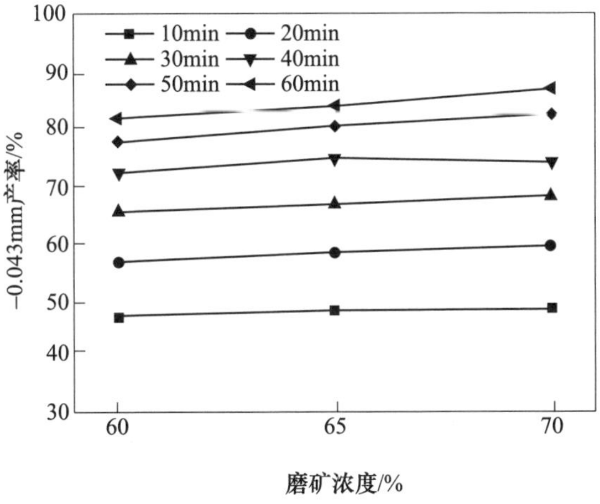

图 5-50 磨矿浓度对-0.043mm 粒级产率影响

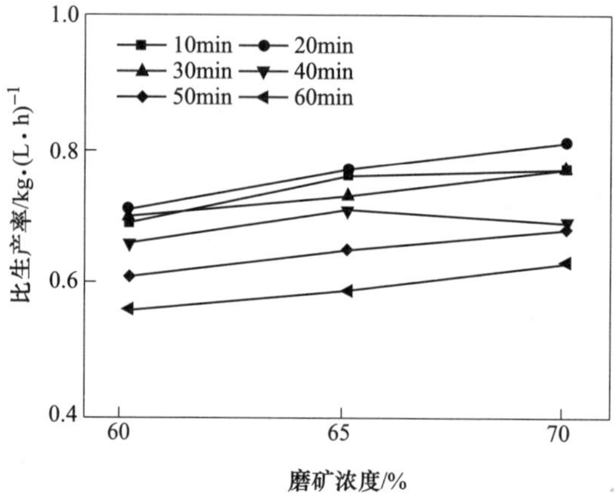

图 5-51　磨矿浓度对比生产率影响

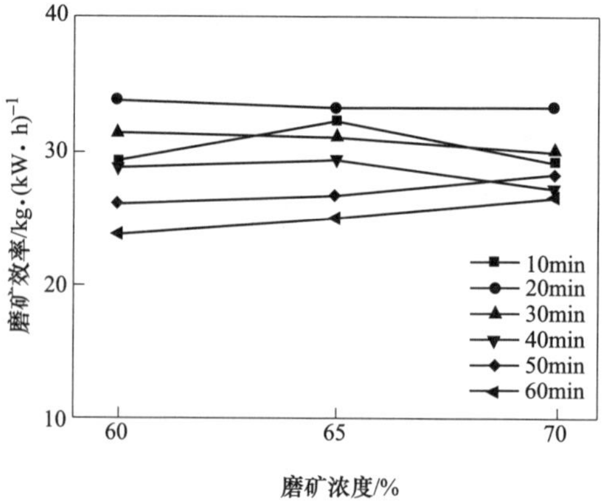

图 5-52　磨矿浓度对磨矿效率影响

件下，-0.043mm 粒级产率整体缓慢小幅上升；比生产率随着磨矿浓度的增加整体呈上升趋势；当磨矿时间在 10~40min 区间时，磨矿效率随着磨矿浓度的增加波动较大，随着磨矿时间的延长，磨矿效率随磨矿浓度的增加而升高；综合考虑确定磨矿浓度为 70%。

5.4.2.4　介质配比试验

在磨矿浓度 70%、磨矿时间 1h、搅拌器转速 170r/min、给矿量 155kg、加水量 66kg、陶瓷球用量 177kg、充填率 65%的条件下进行介质配比试验，介质配比分别为 ϕ25：ϕ20：ϕ15=3：2：5、2：5：3 和 1：8：1。不同取样时间的磨矿产品的-0.043mm 粒级含量、-0.043mm 粒级的比生产率和磨矿效率试验结果分别如图 5-53~图 5-55 所示。

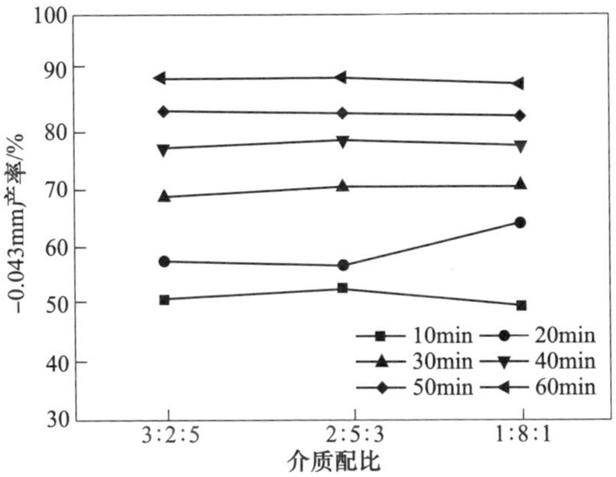

图 5-53 介质配比对-0.043mm 粒级产率影响

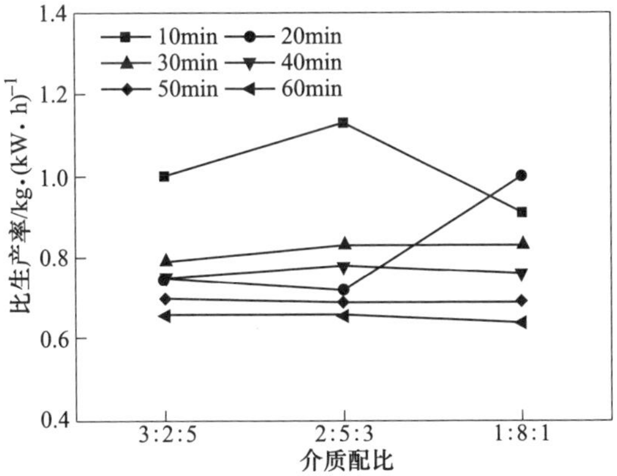

图 5-54 介质配比对比生产率影响

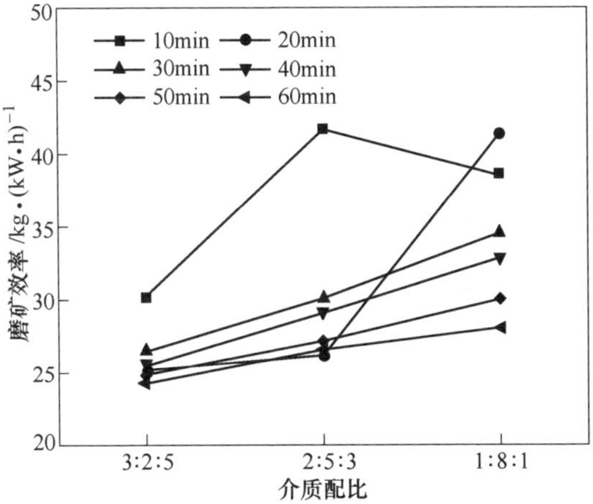

图 5-55 介质配比磨矿效率影响

由图 5-53～图 5-55 可知，随着 ϕ20mm 陶瓷球的比例不断增加，除磨矿时间为 10min 和 20min 两点数据异常波动外，其余磨矿时间下-0. 043mm 粒级产率、比生产率均呈项先增加后小幅降低趋势，而磨矿效率则呈不断升高趋势；综合考虑确定介质配比 $\phi25:\phi20:\phi15=1:8:1$。

5. 4. 3　钢球磨矿介质充填率

采用新型搅拌磨机作为磨矿设备，以直径 20mm 钢球为磨矿介质，在磨矿浓度 70%、给矿量 180kg、加水量 77kg、磨机转速 170r/min（边缘线速度 2. 67m/s）、磨矿时间 1h 的条件下进行充填率试验，充填率分别为 60%、72. 5%和 85%。不同取样时间的磨矿产品的-0. 043mm 粒级含量、-0. 043mm 粒级的比生产率和磨矿效率试验结果分别如图 5-56～图 5-58 所示。

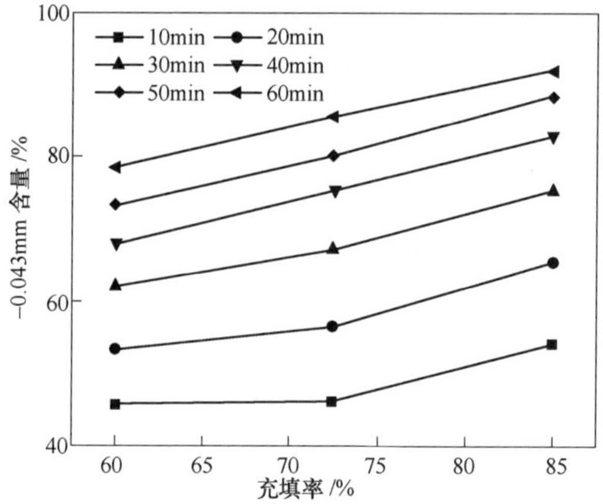

图 5-56　充填率对-0. 043mm 粒级产率影响

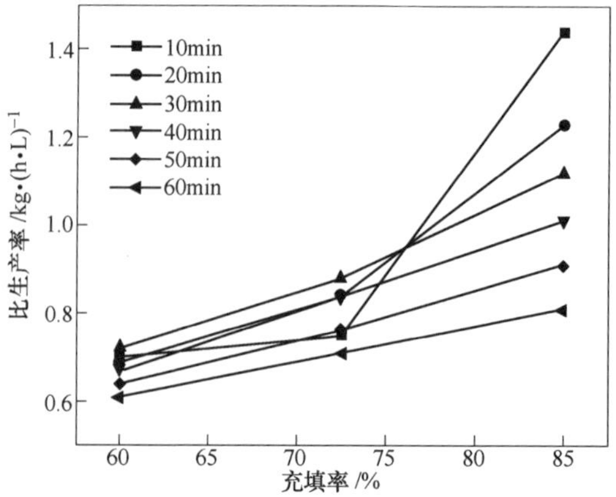

图 5-57　充填率对比生产率影响

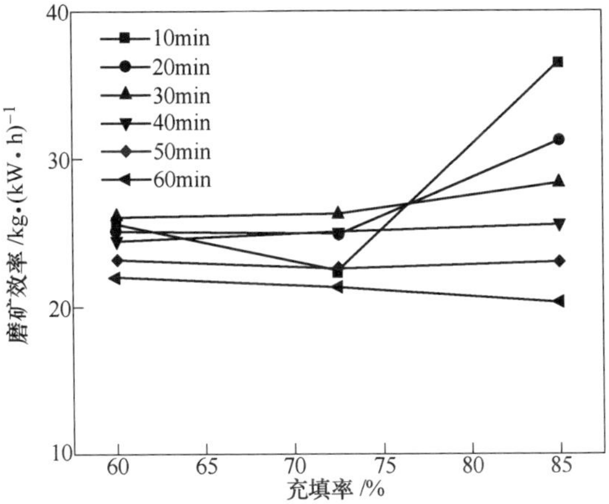

图 5-58 充填率对磨矿效率影响

由图 5-56~图 5-58 可知，随着充填率由 60%升至 85%，在不同的时间条件下，-0.043mm 粒级产率、比生产率和磨矿效率均逐渐升高，表明在给矿量、磨机转速和矿浆浓度等不变的前提下，增加搅拌磨机的介质充填率有利于提高粉磨物料的细度，并提高磨机的比生产率和磨矿效率。

5.4.4 陶瓷球和钢球介质磨矿效果对比

5.4.4.1 磨矿细度对比

在相同充填率条件下陶瓷球和钢球的磨矿细度对比结果如图 5-59 所示。由图 5-59 可知，在相同充填率条件下，钢球作为研磨介质对提高-0.043mm 粒级产率的效果要高于陶瓷球。由图 5-59（a）可知，当磨矿时间由 10min 增至 30min 时，随着充填率的增加，钢球和陶瓷球对-0.043mm 粒级产率的差距逐步拉大；由图 5-59（b）可知，当磨矿时间由 40min 增至 60min 时，随着充填率的增加，两者的差距逐步减小；当充填率为 65%、磨矿时间为 60min 时，钢球和陶瓷球的-0.043mm 粒级产率分别为 91.93%和 86.23%。这说明采用陶瓷球作为研磨介质进行细磨时，具有代替钢球的可行性。

5.4.4.2 比生产率对比

在相同充填率条件下，陶瓷球和钢球的比生产率对比结果见图 5-60。由图 5-60 可知，在相同充填率条件下，钢球作为研磨介质的比生产率要高于陶瓷球。由图 5-60（a）可知，当磨矿时间由 10min 增至 30min 时，随着充填率的增加，钢球和陶瓷球的比生产率的差距逐步增大。由图 5-60（b）可知，当磨矿时间增

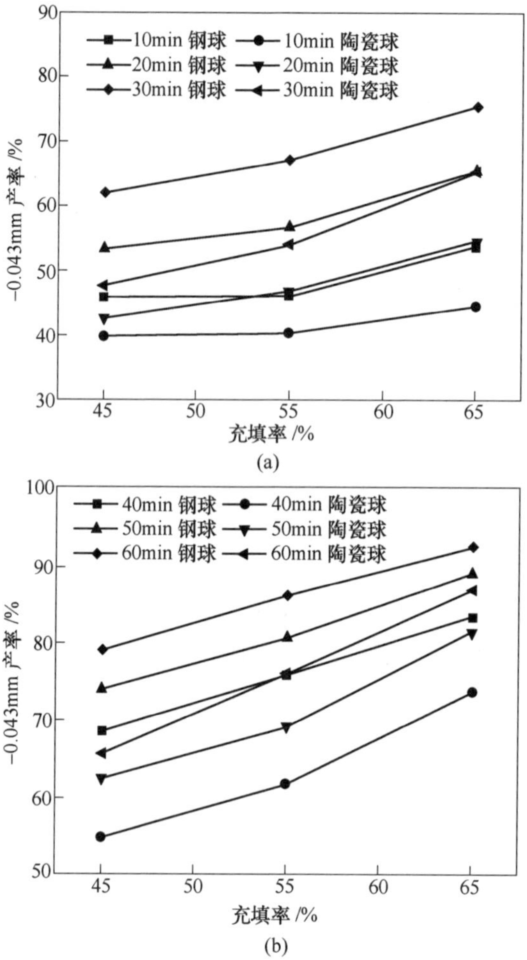

图 5-59　钢球和陶瓷球在相同充填率下对-0.043mm 粒级产率影响

至 60min 时，随着充填率的增加，两者的差距逐步减小；当充填率为 65%、磨矿时间为 60min 时，钢球和陶瓷球的比生产率分别为 0.81 和 0.72。

5.4.4.3　磨矿效率对比

在相同充填率条件下，陶瓷球和钢球的磨矿效率对比结果如图 5-61 所示。由图 5-61（a）可知，在低充填率且磨矿时间较短的条件下，钢球作为研磨介质的磨矿效率要高于陶瓷球；由图 5-61（b）可知，随着充填率和磨矿时间的增加，陶瓷球作为研磨介质的磨矿效率要明显高于钢球，且两者的磨矿效率差距逐步增大。说明在高充填率条件下，采用陶瓷球作为细磨的研磨介质时，其磨矿效率要远远大于钢球。

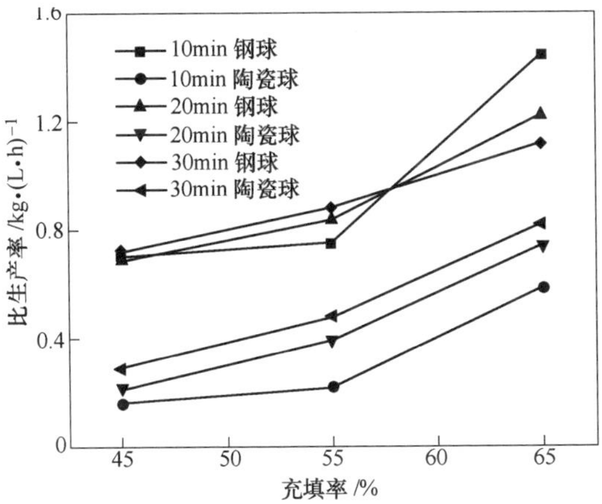

(a)

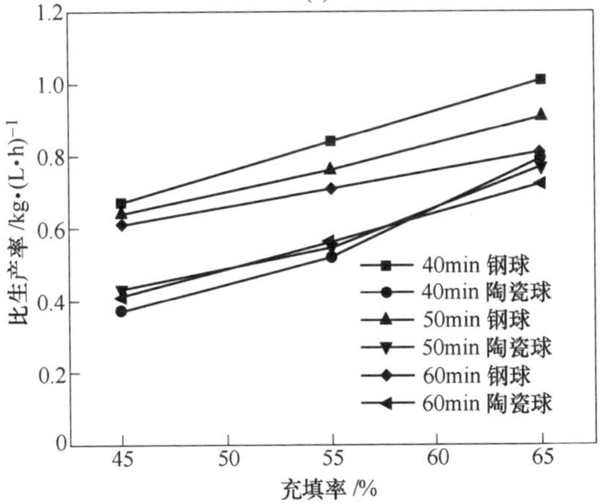

(b)

图 5-60 钢球和陶瓷球在相同充填率下对比生产率的影响

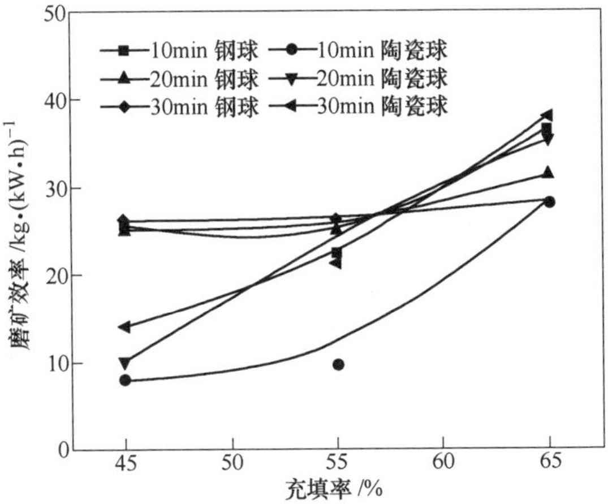

(a)

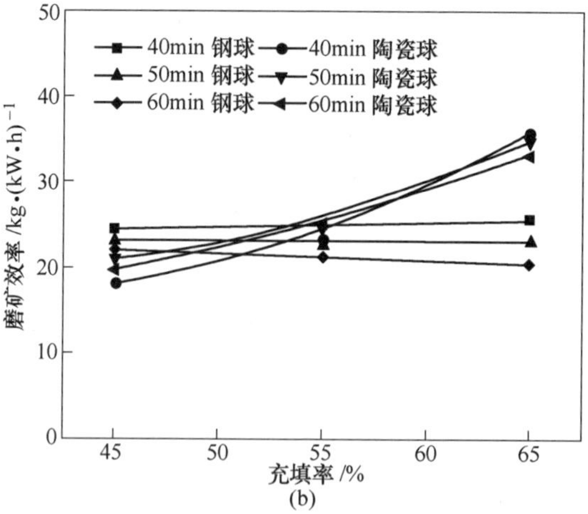

图 5-61　钢球和陶瓷球在相同充填率下对磨矿效率的影响

5.4.4.4　耗电量对比

在相同充填率条件下，陶瓷球和钢球的耗电量对比结果见表 5-27。由表 5-27 可知，在相同充填率及磨矿时间条件下，钢球作为磨矿介质的耗电量均高于陶瓷球；随着充填率的增加，两者耗电量均呈上升趋势，采用陶瓷球磨矿时，耗电量仅为钢球耗电量的 54.72%～74.92%，且充填率越高，节能效果越明显。

表 5-27　钢球和陶瓷球耗电量对比

介质种类	运转 1h 耗电量/kW · h		
	充填率 45%	充填率 55%	充填率 65%
钢球	3.31	4.00	4.77
陶瓷球	2.48	2.68	2.61
节能/%	25.08	33.00	45.28

5.5　陶瓷球搅拌磨机磨矿技术装备工业示范

5.5.1　工业型陶瓷球搅拌磨机装备

在陶瓷球搅拌磨机半工业试验结果基础上，东北大学开发研制了工业型陶瓷球搅拌磨机。首台工业型陶瓷球搅拌磨机由辽宁东大矿冶工程技术有限公司生产，型号为 CTM-280，实物结构如图 5-62 所示，设备参数见表 5-28。CTM-280 搅拌磨机主要由以下结构组成：主电机、减速机、复合联轴器、磨机筒体、进料部、螺旋搅拌提升机构，其中螺旋搅拌提升机构为自有专利技术。

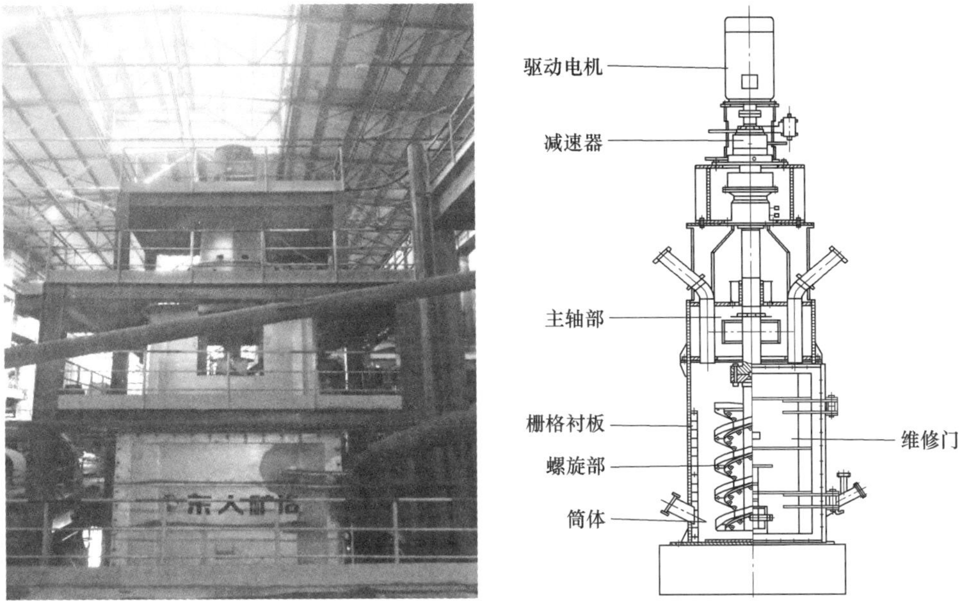

图 5-62 CTM-280 搅拌磨机实物结构

表 5-28 CTM280 搅拌磨机设备参数

序 号	项 目	单 位	参 数
1	规格		CTM280
2	工作转速	r/min	35~46.98
3	电机型号		MDSP355L6-4(V1)
4	电机功率	kW	280
5	电机转速	r/min	1490
6	工作电压	V	380
7	减速器速比		31.5
8	给矿粒度	mm	-0.045mm 30%
9	陶瓷球最大装载量	t	37
10	陶瓷球直径	mm	ϕ20
11	设备（长×宽×高）	mm	4345×3830×10780
12	装机总功率	kW	285

5.5.2 陶瓷球搅拌磨机工业试验

2018 年东北大学在鞍钢矿业公司弓长岭选矿厂开展了陶瓷球搅拌磨机工业试验，针对弓长岭选矿厂一选车间 4 系列再磨系统进行改造，将原有球磨机替换成陶瓷球专用搅拌磨机，试验所用磨矿介质为直径 20mm 陶瓷球。

5.5.2.1　搅拌磨机电机频率对磨矿效果的影响

电机频率对磨矿效果具有重要影响，直接影响磨机螺旋转速，频率越高，转速越大。因此，对其进行电机频率条件试验。由于现场工业试验影响因素较多，故此次试验主要固定参数为磨机给矿量和搅拌磨机磨矿浓度，其中磨机给矿量控制在 280~290t/h，搅拌磨机磨矿浓度控制在 47%±5%左右，搅拌磨机内加球量为 34t、充填率为 76%。试验结果如图 5-63 所示。

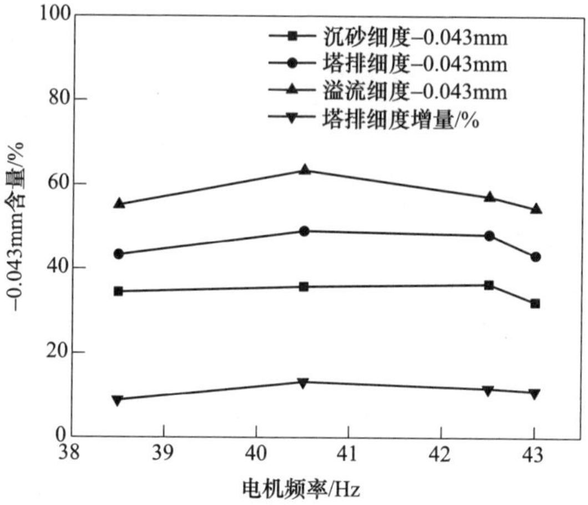

图 5-63　电机频率对磨矿效果的影响

由图 5-63 可知，随着电机频率的增加，搅拌磨机的磨矿效果整体趋好。当电机频率由 38.5Hz 升至 40.5Hz 时，在磨矿浓度、沉砂细度基本保持一致的前提下，搅拌磨机排矿细度明显增加，由-0.043mm 含量 43.27%增至 49.05%。搅拌磨机排矿细度增量由 8.80%增至 13.27%；当提高电机频率至 42.5Hz，由于磨矿浓度较 40.5Hz 时偏高，整体磨矿效果略低于电机频率 40.5Hz 指标，但整体高于电机频率 38.5Hz 指标，搅拌磨机排矿细度增量为 11.75%，较电机频率 40.5Hz 略低 1.52 个百分点；继续提高电机频率至 43.0Hz，磨矿效果较电机频率 42.5Hz 变化不大，搅拌磨机排矿细度增量为 11.09%。因此，为保证良好的磨矿效果，搅拌磨机电机频率应保持在 40.5~42.5Hz 之间。

5.5.2.2　搅拌磨机磨矿浓度对磨矿效果的影响

磨矿浓度对磨矿效果具有重要影响。因此，对其进行磨矿浓度条件试验。此次试验主要固定参数为电机频率和磨机给矿量，其中电机频率控制在 40.5~42.5Hz，磨机给矿量控制在 280~290t/h，搅拌磨机陶瓷球量控制在 33~34t，充填率约为75%~76%。由于磨矿浓度控制较难，故控制变量为磨矿浓度范围，分别是41%~45%、46%~50%、51%~55%和56%~60%。试验结果如图5-64所示。

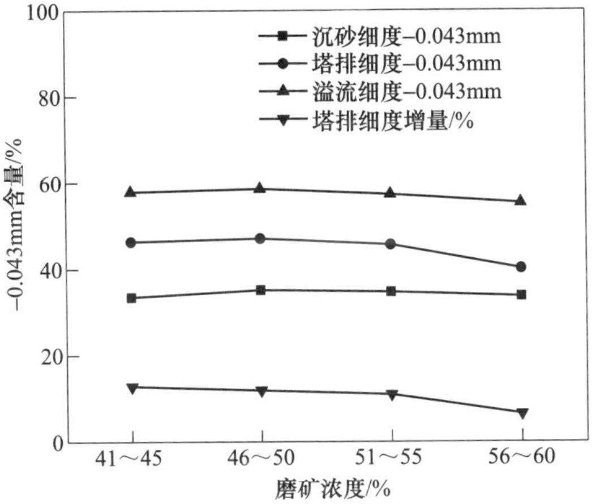

图5-64 磨矿浓度对磨矿效果的影响

由图5-64可知，随着磨矿浓度的增加，搅拌磨机的磨矿效果整体呈降低趋势。当磨矿浓度由41%~45%升至46%~50%时，搅拌磨机排矿细度增量略微降低，由12.82%降低至11.92%，仅降低0.9个百分点；继续增加磨矿浓度至51%~55%，搅拌磨机排矿细度增量降至10.93%；当磨矿浓度增加至56%~60%范围时，磨矿效果恶化严重，搅拌磨机排矿细度增量迅速降低至6.44%。表明随着磨矿浓度的提高，系统循环量增加，沉砂粒度不断变粗，磨矿效果不断变差。因此，为保证良好的磨矿效果，确定适宜的浓度范围为40%~50%。

5.5.2.3 搅拌磨机处理量对磨矿效果的影响

搅拌磨机处理量对磨矿效果具有重要影响。因此，对其进行处理量条件试验。此次试验主要固定参数为电机频率和磨矿浓度，其中电机频率控制在40.5~42.5Hz，磨矿浓度控制在40%~50%，搅拌磨机陶瓷球量控制在33~34t，充填率约为75%~76%。为保证现场正常稳定生产运行，同时排除因磨机给矿量过低导致其他关键因素的影响，因此，只探索280t/h以上处理量对磨矿效果的变化规律。调整磨机给矿量分别为280~285t/h、286~290t/h和291~292t/h，试验结果见表5-29。

由表5-29可知，随着处理量的增加，搅拌磨机的磨矿效果整体降低。当磨机给矿量由280~285t/h增加至291~292t/h时，在沉砂粒度-0.043mm含量平均值均保持在33%左右前提下，搅拌磨机排矿细度整体呈降低趋势，-0.043mm含量由 46.21%降低至 41.65%，降低 4.65 个百分点；搅拌磨机排矿细度增量由 13.21%降至 8.12%，降低 5.09 个百分点。因此，为保证良好的磨矿效果，确定适宜的磨机给矿量为 280~285t/h。

表 5-29　处理量对磨矿效果的影响

名　称	平　均　值		
	280~285t/h	286~290t/h	291~292t/h
电机频率/Hz	41.1	41.2	41.4
主电机运行电流/A	384	381	383
沉砂细度-0.043mm 含量/%	33.01	33.80	33.53
塔排细度-0.043mm 含量/%	46.21	44.29	41.65
旋流器溢流细度-0.043mm 含量/%	57.37	56.23	55.37
塔排细度增量 Δ/%	13.21	10.48	8.12
沉砂浓度/%	70.12	70.12	70.09
塔排浓度/%	45.08	46.53	46.12
旋流器溢流浓度/%	30.74	31.62	28.92
再旋给料泵压力/kPa	70.18	66.64	84.26
再旋给料浓度/%	32.72	32.92	34.73
再旋泵池液位高度/m	1.23	1.20	1.25
旋流器运行台数	7	7	7

5.5.2.4　搅拌磨机充填率对磨矿效果的影响

磨机充填率对磨矿效果具有重要影响。充填率越大，研磨作用时间越长。因此对其进行充填率条件试验。固定试验参数为搅拌磨机电机频率、磨机给矿量和搅拌磨机磨矿浓度，其中搅拌磨机电机频率保持在 40.5~42.5Hz，磨机给矿量控制在 280~290t/h，搅拌磨机磨矿浓度控制在 47%±5%，为避免因充填率过高导致电机过热出现紧急停车现象，故此次试验搅拌磨机加球量上限设为 34t，即充填率为 76%。试验结果见表 5-30。

表 5-30　充填率对磨矿效果的影响

名　称	平　均　值		
	72%(32t)	74%(33t)	76%(34t)
电机频率/Hz	41.7	41.3	41.7
主电机运行电流/A	387	386	384
一次球磨台时/$t \cdot h^{-1}$	285	286	287

续表 5-30

名　称	平 均 值		
	72%(32t)	74%(33t)	76%(34t)
沉砂细度-0.043mm 含量/%	31.38	32.64	35.29
塔排细度-0.043mm 含量/%	38.95	42.24	46.75
旋流器溢流细度-0.043mm 含量/%	53.55	54.95	59.90
塔排细度增量 Δ/%	7.57	9.60	11.46
沉砂浓度/%	69.83	69.56	66.50
塔排浓度/%	45.68	47.21	50.18
旋流器溢流浓度/%	33.87	33.23	33.91
再旋给料泵压力/kPa	80.96	72.88	66.39
再旋给料浓度/%	34.86	33.39	33.12
再旋泵池液位高度/m	1.35	1.23	1.25
旋流器运行台数	8	7	7

由表 5-30 可知，随着搅拌磨机充填率的增加，搅拌磨机的磨矿效果整体趋好。当充填率由 72%升至 76%时，在磨矿浓度基本保持一定的前提下，搅拌磨机排矿细度增量由 7.57%增至 11.46%；试验结果表明，提高搅拌磨机充填率有利于搅拌磨机排矿细度的增加，但由于受电机等因素限制，继续提高充填率会导致电流负载过高，故确定目前搅拌磨机适宜的充填率为 76%。

5.5.2.5 搅拌磨机工艺流程考察

在电机频率 40.5~42.5Hz、磨矿浓度 40%~50%、磨机给矿量 280~285t/h、充填率 76%的条件下，针对 4 系列进行流程考察，取样点与球磨考察相同，流程考察的数质量流程图如图 5-65 所示。由图 5-65 可知，采用搅拌磨机替代原有球磨机后，原料进入再磨旋流器作业产率由 95.64%降至 86.44%，进入再磨作业产率由 54.93%降至 42.39%。搅拌磨机利用系数为 1.0423t/(h·m^3)，较球磨机提高 0.5772t/(h·m^3)，同时二段细筛筛下铁品位由原球磨流程的 62.89%升至 64.55%，提高 1.66%。

5.5.3 搅拌磨机与球磨机工业生产指标对比

5.5.3.1 单体解离情况对比

球磨机磨矿产品和搅拌磨机磨矿产品单体解离情况见表 5-31，由表 5-31 可知，球磨磨矿产品单体解离度为 76.32%，搅拌磨机磨矿产品单体解离度为 87.63%，较球磨机提高 11.31 个百分点。在-0.12mm 粒级中，搅拌磨机磨矿产

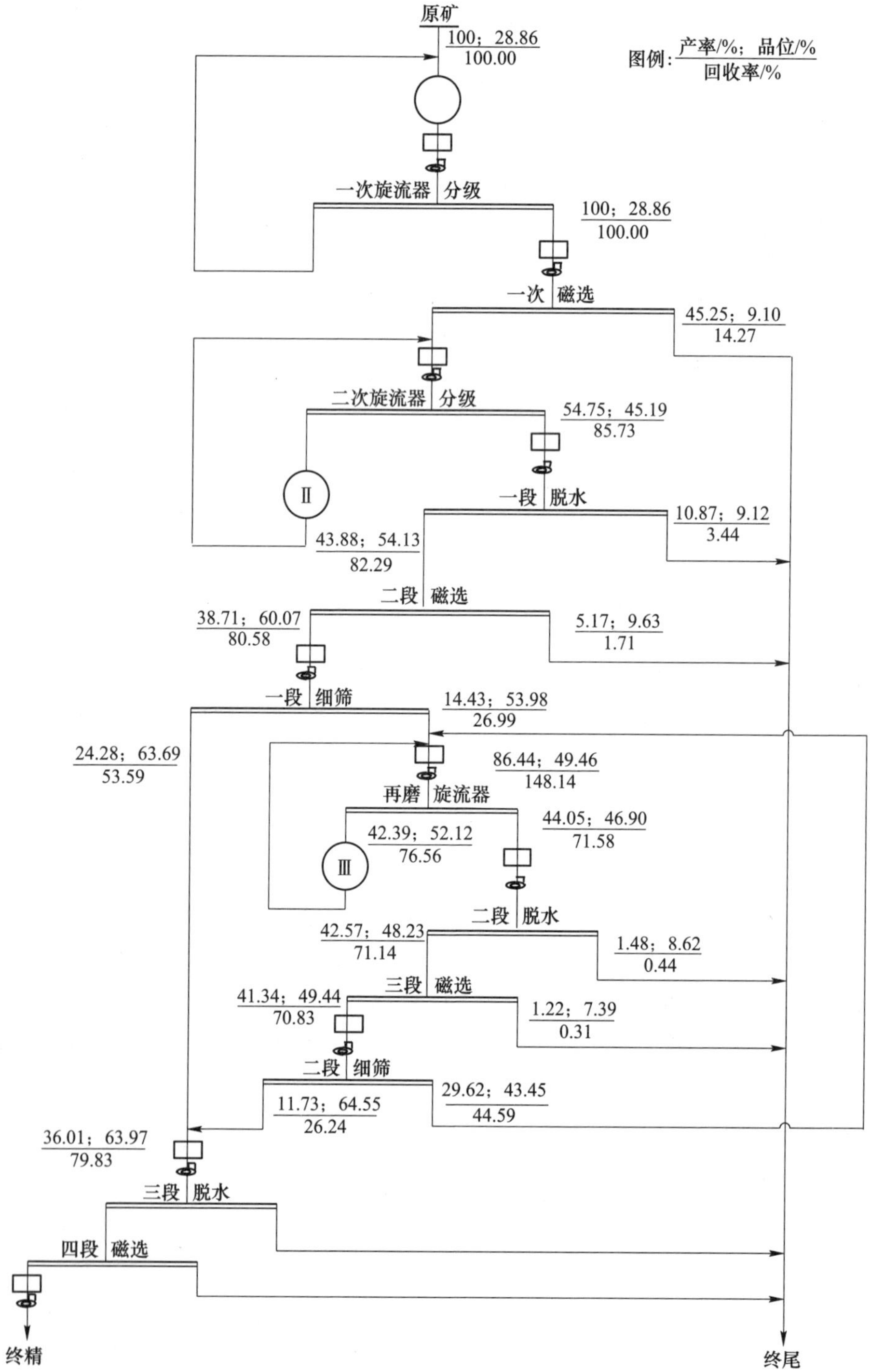

图 5-65　搅拌磨机数质量流程

品的单体解离度整体高于球磨磨矿产品。同时球磨磨矿产品比表面积为 0.192m^2/g，搅拌磨机磨矿产品比表面积为 0.211m^2/g，搅拌磨机磨矿产品的比表面积较球磨高 0.019 个百分点。

表 5-31 磨矿产品单体解离情况对比

名称	球磨磨矿产品		搅拌磨机磨矿产品	
粒级/mm	单体解离度/%	比表面积 /$m^2 \cdot g^{-1}$	单体解离/%	比表面积 /$m^2 \cdot g^{-1}$
+0.12	46.32	0.192	13.41	0.211
-0.12+0.074	47.52		56.60	
-0.074+0.043	59.04		79.36	
-0.043+0.038	78.67		87.64	
-0.038	83.75		90.14	
合计	76.32		87.63	

5.5.3.2 球耗对比

2017 年 12 月 25 日~2018 年 6 月 24 日，弓长岭选矿厂一选车间 5 个系列再磨球磨机钢球加球量统计见表 5-32。由表 5-32 数据计算可得，5 个系列每天的耗钢球量为 1.5637t。

表 5-32 一选车间 5 个系列再磨球磨机钢球加球量统计

日　期	加球量/t
2017 年 12 月 25 日~2018 年 1 月 24 日	281.85
1 月 25 日~2 月 24 日	271.92
2 月 25 日~3 月 24 日	215.64
3 月 25 日~4 月 24 日	244.94
4 月 25 日~5 月 24 日	267.62
5 月 25 日~6 月 24 日	133.22

陶瓷球搅拌磨机工业条件试验确定了适宜的运行参数，在该参数下搅拌磨机开始稳定运行生产。为保持稳定的陶瓷球充填率和良好的研磨效果，在其他影响因素均保持稳定的条件下，磨机电流始终保持在 390~400A 区间范围内波动，当电流低于 390A 时，即认为陶瓷球充填率降低，需要补加陶瓷球。经统计，生产期间陶瓷球每 10d 加球一次，每次添加陶瓷球 1t，平均每天耗球量为 100kg/d，在该补加球标准下，搅拌磨机电流保持平稳，磨矿效果稳定。

综上所述，搅拌磨机陶瓷球球耗为 100kg/d，再磨球磨机钢球球耗为 1.5637t/d，搅拌磨机平均每天球耗是球磨机球耗的 6.40%。

5.5.3.3　电耗对比

A　电耗的计算方法

（1）球磨机电耗计算方法：

$$Q_{球} = (V_1 - V_2) \times 15 \times 60 \tag{5-53}$$

式中　$Q_{球}$——球磨电耗，kW·h；

V_1——第 1 次记录的电表示数；

V_2——第 2 次记录的电表示数。

球磨机采用的是高压电机，15、60 分别为电表电耗的计算系数。

（2）搅拌磨机电耗计算方法：

$$Q_{塔} = (V_1 - V_2) \times 120 \tag{5-54}$$

式中　$Q_{塔}$——搅拌磨机电耗，kW·h；

V_1——第 1 次记录的电表示数；

V_2——第 2 次记录的电表示数。

搅拌磨机采用的是 380V 电压，120 为电表电耗的计算系数。

B　搅拌磨机和再磨球磨机的电耗比较

选择弓长岭选矿厂一选车间 5 系列的再磨球磨机为电耗的统计对象，在统计时间范围内，球磨机和搅拌磨机均在连续运转。经记录统计计算可得，再磨球磨机连续运行 406h，平均每小时消耗电量为 382.88kW·h；搅拌磨机连续运行 384h，平均每小时消耗电量为 190.45kW·h；搅拌磨机较球磨机平均每小时节约电能 50.26%。

5.5.4　搅拌磨机工业应用的经济性评价

根据搅拌磨机和球磨机工业生产统计球耗、电耗、衬板消耗、运行维护等数据，针对弓长岭选矿厂一选车间单系列再磨球磨机和搅拌磨机的磨矿成本进行计算分析，结果见表 5-33。由表 5-33 可知，球磨机钢球球耗年成本为 213.45 万元，搅拌磨机陶瓷球球耗年成本为 94.74 万元，采用陶瓷球介质磨矿，其球耗成本约降低 55.61%；球磨机电耗年成本为 167.17 万元，搅拌磨机电耗年成本为 83.15 万元，搅拌磨机电耗成本仅为球磨机电耗成本的 49.74%，采用搅拌磨机磨矿后其电耗成本约降低 50.26%；球磨机衬板消耗年成本为 5 万元，搅拌磨机衬板消耗年成本为 32.53 万元；球磨机维护用油消耗年成本为 5.44 万元，搅拌磨机维护用油消耗年成本为 0.43 万元。再磨系统单系列球磨机运行年总成本为 391.06 万元，再磨搅拌磨机运行年总成本为 210.85 万元，搅拌磨机较球磨机年可节约成本 180.21 万元。若再磨系统 5 个系列全部替换为陶瓷球专用搅拌磨机，则年可节约成本 901.06 万元。

表 5-33 总成本估算 （万元）

项目名称	球磨机	搅拌磨机
球耗成本	213.45	94.74
电耗成本	167.17	83.15
衬板维护成本	5.00	32.53
运行维护用油成本	5.44	0.43
总成本	391.06	210.85
单系列节约成本	180.21	
5 个系列节约成本	901.06	

同时，搅拌磨机-0.043mm 排矿增量较球磨机提高 7.85 个百分点，若再磨系统全部替换为陶瓷球专用搅拌磨机，在保证精矿铁品位不变的情况下，铁回收率可提高 0.2 个百分点，新增年铁精矿产量 10800t，以铁精矿销售价格 650 元/t 计算，可新增铁精矿效益 702 万元。

综上所述，弓长岭选矿厂一选车间再磨系统全部改造为陶瓷球专用搅拌磨，预计新增年经济效益 1603.06 万元。

目前，东北大学自主研发的 NEU-280 型陶瓷球搅拌磨机在鞍钢集团矿业公司弓长岭选矿厂成功应用。工业应用以来的生产技术指标表明，陶瓷球搅拌磨机技术与装备具有能源效率高、节省介质、低碳环保、安装维护操作简单等显著特点和优越性。陶瓷球搅拌磨机技术与装备为我国铁矿山企业的节能降耗提供了强力支撑。

参 考 文 献

[1] 侯英. 钼铜矿石的高压辊碎磨特性和浮选分离研究 [D]. 沈阳：东北大学，2014.
[2] 王绍兴. 搅拌磨在铁矿再磨系统中应用技术研究 [D]. 沈阳：东北大学，2015.
[3] 郭旺. 纳米陶瓷球在搅拌磨机的磨矿特性与应用研究 [D]. 沈阳：东北大学，2017.
[4] 魏德洲. 固体物料分选学 [M]. 北京：冶金出版社，2009.
[5] 陈丙辰. 磨矿原理 [M]. 北京：冶金工业出版社，1989.
[6] 张国旺. 超细搅拌磨机的流场模拟和应用研究 [D]. 长沙：中南大学，2005.
[7] 崔宝玉. 水力旋流器流场及分离过程的数值试验研究 [D]. 东北大学，2014.
[8] 张宏伟. 介质搅拌磨单相流流场 CFD 仿真模拟和实验验证研究 [D]. 广州：华南理工大学，2013.
[9] 岳曾元，张彬. 湍流的 Markov 过程理论与 Kolmogoroff 理论的联系以及对 Kolmogoroff 定律的推广——Ⅱ对 Kolmogoroff“2/3 定律”和“-5/3 定律”的推广 [J]. 应用数学和力学，1983 (2)：179~191.
[10] 李凯. 立式螺旋搅拌磨过程数值模拟研究 [D]. 长春：吉林大学，2016.

6 含碳酸盐赤铁矿石分步浮选技术

6.1 引言

东鞍山铁矿位于鞍山市千山区，是我国大型赤铁矿矿山。矿床类型属于沉积变质“鞍山式”铁矿，矿体下盘的富铁矿为热液成因的裂隙充填脉状矿床。其矿石类型复杂，按自然类型可分为假象赤铁矿石英岩、磁铁石英岩、磁铁赤铁石英岩、赤铁磁铁石英岩和绿泥假象赤铁石英岩、绿泥赤铁磁铁石英岩、菱铁磁铁石英岩等[1,2]。在生产管理中，一般把铁矿石分为未氧化矿、半氧化矿（FeO 含量 9%~12%）、高亚铁矿（FeO 含量 3%~9%）、氧化矿石、含碳酸铁矿石和含绿泥石铁矿石（绿泥含量<5%），共 6 种。其中含碳酸铁矿石在东鞍山铁矿东西部矿区都有分布，东部矿区含碳酸盐赤铁矿石的含量占铁矿石总量的 4%~4.5%，而西部矿体该类铁矿石占铁矿石总量的 25%以上，且随着开采深度增加其含量越来越高[3]。张文辉等人对西部矿体深部含碳酸铁矿预测在 79~40m 水平由 3 万吨逐渐增加到 40 万吨，从 402 队补勘成果看，含碳酸铁矿大有增加，故 27~-51m 水平由 99.5 万吨逐渐增加到 226 万吨，占水平矿量的 7.2%~38.5%，将成为难选矿中的大户，且随着降深还有增加趋势。这是因为碳酸铁的存在会对赤铁矿的反浮选造成严重影响，使得矿石的可选性变差，给东鞍山烧结厂的生产带来不利，甚至会导致精尾不分，因此研究含碳酸盐赤铁矿石的分选很有必要[4~6]。

东鞍山含碳酸盐赤铁矿石中的碳酸盐主要为菱铁矿和铁白云石。它们以两种形式产出：一是呈细脉及网脉状分布，并常斜切矿石条带，在断层破碎带附近角砾状的岩矿石中常呈胶结物充填在角砾之间；二是菱铁矿和铁白云石与铁矿物或石英组成条带，呈条带产出。由物相分析资料显示含碳酸铁假象赤铁石英岩的矿物成分主要为赤铁矿，含量为 15.41% ~ 27.28%，菱铁矿含量为 3.95% ~ 11.40%；次要铁矿物为褐铁矿含量为 1.98%~6.94%，硅酸铁含量为 0.7% ~ 0.95%，磁铁矿含量为 0.30%~1.20%，硫化铁含量为 0.20%~0.45%，铁白云石含量为 0.05%~0.25%。含碳酸铁磁铁假象赤铁石英岩的矿物成分主要为菱铁矿，含量为 16.75%，磁铁矿含量为 9.15%；次要为褐铁矿含量为 1.86%，磁铁矿假象赤铁矿含量为 1.25%，硅酸铁含量为 1.80%，硫化铁含量为 0.55%，铁白云石含量为 0.15%。含碳酸铁磁铁石英岩的矿物成分主要为磁铁矿，含量为 22.20%，菱铁矿含量为 6.20%；次要铁矿物褐铁矿含量为 1.49%，硅酸铁含量为1.30%，磁铁假象赤铁矿含量为1.15%，硫化铁含量为0.85%，铁白云石含量为0.15%。可见，不同种类含碳酸盐赤铁矿石间矿石性质波动较大；同种含碳酸盐赤铁矿石不同区域间，矿物含量波动也较大。

东鞍山含碳酸盐赤铁矿石的选矿实践表明，菱铁矿和铁白云石等碳酸盐矿物在磨矿时极易泥化，其中等可浮性以及泥化后罩盖在赤铁矿和石英矿物表面，起到活化作用而影响了浮选，故碳酸盐矿物的存在会极大恶化赤铁矿反浮选过程，使分选时出现精尾不分现象，从而使得该类矿石无法处理而造成了大量堆存，不仅占用了大量土地，而且对当地生态环境带来了巨大破坏[7]。因此，本团队针对东鞍山含碳酸盐赤铁矿石选矿分离这一难题，开展了矿石工艺矿物学特征、主要矿物可浮性、主要矿物浮选分离特性、矿石分步浮选实验室试验、工业试验以及浮选分离机理研究等一系列系统的研究工作，旨在为我国含碳酸盐赤铁矿石高效分选提供技术与理论支撑。

6.2 含碳酸盐赤铁矿石工艺矿物学

本章节以东鞍山含碳酸盐赤铁矿石为例进行工艺矿物学研究。东鞍山铁矿的矿石类型较为复杂，按自然类型可划分为假象赤铁矿、磁铁矿、磁铁赤铁矿、赤铁磁铁矿和绿泥假象赤铁矿、绿泥赤铁磁铁矿、菱铁磁铁矿等石英岩矿石等。工艺矿物学研究是在光学显微镜大量观察分析的基础上，结合运用现代大型测试分析仪器，包括扫描电镜、X射线能谱分析、X射线衍射、ICP和化学物相分析等综合手段而进行的，主要研究内容包括矿石的化学成分、矿石的结构及矿物组成、主要矿物的嵌布特性、粒度特性、矿石中铁的赋存状态及元素平衡计算、影响矿石中铁选矿指标的工艺矿物学因素及提高选矿指标的途径等。

6.2.1 矿石的化学性质

6.2.1.1 *矿石的化学成分*

矿石的化学分析结果见表6-1。矿石的化学分析结果表明：矿石为高硅、贫铁、低硫的铁矿石，其中全铁含量为34.43%，FeO的含量高为9.24%；有害杂

表6-1 矿石的化学分析结果 (%)

化学成分	TFe	S	SiO_2	Al
含量	34.43	0.0046	49.41	0.08
化学成分	Ca	Mg	Mn	As
含量	0.28	0.22	0.28	<0.005
化学成分	K	Na	FeO	
含量	0.04	0.03	9.24	

质元素硫、砷的含量很低，对选矿生产指标没有影响；从表中可知 SiO_2、Ca、Mg 等的含量分别为 49.41%、0.28%、0.22%，由此推断脉石矿物主要为石英及少量的碳酸盐类矿物。

6.2.1.2　矿石的化学物相分析

矿石中铁矿物的化学物相分析结果见表 6-2。矿石的化学物相分析结果显示：矿石中主要的铁矿物为赤（褐）铁矿，其占有率为 75.85%；碳酸铁占有率为 14.53%、磁性铁 0.99%、硅酸铁中的铁占有率高达 8.63%，对铁的回收率有一定的影响。

表 6-2　矿石中铁矿物的化学物相分析结果　　(%)

元素存在的相	磁性铁中铁	碳酸铁中铁	假象（半假象）赤、褐铁矿中铁	硅酸铁中铁	总量
含量	0.34	4.98	26.01	2.96	34.29
占有率	0.99	14.53	75.85	8.63	100.00

6.2.2　矿石的结构构造

根据矿石中矿物分布特征、形态特征及含量，矿石的构造类型主要为条带状构造，其次为脉状构造、层状构造等。

矿石的结构按其成因可分为下述两种类型：

（1）由结晶和沉淀作用形成的晶粒结构、自形晶结构、半自形晶结构、它形晶结构等，这种结构类型较为常见，主要表现为赤铁矿、磁铁矿呈自形、半自形晶结构、它形晶结构浸染分布在脉石矿物中。

（2）由淋滤交代作用形成的蜂窝状结构、残余结构、骸晶结构、镶边结构、熔蚀结构等，这种结构类型十分普遍，是最主要的结构类型，主要表现为假象赤铁矿风化淋滤后蜂窝状结构及菱铁矿交代假象赤铁矿形成交代残余结构、镶边结构、骸晶结构等等。

6.2.3　矿石的矿物组成及含量计算

东鞍山含碳酸盐赤铁矿石的矿物组成相对简单，矿石中铁、硫等元素都主要以独立矿物存在，主要铁矿物为假象赤铁矿，其次为菱铁矿，还有少量赤铁矿、半假象赤铁矿及极少量的磁铁矿，偶尔可见黄铁矿和黄铜矿出现。

矿石中主要脉石矿物为石英，其他脉石矿物为微晶结构的方解石、少量的铁白云石及其他含铁的硅酸盐矿物等。

东鞍山含碳酸盐赤铁矿石的 X 射线衍射谱如图 6-1 所示。

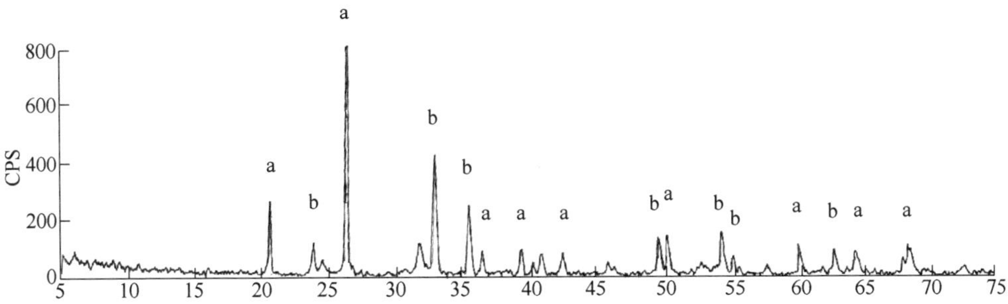

图 6-1 东鞍山含碳酸盐赤铁矿石的 X 射线衍射谱

a—石英 b—赤铁矿

矿石中各矿物相对含量见表 6-3。

表 6-3 矿石的相对含量

金属矿物	含量/%	脉石	含量/%
假象赤铁矿		石英	49.41
半假象赤铁矿	37.18	方解石（白云石）	1.46
赤铁矿		其他	1.34
菱铁矿	10.14	总计	100.00
磁铁矿	0.47		
黄铁矿	微		
黄铜矿	微		

6.2.4 矿石中主要矿物的工艺特性

6.2.4.1 假象赤铁矿

假象赤铁矿为矿石中主要的金属矿物，也是矿石中主要的回收对象。在自然界中，当氧的浓度增大时，磁铁矿可完全氧化成赤铁矿，若仍保留原磁铁矿的晶形，就称之为假象赤铁矿。矿石中的假象赤铁矿主要以风化淋滤后的蜂窝状结构、残余结构、骸晶结构等形成的自形晶、半自形晶粒状嵌布在脉石矿物中（图 6-2），结晶粒度较细；其次以细粒稠密集合体浸染于脉石矿物中（图 6-3），与脉石矿物一起形成具有一定走向的脉状结构，假象赤铁矿与脉石相互之间的嵌布关系复杂，粒度相对较细；偶尔也以细粒稀疏粒状浸染于脉石矿物中（图 6-4）。

在风化淋滤后生成的自形晶、半自形晶的假象赤铁矿常呈蜂窝状结构、残余结构、骸晶结构嵌布在脉石矿物中（图 6-5），这种结构的假象赤铁矿虽然与脉石矿物的共生关系简单，但由于其中心已经淋滤成为蜂窝状并被脉石矿物所占据，使假象赤铁矿的粒度变细，影响矿物的单体解离效果，由于其在矿石中常见，如果磨矿细度不够，就会使精矿含杂量高，影响精矿质量。因此该呈蜂窝状结构、骸晶结构的细粒假象赤铁矿在磨矿时单体解离效果不会理想，易损失在尾矿中。

图 6-2　自形晶完整的假象赤铁矿

图 6-3　假象赤铁矿稠密嵌布在脉石矿物中

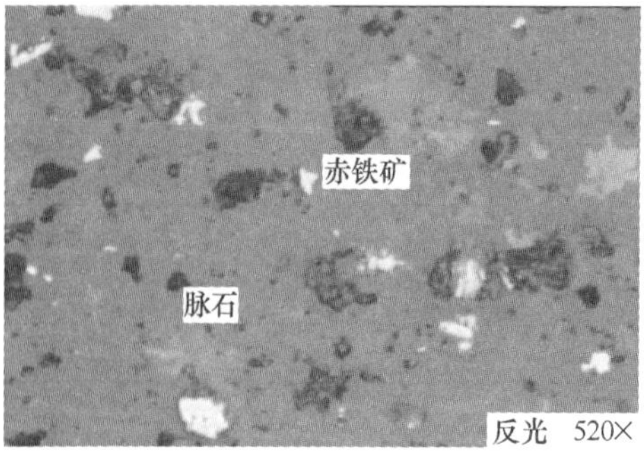

图 6-4　稀疏嵌布在脉石矿物中的假象赤铁矿

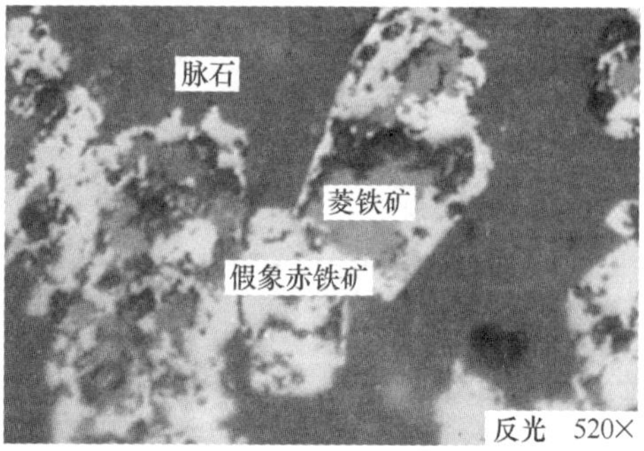

图 6-5　风化淋滤呈蜂窝状、残余结构、骸晶结构的假象赤铁矿

假象赤铁矿与菱铁矿的共生关系紧密，常见菱铁矿充填在具有蜂窝状结构和残余结构、骸晶结构的假象赤铁矿中（图 6-6），也见菱铁矿沿假象赤铁矿晶粒间隙交代充填，磨矿时不需单体解离，菱铁矿会随选矿产品进入精矿，影响精矿产品的品位。

6.2.4.2　赤铁矿

赤铁矿是矿石中常见的铁矿物之一，主要以片状的自形晶、半自形晶、它形晶细粒嵌布在脉石矿物中，多以粒状局部富集在脉石矿物中（图 6-7），常见赤铁矿与菱铁矿紧密共生；赤铁矿与脉石之间的嵌布关系相对简单；也有少部分赤铁矿与脉石具有复杂的嵌镶关系。赤铁矿在脉石中的粒度主要以细粒级别为主，

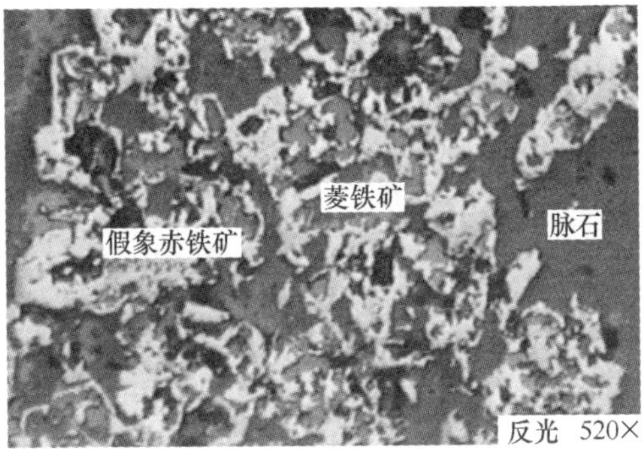

图 6-6 在蜂窝状、残余结构、骸晶结构的
假象赤铁矿中充填的菱铁矿

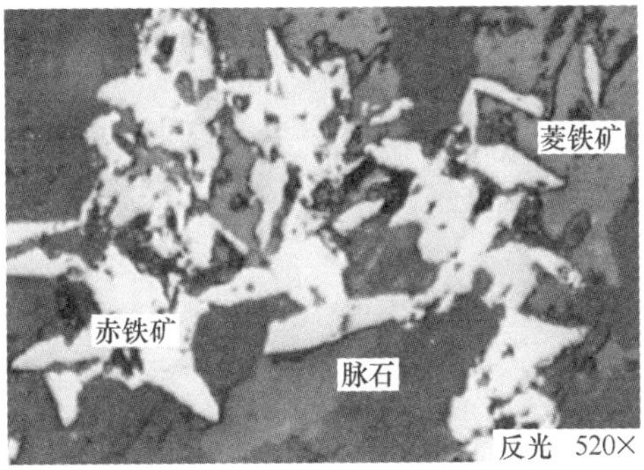

图 6-7 自形晶、半自形晶赤铁矿与脉石的嵌布关系

应当选取适当的磨矿工艺，使得赤铁矿与脉石充分解离。赤铁矿的粒度一般为 0.015mm。

赤铁矿与菱铁矿之间的嵌布关系复杂，而菱铁矿也可作为选矿作业中回收的目的矿物之一，因此在磨矿过程中没有必要使赤铁矿与菱铁矿彼此单体解离。磨矿粒度放粗，对磨矿过程有利；但菱铁矿进入精矿会影响精矿品位，进入尾矿则降低选矿回收率。

赤铁矿与黄铁矿的共生关系简单（图 6-8）。同时，黄铁矿在矿石中的含量很低，对选矿过程和精矿质量的影响均很小。

6.2.4.3 菱铁矿

菱铁矿是矿石中仅次于假象赤铁矿的主要含铁矿物之一，主要以不规则状、脉状（图 6-9、图 6-10）集合体嵌布在脉石矿物中，粒度大小不均，从 0.01～2.55mm 均有，与假象赤铁矿、赤铁矿的共生关系紧密。

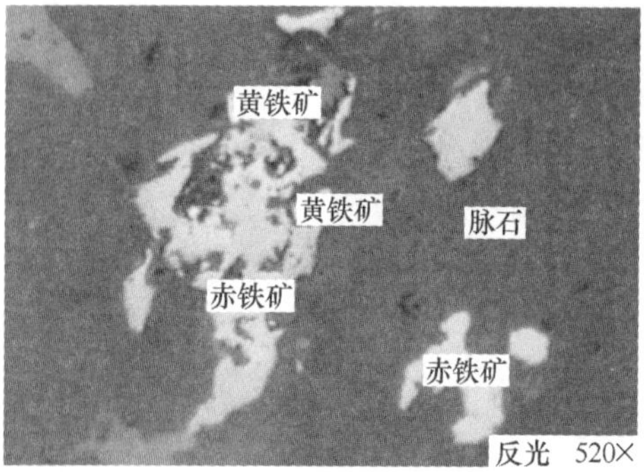

图 6-8　嵌布在赤铁矿中的黄铁矿

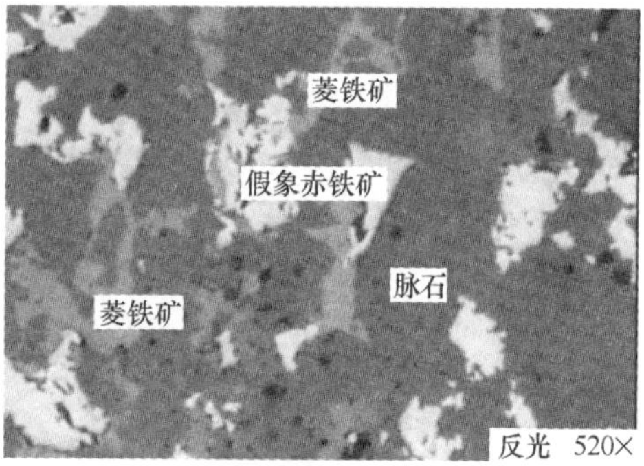

图 6-9　不规则状产出的菱铁矿嵌布在脉石矿物中

菱铁矿的他形晶集合体常沿假象赤铁矿、赤铁矿、石英晶粒间隙交代充填形成不规则集合体状产出，分布不均匀（图 6-11）；也常见菱铁矿交代充填在假象赤铁矿的蜂窝状、残余结构、骸晶结构颗粒的中心（图 6-12）。这使假象赤铁矿的粒度相对粗些，可选择有效的磨矿工艺。但是菱铁矿中铁的含量只有 48.2%，对最终的精矿品位有很大影响。

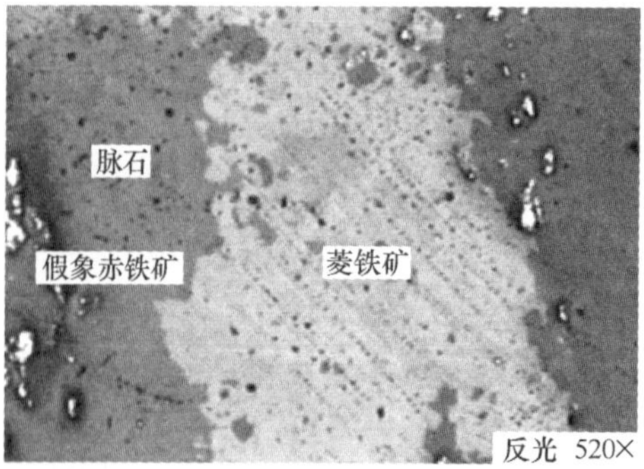

图 6-10　脉状产出的菱铁矿

图 6-11　菱铁矿与假象赤铁矿、脉石之间的复杂嵌布关系

图 6-12　菱铁矿嵌布在蜂窝状、残余结构、骸晶结构的假象赤铁矿中

菱铁矿与黄铁矿的共生关系相对简单，可见黄铁矿以自形晶、半自形晶粒状嵌布在菱铁矿中（图 6-13）。由于黄铁矿的含量低，对精矿产品质量影响不大。

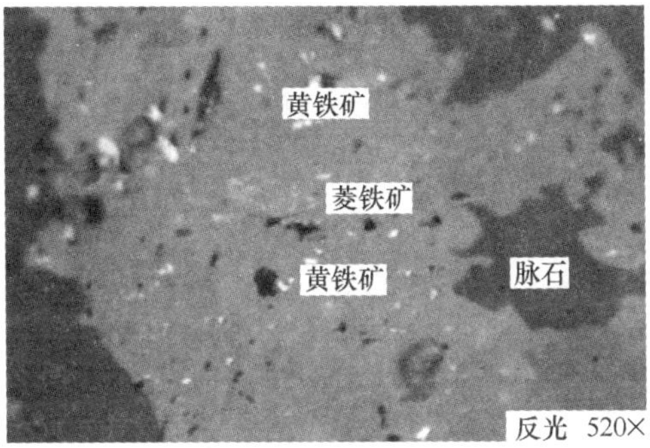

图 6-13 菱铁矿中包裹的黄铁矿

菱铁矿与脉石、菱铁矿与假象赤铁矿之间的关系如扫描电镜能谱图 6-14 所示。菱铁矿的扫描电镜能谱分析结果见表 6-4。

表 6-4 菱铁矿的扫描电镜能谱分析结果 （%）

测定点数	CO_2	MgO	SiO_2	CaO	MnO	FeO	总计
1	45.05	2.47		0.70	1.63	50.15	100.00
2	49.87	1.70		0.38	0.76	47.29	100.00
3	61.99	0.90	0.39		0.82	35.90	100.00
4	46.85	2.92		0.52	3.06	46.65	100.00
5	49.13	2.15		0.37	3.11	45.25	100.00
6	50.92	1.57			1.36	46.15	100.00
7	38.31	0.97				60.72	100.00
8	41.07	1.18		0.54		57.22	100.00
9	39.18	3.42			3.07	54.33	100.00
10	44.15					55.85	100.00
11	56.82	0.54				42.64	100.00
平均	47.58	1.62	0.035	0.23	1.26	49.29	100.00

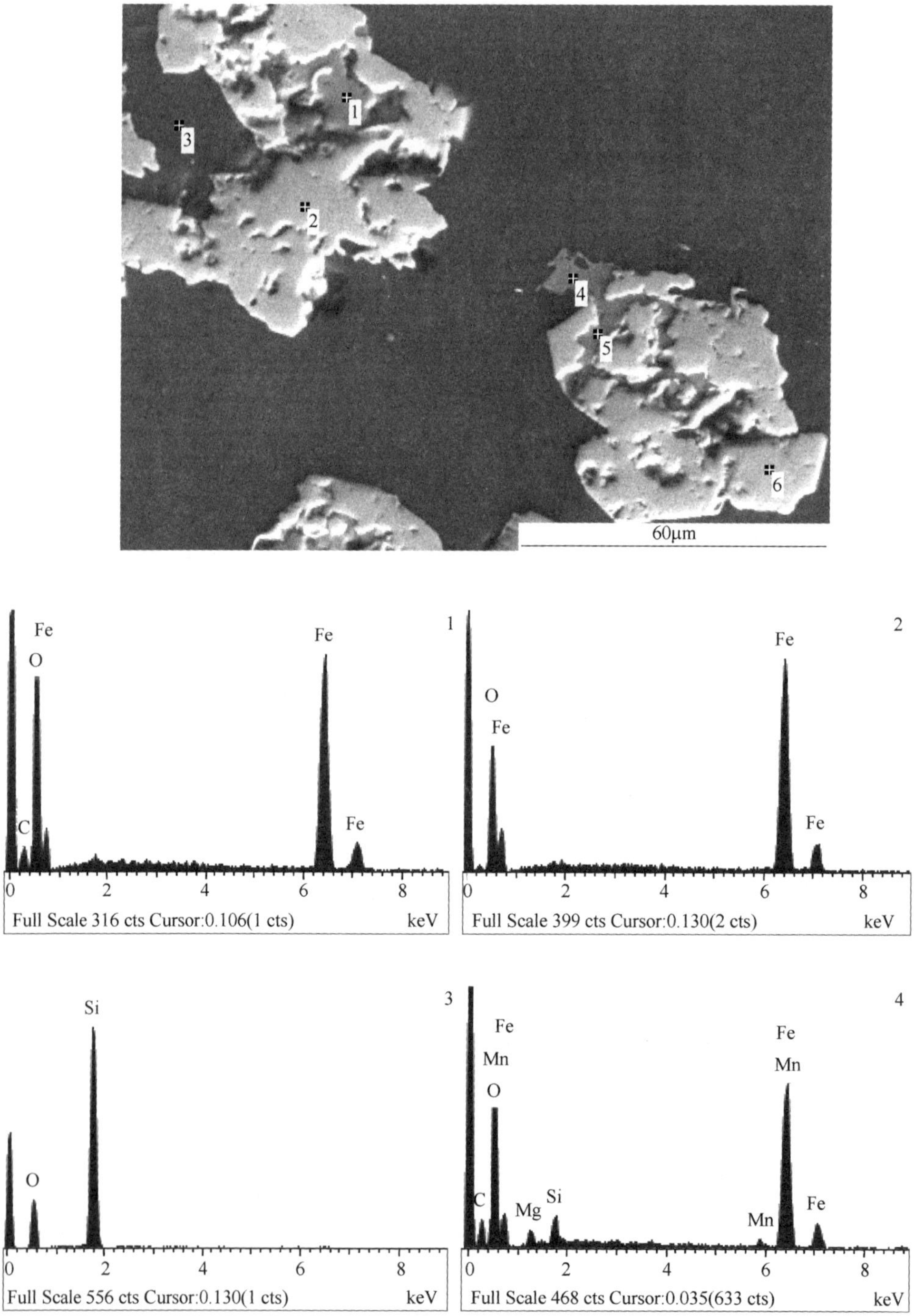
1
2
3
4
5
6
60μm
Fe
O
C
Fe
Fe
Full Scale 316 cts Cursor:0.106(1 cts)
keV
O
Fe
Fe
Fe
Full Scale 399 cts Cursor:0.130(2 cts)
keV
Si
O
Full Scale 556 cts Cursor:0.130(1 cts)
keV
Fe
Mn
O
C
Mg
Si
Mn
Fe
Mn
Fe
Full Scale 468 cts Cursor:0.035(633 cts)
keV

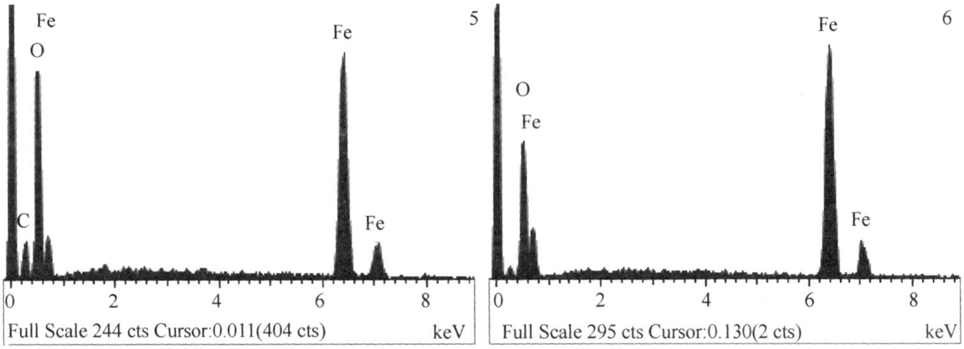

图 6-14 东鞍山含碳酸盐的假象赤铁矿扫描电镜能谱图

1—包含在假象赤铁矿中的菱铁矿；2—假象赤铁矿；3—脉石矿物石英；
4—与假象赤铁矿共结边的菱铁矿；5—包含在假象赤铁矿中的菱铁矿；6—假象赤铁矿

菱铁矿能谱分析结果表明：菱铁矿中 FeO 的含量为 49.29%，CO_2 的含量为 47.58%，与菱铁矿的理论值相差甚远（FeO 理论值 62.01%）；其中菱铁矿含有 1.62%的氧化镁，测定的多数颗粒中还含有 1.26%氧化锰（锰含量为 0.98%），部分颗粒中还含有钙，由此可知钙、镁、锰以类质同象与菱铁矿共生，但含有的硅元素的颗粒很少；在多元素分析中锰元素的含量为 0.28%，冶炼工艺中，锰元素可增加熔炼产品的硬度和黏性，减少硫的有害影响，并可改善钢的机械性能，在冶炼生产中没有不良的影响。菱铁矿中所含有钙、镁、硅等元素，会直接影响精矿产品质量。

6.2.4.4 半假象赤铁矿

根据选矿回收工艺的需要，往往把赤铁矿或假象赤铁矿交代磁铁矿不完全的集合体称之为半假象赤铁矿（图 6-15），在该矿石中，半假象赤铁矿的含量很低。采用浮选法时，这种半假象赤铁矿不影响铁矿物的回收。半假象赤铁矿一般

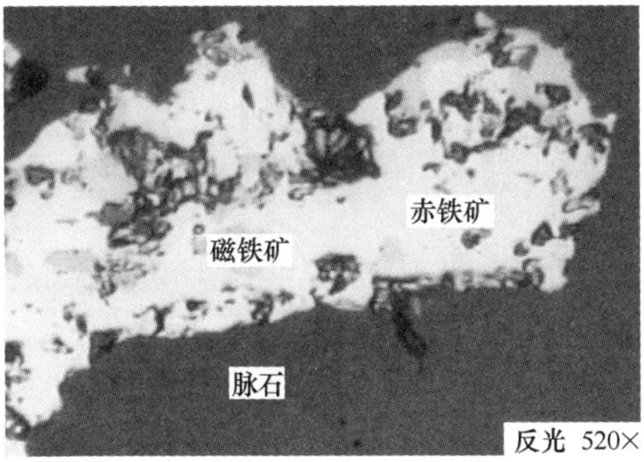

图 6-15 嵌布在脉石矿物中的半假象赤铁矿

呈粒状嵌布在脉石矿物中，粒度一般在 0.025mm 左右。可从扫描电镜能谱分析结果看出磁铁矿与赤铁矿的区别。

从显微照片与扫描电镜图中都可看出，磁铁矿与赤铁矿的共生关系复杂，基本上为赤铁矿包含磁铁矿的结构。假象赤铁矿中磁铁矿与赤铁矿的嵌布关系见扫描电镜图 6-16。

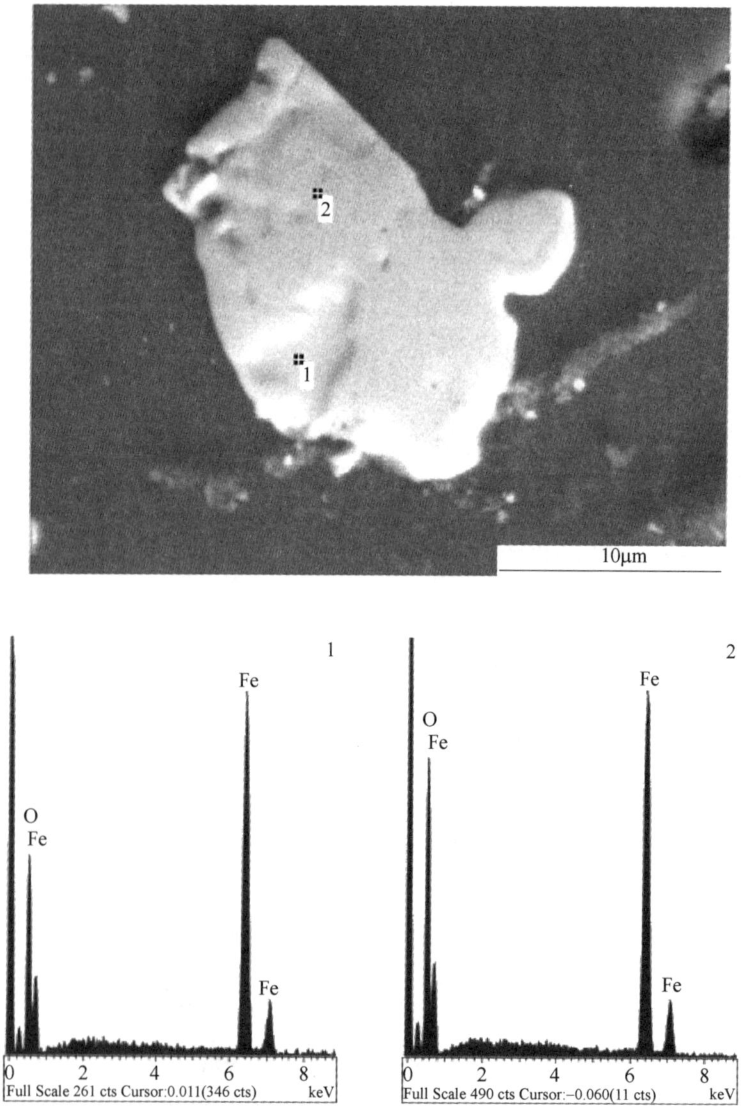

图 6-16　东鞍山半假象赤铁矿扫描电镜能谱图
1—磁铁矿；2—赤铁矿

6.2.4.5 磁铁矿

磁铁矿是矿石中含铁的矿物之一，主要以自形晶、半自形晶粒状在脉石矿物中产出，粒度一般极细，约在 0.005mm 以下（图 6-17），也可见粒度稍大些的磁铁矿，矿石中磁铁矿的含量很少，对浮选的影响不大；偶尔可见赤铁矿以包裹体的形式赋存在磁铁矿中（图 6-18），这样的矿物颗粒比较少见，对选矿没有多大的影响；偶尔也可见磁铁矿与黄铁矿共生（图 6-19），这部分磁铁矿与黄铁矿对选矿产品的影响可忽略不计。

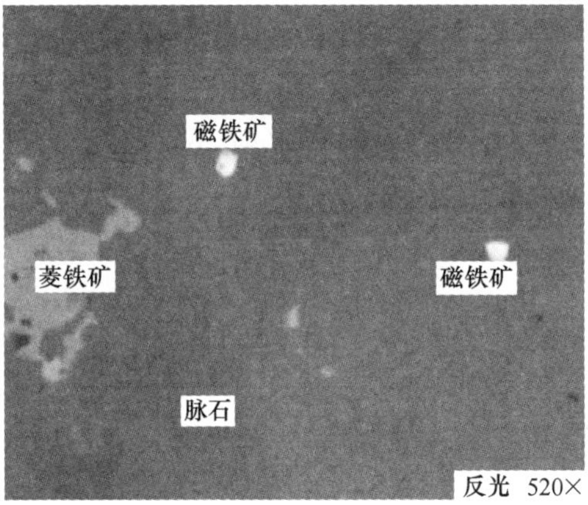

图 6-17 在脉石矿物中嵌布的自形晶粒状磁铁矿

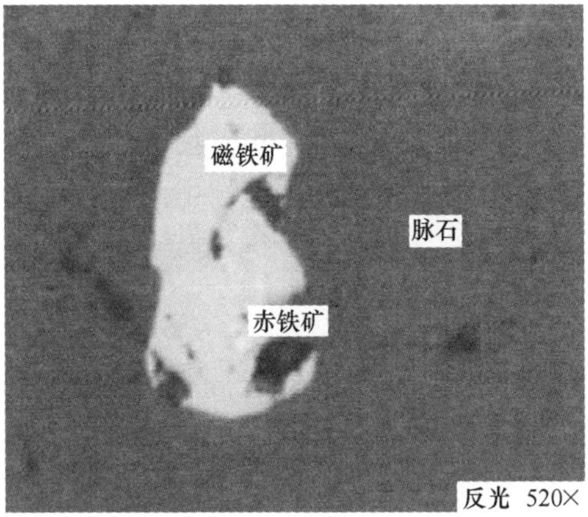

图 6-18 在磁铁矿中以包裹体形式存在的赤铁矿

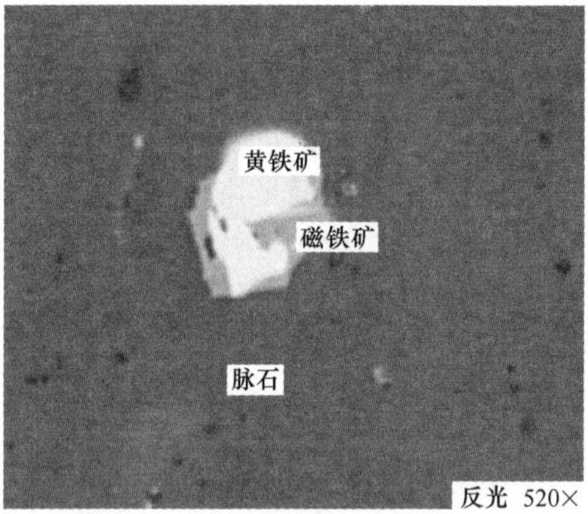

图 6-19　与磁铁矿共生的黄铁矿

6.2.4.6　黄铁矿

黄铁矿是矿石中硫的独立矿物，主要以自形晶、半自形晶、它形晶粒状产出（图 6-13、图 6-19 等）。黄铁矿与假象赤铁矿、赤铁矿、菱铁矿、脉石矿物之间的共生关系简单，由于其含量低，对选矿产品的影响可忽略不计。

6.2.4.7　黄铜矿

矿石中铜的独立矿物，主要以半自形晶、它形晶粒状产出（图 6-20）。矿石中黄铜矿的含量极少，对选矿产品的影响不大。在冶炼生产中，微量铜元素可改善钢的防锈性能。因此，微量的黄铜矿是有益的伴生元素。

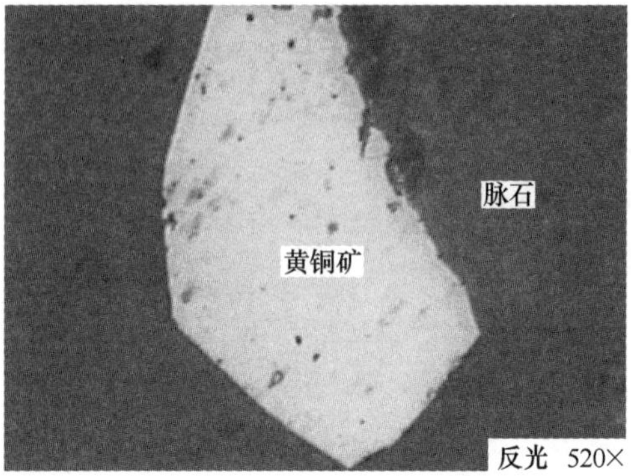

图 6-20　脉石中半自形晶产出的黄铜矿

6.2.4.8 脉石矿物

矿石中主要脉石矿物为石英，其他脉石矿物为微晶结构的方解石、少量的铁白云石及含铁的硅酸盐矿物等。

6.2.5 矿石中主要矿物的粒度特性

矿物的粒度组成是制定磨矿工艺的重要依据，为此，采用线段法对矿石中假象（半假象）赤铁矿的粒度进行了系统的测定，测定结果如表 6-5 所示。

表 6-5 假象（半假象）赤铁矿的粒度组成

粒径/mm	占有率/%	累计/%	类别	含量/%
-1.651~+1.168	2.14	2.14	粗粒	4.16
-1.168~+0.833	2.02	4.16		
-0.833~+0.589	2.16	6.32	中粒	37.39
-0.589~+0.417	1.53	7.85		
-0.417~+0.295	2.88	10.73		
-0.295~+0.208	3.94	14.67		
-0.208~+0.147	6.46	21.13		
-0.147~+0.104	9.64	30.72		
-0.104~+0.074	10.78	41.55		
-0.074+0.043	20.40	62.05	细粒	53.11
-0.043+0.020	18.27	80.22		
-0.020+0.015	6.24	86.46		
-0.015+0.010	8.20	94.66		
-0.010	5.34	100.00	微细粒	5.34
总计	100.00	—	—	100.00

从表 6-5 中可看出：矿石中矿物的粒度组成偏细，-0.074mm 级别以下假象赤铁矿的含量为 58.45%；粗粒级别的颗粒量很少为 4.16%，矿石磨矿时需要细磨才能使得假象赤铁矿与脉石矿物解离。测量粒度时由于细粒级别的假象赤铁矿有时密集嵌布在脉石中难以区分，此时测量为一整粒，这种颗粒虽然粒度粗却是假象赤铁矿颗粒局部富集的结果；微细粒的假象赤铁矿含量为 5.34%，磨矿时难以解离，易损失在尾矿中。

在测量粒度时没有单独测量菱铁矿的粒度，但是矿石中菱铁矿的含量高，菱铁矿与假象赤铁矿、赤铁矿等矿物之间的共生关系紧密，相互之间的嵌布关系复杂，又是可回收的铁矿物之一，因此不需要菱铁矿与假象赤铁矿、赤铁矿之间实现单体解离。

6.2.6 影响选矿指标的矿物学因素

在工业生产上影响选矿指标的因素很多，但矿石性质是最主要的因素。工艺矿物学研究结果表明，矿石中铁主要赋存在假象赤铁矿中，其次赋存在菱铁矿和极少量的磁铁矿中。由于东鞍山烧结厂生产实践中，贫赤铁矿的浮选效果不理想，尤其是 FeO 含量高时，铁矿物的浮选回收困难很大，因此该类矿石属于难选矿石之一。

矿石中主要矿物不仅嵌布粒度细，而且不均匀，无论是假象赤铁矿还是菱铁矿集合体大多为细粒嵌布。在-0.010mm 粒级中假象赤铁矿的占有率为 5.34%，因而在磨矿过程中实现单体解离比较困难，尤其是局部富集的细粒假象赤铁矿单体解离效果会不理想，导致最终精矿中含杂量加大。

因此，针对该类矿石选择合理的磨矿工艺和细度十分重要，由于矿石中假象赤铁矿不仅嵌布粒度细而且不均匀，因此要获得较好的选矿指标细磨矿是必需的，但是还要防止矿石的过磨，产生泥化现象。

6.3 东鞍山含碳酸盐赤铁矿石浮选分离基础研究

6.3.1 主要矿物可浮性研究

为了系统考察含碳酸盐赤铁矿石中各伴生矿物的浮游和分离特性，选取并制备了菱铁矿、磁铁矿、铁白云石、赤铁矿、石英纯矿样，经显微镜镜下鉴定、X 射线衍射和化学分析表明，上述单矿物纯度均在 95%以上。

主要考察了在阴离子捕收剂浮选体系（油酸钠）中单矿物的天然可浮性以及金属离子、无机调整剂、有机抑制剂以及组合调整剂对矿物可浮性的影响，以期找出各种伴生矿物的浮游性差异、碳酸盐存在时影响浮选指标的因素、碳酸盐铁矿物浮选的走向和分离最佳方案等，并通过人工混合矿和实际矿石的浮选分离试验进行验证，找到处理含碳酸盐赤铁矿石的浮选新工艺，并确定适宜的浮选工艺流程和条件，为解决东鞍山烧结厂含碳酸盐赤铁矿石的浮选分离问题奠定基础。

6.3.1.1 矿物的天然可浮性研究

油酸钠浮选体系中，主要矿物磁铁矿、菱铁矿、石英、铁白云石和磁铁矿的天然可浮性如图 6-21 所示。

由图 6-21 可以看出，在一定用量范围内，随着油酸钠用量增加赤铁矿、菱铁矿、磁铁矿、铁白云石回收率逐渐增加而石英回收率一直为零。可见油酸钠对除石英以外的四种纯矿物均有良好的捕收性能。

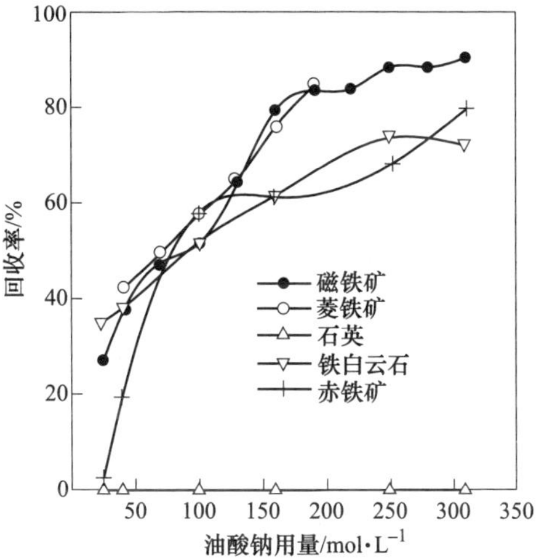

图 6-21 矿物的回收率与油酸钠用量的关系

油酸钠在矿物表面作用时，当其在溶液中的浓度增大到某一值后，可以形成胶团。此时油酸钠在溶液中的浓度称为临界胶束浓度，简记为 CMC。当形成半胶束时的浓度为半胶束浓度，简记为 HMC。一般认为 HMC =（1/10 ~ 1/100）CMC。HMC 一般作为捕收剂用量下限，故油酸钠的参考用量的下限为 $1.87\times10^{-6}\sim1.87\times10^{-5}$mol/L。通常把不发生浮选或回收率下降时的捕收剂浓度称为临界抑制浓度，简记为 CDC。CDC 约为 CMC 的 4 倍。故可近似把 4CMC 作为捕收剂用量的上限。所以参考油酸钠用量的上限为 7.48×10^{-4}mol/L。由此得出油酸钠的近似理论用量范围为 $1.87\times10^{-6}\sim7.48\times10^{-4}$mol/L。结合图 6-21，本试验选取油酸钠用量为 5.26×10^{-4}mol/L（160mg/L）。

在油酸钠（160mg/L）浮选体系中各纯矿物的回收率与 pH 值关系如图 6-22 所示，各纯矿物 ζ 电位与 pH 值关系如图 6-23 所示。

从上述结果可知，除了石英外，矿石中磁铁矿、菱铁矿、赤铁矿和铁白云石在油酸钠浮选体系中一定的 pH 值范围内均具有较好的可浮性：磁铁矿的浮游 pH 值为 4~9，菱铁矿的浮游 pH 值区间较窄，为 4~6，铁白云石的浮游 pH 值为 7~13，赤铁矿有两个回收率的高峰，一个在 pH 值为 3 附近，一个在 pH 值为 9 附近。在 pH 值小于 4 时，磁铁矿和赤铁矿的可浮性较好，而石英、菱铁矿和铁白云石的可浮性较差，故在强酸性条件下有可能实现磁铁矿、赤铁矿与石英、菱铁矿和铁白云石的浮选分离。

由油酸钠各组分的浓度对数图 6-24 可以看出，对磁铁矿、铁白云石浮选起主要作用的是油酸根离子；由图 6-22 和 6-23 可以看出，菱铁矿在其动电电位为零（pH 值为 5）附近时回收率达到最大值，结合图 6-24 可以分析出，此时对菱铁

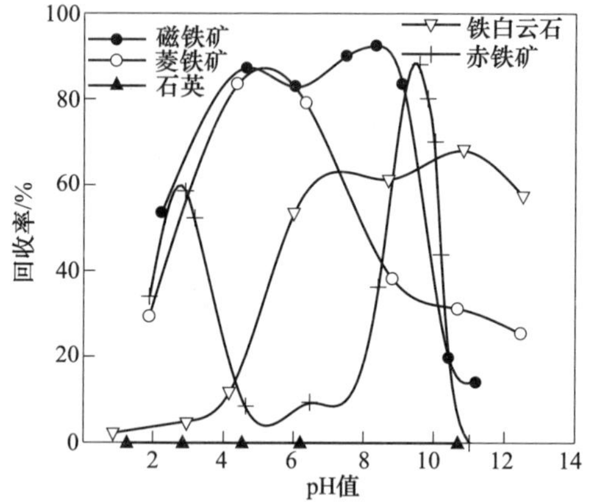

图 6-22　矿物的回收率与 pH 值的关系（NaOl 160mg/L）

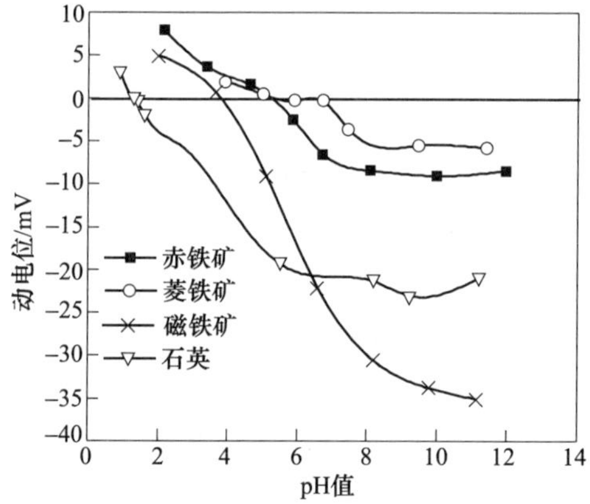

图 6-23　纯矿物 ζ 电位与 pH 值关系图

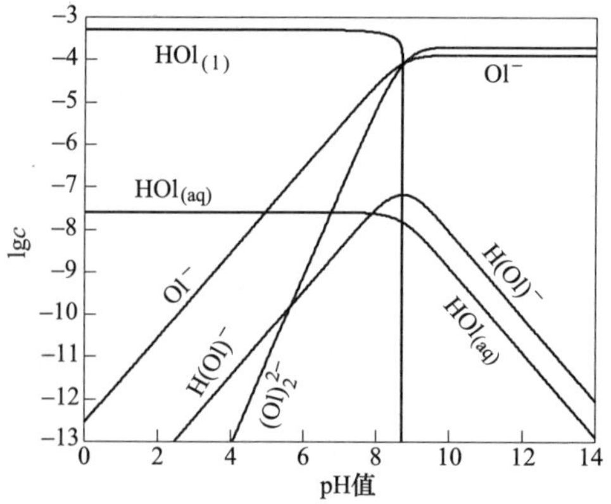

图 6-24　油酸钠各组分的浓度对数图（$c=5.26\times10^{-4}$mol/L）

矿浮选起主要作用的可能是油酸根离子和油酸分子；图 6-24 显示，在 pH 值为 8.7 时油酸钠在水溶液中主要以离子-分子聚合物的形式存在，这是导致赤铁矿在 pH 值为 9 附近时回收率达到最大的原因。

6.3.1.2 金属离子对矿物可浮性的影响

金属阳离子在矿物表面的吸附导致矿物表面特性发生改变，从而直接影响了矿物在捕收剂体系中的可浮性。因此，研究金属离子在不同矿物表面的吸附能力和吸附状态对矿物浮选分离具有重要的意义。

A 油酸钠浮选体系中 $CaCl_2$ 对矿物可浮性的影响

油酸钠浮选体系中（NaOl 160mg/L），$CaCl_2$ 对磁铁矿、菱铁矿、石英、铁白云石和赤铁矿可浮性的影响如图 6-25 所示。可以看出，Ca^{2+}的加入对磁铁矿的

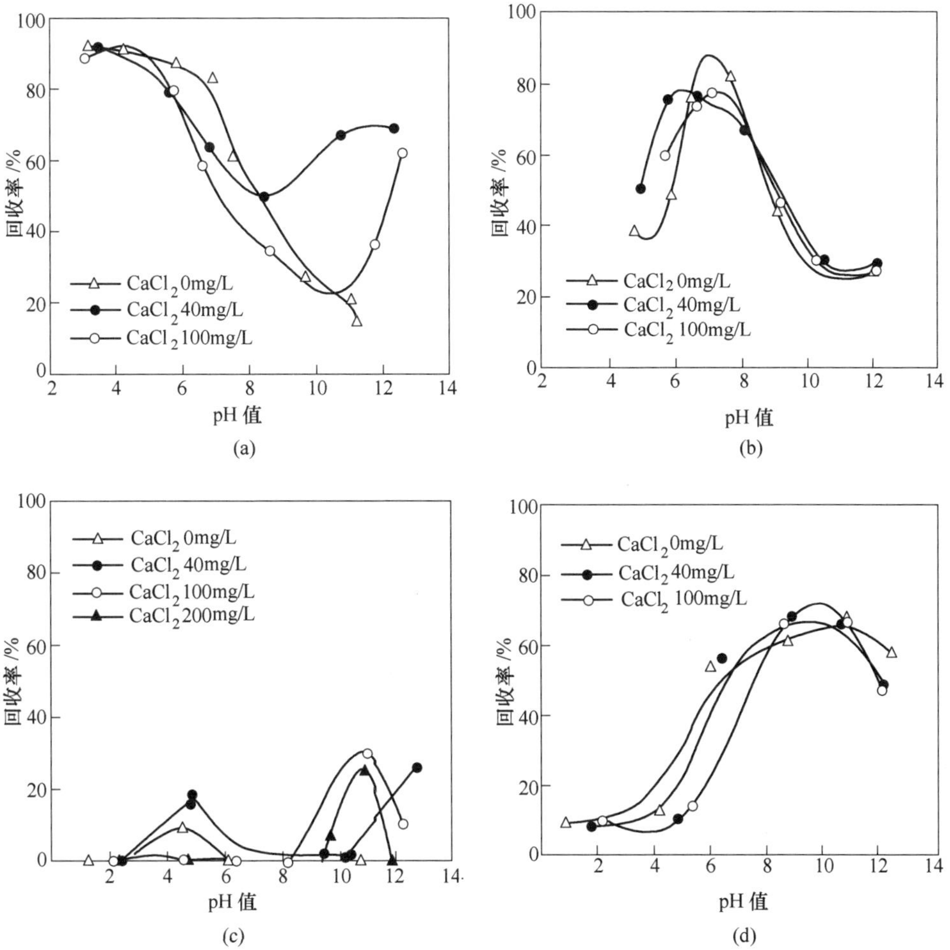

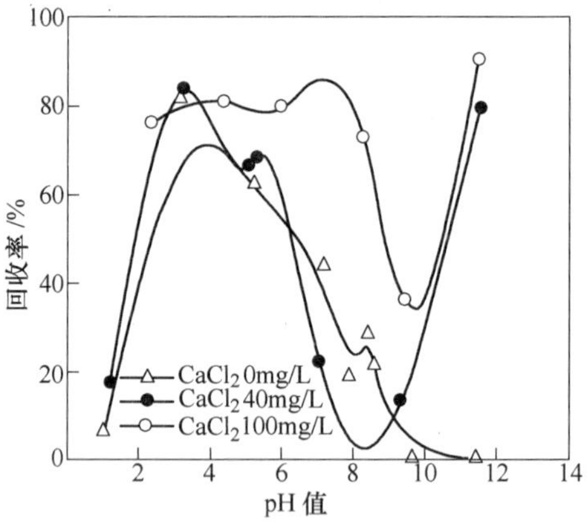

(e)

图 6-25　油酸钠浮选体系中 $CaCl_2$ 对矿物可浮性的影响

(a) $CaCl_2$ 对磁铁矿可浮性的影响；(b) $CaCl_2$ 对菱铁矿可浮性的影响；(c) $CaCl_2$ 对石英可浮性的影响；(d) $CaCl_2$ 对铁白云石可浮性的影响；(e) $CaCl_2$ 对赤铁矿可浮性的影响

可浮性没有太大影响，但是对菱铁矿、铁白云石、赤铁矿有一定的抑制作用，这是因为加入的 $CaCl_2$ 与捕收剂反应，消耗了矿浆中的捕收剂离子的缘故。

矿浆中加入的 Ca^{2+} 对石英的可浮性产生了比较大的影响，在碱性条件下石英被活化，回收率在 pH 值大于 10 以后迅速升高并且在 pH 值为 11 时达到最大值，当 pH 值继续升高时回收率不升反降，说明石英浮选有一个合适的 pH 值范围，所以可以认为 $Ca(OH)^+$ 的生成对石英的浮选起了重要作用，其活化机理主要为：

(1) 钙离子羟基络合物与石英表面裸露的羟基化的硅原子通过氢键或者脱除水的方式键合。

(2) 石英表面裸露的氧原子也可以以氢键或者脱除水的方式与 $Ca(OH)^+$ 作用。随着 pH 值继续升高，矿浆中的 OH^- 浓度急剧增加，OH^- 和 $RCOO^-$ 在石英表面发生竞争吸附，减少了 $RCOO^-$ 与 $Ca(OH)^+$ 结合的机会，同时由于生成了易于矿物表面脱落的 $Ca(OH)_2$ 沉淀。所以石英的回收率有下降的趋势。

从结果可知，在强碱性条件下，$CaCl_2$ 对石英、赤铁矿和磁铁矿均具有较好的活化作用，但对菱铁矿和铁白云石的活化作用一般。故在强碱性条件下，只采用 $CaCl_2$ 作调整剂时，难以实现这些矿物之间的浮选分离。

石英用盐酸处理后，$CaCl_2$ 对石英的活化作用如图 6-26 所示。结果表明，当石英表面的氧化物等污染物被清除后，在强碱性条件下 $CaCl_2$ 对石英的活化作用增强，而且 $CaCl_2$ 在较少用量下（40mg/L）就可获得较好的浮选效果，当 $CaCl_2$ 用量继续增加时，活化作用的提高效果不明显。

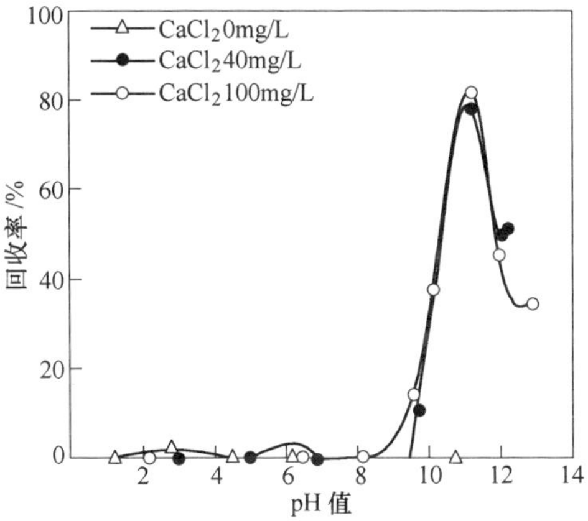

图 6-26 油酸钠浮选体系中 $CaCl_2$ 对盐酸清洗后石英可浮性的影响

B 油酸钠浮选体系中 $AlCl_3$ 对矿物可浮性的影响

油酸钠浮选体系中（NaOl 160mg/L），$AlCl_3$ 对磁铁矿、菱铁矿、石英、铁白云石和赤铁矿可浮性的影响如图 6-27 所示。

由图 6-27 可以看出，当 $AlCl_3$ 用量为 20mg/L 时，Al^{3+} 在酸性及中性条件下对赤铁矿的浮选起活化作用，结合图 6-28 可知其活化机理主要为油酸根离子与吸附在赤铁矿表面的铝离子的羟基络合物发生了化学键合，导致赤铁矿表面疏水性增加所致。在碱性条件下，当 $AlCl_3$ 用量增加时，赤铁矿表面产生的 $Al(OH)_3$ 沉淀不能与油酸根离子发生化学键合，也就是这些沉淀对赤铁矿的浮选起抑制作用，从而导致赤铁矿的回收率急剧下降。

在整个 pH 值范围内，$AlCl_3$ 的加入并没有改变碳酸盐的可浮性趋势，这是由于碳酸盐表面的不稳定性导致 Al^{3+} 的羟基络合物不能稳定的固着在碳酸盐表面。使其不能对碳酸盐的可浮性趋势产生影响，而只能与矿浆中的油酸根离子发生化学作用，使矿浆中的捕收剂离子减少，从而导致了碳酸盐的上浮量随着 $AlCl_3$ 用量的增加而逐渐减少。

在整个 pH 值范围内 $AlCl_3$ 对磁铁矿的浮选起抑制作用。当 $AlCl_3$ 用量少时可以对石英浮选起活化作用，当用量多时溶液中产生的 $Al(OH)_3$ 沉淀对石英浮选起抑制作用。

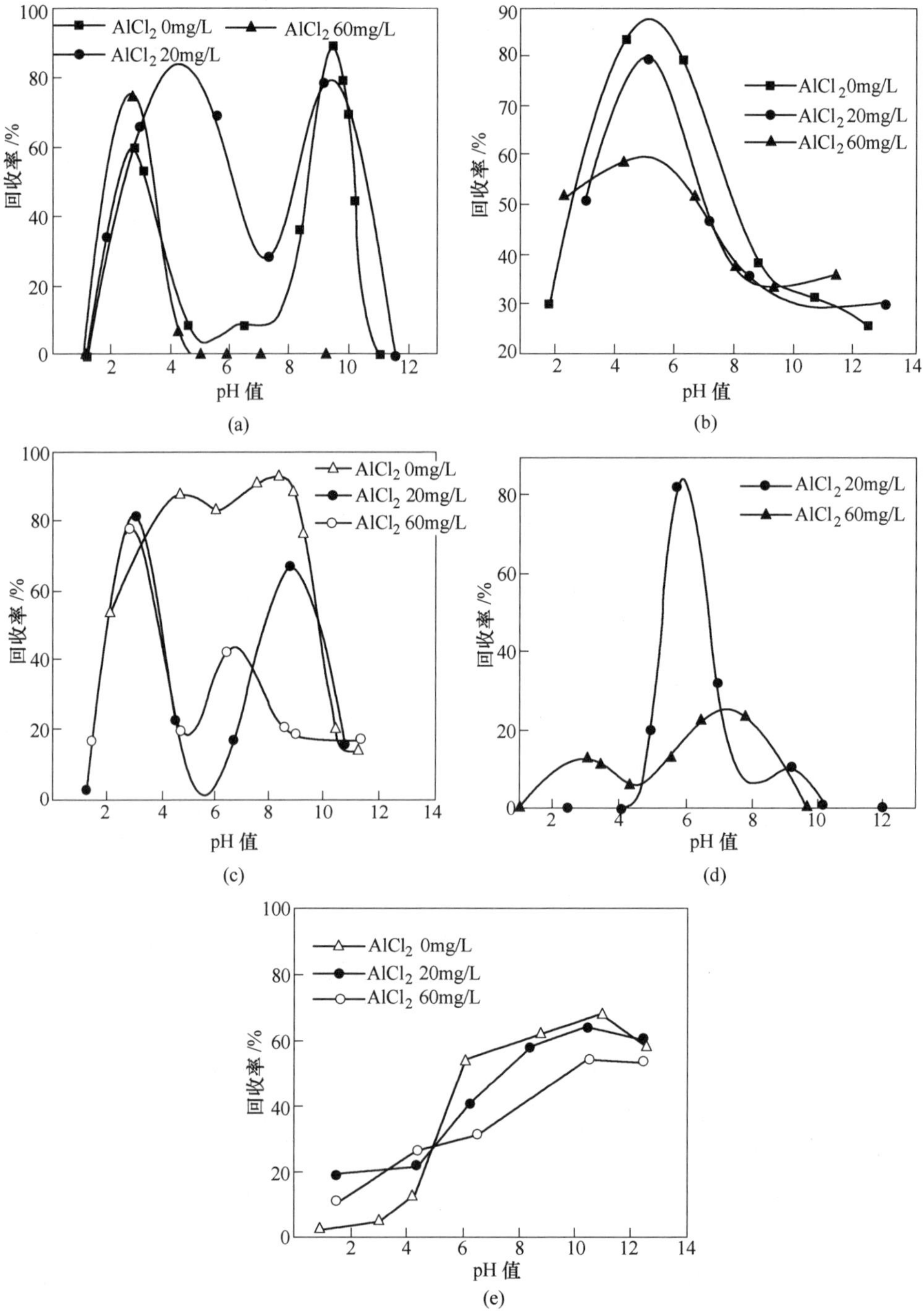

图 6-27　$AlCl_3$ 对赤铁矿、菱铁矿、磁铁矿、石英、铁白云石和可浮性的影响

（a）$AlCl_3$ 对赤铁矿可浮性的影响；（b）$AlCl_3$ 对菱铁矿可浮性的影响；（c）$AlCl_3$ 对磁铁矿可浮性的影响；（d）$AlCl_3$ 对石英可浮性的影响；（e）$AlCl_3$ 对铁白云石可浮性的影响

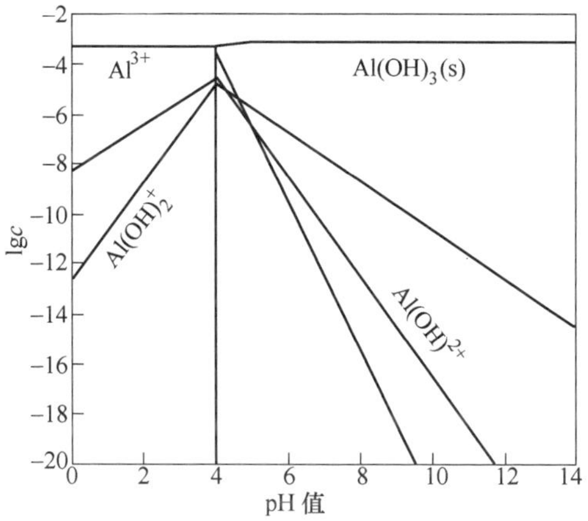

图 6-28 Al^{3+}(4.5×10^{-4}mol/L) 对数浓度图

从结果可知，除了 $AlCl_3$ 对石英在 pH 值为 4~8 时具有较好的活化作用外，在一定的条件下 $AlCl_3$ 对赤铁矿、磁铁矿、铁白云石和菱铁矿均具有抑制作用，尤其对磁铁矿和赤铁矿，当 $AlCl_3$ 用量为 60mg/L 时在整个 pH 值范围均具有较好的抑制作用，但对菱铁矿和铁白云石的抑制作用较小。因此，$AlCl_3$ 作为调整剂，可实现石英与磁铁矿、赤铁矿的浮选分离，但菱铁矿和铁白云石仍具有一定的可浮性，难以完全进入精矿或尾矿。

C 油酸钠浮选体系中 $FeCl_3$ 对矿物可浮性的影响

油酸钠浮选体系中（NaOl 160mg/L），$FeCl_3$ 对磁铁矿、菱铁矿、石英、铁白云石和赤铁矿可浮性的影响如图 6-29 所示。

结果可知，油酸钠浮选体系中 $FeCl_3$ 除了对石英在 pH 值为 3~10 时具有较好的活化作用外，对其他矿物的活化作用不显著。$FeCl_3$ 在 pH 值为 4~6 时对磁铁矿具有一定的抑制作用，对铁白云石在碱性条件下具有较好的抑制作用，对赤铁矿和菱铁矿的抑制作用不明显。因此，以 $FeCl_3$ 作为调整剂，难以实现这些矿物之间的浮选分离。

D 油酸钠浮选体系中 CaO 对矿物可浮性的影响

由于 CaO 是一种较为廉价的药剂，既可作为 pH 值调整剂调节矿浆酸碱度，又可引入 Ca^{2+}活化石英，是目前铁矿阴离子反浮选广泛使用的一种调整剂。因此，有必要考察 CaO 对含碳酸盐赤铁矿石中各种伴生矿物可浮性的影响，以便于找到使用 CaO 的最佳条件。

油酸钠浮选体系中（NaOl 160mg/L），CaO 对磁铁矿、菱铁矿、石英、铁白云石和赤铁矿可浮性的影响如图 6-30 所示。

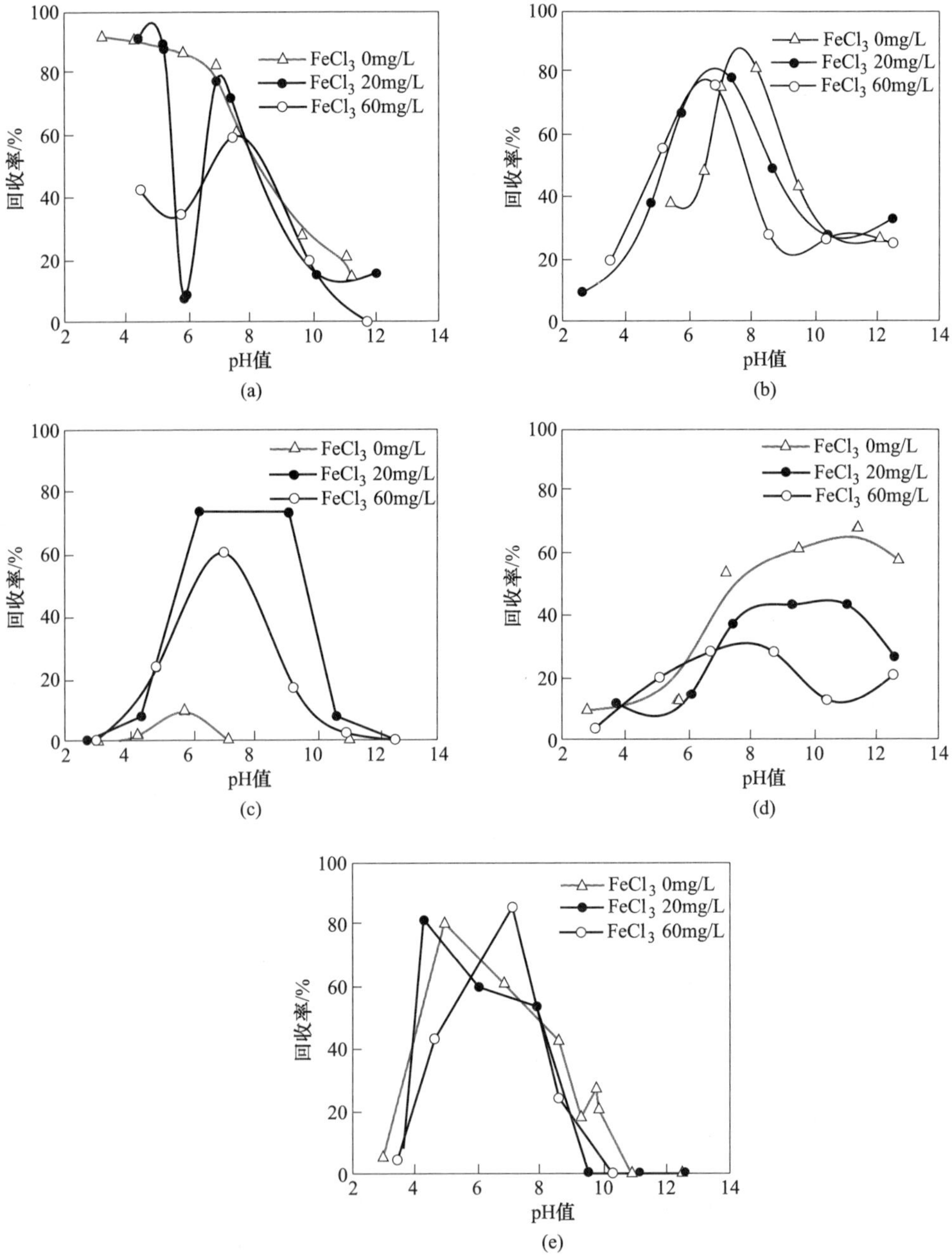

图 6-29　油酸钠浮选体系中 $FeCl_3$ 对矿物可浮性的影响

(a) $FeCl_3$ 对磁铁矿可浮性的影响；(b) $FeCl_3$ 对菱铁矿可浮性的影响；

(c) $FeCl_3$ 对石英可浮性的影响；(d) $FeCl_3$ 对铁白云石可浮性的影响；

(e) $FeCl_3$ 对赤铁矿可浮性的影响

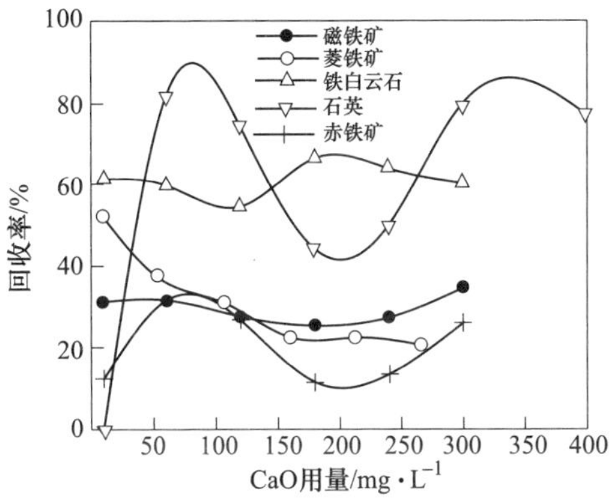

图 6-30 油酸钠浮选体系中 CaO 对矿物可浮性的影响

从结果可知，在一定的用量下，CaO 对石英、赤铁矿具有较好的活化作用，但对磁铁矿、铁白云石的影响不大，对菱铁矿具有抑制作用。CaO 活化石英时，当其用量为 100mg/L 时，具有最好的活化作用，当其用量增加至 200mg/L 时，其活化作用效果降低，而后继续增加用量时，其活化作用又呈上升趋势。相对而言，CaO 对赤铁矿的活化作用较小。但从图中可以看出，只以 CaO 作为调整剂还不足以浮选分离该矿石中的各种矿物，因此，还需通过与其他药剂的组合来扩大矿物之间的浮游差。

6.3.1.3 无机阴离子调整剂对矿物可浮性的影响

无机阴离子调整剂在浮选中常常作为抑制剂使用。对矿物浮选的主要作用有：

(1) 在矿物表面形成亲水性化合物薄膜、离子吸附膜或亲水性胶粒等作用形式，使矿物表面亲水化或削弱对捕收剂的吸附特性，从而起抑制作用。

(2) 溶去矿物表面由捕收剂所形成的疏水性覆盖膜，使捕收剂从矿物表面解吸，或者与捕收剂在矿物表面竞争吸附，当无机阴离子调整剂吸附强度以及浓度足够时，使捕收剂解吸，在矿物表面形成调整剂的亲水性薄膜。

(3) 增加或减少矿物表面的捕收剂吸附活性点。

(4) 改变矿浆的离子分子组成。

A 酸钠浮选体系中 $(NaPO_3)_6$ 对矿物可浮性的影响

油酸钠浮选体系中（NaOl 160mg/L），$(NaPO_3)_6$ 对磁铁矿、菱铁矿、石英、铁白云石和赤铁矿可浮性的影响如图 6-31 所示。

从结果可知，$(NaPO_3)_6$ 对磁铁矿、菱铁矿、石英、铁白云石和赤铁矿均具有较强的抑制作用。因此，只采用 $(NaPO_3)_6$ 无法增加上述各种矿物之间的浮游差。但可考虑在 $(NaPO_3)_6$ 抑制作用下，采用选择性活化赤铁矿或菱铁矿的药

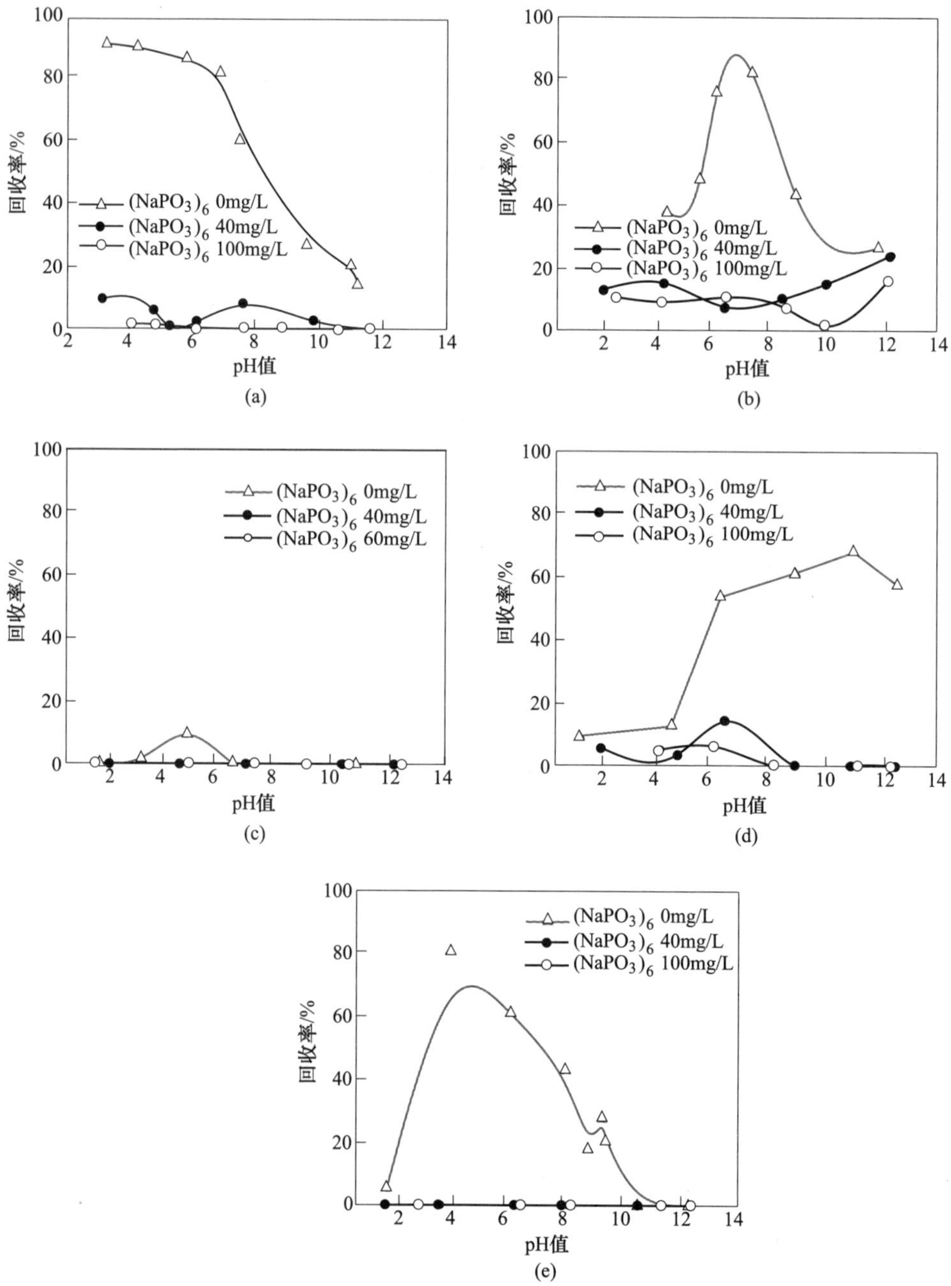

图 6-31　油酸钠浮选体系中 $(NaPO_3)_6$ 对矿物可浮性的影响

(a) $(NaPO_3)_6$ 对磁铁矿可浮性的影响；(b) $(NaPO_3)_6$ 对菱铁矿可浮性的影响；
(c) $(NaPO_3)_6$ 对石英可浮性的影响；(d) $(NaPO_3)_6$ 对铁白云石可浮性的影响；
(e) $(NaPO_3)_6$ 对赤铁矿可浮性的影响

剂，实现赤铁矿或菱铁矿与其他矿物之间的分离。

B 油酸钠浮选体系中 Na_2SiO_3 对矿物可浮性的影响

油酸钠浮选体系中（NaOl 160mg/L），Na_2SiO_3 对磁铁矿、菱铁矿、石英、铁白云石和赤铁矿可浮性的影响如图 6-32 所示。

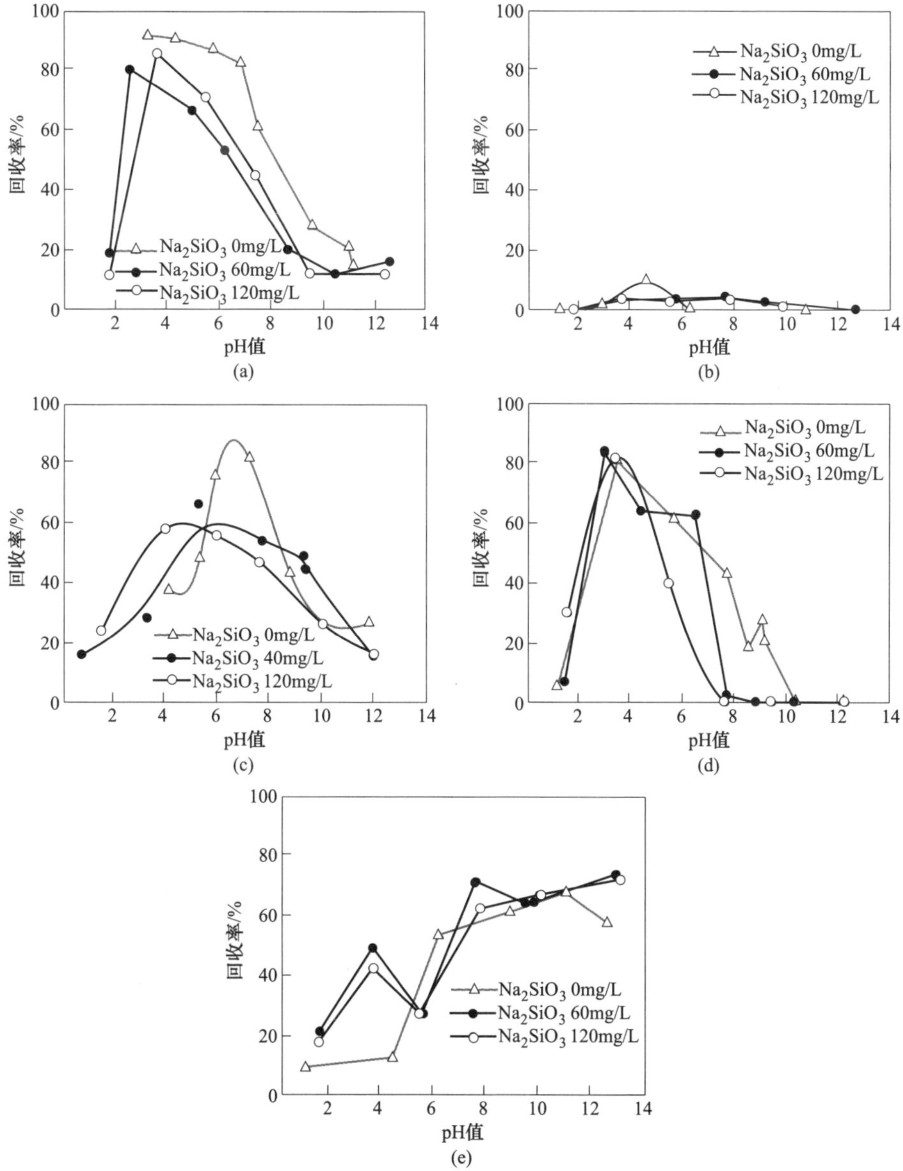

图 6-32 油酸钠浮选体系中 Na_2SiO_3 对矿物可浮性的影响

（a）Na_2SiO_3 对磁铁矿可浮性的影响；（b）Na_2SiO_3 对石英可浮性的影响；（c）Na_2SiO_3 对菱铁矿可浮性的影响；（d）Na_2SiO_3 对赤铁矿可浮性的影响；（e）Na_2SiO_3 对铁白云石可浮性的影响

上述结果表明，Na_2SiO_3 对磁铁矿和菱铁矿具有轻微的抑制作用，对石英、赤铁矿和铁白云石的抑制作用不明显。Na_2SiO_3 难以增加上述各种矿物之间的浮游差，因此，不宜作为该含碳酸盐赤铁矿石浮选分离的选择性调整剂。

C　油酸钠浮选体系中 Na_2S 对矿物可浮性的影响

油酸钠浮选体系中（NaOl 160mg/L），Na_2S 对磁铁矿、菱铁矿、石英、铁白云石和赤铁矿可浮性的影响如图 6-33 所示。

从结果可知，Na_2S 在酸性条件下对赤铁矿具有抑制作用，但在碱性条件下却具有活化作用，在强酸性条件下对磁铁矿具有较强的抑制作用，对石英、菱铁矿、赤铁矿和铁白云石的抑制作用不明显。Na_2S 难以作为该含碳酸盐矿石分选的选择性调整剂。

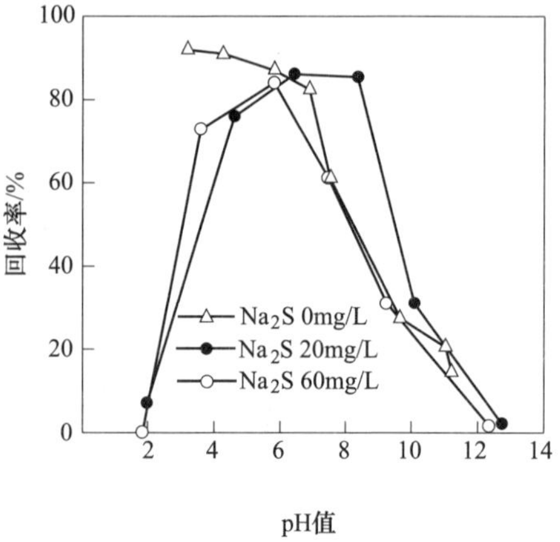

(a)

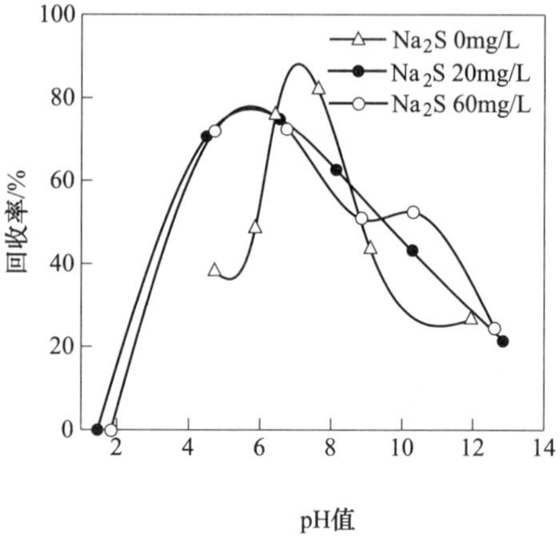

(b)

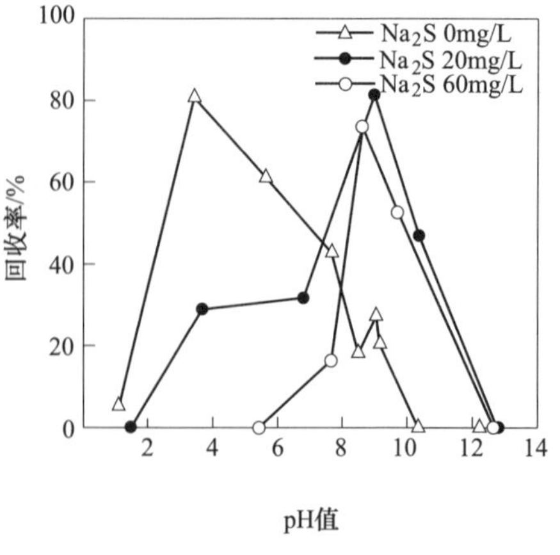

(c)

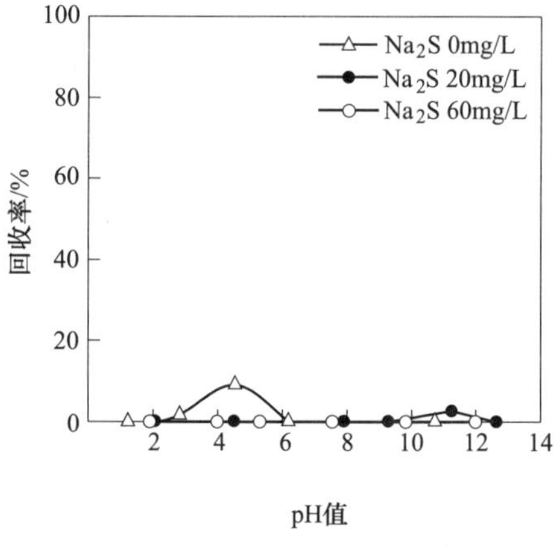

(d)

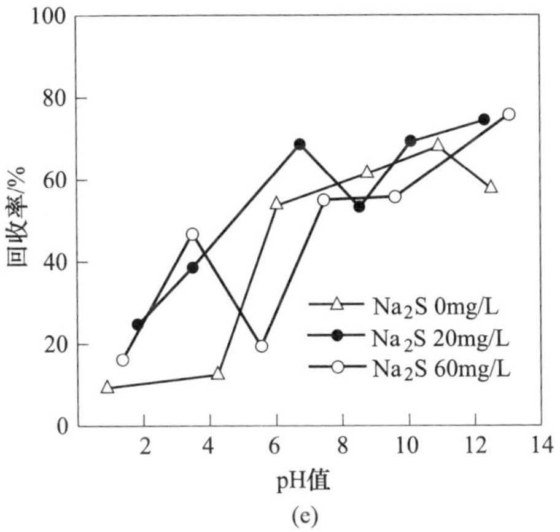

图 6-33 油酸钠浮选体系中 Na_2S 对矿物可浮性的影响

(a) Na_2S 对磁铁矿可浮性的影响；(b) Na_2S 对菱铁矿可浮性的影响；(c) Na_2S 对赤铁矿可浮性的影响；(d) Na_2S 对石英可浮性的影响；(e) Na_2S 对铁白云石可浮性的影响

6.3.1.4 有机调整剂对矿物可浮性的影响

有机调整剂也是氧化矿浮选中常用的抑制剂，其对矿物主要有以下几种作用：

(1) 改变矿浆离子组成及去活。有机抑制剂与矿浆中的“难免”离子作用，掩蔽、消除这些活化离子对矿物的活化作用。

(2) 使矿物表面亲水性大增。有机抑制剂带有多个极性基，其中包括对矿物的亲水基和其他亲水基，当一个（或几个）极性基与矿物作用后，另一些亲水基朝向矿物表面之外使其呈较强的亲水性，降低可浮性。

(3) 使已吸附于矿物表面的捕收剂解吸或防止捕收剂吸附。一些有机抑制剂与捕收剂能在矿物表面发生竞争吸附而减少矿物表面捕收剂的吸附量。

有机抑制剂能否在矿物表面吸附以及吸附固着强度，主要取决于药剂分子中极性基的极性以及矿物表面的性质，其中的作用方式有以下几种：

(1) 在矿物表面双电层中靠静电引力发生吸附；

(2) 通过氢键和范德华力吸附于矿物表面；

(3) 通过化学吸附以及表面化学反应使有机抑制剂在矿物表面吸附；

(4) 多种吸附形式同时存在。

有机调整剂分为高分子量有机调整剂和低分子量有机调整剂，本节主要研究高分子量有机调整剂对这五种纯矿物浮选的影响。

A 油酸钠浮选体系中 Na_2S 对矿物可浮性的影响

油酸钠浮选体系中（NaOl 160mg/L），淀粉对磁铁矿、菱铁矿、石英、铁白云石和赤铁矿可浮性的影响如图 6-34 所示。

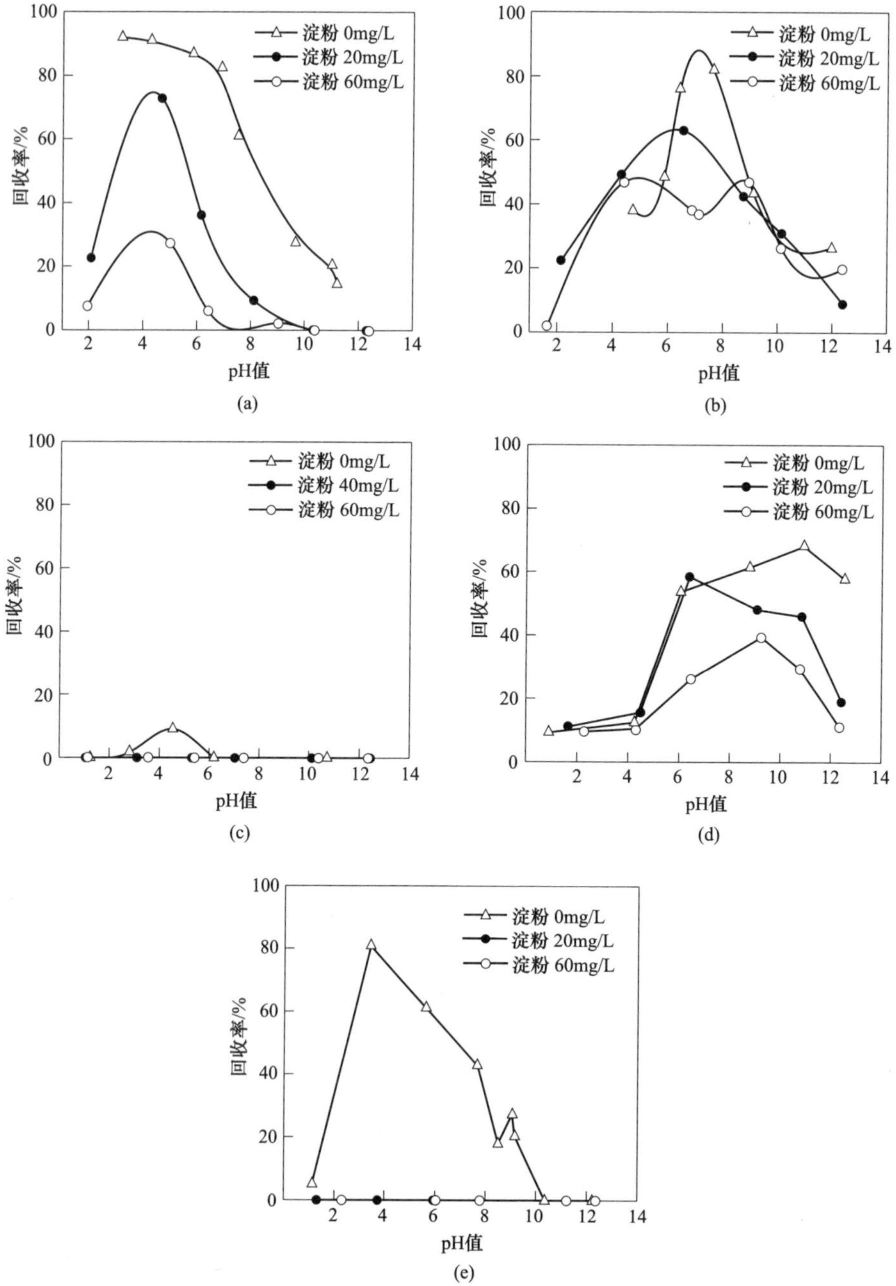

图 6-34　油酸钠浮选体系中淀粉对矿物可浮性的影响

（a）淀粉对磁铁矿可浮性的影响；（b）淀粉对菱铁矿可浮性的影响；（c）淀粉对石英可浮性的影响；（d）淀粉对铁白云石可浮性的影响；（e）淀粉对赤铁矿可浮性的影响

由图 6-34 可知，在油酸钠浮选体系中淀粉对赤铁矿和磁铁矿均具有强烈的抑制作用，但对菱铁矿和铁白云石的抑制作用不强。因此，淀粉可作为赤铁矿的典型抑制剂。淀粉对菱铁矿和铁白云石等碳酸盐类矿物的抑制作用不强，这是造成当含碳酸盐矿物存在时，碳酸盐矿物不能完全被抑制而进入精矿中，也不能完全被活化而进入尾矿的原因。

B 油酸钠浮选体系中腐殖酸钠对矿物可浮性的影响

油酸钠浮选体系中（NaOl 160mg/L），腐殖酸钠对磁铁矿、菱铁矿、石英、铁白云石和赤铁矿可浮性的影响如图 6-35 所示。

由图 6-35 可知，在油酸钠浮选体系中腐殖酸钠对磁铁矿和石英在整个 pH 值范围内均具有强烈的抑制作用，对菱铁矿、铁白云石和赤铁矿也具有一定的抑制作用，但在 pH 值为 5 时对菱铁矿和铁白云石、pH 值为 7 时对赤铁矿的抑制作用较弱；当腐殖酸钠用量增加时，对矿物的抑制作用增强。

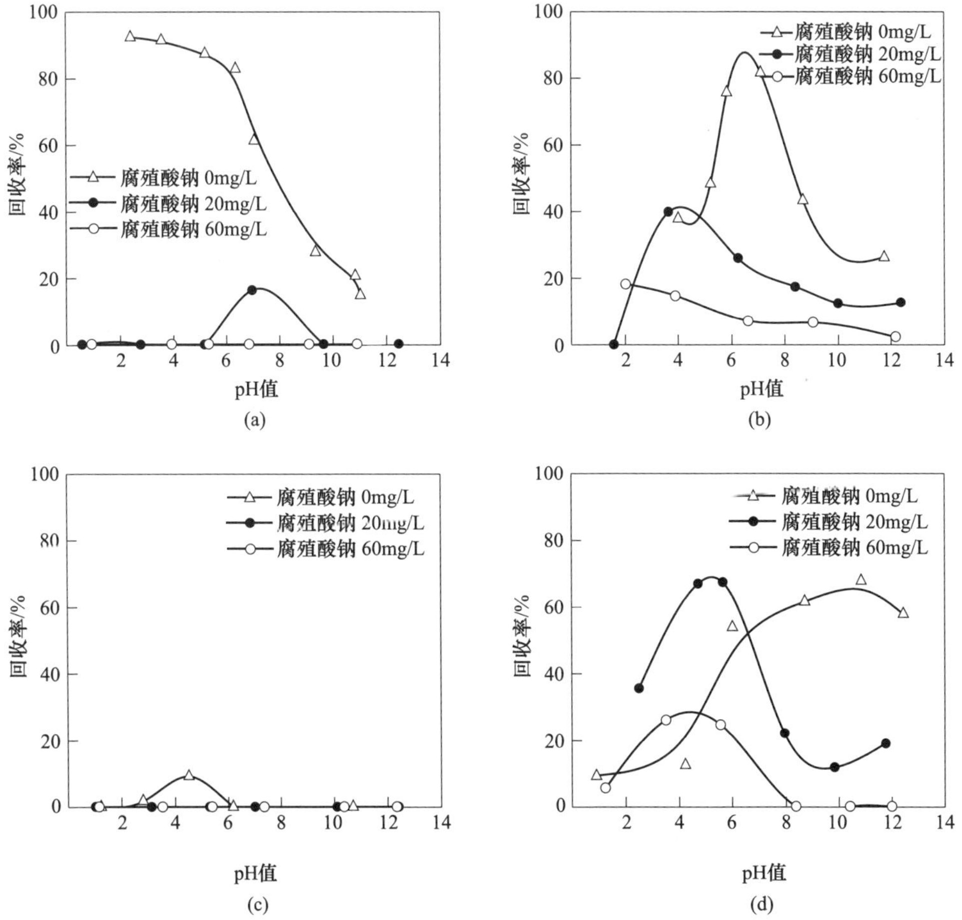

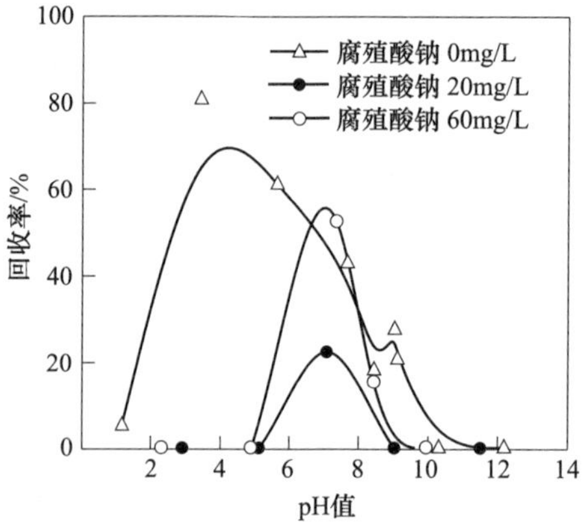

(e)

图 6-35　油酸钠浮选体系中腐殖酸钠对矿物可浮性的影响

（a）腐殖酸钠对磁铁矿可浮性的影响；（b）腐殖酸钠对菱铁矿可浮性的影响；
（c）腐殖酸钠对石英可浮性的影响；（d）腐殖酸钠对铁白云石可浮性的影响；
（e）腐殖酸钠对赤铁矿可浮性的影响

6.3.1.5　组合调整剂对矿物可浮性的影响

上述各种类型调整剂对磁铁矿、菱铁矿、赤铁矿、铁白云石和石英可浮性影响的研究结果为进一步分选含碳酸盐赤铁矿石打下了基础，但从研究结果可知，靠采用单一调整剂实现上述矿物之间的分离具有一定的难度。为此，研究组合调整剂对各种矿物可浮性的影响，以期找出不同矿物之间的浮游差，实现含碳酸盐赤铁矿石的浮选分离。试验工艺流程如图 6-36 所示。

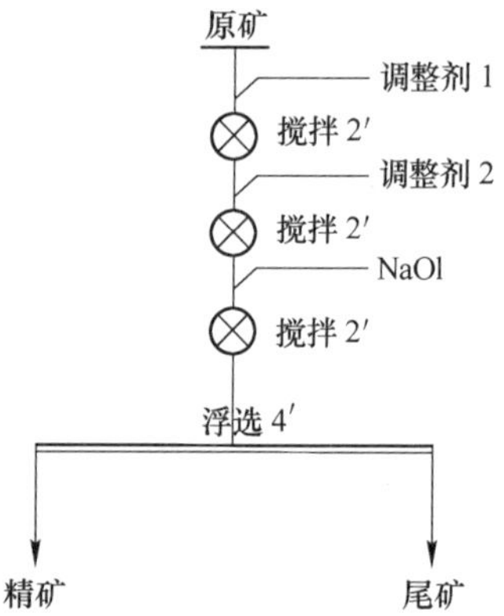

图 6-36　组合用药时浮选试验流程图

A　油酸钠浮选体系中 $(NaPO_3)_6$ 和 $CaCl_2$ 对矿物可浮性的影响

当 $(NaPO_3)_6$ 用量为 40mg/L、$CaCl_2$ 用量为 100mg/L 和 NaOl 用量为 160mg/L 时，磁铁矿、菱铁矿、赤铁矿、铁白云石和石英的浮游性如图 6-37 所示。

由图 6-37 可知，$(NaPO_3)_6$ 和 $CaCl_2$ 组合时，五种矿物的可浮性均较差，矿物之间的浮游差较小，因此难以实现矿物的选择性分离。

B　油酸钠浮选体系中 $(NaPO_3)_6$ 和 CaO 对矿物可浮性的影响

当 NaOl 用量为 160mg/L 时，40mg/L $(NaPO_3)_6$ 与不同用量 CaO 组合对磁铁矿、菱铁矿、赤铁矿、铁白云石和石英浮游性的影响如图 6-38 所示。

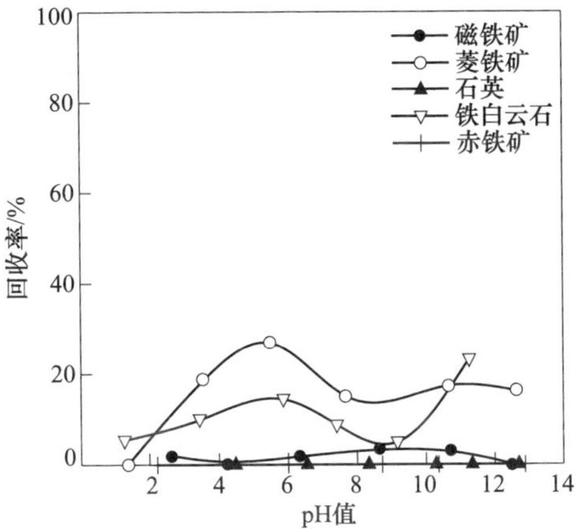

图 6-37 $(NaPO_3)_6$ 和 $CaCl_2$ 组合调整剂对矿物可浮性的影响

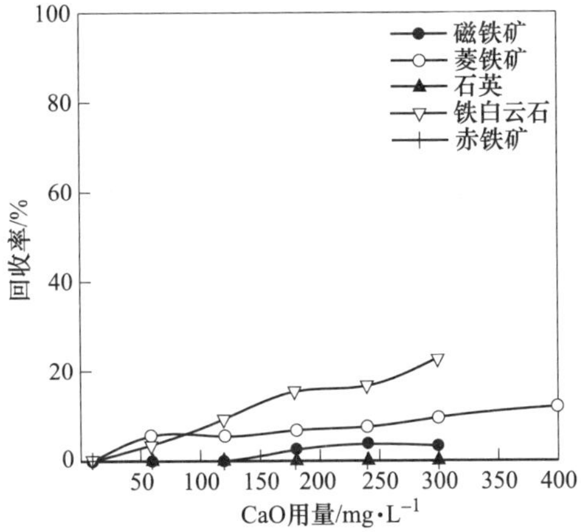

图 6-38 $(NaPO_3)_6$ 和 CaO 组合调整剂对矿物可浮性的影响

由图 6-38 可知，$(NaPO_3)_6$ 和 CaO 组合时，五种矿物的可浮性均较差，矿物之间的浮游差较小，尽管随着 CaO 用量的增加，磁铁矿、菱铁矿和铁白云石的可浮性提高，但增加幅度较小，仍然不能实现矿物的选择性分离。这是由于 $(NaPO_3)_6$ 对所有矿物的抑制作用均较强，掩盖了 CaO 对石英等矿物的活化作用。

C 油酸钠浮选体系中淀粉和 $CaCl_2$ 对矿物可浮性的影响

当淀粉用量为 60mg/L、$CaCl_2$ 用量为 100mg/L 和 NaOl 用量为 160mg/L 时，磁铁矿、菱铁矿、赤铁矿、铁白云石和石英的浮游性如图 6-39 所示。

由图 6-39 可知，淀粉和 $CaCl_2$ 组合时，在 pH 值小于 4 的强酸性条件下，铁白云石的可浮性较好，而其他矿物的可浮性较差，因此在该介质条件下，可以除

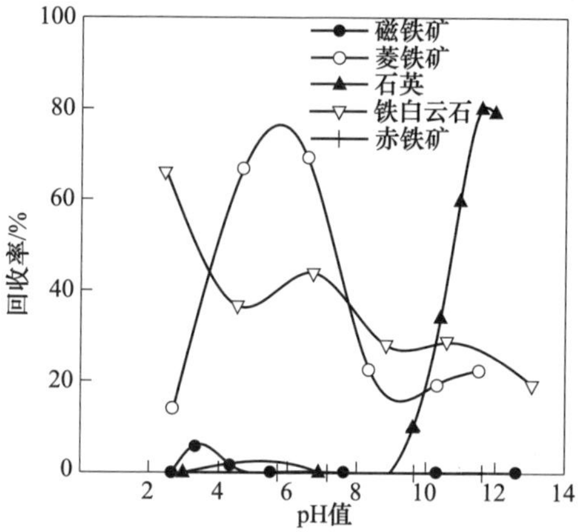

图 6-39　淀粉与 $CaCl_2$ 组合调整剂对矿物可浮性的影响

去部分铁白云石；在 pH 值为 5~7 的条件下，菱铁矿的可浮性较好，铁白云石的可浮性次之，而磁铁矿、赤铁矿和石英的可浮性较差，因此在该介质条件下可以实现菱铁矿与赤铁矿、石英和磁铁矿的浮选分离；在 pH 值大于 11 的强碱性条件下，石英的可浮性较好，而赤铁矿和磁铁矿的可浮性很差，铁白云石和菱铁矿的可浮性较差，因此在该介质条件下可实现石英与赤铁矿等其他矿物的浮选分离。因此，淀粉和 $CaCl_2$ 组合时不同矿物在不同的 pH 值介质条件下有较大的浮游差，有可能实现含碳酸盐赤铁矿石的浮选分离。故可以考虑在强酸性条件下除去部分铁白云石，在中性条件下浮选菱铁矿，在强碱性条件下浮选分离石英与赤铁矿和磁铁矿，实现东鞍山含碳酸盐赤铁矿石的浮选分离。

D　油酸钠浮选体系中淀粉和 CaO 对矿物可浮性的影响

当 NaOl 用量为 160mg/L 时，60mg/L 淀粉与不同用量 CaO 组合对磁铁矿、菱铁矿、赤铁矿、铁白云石和石英浮游性的影响如图 6-40 所示。

由图 6-40 可知，淀粉和 CaO 组合对磁铁矿和赤铁矿具有很强的抑制作用，而石英随着 CaO 用量的增加，可浮性随之增加，但当 CaO 的用量大于 60mg/L 后，石英的可浮性又随之下降。淀粉对菱铁矿和铁白云石的抑制作用不太强烈，此时 CaO 的用量对菱铁矿和铁白云石可浮性的影响也较小。因此，淀粉和 CaO 组合时，当 CaO 用量在 60mg/L 时，可实现石英与磁铁矿和赤铁矿的浮选分离，但与菱铁矿和铁白云石的分离较为困难。

E　油酸钠浮选体系中淀粉、$(NaPO_3)_6$ 和 $CaCl_2$ 对矿物可浮性的影响

当淀粉用量为 20mg/L、$(NaPO_3)_6$ 用量为 40mg/L、$CaCl_2$ 用量为 100mg/L 和 NaOl 用量为 160mg/L 时磁铁矿、菱铁矿、赤铁矿、铁白云石和石英的浮游性如图 6-41 所示。

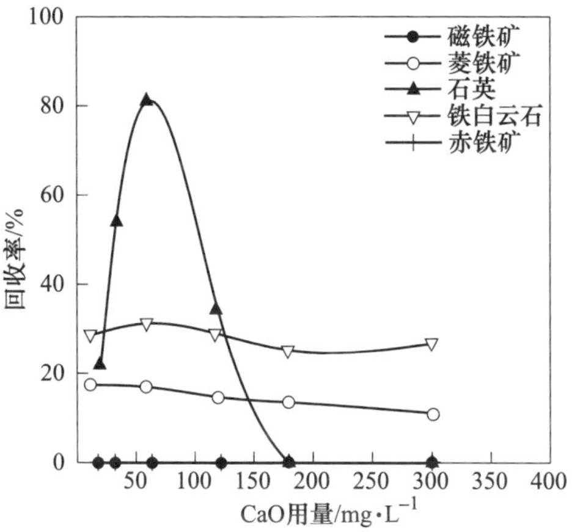

图 6-40 淀粉与 CaO 组合调整剂对矿物可浮性的影响

由图 6-41 可知，淀粉、$(NaPO_3)_6$ 和 $CaCl_2$ 组合在整个 pH 值范围内，对磁铁矿和赤铁矿均具有强烈的抑制作用，在强碱性条件下，石英由于受 $CaCl_2$ 的活化，具有较好的可浮性，但菱铁矿和铁白云石出呈现出轻微的可浮性。上述结果表明，在强碱性条件下采用淀粉、$(NaPO_3)_6$ 和 $CaCl_2$ 组合可以实现石英与赤铁矿和磁铁矿的浮选分离，但仍难以完全与菱铁矿和铁白云石浮选分离。

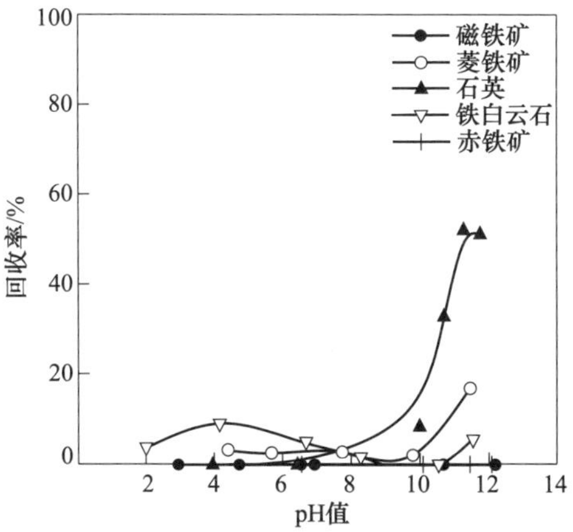

图 6-41 淀粉、$(NaPO_3)_6$ 与 $CaCl_2$ 组合调整剂对矿物可浮性的影响

F 油酸钠浮选体系中腐殖酸钠和 $CaCl_2$ 对矿物可浮性的影响

当腐殖酸钠用量为 20mg/L、$CaCl_2$ 用量为 100mg/L 和 NaOl 用量为 160mg/L 时磁铁矿、菱铁矿、赤铁矿、铁白云石和石英的浮游性如图 6-42 所示。

由图 6-42 可知，腐殖酸钠与淀粉不同，淀粉不影响 $CaCl_2$ 对石英的活化作

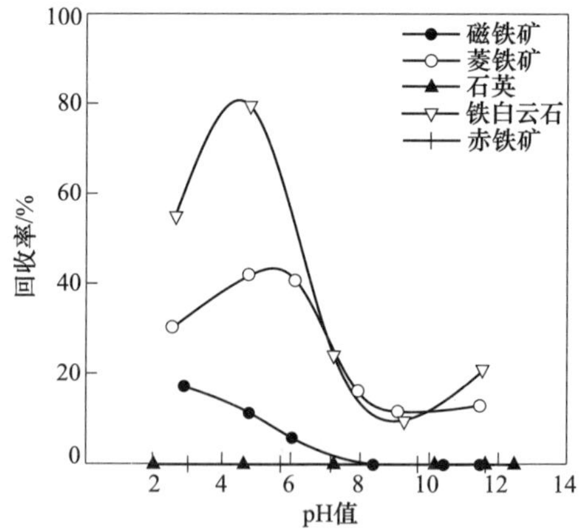

图 6-42　腐殖酸钠与 $CaCl_2$ 组合调整剂对矿物可浮性的影响

用，而腐殖酸钠除了能强烈抑制赤铁矿外，又能强烈地抑制石英，$CaCl_2$ 不能使石英复活。在 pH 值为 4~6 时，铁白云石的可浮性较好，而菱铁矿和磁铁矿具有一定的可浮性，因此，在该介质范围内，可实现铁白云石与赤铁矿和石英的浮选分离，但菱铁矿和磁铁矿仍无法完全分离。

G　油酸钠浮选体系中腐殖酸钠和 CaO 对矿物可浮性的影响

当 NaOl 用量为 160mg/L 时，20mg/L 腐殖酸钠与不同用量 CaO 组合对磁铁矿、菱铁矿、赤铁矿、铁白云石和石英浮游性的影响如图 6-43 所示。

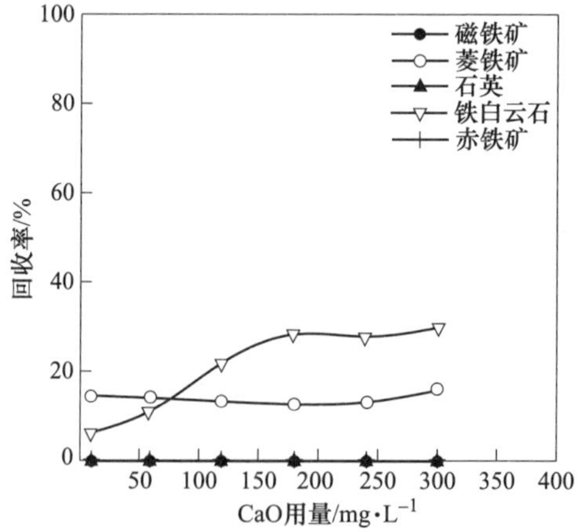

图 6-43　腐殖酸钠与 CaO 组合调整剂对矿物可浮性的影响

从结果可知，腐殖酸钠与 CaO 组合可以强烈地抑制磁铁矿、石英和赤铁矿，增加 CaO 用量也不能活化石英的浮选，但对铁白云石具有一定的活化作用，对菱铁矿没有活化作用。因此，采用腐殖酸钠与 CaO 组合难以实现碳酸盐铁矿石的浮选分离。

6.3.2 主要矿物的浮选分离特性研究

6.3.2.1 人工混合矿的正浮选分离

人工混合矿浮选分离时，可利用选择性指数 S 来衡量分离效果的好坏，计算公式如下：

$$s = \sqrt{\frac{\varepsilon_{KFe}\varepsilon_{X}}{\varepsilon_{K}\varepsilon_{XFe}}}$$

式中 ε_{KFe}——精矿中铁的回收率,%；

ε_{K}——精矿中其他成分的回收率,%；

ε_{X}——尾矿中其他成分的回收率,%；

ε_{XFe}——尾矿中铁的回收率,%。

富集比反映了精矿品位的大小，原矿品位相同时，富集比越大，精矿品位越高。选择性指数反映了金属回收率的大小，选择性指数越大，表明精矿中金属的回收率越大。富集比和选择性指数大，表明选别的指标较好，但富集比和选择性指数两者往往是互相矛盾的。

当菱铁矿（0.4g）：赤铁矿（1.6g）：石英（2g）为 1∶4∶5，共 4g 矿样混合时，在不同 pH 值条件下用油酸钠（160mg/L）作为捕收剂进行浮选分离试验，结果如表 6-6 所示。

表 6-6 正浮选时不同 pH 值条件下含菱铁矿人工混合矿的分离结果

pH 值	产品名称	重量 /g	产率 /%	TFe /%	回收率 /%	富集比	选择性指数 S
2.46	精矿	1.324	34.00	63.90	66.90	1.97	2.02
	尾矿	2.574	66.00	16.28	33.10		
	原矿	3.898	100.00	32.48	100.00		
3.03	精矿	1.888	47.50	63.70	93.20	1.96	13.71
	尾矿	2.087	52.50	4.22	6.80		
	原矿	3.975	100.00	32.48	100.00		
5.10	精矿	0.747	19.20	65.30	38.60	2.01	0.63
	尾矿	3.141	80.80	24.67	61.40		
	原矿	3.888	100.00	32.48	100.00		
7.78	精矿	1.597	40.90	60.60	76.20	1.87	3.20
	尾矿	2.303	59.10	13.05	23.80		
	原矿	3.900	100.00	32.48	100.00		

续表 6-6

pH 值	产品名称	重量 /g	产率 /%	TFe /%	回收率 /%	富集比	选择性指数 S
9.05	精矿	1.216	31.50	59.10	57.30	1.82	1.34
	尾矿	2.646	68.50	20.25	42.70		
	原矿	3.862	100.00	32.48	100.00		
11.43	精矿	2.877	73.90	29.30	66.60	0.90	1.99
	尾矿	1.015	27.10	41.43	33.40		
	原矿	3.892	100.00	32.48	100.00		

结果表明：

（1）当菱铁矿和赤铁矿完全与石英分离时，精矿理论产率为 50%，精矿理论全铁品位为65.59%，理论回收率100%；上述理论值与 pH 值为3.03 时的实验结果相接近，表明采用正浮选分离时，在强酸性（pH 值为 3.03）条件下，菱铁矿、赤铁矿与石英的分离效果较好。

（2）当赤铁矿完全和菱铁矿、石英分离时，精矿理论产率为 40%，精矿理论全铁品位为69.94%，铁理论回收率85.30%；上述理论值与 pH 值为7.78 时的结果相近，表明采用正浮选分离时，中性（pH 值为 7.78）条件下，赤铁矿与菱铁矿、石英的分离效果较好。

6.3.2.2　人工混合矿的反浮选分离

A　淀粉和石灰用量对人工混合矿浮选分离的影响

当赤铁矿（1.6g）∶石英（2g）为 4∶5，CaO 用量为 60mg/L，NaOl 用量为 160mg/L 时，不同淀粉用量对人工混合矿浮选分离的影响见表 6-7。

表 6-7　淀粉用量对不含菱铁矿人工混合矿反浮选分离效果的影响

淀粉用量 /mg · L^{-1}	产品名称	产率/%	TFe/%	回收率/%	富集比	选择性指数 S
0	精矿	21.60	49.46	35.61	1.65	0.55
	尾矿	78.40	24.64	64.39		
	原矿	100.00	30.00	100.00		
5	精矿	48.20	61.23	96.80	2.01	30.25
	尾矿	51.80	1.88	3.20		
	原矿	100.00	30.49	100.00		
10	精矿	49.00	60.72	97.65	1.99	41.55
	尾矿	51.00	1.41	2.35		
	原矿	100.00	30.47	100.00		

续表 6-7

淀粉用量 /mg · L^{-1}	产品名称	产率/%	TFe/%	回收率/%	富集比	选择性指数 S
20	精矿	50.83	59.87	97.79	1.92	44.25
	尾矿	49.17	1.41	2.21		
	原矿	100.00	31.12	100.00		
30	精矿	54.20	55.68	98.60	1.82	70.43
	尾矿	45.80	0.94	1.40		
	原矿	100.00	30.61	100.00		
50	精矿	60.40	54.64	98.89	1.64	89.09
	尾矿	39.60	0.94	1.11		
	原矿	100.00	33.37	100.00		

当赤铁矿（1.6g）：石英（2g）为 4：5，淀粉用量 5mg/L，NaOl 用量 160mg/L 时，石灰用量的条件试验结果如表 6-8 所示。

从上述结果可知，赤铁矿与石英采用反浮选工艺较易实现两者的浮选分离。随着淀粉用量的增加，富集比逐渐减小，表明由于淀粉用量的增加导致赤铁矿和部分石英受到抑制，对提高精矿的品位不利；淀粉用量增加时，产品的选择性指数逐渐增加，表明精矿中铁的回收率增加。故淀粉的用量不宜过大，应选择 5~10mg/L 为宜。

上述结果表明，当石灰用量为 60mg/L 时，石英的上浮量最大，故选择该用量为石灰的最佳用量。

表 6-8 反浮选时石灰用量对不含菱铁矿人工混合矿浮选分离效果的影响

CaO 用量/mg · L^{-1}	33.3	60.0	66.7	80.0	100.0
石英上浮产率/%	43.25	71.80	71.45	69.75	28.15

B 菱铁矿含量对铁矿物浮选分离的影响

当 NaOl 用量 160mg/L，CaO 用量 60mg/L，淀粉用量 5mg/L，赤铁矿 1.6g，石英 2g 时，菱铁矿纯矿物加入量为 0.1g、0.2g、0.3g、0.4g 时对铁矿物浮选分离的影响如表 6-9 所示。

表 6-9 菱铁矿含量对含菱铁矿人工混合矿反浮选分离效果的影响

菱铁矿含量/%	产品名称	产率/%	TFe/%	回收率/%	富集比	选择性指数 S
0 菱：赤：石＝0：1.6：2	精矿	48.20	61.23	96.80	2.01	30.25
	尾矿	51.80	1.88	3.20		
	原矿	100.00	30.00	100.00		

续表 6-9

菱铁矿含量/%	产品名称	产率/%	TFe/%	回收率/%	富集比	选择性指数 S
2.7 菱：赤：石= 0.1：1.6：2	精矿	45.80	57.97	76.51	1.67	3.26
	尾矿	54.20	15.03	23.49		
	原矿	100.00	34.70	100.00		
5.2 菱：赤：石= 0.2：1.6：2	精矿	40.20	49.75	59.13	1.47	1.45
	尾矿	59.80	23.12	40.87		
	原矿	100.00	33.83	100.00		
7.7 菱：赤：石= 0.3：1.6：2	精矿	34.30	48.46	48.26	1.41	0.93
	尾矿	65.70	27.12	51.74		
	原矿	100.00	34.44	100.00		
10.0 菱：赤：石= 0.4：1.6：2	精矿	39.20	42.34	53.18	1.36	1.14
	尾矿	60.80	24.03	46.82		
	原矿	100.00	31.21	100.00		

上述结果可知，菱铁矿的存在对铁矿物的浮选分离效果有很大的影响。当矿石中含有2.7%的菱铁矿时，就使浮选精矿铁的品位和富集比大大降低，且导致全铁的回收率明显下降；随着菱铁矿的比例增大，精矿的富集比和选择性指数越来越小，表明铁在精矿和尾矿中均大量存在，严重恶化浮选分离效果。

C “分步浮选”试验研究

由于菱铁矿的存在严重恶化了矿物的浮选分离效果，根据第4章的试验结果，在阴离子捕收剂浮选体系中以淀粉为抑制剂，中性条件下，采用正浮选工艺先分离部分菱铁矿和铁白云石。然后，在强碱性条件下以CaO为活化剂，采用反浮选工艺分选赤铁矿，即采用“分步浮选”工艺消除菱铁矿对后续分选效果的影响，从而提高分选指标。试验主要考察“分步浮选”工艺对人工混合矿浮选分离的效果，试验流程如图6-44所示。

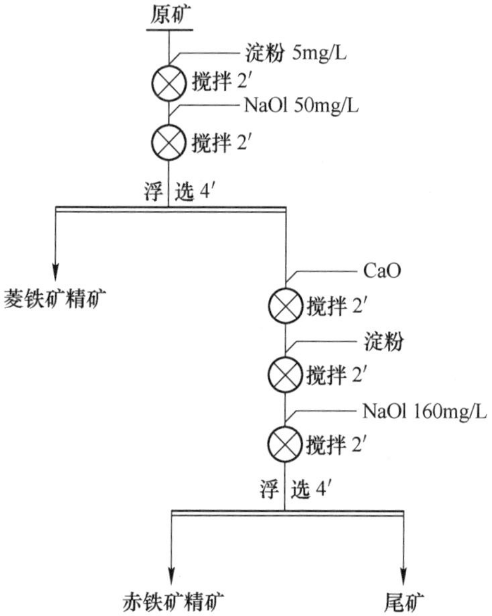

图 6-44　分步浮选工艺流程图

(1) 石灰用量对人工混合矿分

离效果的影响，试验条件如下：

人工混合矿：菱铁矿（0.4g）：赤铁矿（1.6g）：石英（2g）为 1∶4∶5，共 4g 混合，第一步浮选时，淀粉用量 5mg/L，NaOl 用量 50mg/L 条件下浮选菱铁矿；第二步浮选时，淀粉用量 5mg/L，NaOl 用量 160mg/L，CaO 用量分别为 33.3mg/L、60mg/L、80mg/L、100mg/L、120mg/L。试验结果如图 6-45 所示。

从结果可知，当 CaO 用量为 60mg/L 时，预先分离菱铁矿后的尾矿再进行反浮选时，可以获得铁精矿品位为 57.37%的赤铁矿精矿，回收率为 65.89%。

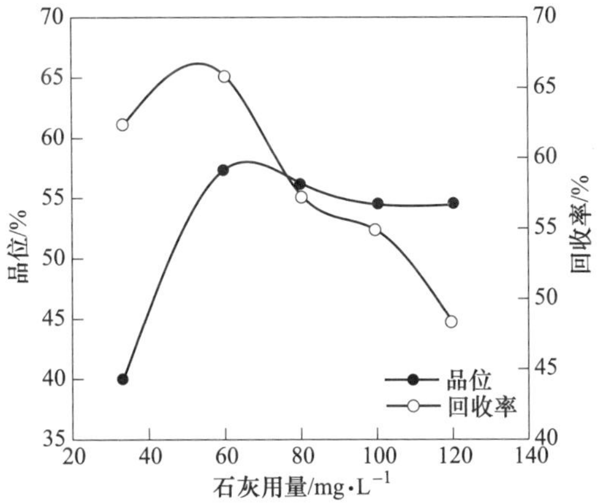

图 6-45 分步浮选时石灰用量对含菱铁矿人工混合矿浮选分离效果的影响

（2）淀粉用量对人工混合矿分离效果的影响，试验条件如下：

人工混合矿：菱铁矿（0.4g）：赤铁矿（1.6g）：石英（2g）为 1∶4∶5，共 4g 混合均匀，第一步浮选时，淀粉用量 5mg/L，NaOl 用量 50mg/L 条件下浮选菱铁矿；第二步浮选时，CaO 用量 60mg/L，NaOl 用量 160mg/L，淀粉用量分别为 0mg/L、5mg/L、10mg/L、15mg/L、20mg/L、30mg/L、40mg/L、46.7mg/L、53.3mg/L、60mg/L。试验结果如图 6-46 所示。

从结果可知，淀粉用量的增加导致石英的上浮量大量减少，从而使铁精矿的品位大大降低，综合比较选择最佳淀粉用量为 5mg/L。

（3）不同 pH 值时人工混合矿的浮选分离效果，试验条件如下：

人工混合矿：菱铁矿（0.4g）：赤铁矿（1.6g）：石英（2g）为 1∶4∶5，共 4g 混合均匀，第一步浮选时，淀粉用量 5mg/L，NaOl 用量 50mg/L 条件下浮选菱铁矿；第二步浮选时，CaO 用量 60mg/L，NaOl 用量 160mg/L，淀粉用量为 5mg/L，用 NaOH 将 pH 值调节为 10.94、11.25、11.63、12.10、12.68。试验结果如图 6-47 所示。

从结果可知，当矿浆的最佳 pH 值为 11.25 时，可以获得精矿品位为 59.94%，回收率为 79.84%的指标。

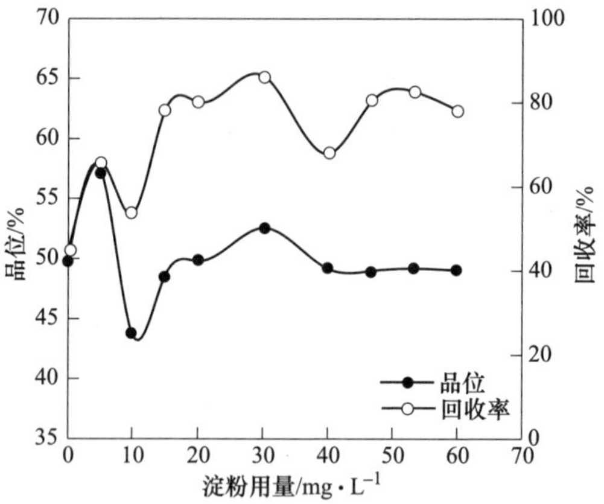

图 6-46　分步浮选时淀粉用量对含菱铁矿人工混合矿浮选分离效果的影响

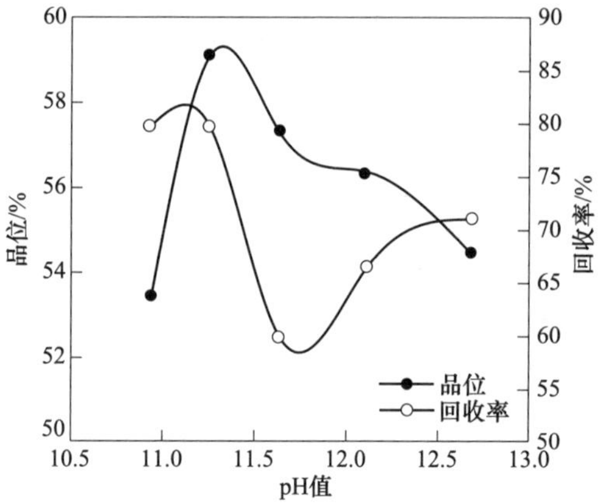

图 6-47　分步浮选时不同 pH 值对含菱铁矿人工混合矿浮选分离效果的影响

综上所述，“分步浮选”在适宜条件下，即第一步浮选试验条件：淀粉用量 5mg/L，NaOl 用量 50mg/L，pH 值中性；第二步浮选试验条件：淀粉用量5mg/L，CaO 用量 60mg/L，NaOl 用量 160mg/L，pH 值 11. 25 时，分选指标优于常规反浮选，铁精矿的品位可由 42. 34%上升至 59. 09%，铁的回收率由 53. 18%上升至 79. 84%，尾矿品位由 24. 03%下降至 9. 94%。因此，“分步浮选”工艺可以作为处理东鞍山含碳酸盐赤铁矿石的方法。

6. 3. 3　东鞍山含碳酸盐赤铁矿石浮选分离技术与工艺研究

6. 3. 3. 1　实验室制备混合磁选精矿的“分步浮选”试验研究

A　混合磁选精矿性质

人工混合矿的试验结果表明，采用“分步浮选”工艺可以解决含碳酸盐赤铁矿石的浮选分离问题。因此，利用东鞍山含碳酸盐赤铁矿石原矿，在实验室采用弱-强磁工艺制备了混合磁选精矿，对混合磁选精矿进行“分步浮选”试验研究。矿样的性质测定，结果如下：

经检测该矿样中-0.074mm 含量为 92.8%，化学全分析如表 6-10 所示，XRD 如图 6-48 所示。

表 6-10　混合磁选精矿全元素分析

化学成分	TFe	FeO	SiO_2	Al_2O_3
含量/%	51.3	6.43	20.94	0.092
化学成分	CaO	MgO	S	P
含量/%	0.10	0.28	0.008	0.025

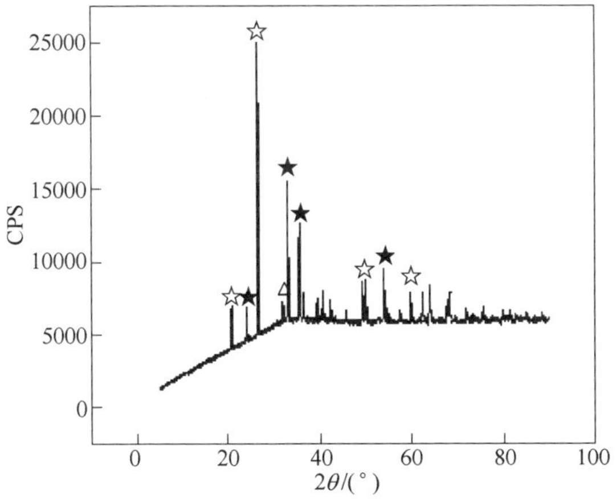

图 6-48　混合磁选精矿 XRD 图谱

☆—石英；★—赤铁矿；△—菱铁矿

从结果可知，混合磁选精矿全铁品位为 51.3%，矿样中主要含有赤铁矿和石英，还含有少量的菱铁矿。

B　混合磁选精矿常规反浮选试验

为了便于与“分步浮选”工艺进行比较，进行常规反浮选试验，试验工艺流程和条件如图 6-49 所示，试验结果如表 6-11 所示。

表 6-11　磁选精矿常规反浮选试验结果

产品名称	产率/%	TFe/%	回收率/%
精矿	38.91	62.73	47.97
精尾	24.79	49.16	23.95
尾矿	36.30	39.35	28.08
原矿	100.00	50.88	100.00

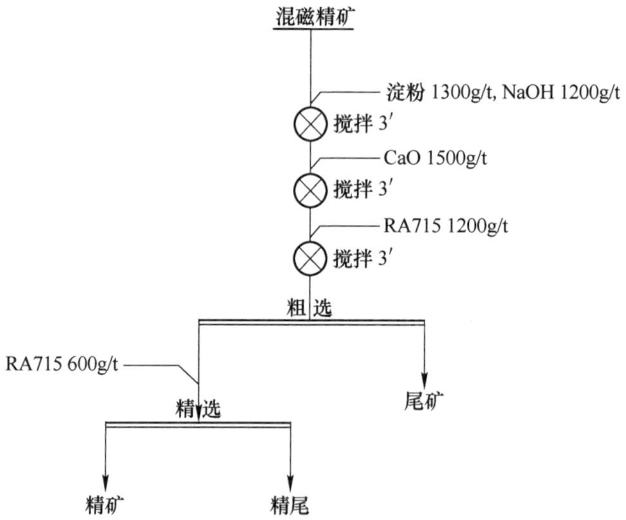

图 6-49　磁选精矿常规反浮选试验工艺流程图

从结果可知，采用常规反浮选工艺，最终的铁精矿品位为 62.73%，回收率 47.97%。

C　磁选精矿“分步浮选”条件试验

考察分步工艺中淀粉用量、石灰用量、捕收剂 RA715 用量和氢氧化钠用量对分离效果的影响，试验工艺流程如图 6-50 所示。

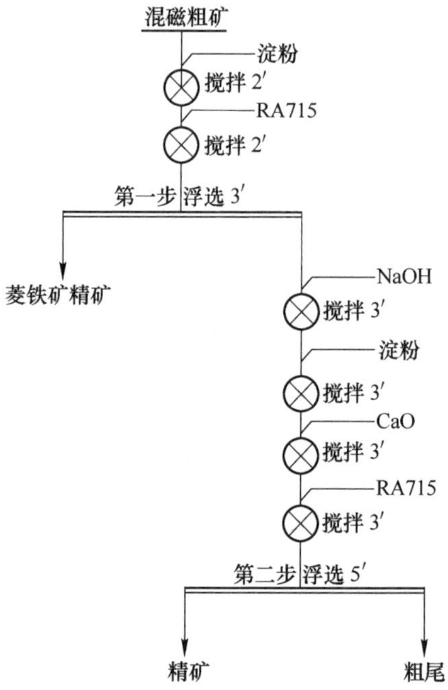

图 6-50　分步浮选试验工艺流程图

（1）第一步浮选时淀粉用量对分离效果的影响。

试验条件：第一步 RA715 用量 100g/t，淀粉用量 500g/t、600g/t、800g/t、900g/t。第二步 RA715 用量 500g/t，淀粉用量 500g/t，石灰用量 800g/t。试验结果如图 6-51 所示。

试验结果表明，第一步浮选时随着淀粉用量的增加，最终铁精矿的品位开始下降较为平缓，当用量增加到 800g/t 以后，铁精矿品位迅速下降；而铁精矿回收率呈现逐步上升的趋势。综合分析，选择 800g/t 作为第一步浮选时淀粉的最佳

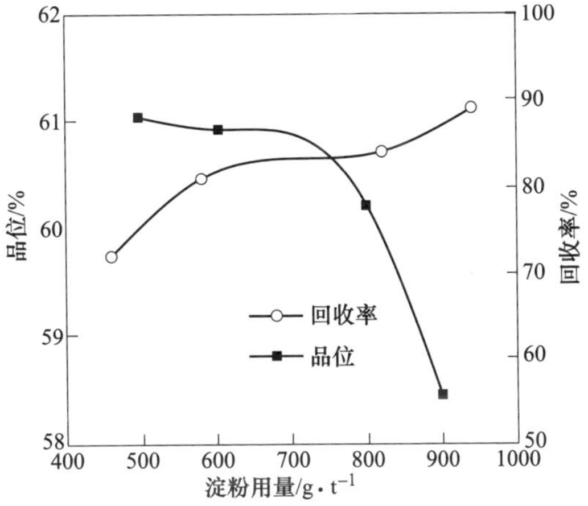

图 6-51 淀粉用量对铁精矿质量的影响（第一步）

用量。

（2）第二步浮选时淀粉用量对分离效果的影响。

试验条件：第一步 RA715 用量 100g/t，淀粉用量 800g/t。第二步 RA715 用量 500g/t，石灰用量 800g/t，淀粉为变量。试验结果见图 6-52。

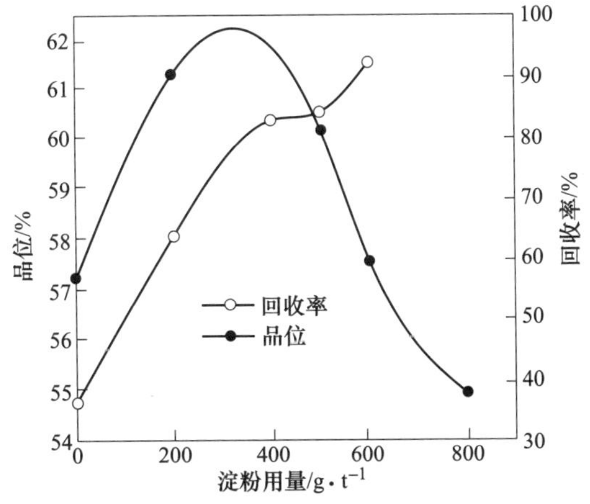

图 6-52 第二步浮选淀粉用量对铁精矿质量的影响（第二步）

从结果可知，第二步浮选时，随着淀粉用量的增加，最终铁精矿的品位呈现先增加后减小的趋势，而精矿回收率呈一直上升趋势。综合分析，第二步浮选的淀粉最佳用量定为 500g/t。

（3）第二步浮选时石灰用量对分离效果的影响。

试验条件：第一步淀粉用量 800g/t，RA715 用量 100g/t。第二步淀粉用量

500g/t，石灰用量 800g/t，RA715 用量 500g/t。试验结果见图 6-53。

试验结果可知，第二步浮选时，随着石灰用量的增加，铁精矿回收率呈现先增加后减小的趋势，而精矿回收率呈现先减小后增加的趋势，与回收率的变化趋势正好相反。综合分析，选择回收率最高时的用量 800g/t 作为石灰的最佳用量。

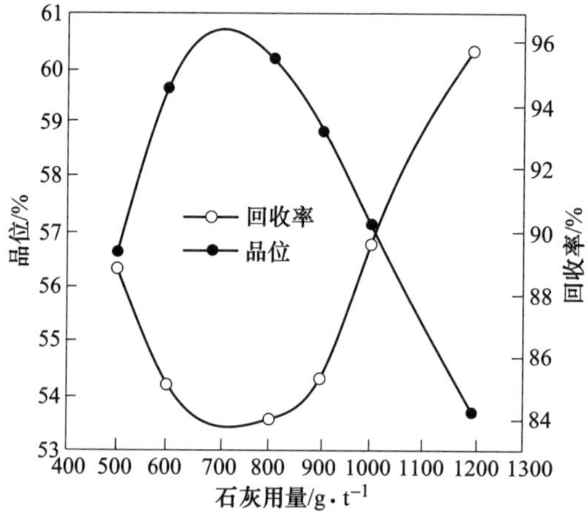

图 6-53　石灰用量对铁精矿质量的影响（第二步）

（4）第二步浮选时 RA715 用量对分离效果的影响。

试验条件：第一步淀粉用量 800g/t，RA715 用量 100g/t。第二步淀粉用量为 500g/t，石灰用量为 800g/t，RA715 用量变化。试验结果见图 6-54。

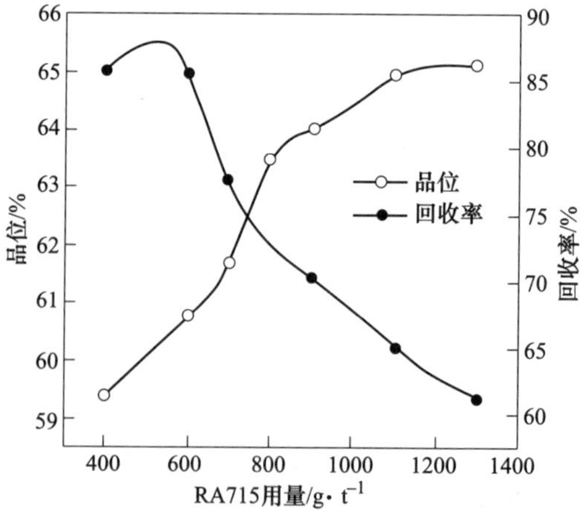

图 6-54　RA715 用量对铁精矿质量的影响（第二步）

试验结果可知，第二步浮选时，随着 RA715 用量的增加，铁精矿品位逐渐提高，精矿回收率逐渐降低。综合分析，确定 RA715 的最佳用量为 800g/t。

(5) 第二步浮选时氢氧化钠用量对分离效果的影响。

试验条件：第一步淀粉用量800g/t，RA715用量100g/t。第二步RA715用量800g/t，淀粉用量为500g/t，石灰用量为800g/t，氢氧化钠用量变化。试验结果见图6-55。

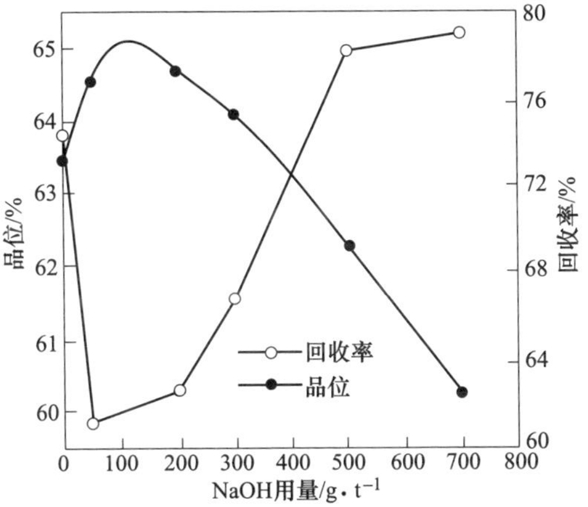

图6-55 氢氧化钠用量对铁精矿质量的影响（第二步）

试验结果可知，增加氢氧化钠的用量可提高精矿的回收率，但大幅度地降低精矿的品位。

通过以上的条件试验获得“分步浮选”最佳工艺条件为：第一步淀粉用量800g/t，RA715用量为100g/t。第二步淀粉用量500g/t，石灰用量为800g/t，RA715用量为800g/t。在上述条件下可获得铁精矿品位63.45%，回收率为74.4%的分选指标。

D 混合磁选精矿“分步浮选”开路流程试验

在“分步浮选”条件试验基础之上，进行了开路流程实验，工艺流程如图6-56所示，试验结果如表6-12所示。

表6-12 “分步浮选”开路流程试验结果

名称	产率/%	铁品位/%	回收率/%
菱铁矿精矿	0.66	45.50	0.60
精尾	2.45	37.51	1.70
精矿	55.58	65.11	68.90
一扫精	16.37	50.62	15.80
二扫精	7.75	29.97	4.40
三扫精	12.49	27.61	6.60
尾矿	4.69	21.81	1.90
原矿	100.00	52.50	100

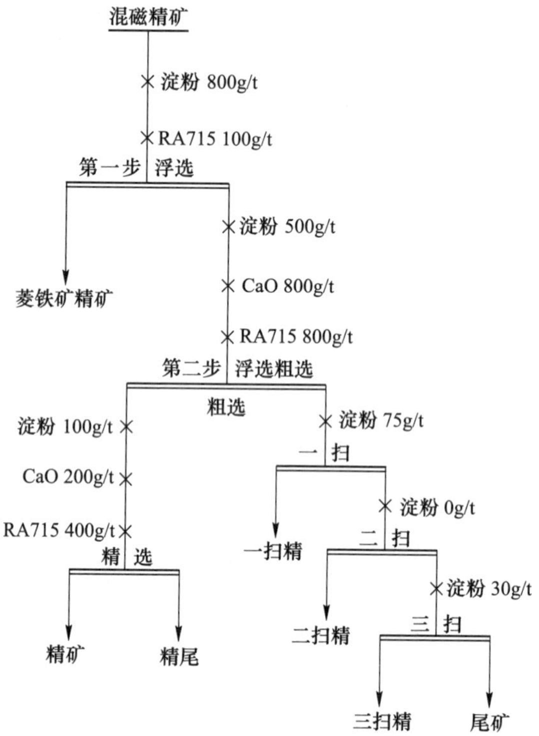

图 6-56　“分步浮选”工艺开路试验流程图

开路试验结果可知，最终可以获得铁精矿品位为 65.11%，回收率为 68.9% 的分选指标。浮选的适宜工艺条件为：第一步淀粉用量为 800g/t，RA715 用量为 100g/t；第二步淀粉用量为 500g/t，石灰用量为 800g/t，RA715 用量为 800g/t；精选时淀粉用量为 100g/t，石灰用量为 200g/t，RA715 用量为 400g/t；一扫淀粉用量为 75g/t，二扫淀粉用量为 0g/t，三扫淀粉用量为 30g/t，每次扫选 pH 值均控制在 11.5 以上。

与常规开路浮选试验结果相比，采用“分步浮选”工艺，铁精矿品位可由 62.73%上升到 65.11%，精矿回收率可由 47.97%上升到 68.90%。可见采用“分步浮选”工艺可消除菱铁矿对浮选的不利影响，有利于提高含碳酸盐赤铁矿石的精矿品位和回收率。

E　磁选精矿“分步浮选”闭路流程试验

在开路试验基础上进行了闭路试验，试验条件：第一步淀粉用量为 800g/t，RA715 用量为 100g/t。第二步淀粉用量为 500g/t，石灰用量为 800g/t，RA715 用量为 700g/t。精选时淀粉用量为 100g/t，石灰用量为 200g/t，RA715 用量为 300g/t。一扫淀粉用量为 75g/t，二扫淀粉用量为 0g/t，三扫淀粉用量为 30g/t，每次扫选 pH 值均控制在 11.5 以上。数质量流程如图 6-57 所示。

试验结果可知，“分步浮选”闭路试验获得了铁精矿品位为 66.34%，回收率为 71.6%的指标。可见，在实验室条件下采用“分步浮选”工艺可获得较理想的指标。

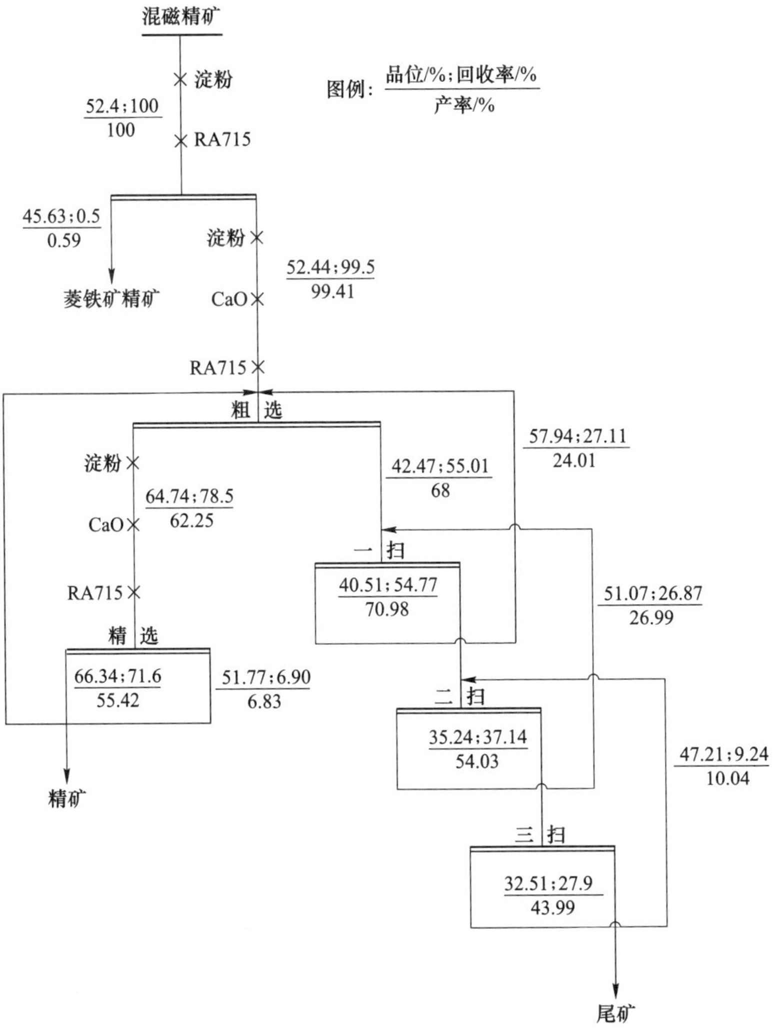

图 6-57 “分步浮选”闭路数质量流程

F 常规反浮选和“分步浮选”时菱铁矿的分布

磁选精矿常规阴离子反浮选和“分步浮选”时菱铁矿在各产品中的分布如表 6-13 所示。

表 6-13　混磁精矿常规阴离子反浮选和"分步浮选"时菱铁矿在各产品中的分布率

产品	常规阴离子反浮选			分步浮选		
	产率/%	$FeCO_3$ 含量/%	$FeCO_3$ 分布率/%	产率/%	$FeCO_3$ 含量/%	$FeCO_3$ 分布率/%
精矿	38.91	5.84	39.04	55.42	4.08	39.05
尾矿	36.30	4.04	25.20	43.99	6.82	51.82
精尾	24.79	8.40	35.76			
菱铁矿精矿				0.59	89.28	9.13
原矿	100.00	5.82	100.00	100.00	5.79	100.00

从表 6-13 可知，采用"分步浮选"工艺，第一步能消除 9%左右的菱铁矿，而就是这部分菱铁矿严重地影响了赤铁矿的分选，52%菱铁矿分布在尾矿中，在精矿中有 39%的菱铁矿存在；采用常规阴离反浮选工艺时，菱铁矿在精矿和尾矿中的分布率基本一致。上述结果表明，菱铁矿的中等可浮性以及少量微细粒菱铁矿的存在，导致在常规反浮选时菱铁矿平均分布在精矿和尾矿中，严重地影响了赤铁矿的浮选。约 9%的菱铁矿是影响赤铁矿难于分选的主要原因，只要将这部分菱铁矿预先分出，就能较好地改善赤铁矿的分选效果，提高铁精矿的品位。

6.3.3.2　实际混合磁选精矿"分步浮选"试验研究

A　混合磁选精矿性质

2008 年 1 月，东鞍山烧结厂进行了含碳酸盐赤铁矿石按采场占有比例全部入选的生产试验。当入选比例达到 12%时，生产现场的反浮选作业指标急剧恶化，最终不能分选，试验进行两天被迫停止。此时，取生产工艺流程中的实际混合磁选精矿（反浮选作业给矿）约 1 吨，用此矿样做"分步浮选"试验研究更具可靠性，对实际生产的指导意义更大。

混合磁选精矿化学分析结果如表 6-14 所示。

表 6-14　东鞍山烧结厂混合磁选精矿化学分析结果

元素	TFe	FeO	$FeCO_3$ 中 Fe	$FeCO_3$	$FeSiO_3$
含量/%	42.84	13.02	1.95	4.04	2.10

由表 6-14 可知，混合磁选精矿中含 4.04%的菱铁矿和 2.10%的硅酸铁矿物，这是影响反浮选效果的主要因素。

B　实验室流程试验研究

为了对比常规反浮选工艺与"分步浮选"工艺的差异，进行了常规开路、"分步浮选"第一步浮选捕收剂用量和 pH 值条件试验、"分步浮选"开路和闭路浮选试验研究。

（1）常规反浮选开路流程试验。

试验流程和药剂制度如图 6-58 所示，试验结果如表 6-15 所示。

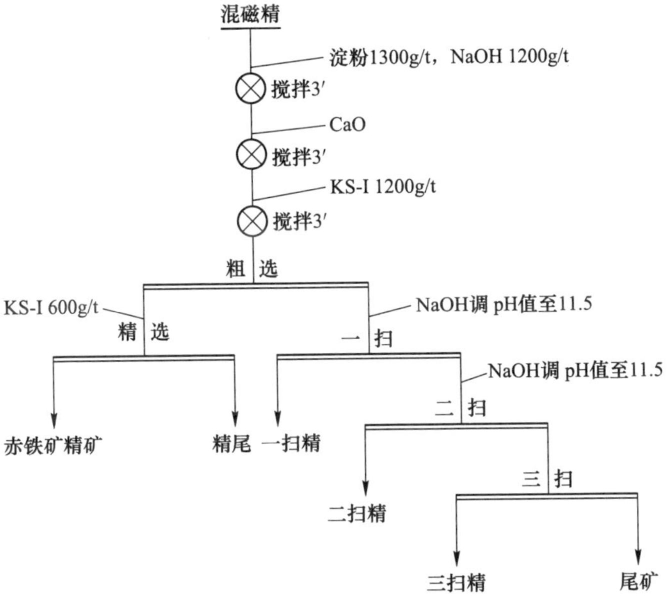

图 6-58 常规反浮选试验流程和药剂制度

表 6-15 常规反浮选试验结果

产品名称	产率/%	铁品位/%	回收率/%
精矿	24.84	65.45	37.01
精尾	30.32	47.10	32.51
一扫精	7.80	49.81	8.85
二扫精	1.04	36.96	0.88
三扫精	0.80	30.48	0.55
尾矿	35.20	25.20	20.20
原矿	100.00	43.92	100.00

试验结果可知，常规反浮选工艺能获得铁品位为 65.45%的铁精矿，但精矿中铁的回收率只有 37.01%。精尾的产率较大，中矿返回时将会严重影响工艺流程的稳定性。

（2）“分步浮选”第一步浮选条件试验。

为了获得分步浮选流程中第一步浮选的最佳条件，考察了捕收剂用量和矿浆

pH 值对菱铁矿分选的影响。

捕收剂用量试验流程和条件如图 6-59 所示，浮选试验结果显示随着捕收剂用量的增加，烧失量逐渐增加，表明菱铁矿的回收率随着捕收剂用量的增加而增加，但铁在菱铁矿精矿中的回收率也随着捕收剂用量的增加而增加，表明一部分赤铁矿也损失在菱铁矿精矿中；另外菱铁矿精矿中 FeO 含量变化较小。综合分析，确定捕收剂 KS-I 的适宜用量为 200g/t。

矿浆 pH 值试验流程和药剂用量条件如图 6-60 所示，浮选试验结果显示随着 pH 值的增加，菱铁矿精矿的烧失量和 FeO 含量逐渐增加，上述结果表明，菱铁矿的可浮性对 pH 值非常敏感，在 pH 值为 8 时才能获得菱铁矿含量较大的菱铁矿精矿，在酸性条件下，大量赤铁矿也进入菱铁矿精矿中，导致在第一步浮选时大量赤铁矿的损失。综合分析，确定适宜的值 pH 值为 8。

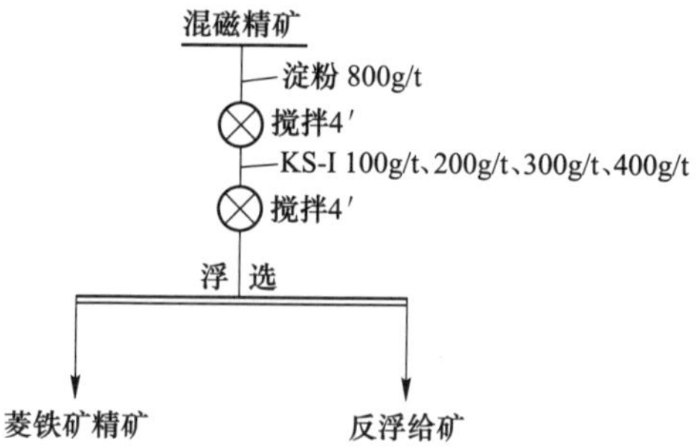

图 6-59　捕收剂用量条件试验流程

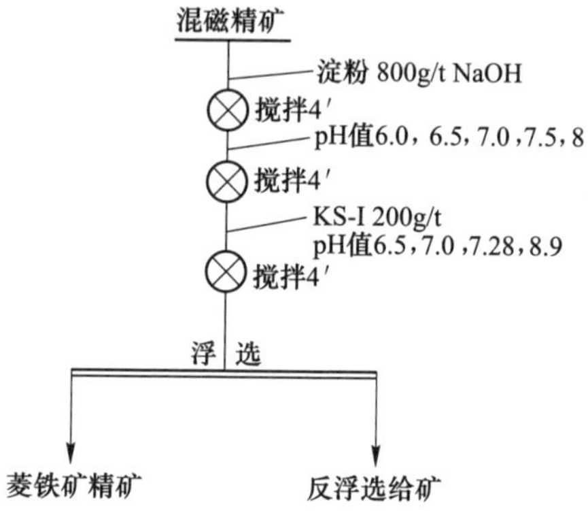

图 6-60　矿浆 pH 值条件试验流程

（3）“分步浮选”开路流程试验。

开路试验流程如图 6-61 所示，试验结果显示采用“分步浮选”工艺，可获得铁品位为 69.61%的铁精矿，精矿中铁的回收率达 53.23%，远高于常规反浮选时铁品位为 65.45%、回收率 37.01%的指标。且精尾的产率只有 4.87%，远小于常规反浮选的 30.32%的产率，返回后不会对流程产生较大的影响。

为了模拟现场反浮选药剂制度，在精选时取消了淀粉和 CaO 的添加。试验流程和药剂制度如图 6-62 所示，试验结果如表 6-16 所示。

表 6-16　取消精选淀粉和 CaO 时“分步浮选”开路试验结果

产品名称	产率/%	铁品位/%	回收率/%
菱铁矿精矿	12.31	35.55（FeO 20.47）	10.02
赤铁矿精矿	25.31	68.08	39.46
精尾	16.17	59.99	22.21

续表 6-16

产品名称	产率/%	铁品位/%	回收率/%
一扫精	9.15	51.07	10.70
二扫精	0.73	34.93	0.58
三扫精	0.76	28.29	0.49
尾矿	35.57	20.29	16.54
原矿	100.00	43.67	100.00

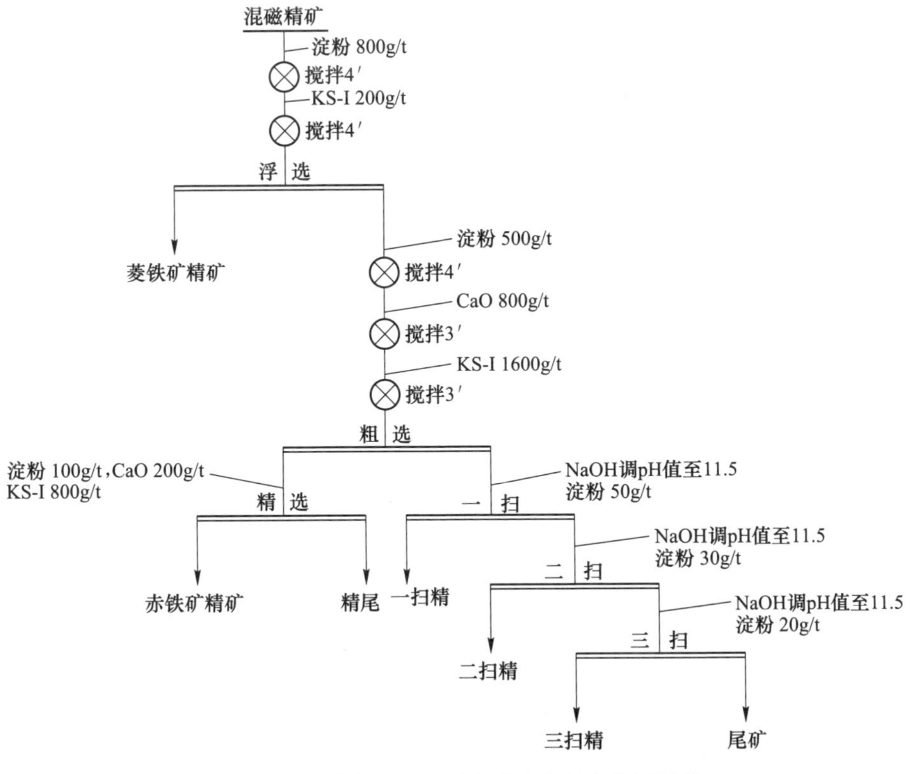

图 6-61 “分步浮选”开路试验流程和药剂制度

对比取消精选淀粉和 CaO 时“分步浮选”开路试验结果和“分步浮选”开路试验结果可知，精选时取消淀粉和 CaO，赤铁矿仍能达到 68.08%的指标，但回收率只有 39.46%，远低于精选添加淀粉和 CaO 时 53.23%的回收率指标，且精尾的产率也大大增加，返回后将会影响流程的稳定性。表明该“分步浮选”流程中，精选时淀粉和 CaO 的添加是必不可少的，否则会大大影响分选指标。

(4) 分步浮选闭路流程试验。

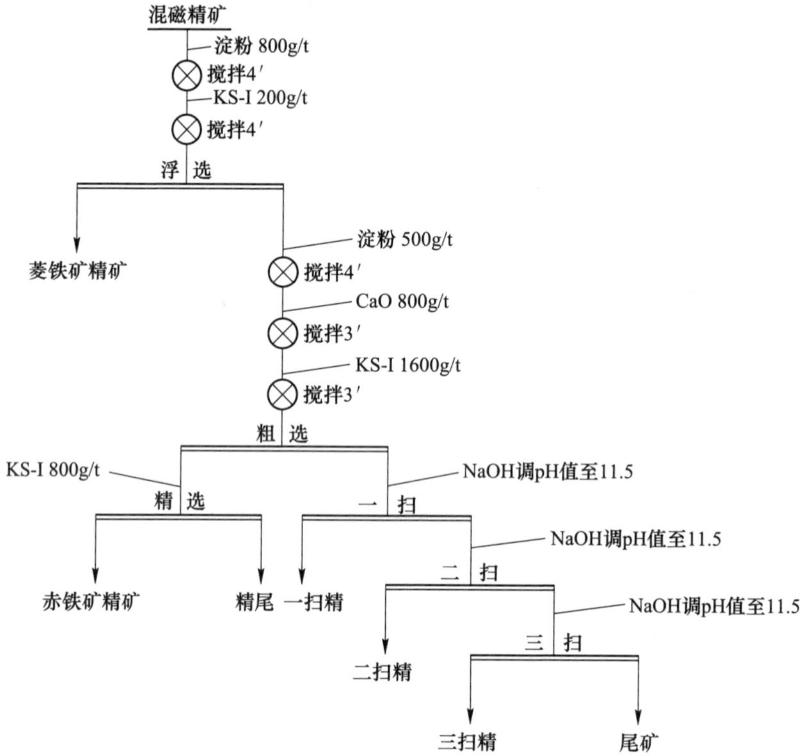

图 6-62　取消精选淀粉和 CaO 时“分步浮选”开路试验流程和药剂制度

在“分步浮选”开路试验的基础上，进行了混合磁选精矿“分步浮选”闭路试验，试验流程和条件如图 6-63 所示，闭路试验结果如表 6-17 所示。

表 6-17　“分步浮选”闭路浮选试验结果

产品名称	产率/%	铁品位/%	金属量	回收率/%
原矿	100.00	42.84	4284.0884	100.00
菱铁矿精矿	13.31	36.66(FeO 22.97%，烧失量 12.70%)	487.9446	11.39
赤铁矿精矿	43.87	67.84	2976.1408	69.47
尾矿	42.82	19.15	820.003	19.14
精尾	8.96	51.45	460.992	10.76
一扫精	24.26	48.56	1178.0656	27.50
二扫精	8.39	39.93	335.0127	7.82
三扫精	1.12	26.20	29.344	0.68

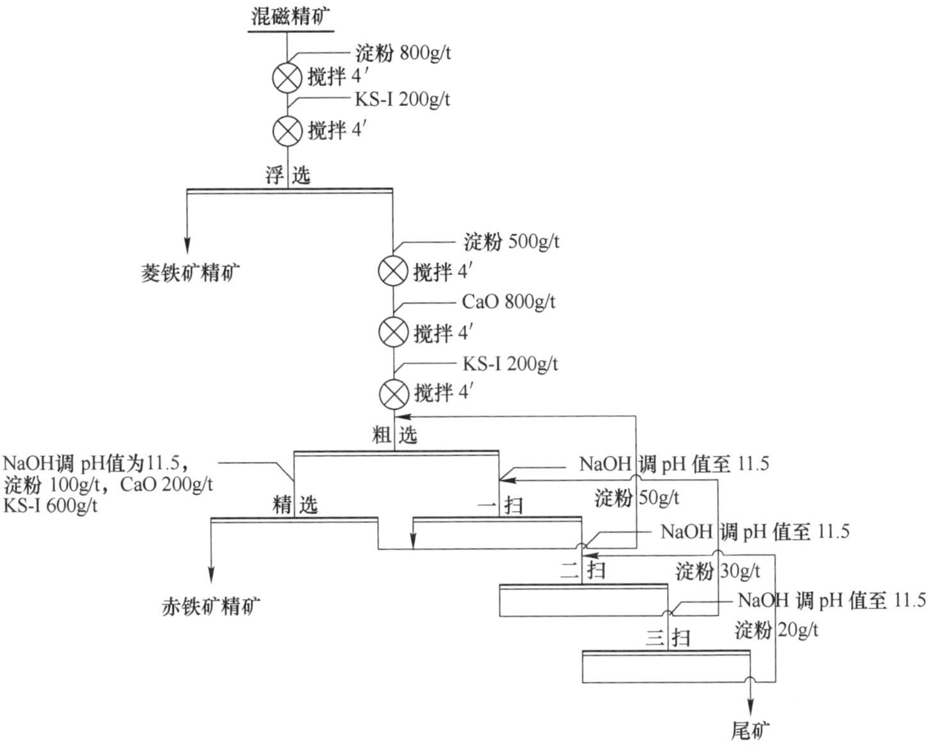

图 6-63 “分步浮选”闭路试验流程和药剂制度

结果可知：

采用“分步浮选”工艺，中矿返回量较小，易于实现数质量的平衡。

采用该工艺可获得铁品位为 67.84%、回收率为 69.47%的铁精矿，尾矿中铁的品位为 19.15%，回收率 19.14%。

第一步分选抛除的菱铁矿精矿经检测，烧失量大，FeO 含量高，菱铁矿在第一步分选时被消除，从而改善了反浮选的浮游环境，使赤铁矿得到了很好的分选。

6.3.4 菱铁矿对赤铁矿可浮性影响的机理研究

碳酸盐的存在会严重影响浮选指标。为研究清楚菱铁矿对浮选体系的影响，对赤铁矿和石英纯矿物以及常规反浮选流程中精矿和尾矿分别进行了 SEM 和 EDS 分析，见图 6-64。

由图 6-64 中 a、b、c、d 四点的 EDS 分析结果看出，细粒菱铁矿在石英和赤铁矿表面发生吸附罩盖，由于菱铁矿的罩盖，使石英和赤铁矿表面性质与菱铁矿相近，使这两种矿物呈现与菱铁矿类似的浮游性。由于菱铁矿是一种难以浮选也较难抑制的具有中等可浮性的矿物，淀粉对菱铁矿的抑制作用不强，这是造成当菱铁矿存在时，被菱铁矿罩盖的赤铁矿和石英不能完全被抑制而进入精矿中，也不能完全被活化而进入尾矿的原因。从而使石英和赤铁矿不能有效地被分选，造成了正常浮选条件下选择性下降，最终导致不能分选现象的出现。

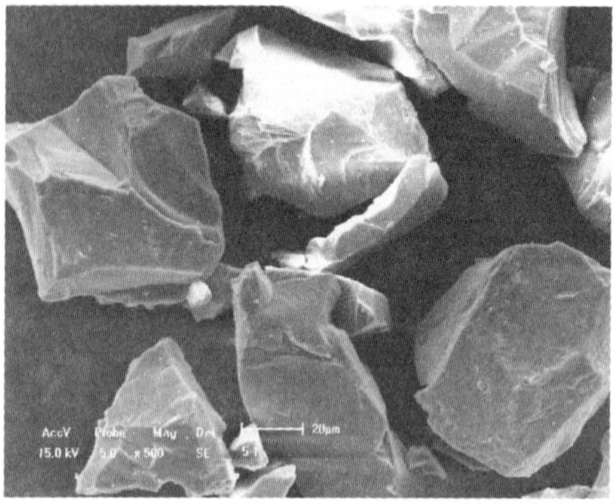

(a)

(b)

(c)

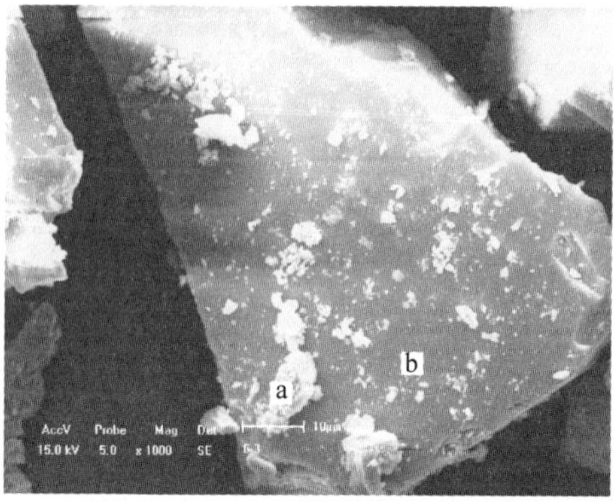

(d)

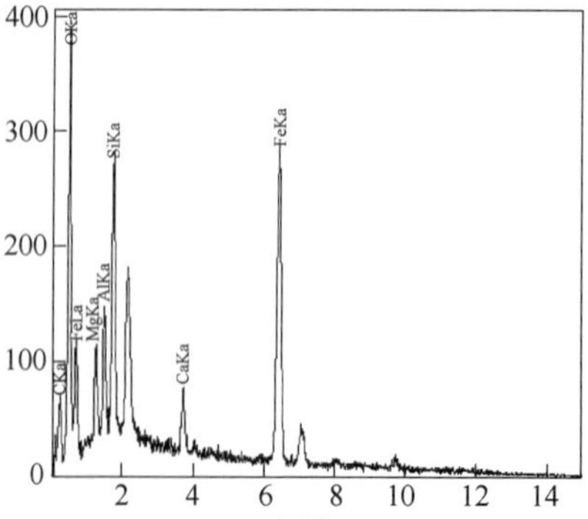

(e)

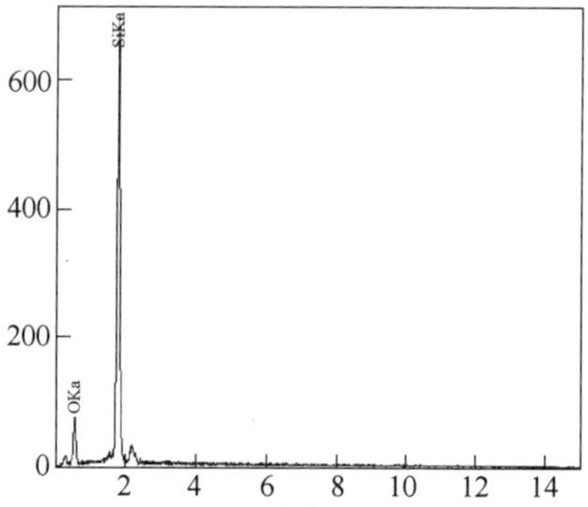

(f)

AccV Probe Mag Det 20μm
15.0 kV 7.0 x500 SE 1-1

(g)

AccV Probe Mag Det 10μm
15.0 kV 7.0 x1000 SE 1-2

(h)

AccV Probe Mag Det 20μm
15.0 kV 7.0 x500 SE 2-1

AccV Probe Mag Det 10μm
15.0 kV 7.0 x1000 SE 2-3

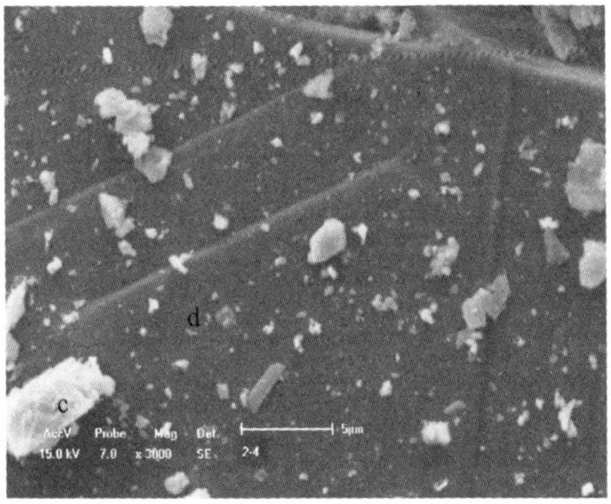
d
c
AccV Probe Mag Det 5μm
15.0 kV 7.0 x3000 SE 2-4

(i)

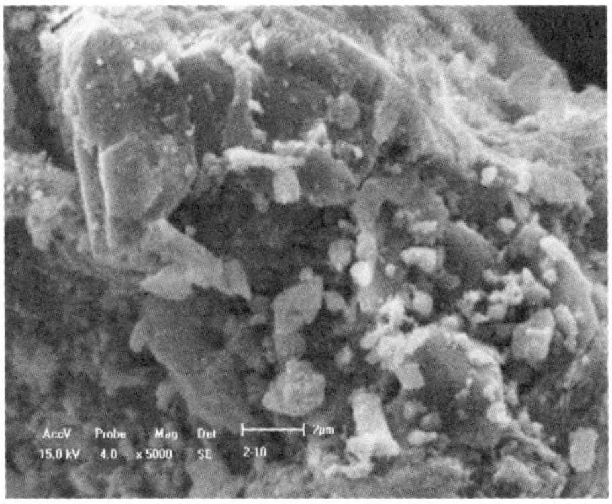
AccV Probe Mag Det 2μm
15.0 kV 4.0 x5000 SE 2-10

(h)

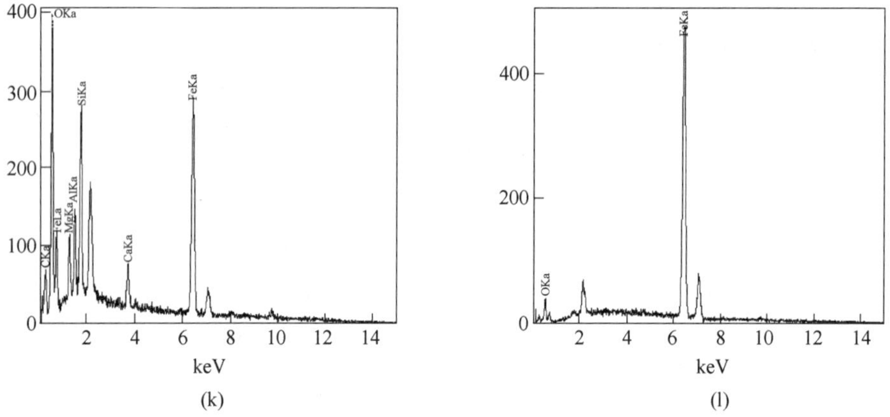

图 6-64　SEM 和 EDS 结果

(a) 石英纯矿物 SEM 照片；(b) 石英纯矿物 SEM 照片；(c) 尾矿 SEM 照片；(d) 尾矿 SEM 照片；(e) a 点 EDS 分析（菱铁矿、石英和硅酸盐）；(f) b 点 EDS 分析（石英）；(g) 赤铁矿纯矿物 SEM 照片；(h) 赤铁矿纯矿物 SEM 照片；(i) 精矿 SEM 照片；(j) 精矿 SEM 照片；(k) c 点 EDS 分析（菱铁矿、石英、硅酸盐）；(l) d 点 EDS 分析（赤铁矿）

采用“分步浮选”工艺，在第一步浮选时消除大部分菱铁矿后，菱铁矿对赤铁矿可浮性的影响大大减小，从而改善了第二步反浮选时的浮游环境，促进了赤铁矿的分选。

6.4　东鞍山含碳酸盐赤铁矿石分步浮选工业试验研究

含碳酸盐赤铁矿石“分步浮选”工业试验于鞍钢集团公司东鞍山烧结厂进行，工业试验进行至第三天整个分选过程就已稳定运行，后续考察了不同菱铁矿含量、不同类型含碳酸盐赤铁矿石、不同药剂制度等对“分步浮选”工艺分选效果的影响，工业试验历时三个多月。三个多月的试验结果表明，含碳酸盐赤铁矿石“分步浮选”工艺取得了历史性的突破，原来无法利用的含碳酸盐赤铁矿石均可以采用该工艺进行处理，“分步浮选”工艺的适应性强。

6.4.1　工业试验现场改造方案和工艺流程

6.4.1.1　工业试验现场改造方案

(1) 利用现场 3 号系列球磨处理含高碳酸铁的矿石，延长 3 号混磁精精矿泵的 ϕ273mm 管道从磨磁厂房混磁精矿的汇总箱至浮选前 4 号 ϕ30m 浓缩机的给矿溜槽，为方便调整浓密机浓度及考虑到 1 个浮选系列处理含碳酸铁混磁精能力不足的问题，在浓密机分矿箱处安装两个 ϕ150mm 阀门直接给入到 3 号、6 号 ϕ30m 浓缩机。

（2）由4号 ϕ30m 浓密机底流泵送到5号、6号浮选前分矿箱，利用6号浮选的3个搅拌筒和粗选的6台浮选机进行“分步浮选”的中性正浮选作业。正浮选矿浆底流自流到零米平台新建的矿浆箱中（矿箱1.2m×1.5m×2m），由泵扬送到6号浮选平台新建给矿箱（1.2m×1.5m×2m），接入到第一台搅拌筒的给矿管中，进行常规的反浮选作业，药剂制度按现场浮选情况进行调整。

（3）正浮选选别产生碳酸铁中矿（正浮选泡沫），视其量的多少和品位的高低送入浮选精矿箱中或接入到浮选尾矿溜槽中。为保证下一步对碳酸铁中矿再处理，在浮选厂房外修建自然沉降池一座，以便取碳酸铁中矿试样所用。

（4）在5号、6号浮选前分矿箱回流接 ϕ219mm 管道给入磨磁厂房3号系列混磁精泵箱，确保含碳酸铁混磁精不发生混矿。

6.4.1.2　分步浮选工业试验工艺流程图

工业试验工艺流程图如图6-65所示。

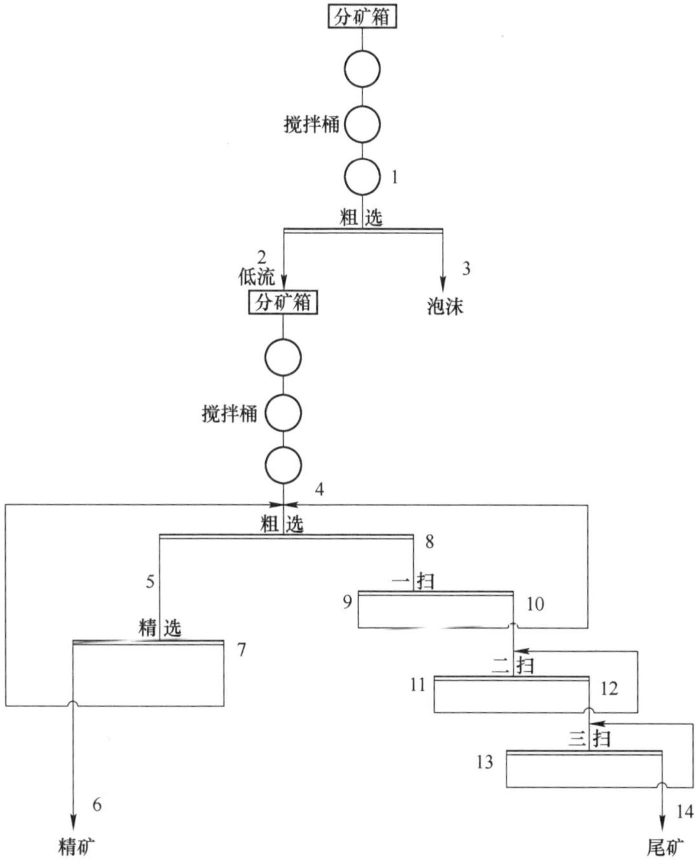

图6-65　分步浮选工业试验工艺流程图

在工业试验过程中选取各取样点进行取样分析，分析各样品中的全铁品位，并对原矿、正浮选给矿、正浮选泡沫、正浮选底流进行物相分析，以考察不同菱铁矿和硅酸铁含量对分步浮选分选指标的影响。

6.4.1.3　分步浮选工业试验设备联系图

工业试验设备联系图如图6-66所示。

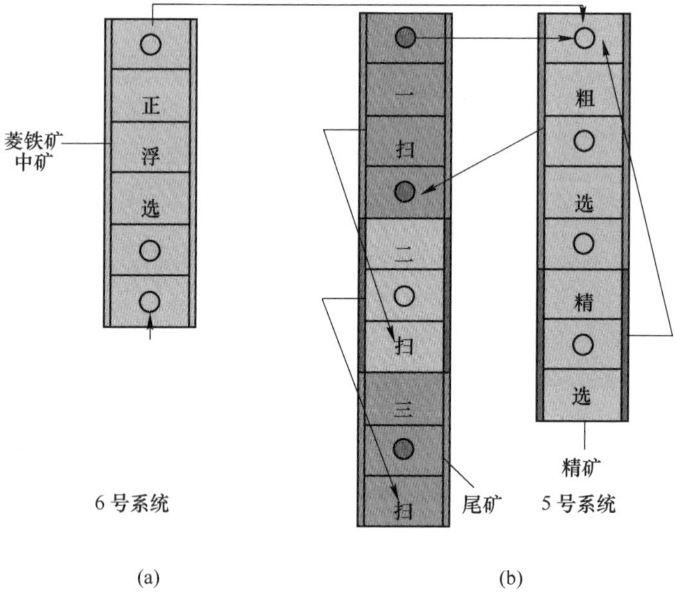

图6-66　分步浮选工业试验设备图
(a) 正浮选设备联系图；(b) 反浮选设备联系图

6.4.1.4　分步浮选药剂制度

按处理原矿量5500~6000t/d计，混磁精产率33%，即76~83t/h，工业试验系统处理量按65t/h计，正浮选精矿产率15%计，反浮选矿量55t/h计，分步浮选正浮选和反浮选的药剂制度如表6-18和表6-19所示。

表6-18　分步浮选正浮选药剂制度

药剂种类	药剂浓度/%	单耗/$g \cdot t^{-1}$混磁精	单系统加药量/$mL \cdot s^{-1}$
DF	3	550	330
KS-Ⅲ	6	100	30

表 6-19 分步浮选反浮选药剂制度

药剂种类	药剂浓度/%	单耗/$g \cdot t^{-1}$混磁精	单系统加药量/$mL \cdot s^{-1}$
NaOH	20	1200	92
DF	3	粗选：500 精选：100	粗选：255 精选：50
CaO	2	粗选：800 精选：200	粗选：610 精选：153
KS-Ⅲ	6	实验室：粗选 1200 精选 600 工业试验：粗选 542 精选 450	实验室：粗选 306 精选 153 工业试验：粗选 138 精选 115

6.4.1.5 分步浮选矿源

东鞍山烧结厂和东鞍山铁矿根据采场的情况确定碳酸铁出矿部位，安排碳酸铁矿出矿车数，按照 5500~6000t/d 进行组织。

东鞍山烧结厂破碎车间安排将含碳酸铁矿石种类送入 3 号系列矿槽。

东鞍山烧结厂生产技术部对试验全过程跟踪取样。同时对试验期间的矿样及时送矿山设计研究院化验、分析确保试验顺利进行。

6.4.1.6 分步浮选试验方法

（1）利用 3 号球磨更换斜齿期间将 3 号系流程用水、矿浆进行试转车，待球磨正常后进行带碳酸铁矿石转车，球磨岗位按照要求协调好原矿处理量和磨矿粒度的关系。

（2）浮选前要根据浓密机底流浓度对进入 4 号 ϕ30m 浓密机的量进行调节，保证浮选生产浓度的稳定。

（3）视分步浮选碳酸铁中矿品位及量的情况决定其进入浮选精矿或浮选尾矿中。

（4）菱铁矿浮选时，浮选槽矿浆面稍高些，让泡沫尽早刮出。如果从第六个浮选槽泡沫看，含碳酸铁矿量较多，应及时调整第一浮选槽，让第一浮选槽尽早快起到浮选作用，这样才能保证碳酸铁矿物具有充足的浮选时间，避免碳酸铁对后续反浮选精矿质量的影响。

（5）如果从反浮选精矿质量测试结果看，精矿铁品位低，要分析其碳酸铁含量，检查是否是第一步碳酸铁没有选净，以便对第一步菱铁矿浮选的捕收剂用量进行及时的调整。

（6）反浮选试验过程中，尽量控制精选泡沫、扫选泡沫的冲洗水量，以确保反浮选时的矿浆 pH 值保持稳定。尤其要控制第一次扫选泡沫和精选泡沫的冲洗水量，冲洗水量不要过大，保证浮选环境相对稳定。

（7）反浮选试验过程中，根据对精矿质量的检测，进行浮选药剂的调整。

（8）浮选过程中控制浮选矿浆温度不低于35℃。

针对异常情况出现的可能性，制订了如下处理预案：

（1）如试验出现精矿品位低等异常情况，相关技术人员共同研究处理方案，若情况持续12小时以上，暂停试验，切换到正常反浮选操作。待研究出可行方案后继续进行试验。

（2）如最终精矿品位未达到65.5%，此时适当增加反浮选时捕收剂用量，正浮选时可视具体情况适当增加捕收剂用量，操作时正浮选菱铁矿中矿铁品位应保持在35%～41%之间，产率13%～16%，pH值为8左右，正浮选时捕收剂和淀粉的用量必须严格控制，可通过及时化验铁品位和菱铁矿物相、检测烧失量来分析结果。

（3）开始试验时，反浮选精选段可暂时不加CaO和淀粉，如果最终品位未达到要求，或流程无法顺行，此时可在精选段添加石灰和淀粉。

（4）如最终精矿品位未达到要求，通过分析混磁精中菱铁矿含量、菱铁矿物性、尾矿中菱铁矿含量来查找原因，找到解决方案。

（5）如果所有可能方案均失败，此时可适当降低原料中菱铁矿含量，找出该工艺分选时适宜的原矿菱铁矿含量。

另外，为了便于与常规正常矿反浮选系统对比，车间2系统仍然按照常规反浮选进行作业，而3系统则改造为“分步浮选”流程。生产现场采用四班三倒制，每天白班进行采样分析，采样人员由东鞍山烧结厂技术人员和东北大学矿物工程研究所研究人员组成，取样间隔时间为1h，每班矿样化验结果算术平均后得该班最终试验数据。

6.4.2　分步浮选工业试验结果及分析

6.4.2.1　不同碳酸铁含量对分步浮选分离效果的影响

为便于进行分析对比，将试验数据均按照3号系统原矿给矿中碳酸铁含量进行分类。将碳酸铁含量分为2%～3%、3%～4%、4%～5%、5%～6%、6%～7%、7%～8%、8%以上等几个级别，以考察原矿中不同碳酸铁含量对分步浮选分离效果的影响。

根据数据采集结果可得，原矿碳酸铁含量与分步浮选系统给矿碳酸铁含量之间的关系如图6-67所示。

由图6-67可见，随着原矿中碳酸铁矿物含量的增加，分步浮选给矿中碳酸铁的含量也呈上升趋势，且分步浮选给矿中含有的碳酸铁含量比例有增加的趋势，说明浮选前的重选和磁选工艺没有很及时地脱除矿石中的碳酸盐矿物，反而使浮选给矿的碳酸铁矿物富集，从而影响了正常反浮选的分选过程。

分步浮选给矿碳酸铁含量与第一步浮选泡沫中碳酸铁含量的关系如图 6-68 所示。

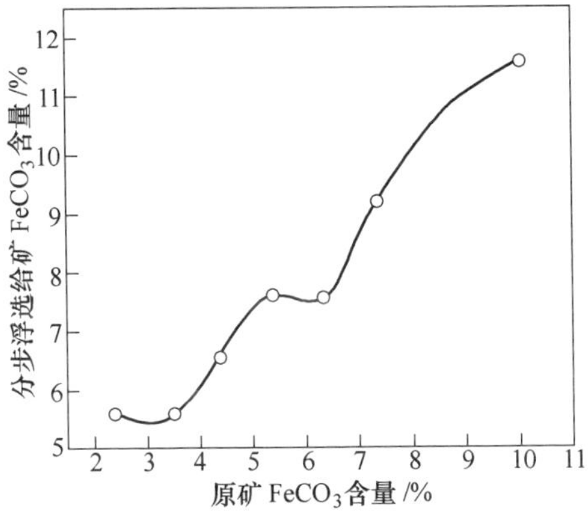

图 6-67 原矿碳酸铁含量与分步浮选系统给矿碳酸铁含量之间的关系

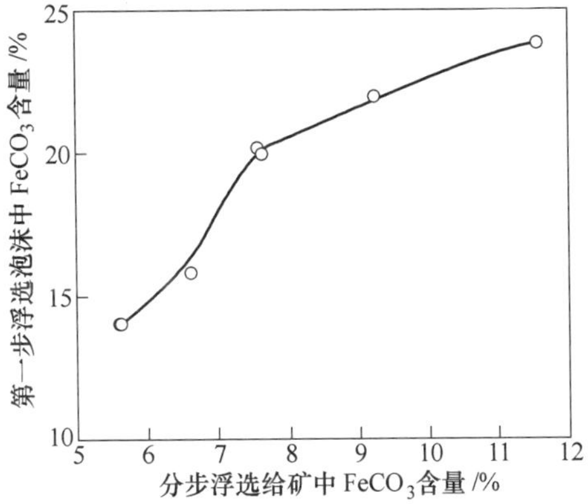

图 6-68 分步浮选给矿碳酸铁含量与第一步浮选泡沫中碳酸铁含量的关系

由图 6-68 可知，第一步浮选泡沫中碳酸铁的含量随着浮选给矿中碳酸铁含量的增加而增加，且通过第一步浮选，碳酸铁矿物在浮选泡沫中得到了明显的富集，表明第一步浮选起到了很好的脱除碳酸铁的作用。

分步浮选给矿碳酸铁含量与第一步浮选时碳酸铁矿物脱除率的关系如图 6-69 所示。

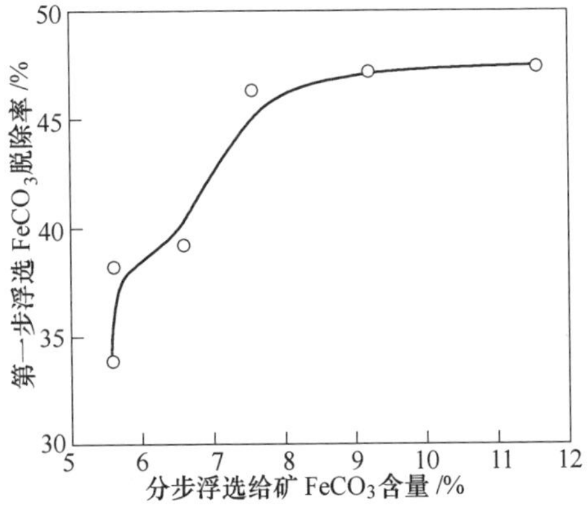

图 6-69 分步浮选给矿碳酸铁含量与第一步浮选时碳酸铁矿物脱除率的关系

图 6-69 的结果可知，随着浮选给矿中碳酸酸铁含量的增加，第一步浮选时碳酸铁的脱除率也呈上升趋势，即第一步浮选时给矿的碳酸铁含量越高，碳酸铁越易脱除，再一次表明第一步浮选确实起到了脱除碳酸铁矿物的作用，给料中碳

酸铁矿物越多，第一步浮选脱除碳酸铁的作用越强。

分步浮选给矿碳酸铁含量与最终浮选精矿品位和回收率的关系如图 6-70 所示。

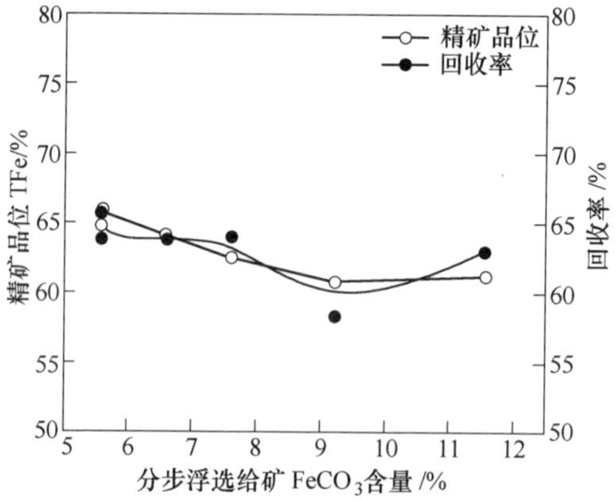

图 6-70　分步浮选给矿碳酸铁含量与浮选精矿品位和回收率的关系

由图 6-70 可知，随着分步浮选给矿中碳酸铁含量的提高，分步浮选最终精矿的品位和回收率也呈下降趋势，表明给矿中碳酸铁含量的增加，确实对分步浮选分离过程产生了影响。但总体铁精矿的品位仍能保持在 63%左右，浮选回收率也能保持在 63%以上，当给矿中碳酸铁矿物含量高达 11. 57%时，最终反浮选铁精矿的品位仍可达 61%以上，浮选回收率 63%以上。

含碳酸盐赤铁矿石分步浮选工业试验的平均指标如表 6-20 所示。

表 6-20　分步浮选试验总平均结果

产品名称	铁品位/%	产率/%	回收率/%
浮选精矿	64. 80	50. 88	72. 68
浮选尾矿	24. 95	49. 12	27. 32
浮选给矿	45. 31	100. 00	100. 00

以上结果表明，分步浮选技术确实可使过去无法处理的含碳酸盐赤铁矿石得到了很好的选矿分离，从而增加了东鞍山铁矿可利用的资源储量，解决了东鞍山烧结厂的原料供应紧张问题。

6. 4. 2. 2　硅酸铁矿物对分步浮选分离效果的影响

由收集所得原矿中不同碳酸铁含量时分步浮选试验结果可以得到，3 号系统原矿中硅酸铁的含量变化较小，平均硅酸铁的含量为 2. 26%，分步浮选给矿的平均硅酸铁含量为 2. 75%，表明硅酸铁矿物在浮选前也有所富集。经分步浮选工艺第一步浮选，泡沫中的平均硅酸铁含量为 4.40%，说明一部分硅酸铁在第一步分选过程中也得到了脱除，通过计算得到硅酸铁矿物在第一步浮选过程中的平均脱除率为 27.26%。硅酸铁矿物在第一步浮选时的部分脱除，也使第二步反浮选的浮选环境得到了改善。

硅酸铁矿物与碳酸铁矿物总量对分步浮选分离效果的影响趋势与碳酸铁矿物的影响相似。总量为 7.91%的硅酸铁矿物与碳酸铁矿物经重选和磁选分离，在浮选给矿中有所富集，达 10.43%。经分步浮选第一步浮选，浮选泡沫中硅酸铁与碳酸铁矿物总量为 22.96%，表明第一步浮选使硅酸铁和碳酸铁矿物在泡沫中富集，脱除率达 37.51%。这部分矿物脱除后，大大改善了反浮选的分离环境，使铁矿物与脉石得到了很好的分离。

6.4.2.3 矿石磁性铁含量对分步浮选分离效果的影响

采矿中发现含碳酸盐赤铁矿石中磁性铁的含量经常发生变化，不同碳酸铁含量的矿石其磁性铁含量也发生变化，如图 6-71 所示。

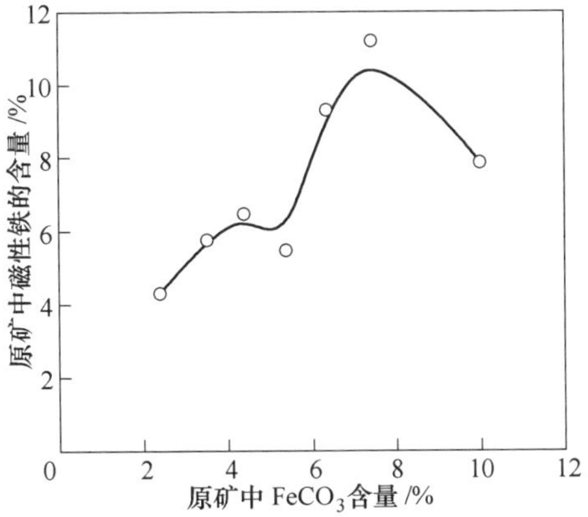

图 6-71 原矿碳酸铁含量与磁性铁含量的关系

由图 6-71 可见，原矿中磁性铁的含量随着碳酸铁含量的增加而增加，但在高碳酸铁含量的矿石中，磁性铁含量又下降。

不同磁性铁含量的含碳酸盐矿石，对分步浮选分离效果的影响如图 6-72 所示。

由图 6-72 可知，磁性铁的含量越高，分步浮选的回收率和精矿品位都呈下降的趋势，表明含碳酸盐赤铁矿石中的磁性铁对分步浮选不利。

6.4.2.4 分步浮选试验期间正常矿的反浮选试验结果

在对 3 号系统含碳酸盐赤铁矿石进行分步浮选试验期间，对 1 号、2 号系统

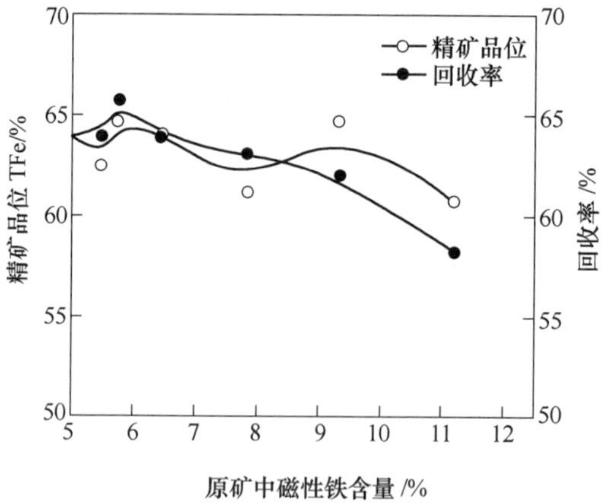

图 6-72　原矿磁性铁含量与对分步浮选指标的影响

正常矿石进行了反浮选试验研究，以便于与分步浮选试验系统进行对比研究。

由分步浮选试验期间正常矿石的反浮选试验结果可知，正常反浮选系统矿石的质量控制较好，原矿碳酸铁含量均控制在 1.71%左右，硅酸铁和碳酸铁矿物的总量控制在 5.19%左右，磁性铁的含量变化也不大，均在 6.47%左右。碳酸铁和硅酸铁矿物通过重选和磁选，浮选给矿中的碳酸铁和硅酸铁含量有所富集，浮选给矿中碳酸铁含量平均为 5.71%，碳酸铁和硅酸铁矿物总量平均为 7.98%。

正常反浮选时浮选给矿中碳酸铁含量与浮选指标的关系如图 6-73 所示，碳酸铁和硅酸铁总量与浮选指标的关系如图 6-74 所示。

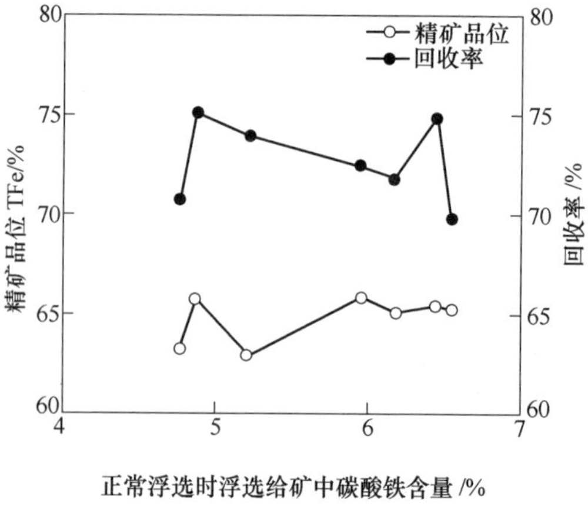

图 6-73　正常反浮选时原矿碳酸铁含量与浮选指标的关系

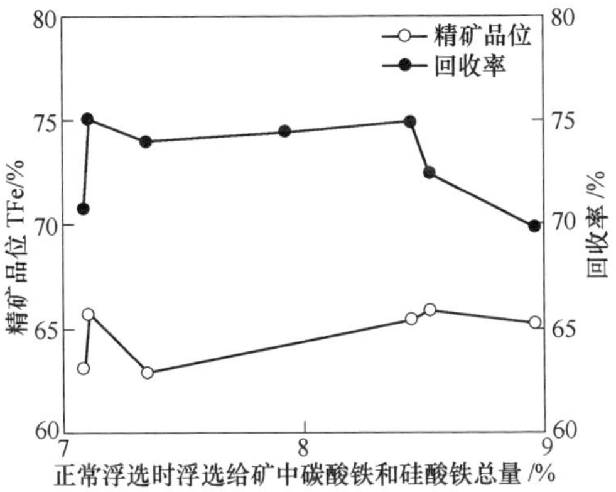

图 6-74 正常反浮选时原矿碳酸铁与硅酸铁总量与浮选指标的关系

由图 6-73、图 6-74 可知，当浮选给矿中碳酸铁含量控制在 7%以下、碳酸铁和硅酸铁总量控制在 9%以下时，正常反浮选仍然可以取得较好的分选效果，也就是表明当原矿中碳酸铁含量控制在 4%以内、碳酸铁和硅酸铁总量控制在 6%以内时，此种类型的含碳酸盐赤铁矿石采用正常反浮选工艺可以取得较好的分选效果。从分步浮选试验结果可知，高碳酸盐铁矿石通过第一步浮选，第二步反浮选的给矿中碳酸铁含量均控制在了 8%以下，碳酸铁和硅酸铁总量控制在了 10%以下，此时，反浮选给矿中碳酸盐矿物和硅酸铁矿物不会影响赤铁矿的分选。

铁矿石正常反浮选时，试验期间的平均试验结果如表 6-21 所示。

表 6-21 试验期间正常矿的反浮选试验结果

产品名称	铁品位/%	产率/%	回收率/%
浮选精矿	64.80	50.88	72.68
浮选尾矿	24.95	19.12	27.32
浮选给矿	45.31	100.00	100.00

与含碳酸盐赤铁矿石分步浮选指标对比，正常铁矿石反浮选的精矿品位略优于分步浮选，回收率比分步浮选高 10 个百分点。但含碳酸盐铁矿石分步浮选工艺的应用，使进入常规反浮选系统的含碳酸盐赤铁矿石量大大减少，从而使正常矿反浮选系统的指标比以前有了较大的提高，并且使正常矿反浮选系统的药剂用量有了较大的降低，节省了药剂成本。

6.4.2.5 重—磁—分步浮选全流程考察

为了综合衡量东鞍山烧结厂含碳酸盐赤铁矿石阶段磨矿—粗细分选—重选—磁选—分步浮选工艺，本团队对东鞍山烧结厂全流程进行了考察。根据流程考察的汇总结果绘制的数质量流程图如图 6-75 所示。

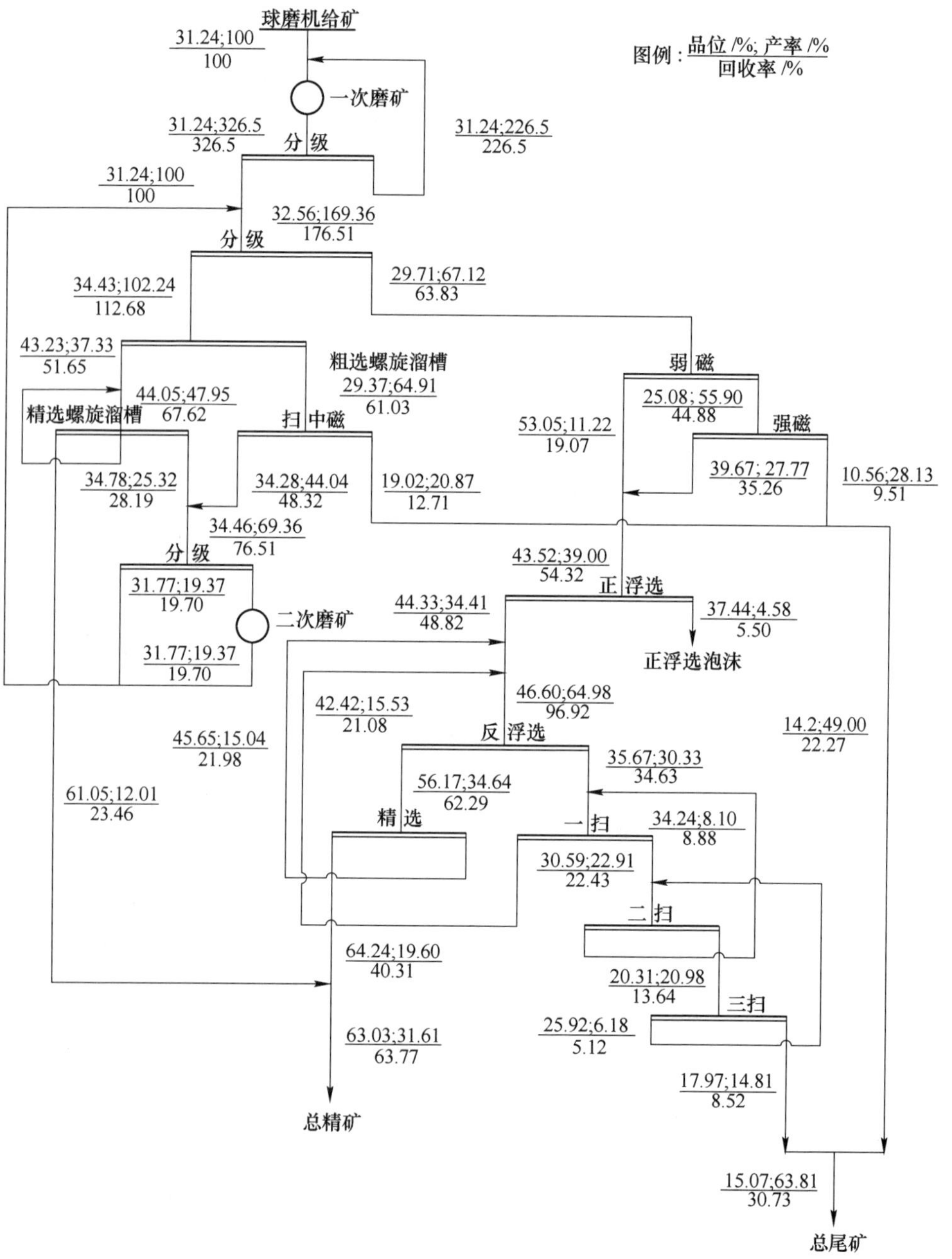

图 6-75　含碳酸盐赤铁矿石重选—磁选—分步浮选工艺的数质量流程

由图 6-75 可知，含碳酸盐赤铁矿石采用阶段磨矿—粗细分选—重选—磁选—分步浮选工艺，获得了总精矿铁品位为 63.03%，回收率为 63.77%的分选指标，表明含碳酸盐赤铁矿石通过该分选工艺，能获得合格的精矿指标。

参 考 文 献

[1] 鲁荣林．东鞍山铁矿矿石工艺矿物学特征研究［J］．金属矿山，2004（9）：40~41，75.

[2] 邵安林．东鞍山高碳酸盐铁矿石磁选精矿浮选工艺研究［J］．金属矿山，2011（10）：79~82.

[3] 张明．东鞍山含碳酸盐铁矿石浮选行为研究［D］．沈阳：东北大学，2009.

[4] 印万忠，马英强，刘明宝，等．东鞍山高碳酸铁矿石磁选精矿分步浮选工业试验［J］．金属矿山，2011（8）：64~67，80.

[5] 张兆元，李艳军，袁帅，等．东鞍山贫赤铁矿石阶段磨矿—磁选—阴离子反浮选试验［J］．金属矿山，2015（6）：78~82.

[6] 景建华，陈志华，李志明，等．东鞍山烧结厂一选车间提铁降硅工艺流程研究及建议［J］．矿业工程，2003（3）：36~41.

[7] 张兆元，吕振福，印万忠，等．东鞍山铁矿石中菱铁矿对反浮选的影响［J］．金属矿山，2008（10）：52~55.

索　　引

N

P

Q

R

S

T

W

X

Y

Z